Gerhard Czermak CHRISTEN GEGEN JUDEN

Gerhard Czermak

Christen gegen Juden

Geschichte einer Verfolgung

aktualisierte Neuausgabe

Eichborn Verlag

CIP-Titelaufnahme der Deutschen Bibliothek

Czermak, Gerhard:
Christen gegen Juden : Geschichte einer Verfolgung ; von der Antike bis zum Holocaust, von 1945 bis heute / Gerhard Czermak. – Erw. Neuausg. – Frankfurt am Main : Eichborn, 1991
ISBN 3-8218-1133-1

Umschlaggestaltung: Uwe Gruhle.
Gesamtherstellung: Bercker Graph. Betrieb GmbH, Kevelaer.
ISBN 3-8218-1133-1.
Verlagsverzeichnis schickt gern:
Eichborn Verlag, Hanauer Landstraße 175, D-6000 Frankfurt 1.

Inhalt

Glaube denen, die die Wahrheit suchen und zweifle an denen, die sie gefunden haben. *André Gide*

Wahrheit, die gehört wird, ist noch immer so schmerzhaft, daß sie die Hörenden in ihrer Mehrzahl gegen den Sprechenden aufbringt.
C. F. von Weizsäcker

Vorwort

Dieses Buch enthält nichts, was nicht schon in anderen Büchern und Abhandlungen dargestellt und nachgewiesen worden wäre. Gleichwohl enthält es vieles, was viele nicht sachkundige Leser – gelegentlich wohl auch solche, die sich für fachkundig halten – überraschen wird. Als ich anfing, mich für verdrängte Kapitel europäischer Geschichte zu interessieren, stieß ich schnell auf das Thema »Christentum und Judentum«: ein ebenso herausforderndes und faszinierendes wie bedrückendes Thema, das in der Weltgeschichte kein vergleichbares findet. Denn einzigartig ist diese Geschichte, die im wesentlichen die einer Verfolgung ist, wegen ihrer Dauer von der Zeitenwende bis heute, wenn man die Nachwirkungen mitberücksichtigt.[1]

Im Kern geht es mir um ein besseres Verständnis des Holocaust, eines Völkermords, der uns immer wieder einholt, und um die Lehren, die man aus der Verfolgung der Juden im christlichen Europa – exemplarisch für andere schlimme Erscheinungen unserer Geschichte – ziehen kann: Lehren, die mit den Folgen eines irrationalen Wahrheitsbegriffs zu tun haben, eines Wahrheitsbegriffs, der auf ideologischer Verengung und Verabsolutierung beruht und wegen der schwierigen Natur des oft machtgierigen Menschen zwangsläufig ins Verderben führen muß. Die zu ziehende Lehre ist im Prinzip einfach und fast banal, aber deswegen vielleicht nicht weniger »wahr«.

Der kritische Interessent mag fragen, was mich angesichts der kaum überschaubaren Fülle an Literatur zu den Themen Antisemitismus, christlicher Antijudaismus, Nationalsozialismus, Holocaust, christlich-jüdische Verständigung und Theologie nach Auschwitz veranlaßt hat, der Literatur noch etwas hinzuzufügen. Abgesehen davon, daß jedes Buch einige Leser an ein Thema neu heranführt, meine ich: Es gibt zwar viel Spezialliteratur zu den genannten Gebieten, aber nur wenige historische Darstellungen, die den christlichen Aspekt des Antisemitismus oder Antijudaismus entsprechend seiner tatsächlichen Bedeutung hervorheben und gleichzeitig die gesamte Zeitspanne von nahezu 2000 Jahren umfassen. Viele Schriften beginnen erst mit der Kreuzzugszeit; andere befassen sich mit dem Verhältnis von Deutschen und Juden in einem bestimmten Zeitabschnitt, schränken das Thema also bei

1 Am Anfang meiner Lektüre stand die grundlegende Darstellung von Friedrich Heer: Gottes erste Liebe. 2000 Jahre Judentum und Christentum, München/Esslingen 1967; erweiterte Taschenbuchausgabe Frankfurt/Berlin 1986. Diese großartige »Schrift eines österreichischen Katholiken« ist den »jüdischen, christlichen und nichtchristlichen Opfern des österreichischen Katholiken Adolf Hitler« gewidmet.

gleichzeitiger breiter kultureller Darstellung zeitlich und räumlich stark ein; eine Fülle von Spezialarbeiten gilt dem Mittelalter unter den verschiedensten Aspekten. Groß ist die Zahl der jüdischen Geschichten, speziell aus jüdischer Feder; sie reichen von kurzen Gesamtdarstellungen der Geschichte des Volkes Israel bis hin zu vielbändigen Lexika. Viele dieser jüdischen Geschichten legen – begreiflicherweise, aber bei jüdischen und christlichen Autoren aus recht unterschiedlichen Motiven – auf die Verfolgungsgeschichte kein besonderes Gewicht, sondern beschäftigen sich bevorzugt mit den großen kulturellen Leistungen der Judenheit in ihren zahlreichen Ausprägungen und unterschiedlich nach Ländern und geistig-religiösen Richtungen; demgegenüber kommt die Verfolgungsgeschichte, die zum Kern dieser Geschichte gehört und auch eine besondere Bedeutung für die jüdische Kulturgeschichte hat, oft nur unverhältnismäßig knapp zum Zuge.[2] Die sehr umfangreiche christlich-jüdische Literatur rückt begreiflicherweise die Glaubensgemeinsamkeiten und gemeinsame Weltverantwortung in den Vordergrund, wenn auch in Kenntnis der schrecklichen Geschichte einer 2000jährigen »Zergegnung« (E. L. Ehrlich). Etliche Werke, vor allem die achtbändige *Geschichte des Antisemitismus* von Poliakov, sind zwar für eine wissenschaftliche Arbeit wichtig, überfordern aber die meisten Interessenten. Zahllos sind die Monographien und Abhandlungen in Fachzeitschriften zu lokalhistorischen Themen. Die Literatur zum Antisemitismus mit seinen soziologischen, wirtschaftsgeschichtlichen, kirchenhistorischen, sozialpsychologischen und psychoanalytischen und noch anderen Aspekten, etwa speziell zu Aggressionstheorie und Vorurteilsforschung, würde – so Henryk Broder – einen Güterzug füllen. Das alles bedeutet Abschreckung für jeden, der sich mit der so oft vernachlässigten christlichen Wurzel des Antisemitismus auch unter einem zeitgeschichtlichen Blickwinkel beschäftigen möchte und sich zuverlässige Information und nachvollziehbare Gedankengänge wünscht, ohne dafür viel Zeit opfern zu müssen.

Mir geht es daher um eine weitgehend »voraussetzungslos« lesbare und verständliche Darstellung der Verfolgung der jüdischen Minderheit im christlichen Europa durch zwei Jahrtausende, d. h. von den Anfängen in Antike und Neuem Testament bis zu den Versuchen einer Überwindung speziell des Antijudaismus in den christlichen Großkirchen nach dem Holocaust; dies alles übersichtlich in einem Band, dessen Umfang keinen ernsthaft interessierten Laien abschreckt, zu große Vereinfachungen aber möglichst vermeidet und die Wahrheit mehr im konkreten Detail als im schwer nachvollziehbaren abstrakten Höhenflug sucht. Dabei habe ich es für richtig gehalten, das auch für diese Thematik wichtige Mittelalter eher knapp zu behandeln,

2 So z. B. in dem 1988 erschienenen großartigen Text- und Bildband von Nachum T. Gidal: Die Juden in Deutschland von der Römerzeit bis zur Weimarer Republik.

um den Umfang der gesamten Darstellung nicht zu sprengen. Im übrigen gibt es zur Judenverfolgung im Mittelalter so viel gute Literatur (wegen der Farbigkeit der Darstellung und stilistischen Brillanz möchte ich das im Grundsatz ebenfalls 2000 Jahre umfassende Buch *Der Antisemitismus der Kirche* von Hans Kühner besonders hervorheben), daß ein weiterer Versuch hierzu ohnehin kaum sinnvoll erscheint. Besonderen Wert habe ich auf eine ausführliche Behandlung des 19. und 20. Jahrhunderts gelegt: Der moderne Antisemitismus des 19. Jahrhunderts, der vielerlei Ursachen hat, seine stärkste Kraft aber aus der christlichen Wurzel gezogen hat (was selbst Antisemitismusforscher oft nur am Rande erwähnen), bildete die Grundlage der rassistischen Naziideologie; der *nazistische* Judenhaß fand eine – wenn auch ungleich gemäßigtere – Parallele im christlichen Antijudaismus, der die Christenheit über den großen Mord am jüdischen Volk hinwegsehen ließ. Der Problemkreis »Kirchen und Nationalsozialismus« mußte schon deswegen näher erörtert werden, weil die Geschichtsverdrängung in diesem Bereich auch heute noch besonders groß ist.

Bei der Durchsicht Dutzender von Büchern zur Geschichte Deutschlands und Europas von der Neuzeit bis zur Gegenwart ist mir aufgefallen, daß die christliche Genese des Antisemitismus meistens nicht oder kaum erwähnt wird, wie ja überhaupt kirchenhistorische Themen seltsamerweise von Profanhistorikern fast durchweg vernachlässigt werden. Allenfalls werden Ausschnitte behandelt. Ein beliebiges Beispiel: Der über 800 Seiten umfassende Band *Nationalsozialistische Diktatur 1933–1945* der Bundeszentrale für politische Bildung, an dem mehr als vierzig Autoren mitgewirkt haben und zu dessen Herausgebern einer der bekanntesten Forscher auf diesem Gebiet gehört, enthält keinen Beitrag zum Thema »Kirchen und Nationalsozialismus«; lediglich der kirchliche Widerstand wird gewürdigt. Dabei waren Thron und Altar in Europa seit dem 4. Jahrhundert immer so eng verflochten, daß die geistige und politische Geschichte ohne Kirche und Christentum gar nicht vorstellbar sind. Hinsichtlich der genannten Tendenz der Geschichtsschreibung kann man in der Regel zwischen wissenschaftlichen, populärwissenschaftlichen oder Schulbüchern keinen wesentlichen Unterschied feststellen. Dies gilt auch und besonders für umfangreiche Gesamtdarstellungen ganzer Epochen. So enthalten etwa zahlreiche Abhandlungen, Monographien und Sammelbände zur Weimarer Zeit keine Ausführungen zum christlichen Antijudaismus, obwohl dieser nicht gerade gering war und wesentlich dazu beitrug, daß die christlichen Kirchen dem primitiven völkisch-rassischen Antisemitismus der Nazis nichts entgegenzusetzen hatten. Daß die Kirchen zu den zahlreichen Faktoren gehörten, die zur Heraufkunft der Hitlerei führten, wird überwiegend verschwiegen. 1987 habe ich in einer öffentlichen Veranstaltung folgendes erlebt: Zu der These, der christliche Antijudaismus und Antisemitismus sei von Bedeutung für die Machtübernahme durch die Nazis gewesen, zumal der Antisemitismus der Kern der nazistischen Ideologie gewesen sei, wußte ein Geschichtsprofessor der katholischen Universität Eichstätt erregt zu erwidern, das sei Unsinn, ohne beim (freilich im wesentlichen wohl nicht sachkundigen) Publikum Widerspruch zu ernten.

Dieses Buch ist in vorwiegend populärwissenschaftlicher Absicht geschrieben. Ich bin mir des Umstands bewußt, daß es keine objektive Geschichtsschreibung gibt. Der historischen Wahrheit möglichst nahe zu kommen, habe ich mich aber stets bemüht. Dabei bin ich von einem undogmatischen Standpunkt ausgegangen. Geschichtsphilosophische Ausgangspunkte halte ich für schädlich. Ich hoffe, daß meine Faktenauswahl aus dem schier unerschöpflichen Geschichtsmaterial auch dem kritischen Leser zumindest vertretbar erscheint. Mit Schlußfolgerungen und Wertungen habe ich mich zurückgehalten, soweit es mir möglich war. Theologische und kirchenhistorische Gesichtspunkte spielen naturgemäß eine größere Rolle als in zahlreichen anderen Büchern. Andererseits handelt es sich um eine historische Arbeit, die dem Bestreben entspringt, mehr die Fakten für sich sprechen zu lassen als sie betont unter einem ganz bestimmten Blickwinkel zu deuten. Sollte das nicht immer gelungen erscheinen (was natürlich auch mit dem Blickwinkel des Kritikers zusammenhängen mag), so ist es menschlicher Schwäche zuzuschreiben.

Den engagierten Christen werden die Ausführungen zum Antijudaismus des Neuen Testaments nicht ohne weiteres befriedigen können, obwohl oder weil sie auch weithin unbekannte Fakten und Gedanken enthalten. Ihm wird die im Literaturverzeichnis genannte theologische Literatur weiterhelfen. Die relativ ausführliche Wiedergabe neuerer kirchlicher Dokumente ist – meiner Zielsetzung entsprechend – auf das Zeitgeschichtliche ausgerichtet. Der theologisch Interessierte muß auf den jeweils vollen Wortlaut zurückgreifen.

Wenn meine Darstellung auch auf ein breites Publikum abzielt, so würde ich mich doch freuen, wenn es auch dem einen oder anderen wissenschaftlich Interessierten einen Einstieg erleichtern würde. Ihm zuliebe habe ich auch das Literaturverzeichnis so ausführlich gehalten. Darin sind auch Aspekte berücksichtigt, die in meiner historischen Kurzfassung nicht oder nur am Rande vorkommen, das Gesamtthema jedoch abrunden, etwa die Bereiche Antisemitismus in der Kunst, Psychoanalyse des Antisemitismus und anderes. Meiner Zielsetzung entsprechend, fehlt ein »wissenschaftlicher Apparat«; in den Fußnoten habe ich aber bei zahlreichen, vor allem längeren Zitaten die genauen Fundstellen angegeben und auf Literatur zum Thema hingewiesen.

Das Thema ist schon für sich betrachtet einer Bemühung wert. Vielleicht kommt ihm aber in einer Zeit der Geschichtsverdrängung auf höherer Ebene (»Historikerstreit«), die ja nicht dem Zufall entspringt, sondern mit politi-

Hinweise zur aktualisierten Neuausgabe

Die Notwendigkeit einer kompakten, historisch zuverlässigen und leserfreundlichen Überblicksdarstellung zu der in der allgemeinen Literatur und Diskussion vernachlässigten Problematik Christen/Juden wurde mir gerade wegen der Überfülle an Spezialliteratur bestätigt. Die Situation ist für die Leser in hektischer Zeit inzwischen noch schwieriger geworden. Die Reaktionen der Kritik und Leserschaft haben mich zu einigen Anmerkungen veranlaßt, die als Nachtrag abgedruckt sind. Die Bibliographie mußte wegen des Umfangs der neuesten, oftmals sehr wichtigen, Literatur völlig überarbeitet werden (vgl. hierzu den Nachtrag, S. 379 ff.). Der laufende Gang der antisemitischen Ereignisse in einer Reihe europäischer Länder und die weiter nachwirkende kirchliche Judenfeindschaft gaben Anlaß für einen aktualisierenden Bericht, der den Großteil des Nachtrags ausmacht.

im Januar 1991
Gerhard Czermak

I. Von der vorchristlichen bis zur nachkonstantinischen Zeit

1. Der antike Antijudaismus

Die Geschichte des Verhältnisses der Christen (Mehrheit) zu den Juden (Minderheit) ist im wesentlichen eine des sogenannten Antisemitismus. Dieser Begriff tauchte erst in der zweiten Hälfte des 19. Jahrhunderts auf. Die Sache selbst, das Minderheitenproblem, gab es bezüglich der Juden schon in vorchristlicher Zeit. Der Antijudaismus hatte damals nicht nur sozialpsychologisches Gewicht, sondern war auch politisch begründet. Die religiöse Unduldsamkeit des jüdischen Monotheismus erregte den Unwillen der religiös toleranten vorchristlichen »Heiden«: Diese kannten nicht das Gebot »Du sollst keine fremden Götter neben mir haben«. Auch handelte es sich bei den antiken Juden um ein aufmüpfiges Volk am Rande des römischen Weltreichs (Eroberung Jerusalems durch Pompejus 63 v. u. Z.), das sich immer wieder durch Unruhen und Aufstände – die freilich gute politische Gründe hatten – gegen die verhaßte römische Besatzungsmacht bemerkbar machte. Judenfeindliche Bestrebungen gab es aber schon seit dem Bestehen einer jüdischen Diaspora, nämlich seit dem 5. Jahrhundert v. u. Z., wie auch das Estherbuch des Alten Testaments bezeugt. Ansehnliche jüdische Diasporagemeinden gab es im Orient (Assyrien, Babylonien, Medien, Oberägypten), in griechischen Städten und in Rom. Wie heute auch, wurde alles, was von der jeweiligen gesellschaftlichen Norm abweicht, zumindest mit Argwohn betrachtet. Man warf dem exklusiven Monotheismus Atheismus und Verachtung des Menschengeschlechts vor. Greuelpropaganda tat in römischer Zeit, als die Juden überall ihre Handels- und Kulturzentren aufbauten, ein übriges. Ähnlich ging man auch gegen andere Kulte vor, z. B. den Dionysoskult mit seinen Mysterien. So kam es vereinzelt zu Pogromen, etwa im Jahr 30 in Alexandrien und im Zusammenhang mit dem Jüdischen Krieg 66–70 u. Z. (den der Prokurator Gessius Florus provoziert hatte), der schließlich als totaler Krieg geführt wurde und mit der Zerstörung des Tempels durch Titus endete. In diesem Zusammenhang gab es antijüdische Ausschreitungen in palästinensischen Hafenstädten. Der Aufstand des Bar Kochba (132–135) führte zum Ende der alten jüdischen Geschichte in einem Blutmeer: 985 Städte und Dörfer wurden dem Erdboden gleichgemacht, 580 000 Menschen sollen niedergemetzelt worden sein. Gleichwohl war das Judentum in Palästina nicht völlig erloschen. Die große Mehrheit hatte schon zuvor in der Diaspora gelebt.

2. Christentum und Judentum: Probleme unter rivalisierenden Verwandten

Christentum und Judentum sind Verwandte. Erst in den letzten Jahrzehnten haben christliche Theologen wieder begonnen, sich in fruchtbarer Weise mit den jüdischen Wurzeln des Christentums zu befassen. Inzwischen gibt es darüber schon eine unübersehbare Literatur. Zwischen Verwandten kommt es häufig zu Problemen. »Feindschaft gerade unter engsten Verwandten kann am erbittertsten sein. Eine der traurigsten Erscheinungen in der Geschichte der letzten zwei Jahrtausende: Zwischen Juden und Christen herrschte beinahe von Anfang an Feindschaft. Sie war gegenseitig, wie so oft zwischen einer alten und einer neuen religiösen Bewegung.«[1] Einerseits war schon in der neutestamentlichen Lehre Jesu der Loslösungsprozeß von der jüdischen Volksgemeinschaft innerlich angelegt, was schon bald zur Entstehung eines die überwältigende Mehrheit bildenden gesetzesfreien Heidenchristentums führte; diesem ging der aktuelle Bezug zum Judentum verloren. Schließlich wurde Jerusalem schon im Jahr 70 u. Z. zerstört, der Tempelkult hörte auf. Andererseits zeigten sich die nicht der Jesussekte anhängenden Juden feindlich gegenüber der sich entwickelnden Kirche und stießen Christen aus der Volksgemeinschaft aus. Die geistige Auseinandersetzung beschränkte sich hauptsächlich auf ein Ringen um Beweistexte zu der Frage, ob Jesus der verheißene Messias sei oder nicht. Der Judenhaß des Christentums stützte sich in erster Linie auf die biblische Überlieferung; dabei spielte Paulus eine besondere Rolle. Seit 140 befehdeten christliche Apologeten das Judentum, wobei sie – wegen der Christenverfolgungen - die politische Zuverlässigkeit der Christen betonten und das Heidentum von Angriffen zunächst ausnahmen. Da ist es nicht verwunderlich, wenn möglicherweise schon im 2. Jahrhundert die Verfluchung der »Ketzer und Nazaräer« in das tägliche rabbinische Hauptgebet aufgenommen wurde. »Das Weitere war vorwiegend eine Geschichte von Blut und Tränen.«[2] Keineswegs war es so, daß – von einzelnen größeren Judenverfolgungen im 1. Jahrhundert abgesehen – »der weitere Verlauf des 1. Jahrtausends von Antisemitismus ziemlich frei« blieb, wie die Brockhaus-Enzyklopädie 1966 schrieb. Vielmehr führte diese Geschichte, im einzelnen wechselnd, doch ohne Zäsur, bis in die Öfen von Auschwitz. Der Antisemitismus der NS-Zeit fußt unmittelbar auf dem fanatischen europäischen Antisemitismus des 19. Jahrhunderts. Kein Bischof und kein bedeutender Theologe stand in dieser Zeit als Warner auf. Das Gegenteil war der Fall, wie später noch dargelegt werden soll. »Auschwitz und ... auch Hiroschima und seine Todesengel beruhen auf eineinhalbtausendjährigen erlauchten

1 Hans Küng: Christ sein, München 1974, S. 194 der Taschenbuchausgabe.

2 Ebenda, S. 195.

theologischen Traditionen der Kirche.«[3] Erst unter Johannes XXIII. wurde 1959 jenes berüchtigte Wort aus der katholischen Karfreitagsliturgie gestrichen: »Oremus et pro perfidis Judaeis« (lasset uns auch für die treulosen, unredlichen, ungläubigen Juden beten), das Papst Gelasius mit dem Gebet »Pro Judaeis« eingeführt hatte.

3. Das Neue Testament und die Juden: ein zwiespältiger Textbefund

Zurück zu den Anfängen des Judenhasses im Christentum, der »Religion der Liebe«. Das – freilich erst 382 kirchenamtlich endgültig festgelegte – Neue Testament enthält eine größere Zahl antijüdischer Aussagen bzw. Aussagen, die in diesem Sinn verstanden wurden. Nach dem Matthäusevangelium hat das jüdische Volk vor der Kreuzigung Jesu eine Selbstverfluchung ausgestoßen: »Sein Blut komme über uns und unsere Kinder« (Mt 27,25). Das Johannesevangelium enthält folgenden Satz, den Jesus gesagt haben soll: »Ihr habt den Teufel zum Vater, und die Begierden eures Vaters wollt ihr erfüllen...« (Jo 8,44). Besonders verhängnisvoll für die Entwicklung wurde – wie in vielem anderem auch – auf diesem Gebiet der unduldsame Paulus, der sein aus Streitschriften bestehendes Werk selbst als »Boxkampf« bezeichnet: »So laufe ich denn wie einer, der nicht ins Blaue rennt; ich führe den Faustschlag wie einer, der nicht Lufthiebe versetzt« (1 Kor 9,26). Im ersten Brief an die Thessalonicher spricht Paulus von den Juden, »die den Herrn Jesus und die Propheten getötet und uns verfolgt haben, die Gott mißfallen und allen Menschen feind sind. Sie wollen uns hindern, den Heiden zu predigen, daß sie gerettet würden, und machen so das Maß ihrer Sünden voll zu allen Zeiten. Aber schon hat sie das Strafgericht in vollem Maße erreicht« (1 Thess 2,15 f.). Im Philipperbrief schreibt Paulus: »Hütet euch vor den Hunden, hütet euch vor den Pfuschern, hütet euch vor den Männern der Zerschneidung« (Phil 3,2). Ferner: »Am achten Tage wurde ich beschnitten, ich bin aus dem Volke Israel... Aber was mir Gewinn brachte, das habe ich um Christi willen für Verlust gehalten... Um seinetwillen habe ich dies alles preisgegeben und es für Unrat gehalten...« (Phil 3,5 ff.). Damit wird der gesamte geistige und religiöse Besitz des Judentums zu Dreck erklärt. Aber es ist Gottes Wort, zumindest nach Auffassung der »Dogmatischen Konstitution über die göttliche Offenbarung« (Dei Verbum) des II. Vatikanums von 1965. Hierzu heißt es im *Katholischen Erwachsenenkatechismus* des Verbands der Diözesen Deutschlands von 1985, an dem elf Theologieprofessoren, drei Kardinäle –

3 Friedrich Heer: Gottes erste Liebe. 2000 Jahre Judentum und Christentum, Frankfurt/Berlin 1986, S. 3.

darunter der Präfekt der Glaubenskongregation – und zwei weitere Bischöfe mitgewirkt haben: Die Offenbarung Gottes sei uns nur durch das Zeugnis der Boten des Alten und Neuen Testaments und dessen schriftlichen Niederschlag in der Heiligen Schrift zugänglich. »In ihr und durch sie spricht Gott selbst zu uns. Sie enthält und bezeugt nicht nur das Wort Gottes, sie ist wahrhaft *Wort Gottes.* Unter der Einwirkung des Heiligen Geistes geschrieben (Inspiration)..., hat sie Gott selbst zum Urheber...« Weitere Worte Gottes durch den Mund des hl. Paulus: »Abraham hatte zwei Söhne, einen von der Magd und einen von der Freien... Diese beiden Mütter bedeuten die zwei Bünde. Der eine ist jener vom Berg Sinai, der zur Knechtschaft gebiert... Das obere Jerusalem aber ist die Freie... Aber wie damals der nach dem Fleisch Geborene den nach dem Geist Geborenen verfolgte, so ist es noch immer. Doch was sagt die Schrift dazu? Stoße hinaus die Magd und ihren Sohn...« (Gal 4,23 ff.). St. Paulus weiß noch mehr über die Juden zu berichten: »Trübsal und Angst kommen über jede Menschenseele, die das Böse tut, über den Juden zuerst...« (Röm 2,9). Was der Jude Böses tut, steht genauer in Röm 2,17 ff.: »Du nennst dich stolz einen Juden... Einen anderen lehrst du, und dich selbst belehrst du nicht? Du predigst, man dürfe nicht stehlen, und stiehlst? Du sprichst, man dürfe nicht ehebrechen, und brichst die Ehe? Du verabscheust die Götzenbilder und beraubst doch ihre Tempel? Du rühmst dich des Gesetzes und entehrst Gott durch Übertretung des Gesetzes? Der Name Gottes wird doch euretwegen gelästert unter den Heiden, wie geschrieben steht [Js 52,5].« Weiter sagt Paulus im Römerbrief im Zusammenhang mit der Verbreitung des Worts Christi: »Hat Israel es nicht verstanden? Schon Moses sagt: Zur Eifersucht will ich euch zwingen gegen ein Nichtvolk, gegen ein unverständiges Volk will ich euch zum Zorne reizen [5 Mos 32,21]...« (Röm 10,16 ff.). Anschließend heißt es zwar: »Ich frage mich nun: Hat Gott etwa sein Volk verworfen? Nimmermehr« (Röm 11,1). Und den Propheten Elias läßt Paulus klagen: »Aber was sagt ihm die göttliche Antwort? Ich habe mir übrigbehalten siebentausend Männer, welche ihre Knie nicht gebeugt haben vor Baal. So ist auch in dieser Zeit ein Rest (!), den die Gnade sich auserwählt hat, vorhanden... Was Israel anstrebte, das hat es nicht erreicht. Die Auserwählten haben es erreicht, die übrigen aber sind verstockt worden. Wie geschrieben steht: Gott hat ihnen einen Geist der Betäubung gegeben: Augen, damit sie nicht sehen, Ohren, damit sie nicht hören, bis auf den heutigen Tag [Js 29,10]. Und David sagt: Ihr Tisch werde ihnen zum Fallstrick, zum Fange, zum Anstoß und zur Vergeltung. Ihre Augen sollen finster werden, daß sie nicht sehen, und den Rücken beuge ihnen allezeit [Ps 69,23 f.]« (Röm 11,1–10). Zwar relativiert Paulus dann in den Schlußabschnitten des 11. Kapitels und spricht u. a. von der heiligen Wurzel, in Röm 11,23 heißt es: »Aber auch jene, wenn (!) sie nicht im Unglauben verharren, werden eingepfropft werden...«, und in Röm 11,25 ff. ist von der schließlichen Rettung Israels die Rede: »Alsdann wird ganz Israel gerettet werden« (11,26), ferner: »Gott hat alle zusammen in den Ungehorsam fallen lassen, damit er aller (!) sich erbarme« (Röm 11,32). Aber das Judenbild des Juden Paulus bleibt doch sehr zwiespältig und insgesamt judenfeindlich.[3a] Angesichts der hier zitierten Paulus-Aussagen erscheint es schwer verständlich, wenn Küng zu den Kapiteln 9–11 des Römerbriefs, die er als den klassischen Ort des Verhältnisses zwischen Christentum und Judentum bezeichnet, die Auffassung vertritt (freilich näher begründet), aller Antisemitismus sei unmöglich gemacht.[4]

Ist da nicht der Wunsch Vater der Gedanken? So schwer diese nachzuvollziehen sind, so dunkel ist die Schlußaussage des 11. Kapitels (wie so oft in der Bibel): »O Tiefe des Reichtums, der Weisheit und der Erkenntnis Gottes; wie unbegreiflich sind seine Gerichte und wie unerforschlich seine Wege!«

Wer trotz obiger Zitate zweifeln will, der sei auf einige andere, handfeste antisemitische Stellen in der Bibel hingewiesen. Laut Mt 23,29 ff. hat Jesus selbst gesagt: »Wehe euch, ihr Schriftgelehrten und Pharisäer, ihr Heuchler! ... So gebt ihr euch selbst das Zeugnis, daß ihr Söhne der Prophetenmörder seid; doch ihr macht es voll, das Maß eurer Väter! ... ich sende zu euch Propheten, Weise und Schriftgelehrte; die einen von ihnen werdet ihr töten und kreuzigen; andere von ihnen werdet ihr in euren Synagogen geißeln und von Stadt zu Stadt verfolgen, damit alles gerechte Blut, das auf Erden vergossen wurde, über euch komme, vom Blut des gerechten Abel an bis zum Blut des Zacharias, des Sohnes des Barachias, den ihr zwischen Tempel und Altar umgebracht habt. Wahrlich, ich sage euch: Dies alles wird über dieses Geschlecht kommen.« Soweit – angeblich – Jesus, mit dessen Bergpredigt dies schwerlich zu vereinbaren ist. Häufig erwähnt die Apostelgeschichte, die eine ganze Reihe judenfeindlicher Stellen enthält[5], die Juden hätten Jesus umgebracht. »Welchen Propheten haben eure Väter nicht verfolgt? Ja, getötet haben sie jene, die geweissagt haben vom Kommen des Gerechten, dessen Verräter und Mörder ihr geworden seid!« (Apg 7,52). Durch die gesamte christliche Literatur werden die Juden als Prophetenmörder gebrandmarkt, obwohl – H. J. Schoeps hat dies in *Aus frühchristlicher Zeit* in einem eigenen Kapitel dargestellt – das Alte Testament mit seiner Fülle an Propheten insgesamt nur von zwei Prophetenmorden spricht. Von den Mordtaten der Propheten soll hier nicht die Rede sein.

Die judenfeindlichste Schrift des Neuen Testaments aber ist das sogenannte Evangelium des Johannes. Es stammt allerdings nach dem Ergebnis der

3a Schalom Ben-Chorin hat in seinem bekannten Paulus-Buch auf die »Ambivalenz des Paulus zwischen tiefer Liebe zu Israel und jüdischem Selbsthaß« (so in der Nachbemerkung 1986 der Taschenbuchausgabe) hingewiesen. Vgl. auch Weddig Fricke: Standrechtlich gekreuzigt, Frankfurt 1986, S. 46 ff.

4 Hans Küng: Die Kirche, Freiburg 1967, S. 170 ff. der Taschenbuchausgabe.

5 Siehe z. B. Apg 2,22 ff.; 3,15; 7,52; 13,46; 18,6; 28,25 ff.

gesamten – von der katholischen Amtskirche freilich verpönten – kritischen Bibelwissenschaft mit Sicherheit nicht vom schon viel früher getöteten Apostel Johannes. Im übrigen bezeugt der Schrifttext nur die Augenzeugenschaft des Johannes, nicht aber seine Verfasserschaft. – Während der Jesus der ersten drei (synoptischen) Evangelien noch zur Rettung der verlorenen Schafe Israels gesandt ist, erscheinen sie im vierten Evangelium als Inbegriff der Schlechtigkeit. Über fünfzigmal erscheinen sie als Jesu Gegner, und ständig trachten sie ihm nach dem Leben. Eingangs wurde schon die Aussage Jesu über die Abstammung der Juden vom Teufel zitiert. Einige Beispiele: »Hierauf wanderte Jesus in Galiläa umher; denn er wollte nicht in Judäa umherwandeln, weil die Juden ihn zu töten suchten« (Jo 7,1); über einen Aufenthalt in Galiläa heißt es: »Niemand aber redete öffentlich über ihn, aus Furcht vor den Juden« (Jo 7.13); »Ich weiß, daß ihr Nachkommen Abrahams seid; aber ihr sucht mich zu töten, weil mein Wort bei euch keinen Eingang findet« (Jo 8,37); »Ich und der Vater sind eins. Da hoben die Juden wiederum Steine auf, um ihn zu steinigen« (10,31 f.); »Wollt ihr nun, daß ich euch den König der Juden freigebe? Da schrien sie zurück: Nicht diesen, sondern den Barabbas! Barabbas aber war ein Räuber« (Jo 18,39 f.). Von Bedeutung ist dabei, daß im Gegensatz zu den Synoptikern, wo meist die »Schriftgelehrten« und »Pharisäer« Jesu Gegner waren, nunmehr »die Juden« schlechthin die Gegner sind. Der Kampf gegen die Juden war ein Leitmotiv des Autors des vierten Evangeliums.[6]

Und die Apokalypse, durch einen Engel kundgegeben und nach orthodoxer Lehre ebenfalls inspiriertes Wort Gottes, enthält die Sätze: »Es lästern dich jene, die sich als Juden bezeichnen, es aber nicht sind; sondern Lügner sind sie. Siehe, ich werde sie dazu bringen, daß sie kommen und dir huldigend zu Füßen fallen...« (Apk 3,9).

Zur Auffassung von den Juden als Gottesmördervolk, die in den Passionsberichten ihre Grundlage hat und sich so schrecklich bis in die jüngste Vergangenheit auswirkte, sagt der bekannte jüdische Philosoph und Theologe Pinchas Lapide: »Die Anklage des Christusmordes durch die Juden zerfällt bereits, wenn man den gesunden Menschenverstand und ein Mindestmaß an geschichtlicher Kenntnis zu Wort kommen läßt.«[7] Akten und authentische Berichte zum Prozeß Jesu stehen nicht zur Verfügung, sondern ausschließlich die Evangelien, die keine historischen Urkunden, sondern Glaubenszeugnisse sind, Missionsliteratur und Apologetik. Selbst in der gesamten christlichen Literatur ist anerkannt, daß die Evangelisten wenig an histori-

6 Hierzu Emanuel Hirsch: Das vierte Evangelium in seiner ursprünglichen Gestalt, 1936.

7 Eindrucksvoll ausgeführt in seinem Vortrag »Wer war schuld an Jesu Tod?«, der am 23. März 1986 im Bayerischen Rundfunk gesendet wurde; die weitere Darstellung fußt auf dem Typoskript dieser Kirchenfunksendung; zum Ganzen siehe auch Pinchas Lapide: Wer war schuld an Jesu Tod?, Gütersloh 1987, und ausführlich Weddig Fricke: Standrechtlich gekreuzigt.

schen Tatsachen interessiert waren. Versetzt man sich in die Zeit Jesu zurück, so ergibt sich: Einen jüdischen Prozeß Jesu hat es nicht gegeben. Johannes und Lukas kennen nämlich einen Prozeß vor dem Hohen Rat nicht, und die Gerichtsschilderungen von Markus und Matthäus widersprechen einander fünfmal und der damaligen jüdischen Rechtspraxis in elf wesentlichen Punkten. Dazu gehört die Behauptung bei Markus, *alle* hätten ihn des Todes würdig befunden, was die sofortige Freilassung Jesu hätte zur Folge haben müssen. Man nahm in solchen Fällen Befangenheit an. Auch ein Prozeß in nur einer Sitzung, ohne Verteidiger, mit falschen Zeugen und einer nächtlichen Verurteilung am Vorabend des Passahfestes hätten den Vorschriften des Hohen Rates (Synhedrion), des höchsten jüdischen Gerichts, eindeutig widersprochen. Sämtliche außerevangelische Quellen (griechische, römische, jüdische) bescheinigen Pontius Pilatus, dem römischen Statthalter, große Brutalität und Rechtswillkür. Ihr fielen in zehn Jahren Amtszeit 6000–8000 Juden zum Opfer, die sämtlich gekreuzigt wurden. »Seine angebliche Beschützung eines ihm völlig unbekannten Juden vor ›den Juden‹ wie auch seine alttestamentliche Geste des Händewaschens (vgl. Dt 21,6; Ps 26,6) als Zeichen seiner angeblichen Unschuld (Mt 27,24) sprechen aller historischen Plausibilität Hohn.«[8] Die Evangelien enthalten eine Reihe weiterer Ungereimtheiten im Zusammenhang mit der Verwendung des Wortes »Volk«. Wichtig für das Überleben des Christentums war es, die Schuld der Römer herunterzuspielen und die angebliche Schuld der Juden möglichst aufzubauschen, denn ein bloß gescheiterter Rebell wäre für die Mission untauglich gewesen. Nur so konnte man auch auf die Duldung der neuen religiösen Bewegung durch die Römer hoffen. Lapide legt auch anhand zahlreicher Stellen der Evangelien dar, daß das Hinrichtungsgeschehen ab der Verhaftung eine rein römische Sache war. Juden hingegen folgten Jesus auf seinem Kreuzweg, gaben ihm einen Linderungstrunk, beweinten ihn und gaben ihm ein würdiges Begräbnis, Juden schließlich ist – laut NT – der Auferstandene erschienen, und Juden haben die ersten Gemeinden gegründet. Im übrigen war Jesu Tod nach den Evangelien ein Herzstück der göttlichen Vorsehung, da heilsnotwendig.[9] Insgesamt ist daher der auf denkbar breiter Ebene bis zum Zweiten Vatikanischen Konzil und seiner berühmten »Judenerklärung« von 1965 (dazu ausführlich später) und noch darüber hinaus erhobene Gottesmordvorwurf gegen das jüdische Volk in jeder Hinsicht unsinnig, was

8 Ebenda.

9 Die nahezu allgemein anerkannte These vom Kreuzestod Jesu wird im übrigen ernsthaft und mit bemerkenswerten Gründen bei uns hauptsächlich von dem Theologen Holger Kersten bezweifelt; vergleiche dessen Forschungsergebnisse in dem nach Forschungsreisen, archäologischen, völkerkundlichen und historischen Studien erschienenen Buch: Jesus lebte in Indien, München 1984, eine unerhört spannende, mit Fotos reich illustrierte Arbeit. Vergleiche in dieser Richtung auch Siegfried Obermeier: Starb Jesus in Kaschmir?, 4. Auflage 1985; und gegen solche Thesen Günter Grönbold: Jesus in Indien. Das Ende einer Legende, 1985 (apologetisch).

sogar der Trienter Katechismus von 1566 anerkannte, obwohl dieser in einer Zeit der scharfen kirchlichen Judenverfolgung entstand. Soweit in Kürze die Argumentation Lapides.

Heutige christliche Neutestamentler freilich – an erster Stelle sind hier die kath. Theologen Clemens Thoma und Franz Mußner zu nennen – kommen in eindrucksvollen Arbeiten zu Ergebnissen, die die antijüdisch klingenden Stellen des Neuen Testaments in einem milderen Licht erscheinen lassen. Wer sich mit den Aussagen des Neuen Testaments zum Judentum näher auseinandersetzen will, kommt um diese Arbeiten nicht herum. Die Aussage, das Neue Testament sei insgesamt stark antijüdisch, muß eingeschränkt werden. Den überaus zahlreichen antijüdischen, zum Teil volksverhetzerischen Aussagen des Neuen Testaments stehen andere gegenüber, insbesondere im Zusammenhang mit dem Passionsgeschehen, aber auch bei Paulus. Als »locus classicus« des Verhältnisses der Kirche zum Volk Israel gelten die Kapitel 9–11 des Römerbriefes. Zwar ist Israel in seinem ungläubigen Ungehorsam unentschuldbar, weil es die Erfüllung der Verheißung nicht erkannte (Röm 10,14–21). Andererseits steht Israels Verwerfung im Dienst der Erwählung der Heiden: »Hat Gott sein Volk etwa verstoßen? Das sei ferne! –« (11,1 f.). Gott hat zwar Israel verhärtet, betäubt und verfinstert, aber nicht aus seinem Heilsplan entfernt. »Ich frage nun: Sind sie etwa gestrauchelt damit sie zu Fall kämen? Nimmermehr! Sondern durch ihren Fall ist das Heil zu den Heiden gekommen, um sie zum Nacheifern zu reizen« (11,11). Nach Röm 11,17 f. tragen nicht die aus den Heiden auf den edlen Baum aufgepfropften wilden Zweige die Wurzel, sondern umgekehrt. Zum Schluß verkündet Paulus eine Art eschatologisches Geheimnis: »... schließlich wird ganz Israel gerettet werden!« (11,26). Die Juden sind zwar, so Hans Küng, »wegen ihrer Ablehnung des Evangeliums ›Feinde‹ Gottes zum Heil der Heiden«, doch »im Hinblick auf die Erwählung nach wie vor Gottes ›Lieblinge‹ um ihrer Väter willen« (11,28). »Die Verstockung Israels ist befristet bis zum Gerettetwerden der Vollzahl der Heiden.«[10] Und letztlich heißt es bei Paulus auch: »Gott hat alle in den Ungehorsam hineinverschlossen, damit er sich aller erbarme« (Röm 11,32). Aber selbst die nachkonziliaren heutigen Theologen müssen anerkennen:

> »Zwischen Christen und Juden steht unübersehbar – für ein Sichfinden ein anscheinend unübersteigbares Hindernis – das Kreuz, für die Juden ein Ärgernis, für die Christen Gottes Kraft und Weisheit. Von *daher* ... durchzieht das ganze Neue Testament eine antijüdische Frontstellung, die Evangelien so gut wie die Paulusbriefe, die natürlich auch Abwehr gegen die die Existenz der Kirche bedrohende Haltung des Pharisäertums sind. Die Frage ist nicht unberechtigt, ob nicht das Neue Testament selbst dem späteren kirchlichen Antijudaismus mindestens Vorschub geleistet habe.«[11]

---

10 Zitate aus H. Küng: Die Kirche, a. a. O., S. 176, Kapitel »Die Kirche und die Juden«, S. 160–180.
11 Ebenda, S. 170.

Ist daher (vgl. hierzu auch VIII.1) nach allem der biblische Textbefund in der Antijudaismusfrage bestenfalls als recht zwiespältig anzusehen, so sprechen die Tatsachen in der Frühgeschichte des Christentums eine um so deutlichere Sprache. Sie gaben dem protestantischen Gelehrten Carl Schneider, einem bedeutenden Kenner der hellenistischen und frühchristlichen Geistesgeschichte, Anlaß, 1940 ein Buch mit dem Titel *Das Frühchristentum als antisemitische Bewegung* zu veröffentlichen. Daß die Judenfeindschaft keine Basis in der Bibel habe, gilt um so weniger, wenn man nicht vom vorgefaßten Standpunkt des christlichen Glaubens ausgeht – ich meine vor allem den Vorgang, der religionswissenschaftlich die Vergottung Jesu genannt wird[12] –, sondern in Verbindung mit den Ergebnissen einer hauptsächlich von protestantischen Theologen getragenen 200jährigen kritischen Bibelwissenschaft von den historischen Verhältnissen Judäas zur Zeit Jesu. In diesem Zusammenhang ist auch die komplizierte Entstehungsgeschichte des Neuen Testaments von Bedeutung, deren Grundzüge im Bereich der Wissenschaft freilich ziemlich geklärt sind und auch von Theologen weitgehend anerkannt werden.[13]

Bei der nicht theologischen, sondern historischen Betrachtung zeigt sich, daß unter den im Vergleich zur Zeit Jesu völlig veränderten heidenchristlichen Verhältnissen zur Zeit der Entstehung der heutigen Evangelien und nach dem Untergang der judenchristlichen Urgemeinde das paulinisch-hellenistische Christentum allen Anlaß hatte, sich möglichst judenfeindlich zu geben. Schon im frühesten der Evangelien, dem Markusevangelium (um 70), kann man sehen, wie sich die ursprünglich christlich-jüdische Sekte gerade zur Zeit der totalen jüdischen Niederlage, des Untergangs Jerusalems und des Tempels (70), vom Judentum absetzte. Bereits um 60 hatte eine tiefe Spaltung der Judenchristen (Nazaräer) und Heidenchristen (Paulinisten) stattgefunden. Die Reste der mit dem Untergang Jerusalems im wesentlichen umgekommenen Judenchristen, zu deren Anhängern Jesu Gefährten und Verwandte gehörten (also Augenzeugen), wurden von den paulinischen Heidenchristen, deren früher Schöpfer Paulus aus Visionen Einsichten gewann, als Ketzer betrachtet, die man auch Ebioniten nannte. Um 90 schließlich wurden die Judenchristen auch noch von der Synagoge ausgeschlossen. Sie bestanden bis um 400 und lehnten bis zuletzt die Göttlichkeit Jesu ab. Paulus, der im Gegensatz zu ihnen das jüdische Gesetz ablehnte und der eigentli-

12 Dazu etwa die theologiegeschichtliche Darstellung von Adolf Martin Ritter in Carl Andresen (Hg.): Handbuch der Dogmen- und Theologiegeschichte, Bd. 1, Göttingen 1980; psychoanalytisch vor allem Erich Fromm: Das Christusdogma und andere Essays, München 1965, darin: »Die Entwicklung des Christusdogmas«; ferner Ernest Jones: Zur Psychoanalyse der christlichen Religion, Frankfurt 1970, darin: »Der Gottesmensch-Komplex«; sowie Adolf Holl: Jesus in schlechter Gesellschaft, München 1974, S. 39–51.

13 Zu den historischen Fragen findet sich eine sehr klare und knappe Darstellung aus jüdischer Sicht bei Hyam Maccoby: König Jesus. Die Geschichte eines jüdischen Rebellen, Tübingen 1982, S. 188–210.

che Begründer des Christentums war, hielten sie für einen Schwindler, der die Botschaft Jesu entstellt habe. Mit diesen »ketzerischen« Judenchristen dürften die römischen Christen nicht mehr viel gemein gehabt haben, denn Paulus hatte ja in Rom längeren Aufenthalt und dort laut Apostelgeschichte eine Gemeinde gegründet. (Allerdings gab es schon Christen in Rom, siehe Römerbrief.) Für diese war Jesus kein Revolutionär mehr, sondern eine vergeistigte Gestalt. Mit jüdischer Geschichte und jüdischen Hoffnungen konnten die römischen Christen wohl nicht viel anfangen. Zur Zeit, als das Markusevangelium in Rom geschrieben wurde, vielleicht schon etwas vorher, konnten die römischen Massen freudig zuschauen, wie während des großen Jüdischen Kriegs (66–70 bzw. 73) die aneinandergeketteten jüdischen Gefangenen durch die Straßen Roms ziehen mußten. 71 wurde in Rom ein großer Triumph veranstaltet, in dessen Rahmen unter dem Triumphgeschrei des Volkes als Höhepunkt der Zelotenführer und Sklavenbefreier Simon bar Giora erdrosselt wurde. Dies war deswegen von Bedeutung, weil es in jeder Stadt des römischen Reichs Juden gab, die infolge natürlicher Fruchtbarkeit und von Bekehrungserfolgen etwa zehn Prozent der Gesamtbevölkerung ausgemacht haben sollen und zum Symbol einer das Reich bedrohenden Auflösung geworden waren. Da die judenchristliche Verkündigung aber bis zur völkermordähnlichen Besiegung der Juden in Judäa noch viel Gewicht hatte, mußte sie umgeschrieben werden. Die römische Kirche wollte nicht mit den Juden in Verruf kommen. Da ihr paulinisches Reich Gottes in einem jenseitigen Himmel angesiedelt, also nicht mehr revolutionär war – der ersehnte jüdische Messias war ja immer eine irdische Erscheinung –, konnten sie mit ihren römischen Nachbarn in Frieden leben. Ausdrücklich heißt es ja im Römerbrief (13,1): »Jedermann unterwerfe sich den vorgesetzten Obrigkeiten; denn es gibt keine Obrigkeit außer von Gott...« Auch lebten die römischen Christen nicht in einem brutal besetzten Land, dessen Zustände nach Umsturz schrien. Da lag es nicht nur theologisch, sondern auch historisch nahe, daß die Evangelien, die jetzt aufgeschrieben wurden, eine antijüdische Tendenz erhielten. Markus, der früheste Evangelist, kam wie die hellenistischen Bekehrten aus einer antijüdischen Umgebung und schrieb sein Evangelium in Rom. Er stammte zwar aus Jerusalem und war laut Apostelgeschichte Mitglied der Urgemeinde. Andererseits ist die Verfasserschaft des Markus, Vetter des Barnabas, unwahrscheinlich, denn der Verfasser ist offensichtlich Heidenchrist. Wer auch immer der Verfasser war: Das Markusevangelium stellt die religiösen Führer als erbitterte Feinde Jesu dar, die seine Göttlichkeit nicht anerkennen wollten. Nur Matthäus, der in Kap. 23 heftige antijüdische Gefühle zeigt, bringt die schreckliche Selbstverfluchung. Ein Jude dürfte Matthäus nicht gewesen sein, da er wenig Kenntnis des jüdischen Gesetzes beweist. Lukas setzt die antijüdische und prorömische Tendenz fort. Das stark antijüdische Evangelium des Johannes, ebenfalls eines Hellenen wie Lukas, stellt Jesus als Nichtjuden dar. Dort spricht Jesus z. B. von »eurem Gesetz« und »den Festen der Juden«. Die Juden sind nun schon die vom Satan beeinflußten vorherbestimmten Feinde des Lichts. Judenchristliche Ansichten zur Person Jesu finden sich nicht mehr. Jetzt ist Jesus bereits göttliche Lichtgestalt. Er ist ein abstrakter, mystischer Grieche geworden. In Verbindung mit dem starken Dualismus des Neuen Testaments – Hölle und Teufel waren etwas ziemlich Unjüdisches, für das sich im Alten Testament allenfalls Ansatzpunkte finden lassen[14] – lagen also insgesamt gute Voraussetzungen für ein künftiges Gedeihen antijüdischer Verhaltensweisen vor. Und Pontius Pilatus, über dessen historische Brutalitäten man gut Bescheid weiß, ein grausamer, habsüchtiger und korrupter Mann, der für viele ungerechte Hinrichtungen verantwortlich war und schließlich seines Amtes enthoben wurde, weil er ein sinnloses Blutbad angerichtet hatte: diesen Pilatus also zeichnen die Evangelien milde und verständnisvoll, und zwar in sich steigernder Milde nach der historischen Reihenfolge der Entstehung der Evangelien. Lapide hat dies im einzelnen aufgezeigt. Das Unrecht der Juden, die ihren eigenen Erlöser töteten, wird durch diese Verzeichnung so recht deutlich. Es fällt auf, daß das Wort »Römer« in allen Evangelien nur einmal vorkommt (Jo 11,48), obwohl die Römer nicht nur unter Pilatus ein brutales Besatzungsregiment führten und das Land unglaublich auspreßten. Die römische Besatzung ist den Evangelien völlig unwichtig. »Es ist, als würde jemand über Frankreich in den Jahren 1940–45 schreiben, ohne zu erwähnen, daß es von Nazideutschland besetzt war.«[15] Der einzige römische Darsteller neben Pilatus ist der Hauptmann unterm Kreuz, der mit den Worten zitiert wird: Wahrlich, dieser ist Gottes Sohn gewesen. Obwohl Pilatus über die Hinrichtung entschied und römische Soldaten sie nach römischer Methode vollzogen, gelang es den Evangelisten, zu zeigen, daß die Römer eigentlich gar nicht verantwortlich waren. Es entsteht der Eindruck, als hätte Pilatus unter dem Druck des (historisch fragwürdigen) Passahvorrechts und der jüdischen Menge gehandelt, die doch Jesus nur kurze Zeit vorher noch begeistert empfangen hatte. Die ebenso antijüdischen wie prorömischen Evangelien waren eine günstige Voraussetzung für die Verbreitung des paulinischen Christentums. Die Barrabas-Geschichte der Passion zeigte, daß die Juden ihre Stellung als Volk Gottes durch Verrat verwirkt hätten und alle Verheißungen sich jetzt auf die Christen bezögen. Das »Kreuzige ihn« machte die Juden zum schuldigen Volk.

»Der Gegensatz zwischen dieser milden Darstellung [der Römer] und der rauhen politischen Wirklichkeit sollte der Ausgangspunkt jeder Deutung der Evangelien sein; doch die überwälti-

---

14 Dazu ausführlich das zuerst 1869 erschienene Hauptwerk des protestantischen Theologen Gustav Roskoff: Geschichte des Teufels, Bd. 1, S. 186–199; Reprint Nördlingen 1987.

15 H. Maccoby, a. a. O., S. 19.

gende Mehrheit der Kommentare zum Neuen Testament erwähnen ihn nicht einmal. Man kann ganze Bibliotheken von Büchern über die Evangelien durchsuchen, ohne jemals der auf der Hand liegenden und entscheidenden Frage zu begegnen: ›Warum übt Jesus nie Kritik an den Römern?‹«

Die Evangelien schufen eine Jesusgestalt, die den Bedürfnissen der heidenchristlichen Kirche entsprach.

»Der Prophet und König, menschlich und jüdisch, der von der judenchristlichen Kirche verehrt, aber nicht angebetet wurde, war in ein göttliches Opfer verwandelt worden. Jesus, der in Wirklichkeit ein apokalyptischer pharisäischer Rabbi gewesen war, der die Titel Prophet und König beansprucht hatte, war in einen heidnischen Gott verwandelt worden.«[16]

Diese jüdische Sichtweise ist anhand der historischen Fakten und der Evangelientexte ohne weiteres nachvollziehbar und in sich schlüssig, und sie bietet eine tragfähige Erklärungsgrundlage für die Geschichte des christlichen Antijudaismus, zumindest soweit es deren Anfänge betrifft.

4. Der Judenhaß der alten Kirchenväter

Wie sehr die historischen Tatsachen mit Wunschvorstellungen zu kämpfen haben, zeigt folgendes Beispiel: Die 17. Ausgabe der *Brockhaus-Enzyklopädie* (1966) weiß zum Verlauf der Geschichte der Judenfeindschaft folgendes zu berichten: »Judenverfolgungen größeren Stils wurden während des 1. Jh. n. Chr. ... gemeldet. Doch blieb der weitere Verlauf des 1. Jahrtausends von Antisemitismus ziemlich frei.« So war es aber keineswegs, wie sich gleich zeigen wird. Im 2. bis 4. Jahrhundert bildete sich vielmehr ein heftiger christlicher Antijudaismus aus.

Besonders scharf ist der um 130 in Syrien entstandene und damals hochgeschätzte *Barnabasbrief*, den Clemens von Alexandrien (um 140/150 bis 215, Leiter einer Katechetenschule in Alexandrien) und dessen Nachfolger Origenes (ca. 185–253), bedeutendster Theologe seiner Zeit, sogar zur Hl. Schrift zählten. Selbst Origenes vertrat die Auffassung, Jerusalem sei zu Recht bis auf den Grund zerstört worden. Justin, der bedeutende Apologet, verfaßte um 160 seinen »Dialog mit dem Juden Tryphon«, in dem von den Juden behauptet wurde, sie seien voll jeder Schlechtigkeit, ihre Sündhaftigkeit steige ins Maßlose; in der totalen Unterwerfung durch die Römer sieht Justin das göttliche Strafgericht über das Gottesmördervolk und schreibt: »Es... ist recht und gut, daß euch das zugestoßen ist... ihr verkommenen Söhne, ehe-

16 Ebenda, S. 210. Zur Frage der Notwendigkeit antijüdischer Darstellung in den Evangelien vergleiche auch das interessante Buch eines christlichen Juristen, Weddig Fricke: Standrechtlich gekreuzigt. Person und Prozeß des Jesu aus Galiläa, Frankfurt 1986, positiv rezensiert von Lapide in der *Neuen Juristischen Wochenschrift* 1988, S. 321.

brecherisches Gezücht, Dirnenkinder«.[17] Gleichwohl wurde der Verfasser als der »milde Justin« bezeichnet.

Die Kirchenväter des 3.–5. Jahrhunderts haben den Antijudaismus fast zu einer Literaturgattung gemacht. So tragen Kampfschriften des Tertullian, Augustinus, Joh. Chrysostomus und etlicher anderer Kirchenväter den Titel »Gegen die Juden«. Tertullian (um 160 – um 225), dem bedeutendsten lateinischen Kirchenschriftsteller der Frühzeit, war die Einsicht gegeben, daß die Juden nicht in den Himmel kommen. Bischof Cyprian, Heiliger und Kirchenvater (um 200/210–258), sprach vom Teufel als des Juden Vater. »Der Teufel ist des Juden Vater« stand auch in den Schaukästen der antisemitischen Wochenzeitung *Der Stürmer* von Julius Streicher (die allerdings auch den Katholizismus angriff). Der Heilige und Kirchenlehrer Ephräm der Syrer (306–373) sagte: »Flieh vor den Juden, denn nichts gilt ihnen dein Tod und dein Blut« und »Ihre Führer sind Verbrecher, ihre Richter Schurken... sie sind 99mal so schlecht wie die Nichtjuden«. Der Heilige und Kirchenlehrer Johannes Chrysostomus (griech. »Goldmund«), um 350–407, Patriarch von Konstantinopel, größter Prediger der griechischen Kirche, ein »strenger, sittenreiner Asket«, verfaßte acht Predigten gegen die Juden. Diese seien »nicht besser als Schweine und Böcke« und ihre Seelen Herbergen des Teufels. Mit ihnen dürfe man nicht verkehren, zumal sie nicht nur Christus getötet hätten, sondern sogar ihre eigenen Kinder umbrächten. Zur Synagoge predigte er: »Nenne einer sie Hurenhaus, Lasterstätte, Teufelsasyl, Satansburg, Seelenverderb, jeden Unheils gähnenden Abgrund oder was immer, so wird er noch weniger sagen, als sie verdient hat.«[18] Denn erbittert muß der Heilige sehen, wie die Juden in Antiochia erfolgreich unter den Christen missionieren. Gregor v. Nyssa, Heiliger und Kirchenvater (ca. 334–ca. 395), nannte die Juden »Prophetentöter, Streiter wider Gott, Gotthasser, Gesetzesübertreter, Feinde der Gnade, dem Glauben ihrer Väter entfremdet, Advokaten des Teufels, Schlangenbrut, Denunzianten, Verleumder, umnachtet, Hefe der Pharisäer, Synedrium von Dämonen, Zerstörer, durch und durch böse, Steiniger, Hasser des Guten«.[19] Basilius v. Cäsarea (der Große), Heiliger und Kirchenlehrer (um 330–379), schloß sein *Hexaemeron:* »... zu Schanden werde der Jude«. Der berühmte protestantische Kirchenhistoriker Adolf von Harnack (1851–1930), Mitglied der preußischen Akademie der Wissenschaften, Generaldirektor der Preußischen Staatsbibliothek, stellte fest, es sei übereinstimmende Ansicht aller christlichen Schriftsteller der nachapostolischen Zeit,

---

17 Vergleiche Karlheinz Deschner: Abermals krähte der Hahn, Neuausgabe 1986, S. 445 ff. (mit Nachweisen).

18 F. Heer: Gottes erste Liebe, a. a. O., S. 63.

19 Zitiert nach Hartwig Weber: Jugendlexikon Religion (rororo Handbuch), Stichwort »Antisemitismus«, S. 41–45.

Israel sei »eigentlich zu allen Zeiten die After- bzw. die Teufelskirche gewesen«.[20]

Um den schauerlichen Antijudaismus des (nicht nur frühen) Christentums in ein moderneres Licht zu setzen, sei § 130 des Strafgesetzbuches der Bundesrepublik zitiert: »Wer in einer Weise, die geeignet ist, den öffentlichen Frieden zu stören, die Menschenwürde anderer dadurch angreift, daß er 1. zum Haß gegen Teile der Bevölkerung aufstachelt, 2. zu Gewalt- oder Willkürmaßnahmen gegen sie auffordert oder 3. sie beschimpft, böswillig verächtlich macht oder verleumdet, wird mit Freiheitsstrafe von drei Monaten bis zu fünf Jahren bestraft. Daneben kann auf Geldstrafe erkannt werden.«

5. Judenfeindschaft nach der konstantinischen Wende: Ambrosius, Hieronymus, Augustinus; Konstantin

Alles hatten die Christen von den Juden: den monotheistischen Gott, Jesus, die Apostel und das Alte Testament. Aber im Zuge der Glaubensdifferenzen und der dem Jahr 70 folgenden vollständigen Trennung von Judentum und Christentum (Judenchristen gab es fast keine mehr) begnügte man sich schließlich nicht mehr mit Beschimpfungen, sondern ging zu Handgreiflichkeiten über, nachdem mit der vielfach gepriesenen »Konstantinischen Wende« im 4. Jahrhundert die verfolgte und leidende Kirche zur »Siegerkirche« geworden war. (In Wirklichkeit handelte es sich um die endgültige Abkehr der hierarchischen Kirche von der Religion der Liebe, den Beginn des bis heute andauernden verhängnisvollen Bündnisses von Thron und Altar, dieses »unmoralischen Verhältnisses«, so Horst Herrmann, ehemals katholischer Kirchenrechtsprofessor und Verfasser eines 1974 erschienenen einschlägigen Buches zur Situation in der Bundesrepublik). Adolf von Harnack schrieb zum welthistorisch wichtigen 4. Jahrhundert in seiner berühmten Dogmengeschichte, es handele sich um ein Zeitalter zunehmender theologischer Verlogenheit, einen Kampf aller gegen alle mit Fälschungen, Verleumdungen, Mord und Aufruhr. So kam es etwa 366 nach dem Tod des römischen Bischofs Liberius zu Kämpfen zwischen Anhängern des Ursinus und des später siegreichen Damasus. Letzterer setzte u. a. Gladiatoren ein. Der kaiserliche Hof mußte eingreifen. Die Anhänger des Damasus verbrannten über hundert ihrer Gegner in einer Basilika. Unter Damasus, dem der katholische Papsthistoriker Hans Kühner einen »skrupellosen Charakter« bescheinigt, wurde 382, im Jahr nach dem wichtigen sog. Zweiten ökumenischen Konzil (Trini-

20 Adolf von Harnack: Die Mission und Ausbreitung des Christentums in den ersten drei Jahrhunderten, 4. Aufl. 1924.

tätslehre), der Kanon der »Heiligen Schriften« kirchenamtlich festgesetzt. Soweit eines von vielen Beispielen aus dem 4. Jahrhundert.

Zu den Auswirkungen des bereits geschilderten theoretischen Judenhasses der Frühzeit schreibt der protestantische Theologieprofessor Hartwig Weber:

> »Der Antisemitismus der frühen Christenheit übertraf alle ältere oder gleichzeitige außerchristliche Judenfeindlichkeit. Ab dem 4. Jahrhundert wirkte sich der christliche Haß in der kirchlichen und staatlichen Gesetzgebung in zahlreichen Gewalttätigkeiten gegen die Juden und ihre Synagogen aus. Schrittweise verloren die Juden ihre Bürgerrechte. Auf Übertritt zum Judentum stand Tod durch Verbrennen (Gesetz Konstantins von 315). Die jüdische Mission wurde verboten. Bei gewalttätigen Ausschreitungen gegen die Juden traten häufig Bischöfe und Mönche als Anstifter auf.«[21]

Dem Einfluß der Kirche folgend begannen die christlichen Kaiser alsbald mit der Unterdrückung der Juden. Die Synode von Elvira (bei Granada) stellte schon 306 bemerkenswert strenge Kanones zur Kirchenzucht auf (Kanon 33 ist die wohl älteste bekannte Zölibatsfestlegung). U. a. wurden Mischehen zwischen Christen und Juden unter Strafe gestellt. Der Umgang mit Juden wurde mit Exkommunikation bedroht. Kaiser Konstantin (»der Große«), Heiliger der Ostkirchen (um 285–337), der sich durch die Ermordung seines letzten Mitregenten Licinius die Alleinherrschaft gesichert hatte, wollte nicht abseits stehen. Er warf den Juden, diesem »verworfenen Volk«, das aus »blutgefleckten Menschen« bestehe, »angeborenen Wahnsinn« vor. Das erste Gesetz, das die Kirche dem christlich gewordenen Reich aufzwang, war das an die Juden gerichtete Verbot, Proselyten zu machen (d. h. zu missionieren). Durch das von ihm – nicht vom römischen Bischof – einberufene und geleitete sog. Erste ökumenische Konzil von Nicäa (325) ließ er den Juden das Halten von christlichen Sklaven verbieten. – Die Kirche freilich dachte nicht an die Abschaffung der Sklaverei. Vielmehr hielt sie, die ehedem gerade bei den Sklaven zahlreiche Anhänger gewonnen hatte, bis zum Zusammenbruch der Sklavenwirtschaft daran fest und lehnte auch die ansonsten weithin übliche Freilassung ab: Kirchensklaven waren als Kirchengut unveräußerlich. Als einer der letzten Staaten trat im 19. Jahrhundert der Kirchenstaat dem internationalen Antisklavereiabkommen bei. Der bis 1983 geltende Codex Juris Canonici von 1917 erklärte noch lange nach der internationalen Antisklavereiakte von 1927 in Kanon 1083 § 2,2 die Ehe zwischen einem freien und einem rechtlich versklavten Partner für ungültig, wenn der freie Partner den Unfreien für frei hielt. – Zurück zu Konstantin, der sich übrigens erst vor seinem Tod taufen ließ, und zwar arianisch, also ketzerisch (»Man glaubte, das Geheimnis gefunden zu haben, verrucht zu leben und tugendhaft zu sterben«, so Voltaire). Die Urteile der Nachwelt über Kaiser Konstantin liegen

21 H. Weber: Jugendlexikon Religion, Reinbek 1986, Stichwort Antisemitismus.

weit auseinander. »In der von Eusebius [dem Begründer der Kirchengeschichtsschreibung] begründeten christl. Überlieferung erschien K. als Vorbild des wahren Herrschers«, heißt es in der Brockhaus-Enzyklopädie (1970). Ganz anders sah es der bekannte englische Freiheitsdichter Percy Bysshe Shelley (1792–1822: »...dieses Ungeheuer Konstantin... dieser kaltblütige und scheinheilige Rohling durchschnitt seinem Sohn die Kehle, erdrosselte seine Frau, ermordete seinen Schwiegervater und seinen Schwager und unterhielt an seinem Hofe eine Clique blutdürstiger und bigotter christlicher Priester, von denen ein einziger genügt hätte, die eine Hälfte der Menschheit zur Abschlachtung der anderen aufzureizen.« Ganz anders wieder der 1915 geborene protestantische Theologe Kurt Aland: »Konstantin war Christ. Wer so handelt und vor allen Dingen so handelt in einer Welt, die überwiegend heidnisch ist, ist Christ, und zwar Christ dem Herzen, nicht nur der äußeren Handlung nach«.[22]

Konstantins Söhne stellten die Heirat eines Juden mit einer Christin unter Todesstrafe, und den Übertritt eines Christen zum Judentum bestraften sie mit der Konfiskation des gesamten Besitzes. 404 enfernte man die Juden aus dem Heer und aus allen Staatsämtern: Die Kirche drängte stets auf scharfen Kampf gegen die Juden. Der kaiserliche Schutz zumindest der Synagogen konnte schließlich auch nicht mehr gewährleistet werden. Die erste bekannte christliche Niederbrennung einer Synagoge fand 388, nur wenige Jahre nach Erhebung der christlichen Religion zur Staatsreligion, auf Befehl des Bischofs in Kallinikon (Euphrat) statt. Hintergrund war folgender: Die Juden verehrten in Antiochia die Gräber der heldenhaften Makkabäer-Brüder, die im 2. Jahrhundert v. u. Z. gegen die seleukidische Herrschaft aufstanden und einen Religionskrieg entfesselten (vgl. die vielfach legendären zwei Makkabäer-Bücher des Alten Testaments, die allerdings in protestantischen Bibeln fehlen). Um den Juden die Makkabäer-Verehrung madig zu machen, begannen auch die Christen, die Makkabäer zu verehren, zunächst in Antiochia. Natürlich waren die syrischen Juden darüber aufgebracht. 388 veranstalteten die Christen des syrischen Kallinikon eine Prozession zu Ehren der jüdischen Makkabäer-Brüder. Bei dieser Gelegenheit steckten sie die Synagoge in Brand. Kaiser Theodosius aber war über diese Freveltat empört und befahl, die Synagoge auf Kosten des Ortsbischofs wieder aufzubauen sowie Brandstifter und Diebe zu bestrafen. Diese Forderung gefiel dem angesehenen Mailänder Bischof Ambrosius (ca. 340–397) nicht. Er schrieb dem ebenfalls in Mailand anwesenden Kaiser:

»Wenn du das für ein Verbrechen hältst, Kaiser, so mache mich dafür verantwortlich. Warum ein Gerichtsverfahren gegen Abwesende, wenn du hier einen geständigen Angeklagten hast? Ich

---

22 Zitiert nach Karlheinz Deschner: Kriminalgeschichte des Christentums, Reinbek 1986, Bd. 1; dort eine Darstellung zu Konstantin S. 213–285.

erkläre, daß ich die Synagoge in Brand gesteckt habe, daß ich es befohlen habe, um das Haus zu beseitigen, in dem Christus geleugnet wird... Soll denn das Haus des jüdischen Unglaubens aus der bei Christen gemachten Beute erbaut werden, soll das dank Christi Wohlwollen gewonnene Geld in den Besitz der Ungläubigen überführt werden? ...Sollen die Juden an die Front ihrer Synagoge schreiben; Tempel des Unglaubens, errichtet aus der bei Christen gemachten Beute?... Dies ist kein genügender Grund für die Bestrafung des Volkes wegen Niederbrennung eines Gebäudes, da es sich um eine Synagoge handelt, diesen Ort des Unglaubens, Stätte der Gottlosigkeit, Schlupfwinkel des Wahnsinns, den Gott selbst verdammt hat... Willst du den Juden diesen Triumph über die Kirche gewähren... Die Juden werden diesen Tag unter ihre Festtage aufnehmen... Was hat der Fromme gemein mit dem Ungläubigen? Mit dem Ungläubigen müssen auch die Zeugnisse des Unglaubens ausgerottet werden.«[23]

Darüber hinaus erklärte Ambrosius dem mit einer Amnestie zögernden Kaiser, er werde in dessen Gegenwart bis zur Rücknahme des Wiederaufbaubefehls kein Meßopfer feiern. Nicht nur das: Ambrosius rügte den Kaiser öffentlich von der Kanzel. Dabei waren seit 212 auch alle Juden, die im Reich wohnten, römische Bürger, und der jüdische Kult war erlaubt. Der Kaiser gab schließlich nach.

Ambrosius war nicht irgendein Bischof, sondern die beherrschende Gestalt der damaligen lateinischen Kirche. Er war Lehrer des Augustinus, einer der vier großen lateinischen Kirchenlehrer. Als Vorkämpfer der Rechtgläubigkeit setzte er weitgehend die Alleinberechtigung der Kirche im Bereich des Glaubens durch; er war ein gnadenloser Ketzerfeind und Agitator für die Ausrottung der arianischen Goten. Zur Abrundung: Ambrosius hat viel zur Marienverehrung beigetragen und die Geschichte des lateinischen liturgischen Hymnus begründet. Das Loblied, das im katholischen »Lexikon für Theologie und Kirche« (1957/1986) auf ihn angestimmt wird, gipfelt in dem Satz: »In einem Jahrhundert der Leiden war er ein Mann der Liebe.« (Als 1986 das neue Haus der Augsburger Domsingknaben eingeweiht wurde, was lag da näher, als es auf den Namen des heiligen Hymnendichters Ambrosius zu taufen?) – Kaiser Theodosius bereute gleichwohl seine Nachgiebigkeit in Sachen Kallinikon und erließ nach fünf Jahren eine verschärftes Gesetz zum Schutz der Synagogen. Sein Nachfolger Honorius hatte offenbar Anlaß, den Synagogenschutz 397 und 412 erneut einzuschärfen. Der hl. Hieronymus (347–ca. 419), Bibelübersetzer (»Vulgata«), Patron der Gelehrten, kenntnisreichster und fruchtbarster der lateinischen Kirchenväter, sprach Juden die Existenzberechtigung ab. Ketzern ging es nicht besser: er nannte sie »Schlachtvieh für die Hölle«. Das Hohelied, jene großartige Liebesdichtung des Alten Testaments, befreite der »geschlechtslose« Kirchenlehrer vom Eros: die Kirche erklärte er zur Braut, Christus zum Seelenbräutigam. Sexua-

23 Zitiert nach Rudolf Krämer-Badoni: Judenmord, Frauenmord, Heilige Kirche, München 1988, S. 20; noch eindrucksvoller das ausführlichere Zitat in: Kirche und Synagoge. Handbuch zur Geschichte von Christen und Juden, hg. von Karl Heinrich Rengstorf und Siegfried von Kortzfleisch, München 1988, Bd. 1, S. 91 f.

lität war diesem »Urtypus eines neurotischen monastischen Intellektuellen«[24] nur »Schweinerei«, die Ehe ein »Sodom« – ein Muster, das bei vielen Verfolgern anzutreffen ist.

Der hl. *Augustinus* (354–430), die größte Autorität seit Paulus, Patron der Theologen, dieser tiefe Pessimist, für den der Mensch nur ein Sündensklave ist und für den Gnade zum Verbot der Selbsthilfe wird, war über 1000 Jahre *die* Autorität; auch für Luthers Theologie war er von verhängnisvoller Bedeutung. Ursprünglich war Augustinus sehr lebenslustig. Heftig beklagte er später seine jugendlichen Ausschweifungen in Karthago, nachdem er sich 387 in Mailand nach Beginn eines Brustleidens, das ihn lebensüberdrüssig machte, und nach Predigten des Ambrosius zum Christentum bekehrt hatte. Als Christ wurde er immer agressiver. Sexualität wurde ihm eine Krankheit, Wahnsinn, Fäulnis usw. Immer wieder rühmte er die Keuschheit, nachdem er Asket geworden war. Von seiner Konkubine, von der er schon mit 18 Jahren einen Sohn hatte, trennte er sich nach 15 Jahren. Er, den laut Selbstbekenntnis die Kraft der Liebe bewegte, hielt selbst Angriffskriege in nicht geringem Umfang für gerechtfertigt. Die zahlreichen römischen Eroberungskriege bezeichnete er als gerechte Kriege. Er rechtfertigte die Folter und kämpfte heftig gegen Häretiker und Heiden. Folgender Satz stammt von ihm: »Der Gerechte wird sich freuen, daß er Rache schaut; er wird seine Füße baden im Blute der Gottlosen.« Da versteht es sich von selbst, daß er gegen die Juden hetzte. Er warf ihnen wiederholt sogar den Schauspielbesuch vor, erklärte, daß sie den Sabbat nur hielten, um zu naschen und zu faulenzen, hieß sie schlimmer als Dämonen, Natterngezücht, bösartig und »aufgerührter Schmutz«. Sie seien des ungeheuren Vergehens der Gottlosigkeit schuldig. Der Teufel sei ihr Vater, und wie der Teufel, dessen Gelüste sie hätten, seien sie Lügner. Er nannte sie »ganz verbrecherisches Volk« und wendete auf sie das Schriftwort an: »Gehet hin… in das ewige Feuer«. Die Zerstörung Jerusalems durch die Römer faßte er als Gottesstrafe auf. Er vertrat die Gottesmörderthese. Die Juden verdienten daher ewige Knechtschaft. Nicht ohne Genugtuung stellt er fest, daß die Juden unter den Christen erzittern, und meint: »Was erhebt ihr euch noch weiter in dreister Schamlosigkeit, um desto schwereren Fall zu tun und um so erbärmlicher zugrunde zu gehen? ›Ich habe kein Gefallen an euch‹, so spricht nicht irgend jemand, sondern der Herr, der Allmächtige«. Dazu schreibt der katholische Kirchenhistoriker Karl Baus in dem mehrbändigen *Handbuch der Kirchengeschichte* (Hg. H. Jedin), Augustinus habe die Unbelehrbarkeit Israels »ohne Verunglimpfung des Judentums vorgetragen«. Bernhard Blumenkranz hält Augustinus zugute, daß im Gegensatz zu seinen »Anwürfen« gegen die ketzerischen Donatisten (die die Wiedertaufe praktizierten) »seine im gleichen Sinne gegen die Juden vorge-

---

24 F. Heer: Gottes erste Liebe, a.a.O., S. 64.

brachten Rügen im Vergleich dazu höchst zurückhaltend sind«. Während er für die »energische Verfolgung« der Donatisten und Circumcellionen gesorgt habe, habe er »doch selbst nie«, wie ausdrücklich festzustellen sei, »seine theoretische Judenfeindschaft zu einer praktischen werden lassen«.[25]

6. Nachkonstantinische Zeit

Die Lehre des Jesus der Bergpredigt war am Ende der christlichen Antike bereits völlig pervertiert. »Denn die Tat des Kaisers Konstantin ist nicht der Beginn eines innerkirchlichen Veränderungsprozesses, sondern der Höhepunkt einer bereits geschehenen Entwicklung«. Und »wo es um den Einfluß der Siegerkirche ging und um deren Machtstellung, da wurde fast ohne Skrupel gemordet, da wurden ganze Länder und Städte in den Bann getan, da ging man über Leichen, ganz wörtlich« – so der bekannte ehemalige katholische Theologieprofesor Horst Herrmann in seinem Buch *Ketzer in Deutschland.*[26] Das Unheil – auch und insbesondere der Juden – konnte seinen weiteren Verlauf nehmen.

Zur Zeit des Kaisers Justinian I. (d. Gr.), der von 482–565 lebte und den die Rechtshistoriker als glanzvollen Urheber des Corpus Juris Civilis preisen, wurden die Juden völlig entrechtet. 553 verbot Justinian sogar den Talmud. Nur der »Ausrutscher«, den Kaiser Julian »der Abtrünnige« darstellte (»Julian Apostata«, 331–363), hatte den Juden vorübergehend Erleichterung verschafft. Das philosophische Studium hatte Julian dem Christentum entfremdet. Seine Regierung zeichnete sich durch Gerechtigkeit, Gesetzmäßigkeit, Minderung der Steuerlast der Armen und weltanschauliche Toleranz aus. Dem Christentum entzog er ungerechtfertigte Privilegien wie staatliche Beihilfen und Befreiung des Klerus von Steuern, er benachteiligte es aber auch darüber hinaus. Allerdings gestand er den Christen volle Freiheit in Predigt und Kult zu.

Insgesamt war die Haltung der Kirche ab dem 5. Jh. nach Ort und Zeit recht unterschiedlich. In den päpstlichen Gebieten waren die Juden häufig besser geschützt, zumindest wurden sie nicht massiv bedroht. Judenvertreibungen und diskriminierende Regelungen waren aber auch im Kirchenstaat an der Tagesordnung. Lediglich aus Rom wurden die Juden nie vertrieben,

25 Kirche und Synagoge, a. a. O., Bd. 1, S. 96 f.

26 Horst Herrmann: Ketzer in Deutschland, München 1982, S. 53 und 54 der Taschenbuchausgabe. Im übrigen umreißen Carl Andresen und Georg Denzler: Wörterbuch der Kirchengeschichte, 2. Auflage München 1984, die Entwicklung folgendermaßen: »Die Judengesetze der christlichen Kaiser (Konstantin d. Gr.: 315; Theodosius II.: 417 und 423; Justinian: 534) machten rechtlos und sanktionierten fortan Progrome bis tief ins MA reichsrechtlich. Die von Augustin bejahte Judenmission der Zwangstaufen schützte zumindest davor.«

wenngleich man sie auch dort drangsalierte. (Zur judenfeindlichen Haltung zahlreicher Päpste siehe unter VIII.2 im Zusammenhang.)

Im *westgotischen Spanien* hatte nach dem Zusammenbruch des weströmischen Reichs die Eroberung durch die zunächst arianischen Westgoten den Juden Frieden verschafft. Dies änderte sich, als König Rekkared 587 zum Katholizismus übertrat. (Dahinter mochte der Gedanke der Religionseinheit zwischen alter und neuer Bevölkerung stehen.) Die Toleranz des konsequenten Ein-Gott-Glaubens der christlichen Arianer gegenüber dem Ein-Gott-Glauben der Juden wurde abrupt beendet. Unter dem Einfluß des Klerus wandte sich der König sofort gegen die Juden. Schon auf dem ersten katholischen Nationalkonzil in Toledo 589 wurden der Raub von Kindern aus Mischehen und ihre Zwangstaufe sanktioniert. Papst Gregor I. (d. Gr.; 590–604) erließ einerseits einen beachtlichen Schutzbrief für die Juden und zeigte rechtliche Gesinnung, andererseits zog er theologisch gegen sie los und nahm die Judenverfolgungen unter Rekkared hin (näher zu Gregor I. unter VIII.2). Insgesamt verhielt er sich – wie zahlreiche Päpste – den Juden gegenüber ambivalent, mag er auch relativ gemäßigt gewesen sein.

Kirchenlehrer Isidor v. Sevilla (um 560–633) hieß die zahlreichen antijüdischen Gesetze der folgenden Jahrzehnte sämtlich gut. Unter König Sisebut (612–620) wurden allgemeine Zwangstaufen angeordnet. Man stellte die Juden vor die Wahl: Taufe oder Tod, allenfalls Auswanderung bei Konfiskation allen Vermögens. Isidor bezeichnete zwar diese Zwangstaufen als unbedacht und lehnte theoretisch Zwang ab, praktisch aber unterstützte er die antijüdischen Sondergesetze. Unter dem Vorsitz des hl. Isidor fand 633 das Zweite Nationalkonzil in Toledo statt, das Zwangstaufen für kanonisch gültig erklärte. Gleichzeitig wurden Rückfällige zu Kirchensklaven bestimmt. Isidor, dem asketische Klerikerausbildung und Kirchendisziplin am Herzen lagen, widmete eine wichtige Schrift den Juden. Nur Eingeweihten verständlich, heißt es unter dem Stichwort »Isidor« im katholischen *Lexikon für Theologie und Kirche* zu Isidor und der westgotischen Situation: »Eine gerade in der westgotischen Epoche aktuelle Frage greift die Schrift ›Contra Iudaeos ad Florentinam sororem‹ auf, die die Erfüllung der atl. Prophetie in Christus u. seiner Kirche nachzuweisen sucht«; ansonsten finden sich in dem relativ ausführlichen Artikel keinerlei Hinweise zu den antijüdischen Maßnahmen und der Haltung Isidors dazu.

Als Lohn für die Verfolgung rückfälliger Zwangsbekehrter verlieh die Kirche König Chintila, der 636 den Thron bestiegen hatte, den Titel »Christianissimus princeps«. Das Vierte Nationalkonzil in Toledo legte 638 den Krönungseid der westgotischen Könige, der Voraussetzung der Herrschaft war, als antijüdischen Eid fest. Der Eid verlangte die Exilierung aller Juden, die die Taufe ablehnten. Kanon 62 des Vierten Nationalkonzils bedachte zwangschristianisierte Juden, die mit gläubigen Juden verkehrten, mit hundert öffentlichen Peitschenhieben. Nach Kanon 60 durften jüdische Kinder ihren Eltern genommen und in Klöstern erzogen werden (eine Tradition, der sogar noch Pius IX. im 19. Jahrhundert anhing, siehe den berüchtigten Fall »Mortara«; dazu unter VIII.2). Papst Honorius I. (625–638; er wurde übrigens von drei Konzilien als Ketzer verdammt und erwies sich als ein großes Hindernis in der Frage der Unfehlbarkeit) hatte das Konzil aufgefordert, die spanischen Bischöfe sollten »glühendsten Eifer in der Bekämpfung der Ungläubigen zeigen«.

Anläßlich des Sechsten Nationalkonzils von 653 wurden getaufte Juden gegenüber dem König zu einem »Glaubensbekenntnis« gezwungen, in dem sie ihr früheres Judesein verfluchten und für Rückfällige Steinigung und bereits den Scheiterhaufen forderten. Dieses Bekenntnis wurde in das neue königliche Gesetzbuch aufgenommen. Die Lex Visigothorum des 7. Jahrhunderts sah für Juden neben Taufzwang und Raub aller Art Maßnahmen wie Auspeitschen, Haare-Ausreißen und Nasen-Abschneiden vor.

In dem vom Geist der christlich-jüdischen Versöhnung geprägten Standardwerk *Kirche und Synagoge* (im Kern eine Verfolgungsgeschichte) heißt es zu den antijüdischen Maßnahmen im westgotischen Reich, man könne »nicht sagen, König und Klerus hätten sich in ihrer Haltung unterschieden: beide sind gemeinsam für die rasch aufeinander folgenden und immer schärfer werdenden Ausnahmegesetze für die Juden verantwortlich«.[27] Der hl. Julian v. Toledo (um 652–690), dessen Fest die Kirche am 8. März feiert, war der erste Primas von Spanien und Südgallien. Er dirigierte die immer schärferen Maßnahmen (polizeiliche Bespitzelung der Zwangsbekehrten, Reiseerlaubnisse) in der Endphase des Westgotenreichs.

Die (nicht mehr von ihm geleitete) siebzehnte Synode von 694 faßte den Judenhaß zusammen. Schon im Eröffnungsschreiben vom November 694 stellte König Egika den Fluchtversuch der Zwangsbekehrten (nach Nordafrika) als Verschwörung und Staatsverbrechen dar. Die Bischöfe beschlossen im 8. Kanon:

»So wie es die Rechtschaffenheit der Treuen verdient, mit großem Lohn bedacht zu werden, so ist es angemessen, die Verworfenheit der Untreuen mit der strengen rächenden Schneide des Schwertes zu verfolgen. Ebenso ist es gerecht, daß die Glaubensgenossen hoch empor gehoben werden, und daß die Gegner des Glaubens hart bestraft werden, so daß jene mit Gottes Gnade an Zahl zunehmen, und diese vor Gottes Gewalt verschwinden. Und somit, da man weiß, daß das Geschlecht der Juden durch das allerübelste Kennzeichen der Gotteslästerung befleckt und durch das Vergießen von Christi Blut besudelt und durch häufige Meineide beschmutzt ist, so sollen sie darüber jammern, daß sie entsprechend der Zahl ihrer Verbrechen eine schwere und strenge Strafe erleiden, sie, die durch ihre anderen Verbrechen nicht nur den festen Bestand der Kirche haben erschüttern wollen, sondern auch versucht haben, durch ein böses Unterfangen Volk und Vaterland ins Verderben zu stürzen. Wenn die Gelegenheit sich dazu geboten hätte, so hätten sie frohlockend an dem christlichen Volk jede Art von Verfolgung ausgeübt. Darum soll diese grausame und gräßliche Vermessenheit mit einer noch grausameren Strafe ausgetilgt

27 Kirche und Synagoge, a. a. O., Bd 1, S. 102.

werden, und das Urteil soll sie derart heimsuchen, daß endgültig bestraft werde, was an verbrecherischem Anschlag festgestellt wird.

...verfügen und beschließen wir, daß sie unwiderruflich folgende Strafe erleiden sollen: Auf Befehl unseres so frommen und gottesfürchtigen Königs Egika ... *sollen sie aller ihrer Habe enteignet werden* und sollen diese Güter dem Fiskus zugeführt werden. Diese Treulosen selbst so wie auch ihre Frauen, ihre Söhne und übrigen Nachkommen, *sollen von ihrem Wohnsitz verbannt werden und sollen über sämtliche Provinzen Spaniens ständig zerstreut bleiben, in ewiger Sklaverei jenen dienend, denen sie gegeben werden sollen.* Unter keinen Umständen soll ihnen, die hartnäckig im Unglauben verharren, Gelegenheit geboten werden, zur rechtlichen Stellung des Freien zurückzukehren, sie, die durch die Makel ihrer zahlreichen Verbrechen gebrandmarkt sind...

Wir verordnen auch, daß ihre Kinder beiderlei Geschlechts von ihrem siebenten Jahre an nicht mehr bei ihren Eltern leben sollen; noch sonst mit diesen irgend eine Beziehung aufrecht erhalten sollen; die Herren, die sie empfangen haben, sollen sie durch sehr verläßliche Christen erziehen lassen, so daß die Männer mit christlichen Frauen verheiratet werden und die Frauen ebenso mit christlichen Männern ehelich verbunden werden. Und, wie wir es gesagt haben, weder den Eltern noch den Kindern sei, unter welchen Umständen immer, irgend eine Möglichkeit geboten, die Gebräuche des jüdischen Unglaubens zu beobachten oder auf andere Weise in ihrem Unglauben zu verharren.«[28]

Die Juden bzw. Zwangsbekehrten (nicht Zwangsbekehrte gab es schon lange nicht mehr) waren jetzt vollkommen rechtlos. Die drei Heiligen Isidor von Sevilla, Ildefons von Toledo und Julian von Toledo haben die antijüdische Literaturgattung in Spanien begründet, das somit im 7. Jahrhundert bereits eine »Spitzenstellung« innehatte. Der Jude war schon der allgemeine Sündenbock. Diese Tradition wurde – nach Jahrhunderten konfessionellen Friedens im toleranten maurischen Spanien – im 15. Jahrhundert wiederbelebt und von der heiligen Inquisition auf die Spitze getrieben.

Daß die Juden den Siegeszug der Araber, die gleich zu Anfang ihrer 711 beginnenden Herrschaft der Judenunterdrückung ein Ende setzten, begrüßten und unterstützten, kann niemand verwundern. Das war für die Geschichtsschreibung Anlaß, die Hauptschuld am Sieg des Islam den Juden zu geben. Hierzu der katholische Historiker Hans Kühner:

»Für das Verschweigen und Verfälschen der jüdischen Tragödie in der gängigen Kirchengeschichtsschreibung im allgemeinen und gerade am Wendepunkt des Jahres 711 ist es kennzeichnend, daß sie die Hauptschuld am Sieg des Islam den Juden zuschiebt. Sie verschweigt, daß nicht nur der byzantinische Gouverneur von Ceuta, Julian, sondern auch der Erzbischof-Primas Oppas, Bruder des vorletzten Königs Witika, die Invasion begünstigt haben, natürlich aus ganz anderen Gründen.«[29]

Fast sieben Jahrhunderte lang konnte sich nun in Spanien eine große kulturelle Symbiose entwickeln, ohne deren gewaltige geistige und naturwissenschaftliche Leistungen unter wesentlicher Beteiligung der Juden als Kulturmittler zwischen Orient und Okzident die weitere Entwicklung Europas gar nicht recht vorgestellt werden kann.

---

28 Ebenda, S. 106 f., Hervorhebungen von mir.

29 Hans Kühner: Der Antisemitismus der Kirche, Zürich 1976, S. 62; zur westgotischen Judenverfolgung vergleiche ebenda, S. 56–62, sowie Kirche und Synagoge, a. a. O., S. 102–107.

II. Früh- und Hochmittelalter

1. Das islamische Spanien: Kultur der drei Ringe

Den Sieg des Islam über das schwache westgotische Reich im Jahre 711 begrüßten die Juden begreiflicherweise. Denn schlechter als bisher konnte es ihnen kaum gehen. Das Land wurde ohne großen Widerstand besetzt, da auch die Christen unter der Herrschaft gelitten hatten (vgl. oben). Für die folgenden Jahrhunderte hat man vom »goldenen Zeitalter des Spanien der drei Religionen« gesprochen.[1] Es entwickelte sich eine symbiotische »Kultur der drei Ringe«, in der das geistige Leben mit drei Konfessionen blühte, insbesondere in Cordoba, Sevilla, Granada, Toledo. Die maurischen Herrscher erwiesen sich als sehr fähig. Obwohl sie mitunter auch recht grausam sein konnten, erließen sie doch vernünftige und menschliche Gesetze, die von einem gut organisierten Richterstand angewandt wurden. Die Unterworfenen wurden vielfach nach eigenen Gesetzen und von eigenen Beamten regiert. Allen nichtmuslimischen Religionen wurde volle Kultfreiheit zugebilligt. Das maurische Spanien war im zehnten Jahrhundert das zivilisierteste Land Europas, vielleicht sogar der Welt. Der Reichtum und die zivilisatorische Höhe Córdobas mit zahllosen Moscheen und Thermen und gepflasterten Straßen, die nachts beleuchtet waren, soll nur noch von Bagdad und Konstantinopel übertroffen worden sein. Welch unglaubliche Leistungen maurische Architekten und Künstler erbracht haben, ist bekannt.[2] Im maurischen Spanien lebten insbesondere auch die Juden bis zum 12. Jahrhundert in Frieden, konnten sich bilden, zu Reichtum gelangen und zu hohen Staatsstellen aufsteigen. Die Juden wurden Mittler zwischen der überlegenen Kultur des Ostens und der sich ausbildenden Kultur des Westens. Jüdische Denker (Maimonides, 1135–1204) übten großen Einfluß aus. Juden waren wichtig als Übersetzer arabischer und anderer Werke ins Lateinische, ebenso als Ärzte und Verwaltungsfachleute. Lange blieben die Sarazenen bei ihrer Politik der gegenseitigen Duldung der Religionen. Die Moslems verwendeten Christen als Heerführer, Leibwachen und Schreiber in hohen Ämtern. Häufig kamen Glaubenswechsel vor und es gab Mischehen. In zahlreichen Bürgerkriegen

1 Friedrich Heer: Gottes erste Liebe. 2000 Jahre Judentum und Christentum, Frankfurt/Berlin 1986, S. 136.
2 Vergleiche Michael Brett und Werner Forman: Die Mauren. Islamische Kultur in Nordafrika und Spanien, 1986 (Bild- und Textband).

kämpften Christen und Moslems jeweils gemeinsam auf den verschiedenen Seiten.

Ganz so golden, wie es oft dargestellt wird, war die Lage für die Juden aber wohl doch nicht. Sie war unterschiedlich nach Zeit und Herrschaftsgebiet. Hin und wieder kam es zu Intoleranz, ja sogar Gemetzeln, vor allem in der Zeit nach 1 000. Alles in allem aber herrschte friedliches religiöses Nebeneinander, und zwar selbst in der Zeit der Reconquista, der allmählichen Wiedereroberung der maurischen Gebiete durch christliche Führer. Christliche Könige dieser Zeit nannten sich sogar »König der drei Religionen«. In ihrer Hofbürokratie bevorzugten sie Juden. Noch bis ins 15. Jahrhundert hinein gab es Beispiele für christlich-jüdische Toleranz, ja Gemeinschaft. Juden und Christen hörten gegenseitig Predigten an, es gab gemeinsame Gebetsstunden, jüdische Sängerinnen sangen bei christlichen Begräbnissen. Juden kamen zu Taufen und Christen zu Beschneidungsfeiern. Restbestände solcher Verbindungen gab es lange. So ließ es der Erzbischof von Sevilla noch 1449 zu, daß anläßlich einer Pest die Juden parallel zu einer christlichen Sakramentsprozession eine Thora-Prozession veranstalteten.

Allerdings erlosch in Kreisen der christlichen Kirche die traditionelle Judenfeindschaft nicht ganz. Zur Kreuzzugszeit und im Hochmittelalter wurde sie immer wieder belebt. Für Spanien wurde von der Vorschrift des Vierten Laterankonzils (1215; näher dazu später), wonach Juden und Mauren ein Kleidungskennzeichen tragen mußten, allerdings abgesehen: in Spanien war die Position der Juden zu stark. Mahnungen aus Rom (1233, 1250), die Konzilsanordnung zu befolgen, ließ der christliche König von Kastilien (das den größten Teil von Spanien umfaßte) unbeachtet. Zu dieser Zeit machte sich aber schon der unheilvolle Einfluß des Dominikanerordens bemerkbar. 1278 ordnete Papst Nikolaus III. (1277–1280) für ganz Europa eine Kampagne zur Bekehrung der Juden durch Predigt an. In Aragon stand an der Spitze dieser Kampagne der Dominikaner Ramon Martini, der für die Glaubenskontroversen ein wichtiges Handbuch schrieb: den *Glaubensdolch* (*Pugio fidei adversus Mauros et Judaeos*). Der Zusammenhang von Worten und Taten sollte gerade in Spanien noch auf fürchterliche Weise deutlich werden. Das Konzil von Vienne (1311/12) wirkte sich für die Juden verhängnisvoll aus, weil es jüdische Privilegien in Spanien kritisierte und den Verkehr mit Juden untersagte. Seit dem Konzil von Zamora (1313) nahmen die spanischen Kirchenoberen von ihrer gemäßigten Haltung Abschied und glichen die spanische Kirche an die sonst in Europa übliche Judenfeindschaft an. Ab jetzt verurteilten die Kanzelredner den Verkehr mit Juden. Da die christliche Bevölkerung aber offenbar noch zu sehr an Toleranz gewöhnt war, wurden die Beschlüsse von Zamora alljährlich neu von den Kanzeln verkündet. Säumige Beamte bedrohten die Bischöfe mit dem Bann. Wie ungewohnt diese neuerliche Feindschaft war, beweist auch das Konzil von Valladolid (1322), das

Juden und Mauren verbot, an Messen teilzunehmen (!). Auch die Beteiligung von Christen an Hochzeiten und Begräbnissen sowie Beschneidungsfeiern »Ungläubiger« u. a. mehr wurden untersagt (z. B. Konzil von Tarragona 1329). »Ungläubige« als Ärzte zu nehmen, wurde mit dem Kirchenbann belegt, obwohl es fast nur jüdische und maurische Ärzte gab. Diese Drohung wurde auf dem Konzil von Salamanca 1335 wiederholt.[3] Dabei ließen sich auch Kleriker von diesen immerhin fachkundigen Ungläubigen behandeln (von Päpsten ist das allgemein bekannt).

Die Folge solcher Maßnahmen war eine Änderung des gesellschaftlichen Klimas. Sie führte dazu, daß schließlich 1371 Heinrich II. entsprechend einem Verlangen der Cortes für Juden und Mauren das Tragen eines roten Kreises auf der linken Schulter anordnete. Von nun an konnte man auf Landstraßen häufig ermordete Juden finden. Die Zeiten wurden für die Juden unfreundlicher. Die Cortes von Valladolid etwa verlangte 1385 eine Trennung der Wohngebiete von Christen und Juden und die von Briviesca verbot es 1387, Andersgläubige im Haus zu dulden, allenfalls Sklaven. Aber noch hatte die Kirche nicht genügend Macht in Spanien.[4]

2. Die Juden zur Karolingerzeit

Im großen und ganzen lebte das christlich-germanische Europa bis zum 12. Jahrhundert friedlich mit seinen Juden zusammen, ganz im Gegensatz zum byzantinischen Machtbereich mit seiner völligen Rechtlosigkeit der Juden. Es fehlte in dieser Zeit eine starke antijüdische Propaganda. Im fränkischen Gallien, insbesondere in der Provence, hatten die Juden traditionell eine gute wirtschaftliche Position. Bis ins 6. Jahrhundert lebten Christen und Juden so einträchtig nebeneinander, daß Päpste und Synoden dagegen einschreiten »mußten«. In der relativ offenen fränkischen Gesellschaft der Merowingerzeit gab es auch Zwangstaufen, aber doch keine eigentlichen Judenverfolgungen. Der hl. Julian von Toledo bezeichnete das gute Zusammenle-

3 Vergleiche hierzu – allerdings ohne speziellen Bezug zu Spanien – die interessante Arbeit des Mediziners Peter Bochnik: Die mächtigen Diener, Reinbek 1985; darin das Kapitel »800 Jahre Antisemitismus in der Medizin«. Dort legt Bochnik im Abschnitt »Kirche und Heilkunde« dar, daß die mittelalterliche christlich-medizinische Berufsmoral völlig anders geartet war als die heute übliche und auch als die im Mittelalter von Juden und Mauren praktizierte, wonach es Aufgabe des Arztes ist, ohne Bindung an Dogmen zu heilen und zu lindern: Der christliche Arzt durfte keine chirurgischen Handlungen durchführen (die dem Bader überlassen blieben), mußte aber im Ernstfall zwingend von jedem Christen hinzugezogen werden; eine Behandlung durfte erst nach Ablegung der Beichte erfolgen, wie es das Vierte Laterankonzil verlangte; jede Therapie mußte mit kirchlichen Vorschriften übereinstimmen; die christlichen Ärzte mußten über ihre Tätigkeit in der Beichte berichten; Krankheit war Ausdruck der Sündhaftigkeit, so daß es Aufgabe des Arztes war, den Glauben zu stärken.

4 Vergleiche etwa Henry Charles Lea: Geschichte der spanischen Inquisition, 3 Bde., Nachdruck Nördlingen 1988, Bd. 1, S. 19–45; und Hans Kühner: Der Antisemitismus der Kirche, Zürich 1976, S. 61 ff.

ben der aus dem westgotischen Spanien nach Norden geflohenen Juden mit den Christen als »Bordell«. Aus Angst, Christen könnten sich zum Judentum bekehren, verbot allerdings zwischen der Mitte des 5. und des 7. Jahrhunderts eine Reihe von »französischen« Synoden Gemeinsamkeiten zwischen Christen und Juden. Der heilige Gregor von Tours (538–594), führender Christ des Merowingerreichs, war kein Freund der Juden. Er vertrat die alte kirchliche Ansicht vom »verhärteten Geist der immer glaubenslosen Rasse«, der »schamlosen, treulosen Nation«.

Unter den Juden gab es relativ viele Gebildete, auch mit internationalen Beziehungen und Sprachkenntnissen. Eine jüdische Metropole war die Hafenstadt Narbonne, was Papst Stephan III. (768–772) ein Dorn im Auge war. Juden siedelten in der folgenden karolingischen Epoche entlang der alten Römerstraßen und der Handelsachsen: Rhone, Saône, Rhein.

Am geistig offenen Hof Karls des Großen verkehrten auch Juden, deren Gelehrsamkeit Karl fesselte. Er erließ – wohl, um dem Klerus entgegenzukommen – eine Judengesetzgebung (Capitula de Judaeis), die zwar Einschränkungen enthielt, aber wenig wirksam blieb. Karl bot den Juden alle Entfaltungsmöglichkeiten, was schließlich zum blühenden jüdischen Leben in den großen rheinischen Städten führte, bis es mit dem großen Morden im Zusammenhang mit dem ersten Kreuzzug und danach endete. Karl begünstigte die Einwanderung von Juden und betraute sie mit diplomatischen Missionen (Harun al Raschid). Die von Karl privilegierten Juden durften sogar entgegen kirchlichem Verbot Christen in Dienst nehmen.

Noch besser gelitten waren die Juden am Hof des ansonsten sehr kirchlich gesinnten Karlssohns Ludwig des Frommen, der von 814 bis 840 regierte. Ludwig stellte Juden unter seinen besonderen Schutz und setzte einen Magister der Juden ein, der für die Einhaltung der kaiserlichen Judenschutzgesetzgebung zu sorgen hatte. Juden fanden nicht nur am Hof, sondern auch beim einfachen Volk Anklang, so daß die jüdische Mission beachtliche Erfolge errang. Das Christentum war noch wenig verwurzelt, magisch-heidnische Vorstellungen waren bei Volk und Klerus weithin verbreitet. In den Synagogen wurde meist besser gepredigt als in den Kirchen.

All dies erregte den Haß des (möglicherweise westgotisch beeinflußten) heiligen Agobard (769–840), der als Erzbischof in der Kaiserstadt Lyon residierte und gegen den »verjudeten« Hof ankämpfte. Er war ein hochgebildeter Mann und kirchlicher Reformer, der z. B. den Reliquienglauben offen bekämpfte. Er hatte Angst vor den erfolgreichen Juden, speziell im judenfreundlichen Lyon. In einem Hirtenbiref »Über jüdischen Aberglauben« (Aberglaube ist bekanntlich nur der Glaube des jeweils anderen) stellte er die antijüdischen Beleidigungen der Kirchenväter zusammen sowie die kirchlichen Judenvorschriften. Seine Forderung war: kein Synagogenbau, keine Tischgemeinschaft zwischen Christen und Juden. Zwischen Kirche und Synagoge sei ein friedliches Zusammenleben unmöglich. Die Juden seien Sprosse von Sodom und Gomorrha, ja ein »bis in die Eingeweide verfluchtes Volk«. In Agobards fünftem und letztem Sendschreiben gegen die Juden heißt es:

»Die dem mosaischen Gesetz Unterworfenen sind verflucht und mit dem Fluch überdeckt wie mit einem Kleidungsstück; der Fluch hat sich wie Wasser in ihre Eingeweide gezogen, wie Öl in ihre Knochen; sie sind verflucht in der Stadt und verflucht auf dem Lande, verflucht ihr Eingang und verflucht ihr Ausgang. Verflucht ist die Frucht ihres Leibes, ihrer Erde, ihrer Herden; verflucht sind ihre Vorratskammern, ihre Speicher, ihre Werkstätten, ihre Nahrung, die Krumen ihrer Mahlzeiten.«[5]

Bemerkenswert ist, daß Agobard Häretiker den Juden vorzog:

»Denn wenn sie alle verachtenswert sind, weil sie sich als Feinde der Wahrheit erweisen, so sind jene es um so mehr, weil sie größere Feindschaft gegen die Wahrheit bezeugen... Die Juden jedoch lügen in allem, sie lästern in jedem Belang unseren Herrn und Gott Jesus Christus und seine Kirche...«[6]

Wie wenig dieser Haß seinerzeit noch fruchtete, kann man dem Umstand entnehmen, daß sich Agobards antijüdische Schriften nur in einem Exemplar erhalten haben. Der bedeutende französische Kirchenhistoriker Monsignore Bressolles freilich ließ 1949 (!) ein Buch über Agobard veröffentlichen, in dem es heißt: »Die Polemik des heiligen Agobard gegen die Juden ist voll von gesundem Sinn, von Weisheit und christlicher Liebe.«[7]

Die gute Zeit ging für die Juden bald zu Ende. Die antijüdischen Streitschriften des Nachfolgers Agobards, Amulo, fanden bereits weite Verbreitung. Unterstützt wurde Amulo hierbei vom Reimser Erzbischof Hinkmar, einer bedeutenden Gestalt der fränkischen Kirche. Amulo verschärfte die Linie Agobards noch und sandte Karl dem Kahlen (843–877) seine Hetzschrift *Liber contra Judaeos.* Aber auch Karl II. setzte die judenfreundliche Politik sogar gegen Konzilsbeschlüsse fort. Sein Halbbruder Kaiser Lothar I. (843–855) gab jedoch den antijüdischen Wünschen des Klerus nach und duldete Zwangstaufen (selbst in Synagogen am Sabbath), Zwangspredigten und Kinderraub. Der heilige Prudentius, Bischof von Troyes, beschuldigte 848 die Juden, die Plünderung Bordeaux' durch die Normannen veranlaßt zu haben, obwohl ihnen die Juden genauso zum Opfer fielen. Dieses von dem Heiligen, einem bekannten Chronisten, erfolgreich eingesetzte neue Propagandamittel, den Juden die Schuld an allen nur erdenklichen negativen Ereignissen zuzuschieben, hatte eine bemerkenswerte Folge: Über 300 Jahre lang mußte das Oberhaupt der Juden von Bordeaux jeden Karfreitag erdulden, daß ihm vor dem Hauptportal der Kathedrale zur Volksbelustigung eine Ohrfeige gegeben wurde. Im südfranzösischen Béziers (dessen später im we-

5 H. Kühner: Der Antisemitismus der Kirche, S. 94 f.

6 Kirche und Synagoge, hg. von Karl Heinrich Rengstorf und Siegfried von Kortzfleisch, München 1988, Bd. 1, S. 110.

7 F. Heer: Gottes erste Liebe, a. a. O., S. 93.

sentlichen katharisch-ketzerischen Bewohner im Zuge der Albigenserkriege Anfang des 13. Jahrhunderts vollständig abgeschlachtet werden sollten) führte der Bischof den Brauch ein, die Juden am Gründonnerstag mit Steinen bewerfen zu lassen. In den katalanischen Pyrenäen entwickelte sich ab dem 9. Jahrhundert der Brauch, am Gründonnerstag nach der Messe auf ein priesterliches Zeichen hin die Holzklöppel aneinander zu schlagen. Dies bedeutete: Wir bringen die Juden um. (Nach 1945 soll der Brauch nicht mehr diese Bedeutung gehabt haben.) In Narbonne ermächtigte Karl III. (der Einfältige; 898–923) die Kirche, jüdischen Besitz einzuziehen, was dem Seelenheil der Juden dienen sollte.

Im 9. Jahrhundert wurde die jahrhundertealte Bitte aus der Karfreitagsliturgie: Oremus et pro perfidis Judaeis (Lasset uns auch für die ungläubigen Juden beten), die im Zusammenhang mit Bitten für alle Stände stand, in einen anderen liturgischen Zusammenhang gestellt. Das »flectamus genua« (beugen wir die Knie) bei der Kreuzesverehrung wurde ab jetzt bis in die Regierungszeit von Johannes XXIII. hinein bei der Fürbitte für die Juden demonstrativ unterlassen: Die Juden waren das gottesmörderische Volk. Spätestens jetzt war die Karfreitagsfürbitte ein Ausdruck der Judenfeindschaft, war das »perfidis« mit »treulos« zu übersetzen. Die Klagegesänge der Karfreitagsliturgien entflammten mit ihrer Aufzählung der Taten des fluchwürdigen Volkes den Judenhaß. Ostern wurde nun für die Juden gefährlich. Häufig floß jüdisches Blut an diesen Tagen. Zum Schutz wurde den Juden immer wieder untersagt, am Kartag die Straße zu betreten. Die schreckliche Zeit der Kreuzzüge war nicht mehr allzu fern.

3. Die Wende nach 1000 und der erste Kreuzzug

Auch die Ottonen, die Nachfolger der Karolinger, gaben dem kirchlichen Druck nicht nach. Aber es wurde schon deutlich gemacht, daß sich das Klima durch kirchlich angeheizte Judenfeindschaft verschlechterte. Eine wichtige Wegmarke hierbei war die Zerstörung der Jerusalemer Grabeskirche und anderer Kirchen im Heiligen Land durch einen wahnsinnigen Kalifen aus Kairo, Al-Hakim, im Jahr 1007 (in der Literatur werden auch abweichende Jahreszahlen genannt). Dieser verfolgte freilich nicht nur Christen, sondern auch Juden und zerstörte auch Synagogen. Das kümmerte insbesondere den französischen Klerus nicht. Er sorgte für bis dahin unbekannte Pogrome, Zwangsbekehrungen und Austreibungen von Juden. Solches geschah auch im Rheinland mit Hilfe des letzten Ottonen, des Kaisers und Heiligen Heinrich II. Man war der Meinung, daß die Juden, denen man das gute Verhältnis zu den Arabern in Spanien anlastete, die (untypischen) Verfolgungen im Hl.

Land veranlaßt hätten. Der bedeutende Chronist Radulphus Glaber, ein Zeitgenosse, schrieb hierzu:

»Als nun, wie gesagt, der Tempel (Heilige-Grabes-Kirche) zerstört war, wurde es rasch klar, daß dieses ungeheure Verbrechen durch die Bosheit der Juden bewirkt worden war. Als dies bekannt worden ist, da ist auf der ganzen Welt durch einen gemeinsamen Beschluß aller Christen angeordnet worden (Anm.: das ist unhistorisch), alle Juden ohne Ausnahme aus ihren Ländern und Städten zu verjagen. So also sind sie insgesamt zum Gegenstand des Hasses geworden und aus den Städten verbannt: Die einen ließ man über die Klinge springen, die anderen wurden in den Flüssen ertränkt (oder sonst) auf die verschiedenste Weise ums Leben gebracht; manche haben auch selbst auf verschiedene Weise Selbstmord verübt... Die flüchtigen und unsteten Juden, die, in abgelegenen Orten versteckt, dem erwähnten Gemetzel entgangen waren, begannen fünf Jahre nach der Zerstörung der Grabeskirche vereinzelt wieder in den Städten aufzutauchen. Und da es nötig ist – sei es auch zu ihrer Beschämung –, daß einige von ihnen überleben, sei es um ihr eigenes Verbrechen zu bestätigen, sei es um das Leiden Christi zu bezeugen, darum (also) glaube ich, hat auf Ratschluß Gottes der Zorn der Christen gegen sie zeitweise nachgelassen.«[8]

Glabers zum Teil etwas phantasiereiche Darstellung (kaum einige Juden seien noch im Römischen Reich zu finden gewesen) zeigt, daß die Verfolgungen als gottgefällig angesehen wurden, und dieses Denken griff um sich.

Von Bedeutung bei diesem Auftakt zur Kreuzzugsbewegung war sicher der Umstand, daß schon von alters her Wallfahrten ins Hl. Land durchgeführt wurden, was die Araber bisher gegen einen geringen Tribut gestatteten. Die Wallfahrt schien jetzt gefährdet. Es kann auch das apokalyptische Denken der Zeit (Geheime Offenbarung des Neuen Testaments, Jahrtausendwende) eine Rolle gespielt haben. Wenn, wie viele glaubten, der Satan nach 1 000 Jahren aus seinem Verlies kommen, die Heiden verführen und die Erde in ein Chaos versinken lassen sollte, bevor Christi Friedensreich bis zum Weltende anbrach, was lag da näher, als daß eben Türken (Seldschuken), Mauren, Ketzer und Juden des Teufels waren.

Noch konnten sich die Juden in vielen Berufen entfalten, so daß man auch im 11. Jahrhundert noch von einer jüdischen Blütezeit sprechen kann. Noch kam es vereinzelt sogar zu Konversionen hochgestellter Kleriker zum Judentum. Aber als die Christenheit 1063/64 einen »Spanienkreuzzug« gegen die Mauren unternahm, war dies der erste Krieg gegen einen auswärtigen Feind, von dem Juden ausgeschlossen waren: Sie waren ausgegrenzt von der Allgemeinheit. Insbesondere in Südfrankreich kam es im Verlauf dieses Kriegs zu schlimmen antijüdischen Ausschreitungen, obwohl die Juden diesmal auch von den Bischöfen in Schutz genommen wurden.

Einen trotz allem starken historischen Einbruch stellten die ungeheuerlichen Mordtaten dar, die von christlichem Pöbel des ersten Kreuzzugs 1096 begangen wurden. Kirchliche Geschichtsschreiber erklären sich die Kreuzzugsbewegung bevorzugt etwa wie folgt: Sie sei nicht als Gegenbewegung

---

8 Kirche und Synagoge, Bd. 1, a. a. O., S. 112.

gegen den vorangegangenen Vorstoß des Islam zu verstehen, »ebenso nicht aus Eroberungsabsichten der abendländischen Staaten im Orient, sondern nur (!) aus der besonderen Frömmigkeit der abendländischen Ritterschaft des 10.–13. Jahrhunderts« (so A. Waas im Lexikon für Theologie und Kirche). Das ist natürlich grober Unfug. Richtig ist, daß nach einer großen und unbehinderten Wallfahrtsbewegung ins Heilige Land – die Vorgänge um 1007 blieben Episode – 1070 die Türken/Seldschuken Jerusalem eroberten und die Christen wohl unterdrückten. Ein wichtiger politischer Grund war die starke Schwächung des byzantinischen Reichs durch die Seldschuken, deren Herrschaft gegen Ende des Jahrhunderts allerdings auch schon wieder zu bröckeln begann. Zu diesem Zeitpunkt war das Ostreich nicht mehr existentiell von ihnen bedroht. Papst Urban II. hatte eine Wiedergewinnung der Ostkirchen für Rom im Auge (Schisma 1054!). Er war die treibende Kraft des Kreuzzugs. Die italienischen Städte drängten nach Ausweitung ihrer Handelsmacht.

Nachdem Urban II. viele Monate in Italien und Südfrankreich persönlich nach Heerführern gesucht hatte, hielt er auf einem Konzil im November 1095 in Clermont-Ferrand vor Tausenden von Menschen seine berühmte Kreuzzugsrede. Er beschuldigte die Moslems, Christen wie Vieh geschlachtet zu haben, und rief zu den Waffen. Der Krieg sei ein frommes Werk. Er erließ den Kreuzfahrern »alle die Strafen, welche die Kirche für ihre Sünden über sie verhängt hat. Und wenn einer dort in wahrer Buße fällt, so darf er fest glauben, daß ihm Vergebung seiner Sünden und die Frucht des ewigen Lebens zuteil werden wird«. Dies war in der damaligen Zeit für viele Menschen eine große Attraktion. »Gott will es!« wurde der Kampfruf. Neun Monate lang predigten Papst und Klerus den Kreuzzug, das gesamte Volk wurde einbezogen und durch Wanderprediger und bebilderte Hetzschriften aufgewiegelt.

Französische Juden warnten schon kurz nach dem Konzil die rheinische Judenschaft vor zu erwartenden Verfolgungen. Riesige Volkshorden mit viel beutegierigem Gesindel, das sich die Kreuzzugsteilnahme unter regulären Bedingungen gar nicht leisten konnte, zogen schon vorab gen Deutschland. Es sollen Zehntausende gewesen sein. Nicht unbekannt war ihnen ein Gedanke, den Guibert von Nogent aus Rouen so überliefert: »Wir wollen bis in den Orient ziehen, um gegen die Feinde Gottes zu kämpfen ... da doch hier vor unsern Augen sich Juden finden, die übelsten Feinde Gottes, die es geben kann.« Jüdische Chronisten berichten wiederholt von solchen Äußerungen. Sie entsprachen der allgemeinen Verteufelung, wie man sie auch aus den erbitterten Kämpfen zwischen Papst Gregor VII. und Kaiser Heinrich IV. (Investiturstreit) kannte. Einen »heiligen Teufel« hatte ein Anhänger Gregors diesen genannt.

Am 3. Mai 1096 fiel die erste Horde über die jüdische Gemeinde von Speyer her. Zahlreiche Juden, die sich nicht taufen lassen wollten, wurden erschlagen. Da gewährte Bischof Johannes I. den übrigen Schutz, nachdem jüdisches Gold ihn zur Humanität bewogen hatte. In Worms wüteten die Horden eine Woche lang. Es folgte der Sturm auf die zum Bischof geflüchteten Juden. Als die Kreuzfahrer dort eindrangen, begingen mehrere hundert Menschen gemeinschaftlich rituelle Selbsttötung. Insgesamt kamen in Worms 800 Menschen ums Leben. Der Mainzer Erzbischof Ruthard II. nahm Juden gegen eine große Geldsumme in seine Residenz auf. Seine Wachen aber leisteten kaum Widerstand, und es kam zu einem großen Gemetzel mit Massenselbsttötung. Über 1100 Opfer bedeuteten den Untergang der Mainzer Gemeinde. (Der von der Kirche verfluchte Kaiser Heinrich IV. ordnete 1098 eine strenge Untersuchung des Vorfalls an, der sich der Bischof durch Flucht entzog.) Auch in Köln, Xanten, Dortmund, Trier, Metz, Regensburg, Prag und anderen Städten kam es zu Pogromen. »Sie wurden enthauptet, erstochen, verbrannt, erwürgt, erschlagen, ertränkt, erstickt und lebendig begraben.«[9] Insgesamt sollen 12000 jüdische Männer, Frauen und Kinder in diesem Jahr umgekommen sein. Daß die Habe der Toten nicht unangetastet blieb, versteht sich von selbst. So ging die Saat z. B. eines Agobard auf.

Der eigentliche Kreuzzug, ein Aggressionskrieg, mag eine Million Menschenleben gekostet haben. Für die Eroberung Jerusalems 1099 geben Augenzeugen unterschiedliche Berichte ab. Während einer meint: beim Tempel Salomonis »entstand ein solches Gemetzel, daß die Unseren bis zu den Knöcheln ihrer Füße im Blute der Feinde wateten«, ging nach einem anderen »das Blut der Sarazenen bis an die Knie der Pferde«. Fulcher von Chartres berichtet, allein in der Al-Aksa-Moschee seien an die 10000 Menschen geköpft worden. Albertus Aquensis berichtet:

»Weiber, die in betürmten Palästen und Gebäuden Zuflucht gesucht hatten, machten sie nieder mit der Schärfe des Schwerts; Kinder, Säuglinge noch, traten sie mit dem flachen Fuß den Müttern vom Busen oder rissen sie aus den Wiegen, um sie sodann gegen Mauern oder Türschwellen zu schmettern und ihnen das Genick zu brechen; andere schlachteten sie mit den Waffen hin, wieder andere erschlugen sie mit Steinen; nicht Alter noch Geschlecht der Heiden ward verschont.«[10]

Den Juden konnte es da nicht besser ergehen: Sie verbrannten lebendig in ihrer Synagoge. Bei dem vielen geistlichen Beistand, den die Kreuzfahrer hatten, war das alles in Ordnung, so daß Guillelmus Tyrensis voll Genugtuung schreiben konnte:

---

9 Hans Wollschläger: Die bewaffneten Wallfahrten gen Jerusalem. Geschichte der Kreuzzüge, Zürich 1973; sämtliche Zitate in diesem aus der Kreuzzugliteratur herausragenden Buch sind von Wollschläger den Originalquellen entnommen und neu übersetzt.

10 Ebenda, S. 38.

»Alles und alles erfüllten sie mit Blut; und gewißlich war es ein gerechtes Urteil Gottes, daß die, so mit ihren abergläubischen Gebräuchen des Herrn Heiligtum entweiht und den gläubigen Völkern genommen hatten und entfremdet, es nun mit dem Verluste ihres eigenen Blutes sühnen und ihren Frevel mit dem Tode büßen mußten.«[11]

Der »besonderen Frömmigkeit«, die nach Ansicht der kirchlichen Geschichtsschreibung die Ritterschaft zum Kreuzzug beflügelte, gedenkt auch Wilhelm von Tyros; er nennt sie »glühende Frömmigkeit und höchste Freudigkeit des inneren Menschen, dem Herrn zum Opfer entzündet«:

»Glücklich und vor übergroßer Freude weinend zogen die Unseren alsdann zu unseres Erlösers Jesu Grab, es zu verehren, und trugen ihre Dankesschuld ab. Da es aber Frühe ward des andern Tags, stiegen sie getrost auf das Dach des Tempels und drangen auf die Sarazenen ein und köpften sie mit dem bloßen Schwerte, Männer und Frauen.«[12]

So kam es, daß Jerusalem zum Ruhm des Herrn der Christenheit wiedergegeben wurde. Die Kreuzfahrer sangen daher:

Jerusalem, frohlocke!

Von Blut viel Ströme fließen,
indem wir ohn' Verdrießen
das Volk des Irrtums spießen –
Jerusalem, frohlocke!

Des Tempels Pflastersteine
bedeckt sind vom Gebeine
der Toten allgemeine –
Jerusalem, frohlocke!

Stoßt sie in Feuersgluten!
oh, jauchzet auf, ihr Guten,
dieweil die Bösen bluten –
Jerusalem, frohlocke![13]

Bei solch wackerem, gottesfürchtigem Geist war für die Juden auch künftig nicht viel Gutes zu erwarten. Der Initiator des ersten Kreuzzugs, Papst Urban II., wurde übrigens 1881 in den Kanon der Seligen aufgenommen.

11 Ebenda, S. 38 f.
12 Ebenda, S. 39 f.
13 Ebenda, S. 11.

4. Der zweite Kreuzzug

Keine 50 Jahre waren seit dem ersten Kreuzzug vergangen. Aber viel weiteres Blut war in heiligen Landen vergossen worden. Auch hatten sich christliche Bruderfürsten im Kreuzfahrerland entzweit, und es kam vor, daß sie sich gegeneinander mit Moslems verbündeten. Da begannen die Kreuzzugsprediger wieder zu schüren. Allen voran der heilige Bernhard von Clairvaux (1091–1153) und der heilige Petrus von Cluny (»Petrus Venerabilis«, d.h. der Verehrungswürdige, ca. 1092–1156).

Edessa, eine Art Vorburg der Kreuzfahrerreiche, war 1144 gefallen, wobei der Eroberer, der Regent von Mossul und Aleppo, nicht generell unter den Christen, sondern speziell unter den Franken ein Blutbad anrichtete. Im Abendland sah die Geistlichkeit die gesamten Kreuzfahrerstaaten bedroht. Dabei waren die Franken eine Bedrohung gewesen. Von Edessa aus hatten sie Plünderungszüge unternommen: »... durch alle Länder Mesopotamiens, und ihre Verwüstungen erstreckten sich bis in die entferntesten Regionen der Dschesireh« (so der arabische Chronist Ibn al-Atir). Von einer Gefährdung der Kreuzfahrerstaaten konnte angesichts der Zwietracht der moslemischen Reiche wohl keine Rede sein. Aber der Fall von Edessa genügte, um die Kreuzzugsprediger wieder auf den Plan treten zu lassen. Papst Eugen III. erließ im Dezember 1145 eine Kreuzzugsbulle.

Während Ludwig VII. von Frankreich sofort begeistert war (da er bei einer Fehde gegen die Stadt Vitry eine Kirche mit angeblich 1300 Menschen eingeäschert hatte, wollte er dies mit der Zerstörung von Moscheen wiedergutmachen), zeigte der französische Adel wenig Neigung. Schließlich mußte der hl. Bernhard tätig werden, die führende katholische Autorität seiner Zeit. (Er redete ständig in die Kuriengeschäfte hinein und hatte Papst Lucius II. geschrieben: »Es geht die Rede, nicht Ihr wäret Papst, sondern ich.«) Am 1. März 1146 erteilte Eugen III. Bernhard in einer zweiten Bulle die Vollmacht, den Kreuzzug zu propagieren. Bernhard setzte auf »vollkommene Ausrottung der Heiden – oder sichere Bekehrung«, wie er selbst formulierte. In ganz Europa verbreitete er seine Kreuzbriefe. In ihnen gemahnte er selbst »Mörder, Räuber, Meineidige und Kriminelle aller Sorten, ganz als hätten sie stets nach der Gerechtigkeit gelebt, an ihre Dienstpflicht gegen den Allmächtigen«. Wo sei es schon vorgekommen, daß einer »für Sold seinen Kämpfern den Nachlaß ihrer Vergehen und ewige Herrlichkeit« gewähre? Zwar könne Gott leicht mehr denn zwölf Legionen Engel an den Kriegsschauplatz schicken. Aber er ziehe es vor, »uns winziges Gewürm« mit den Kampfhandlungen zu betrauen.[14] Am 31. März 1146 hielt der wie ein Apostel verehrte »honigfließende Lehrer« (doctor mellifluus), wie man ihn später gern nannte, seine erste Kreuzzugspredigt am französischen Hof.

14 Sämtliche Zitate ebenda, insbesondere S. 54.

Und wieder begannen die Juden zu zittern. Besonders, als 1146 am Rhein ein Zisterzienser namens Radulf erschien und eine Massenhysterie verursachte. »... in allen Städten, durch die er kam, weckte er das Tier im Menschen und sprach: ›Auf, übet die Rache unseres Herrn an seinen Feinden, so unter uns sind; danach dann wollen wir hinabziehen gen Jerusalem‹«.[15] Und wieder begann eine Mordepidemie. In Köln gelang es den Juden, durch eine große Geldsumme und Verpfändung ihrer sämtlichen Häuser und Habe Erzbischof Arnold zur Überlassung seiner Festung Wolkenburg zu bewegen. Auch anderswo half Geld den Juden. Dennoch kam es in vielen Städten zu Mordtaten: so in Aschaffenburg, Bacharach, Mainz, Speyer, Worms, Würzburg. Allerdings gab es keine Gemetzel im Ausmaß von 1096 mehr, was schon wegen der vorangegangenen Dezimierung nicht möglich war. Allgemein sagt man, es sei dem heiligen Bernhard gelungen, ein großes Ausmaß der Mordtaten zu verhindern. In der Tat: Bernhard, vom Mainzer Erzbischof um Hilfe gebeten, wandte sich gegen die in Deutschland begangenen Exzesse. Zum einen war er darüber erbost, daß Radulf gar keine Predigerlizenz hatte. Bernhard reiste persönlich im November 1146 nach Deutschland und beendete Radulfs Hetzreden. Zum anderen vertrat Bernhard die Auffassung: „Nicht die Juden soll man verfolgen, nicht sie totschlagen, nicht einmal sie verjagen.« Das heißt aber nicht, daß er ein Judenfreund war. Er verurteilte vor allem eine so scharfe Judenfeindschaft, wie sie von dem bedeutenden Abt Petrus von Cluny vertreten wurde, seinem einflußreichen Freund, dessen Machthunger ihm allerdings seit langem ein Dorn im Auge war. Dieser Petrus »der Ehrwürdige« entflammte ganz Frankreich mit haßerfüllten Predigten:

»Was nützt es aber, die Feinde des christlichen Glaubens in fernen Landen aufzusuchen und zu bekämpfen, wenn die liederlichen und lästernden Juden, die weitaus übler als die Sarazenen sind, nicht in fernen Landen, sondern (hier) in unserer Mitte so ungehemmt und so verwegen Christum und alle christlichen Sakramente ungestraft schmähen, mit den Füßen treten, verächtlich machen? Wie soll Gottes Eifer die Kinder Gottes beseelen, wenn die Juden, diese schlimmsten Feinde Christi und der Christen, so ganz ungeschoren davon kommen? ... um wieviel mehr müssen die Juden verabscheut und gehaßt werden, die nichts in bezug auf Christus oder den christlichen Glauben annehmen, und die die jungfräuliche Geburt und alle Sakramente der Erlösung der Menschheit verwerfen, schmähen, verspotten? Ich sage dies nicht, um das Schwert des Königs oder der Christen zu ihrem Tode zu schärfen ... Gott will nämlich nicht, daß sie ganz getötet werden, daß sie vollkommen zum Verschwinden gebracht werden, sondern daß sie zur größeren Qual und zur größeren Schmach, wie der Brudermörder Kain, zu einem Leben schlimmer als der Tod bewahrt bleiben...

... Ist es nicht nur zu gerecht, daß sie dessen, was sie unredlich erworben haben, enteignet werden? ... Denn nicht dank der Landwirtschaft, nicht dank der Gesetzeskunst, nicht dank irgend einem ehrsamen und nützlichen Beruf füllen sie ihre Scheuer mit Korn, ihre Keller mit Wein, ihre Börsen mit Münzen, häufen sie Gold oder Silber, sondern dank all dem, was sie, wie

15 So der jüdische Chronist Joseph ben Joshua ben Meir; zitiert nach ebenda, S. 55.

gesagt, den Christen listig entwenden, oder was sie an teuren Waren als Diebsgut bei Räubern zu billigem Preis erwerben... Dies habe ich zu Dir, wohlwollender König, aus Liebe zu Christus geschrieben und aus Liebe für Dich und das christliche Heer, denn es wäre töricht, ja ich meine selbst, es bliebe nicht ohne Gottes Unwillen, wenn für den frommen Heerzug, für den die christlichen Güter in entsprechendem Maße herangezogen werden, nicht in noch höherem Maße das Geld der Ungläubigen dienstbar gemacht würde.«[16]

Aber die von dem Heiligen aus Cluny getroffene Unterscheidung zwischen Ermordung und schmachvoller Behandlung vermochte das Kreuzfahrervolk (dem der französische König Schuldenerlaß bei den Juden gewährte) nicht ohne weiteres nachzuvollziehen. Denn wenn die Juden schon die weit schlimmeren Feinde als die Mohammedaner waren, warum sollte man dann ihr Leben schonen, die Sarazenen aber bekriegen?

Die gemäßigtere Haltung des hl. Bernhard (1830 in die Reihe der Kirchenlehrer aufgenommen), dieses großen Mystikers und Marienverehrers, sah etwa so aus:

»Wir haben mit Freuden vernommen, wie der Eifer Gottes in Euch glüht, aber immer ist's nötig, daß die Bändigung der Vernunft nicht fehle. Nicht die Juden soll man verfolgen, nicht sie totschlagen, nicht einmal sie verjagen... Ich weiß, was man im Psalm prophetisch von den Juden liest: › Gott hat mich – so spricht die Kirche – über meine Feinde unterwiesen: töte sie nicht, damit meine Völker niemals vergessen.‹ – Lebendige Zeichen sind sie uns, die Passion des Herrn darstellend. Deswegen sind sie in alle Gegenden verstreut; denn während sie gerechte Strafe für ihre Missetat leiden, sollen sie Zeugen unserer Erlösung sein. Drum fügt auch im selben Psalm die Rednerin, die Kirche, hinzu: ›Verstreue sie in deiner Macht und stoße sie hinunter, Herr du mein Schutz‹ (Ps. 59/Vg. 58,11 und 12). So ist es geschehen; verstreut sind sie, heruntergestoßen sind sie, harte Gefangenschaft tragen sie unter den christlichen Fürsten. Doch sollen sie sich zur Vesper bekehren, die Zeit wird ihnen Hilfe bringen. Am Ende, wenn die Menge der Völker eingetreten ist, dann wird ganz Israel gerettet werden, spricht der Apostel (Röm. 11,25 u. 26).«[17]

So gewaltig erscheint da der Unterschied zur Auffassung des von Bernhard kritisierten Petrus Venerabilis nicht. Und immerhin vermochte Bernhard – obwohl ihn jüdische Chronisten sanft behandelt haben – auch zu sagen, die Juden seien bestialisch, stammten vom Teufel ab und seien Mörder von Anbeginn.

Ganz anders demgegenüber Bernhards großer geistiger Gegner, Abt Petrus Abälard: Er nahm sich – Ausnahmeerscheinung auch insoweit – in seinem »Dialogus inter Philosophum Judaeum et Christianum« der jüdischen Sache in Menschlichkeit an, wie es ja zu allen Zeiten einzelne und oft nicht unbedeutende Männer der Kirche gegeben hat, die den Juden in positiver Toleranz gegenübertraten.[18]

---

16 Kirche und Synagoge, a.a.O., Bd. 1, S. 120 f.

17 Ebenda, S. 122.

18 Bernhard war nicht nur ein harter Gegner der Juden. Er haßte seinen ihm geistig – nicht an Einfluß – überlegenen Gegenspieler Abälard. Dessen Spott und Persönlichkeit forderten den ernsten Glaubensfanatiker Bernhard, der sich auch als Ketzer- und vor allem Albigenserbekämpfer hervortat, stark heraus. Er sorgte nicht nur für die kirchliche Verbrennung von Abälards Büchern, er verfolgte Abälard selbst mit dem

Auch der dritte Kreuzzug (1189–1191) war mit antijüdischen Ausschreitungen verbunden, besonders in England, das erstmals an einem Kreuzzug teilnahm: 1190 kam es dort zu zahlreichen Massakern. Es begann der Zug von verbliebenen Juden nach Osten.

Hingewiesen sei noch auf Folgendes: In dieser Zeit, um 1140, schuf der Mönch Gratian eine bedeutende Sammlung kirchlichen Rechts, das Decretum Gratiani, die grundlegend für das kanonische Recht wurde. Sie trug zur Verschärfung der antijüdischen Gesetzgebung bei (und enthielt die großen Fälschungen: Konstantinische Schenkung, Pseudo-Isidorische Fälschungen).

5. Das 13. Jahrhundert: Judenhaß als Kirchenprogramm

Im 13. Jahrhundert war »das Christentum auf dem Höhepunkt«. Der bekannte französische Mediävist Jaques Le Goff bezeichnet es als »ein Jahrhundert lichtvoller Geistigkeit«, auch als Jahrhundert des Triumphs der Kirche. Richtig ist, daß mit der Scholastik (Thomas v. Aquin, Albertus Magnus) auch der Gedanke der Vernunft, der rationalen Begründung, in Europa Einzug hielt; daß das experimentelle naturwissenschaftliche Denken einen ersten Aufschwung nahm (Roger Bacon, Robert Grosseteste); die gotische Baukunst Großes hervorbrachte; die Universitäten mit z.T. erstaunlicher Lehrfreiheit ihren großen Aufstieg hatten; die italienischen Städte als Wiege europäischer Kultur republikanisch regiert waren. Aber dieses Jahrhundert warf auch Schatten, die nicht gering waren, aber gern übersehen werden. Dies betrifft vor allem die Ketzer (insbesondere Katharer) und Juden, aber auch die allgemeinen Umstände, als deren (pathologischen) Ausdruck man etwa die Geißlerbewegung (1260) sehen könnte. Man kann die Zeit auch so charakterisieren: »Das XIII. Jahrhundert war eine fortgesetzte große Revolution: der bürgerliche Geist erkämpfte seine Freiheit von Feudalität, Reich und Kirche, und neben ihm erhob sich der evangelische Gedanke, die Freiheit des Glaubens zu erobern. Diese Revolution war in der Zeit nicht siegreich wie jene; ihre hochauflodernde Flamme wurde von der Kirche gelöscht«, wenn sie ihren Funken auch nicht hat ersticken können.[19]

Schwert durch ganz Frankreich, um ihn zu ermorden. Petrus Venerabilis gelang die Vermittlung eines Waffenstillstands: Abälard würde Bernhard nicht mehr verspotten, und dieser würde ihm nicht mehr nach dem Leben trachten. Damit konnte Bernhard leben: Er, dieser »Zuchtmeister des Hochmittelalters« (Horst Fuhrmann), hielt seinem Freund Humbert von Igny die Leichenrede und hob als besondere Leistung den tiefen Ernst des Verstorbenen hervor, auf dessen Gesicht nie ein Lachen erschienen sei. Lachen war unfromm. Die theologische Literatur befaßte sich mit dem Elend des irdischen Jammertals.

19 Ferdinand Gregorovius: Geschichte der Stadt Rom im Mittelalter, 7 Bde., München 1988, Bd. 2.1, S. 337 der Taschenbuchausgabe.

In dieser Zeit also, als das Papsttum »in Innozenz III. auf einer schwindelerregenden und unhaltbaren Höhe« kulminierte (Gregorovius), wirkte sich für die Juden am verhängnisvollsten das berühmte Vierte Laterankonzil (1215) aus. Vorangegangen war das Dritte Laterankonzil von 1179 unter Alexander III., das ebenfalls als ökumenisches Konzil anerkannt ist. (Allerdings war Alexander unter denkbar fragwürdigen Umständen gleichzeitig mit einem Gegenpapst in St. Peter »gewählt« worden[20], mußte im Lauf von 22 Jahren vier Gegenpäpste hinnehmen, lebte die meiste Zeit im Exil und konnte sich nur zwei Jahre in Rom aufhalten, wo er »wie in Feindesland« lebte.) 300 Bischöfe bestätigten antijüdische Bestimmungen. Auch Alexander wollte – gut augustinisch – die Juden nur leben lassen, damit ihr leidvolles Dasein von der Herrlichkeit Christi Zeugnis gebe. Auch die diskriminierende Praxis der päpstlichen Inthronisationsreden (wohl erstmals 1130) mit Bestätigung des Thoragebrauchs bei gleichzeitiger Verdammung der Auslegung) nahm er auf.

Das Vierte Laterankonzil war vor dem Zweiten Vatikanum unserer Zeit mit ca. 1300 Teilnehmern das größte Konzil der Christenheit. Innozenz III. (1198–1216), mit 37 Jahren an die Macht gelangt, dieser »wahrhafte Augustus des Papsttums« (Gregorovius) und mächtigste aller Päpste, stand ihm vor. Alle bedeutenden Persönlichkeiten Europas aus Staat und Kirche waren erschienen oder hatten Vertreter entsandt. Sogar die Patriarchen von Konstantinopel und Jerusalem waren demütig anwesend. (Während des Vierten Kreuzzugs unter Innozenz hatten die Kreuzfahrer 1204 Konstantinopel, die reichste und schönste Stadt des christlichen Abendlands, in einer Weise zerstört, die der bekannte Kreuzzugshistoriker Steven Runciman als die größte kulturelle Barbarei der Geschichte bezeichnete.) Die gelehrtesten Theologen stellten ihren Rat zur Verfügung. Bereits zweieinhalb Jahre zuvor waren die Einladungen ergangen, so daß eine gründliche Vorbereitung möglich war. Es ging u.a. um Ketzerausrottung, Kirchenreform, kirchliche Mißbräuche, das Hl. Land, die Hebung der allgemeinen Moral und um die Juden.

In seiner Begrüßungsansprache erklärte der ebenso von Glaubensglut erfüllte wie machtbewußte Innozenz: »Die Verderbnis des Volkes hat ihre wichtigste Ursache in der Geistlichkeit ... die Religion wird verunstaltet ... die Gerechtigkeit wird mit Füßen getreten...« Daraus zogen er und das Konzil aber keineswegs den Schluß, es ginge nur oder zuallererst darum, das innerlich völlig verwahrloste Haus der Kirche auszumisten. Dabei haben viele und bedeutende Männer (sogar Frauen) der Kirche diese Mißstände scharf gegeißelt, darunter auch Bernhard von Clairvaux. Er hatte etwa gefragt:

»Welchen Prälaten könnt ihr mir zeigen, der nicht lieber die Taschen seiner Herden leert, als ihre Laster unterdrückt?«

---

20 Siehe ebenda, S. 237 ff.

In einem Rundschreiben an die deutschen Prälaten schrieb 1188 der päpstliche Legat und Kardinal Heinrich von Albano:

»Der Sieg des Fürsten der Finsternis steht bevor infolge der Verderbtheit des Klerus, seines Luxus, seiner Völlerei, seiner Vernachlässigung der Fasten, seiner Pfründenjägerei, seiner Hetz- und Falkenjagden, seines Spieles, seines Handels, seiner Streitigkeiten und vor allem infolge seiner Unenthaltsamkeit, so daß der Zorn Gottes im höchsten Grade erregt ist und die schlimmsten Ärgernisse zwischen Klerus und Volk hervorgerufen werden.«

Man vertrat die Auffassung, die Laien seien insgesamt besser als der Klerus. Hierzu die hl. Hildegard:

»Die Prälaten sind Räuber der Kirche; ihre Habgier verschlingt alles, was sie erreichen können; sie machen uns mit ihren Bedrückungen arm und beflecken sich und uns...«

Der in der Literatur bekannte Prior Cäsarius von Heisterbach (ca. 1180–1245) läßt in der Geschichte »Vom Seelenheil« seines (vor allem für Novizen bestimmten) *Dialogus miraculorum* einen Geistlichen sagen: »Ich kann alles glauben, nur das nicht, daß irgendein deutscher Bischof selig werden könnte.« Und ein anderer hat in dieser Erzählung das Bischofsamt abgelehnt mit den Worten: »Dahin ist es mit der Kirche gekommen, daß sie nur noch von verworfenen Bischöfen regiert zu werden verdient.«

Botho von Prüm klagte 1152 gar:

»Die Kirche eilt ihrem Untergang entgegen, und keine Hand rührt sich, um ihren Fall aufzuhalten; es gibt keinen einzigen Priester, der würdig wäre, sich zum Mittler zwischen Gott und den Menschen zu machen...«[21]

Daß auch das Papsttum im Volk nicht besonders geachtet war, ergibt sich aus Spottgedichten wie dem folgenden, das Walther von der Vogelweide (ca. 1170–1230) verfaßt hat:

Der Stuhl zu Rom ist jetzt so wohl besetzet
Wie er durch Gerbert war,
der ihn durch Zauberei verketzert;
Der hat gegeben nur der Höll' sein eigen Leben,
Doch dieser will sich ihr mit aller Christenheit ergeben.
Was ruft man nicht auf ihn herab des Himmels Strafen,
Und fraget Gott, wie lang er wolle schlafen?
Sie hintertreiben seine Werk' und fälschen seine Wort',
Sein Kämmerer veruntreut seinen Himmelshort,
Sein Mittler mordet hier und raubet dort,
Sein Hirte wird zu einem Wolf ihm unter seinen Schafen.

---

21 Zitate nach Henry Charles Lea: Geschichte der Inquisition im Mittelalter, 3 Bde., Nördlingen 1987, Bd. 1, S. 56 f.

Kurzum: Die Kirche war voll Simonie und Günstlingswirtschaft, mißbrauchte die Rechtsprechung, verkaufte Sakramente, erpreßte Vermächtnisse, war voll geschlechtlicher Verirrungen, kriegerisch, bedrückte das Volk auf mancherlei Art. Bei diesen Verhältnissen mußte die Ketzerei blühen, und sie bedrohte die Kirche in ihrer Existenz.

In dieser Lage beschloß das Konzil innerkirchliche Änderungen. Das Klosterleben sollte weitgehend reformiert werden. Trunksucht, Unsittlichkeit und geheime Ehe von Geistlichen wurden verurteilt und geahndet, der Verkauf falscher Reliquien wurde untersagt, man ging gegen die theologische Unbildung vor, die Ämterhäufung wurde eingeschränkt. Mit gleicher Gewichtigkeit frönte man aber der Kreuzzugsideologie und begeisterte sich an dem Gedanken, die Ketzerei mit Feuer und Schwert zu tilgen. Und Innozenz' Strenge »gab der kirchlichen Unduldsamkeit das Beispiel und die Richtung für Jahrhunderte« (Gregorovius). In diesem fanatischen Klima entstanden die Judenartikel, mit der die Judenfeindschaft als gesamtkirchliches Pflichtprogramm festgeschrieben wurde. In der Konzilssprache hören sich diese Bestimmungen (hier die 67. Konstitution zur Wucherfrage) so an:

»Je mehr sich die christliche Religion in der Eintreibung der Wucherzinsen Einschränkungen auferlegt, desto übermütiger wird darin der Unglaube der Juden, so daß in kurzer Zeit das Vermögen der Christen erschöpft sein wird. Da wir in dieser Hinsicht Vorsorge treffen wollen, daß die Christen nicht unermeßlich von den Juden beschwert werden, so bestimmen wir durch Konzilsdekret, daß, wenn weiterhin die Juden, unter welchem Vorwand auch immer, von den Christen schwere und unangemessene Wucherzinsen erpressen, ihnen die Gemeinschaft mit den Christen entzogen werden soll, bis sie wegen dieser unangemessenen Beschwerung geziemend Genugtuung geleistet haben. Die Christen aber sollen, wenn es nötig ist, durch kirchliche Zensur nach erfolgter Ermahnung angehalten werden, sich vom Handelsverkehr mit ihnen zu enthalten. Den Fürsten aber machen wir es zur Pflicht, daß sie deswegen nicht den Christen gram sind, sondern vielmehr dafür eifern, daß die Juden sich einer so großen Beschwerung enthalten. Und durch dieselbe Buße, so bestimmen wir, sollen die Juden angehalten werden, den Kirchen Genugtuung zu gewähren für die Zehnten und die anderen geschuldeten Abgaben, die sie von den Christen für ihre Häuser und andere Besitzungen zu empfangen pflegten, bevor sie an die Juden, unter welchem Titel auch immer, fielen, so daß die Kirche schadlos bleibt.«

Einige Hinweise zum Verständnis des Wucherproblems: Seit dem 8. Jahrhundert wurde den Christen durch Konzilsbeschlüsse die Zinsnahme untersagt. Bis dahin waren z. B. die Klöster große Geldgeber gewesen. Man grub dann Lukas 6,35 aus, wo es im Zusammenhang der Bergpredigt heißt: »Liebet vielmehr eure Feinde; tut Gutes und leiht ohne Hoffnung auf Wiederersatz! ...« Aus wirtschaftlicher Notwendigkeit sprangen nun die Juden ein, bei denen es ja auf eine Sünde mehr oder weniger nicht ankam (so die Kirchenjuristen). Die Zinssätze erreichten zwar schwindelerregende Höhen, doch waren sie amtlich festgesetzt, jedenfalls erlaubt! Auch hielt man sich an den Juden schadlos, indem man sie mit unanständig hohen Sondersteuern belegte, sie regelrecht aussaugte. Hierzu der als guter Finanzkaufmann bekannte

Kaiser Friedrich III. 1470: »Wo der Christ 10 Schock nimmt, soll der Jude 20 nehmen dürfen, weil, wenn er so wenig nehmen würde wie der Christ, er nicht leben könnte...« In späterer Zeit, als auch die Christen wieder Zins nahmen (Lombarden), war es allerdings – anders als nach dem Wort Kaiser Friedrichs zu vermuten – vielfach so, daß die christlichen Zinsen höher waren als die jüdischen, was die Juden in manchen Gegenden und vorübergehend sogar beliebt machte.

Die 68. Konstitution des Vierten Laterankonzils regelte die Kleiderfrage wie folgt:

»In einigen Provinzen unterscheidet die Kleidung Juden und Sarazenen von den Christen. Aber in gewissen anderen ist eine solche Regellosigkeit entstanden, daß sie durch keine Unterscheidung kenntlich sind. Daher kommt es zuweilen vor, daß sich irrtümlicherweise Christen mit jüdischen oder sarazenischen und Juden oder Sarazenen sich mit christlichen Frauen vermischen. Damit also den Ausschweifungen einer so abscheulichen Vermischung in Zukunft die Ausflucht des Irrtums abgeschnitten werde, bestimmen wir, daß Juden und Sarazenen beiderlei Geschlechts in jeder christlichen Provinz und zu jeder Zeit sich durch die Art ihres Gewandes öffentlich von der übrigen Bevölkerung unterscheiden sollen, zumal man auch bei Moses liest, daß ihm eben dies auferlegt ist. In den Kar-Tagen und am Passionssonntag sollen sie keinesfalls in die Öffentlichkeit ausgehen, weil einige von ihnen, wie wir erfahren haben, sich nicht schämten, geschmückt einherzugehen, und sich nicht scheuten, die Christen zu verspotten, die, des heiligsten Leidens eingedenk, Zeichen der Trauer trugen. Das aber wollen wir aufs strengste verhindern, daß sie sich unterstehen, zur Verspottung des Erlösers auszugehen. Und da wir nun einmal die Schmähung dessen nicht übersehen dürfen, der unsere Schande tilgte, bestimmen wir, daß diejenigen, die so vermessen sind, durch die weltlichen Fürsten mit gebührender Beachtung im Zaum gehalten werden, damit sie es nicht wagen, den zu lästern, der für uns gekreuzigt worden ist.«

Hierzu ist in »Kirche und Synagoge« kommentiert:

»Die herangezogene Stelle aus dem 4. Buch Mose (Numeri) spricht von den Zizit, den Schaufäden, die am Gebetsmantel bzw. am Gewand zu tragen sind. Die etwas gewaltsame Ableitung einer Sondertracht der Juden aus einer derartigen Stelle wird auch von den Theologen übernommen, so z. B. von Thomas von Aquin in *De regimine Judaeorum.*«

In der 69. Konstitution wird den Juden mit folgenden Worten untersagt, öffentliche Ämter zu übernehmen:

»Da es allzu sinnlos wäre, daß ein Lästerer Christi über Christen Gewalt habe, so erneuern wir das, was hierüber das Konzil von Toledo weise verfügt hat... Wir verbieten, daß Juden zu öffentlichen Ämtern zugelassen werden, da sie unter dem Vorwand ihres Amtes den Christen am meisten aufsässig sind... Dem Inhaber eines solchen Amtes aber soll so lange die Gemeinschaft mit den Christen im Handel und in anderem versagt werden, bis er zum Nutzen der Armen der Christen ... übergeben hat, was er von den Christen gelegentlich seines so übernommenen Amtes erlangt hat. Das Amt selber aber ... soll er mit Schaden wieder aufgeben.«[22]

Das Konzil schloß die europäische Judenschaft von allen handwerklichen Berufen und praktisch aus der Gesellschaft aus. Die Juden wurden – obwohl

---

22 Zitate aus Kirche und Synagoge, a. a. O., Bd. 1, S. 222 f.

ihnen auch dies eigentlich untersagt war – in die Rolle von Pfandleihern, Geldwechslern und Zinsnehmern gedrängt. Das machte die existentiell bedrohten Juden nicht beliebt. Denn wenn auch die Kirche Reichtümer sammelte (sie war der größte Grundbesitzer), so verarmten doch die Bauern und das niedere Volk der Städte: »So sind die Armen Gottes Kinder, daß ein Teil von ihnen kaum die Scham bedeckt«, erklärte Berthold von Regensburg (ca. 1220–1272), der größte deutschsprachige Volksprediger seiner Zeit. Berthold räumte zwar großzügig ein, die Juden zeichneten sich durch religiöse Strenge und ordentliche Ehe aus, aber sie seien dennoch Räuber und Diebe und wie Ketzer und Heiden dem Teufel verfallen.

Zurück zu den Judenbestimmungen des Konzils. Sie entsprachen der Einstellung Innozenz' III. Er erließ zwar bald nach Regierungsantritt 1199 eine »Sicut-Judaeis-Bulle«, d. h. eine Schutzbulle (hierzu allgemein näher in der zusammenfassenden Darstellung der päpstlichen Judenpolitik in Kap. VIII.2). Diese ließ aber an ihrer grundsätzlichen Judenfeindschaft keinen Zweifel: Innozenz verwarf die treulos-ungläubige Einstellung der Juden. Diese sollten aber nicht getötet werden, durch ihre Existenz werde der christliche Glaube bewiesen. In der Schutzbulle heißt es, die Juden sollten nicht »allzu sehr« bedrückt werden, gleich darauf aber, sie sollten nicht »völlig vernichtet werden«. Was sollte gelten? Was hieß »Bedrückung«? Trotz dieser grundsätzlichen Feindschaft gewährte die Bulle den Juden die Ausübung ihrer Religion und schützte sie vor Zwangstaufe. Immerhin hielt sie es für angebracht und offenbar notwendig, zu verfügen, daß die Juden bei ihren Festen nicht mit Knütteln und Steinen gestört werden sollten und anderes mehr. Innozenz forderte ggf. Genugtuung und drohte notfalls sogar Exkommunikation an. Aber: Verletzung, Tötung und Enteignung durch die Obrigkeit wurden ausdrücklich nicht ausgeschlossen, und alle Schutzmaßnahmen standen unter dem schwammigen Vorbehalt, daß sich Juden »nicht herausnehmen, etwas zur Untergrabung des christlichen Glaubens zu unternehmen«.[23]

Innozenz übernahm den Begriff der (Sünden-)Knechtschaft der Juden von Augustin und leitete daraus das Recht der Fürsten ab, über sie zu verfügen (siehe die bald festgelegte kaiserliche »Kammerknechtschaft«). In der Bulle »Etsi non displiceat« verteufelte der angeblich größte Papst der Geschichte die Juden (1205). Den französischen König erinnerte er – ebenfalls 1205 – an seine Verpflichtungen: er solle »die Ausschreitungen der Juden unterdrücken, daß diese es nicht wagen, ihren Nacken, der dem Joch ewiger Knechtschaft unterworfen ist, zu erheben...« Er wies den König auch darauf hin, die Juden benützten jede Gelegenheit, um im geheimen ihre christlichen Gastgeber zu töten.

---

23 Vergleiche ebenda, S. 216 f. und S. 221.

Die Konzilstexte entsprechen also ganz der Auffassung des Papstes. Dieser war übrigens neben seinen anderen Eigenschaften auch ernst und schwermütig. Berühmt wurde seine Schrift *Über die Verachtung der Welt* (*De contemptu mundi;* der historisch richtige Titel lautet: *De miseria humanae conditionis,* d. h. *Über das elende Los des Menschen*), verfaßt 1195 unter Verwendung zahlreicher Schriftzitate. Diese Schrift wurde jahrhundertelang viel gelesen und ist im Rahmen einer ganzen theologischen Literaturgattung zu sehen. In seinem anscheinend abgründigen Pessimismus war Innozenz der Auffassung, das Sündenaas Mensch, die »massa damnata« (verdammte Masse) müsse mit eiserner Rute beherrscht werden. Das mußte zwangsläufig Ketzer und Juden in besonderer Weise treffen.

Um Innozenz und sein glänzendes Konzil in einen Gesamtzusammenhang zu stellen, sei noch auf wichtige theologische Beschlüsse des Konzils hingewiesen. (Derartige Zusammenhänge pflegen meist sorgfältig auseinanderdividiert und isoliert zu werden.) Erstmals definierte dieses Konzil schriftlich das eucharistische Dogma von der Transsubstantiation, das für die Juden bald verhängnisvoll werden sollte:

»Es gibt nur eine allgemeine Kirche der Gläubigen. Außer ihr wird niemand gerettet. In ihr ist Jesus Christus Priester und Opfer zugleich. Sein Leib und Blut ist im Sakrament des Altars unter den Gestalten von Brot und Wein wahrhaft enthalten, nachdem durch Gottes Macht das Brot in den Leib und der Wein in das Blut verwandelt sind: damit wir von dem Seinigen empfangen, was er von dem Unsrigen annahm und so die geheimnisvolle Einheit vollendet werde.«[24]

Ein psychologischer Zusammenhang dieses Dogmas mit den Ritualmordlegenden und der Beschuldigung des Hostienfrevels (dazu später) dürfte kaum zu bestreiten sein. 1215 wurden auch jährliche Beichte und Kommunion als Mindestanforderung festgesetzt. Andernfalls konnte man nicht mit einem christlichen Begräbnis rechnen: ein wirkungsvolles Druckmittel. Die neuen Forderungen waren auch nützlich bei der Verfolgung der Katharer und anderer Sekten. Die Katharerverfolgung war ein großes Anliegen des Konzils, das die riesigen Massenabschlachtungen des seit 1209 auf besonderes Betreiben des Papstes stattfindenden Albigenserkreuzzugs – Albi war Sitz einer großen Katharergemeinde; Zerstörung von Béziers 1209: »Schlachtet sie alle, denn der Herr kennet die Seinen« – und die großen Gebietseroberungen dem bluttriefenden Ungeheuer Simon von Montfort als kirchliches Lehen bestätigte. Da die – übrigens aus religiösen Gründen absolut friedlichen, d.h. unbewaffneten – Katharer die Sakramente ablehnten, war das

24 Dieses Dogma war keineswegs unumstritten. Von einer Wesensverwandlung war in den ersten christlichen Jahrhunderten nicht die Rede gewesen. Heftige Streitigkeiten um die Bedeutung des Abendmahls gab es im 9., 11., 13. und 16. Jahrhundert; vergleiche zum eucharistischen Dogma in religionsgeschichtlicher Hinsicht Karlheinz Deschner: Der gefälschte Glaube. Eine kritische Betrachtung kirchlicher Lehren und ihrer historischen Hintergründe, München 1988, S. 123 ff. Sehr wichtig ist die umfangreiche Abhandlung in der Theologischen Realenzyklopädie, Stichwort »Abendmahl«.

Gebot der Kommunion ein gutes Kontrollmittel für die Überprüfung der Ketzereigenschaft. Die Ohrenbeichte war hilfreich, weil die Christen Kenntnisse über Ketzer mitteilen und ggf. beichten mußten.

Die seit 1215 auf eine breite Basis gestellte Judenfeindschaft fand vielfachen Ausdruck. Unter Honorius III. (1216–1227) mußten die Juden für die christlichen Ortskirchen den Zehnten entrichten. Dieser Papst zwang auch Kaiser Friedrich II., 1220 als Gegenleistung für die Kaiserkrönung ein von der Kurie ausgearbeitetes erstes Ketzergesetz in Kraft zu setzen. Der Grund für die segensreiche jahrhundertelange Tätigkeit der heiligen Inquisition war gelegt.

Gregor IX. (1227–1241), der gegenüber Friedrich II. die uneingeschränkte Weltherrschaft für das Papsttum in Anspruch nahm, die Inquisition begründete (kirchenrechtliches Ketzerdekret »Excommunicamus« 1231) und 1232 dem Dominikanerorden übertrug, betrieb eine schwankende Judenpolitik, die aber sehr hart sein konnte. 1233 klagte er gegenüber deutschen Bischöfen, die Beziehungen zwischen Juden und Christen seien zu gut, denn die Juden lebten nicht in dem Stand vollkommenen Elends, zu dem Gott sie verurteilt habe. In der Tat war es so, daß manche einfache Menschen, Handwerksmeister, Patrizier, weltliche Fürsten und sogar Bischöfe meist aus wirtschaftlichen, aber auch aus kulturellen Gründen Umgang mit Juden pflegten. So gab es etwa christliche Buchmaler, die jüdische Bücher illustrierten. In Wien wurden auf einem Konzil die antijüdischen Bestimmungen des Vierten Laterankonzils eingeschärft, da sie auch im dortigen Bereich nur unzureichend eingehalten wurden.

Aufgrund der Anzeige eines Konvertiten forderte Gregor IX. 1239 vom Pariser Bischof und verschiedenen Königen die Einziehung aller Talmudexemplare für den ersten Sabbat der Fastenzeit 1240. Alle Kleriker und Laien, die ihre hebräischen Bücher nicht abgaben, sollten exkommuniziert werden. Dem leistete aber nur der französische König Folge, nämlich Ludwig IX., der Heilige. Der päpstlichen Forderung, die Bücher zu verbrennen, wollte er jedoch erst nach dem Ergebnis einer gelehrten Untersuchung nachkommen. Immerhin handelt es sich beim Talmud um ein umfangreiches Sammelwerk mit Auslegungen der Thora, d.h. der fünf Bücher Moses, und mit religiösen Gelehrtendiskussionen. Es gab eine große Disputation mit jüdischen Sachverständigen, die weit in der Minderheit waren. Da immerhin ein Bischof gegen die beschlossene Verbrennung eingetreten war, wurde diese zunächst aufgeschoben. Da der König den plötzlichen Tod dieses Bischofs als Gottesurteil ansah, wurden erneut Bücher beschlagnahmt und sämtliche konfiszierten Exemplare des Talmud 1242 in Paris öffentlich verbrannt. Es sollen 24 Wagenladungen gewesen sein.

Auf dem päpstlichen Thron folgte bald Innozenz IV. (1243–1254), über den Ferdinand Gregorovius gesagt hat: »Ein gewissenloser Priester..., listig mit Verträgen spielend, vor nichts zurückschreckend, was ihm der eigene Vorteil bot, so erfüllte er die Welt mit Empörung und Bürgerkrieg und zog er die Kirche tief in die weltlichen Dinge herab, die er zu heiligen stempelte.«[24a] Er, der mit seiner Bulle »Ad extirpanda« 1252 die Inquisition zur Anwendung der Folter ermächtigte, verurteilte zwar – erstaunlich genug – den Wahn der Ritualmordlegenden, verlangte aber 1244 (erneut) vom französischen König, den Restbestand des rabbinischen Schrifttums zu vernichten. Auf jüdische Intervention, die Juden könnten ohne Talmud die Heilige Schrift nicht verstehen, führte die Universität Paris wiederum eine Untersuchung durch. Die Sachverständigen, denen der Kirchenlehrer Albertus Magnus vorstand, kamen 1248 zu einem erneuten Urteilsspruch.

Die Scheiterhaufen für jüdische Literatur brannten nun im Frankreich des 13. Jahrhunderts häufig. Besonders eifrig in diesem Kampf waren die Inquisitoren, voran Bernard Gui, der sich in seinem berühmten Inquisitionshandbuch *Practica inquisitionis* auch mit den Juden beschäftigte.

Thomas von Aquin (1225–1274) war eine Ausnahmeerscheinung. Man sagt ihm Sanftmut und große Nächstenliebe nach. Trotz aller Greueltaten der Kreuzzüge und Katharerausmordung vertrat er die Auffassung, auch Gelehrte müßten sich vor den Entscheidungen der Kirche beugen und sich in allen Dingen von ihr leiten lassen. Denn nur sie sei das von Gott auserlesene Gefäß der göttlichen Weisheit. Andererseits vertrat er die für die Kirche gefährliche Lehre, wenn das eigene Gewissen es befehle (eine göttliche Eingebung), müsse man der Kirche den Gehorsam versagen. (Diese Gewissensfreiheit hat die katholische Kirche noch im 19. Jahrhundert mehrfach schärfstens verdammt.) Er verstieg sich sogar zu der Behauptung, wenn das Gewissen sage, der Glaube an Christus sei von Übel, so müsse er diesen Glauben verabscheuen. Die Zwangsbekehrung von Ketzern hielt Thomas für zulässig. Irrgläubige und Abtrünnige seien mit physischer Gewalt zu zwingen. Rückfällige seien dem Tod verfallen. Nicht so bei den Juden: Diese und die Heiden dürften auf keine Weise zum Glauben gezwungen werden, da der Glaube eine Sache des freien Willens sei. Er vergleicht die Duldung der Juden mit der Duldung von Dirnen: um schlimmeren Übeln vorzubeugen, und wiederholt den Gottesmordvorwurf. Die Duldung des jüdischen Kults rechtfertigte er aus dem historischen Zusammenhang mit dem Christentum. Er zumindest hielt die Taufe jüdischer Kinder gegen den elterlichen Willen für unzulässig, da diese der natürlichen Gerechtigkeit widerspreche.

Ganz anders der bedeutende schottische Theologe Duns Scotus (um 1265–1308). Er forderte ein Verfluchten-Reservat auf einer Insel, wo die Juden für die Endzeit (nach deren Ende sie sich gemäß Paulus bekehren würden) gehalten werden sollten. (Ähnliche Vorstellungen wurden auch in Ruß-

24a Ferdinand Gregorovius: Geschichte der Stadt Rom, a. a. O., Bd. 2.1, S. 424.

land und von den Nazis entwickelt.) Dieser sehr gelehrte Franziskaner (doctor subtilis) hielt die Zwangstaufe jüdischer Kinder nicht nur für zulässig, sondern sogar für geboten. Gott habe ein größeres Herrschaftsrecht über das Kind als die Eltern.

Papst Klemens IV. (1265–1268) rief nach der Inquisition gegen Juden und rückfällige Judenchristen.

Papst Nikolaus III. (1277–1280) schuf eine Grundlage für die später zahlreichen kirchlichen Bestimmungen über Zwangspredigten. In seinem Breve »Vineam sorec« forderte er den österreichischen Franziskaner-Provinzial und den Generalmeister der Dominikaner auf, geeignete Judenprediger auszuwählen. Sollten sich die Juden weigern, zu den Predigten zu erscheinen, sei ihm zur Ergreifung weiterer Maßnahmen zu berichten. In Rom institutionalisierte Nikolaus die Zwangspredigten, die erst aufhörten, als die Truppen der Französischen Revolution Rom eroberten.

Einzigartig ist die Bulle »Orat mater ecclesia«, durch die Papst Nikolaus IV. (1288–1292) die römischen Juden vor Raub und Peinigungen durch den Klerus (!) schützen wollte.

Solchermaßen entwickelten sich im kirchlichen Bereich die Dinge in jüdischen Angelegenheiten im glorreichen und lichtvollen 13. Jahrhundert, in dem das Christentum auf dem Höhepunkt seiner Macht war. Auch größere komprimierte Darstellungen zur Geschichte des Hochmittelalters pflegen auf diese Dinge allenfalls in knappen Randbemerkungen einzugehen.

6. Ritualmord und Hostienfrevel

Es hat sich gezeigt, wie die Kirche, seien es Päpste, Bischöfe, Ordensleute und Prediger von oft großem Ansehen, die Judenfeindschaft im Volk hervorgerufen, wiederbelebt oder bestärkt hat. Zu fast allen Zeiten und auch im Mittelalter gab es zwar Kirchenmänner, die das ablehnten. Aber es waren nur einzelne. Die fehlende Bildung des Volks und die geringe Bildung der meisten der überaus zahlreichen Kleriker (im Mittelalter soll jeder Neunte Kleriker gewesen sein) in Verbindung mit den noch tief verwurzelten magisch-heidnischen Vorstellungen, die sich mit christlichen Elementen vermischten, waren ein guter Nährboden für phantastische Legenden; zumal dann, wenn sie sich in schwierigen Zeiten gegen einen durch anderen Glauben und andere Sitten von der christlichen Einheitskultur abgesonderten Volksteil wandten und sich das oft auch mit handfesten materiellen Vorteilen verbinden ließ.

Die Ritualmordbeschuldigungen kamen im 12. Jahrhundert auf und nahmen besonders im Spätmittelalter seuchenartige Ausmaße an. Die Ritualmorderfindungen bestanden regelmäßig in der Behauptung, daß Juden ein christliches Kind umgebracht haben und dann sein Blut in das ungesäuerte Brot des jüdischen Sakralmahls (Pessach-Brot) gemischt haben sollten. Man schrieb aber auch Mordtaten aller Art Juden zu. Der Ritualmordvorwurf fanatisierter Massen ist besonders unsinnig, denn sakrale Tötungen von Menschen waren dem Judentum fremd. Überhaupt ist den Juden seit je der Genuß von Blut, auch Tierblut, streng untersagt. Mehrere Päpste haben die Ritualmordanklage ungeachtet ihrer Judenfeindschaft streng, aber erfolglos verurteilt. Derartige Beschuldigungen sind schon von der Antike her bekannt. Seinerzeit wurden die Christen sogar selbst Opfer solcher Anschuldigungen. Orthodoxe Christen der Antike beschuldigten ihrerseits Gnostiker und Montanisten der Ritualmordpraxis.

Daß die Ritualmordanklage im 12. Jahrhundert wieder auftauchte, dürfte kein Zufall sein. Der eucharistische Glaube an die Wesensverwandlung von Brot und Wein in den realen Leib und das reale Blut Christi verlangt eine völlige Aufopferung des menschlichen Verstandes und ist deshalb in besonderer Weise Anfechtungen ausgesetzt. Angesichts der theologischen Umstrittenheit der Eucharistie im Mittelalter und der enormen, ja flächenbrandartigen Ausbreitung der Katharer und Waldenser (insbesondere in Oberitalien, Südfrankreich und im Rheinland), die mit großem Erfolg auch die kirchlichen Sakramente für teuflische Magie erklärten, wurde der Glaube vieler wankend.

Man kann es geradezu als den Sinn der Dogmen ansehen, daß sie – neben ihrer politischen Funktion – den beständigen ausdrücklichen oder latenten Zweifel auch des wenig selbständig denkenden Menschen an der Richtigkeit der vorgelegten Glaubenslehren autoritativ unterdrücken. Konsequent wurde und wird Gehorsam als erste Tugend gepriesen. Daß das Dogma häufig gefährdet war, lehrt der Umstand, daß es beständiger Kontrollen (z. B. Beichte, Buße), des Verbots der Bibellektüre durch Laien und später des Verbots von Büchern bedurfte, um den Zweifel niederzudrücken. Kommt nun das Dogma, eine formelhafte Überwindung des Zweifels, ins Wanken, so muß dies psychologisch bewältigt werden. Im Mittelalter gelang das z. T. dadurch, daß man dem verfeindeten gottesmörderischen Volk mit dem durch Mordblut angereicherten jüdischen Sakralmahl »eine Art Gegenkommunion«[25] andichtete und so in der Polarisierung eine Identifizierung mit dem Dogma oder zumindest eine Überdeckung des Zweifels erreichte. »Projektion« nennt man einen solchen Vorgang in der Psychoanalyse.

In ganz Europa verbreitete sich ein Kult um heilige gemordete unschuldige Christenkinder mit Wallfahrten, Statuen, Bildern, Wundergeschichten. »Apostel des Hasses« nennt Heer die Ritualmordpilger. Viele Juden wurden

25 F. Heer: Gottes erste Liebe, a. a. O., S. 104.

Opfer der Ritualmordseuche. Schon aus dem Jahr 1171 ist überliefert, daß in solchem Zusammenhang die ganze jüdische Gemeinde von Blois verbrannt wurde. Verbrannt wurden auch 13 Juden 1288 in Troyes durch Inquisitoren. In Fulda und Lauda gab es 1235 Judenmassaker. Nach einer Untersuchung dieser Vorfälle durch Kaiser Friedrich II. wurden die Juden freigesprochen, wie überhaupt alle Untersuchungen und zahlreichen Prozesse bis ins 20. Jahrhundert (!) zugunsten der Juden ausgingen. Selbst Judenfeind Innozenz IV. untersagte in einer Bulle 1253 solche unsinnigen Vorwürfe, »um der Verderbtheit und dem Geiz böser Menschen zu begegnen«. Gregor X. sprach sogar von Vätern, die ihre Kinder verstecken, um die Juden zu erpressen.

Der Fall des 1255 ermordeten Hugo von Lincoln ist in den Canterbury-Tales von Chaucer (Erzählung der Priorin) erwähnt. Danach hat der ermordete Bub noch mit zerschnittenem Hals weiterhin das Lob der Gottesmutter gesungen. Bekannt ist der Fall des Werner von Bacharach (Oberwesel), der 1287 ermordet wurde. Die älteste Quelle, die *Gesta Treverorum*, machte zwar die Juden verantwortlich, die Ritualmordanklage wurde aber erst später hinzugefügt. Gleichwohl wurde sofort eine prachtvolle Kapelle errichtet, die für eine Wallfahrt Bedeutung erlangte. Vielleicht der bekannteste Fall in Europa ist der des zweijährigen Simon von Trient, der 1475 am Gründonnerstag verschwand und in der Osternacht von Juden in unmittelbarer Nähe der Synagoge gefunden wurde. Im Inquisitionsprozeß wurden Trienter Juden durch die Folter Geständnisse abgepreßt. Man hatte ihnen u. a. vorgeworfen, durch den Ritualmord gleichsam Christi Kreuzigung zu wiederholen. Neun Juden wurden hingerichtet. Noch 1475 erhob ein päpstlicher Kommissar Bedenken. Die christliche Religion sei mehr durch die Lüge der Trienter gefährdet. Ungeachtet dessen entstand ein anziehungskräftiger Kult um den »heiligen« Simonino. Vorangegangen waren dem Vorfall antijüdische Fasten-Haß-Predigten des Volkspredigers Bernardino da Feltre. Nach entsprechenden wissenschaftlichen Nachweisen wurde der Kult 1965 aufgegeben und später kirchlich aufgehoben. Erst 1986 beschloß daraufhin der Stadtrat, im Straßennamen »Via San Simonino« das »San« zu streichen.

Hierzulande wohl am bekanntesten ist der absolut legendäre Fall des Anderl von Rinn (bei Innsbruck). Der Bub soll zwar 1462 ermordet worden sein. Die Legende tauchte aber erst 1475 auf, im Jahr des Todes des Simon von Trient. Der angebliche Todesort wurde »Judenstein« genannt und mit einer Kapelle umbaut. Im 17. Jahrhundert wurde sogar die Heiligsprechung des Phantoms eingeleitet. 1947, nach dem Holocaust, präsentierte man die Mordgeschichte mit kirchlicher Druckerlaubnis den Gläubigen als historische Wahrheit. Schulausflüge fanden statt. Ab 1954 wurden sogar Anderl-Spiele aufgeführt, bis scharfe Proteste den Bischof zum Rückzieher zwangen. 1961 wurde aus der Wallfahrtskirche eine hetzerische Figurengruppe entfernt. Aber die »Mordfolklore«[26] und der Gasthof »Zum Judenstein« gediehen weiter. Bis in die achtziger Jahre unseres Jahrhunderts fanden sogar alljährlich Wallfahrtsprozessionen zum Anderl statt. Trotz heftiger Proteste wagte es schließlich Bischof Reinhold Stecher 1985, die am Hochaltar befindlichen Kindsgebeine zu entfernen und nolens volens in eine Wand umzubetten. Und trotz aller (zwiespältiger) Versuche auch der katholischen Kirche, den Antijudaismus zu überwinden, meinte 1987 der neue – von Johannes Paul II. gegen heftigen innerkirchlichen Widerspruch ernannte – Wiener Weihbischof Kurt Krenn in Kenntnis des scharfen Protests des Ortsbischofs, man solle doch den Leuten das Anderl lassen.

Allzusehr sollte man sich darüber nicht wundern. Veröffentlichte doch 1881, während der Hochblüte des neuen Antisemitismus in mehreren Ländern, die damals stark antisemitische römische Jesuitenzeitschrift *Civiltà Cattolica* eine Reihe von Ritualmord-Artikeln, obwohl der Hl. Stuhl 1758 erneut die Ritualmordlegenden verurteilt hatte. Auch war der christliche Antijudaismus selbst nach 1945 zunächst ungebrochen.

Hans-Jochen Gamm erwähnt in seiner *Judentumskunde* (Ausgabe 1961) Ritualmordprozesse in Damaskus 1840, Korfu 1891, Xanten 1892, Konitz (Westpreußen) 1900 und Kiew 1911/13 Die Zusammenstellung ist unvollständig und gibt einen Begriff vom Ausmaß des fanatischen Potentials.

Ganz klar wird der psychologische Zusammenhang mit dem eucharistischen Dogma bei den ebenso grassierenden *Hostienfrevel-Lügen.* Die Hostienverehrung war besonders im 12. und 13. Jahrhundert aufgekommen. Der Hostienkult (»Augenkommunion«; Scheu vor der eigentlichen Kommunion, dem Gott-Essen) wurde gesteigert durch Etablierung des Fronleichnamsfestes 1246. »Der Unglaube soll durch ein Eucharistie-Wunder widerlegt werden.« »Die Hostienfrevelgeschichten spiegeln die zunehmende Judenfeindschaft im Spätmittelalter.« Interessanterweise hören die Hostienfrevelanklagen ab 1600 fast völlig auf: »... jetzt wird die Deutung der Eucharistie zu einem Streitpunkt zwischen den christlichen Konfessionen.«[27] Aber wieviel Blut mußte bis dahin fließen! Dabei waren die Beschuldigungen besonders unsinnig: Warum sollten Juden, eine geächtete und gefährdete Minderheit, konsekrierte Hostien martern, wo sie doch gar nicht an die Eucharistie glaubten?

Eine Beschuldigung des Hostienfrevels sah z. B. so aus: Ein Pariser Jude soll von seiner christlichen Magd eine geweihte Hostie gekauft haben. Nach verschiedenen Versuchen zur Zerstörung der Hostie soll einer der Juden die Hostie mit einem großen Messer durchstochen haben, worauf sie sich in drei Stücke geteilt habe und Blut ausgeströmt sei (Pariser Hostienfrevel 1290).

---

26 H. Kühner: Der Antisemitismus der Kirche, a. a. O., S.156; eine ausführliche Falldarstellung S. 151 ff.
27 W. P. Eckert in: Kirche und Synagoge, a. a. O., Bd. 1, S. 271.

In etlichen Fällen haben kirchliche Untersuchungen ergeben, daß die Bluthostien von den Anschuldigern hergestellt waren. So hat Papst Benedikt XII. (1334–1342) auf den Frevel eines Geistlichen in Klosterneuburg hingewiesen, der 1298 eine Bluthostie selbst hergestellt und dann zur Verehrung freigegeben hatte. Das Blutwunder war glaubhaft erschienen, weil natürlich Juden die Schändung begangen haben sollten. Selbst Nikolaus von Kues (1401–1464) ist es nicht gelungen, das Unwesen einzudämmen.

Grausam wirkte es sich 1298 aus, als der verarmte Ritter Rindfleisch im fränkischen Röttingen auf eine angebliche Hostienschändigung hin meinte, vom Himmel zum Vernichter aller Juden ernannt worden zu sein. Mit seinem Totschlägerhaufen zog er ein halbes Jahr durch sechzig fränkische und schwäbische Städte und tötete, folterte, schändete und verbrannte Tausende jüdischer Männer, Frauen und Kinder. Nur Augsburg und Regensburg schützten ihre jüdischen Bürger.

Häufig sollten Ritualmord- und Hostienfrevelbeschuldigungen nachträglich Pogrome und die Bereicherung an jüdischem Vermögen rechtfertigen. Besonders berüchtigt ist in dieser Hinsicht die »Deggendorfer Gnad'«. 1337 brachte man im niederbayerischen Deggendorf alle Juden um, eignete sich ihr Vermögen an und erfand eine Hostienlegende, die die Untaten rechtfertigen sollte. Man begann sofort mit dem Bau einer Wallfahrtskirche. Alljährlich feierte man in einer Festwoche die »Deggendorfer Gnad'«. In Prozessionen wurde ein Pulver als Rest der geschändeten Hostie herumgetragen. Offenbar hat die Kirche dem Unfug nie Einhalt geboten, ja ihm selbst nach dem Holocaust noch Vorschub geleistet. Es gibt eine umfangreiche antijüdisch-kirchliche Literatur um den Fall. Mit kirchlicher Druckerlaubnis erschien noch 1925 das Hetzspiel eines Mönchs mit Begriffen wie »Judasbrut, Teufelshorden, Unholdmeute, Giftmischer, Judenstrolche, Rudel räudiger Judenhunde«. Trotz eines Skandals deswegen im Jahr 1960 erklärte der Regensburger Bischof Rudolf Graber: »Deggendorf und Umgebung wird nicht vor solchen Artikelschreibern kapitulieren.«[28] Ebenfalls 1960 legte der Priester Franz Rödel, Gründer eines katholischen judaeologischen Instituts, der Bayerischen Bischofskonferenz eine wissenschaftliche Denkschrift zum Fall Deggendorf vor, ohne auch nur eine Antwort zu erhalten. 1968 erneuerte Papst Paul VI. geistliche Privilegien für die Feier der »Deggendorfer Gnad'« in gewandelter Form. Die Feiern finden noch heute alljährlich statt. Die 17. Ausgabe der *Brockhaus-Enzyklopädie* von 1968 enthält zu dieser mörderischen Geschichte kein eigenes Stichwort. Unter »Deggendorf« heißt es nur ganz schamhaft: »1337–60 erstand die got. Wallfahrtskirche zum hl. Grab«, kein Hinweis auf die historische und aktuelle Bedeutung.

---

28 Zitate nach H. Kühner: Der Antisemitismus der Kirche, a. a. O., S. 148 f.

7. Leibfeindlichkeit, Weltverachtung und Verfolgungsmentalität

Sicherlich gibt es einen Zusammenhang zwischen der christlichen Leibfeindlichkeit – die in Jesus keine Grundlage hat – und der Verfolgung der Heiden, Ketzer, Frauen und Juden. »Abtötung nach innen führt zur Tötung nach außen«, schreibt Friedrich Heer dazu. Nun gab es im Mittelalter bekanntlich auch das lustige Klosterleben und die Zölibatsmoral. Hierzu hat Aldous Huxley einmal gesagt: »Es ist schwer, irgendeinen Schriftsteller des Mittelalters oder der Renaissance zu finden, welcher es nicht für ausgemacht hält, daß vom höchsten Prälaten bis zum niedersten Klosterbruder die Mehrheit der Geistlichen durch und durch verderbt ist.« Und der gewiß unverdächtige, vielfach als größter Papst der Geschichte bezeichnete Innozenz III. hat erklärt: »Sie sind sittenloser als die Laien.« Nun, Innozenz war in diesem Sinn nicht »sittenlos«, sondern ein kalter Asket. Er, von dem Ferdinand Gregorovius schreibt, er habe die Kirche mit Terrorismus umgeben, hat nicht nur das juristisch-politische Machtdenken zum Höhepunkt getrieben und das auch theologisch wichtige zweitgrößte Konzil der Kirchengeschichte einberufen, sondern war wesentlich für die Albigenserausrotteung, diesen Genocid mit einer Million oder mehr Toten, verantwortlich. Er war ein Leben lang kreuzzugsbegeistert – mit der Zahl der Opfer stieg offenbar die Überzeugung, es seien noch nicht genug –, und er war ein Judenhasser.

Es ist kein Zufall, daß auch die bedeutenden Inquisitoren Asketen waren. Der Kampf gegen das eigene Fleisch wird zum Kampf gegen den Teufel, den man in den genannten Gruppen verkörpert sieht. Daß die Askese neben der Zölibatsmoral – wie schon in der Spätantike – ein ebenfalls wichtiges Moment der Geschichte des Mittelalters war, hat sich verhängnisvoll ausgewirkt. In der triebfeindlichen Existenz hysterischer Asketen sahen viele das höchste Ideal. Die Prediger schmähten den Körper als »Gefäß der Fäulnis«. Schon um die Jahrtausendwende trug man wieder Bußgürtel mit Bleikugeln und Stacheln auf der bloßen Haut, ferner Strumpfbänder mit eisernen Zacken. Es wurde Mode, sich zu geißeln oder peitschen zu lassen. Das Geißeln wurde kirchlich gefördert und fast überall eingeführt. Der hl. Petrus Damiani (1007–1072), Klosterreformator, Wander- und Bußprediger, 1828 zum Kirchenlehrer erhoben, meinte: wenn schon fünfzig Schläge gut seien, so erst recht tausend oder zweitausend. Er empfahl Flucht vor dem Anblick der Weiber, häufiges Kommunizieren und Wassertrinken. Er hat u. a. darauf hingewiesen, wie ein Mönch sein Glied mit einem glühenden Eisen gebändigt habe. Die Bettelorden – Franziskaner und Dominikaner, letztere aus den Greueln der Albigenserkriege hervorgegangen – propagierten den Bußkampf. »Der Geist des Herrn jedoch will, daß das Fleisch abgetötet und verachtet, geringgeschätzt, zurückgesetzt und schimpflich behandelt werde«, hieß es in der Franziskanerregel. Franziskaner und Dominikaner missionierten, stellten militant-politische Prediger und erhielten Lehrstühle.

Besonders im 13. Jahrhundert, der Zeit Innozenz' III. und des Thomas von Aquin, war eine Geißlerbewegung im Schwange. Zahllose, auch im 20. Jahrhundert noch vorkommende asketische Verirrungen, gab es in exzessiver Form auch in den kommenden Jahrhunderten, in denen so viel Blut fließen sollte. »Verachte den Leib«, lehrte in Andalusien Juan de Avila (ca. 1499–1569), »betrachte ihn als einen schneebedeckten Misthaufen, als etwas, das dir Ekel bereitet, wenn du nur daran denkst.« 1894 wurde er zum Seligen erhoben, 1926 zum Kirchenlehrer. Konsequent ließen viele Mönche, auch Franz von Assisi, ihren Körper völlig verkommen und badeten nie, ebenso wie selbst manche Kirchenfürsten. Eine der ersten Maßnahmen nach Vertreibung der Mauren aus Spanien war die Schließung der öffentlichen Bäder, von denen allein Cordoba 270 besessen haben soll. Auch Hungerkünstler gab es natürlich genügend. Der Dominikaner und Mystiker Heinrich Seuse (ca. 1295–1366, Schüler des Meister Eckart), von dem es in einem bekannten Großlexikon heißt, er habe »ein Leben der Gottverbundenheit und strengen Selbstzucht« geführt, war wesentlich von Thomas beeinflußt. Er geißelte sich täglich und trug acht Jahre Tag und Nacht ein mit dreißig Nägeln gespicktes Kreuz auf dem Rücken, auf das er von Zeit zu Zeit mit der Faust schlug. Von eiternden Wunden soll er übersät gewesen sein. Die hl. Angela von Foligno (1248–1309) genoß das Waschwasser von Aussätzigen, das sie nach einem Selbstbekenntnis mit Wonne trank. Sie schrieb: »Ein Stück der schorfigen Haut aus den Wunden der Aussätzigen war in meiner Kehle steckengeblieben. Statt es auszuspucken, gab ich mir große Mühe, es herunterzuschlucken, und es gelang mir auch. Ich meinte, ich habe eben kommuniziert. Nie vermag ich die Wonnen auszudrücken, die mich überliefen.« Der Kotfetischismus der Salesianerin Marguerite Marie Alacoque (1647–1690), die durch ihre Visionen den Anstoß zur kirchlichen Billigung der Herz-Jesu-Verehrung gegeben hat und 1920 heiliggesprochen wurde, braucht im Rahmen dieser kurzen Hinweise nicht im Detail geschildert zu werden. Soweit einige wenige Tümpel aus dem gewaltigen Sumpf gläubigen Wahns. Ein überdeutlicher Zusammenhang mit dem sexuellen Bereich ist etwa bei der Christuserotik einer Theresia von Avila und der Marienminne eines Bernhard von Clairvaux zu erkennen, um nur dieses noch zu nennen.[29]

Abtötung nach innen führt zur Tötung nach außen. Das braucht nicht immer so zu sein, aber die Tendenz ist kaum zu bestreiten. Die Störung des seelischen Gleichgewichts braucht ein Ventil. Dem Kampf gegen sich selbst entspringt ein aggressives Potential gegen andere:

---

29 Eine Fülle von Material zum Thema »Christentum und Sexualität« findet sich bei Karlheinz Deschner: Das Kreuz mit der Kirche. Eine Sexualgeschichte des Christentums, Düsseldorf/Wien 1974.

»In den Feind wird zudem alles projiziert, was in der eigenen Hölle, im unaufbereiteten, unerhellten Untergrund der eigenen Person leidenschaftlich begehrt wird: der Genuß des Geschlechts und aller Güter dieser Erde. In Gegenwart von Theologen untersuchen die Folterknechte mit ausgesuchten Werkzeugen den nackten Leib jener Frauen, in die als Hexen die eigene Geschlechtsbesessenheit projiziert wird ... vom Geschlechtsteufel besessene Kleriker projizieren ihre kaum verdrängte Lüsternheit in ihre Opfer, die ›verhexten‹ Frauen. In den ›materialistischen‹ Juden wird die eigene Weltlust, ›Weltgeilheit‹, in den ›geilen‹ Juden wird die eigene ungereifte sexuelle Gier projiziert.«[30]

Wie der innere Kampf sich nach außen wendet, kann man klar aufzeigen bei bis zum äußersten Extrem asketischen, bis hin zum Mörderischen fanatischen frühchristlichen Mönchen. Bei diesen gab es Dauerflenner, Dauersteher, ja Grasfresser. Sie konnten auch große Prügler untergebener Mönche sein. Von der Rolle, die Mönche bei antiken antijüdischen u. a. Ausschreitungen gespielt haben, war schon die Rede. Zölibatäre neigen nicht selten zur Unterdrückung von Gläubigen und ihnen Anvertrauten und zu tiefer Abneigung gegen Andersdenkende. Feindfixierung und Sexualverdrängung kann man z. B. auch bei den alten Spartanern feststellen. Die Kombination: totalitärer Staat – totalitäre Kirche ist historisch nicht selten. Verfehlungen (»Sünden«) gegen die menschliche Natur werden zu Verfehlungen gegen den Mitmenschen, auch und gerade dann, wenn sie im Namen einer absoluten »Wahrheit«, aus »Liebe« und aus »Frömmigkeit« begangen werden.

8. Judenfeindschaft im weltlichen Bereich

Die Kirche nahm selbstverständlich großen Einfluß auf die Rechtsordnung. Im antiken oströmischen Reich war das schon besonders deutlich gewesen. Die Rechtsstellung der Juden im Mittelalter ist besonders kompliziert. Kirchenrecht, Reichsrecht, das Recht der einzelnen Fürsten und der Städte standen nebeneinander und überlagerten sich. Die tatsächliche Rechtsstellung und gesellschaftliche Position der Juden konnte daher in den verschiedenen Teilen Europas, insbesondere in Deutschland, recht unterschiedlich sein. Daher gibt es auch zahllose regionale Untersuchungen. Auch klafften Recht und Rechtswirklichkeit häufig stark auseinander. Im Folgenden kann ich daher im Hinblick auf meine Gesamtthematik nur ergänzend einige Hinweise geben.

Kaiser Friedrich II. (der selbst an seinem sizilianischen Hof beste Beziehungen zu jüdischen Gelehrten usw. unterhielt) erklärte 1236 die Juden reichsrechtlich zu seinen Kammerknechten, d. h. er konnte über sie verfügen. Der Kaiser gewährte den Juden Schutz, ließ sich das aber besonders bezah-

---

30 F. Heer: Gottes erste Liebe, a. a. O., S. 533.

len. Auch an Fürsten und Städte mußten die Juden riesige Summen bezahlen. Häufig wurden von ihnen Sondersteuern erhoben. Es wurden »Judenordnungen« geschaffen. Die Juden standen allüberall unter demütigendem Sonderrecht, bis weit ins 19. Jahrhundert hinein. Daß das nicht immer und überall so gewesen war, darauf deutet folgende Tatsache:

Im ersten und wichtigsten deutschen Rechtsbuch des Mittelalters, dem von Eike von Repgow ca. 1220–1235 verfaßten Sachsenspiegel, wurde das überlieferte sächsische Gewohnheitsrecht zusammengefaßt. Der Sachsenspiegel erlangte gesetzesgleiches Ansehen. Er war besonders in Nord- und Ostdeutschland verbreitet und wurde Grundlage anderer Rechtsbücher. Von Repgow sah in den Juden noch freie Menschen. In dieser Auffassung folgte aber die Praxis dem Sachsenspiegel nicht, da das dem Zeitgeist widersprach. Um 1275 verfaßte ein Augsburger Franziskaner den Schwabenspiegel, eine annähernd ebenso bedeutsame Rechtssammlung. Darin verleugnet der Verfasser nirgendwo seinen Judenhaß. Die Kammerknechtschaft, verstanden als willkürliche Versklavung, leitete der Schwabenspiegel daraus ab, daß die Juden nach der Eroberung Jerusalems im Jahre 70 als Sklaven verkauft worden seien.

Entwürdigend waren die verschiedenen Varianten des »Judeneids«, die sich z.T. bis ins 19. Jahrhundert erhielten. Vielfach mußten die Juden beim Schwören auf einer blutigen Schweinshaut stehen (der Genuß von Schweinefleisch und von Blut ist den Juden bekanntlich untersagt). Es wurde sogar für rechtens gehalten, daß Juden mit einem Dornenkranz umgürtet ins Wasser steigen, dreimal auf ihr Glied spucken und mit einer Selbstverfluchung für den Fall eines Meineids schwören mußten.

Besonders zu erwähnen sind die großen europäischen Judenverfolgungen zur Zeit der Großen Pest (insbesondere 1348/49), die im Zusammenwirken mit dem Hunger ein Drittel der Gesamtbevölkerung Europas hinwegraffte. In diesem Zusammenhang erwies sich als mörderisch, daß die Juden der Brunnenvergiftung angeklagt wurden. Schon 1321 ging in Südfrankreich das Gerücht um, Juden und Aussätzige hätten sich verschworen, alle Christen durch Brunnen- und Quellenvergiftung zu töten. Man beschuldigte die Juden, Gift aus Menschenblut, Harn und Pflanzen herzustellen. Die ebenso primitive wie wandlungsfähige Komplottheorie feierte noch im 19. und 20. Jahrhundert traurige Erfolge. Diese Primitivbeschuldigungen erwiesen sich als besonders erfolgreich, als man den Juden die Schuld an der Pest zuschob. Dabei starben doch diese genauso daran. In Deutschland nahm das Morden noch größere Ausmaße an als zur Kreuzzugszeit; 350 jüdische Gemeinden (die Angaben schwanken) wurden vernichtet. Das Judenverbrennen kam auf, z.B. in Straßburg, wo man die Juden am 14. 2. 1348 »in ihrem Kirchhof auf einem hölzernen Gerüst« verbrannte. Der Chronist Jakob Twinger berichtet weiter: »Das bare Geld, das sie hatten, das nahm der Rat und teilte es unter die Handwerke.«[31] Von den zahlreichen Judenmorden im 14. Jahrhundert zeugen viele Ortsbezeichnungen wie Judenloch, Judenbühl, Judenstein. Interessanterweise gibt es aus der gleichen Zeit in ganz Europa Ortsbezeichnungen mit Satansnamen: bei Brücken, Bergen, Siedlungen. Vom Beginn des Spätmittelalters bis weit in die Neuzeit gilt die verhängnisvolle Gleichsetzung von Juden und Frauen mit dem Teufel. Die Hochblüte des Teufelsglaubens, von dem auch der Judenhasser Luther in besonderer Weise geprägt war, begann übrigens im goldenen Zeitalter der Theologie: im 13. Jahrhundert, dem lichtvollen.

In Frankreich wurden die Juden 1182 vom König vertrieben, nach 16 Jahren aber wieder zurückgerufen. 1306 vertrieb Philipp der Schöne die Juden abermals aus Frankreich, und zwar unter Versteigerung ihres gesamten Grundbesitzes. Nach teilweiser Rückkehr erfolgte die endgültige Austreibung 1394. Das »judenfreie« Frankreich aber blieb ein klassisches Land des Antisemitismus.

England lebte mit seinen Juden (die erst im Zuge der normannischen Eroberung ins Land gekommen waren) trotz der ersten beiden Kreuzzüge (an denen England allerdings nicht teilnahm) in Frieden. Das Land nahm sogar viele aus Frankreich geflüchtete Juden auf. Dann begannen auch hier im 12. Jahrhundert Volksprediger Ritualmordlegenden zu verbreiten. 1282 ließ Erzbischof John Peckham von Canterbury alle jüdischen Bethäuser in London schließen. Nach verschiedenen, aber vereinzelten Judenverfolgungen in den achtziger Jahren brach das Unheil am Krönungstag von Richard I. (Löwenherz) im Jahr 1189 herein. Der englische Primas, Erzbischof Balduin von Canterbury, ließ die jüdischen Notabeln aus dem Palast weisen. Es verbreitete sich ein Gerücht, der König wolle den Tod der Juden. Diese Falschmeldung hatte ein sofortiges Blutbad zur Folge, das Richard nicht mehr verhindern konnte. Aufschlußreich: Der Erzbischof hatte den Kreuzzug gepredigt und war Verfasser asketischer Schriften. 1190, als der König am 3. Kreuzzug teilnahm, wurden praktisch alle englischen jüdischen Gemeinden von Pogromen mit Hunderten von Todesopfern heimgesucht, besonders in York. Schlimm waren die Judenverfolgungen unter König Johann ohne Land und dessen Sohn Heinrich III. Schließlich verfügte dessen Sohn Eduard I. unter dem Einfluß des Theologen Duns Scotus und nachdem Dominikaner eine judenfeindliche Bulle von Papst Honorius IV. erwirkt hatten, im Jahr 1290 die Ausweisung der Juden aus England. Damit endete die englisch-jüdische Geschichte für lange Zeit.

---

31 Nachum T. Gidal: Die Juden in Deutschland von der Römerzeit bis zur Weimarer Republik, Gütersloh 1988, S. 51.

III. Spätmittelalter und Neuzeit

1. Judenfeindschaft in Kunst und Volksschauspiel

Auch in Kunst und Volkstum wurde der Judenhaß geschürt: in Bühnenspielen wie Passions-, Weihnachts-, Marien-, Propheten- und Mirakelspielen, in zahlreichen Paralleldarstellungen von Kirche und Synagoge an Kirchenportalen und auf Glasfenstern; in der Darstellung des Juden überhaupt.

Seit der verstärkten Judenunterdrückung, die auf die Beschlüsse des Vierten Laterankonzils (1215) folgte, wird die Frauengestalt, die die Synagoge symbolisiert, endgültig mit zerbrochener Lanze und verbundenen Augen dargestellt: Zeichen für die Glaubensblindheit einer geknechteten Minderheit. Die Kirche triumphiert über die Synagoge, so etwa am Straßburger Münster (um 1230), wo die Synagoge immerhin noch schön dargestellt ist, und am Bamberger Dom, wo der Synagoge auch die Gesetzestafeln entgleiten. In späterer Zeit wurde die Bamberger Synagogenfigur auf eine Stützsäule gestellt, die als Jude gestaltet ist, dem ein Teufel ein Auge ausbohrt. Am Hauptportal von Notre Dame in Paris stand eine Synagoge, der sich der Höllendrache als Schlange ums Haupt windet und ihr die Augen verdeckt. Auf dem Tucherfenster des Freiburger Münsters ist die Synagoge mit verbundenen Augen und zerbrochener Lanze abgebildet, im gelben Kleid auf hinkendem Esel reitend. Der Bockskopf ist ihr als Zeichen der Unkeuschheit beigefügt. In früherer Zeit war die Synagoge meist noch nicht als unterlegen dargestellt worden, z. B. mit ungebrochener Lanze, erhobenem Banner und Abwendung der offenen Augen vom Kreuz. Jetzt sinkt sie als Anführerin der törichten Jungfrauen zu einem elenden, vom Teufel umgarnten Weib ab. In der Regensburger Minoritenkirche findet man im Christusfenster einen Juden mit zweifach gekrümmter Nase, der Jesus martert. Im 13. Jahrhundert, in dem Berthold von Regensburg die Volksmassen begeisterte, wurde am Regensburger Dom auch eine »Judensau« angebracht: Eine Sau als Synagoge Satans säugt kleine jüdische Unmenschen. Die Judensauen, die heute meist nicht mehr erhalten sind, mehren sich an den spätmittelalterlichen Kirchen, so in Frankfurt, Freising, Kehlheim, Magdeburg, Regensburg, Salzburg, Wittenberg. Martin Luther hat ein solches Kunstwerk in seinem Pamphlet »Vom Schem Hamphoras« beschrieben:

»Es ist hier zu Wittenberg an unserer Pfarrkirche eine Sau in Stein gehauen, darunter liegen junge Ferkel und Juden, die saugen, hinter der Sau stehet ein junger Rabbiner, der hebt der Sau das rechte Bein empor, und mit seiner linken Hand zeucht er den Pirtzel über sich, bückt und kuckt mit großem Fleiß der Sau unter dem Pirtzel in den Talmud hinein, als wollt er etwas Scharfes und Sonderliches lesen und ersehen.«[1]

Die bildhafte Verunglimpfung der Juden war vor dem Spätmittelalter durchaus noch nicht typisch, wenn auch etwa schon um 1150 in einem Meisterwerk der Buchmalerei bei der Kreuzigung Christi die römischen Soldaten bereits durch Juden ersetzt sind (Salzburger Antiphonar): Im allgemeinen unterschieden sich die Juden in der bildlichen Darstellung des 12. und 13. Jahrhunderts von den Christen zwar manchmal durch ihre Kleider (z. B. kegelförmiger Hut, Bart, langer Mantel), aber nicht im Gesichtsausdruck und im Verhalten. Sie ritten und leisteten zusammen mit Christen einen Eid. Im 13. Jahrhundert wurde den Juden in den meisten Urkunden der deutschen Städte das Bürgerrecht gewährt. Die Bilder der Dresdener Handschrift des »Sachsenspiegel« bekräftigen den Inhalt dieser Rechtssammlung, wonach der Jude noch freier Mensch war, der Waffen tragen durfte und in Städten auch entsprechende Verteidigungspflichten zusammen mit den Christen hatte.[2]

Im Spätmittelalter setzte sich demgegenüber das Bild des häßlichen Juden durch, auch als ikonographisches Stereotyp.

Die Kreuzigung Christi ist vom 14. Jahrhundert an eine Hauptbeschäftigung der Künstler, wie ja auch Mysterienspiele und Predigten vom menschlichen Leiden beherrscht waren, von Tod, Teufel und Hölle. Man flankierte den Heiland einerseits mit dem glaubenserleuchteten römischen Centurio Longinus, andererseits mit dem jüdischen Schwammträger, der mit seinem Essig Jesu Zustand verschlimmern wollte.

Ende des 14. Jahrhunderts setzten italienische Künstler die Juden Skorpionen gleich. (Skorpione gehen nachts auf Jagd, töten mit einem Stachel und saugen die Opfer aus.) Skorpione wurden später gelegentlich auch außerhalb Italiens, etwa in Deutschland, auf jüdischen Fahnen und jüdischer Kleidung abgebildet. In der zweiten Hälfte des 15. Jahrhunderts wurde (auch) in Deutschland »der« Jude als Verunstalteter mit langer gekrümmter Nase dargestellt, was sich bis in unser Jahrhundert hielt. Auch begann man jetzt, Juden mit Hörnern zu versehen, dem Merkmal des Teufels.

Tragische Bedeutung erlangte für die Juden das mittelalterliche Bühnenspiel. Es gab zunächst auch Spiele ohne Judenfeindschaft, vor allem das im 12. Jahrhundert entstandene Festspiel um Kaiser Barbarossa, »Ludus de Antichristo«. Aber seit etwa 1250 wurde die Bühne zu einem Zentrum der antijüdischen Aufputschung des Pöbels. Hierzu bemerkt Hans Kühner:

1 Léon Poliakov: Geschichte des Antisemitismus, 8 Bde., Worms 1977–1987 (Bde. I–VI), Frankfurt 1988 (Bde. VII und VIII); hier Bd. II, S. 38.

2 Vergleiche zu dieser früheren Auffassung ebenda, Bd. I, S. 89.

»Seit dem 14. Jahrhundert scheute das antijüdische Sakraltheater in seinen Darstellungen vor keinem Sadismus mehr zurück, den es Juden unterschob. Sadist und Jude wurden hier zu Synonymen. Judenmorde, Judenverbrennungen auf offener Szene im Zusammenhang mit Hostienmärchen und gestaltlosen Mythologemen mußten logisch in die Tragödien des jüdischen Alltags münden.«[3]

Die christliche Bevölkerung traf im alltäglichen Leben meist immer weniger auf Juden, ihre Vorstellungskraft wurde aber geprägt von den Bildern, die Spiele, Schriften, Darstellungen an Gebäuden usw. in ihnen weckten, ständig untermalt von antijüdischen Predigten. Einige literarische Beispiele mögen das verdeutlichen.

Eine französische Satire aus dem 14. Jahrhundert läßt einen unter seinesgleichen hochgeachteten Pariser Juden in eine öffentliche Latrine fallen. Den jüdischen Helfern ruft er zu: Hütet euch, denn heute ist Sabbat. Der König befahl darauf, der Unglückliche dürfe auch am Sonntag nicht gerettet werden: habe er den Sabbat gehalten, so müsse er auch den Sonntag halten. Am Montag war er gestorben.[4]

In England stand die »Geschichte der Priorin« der schon erwähnten *Canterbury Tales* (ca. 1386) unter dem Einfluß einer um 1255 auftauchenden Ritualmordgeschichte, die im 14. Jahrhundert 21 Versionen der Ballade »Sir Hugh oder des Juden Tochter« hervorbrachte. In der genannten Canterbury-Erzählung Geoffrey Chaucers ist nach der Übersetzung von Detlef Droese die Rede von »der Juden bösem Wucher«. Als ein siebenjähriges frommes Christenknäblein zu Ehren der Jungfrau Maria auch bei seinem Gang durchs Judenviertel täglich sang, da geschah es: »Doch unser Erzfeind, die Schlange Satan, die in den Herzen der Juden giftet, schwoll auf vor Zorn... Da verschworen sich die Juden, das unschuldige Kind zu morden. Sie dingten einen Mörder, der im verborgenen Winkel eines Hauses lauerte, und als das Kind einst durch die Gasse schritt, packte es dieser jüdische Bube, schnitte ihm die Kehle durch und warf den kleinen Leichnam in eine Kloake, wo diese Juden ihre Notdurft verrichteten. – Verfluchtes Volk, das du Herodes nachahmst, was kann dir diese Schandtat nützen?« Liebevoll wird dann ausgemalt, wie das tote Kind mit zerschnittenem Hals mehrmals sang: »O Alma redemptoris mater!« Angesichts des Wunders rannen dem Abt »seine salzigen Tränen herab wie Regen...« Den Juden aber erging es so: »Der Profos ließ die Juden, die von dieser Mordtat wußten, nach schrecklichen Martern zum Tode führen, denn diese verfluchte Tat wollte er nicht dulden: ›Wer Böses tut, muß Böses leiden!‹ Erst ließ er sie von wilden Pferden schleifen, um sie dann zu hängen, wie das Gesetz es gebot.« So wurde auch literarisch das Gebot der Nächsten- und Feindesliebe erfüllt.

3 Hans Kühner: Der Antisemitismus der Kirche, Zürich 1976, S. 143.

4 Vergleiche L. Poliakov, Geschichte des Antisemitismus, a. a. O., Bd. II, S. 28.

1378, ebenfalls nach der Großen Pest, wandelte der Florentiner Ser Giovanni Fiorentino in der Novelle »Il Pecorone« einen unerbittlichen Gläubiger, der in einer alten Legende ein rachsüchtiger Sklave oder Teufel gewesen war, in einen Juden um: das hatte Einfluß auf Shakespeares »Kaufmann von Venedig«.

Von noch größerer Bedeutung als die weltlichen antijüdischen Spiele und Texte waren natürlich die religiösen. Hierzu Poliakov:

»Doch gebührt dem religiösen Schauspiel, diesem unvergleichlichen Ausdrucksmittel der Grundgedanken einer Zeit, unbestreitbar der erste Platz in der intensiven Pflege der gegen die Juden gerichteten Gefühle. Die in der Umgangssprache behandelten Themen des Neuen Testamentes bildeten immer die wichtigste Fundgrube für das Theater des Mittelalters. Aber seitdem sich das Theater von der Vormundschaft der Kirche befreit hatte, nahm es sich gegenüber der heiligen Geschichte eine immer größere Willkür heraus. Um den Neigungen des Zuschauers gegenüber sich willfährig zu erweisen – dabei ging es darum, ihn zu erbauen (denn die auf moralische Besserung abhebende Absicht bleibt das Wesen dieses Theaters) –, und um seinen primitiven und gewalttätigen Geschmack zu befriedigen, vervielfacht man die Erfindungen und die Spiele auf der Bühne; diese sind alle dazu bestimmt, auf dem Hintergrund der unergründlichen Hinterhältigkeit der Juden die Größe und Heiligkeit des Retters und der heiligen Jungfrau besser hervortreten zu lassen. Die breite Skala von Bezeichnungen, die verwandt werden, um die Juden zu beschreiben, kann schon eine Vorstellung von dieser Tendenz vermitteln: ›falsche Juden‹, ›falsche Diebe‹, ›perverse Juden‹, ›unaufrichtige Juden‹, ›verräterische Juden‹, ›falsche und perverse Nation‹, ›falsche, lästige Person‹.«

Einige Mariä Himmelfahrt gewidmete deutsche Mirakelspiele enthielten, ohne daß ein Zusammenhang zur sonstigen Handlung bestünde, als Schlußszene ein »Spiel von der Zerstörung Jerusalems«. Darin legte Kaiser Titus als christlicher Ritter Jerusalem in Blut und Asche, um dadurch die Gottesmutter (die sich erst Jahrhunderte später als solche in kirchlichen Machtkämpfen durchsetzte) zu rächen. – In einem französischen Stück über das »Geheimnis der heiligen Hostie« verführte ein jüdischer Wucherer seine christliche Schuldnerin und ließ sich ein Stück einer geweihten Hostie geben, das er sofort heftig verfolgte: »Ein Drang ergriff mich, sie zu kreuzigen, sie ins Feuer zu werfen und zu verfolgen, sie gegen den Boden zu werfen, sie zu kochen, zu schlagen und zu steinigen.« Aber die Hostie blutete nur, blieb aber ganz. Schließlich wurde der Jude, Verwünschungen ausstoßend, verbrannt. –

Es gab Stücke, in denen die heilige Jungfrau und Gottesmutter gegen das verdammte Volk der Juden hetzte. Diese im 14. Jahrhundert entstehenden Mysterienspiele, die insbesondere die blutige Seite des Lebens Jesu in den Vordergrund rückten, hatten besonders im 15. Jahrhundert einen gewaltigen Zulauf. Die Bevölkerung verließ ihretwegen sogar mehrere Tage ihre Wohnungen. Läden und Werkstätten wurden geschlossen.

Besonders beliebt war das Alsfelder Passionsspiel, in dem die Teufel mit Hilfe der Juden Jesus vernichten wollten. In Streitgesprächen zwischen den

Juden und Judas werden die jüdischen Wucherer verspottet. Die Kreuzigung erstreckt sich über 700 Verse. Die Juden ziehen hierbei Jesus ins Lächerliche. Die Darstellung war so realistisch, daß die Christusdarsteller manchmal noch während der Aufführung gestorben sein sollen. – In einem französischen Mysterienspiel traten die Juden als Folterer auf, würfelten um Jesu Körperteile und spuckten darauf.

»Man kann sagen, daß der Antisemitismus entsprechend dem Umfang der Entwicklung von Kunst und Literatur und deren Verbreitung unter den Volksmassen anwächst. Es gibt kaum eine literarische Gattung – Erzählungen in Versen, Satiren, Legenden oder Balladen –, in denen die Juden fehlen und wo sie nicht in einer lächerlichen oder haßerfüllten Weise beschrieben werden; dies geschah oft mit Hilfe eines zotigen Akzents, auf den dieses Jahrhundert so lüstern war. Diese Themen überlagern sich und wandern von Land zu Land.«[5]

Erasmus von Rotterdam (1466/69–1536), der große Humanist (aber Judengegner), hat nicht übertrieben mit seinem Wort: »Wenn es zu einem guten Christen gehört, die Juden zu verabscheuen, dann sind wir alle gute Christen.«[6] Und wer ein guter Christ war, bestimmte die judenfeindliche Kirche. Diese aber war »Anfang und Ende für die private wie für die öffentliche Sphäre«, wie Otto Borst formuliert und eindrucksvoll im Detail belegt.[7]

2. Terror in Spanien

Jahrhundertelang war Spanien das gelobte Land der Juden gewesen, erst das maurische Spanien, dann das Spanien der Reconquista, auch das Spanien der drei Ringe genannt. Die Juden haben das von den Mauren zurückeroberte Land für die christlichen Fürsten reorganisiert. Unersetzlich waren die Juden für die Hofbürokratie und für die Intelligenz. Der stolze Spanier, das war zunächst der reiche, gebildete und stolze spanische Jude. Noch bis ins 15. Jahrhundert hinein gab es eine christlich-jüdische Symbiose. Im 12. Jahrhundert konnten Juden sogar Taufpaten bei christlichen Taufen sein. Es gab gegenseitige Gottesdienstbesuche und gemeinsame Andachten. Noch 1449 fand in Sevilla mit erzbischöflicher Erlaubnis eine gemeinsame Prozession zur Pestabwehr statt. Eine große Rolle spielten die Juden auch als Erzieher, so daß Spanien die erste literarische Hochsprache Europas hatte. Doch wie wurde den Juden das gedankt?

Es kann hier nicht im einzelnen aufgezeigt werden, wie die Kirche mit Konzilien und Klerus nach und nach einen judenfeindlichen Geist im Volk

5 Ebenda, S. 30.

6 Ebenda, S. 28.

7 Otto Borst: Alltagsleben im Mittelalter, Frankfurt 1983, Kapitel »Glaube ohne Vernunft«, S. 563–588, hier S. 573; insgesamt ist Borsts Darstellung allerdings zu stark harmonisierend.

erzeugte und die Herrscher – die die Juden wegen ihrer großen Zahl und Bedeutung für Wirtschaft und Verwaltung schützten – zu einer Änderung ihres Verhaltens und der Gesetzgebung veranlaßten. Bedeutende kirchliche Judenhetzer waren Ferrand Martinéz (s. u.) und Vicente Ferrer, der mit »heiligem Haß« seit 1410 mit seinen Taufbanden umherzog und aufgrund seiner großen »Bekehrungserfolge« auch heiliggesprochen wurde.[8] Die spanischen Juden wurden nach und nach so stark bedrängt und unterdrückt, daß sie sich zu großen Teilen zur Taufe gezwungen sahen. Die zwangsgetauften oder konvertierten Neuchristen (Conversos), auch Marranen genannt (von marrano = Schwein), konnten aufgrund ihrer kulturellen Überlegenheit bevorzugte Positionen in Staat, Wirtschaft und Gesellschaft einnehmen, wurden aber sicher zu Recht als überwiegend nicht überzeugte Christen angesehen. Sie wurden weitgehend ein Opfer der heiligen Spanischen Inquisition, der wohl finstersten der Verirrungen der Christenheit. Die Juden hingegen unterstanden nur ausnahmsweise der Inquisition und sahen unter ihrer Herrschaft auch selten Anlaß, sich ihren Fängen auszusetzen. Soweit die Juden nicht zwangsgetauft oder ermordet worden waren, trieb die auf Glaubenseinheit zielende Entwicklung daher auf eine allgemeine Austreibung hin. 1328 fand im nordspanischen Königreich Navarra auf Betreiben des Franziskaners Pedro Olligoyen eines der ersten großen Judenpogrome der iberischen Halbinsel mit Tausenden von Opfern statt. In der zweiten Hälfte des 14. Jahrhunderts wütete in Aragon, dem einzigen iberischen Land, in dem schon (seit 1233/38) die Inquisition eingeführt war, der berüchtigte Nikolaus Eymeric, Verfasser eines bekannten Inquisitionshandbuchs, gegen Häretiker, Juden und bereits Hexen, und zwar so schlimm, daß er des Landes verwiesen werden mußte. Wie ein Faustschlag wirkte am 6. Juni 1391 der sogenannte Taufkrieg von Sevilla. Der geistliche Fanatiker Martinéz hetzte gegen den Willen der Behörden das Volk in Sevilla auf. (Das tat er schon seit 1378.) Spanien müsse sich von Juden und Marranen säubern. Es bestehe ein jüdisches Komplott zur Versklavung Spaniens. Es gelang Martinéz aber, die kastilische Regentin zu beeinflussen. Hans Kühner schreibt hierzu in seinem lesenswerten Büchlein *Tabus der Kirchengeschichte:*[9]

»Ferrand Martinéz, Erzbischof-Koadjutor von Sevilla, stellte sich, trotz der Verbote Roms, mit dem Ruf ›Taufe oder Tod‹ an die Spitze des fanatisierten Klerus; er leitete 1391 den Taufkrieg von Sevilla, vernichtete die ihrem Glauben treue, blühende Gemeinde der Juden von dreißigtausend Gliedern, ließ viertausend ermorden und den Rest, der sich nicht mehr retten konnte, als Sklaven verkaufen. Das Grauen durchzog ganz Aragon, Kastilien, Barcelona, Valencia, sogar Mallorca – als ›heiliger Krieg‹. Zehntausende von Juden unterwarfen sich in ihrer Todesangst der Zwangstaufe, der heilige Vicente Ferrer rief zum ›heiligen Haß‹ auf – er ist ge-

---

8 Vergleiche zum ganzen Henry Charles Lea: Geschichte der spanischen Inquisition, 3 Bde., Nachdruck Nördlingen 1988, Bd. 1, S. 39–88.

9 Hans Kühner: Tabus der Kirchengeschichte, Nürnberg 1971, S. 40 f.

blieben bis ins 20. Jahrhundert! – und durchzog mit seinen Taufhorden die Provinzen. Selbst zur Einsicht gelangte Fürsten und Behörden blieben machtlos. So zeugte man Marannen, die getauften Juden, die in ihrer Seelenpein mit der Zeit zu Scharen heimlich wieder ihren angestammten Glauben bekannten, dabei aber, wie in Granada, mit ansehen mußten, wie die Propheten des Alten Testamentes auf dem Hauptplatz der Stadt in Form von Standbildern verhöhnt wurden. Solche Dinge prägen sich für Äonen ein.«

Der Terror breitete sich schnell aus. In Córdoba gab es 2000 Tote. Dies war deswegen besonders verhängnisvoll, weil das Judentum zu dieser Zeit auch innerlich bedroht war, nämlich durch den Haß der armen Juden gegen die reichen Juden. 1432 wurde ein jüdisches Programm gegen Luxus und aufreizende Repräsentation beschlossen. Tragisch – nicht nur für die Juden – wirkte sich die Heirat Ferdinands von Aragon mit Isabella von Kastilien im Jahr 1469 aus. Rasch entwickelte sich das vergrößerte Königreich zur Weltmacht. Zur Festigung der Macht benötigte das Königshaus allerdings die Kirche. Die Inquisition leitete ab 1478 die Gleichschaltung ein. Isabella hatte, wohl unterstützt durch ihren Beichtvater Torquemada, den späteren Großinquisitor, von Sixtus IV., einem Ungeheuer auf dem Papstthron, eine Inquisitionsbulle erbeten, nachdem der Dominikanerprior Alonso de Hojeda von Sevilla lange genug am Hof geschürt hatte, wo so viele konvertierte Juden Ämter innehatten. Die Neuchristen (Marranen) hatten ein tragisches Schicksal. Diese Zwangsgetauften blieben innerlich Juden, zerrissen zwischen Sein und Schein. – Manche von ihnen wurden, wie nicht schwer zu verstehen ist, aggressive Atheisten und radikale Aufklärer. – Die ersten Inquisitoren wurden 1480 eingesetzt und begaben sich bald nach Sevilla, wo sie ihr heiliges Tribunal im Dominikanerkloster errichteten. Alonso de Tojeda war seinem Ziel nahe. Mehrere tausend Marranen flohen mit ihren Familien, wurden aber verfolgt. Massenhinrichtungen fanden statt. Die feierlichen Glaubensschauspiele mit anschließenden öffentlichen Verbrennungen (Autodafés) begannen. In einem Erlaß wurden 307 Kennzeichen genannt, die der Überführung der Pseudochristen dienen sollten. Die Inquisition bildete eine riesige Bürokratie mit gewaltiger Konfiskationsgier aus. Die Verbrennungen rechtfertigte man mit Jo 15,6: »Wenn jemand nicht in mir bleibt, wird er hinausgeworfen wie die Rebe, und sie verdorrt, und man sammelt sie zusammen und wirft sie ins Feuer, und sie verbrennen.« Die Konfiskationen begründete man mit der Vertreibung von Adam und Eva aus dem Paradies. 1492 – als Kolumbus, ein Jude, in See stach – wurden alle Juden aus Spanien vertrieben. Die spanische Judenvertreibung von 1492 wird als die größte der Geschichte vor dem 20. Jahrhundert bezeichnet. Etwa 50000 ließen sich taufen. Hunderttausende wanderten unter trübseligen Bedingungen aus. Ca. 120000 sollen nach Portugal geflohen sein, bis auch dort, u.a. als Folge der dynastischen Verbindung mit Spanien, der jüdische Kult verboten wurde. Im Zusammenhang mit einer Pestepidemie 1506 in Lissabon hetzten Mönche: »Wer für den christlichen Glauben und das hl. Kreuz ist, stehe bei der Ausrottung der Juden nicht abseits!« Zu den Ereignissen schreibt Kühner:[10]

»Im Jahre 1506 veranstalteten die Mönche von Lissabon die ›Bluthochzeit von Lissabon‹ und verbrannten, zum Tage der Auferstehung des Erlösers der Menschheit, zu Ostern an zwei Tagen über zweitausend Juden. 1536 hauste die Inquisition in Portugal bereits in einer Form, die Papst Paul III., mehr noch, das Konzil von Trient zu Protesten zwang: vergebens, es war zu spät, und die Saat von 1391 war aufgegangen, um nicht mehr zu vergehen. Ob die Kirchengeschichte als Heilsgeschichte einmal fragt, welche Antwort einst im Gericht auf die Frage Gottes gegeben wird: wo ist dein Bruder Israel? Nirgends ein Wort von alledem in der Kirchengeschichte.«

Wenn auch die spanische Inquisition hauptsächlich ein Instrument der Königsherrschaft wurde, so muß doch festgestellt werden, daß am Inquisitionskodex des Großinquisitors Torquemada von 1484 die bekanntesten Theologen Spaniens mitarbeiteten, und daß es ohne die Kirche auch keine Spanische Inquisition gegeben hätte. Überwiegend waren Marranen Opfer der Spanischen Inquisition, aber auch Protestanten und andere Ketzer. Auch mußten die Mauren (Moriscos, Mudéjares), die eine ähnliche kulturelle Bedeutung wie die Juden hatten, eine lange Leidensgeschichte erdulden. Die Intensität der Verfolgungen ließ wenigstens für die ansonsten in Europa (auch im protestantischen) grassierende Verfolgung von »Hexen« kaum Raum. Auch die Zensur wurde eine »große« Aufgabe für die Spanische Inquisition, die Folgen waren verheerend.

Die Spanische Inquisition war nicht nur ein politisches Terrorinstrument des Königtums und ein Glaubensinstrument (das von der römischen Kirche nie bekämpft wurde), sondern auch ein Kampf von unten nach oben. Man haßte die reichen Juden, den stark mit Juden durchsetzten Hochadel und den Hochklerus. Schließlich mußten sogar Kardinäle und Könige vor der Inquisition zittern. Durch Prediger und geschäftlich Interessierte wurde die Angst vor der jüdischen Gefahr in Spanien geschürt. Die riesigen Einnahmen der Inquisition (Vermögenskonfiskationen) wurden nach bewährtem mittelalterlichem Muster geteilt zwischen Inquisition, Kirche und zum Teil den Denunzianten. Man hat darauf hingewiesen, daß die spanische Inquisition das Aufspüren der Opfer, die Beschlagnahme und Verwertung ihrer Güter mit der gleichen bürokratischen Sachlichkeit betrieb wie später die Nazis.

Von Anfang an war die Spanische Inquisition von rassistischem Gedankengut durchsetzt. Der Kult der »Reinheit des Blutes« wurde in Spanien auf die Spitze getrieben.[11] So schrieb 1547 Erzbischof Siliceo von Toledo eine Abhandlung über die Reinheit des spanischen Bluts. Er griff sogar zu einer Fälschung, um Papst und Kaiser für einen Stammbaumnachweis zu gewinnen. Man beschuldigte sich aus unterschiedlichen Motiven der unreinen Ab-

10 Ebenda, S. 41 f.

11 Vergleiche L. Poliakov: Geschichte des Antisemitismus, a. a. O., Bd. IV, S. 82 ff.

stammung. Dies führte unter Adeligen zu Duellen. Der allmähliche Niedergang Spaniens mag im 16. Jahrhundert zum permanenten Bürgerkrieg beigetragen haben. Das Spanien des 17. Jahrhunderts feierte gar wahnhafte Triumphe der Blutreinheit. Es wurde eine Art Rassekreuzzug geführt, in dem die nichtjüdische Herkunft bewiesen werden mußte. 1681 wandte sich Großinquisitor Valladares gegen die Beschäftigung konvertierter Ammen in Adelshäusern, damit sie die Kinder nicht durch ihre Milch verderben. Erst 1865 verbot im katholischen Spanien ein Gesetz den Ahnennachweis, der bislang z. B. für Eheschließung und Staatsdienst erforderlich gewesen war. Die »guten Sitten« freilich hielten an dem Brauch fest.

Aus Portugal sei noch berichtet, daß 1539 der Inquisitor Johannes de Mello in Lissabon eine Folterhölle für Judenchristen eingerichtet hat. Der Inquisitor Bernardo de Santa Cruz stellte das sechsjährige Kind des reichen Simon Alvarez vor eine mit brennenden Kohlen gefüllte Schale: wenn es nicht gestehe, daß seine Eltern ein Kruzifix beleidigt hätten, so werde es seine Hände verbrennen. Das Kind gestand natürlich und seine Eltern wurden verbrannt. Besonders in Portugal, wo nicht so viele Verbrennungen stattfanden wie in Spanien, gingen die Marranen in den Untergrund und entwickelten dort einen Kryptojudaismus. Nach außen gaben sie sich streng katholisch.

Die Reste der spanischen Muselmanen wurden 1609–1614 auf der Basis eines totalitären Rassismus systematisch verfolgt und vertrieben. Bekämpft wurde der spanische Rassismus nie. In Spanien, das Europa jahrhundertelang mit seiner Geistigkeit befruchtet hatte, wurde noch nach 1960 in Schulbüchern offiziell die Judenfeindschaft propagiert: im katholischen Spanien, dessen Diktator Franco sich bis zuletzt vor allem auf die Kirche stützte. Übrigens hat Papst Pius IX. 1867 den berüchtigten Inquisitor Pedro Arbuez, einen Zeitgenossen des Großinquisitors Torquemada, als Märtyrer heiliggesprochen.

Die Spanische Inquisition wurde erst 1834 endgültig aufgehoben, nachdem eine erste Aufhebung im Jahr 1813 wegen des starken Widerstands der Geistlichkeit erfolglos geblieben war. Wie viele Opfer die Spanische Inquisition im Lauf der Jahrhunderte gefordert hat, ist seriös kaum oder allenfalls sehr vage zu beantworten. Die Zahlen des abtrünnigen Antonio Llorente, der bis 1801 Generalsekretär der Inquisition gewesen war und sich daher auf Archivmaterial stützen konnte (allein Torquemada soll in 18 Jahren 10 220 Menschen lebendig verbrannt haben; insgesamt sollen es im Lauf der Jahrhunderte ca. 30 000 Verbrannte gewesen sein), dürften wegen seiner eigenartigen Berechnungsmethode nicht haltbar sein.[12] Der vor allem als Inquisitionsforscher bekannte liberale kritische Kirchenhistoriker Lea weist in seinem eindrucksvollen Monumentalwerk zur Spanischen Inquisition darauf hin, das vorhan-

12 Vergleiche etwa die Kritik von H. Ch. Lea: Geschichte der spanischen Inquisition, a. a. O., Bd. 3, S. 384 ff.

dene Material genüge nicht, »um die gräßliche Summe auch nur erraten zu wollen«. Nicht darin liege der Schwerpunkt der Beurteilung der Spanischen Inquisition, die anfangs überstürzt zu Werke ging, später aber Verbrennungen zur (grausig-feierlich-bombastischen) Ausnahme machte, sich stark um »Bekehrungen« bemühte und es bei Folterungen und anderen Strafen als der Todesstrafe bewenden ließ. Der berühmte Inquisitionshistoriker verweist auf die »auffällige Umnachtung des geistigen Lebens in Spanien nach dem 16. Jahrhundert«. Spanien mit seinen glänzenden Leistungen zur Reformationszeit mit auch literarischer Vorrangstellung sei »das ungebildetste Volk der Christenheit« geworden. Durch Bücherindex, Handelsverbote und Verbot des Auslandsstudiums wurde eine geistige Öde geschaffen. Die Buchdrucktätigkeit soll um 1800 geringer als im 15. Jahrhundert gewesen sein.

Aber das inquisitorische Denken ist noch nicht ausgestorben, wenn es heute auch nicht mehr so flackert (oder flackern kann) wie noch im 19. Jahrhundert. 1895 schrieb die amtliche römische Monatszeitschrift *Analecta ecclesiastica – Revue Romaine* einen Hymnus auf Torquemada: »O ihr gesegneten Flammen der Scheiterhaufen! ... o erlauchtes und ehrwürdiges Andenken Thomas Torquemadas!« Ein solches Denken war damals noch nicht ganz isoliert. So wünschte der spanische Geistliche Rodrigo in seiner 1876/77 erschienenen apologetischen Darstellung der Inquisitionsgeschichte die Wiederherstellung der Inquisition und beschloß sein Opus mit einer Verfluchung aller Feinde der katholischen Kirche. Dieses Buch hat der Herausgeber der jesuitischen *Laacher Stimmen* 1890 im *Historischen Jahrbuch* der berühmten Görresgesellschaft gegenüber Lea positiv gewürdigt als das »bisher entschieden bedeutendste Werk über die Inquisition«. Und der französische Jesuit W. Devivier brachte in der 1899 erschienenen 15. Auflage einer christlichen Apologie zustimmend folgendes Zitat: »Um der Wahrheit die Ehre zu geben, gestehe ich, daß die Inquisition heutzutage als ein Vorbild der Gerechtigkeit und Billigkeit angeführt werden könnte.« Das Buch Deviviers wurde von sechs Kardinälen und zweiunddreißig Bischöfen zum Druck freigegeben.[13]

3. Osteuropa

Nach dem ersten Kreuzzug mit seinen vielen Pogromen, insbesondere in Deutschland, begann in Etappen der Zug der Juden nach Osten. Polen wurde eine Kolonie der deutschen Judenheit. Das Wiener Judenstatut von 1244, d.h. zwei Jahre, nachdem in Frankreich auf Forderung des Papstes 24 Wa-

13 Vergleiche zur spanischen Inquisition vor allem die bereits genannten Werke von Lea und Poliakov (Bd. IV) sowie die in Abschnitt III des Literaturverzeichnisses aufgeführten Arbeiten von Kamen, Grigulevic, Rill und Hroch/Skybova.

genladungen Talmudtexte verbrannt worden waren, bot einen guten Schutz. So wurden Judenmörder mit dem Tod betraft. Dies erregte allerdings den Unwillen Papst Klemens' IV., so daß die Breslauer Synode von 1267 antijüdische Maßnahmen beschloß. Juden sollten eine gehörnte Kappe und einen roten Fleck tragen. Wie schon im karolingischen Frankreich, so zeigte sich auch jetzt die Angst vor dem jüdischen Geist, deren Berechtigung durch zeitgenössische Belege gestützt wird. Es gab Bekehrungen zum Judentum. Die Angst kommt in folgenden Worten der Breslauer Synode zum Ausdruck: »In Anbetracht dessen, daß Polen auf dem Boden der Christenheit eine neue Anpflanzung darstellt, steht zu befürchten, daß sich die christliche Bevölkerung hier, wo die christliche Religion in den Herzen der Gläubigen noch keine festen Wurzeln zu fassen vermochte, um so leichter von dem Afterglauben und den üblen Sitten der in ihrer Mitte lebenden Juden beeinflussen lassen wird.« Trotzdem blieben die Juden besonders in Polen und Litauen sehr zahlreich. Um 1500 soll es in Polen ca. 50 000 Juden gegeben haben, 1648 ca. 500 000. Sie wurden vom Adel unterstützt und waren tüchtige Gutsverwalter und Steuereintreiber. Die polnischen Herrscher des 16. und 17. Jahrhunderts waren den Juden gegenüber im allgemeinen sehr liberal eingestellt, das Volk aber blieb feindselig. Die polnischen »Kronjuden« blieben daher ständig bedroht durch Überfälle und Morde. Vom Beginn des 16. Jahrhunderts an war Polen jahrhundertelang ein Zentrum antijüdischer Hetzschriften, hinter denen der Klerus stand. 1555 inszenierten der Bischof von Cholm und der päpstliche Inquisitor ein Hostienwunder. Vier Juden, darunter ein Mädchen, hätten eine entwendete Hostie so lange mißhandelt, bis sie zu bluten begonnen habe. Der Hinweis, von ihrem Glauben her sei die Marterung einer Hostie sinnlos, rettete die vier nicht vor der Hinrichtung. Das Goldene Zeitalter für die Juden in Polen ging allmählich zu Ende. Deutsche Kaufleute in Polen reizten aus Konkurrenzneid zu Volksaufständen in Posen und Wilna auf (1592). Als man 1598 in Lublin in einem Sumpf die Leiche eines Buben fand, folterte man drei Juden bis zum Geständnis. Der Leichnam wurde zum Gegenstand religiöser Verehrung. Die antijüdische Literatur wurde immer stärker. 1598 erschien ein klerikales Buch mit dem Titel *Grausamkeit, Mordtaten und Aberglaube der Juden.* 1618 bezichtigte Sebastian Michinski in dem Buch *Polnischer Kronenspiegel* die Juden des Kindsmords, der Hexerei, der Räuberei, des Schwindels und des Verrats und forderte den Sejm zur Judenvertreibung auf. Der König ließ das Buch beschlagnahmen, weil es die Bevölkerung aufhetzte. 1623 beschuldigte ein katholischer Arzt die jüdischen Ärzte der systematischen Vergiftung der Katholiken. 1643 verlangte der Sejm von christlichen Kaufleuten, sich mit sieben Prozent Gewinn zufrieden zu geben, Juden sollten nur drei Prozent Gewinn machen. Dies hatte zur Folge, daß die Bevölkerung bei den Juden kaufte und deren Wohlstand vermehrte, was ihnen wiederum Haß eintrug. In einem Schmähgedicht von 1648 hieß es:

»Niemand erfreut sich in Polen eines so großen Wohlstands wie der Jude: Während der Jude auf seinem Mittagstisch stets eine fette Gans und Masthühner hat, muß der darbende Katholik sein Brot mit der aus seinen Augen fließenden Tränentunke verzehren.« Im gleichen Jahr standen ukrainische Kosaken gegen die polnischen und litauischen Grundherren auf, was sich hauptsächlich wiederum gegen die Juden auswirkte. Hunderttausende wurden erschlagen, allein in Nemirow sollen 6000 Juden umgekommen sein.

»Das Morden war von grausamen Peinigungen begleitet: den Opfern wurde die Haut bei lebendigem Leib abgezogen, sie wurden in Stücke gehauen, zu Tode geprügelt, auf Kohlenfeuer geröstet oder mit kochendem Wasser verbrüht... Die entsetzlichste Grausamkeit jedoch wandte sich gegen die Juden. Sie waren der völligen Vernichtung preisgegeben, und das geringste für sie gezeigte Mitleid galt als Verrat. Die Kosaken schleppten die Gesetzesrollen aus den Synagogen und tanzten, Schnaps trinkend, darauf herum. Dann legte man Juden auf sie und schlachtete sie erbarmungslos ab. Tausende von jüdischen Kindern wurden in die Brunnen geworfen oder lebend begraben.«

Seit dieser Zeit gab es in Polen bis ins 20. Jahrhundert hinein immer wieder Judenmassaker:

»1655 brachte der Einmarsch Karls X. von Schweden in Polen den Juden neue Schwierigkeiten... Als sich eine neue polnische Armee bildete und die Schweden aus dem Land verjagte, metzelte sie die Juden in den Gouvernementen Posen, Kalisch, Krakau und Petrokow nieder, mit Ausnahme derer in der Stadt Posen selbst. Im ganzen waren diese schrecklichen Verfolgungen von 1648 bis 1658 in Polen, Litauen und Rußland die blutigsten in der Geschichte der europäischen Juden bis zu Hitlers ›Endlösung‹; sie übertrafen mit ihren Schrecken die Massaker der Kreuzzüge, die Zahl der Toten war größer als zur Pestzeit.«

Die Zahlenangaben schwanken allerdings sehr stark. Massenhaft wanderten die Juden aus den slawischen Ländern nach Westeuropa und Nordamerika aus. Die Überlebenden und Zurückkehrenden suchte König Johann Kasimir zu schützen.

»Aber die Feindseligkeit der Bevölkerung und der Geistlichkeit war unverändert, nur hin und wieder zeigte sich ein wenig christliches Erbarmen. 1660 wurden wieder zwei Rabbiner unter der von den Päpsten schon so oft als unzulässig erklärten alten Anklage des Ritualmords hingerichtet, und 1663 erlitt ein Krakauer Apotheker auf die unbewiesene Anklage, eine Schmähschrift gegen die Verehrung der Jungfrau Maria geschrieben zu haben, einen schrecklichen Tod in der vom Gericht festgesetzten Reihenfolge von Martern: zuerst wurden ihm die Lippen abgeschnitten, dann eine Hand verkohlt, die Zunge herausgeschnitten und schließlich sein Leib auf dem Scheiterhaufen verbrannt. Der Dominikanergeneral in Rom ermahnte die Dominikaner in Krakau in einem Brief (9. Februar 1664) dringend, ›die unseligen Juden vor allen gegen sie erhobenen Verleumdungen in Schutz zu nehmen‹. In Lemberg drangen die Zöglinge einer Jesuitenakademie in das Judenviertel ein, töteten an die hundert Juden, zerstörten Häuser und schändeten die Synagogen (1664)...«[14]

Gleichwohl waren die Juden dank der großzügigen Regierung Sobieskis um 1700 wieder etwa so zahlreich wie vor den großen Verfolgungen.

---

14 Zitate aus Ariel und Will Durant: Kulturgeschichte der Menschheit, 18 Bände (zahlreiche Ausgaben).

Auch im orthodox-christlichen Rußland grassierte die Judenfeindschaft. Als im 15. Jahrhundert aus dem deutschen Getto in Nowgorod jüdische Kaufleute nach Moskau kamen, jagten sie der dortigen Orthodoxie durch ihre erfolgreiche Glaubenswerbung Angst ein. Sogar ein Moskauer Metropolit fiel ab. Schließlich wurden jüdische Anführer 1504 in Moskau verbrannt. Diese Angst vor den Juden, den Antichristen und Verführern deutscher Sprache, blieb den Russen erhalten. In der Endzeit der Zarenherrschaft wurden zur Ablenkung sogar regierungsoffizielle Pogrome veranstaltet. Es ist kein Zufall, daß im Zweiten Weltkrieg viele Ukrainer in der SS »dienten«.

4. Deutschland

Die Zersplitterung Deutschlands brachte es mit sich, daß die Juden zwar häufig vertrieben wurden, aber vor allem aus wirtschaftlichen Gründen ebenso häufig anderswo wieder eine Bleibe fanden. Eine große Rolle spielte der ungerechte Wuchervorwurf, ungerecht insbesondere deshalb, weil das jüdische Erwerbsleben schon seit dem 13. Jahrhundert (1215) erheblich eingeschränkt war. Handwerk, Ackerbau, Handel und Gewerbe waren den Juden untersagt, so daß ihnen im Verkehr mit der Christenwelt im wesentlichen Geld- und Pfandleihe blieben. Immer wieder wurden den christlichen Untertanen Schulden bei Juden erlassen, notfalls fand man einen Anlaß für ein Pogrom oder eine Vertreibung. Schlechte Ernten ließen die Verschuldung der Landwirtschaft bei den jüdischen Geldverleihern anschwellen, und je höher die Schulden, desto größer die Existenz- und Lebensgefahr für die Juden. Fürsten und Städte erteilten vielfach nur finanzkräftigen Juden Aufenthaltsrechte, so daß sich die anderen als Bettler und Vagabunden durchschlagen mußten.

Juden waren nicht nur bei Fürsten, Städten und dem Großhandel als Kreditgeber gefragt, sondern wurden auch durch verschiedene Sonderabgaben ausgebeutet. So wurden etliche deutsche Dome auch mit Hilfe von besonderen Judensteuern gebaut. Wie stark die Stimmung schwankte, kann man am Beispiel Konstanz sehen: 1349 wurden dort 330 Juden verbrannt; die übrigen wurden vertrieben, bald aber wieder in die Stadt gelassen. Außerordentlich ehrenvoll war es für die Konstanzer Juden, daß sie das große Konzil von Konstanz 1414–1418 mit vorfinanzieren durften.

Es war ein denkwürdiges Konzil, das der überaus verbrecherische ehemalige Tyrann von Bologna, ein Mörder, jetzt Gegenpapst Johannes XXIII., auf Geheiß des deutschen Königs Sigismund einberufen mußte: als Papst empfing ihn das jubelnde Volk von Konstanz, eine Stadt mit 6000 Einwohnern. Der Gegenpapst Benedikt XIII. aus Avignon und der römische Papst Gregor

XII. entsandten nur Vertreter. Alle drei hatten sich gegenseitig verflucht und gebannt, und das Nebeneinander von drei Päpsten hatte schon sehr lange gedauert. Es war unklar, ob wegen der über Europa verhängten Edikte sakramentale Handlungen überhaupt gültig waren. Wegen der vielen Tausenden von Konzilsgästen, darunter alle mächtigen Fürsten bzw. ihre Vertreter, 29 Kardinäle, 3 Patriarchen, 33 Erzbischöfe, über 300 Bischöfe sowie Hunderte von Gelehrten, und dem damit verbundenen jahrmarktsmäßigen Getriebe kamen, wie allgemein berichtet wird, 700 oder 800 Prostituierte ins kleine Konstanz. Das Konzil, auf dem Johann Hus treuwidrig als Ketzer verbrannt wurde, faßte selbst einen überaus ketzerischen Beschluß, um wieder einen unangefochtenen Papst zu bekommen:

»Die Synode, gesetzmäßig im Heiligen Geist versammelt, ein allgemeines Konzil ausmachend und die streitende katholische Kirche darstellend, hat ihre Gewalt unmittelbar von Christus, und ihr ist jeder jeden Standes und jeder Würde, auch der päpstlichen, zu gehorchen gehalten in den Sachen, welche sich beziehen auf den Glauben, die Tilgung des Schismas und die allgemeine Reform der Kirche Gottes an Haupt und Gliedern.«

Johannes XXIII. und schließlich auch Benedikt XIII. wurden vom Konzil abgesetzt, Gregor XII. trat zurück. Der vom Konzil neugewählte Martin V. ist von der Kirche als Papst anerkannt, obwohl er als unehelicher Sohn eines Kardinals und seiner Mätresse nach kirchlichen Regeln amtsunwürdig war. Das Konzil ist als sechzehntes ökumenisches Konzil anerkannt.

Dieses in verschiedener Hinsicht denkwürdige Konzil verursachte riesige Kosten, derentwegen sich selbst der König in entwürdigende Verhandlungen einlassen mußte. Schließlich zog man die Juden als finanzielle Hilfstruppe für dieses allerchristlichste Spektakel heran. Sie mußten zahlen (und dazu Hilfe bis aus Zürich holen), um nicht verbrannt zu werden. Zum Dank wurden sie wegen einer Ritualmordanklage von 1443–48 festgehalten und anschließend aus Konstanz vertrieben: diesmal bis 1847. Auch von den Kosten des ökumenischen Konzils von Basel (1431–1449) mußten die Juden einen erheblichen Teil übernehmen.

Daß die Gefährdung nie auf Dauer nachließ, zeigt der Umstand, daß Herzog Albrecht aufgrund einer Ritualmordanklage 1421 einige hundert Juden bei Wien lebendig verbrennen ließ. Und die Prediger, insbesondere Dominikaner und Franziskaner hetzten weiter gegen die Juden, um so mehr, je weiter sie von nüchterner denkenden Herrschern und Päpsten entfernt waren. Der berühmteste unter ihnen war der Heilige und Franziskaner Johannes von Capestrano (1386–1456), der fast täglich predigte, päpstlicher Ratgeber und Bevollmächtigter war und großen Beichtzulauf hatte. Er war als »Geißel der Juden« bekannt. Auf seine Initiative verloren die bayerischen Juden 1452 Wohn- und Schutzrecht und wurden somit vogelfrei. In Breslau wurden auf Betreiben Capestranos Juden so lange gefoltert, bis sie »gestanden«, Hostien entweiht zu haben; dann verbrannte man sie. Hier sei nochmals auf die Geschichte um Simon von Trient hingewiesen, der 1475 an Ostern ums Leben kam. Von da an wurde das Greuelmärchen vom Ritualmord in ganz Europa verbreitet (gedruckte Flugblätter!), auch in Passionsspielen und Gedichten. An vielen Orten kam es so zu Ausschreitungen und Judenmorden.

Der Franzose Pierre de Froissart stellte 1527 fest:

»Der Haß gegen die Juden ist in Deutschland so allgemein verbreitet, daß auch die friedlichsten Menschen in Erregung geraten, wenn von Juden und ihrem Wucher die Rede ist. Ich wäre nicht erstaunt, wenn ich erleben müßte, daß blutige Verfolgungen gegen sie in allen Ländern zugleich ausbrechen würden; sie sind ja schon aus zahlreichen Städten mit Gewalt ausgetrieben worden.«[15]

Froissart hatte nicht unrecht. Im 15. und Anfang des 16. Jahrhunderts wurden die Juden in den meisten größeren deutschen Städten getötet bzw. aus ihnen vertrieben. Ein Zug nach Polen und Litauen begann. In Nürnberg wirkte als Auslöser die judenfeindliche Schrift »Die Verteidigung des Glaubens« eines spanischen Mönchs. Nach fünf Jahren Tätigkeit der Nürnberger Judenhasser mußten schließlich 1499 die letzten Juden Nürnberg verlassen. Ihre Habe fiel der Stadt zu, durch den jüdischen Friedhof wurde eine Straße gelegt und mit jüdischen Grabsteinen gepflastert. Da nimmt es nicht wunder, daß sich verarmte und vertriebene, in Wäldern und auf den Straßen lebende Juden (zum Teil zusammen mit christlichen Vagabunden) zu Diebes- und Räuberbanden zusammenschlossen, so daß viele jüdische Wörter in die Gaunersprache gelangt sind. Otto Stobbe, bedeutender Rechtshistoriker des 19. Jahrhunderts, hat über die Juden um 1500 geschrieben:

»So kam es, daß sie im größten Teil Deutschlands keinen festen Aufenthaltsort mehr hatten. Sie waren nur berechtigt, gegen Erledigung einer Aufenthaltsgebühr einige Tage zu verweilen. Wenn schon von den Kreuzzügen an ihre Lebensverhältnisse in den deutschen Ländern wenig sicher waren, so geschieht es erst am Ende des Mittelalters, daß sie zu irrenden Juden werden, die von Stadt zu Stadt ziehen, ohne fast nirgendwo eine feste Bleibe zu haben.«[16]

Die Zahl der deutschen Städte, die den Juden Ende des 15. Jahrhunderts noch einen festen Aufenthalt einräumten, war außerordentlich gering. Soweit die Juden nicht auswanderten oder über Land zogen, siedelten sie vor den Stadttoren (z. B. Nürnberg: Fürth; Augsburg: Pfersee, heute Stadtteil von Augsburg). Ein jüdischer Chronist des 16. Jahrhunderts beschrieb die Situation der Juden als »Tal der Tränen«.

Als Kampf des leuchtenden Geistes des Humanismus und der Vernunft gegen die Mächte des finsteren Mittelalters und des Dogmatismus wird der berühmte Reuchlin'sche Streit angesehen. Johannes Reuchlin (1455–1522), der erste deutsche Hebraist, hatte sich anläßlich des Kampfes der Kölner Do-

---

15 Zitiert nach L. Poliakov: Geschichte des Antisemitismus, a. a. O., Bd. II, S. 116.

16 Zitiert nach ebenda, S. 21 f.

minikaner (mit dem konvertierten Juden Johannes Pfefferkorn als Galionsfigur) gegen den Talmud für die jüdischen Schriften eingesetzt, ja er bezeichnete sogar die Juden als Mitbürger des Reiches. In dem ab 1511 geführten Kampf wurden die Dominikaner durch die Theologen der Universitäten Köln, Mainz und Erfurt unterstützt. Sie verfaßten eine Verleumdungsschrift gegen Reuchlin. 1513 strengte der Kölner Inquisitor einen Prozeß gegen Reuchlin an. Aber der freie Geist des Humanismus war schon stark genug. 1515 bis 1517 erschienen die 110 satirischen »Dunkelmännerbriefe«, die sich gegen die klerikale Bevormundung wandten und die Dominikaner verspotteten. Der berühmte Ulrich von Hutten wirkte dabei maßgeblich mit. (Dies zu einer Zeit, als in Deutschland schon die Hexenfeuer brannten und die gesegneten Folterinstrumente nicht zur Ruhe kamen.)

Wie stark zu dieser Zeit der Judenhaß war, wird unterstrichen durch die Tatsache, daß sich auch so erlauchte Geister wie Reuchlin, von Hutten und selbst Erasmus von Rotterdam davon nicht fernhielten. Reuchlin hielt den Juden vor, daß sie jeden Tag Gott in der Person des wahren Messias Jesus Christus lästerten und diesen einen Gehenkten und Zauberer und die heilige Jungfrau ein böses Weib nannten. (Dies entsprach in gewisser Weise durchaus den Tatsachen – es gab verständlicherweise seit dem 1. Jahrhundert sehr scharfe Reaktionen des jüdischen Glaubens.) Dies mag als Ausdruck von Glaubensüberzeugung und -verteidigung noch angehen. Aber die Bestrafung der Juden aus ihrer Verhärtung abzuleiten, erscheint für einen humanistischen Gelehrten zumindest aus heutiger Sicht schon weitaus bedenklicher. Erasmus zeigte seine Judenfeindschaft besonders deutlich, wenn er über Pfefferkorn loszog:

> »Pfefferkorn zeigt sich als ein echter Jude, er erweist sich seiner Rasse würdig. Seine Vorfahren sind zügellos gegen den einzigen Christus vorgegangen, und er geht mit entfesseltem Haß gegen so viel ehrenwerte und hervorragende Menschen vor. Er konnte seinen Glaubensgenossen keinen besseren Dienst erweisen, als die Christenheit dadurch zu verraten, indem er heuchlerisch vorgab, er sei Christ geworden. Dieser Halbjude hat der Christenheit mehr geschadet als die ganze Bande der Juden.«

Kaum zu glauben, daß dies vom Verfasser etwa des »Lobes der Torheit« stammt, einem so großartigen und kritischen Geist.

Und von Hutten gar schrieb über Pfefferkorn:

> »Deutschland hätte kein derartiges Ungeheuer hervorbringen können; seine Eltern sind Juden, und er bleibt es, auch wenn er seinen unwürdigen Leib in die Taufe Christi getaucht hat.«[16a]

Zu den ganz wenigen, die es um diese Zeit wagten, sich für die Juden einzusetzen, gehörte auch der jüngere Martin Luther (1483–1546), der 1523 mit 40 Jahren seine Streitschrift »Daß Jesus Christus ein geborener Jude sei« her-

---

16a Beide Zitate ebenda S. 117.

ausgab. In dieser Missionsschrift zieht Luther sogar die Feinde der Juden ins Lächerliche und beweist einen ebenso klaren wie menschenfreundlichen Geist:

»Denn unsere Narren, die Päpste, Bischöfe, Sophisten und Mönche, die groben Eselsköpfe, haben also bisher mit den Juden verfahren, daß, wer ein guter Christ wäre gewesen, hätte wohl mögen ein Jude werden. Und wenn ich ein Jude gewesen wäre und hätte solche Tölpel und Grobiane gesehen den Christenglauben regieren und lehren, so wäre ich eher eine Sau geworden als ein Christ. Denn sie haben mit den Juden gehandelt, als wären es Hund und nicht Menschen... Sie sind Blutsfreunde, Vettern und Brüder unsers Herren...

Darum wäre meine Bitte und mein Rat, daß man säuberlich mit ihnen umginge und aus der Schrift sie unterrichtete, so könnten ihrer etliche herbeikommen. Aber nun wir sie nur mit Gewalt treiben und gehen mit Lügengerede um, geben ihnen schuld, sie müßten Christenblut haben, daß sie nicht stinken, und ich weiß nicht, was des Narrenwerks mehr ist, daß man sie gleich wie Hunde behandelt, was sollten wir Gutes an ihnen schaffen? Item daß man ihnen verbietet, unter uns zu arbeiten, hantieren und andere menschliche Gemeinschaft zu haben, damit man sie zu wuchern antreibt, wie sollte sie das bessern?

Will man ihnen helfen, so muß man nicht des Papstes, sondern christlicher Liebe Gesetz an ihnen üben und sie freundlich annehmen, mit lassen erwerben und arbeiten, damit sie Gelegenheit und Raum gewinnen, bei und um uns zu sein...«

Angesichts der Zeitläufe ist dies ein erstaunliches Dokument der Humanität. Um so schwieriger ist der unflätige Haß zu begreifen, den der alternde Luther 1543 und unmittelbar vor seinem Tod (seine letzte Predigt ist dem Judenhaß gewidmet) ausgeworfen hat. In seiner berüchtigten umfangreichen Hetzschrift »Von den Juden und ihren Lügen« (1543) heißt es:

»Der Jude läßt nicht von seinem Sinn, Christen umzubringen, wo er nur kann ... der Odem stinkt ihnen nach der Heiden Gold und Silber ... kein Volk unter der Sonne geiziger ... verfluchter Wucher ... giftigen Haß wider die Gojim von Jugend auf eingesoffen... Darumb wisse Du, lieber Christ, und zweifel nichts daran, daß Du, nähest nach dem Teufel, keinen bittern, giftigern, heftigern Feind habest, denn einen rechten Juden... Die Juden verkehren Gottes Wort, geizen, wuchern, stehlen, morden, wo sie können und lehren solches ihre Kinder für und für nachzutun.«

...

»Sie müssen aus unserem Lande vertrieben werden ... es stimmt aber alles mit dem Urteil Christi, daß sie giftige, bittere, rachgierige, hämische Schlangen, Meuchelmörder und Teufelskinder sind, die heimlich stechen und Schaden tun... Summa, ein Jude steckt so voll Abgötterei und Zauberei, als neun Kühe Haare haben, das ist unzählig und unendlich, wie der Teufel, ihr Gott, voller Lügen ist... Ich will meinen treuen Rat geben: Erstlich, daß man ihre Synagoge oder Schule mit Feuer anstecke, und was nicht verbrennen will, mit Erde überhäufe und beschütte, daß kein Mensch einen Stein oder Schlacke davon sehe ewiglich... Zum anderen, daß man auch ihre Häuser desgleichen zerbreche und zerstöre... Zum dritten, daß man ihnen nehme alle ihre Betbüchlein und Talmudisten, darin solche Abgötterei, Lügen, Fluch und Lästerung gelehrt wird... Zum vierten, daß man ihren Rabbinern bei Leib und Leben verbiete, hinfort zu lehren... Zum fünften, daß man den Juden das Geleit und Straße ganz und gar aufhebe...«

In der Literatur zu dieser (anläßlich des Luthergedenkjahres 1983 gern vernachlässigten) ungeheuerlichen Hetzschrift wird auf folgendes hingewiesen: Luther sei verzweifelt darüber gewesen, daß sich die Juden in ihrer

Halsstarrigkeit nicht hätten bekehren lassen und hier und da sogar eine Glaubensgefahr für die Christen dargestellt hätten. Luther mag darüber hinaus frustriert gewesen sein, waren doch seine Verstrickungen in den Bauernkrieg und dessen blutigen Ausgang, sein fragwürdiges Bündnis mit den Mächtigen, seine Verwandlung des freien Christenmenschen in einen dem Despotismus ausgelieferten absolut gehorsamspflichtigen Untertanen sowie die unterschiedlichen protestantischen Richtungen mit zahlreichen Verirrungen kein Anlaß zu Euphorie. Er war ein genialer, sprachgewaltiger Mensch, dessen Kopf von Teufeln und Selbstzweifeln geplagt war. So schrieb er, manchmal habe er sich gefragt, ob der Teufel nicht Gott sei; es kam vorübergehend vor, daß er die christliche Religion für eine närrische Sache hielt; er wies einmal nach, Christus sei ein Ehebrecher gewesen, ja er verkündete sogar die Aufhebung der zehn Gebote. Letztlich wird man sagen müssen, daß dieser gewaltige Geist – trotz seiner mittelalterlichen Prägung historisch am Beginn der Moderne (Aufbrechen der religiösen Einheit, Ermöglichung neuer Ansätze rationalen Denkens und sogar der Toleranz) – einem Menschen »zwischen Himmel und Hölle« gehörte, dessen abgrundtiefer, fast mörderischer Judenhaß ohne das religiöse Umfeld nicht denkbar gewesen wäre. An diesen Haß konnten die in Deutschland dominierenden Protestanten des 19. Jahrhunderts anknüpfen, und die Nationalsozialisten haben Luther weidlich ausgeschlachtet.

Nach Luther führten die Juden in Deutschland ein elendes Leben, während vor allem die vertriebenen iberischen Juden und Marranen in den Niederlanden und in Italien erfolgreich waren. Der geistige Glanz, den das neue Zentrum der deutschen Juden im Frankfurter Getto ausstrahlte, war gleichzeitig mit großer Erniedrigung verbunden (3 000 Menschen und mehr lebten in einer ca. 300 m langen Straße zwischen Stadtmauer und Abwasserkanal, so daß man das Getto schon von weitem riechen konnte: »Neu-Ägypten«). Die glanz- und machtvolle, aber gleichzeitig immer gefährdete Position der »Hofjuden« nach dem Dreißigjährigen Krieg änderte nichts Grundsätzliches am Zustand der deutschen Judenheit (am berühmtesten: Süß Oppenheimer – »Jud Süß«). Gab es auch Massaker und Pogrome in den neuen Fürstenstaaten nicht mehr häufig, so wurden die Juden doch durch polizeiliche Vorschriften aller Art (z. B.: nicht zu zweit spazierenzugehen; auf dem Markt erst nach den Christen einzukaufen; Kleiderordnungen; Einschränkung der Eheschließung u. v. a.) drangsaliert. J. G. Wolf, ein deutscher Bibliograph, zählte in seiner Bibliothek zu Anfang des 18. Jahrhunderts über 1 000 antijüdische Werke. Für zahlreiche Hetzschriften gab Luther ein Modell ab. Titel lauteten etwa: Judengeißel; Jüdischer Schlangenbalg; Der Juden Badstub, darinnen eigentlich der Juden heimliche Practick und Schelmenstück öffentlich bewiesen werden, wie sie den Christen das Blut und den sauren Schweiß, etc. aussaugen; Feuriger Drachen-Gift und wütiger Ottern-Gall usw. Im

17. Jahrhundert breitete sich die Legende des Ahasver, des »ewigen Juden« aus, die in alle europäischen Sprachen übersetzt wurde (von den neueren Bearbeitungen des Themas hebe ich besonders den – nicht antisemitischen – Roman *Ahasver* von Stefan Heym hervor, der den Stoff neu deutet).

Die letzten deutschen Judenaustreibungen fanden anläßlich des Frankfurter Fettmilch-Aufstands 1616 und im gleichen Jahr in Worms statt. Die Obrigkeit sorgte jedoch diesmal dafür, daß die Juden sogar feierlich wieder zurückkehren durften: sie hielt derartige Gewalt nicht für opportun. Am Antisemitismus änderte das aber nichts. Die katholische Maria Theresia ließ sich letztlich nur durch Zahlung der riesigen Summe von 240 000 Gulden dazu bewegen, die 1744 verfügte Ausweisung der Juden aus Böhmen und Mähren rückgängig zu machen.[17]

Nur ganz allmählich bahnte sich nach dem Dreißigjährigen Krieg ein Wandel zur Toleranz an. Die Theologen und Kirchenhistoriker Denzler und Andresen schreiben in ihrem *Wörterbuch der Kirchengeschichte* im Gegensatz zu vielen anderen der historischen Wahrheit entsprechend: »Erst die Aufklärung bahnte einem Philosemitismus humanistischer Wurzel Bahn. Dieser förderte die Judenemanzipation zunächst in den geistigen Gesellschaftsschichten..., dann auch in der Wirtschaft.« Klipp und klar schreibt Erika Weinzierl in der *Theologischen Realenzyklopädie,* Artikel »Antisemitismus«: »Die vor allem in den christlichen Ländern Europas ... bis zur Aufklärung vorherrschende Judenfeindschaft war in erster Linie konfessionell bestimmt... Die Verfolgung und Bedrückung der Juden haben daher erst aufklärerische Philosophen, die zugleich die Macht und den Einfluß der Kirche bekämpften, als menschenunwürdiges Unrecht angesehen und sich für dessen Beseitigung eingesetzt.« Aber nicht einmal die Aufklärung war frei von Antisemitismus.[18] Selbst bei Voltaire, dem Vorkämpfer der Toleranz und gewaltigen Streiter wider den religiösen Fanatismus, zeigt sich eine geradezu unglaubliche Judenfeindschaft. Von den 118 Artikeln seines berühmten *Philosophischen Wörterbuchs* greifen ca. 30 die Juden an, vor allem der lange Artikel »Juif« (Jude). All dies ist übrigens sorgfältig etwa aus der Ausgabe 1984 des Reclam-Verlags Leipzig herausgefiltert. Das ändert aber nichts an der grundlegenden Bedeutung der Aufklärung für die Judenbefreiung. Erst die Französische Revolution brachte den Juden die Emanzipation. Man hoffte, sie von ihrem Glauben zu befreien und in die befreite Nation zu intergrieren. Im 19. Jahrhundert wurde in Europa das jüdische Getto aufgebrochen. Ausnahme: der Kirchenstaat (hierzu später). In Deutschland schien sich für die

---

17 Vergleiche zur Situation nach Luther ebenda, S. 128–148; ferner: Kirche und Synagoge, a.a.O., Bd. 1, S. 429 ff. und S. 453 ff.; sowie M. Awerbuch in: Judentum und Antisemitismus von der Antike bis zur Gegenwart, hg. von Th. Klein, V. Losemann und G. Mai, Düsseldorf 1984, S. 77–102.

18 Zur Rolle der Aufklärung in der Geschichte des Antijudaismus siehe L. Poliakov, Geschichte des Antisemitismus, a.a.O., Bd. V: »Die Aufklärung und ihre judenfeindliche Tendenz«.

Juden trotz eines weiterhin starken Antisemitismus ein großer Traum zu verwirklichen. Nur im Zarenreich war ihnen der Eintritt in die Gesellschaft versagt. Aber es dauerte nicht allzu lange, bis die Flammen des deutschen Antisemitismus so heftig wie eh und je emporloderten: ein neuer, wilder Antisemitismus begann, der schließlich in Hitlers Mordfabriken endete.

IV. Der geistige Aufbruch der deutschen Juden

1. Die allmähliche Befreiung

Als im Europa des 19. Jahrhunderts das jüdische Getto – mit Ausnahme der russischen Gebiete und Roms – aufgebrochen wurde, wurden riesige, sensible intellektuelle Energien einer schmerzerfahrenen, überlegenen Geistigkeit freigesetzt. Zuvor hatte Moses Mendelssohn (1729–1786), Geistesfürst der deutschen Aufklärung, die Assimilationsepoche eingeleitet. Mendelssohn war der erste deutsche Weltjude. Mit ihm begann die Spaltung des europäischen Judentums in eine östliche und westliche Hälfte. Ihm, der 1743 als Vierzehnjähriger, zerlumpt und mißgestaltet, aus Dessau nach Berlin einwanderte, setzte sein Freund Lessing 1779 in seinem *Nathan der Weise* ein Denkmal. 1763 hatte Friedrich II. ihm das Privileg eines »ordentlichen Schutzjuden« verliehen. 1783 veröffentlichte der Ketzer Mendelssohn seine deutsche Übersetzung des Alten Testaments (für die übrigens jüdische Scheiterhaufen angezündet wurden). Deutsch wurde durch Mendelssohn zur Sprache der Juden, die sich von ihr auch in London, New York oder Jerusalem nicht trennten. Alle jüdischen Weltbürger kann man als seine geistigen Enkel bezeichnen.

Den Ideen der Aufklärung folgend, verkündeten verschiedene Herrscher die Gleichberechtigung: Der Habsburger Joseph II. erließ 1782 ein bahnbrechendes Toleranzedikt. Weitere Meilensteine waren die Verfassung der USA 1787 und die französische Verfassung von 1791. Erst 1812 folgte die unvollständige Einsetzung der Juden in die bürgerlichen Rechte in Preußen. Freilich: Offizier und Universitätsprofessor konnten sie praktisch nur werden, wenn sie sich taufen ließen. Mit aller Macht wollten die Juden nun anerkannt werden. Um 1800 nahmen sie in Deutschland an nationalen Bewegungen teil. Aus allen Gettos, insbesondere aus den Oststaaten, strömten sie in die rasch wachsenden Städte. Geistig und bevölkerungsmäßig fand eine jüdische Explosion statt. 1840 zählte das Judentum etwa wieder so viele Menschen wie zur Zeit der Zerstörung Jerusalems durch die Römer: etwa 4,5 Millionen. Die jüdische Gesellschaft strebte Humanismus und Kosmopolitismus an. Die Berliner Salons etwa der Henriette Herz (1764–1847) und der Rachel Varnhagen (1771–1844) schufen im bislang geistig unbedeutenden Berlin geistig-gesellschaftliche Mittelpunkte. Alles, was aufgeschlossen und fortschrittlich war, traf sich in jüdischen Häusern. Dort verkehrten z. B. Jean

Paul, die Gebrüder Humboldt, Schleiermacher, Fichte, Schlegel, Heinrich v. Kleist. Der Zusammenprall der Gettowelt mit der Moderne bedeutete aber nicht nur einen Aufbruch, sondern auch eine ideologische Krise. All dies und auch die weit überdurchschnittliche Beteiligung der Juden an den Freiheitskriegen vermochte aber die Judengegnerschaft nicht zum Erlöschen zu bringen. Bereits der Wiener Kongreß (1815) bedeutete schon wieder einen Rückschlag, da die Juden nicht die volle Gleichberechtigung erreichen konnten. Reaktionäre Politiker schlossen sie von Staatsämtern aus. 1817 verbrannten Studenten jüdische Bücher. 1819 begann man mit Judenhatzen (Schlachtruf: Hepp, Hepp), deren Fortschritt nur darin bestand, daß sie jetzt nicht mehr tödlich waren. Lübeck und Bremen wiesen die Juden aus, Hamburg führte seine Judenordnung wieder ein. In Frankfurt mußten alle Juden untertänig grüßen, wenn der Ruf: »Mach Mores, Jud!« erscholl. Trotzdem oder gerade deswegen wollten die Juden beweisen, daß sie gute Deutsche sein konnten. Viele, die dem Glauben schon entwachsen waren, suchten sich durch die Taufe anzupassen. Berlin wurde Zentrum einer Taufbewegung. Die Taufe war das Eintrittsbillett zur europäischen Kultur, meinte Heinrich Heine. Dies traf aber wohl im wesentlichen nur für Staatsämter und Professoren zu. Der Anteil der Getauften betrug in Preußen 1848 nur 1,5 Prozent und war vorher noch wesentlich geringer. Obwohl man die Juden als Einzelmenschen oft anerkannte, wollte man das Judentum möglichst verschwinden sehen. So kam es, daß Heinrich Heine (1797–1856), der vom Bürgerkrieg in seiner Brust sprach, mit der evangelischen Taufe 1825 seinen Namen Chaim Bückeburg aufgab, dann freilich – mit seinen atheistischen und revolutionären Gedanken – bald von Christen und Juden gehaßt wurde. Ludwig Börne (1786–1837), zuvor Loeb Baruch, ließ sich 1818 taufen. Der getaufte Heinrich Marx, Vater von Karl Marx, stammt aus einem alten Rabbinergeschlecht.

Allmählich kam die Judenemanzipation voran, obwohl über den Juden immer das Damoklesschwert des Volkszorns schwebte. In der Restaurationszeit stagnierte die Emanzipation insbesondere im Süden Deutschlands. So waren z.B. in Bayern, Österreich oder Frankfurt Eheschließung und Freizügigkeit der Juden stark eingeschränkt. In Prag gab es gar noch das Getto. Selbst im liberalen Baden verwehrte man ihnen immer noch das Ortsbürgerrecht. Nur nach und nach besserten sich die rechtlichen Bedingungen. In den vierziger Jahren traten die Liberalen und das gehobene Bürgertum sowie ein Teil des Adels für die volle Judenemanzipation ein. Noch 1846 lebten in Preußen 36,7 Prozent der Juden ohne bürgerliche Rechte in einer Art Schutzbürgerschaft. Erst 1848 wurden die rechtlichen Diskriminierungen grundsätzlich abgeschafft. Allerdings gab es auch 1848 einige bäuerlich-kleingewerbliche antijüdische Exzesse, und in der Folgezeit versuchte die Reaktion immer wieder, die Rechte der Juden einzuschränken. Doch wurde die volle rechtliche

Gleichstellung 1861/64 in Württemberg, 1861 in Bayern, 1862 in Baden, 1867 in Österreich und 1869 im norddeutschen Bund abgeschlossen.

Durch Leistung suchten die deutschen Juden Ansehen zu erwerben und sich einzuwurzeln. Sie spielten eine bedeutende, z.T. einzigartige Rolle in Wissenschaft und Geistesleben, wurden aber beneidet und blieben Fremdkörper. Schwer wurde den deutschen Juden der immer wieder neu geträumte Traum gemacht, in Deutschland die Heimstatt der Menschlichkeit zu finden.

»Es war das tragische Dilemma der deutschen Juden, daß sie die Feindseligkeit ihrer Mitbürger um so mehr anfachten, je ähnlicher sie ihnen wurden. Ihre frühen Widersacher hatten von ihnen verlangt, sie sollten wahrhafte Deutsche werden. Sie waren begeistert darauf eingegangen, und ihre vielfältigen Beiträge zur deutschen Kultur gaben ihnen zweifellos das Recht, sie als die ihre zu betrachten. Denn waren nicht Marx und Freud und Einstein deutsche Denker, Mahler und Schönberg deutsche Komponisten? Waren nicht Sternheim und Wassermann deutsche Schriftsteller und Max Liebermann und Emil Orlik deutsche Maler? Und konnte nicht derselbe Anspruch erhoben werden von Menschen, deren Leistungen zwar geringer, die aber von der gleichen Hingabe beseelt waren? Wie Golo Mann einmal schrieb, war der gewöhnliche deutsche Jude, ob getauft oder ungetauft, deutsch in seinen Tugenden, deutsch in seinen Lastern, deutsch in Kleidung, Sprache und Manieren, patriotisch und konservativ. Es gab nichts Deutscheres als jene jüdischen Geschäftsleute, Ärzte, Anwälte und Gelehrte, die sich 1914 ganz selbstverständlich freiwillig zum Kriegsdienst meldeten.

Und doch brachten ihre Leistungen und ihre Hingabe ihnen nicht die erstrebte Anerkennung ein; und Wohlhabenheit und Bildung, die die Aufklärung als die Schlüssel zur Integration betrachtet hatte, nützten ihnen nichts. ›In den Jugendjahren eines jeden deutschen Juden‹, schrieb Walther Rathenau 1911, ›gibt es einen schmerzlichen Augenblick, an den er sich zeitlebens erinnert: wenn ihm zum ersten Male voll bewußt wird, daß er als Bürger zweiter Klasse in die Welt getreten ist, und daß keine Tüchtigkeit und kein Verdienst ihn aus dieser Lage befreien können.‹«[1]

Wie schon im Mittelalter, so warfen die Juden sich auch jetzt bevorzugt auf die Naturwissenschaften, da in den Geisteswissenschaften die Gefahr, mit Dogmen und Tabus der Christen zusammenzustoßen, zu groß und gefährlich war. Bedeutende jüdische Naturwissenschaftler waren z.B.:

die Physiker Heinrich Hertz, Eugen Goldstein, Robert von Lieben, Lisa Meitner, Niels Bohr (Däne), Albert Einstein, Abraham Michelson, James Franck, Gustav Hertz;

die Chemiker Adolf v. Baeyer, Otto Wallach, Roland Willstätter, Fritz Haber;

die Mediziner Ferdinand Julius Cohn (Begründer der Bakteriologie), Carl Landsteiner (Entdecker der Blutgruppen), Paul Ehrlich (Salvarsan), Otto Meyerhoff (Österreicher), Otto Warburg.

Jüdische Ärzte genossen seit dem Mittelalter einen hohen Ruf als Leibärzte von Königen, Päpsten, Kirchenfürsten usw. (wurden aber gleichzeitig der Patientenvergiftung angeklagt). An die Stelle der früher spanisch-jüdischen

1 Gordon Craig: Über die Deutschen, München 1985, Kapitel »Deutsche und Juden«, S. 143–166, hier S. 159 f.

Medizin trat jetzt die deutsch-jüdische Medizin. Ein Begriff war der jüdische Hausarzt, der noch im Dritten Reich eine bedeutende Rolle spielte: ein wahrer Freund der Familien. Dies dürfte mit der jüdischen Schmerzerfahrung zusammenhängen. Man hat geradezu einen Gegensatz zwischen dem deutschen und dem deutsch-jüdischen Arzt gesehen.

Aufschlußreich ist auch die Tatsache, daß in der Zeit von 1905 bis 1959 nicht weniger als 39 Nobelpreisträger zum Judentum gehörten, darunter 26 aus dem deutschen Kulturkreis (davon 17 Emigranten).

Auch auf anderen Gebieten leisteten Juden Hervorragendes.

Zu nennen wären hier die Komponisten Mendelssohn-Bartholdy, Meyerbeer, Offenbach, Mahler, Schönberg, zahlreiche Musikinterpreten (z. B. Bruno Walter), Schauspieler und Regisseure (Max Reinhardt). Soziologie und Psychologie/Psychoanalyse galten geradezu als jüdische Wissenschaften. Diese Wissenschaftszweige, in denen Deutschland führend war, lagen nach dem Zweiten Weltkrieg völlig darnieder.

Von den zahlreichen jüdischen Denkern seien erwähnt Jacobi, Heß, Lassalle, Marx, Cohen, Mauthner, Husserl, Oppenheimer, Rathenau, Adler, Baeck, Buber, Cassirer, Scheler, Bloch, Wertheimer, Kelsen, Rosenzweig, Horkheimer, Marcuse.

Der jüdischen Literaten gar sind Legion, wie – neben obigen – folgende Beispiele zeigen: Heinrich Heine, Ludwig Börne, Paul Heyse, Arthur Schnitzler, Kurt Eisner, Alfred Kerr, Karl Wolfskehl, Jakob Wassermann, Hugo von Hofmannsthal, Karl Kraus, Else Lasker-Schüler, Alfred Döblin, Friedrich Gundolf, Stefan und Arnold Zweig, Emil Ludwig, Franz Kafka, Max Brod, Lion Feuchtwanger, Egon Erwin Kisch, Kurt Tucholsky, Franz Werfel, Ernst Toller, Walter Mehring, Joseph Roth, Carl Zuckmayer, Paul Celan, Hermann Broch.

Friedrich Nietzsche hat einmal gesagt: »Was bliebe vom europäischen Verstande übrig, wenn man den jüdischen davon abzöge?« Deutschland sollte noch erfahren, welche verheerenden Folgen diese Verstümmelung im geistigen Leben des Landes zeitigte.

Aber es mag wohl auch und gerade die enorme Leistung des deutsch-jüdischen Geistes sein, die den Neid der anderen hervorrief. Parallel mit der skizzierten Entwicklung entfaltete immer auch ein Antijudaismus seine Wirkung, der zwar auf christlicher Tradition beruhte, aber ansonsten andersartige, vor allem soziale und wirtschaftliche Ursachen hatte.

»Die wirtschaftliche Umwandlung Deutschlands im Verlauf der zweiten Jahrhunderthälfte war dramatisch, und allein die Schnelligkeit des Industrialisierungsprozesses verursachte eine schmerzhafte soziale Verschiebung und eine Entwurzelung, die eine große Anzahl an persönlichen Tragödien nach sich zog. Die überlegene Anpassungsfähigkeit der Juden an neue Lebensumstände – die Leichtigkeit, mit der sie sich im Gegensatz zu vielen deutschen Kleinstädtern in das Großstadtleben einfügten – wurde ihnen vorgeworfen und verstärkte den Verdacht, daß sie die soziale Desintegration förderten und von ihr profitierten. Ihre prominente Rolle in der Bekleidungsindustrie, die sich die billige ländliche Arbeitskraft zunutze machte, trug ihnen den Vorwurf der Ausbeutung ein, und das üppige Wachstum jüdischer Banken und Investmentfirmen in Berlin, Frankfurt und Wien hatte noch unheilvollere Folgen. Man kann durchaus behaupten, der Antisemitismus in seiner neuzeitlichen, virulenten Form habe seinen Ursprung gehabt in der Aktienmarktkrise von 1873, einem Debakel, das beschleunigt wurde durch die übermäßige Ausweitung des Eisenbahn-Imperiums des Unternehmers Bethel Strousberg und die Manipulationen weniger achtbarer Geschäftsleute, die die Geldgier kleiner Investoren ausgebeutet hatten. Angesichts der wütenden Angriffe auf jüdische Schwindler, die dem Börsenkrach folgten, übersah die Öffentlichkeit die Tatsache, daß es ein jüdischer Reichstagsabgeordneter, Eduard Lasker, gewesen war, der wiederholt auf die Gefahren des Spekulationsbooms hingewiesen hatte, und daß durch das energische Eingreifen jüdischer Banken wie Bleichröder & Co noch größeres Unheil verhindert worden war. Aber der Schaden war angerichtet, und das Bild des jüdischen Geschäftsmannes als eines Shylock, der sein Pfund Fleisch haben will, war unauslöschlich eingeprägt.«[2]

Den Juden kam die schreckliche, kaum vorstellbare Verelendung der Massen des frühkapitalistischen 19. Jahrhunderts als Sondergruppe auf Dauer nicht zugute, denn diese Zeit des massenhaften Elends mußte kollektive Haßgefühle produzieren. Die moderne Welt, der sich die Juden besser als die anderen anzupassen vermochten, erschien unverständlich. Das Leben in den engen Wohnstuben, ja Wohnhöhlen in den krebsartig wachsenden Städten war die Hölle. Und wo eine Hölle, da ein Teufel: der Jude. Daß es nur sehr wenige Juden gab, nämlich ca. 270 000 im Jahr 1820 im späteren Reichsgebiet und ca. 512 000 im Jahr 1871 (das sind nur 1,25 Prozent der Bevölkerung), änderte daran nichts. Auch nahmen die Juden in den Städten stark zu, etwa in Berlin von 5 645 im Jahr 1837 auf 36 000 im Jahr 1866, in Wien zur gleichen Zeit von 2 873 auf 40 230 (1869). Prag hatte schon 1857 10,7 Prozent Juden. In den alten Judenstädten Posen, Fürth und Frankfurt/Main stellten die Juden 1880 über 10 Prozent der Einwohner. In vielen größeren Städten waren es um 5 Prozent. Interessant ist – bei der allgemeinen Verelendung – das erstaunliche Phänomen der Entpauperisierung der deutschen Juden, die ihre Ursachen in der jahrhundertelang eingeübten Wirtschaftsmoral, dem gewohnten Leistungs- und Anpassungszwang und der jüdischen Familienstruktur hatte, wobei der Sektor des Handels und des Geldgeschäfts dominierend blieb. Während bei den Juden die Verarmten 1848 noch 40–50 Prozent der Bevölkerung ausmachten, waren es Anfang der siebziger Jahre nur noch 5–25 Prozent, während der Anteil der oberen und mittleren Steuerstufen im gleichen Zeitraum von 15–33 Prozent auf ca. 60 Prozent anstieg! Der ohnehin schon enorm starke jüdische Anteil an den Gymnasiasten stieg in Preußen zwischen 1852 und 1866 von 5,9 auf 8,4 Prozent, obwohl der Anteil an der

2 Ebenda.

Gesamtbevölkerung höchstens bei 1,34 Prozent lag. Bei den Studenten war der Anteil noch höher.[3]

Auch auf politischer Ebene sahen die Repräsentanten der bürgerlichen Gesellschaft sich von den wenigen Juden bedroht. Unter den politisch aktiven deutschen Juden war der Anteil der Linken (Radikaldemokraten, Sozialisten) immer besonders hoch. Das hängt mit der rechtlichen und sozialen Diskriminierung zusammen, aber auch mit dem Bruch in der jüdischen Tradition. Das Judentum als Volks- und Glaubensgemeinschaft traten auseinander. Die säkularen Juden hatten vielfach einen Status als freie Intelligenz, was kritische Schärfe und Radikalität damals utopischer Forderungen von Emanzipation mit sich brachte. Jüdisches Denken kreiste um die Entfremdung, denn ein Fremder war der Jude in der Welt. Und nun entfremdete er sich auch seinem Gott, was sehr zersetzend sein konnte (Heine: »Hört ihr das Glöckchen klingeln? Kniet nieder – man bringt die Sakramente einem sterbenden Gotte«). Auch in der politischen Ökonomie des Karl Marx, dem eine tiefe messianische Gläubigkeit eigen war (etwas typisch Jüdisches), hat der Gedanke der Entfremdung seine besondere Bedeutung. Sigmund Freud setzt dieses Denken fort. Wie ein altjüdischer Prophet plädierte Moses Hess (1812–1875) schon 1841 für Vereinigte Staaten von Europa und kämpfte für Gerechtigkeit, Freiheit, Gleichheit und Liebe: lauter alte jüdische Ideale. Hess, der Karl Marx stark beeinflußt hat, ersehnte wie so viele eine Art göttliches Reich auf Erden, ein Reich des Lebens, eine Befreiung vom Terror des Staats und der Religion, eine Umwandlung des äußeren Gottes in einen inneren. Es wundert nicht, daß etliche Regierungen im 19. Jahrhundert Angst vor dem nach Freiheit strebenden messianischen Feuer der Juden bekamen. Wenn man (d. h. insbesondere auch die großen christlichen Konfessionen) speziell vor und nach dem Ersten Weltkrieg den Massen das Gespenst des jüdischen Sozialismus, Marxismus und Bolschewismus an die Wand malte, war das – von der Bedeutung des jüdischen Anteils an diesen Bewegungen – nicht ohne Grund.

---

3 Zahlenangaben nach Thomas Nipperdey: Deutsche Geschichte 1800–1866, München 1983, S. 251 f.

V. Der neue Antisemitismus des 19. Jahrhunderts

1. Deutschland

Die antijüdischen Ausschreitungen um 1818 und die antijüdischen Volksaufstände in den nachfolgenden Jahren wurden noch dadurch verschlimmert, daß der Antisemitismus bei bedeutenden Zeitgenossen, die Einfluß auf das gesamte kulturelle Leben besaßen, Unterstützung fand. Vom Gift des Antisemitismus infiziert waren um 1800 z.B. der protestantische Theologe und Orientalist Heinrich Eberhard Gottlob Paulus (1761–1851), der Philosoph und Physiker Jakob Friedrich Fries (1773–1843), der Dichter und Übersetzer Karl Streckfuß (alias Leberecht Fromm, 1778–1844). Heinrich Heine (1797–1856) hat sein Judentum, das er trotz Taufe nie abgelegt hat, deutlich zu spüren bekommen.

Unseligen Einfluß übte Richard Wagner (1813–1883) aus, der um 1840 in Paris viel mit jüdischen Freunden verkehrte und sich für Heine einsetzte, ungeachtet dessen aber 1850 unter dem Pseudonym Karl Freidank die Schrift »Das Judentum in der Musik« erscheinen ließ, die er in erweiterter Fassung unter seinem Namen 1868 veröffentlichte. Obwohl er von der Talentfülle Felix Mendelssohns gesprochen hatte, stellte er die eigenartige Lehre auf, das Judentum sei ganz unschöpferisch, die jüdische Musik fremdartig und kalt. Heine beschimpfte er jetzt und griff die Juden wegen ihrer Verlogenheit an. Wagners Antisemitismus dürfte wesentlich auch persönliche Gründe gehabt haben: er hegte Groll gegen jüdische Finanzleute und Impresarios, die ihn anfangs nicht unterstützt hatten, sowie auf einen Konkurrenten wie z.B. Meyerbeer, der zunächst erfolgreicher gewesen war. Es mag sein, daß Wagner die Juden insgeheim bewunderte, während er Bedenken hinsichtlich der Identitätsfindung des deutschen Volkes hegte. Wagner rühmte sich seines Antisemitismus, obwohl einige der eifrigsten Verbreiter seiner musikalischen Ideale Juden waren. Cosima Wagner vermerkte in ihrem Tagebuch, ein Brand im Wiener Burgtheater 1881, in dessen Gefolge u.a. 400 Juden umkamen, habe Wagner zu dem »heftigen Scherz« veranlaßt, »es sollen alle Juden in einer Aufführung des ›Nathan‹ verbrennen«. Thomas Mann sah einen direkten Weg von Wagners kulturpolitischen Schriften zu Houston Stewart Chamberlain (1855–1927) und Hitler. Chamberlain, britischer Generalssohn, wurde Wahldeutscher und heiratete 1908 Wagners Tochter Eva. Das Werk dieses Kulturphilosophen hatte starke Wirkung auf die NS-Rassenlehre.

Das Scheitern der Bewegung von 1848 stärkte eine Nationalideologie, die glaubte, sich vom jüdischen Wesen distanzieren zu müssen. Gerade die Intelligenz, von der man vielleicht glauben möchte, daß sie die Judenemanzipation unterstützte, begann sich verstärkt dem Antisemitismus zuzuwenden, darunter zahlreiche bedeutende Geister. Im 19. Jahrundert waren Antisemiten: der bekannte protestantische Theologe und konservative Politiker Bruno Bauer (1809–1882), Vertreter einer radikalen Evangelienkritik, zuletzt radikaler Atheist und entschiedener Antisemit; der bedeutende Chirurg Theodor Billroth (1829–1894); der Philosoph und Nationalökonom Karl Eugen Dühring (1833–1921), er bezeichnete sich in seiner Autobiographie 1882 als eigentlichen Begründer des rassischen Antisemitismus; der Orientalist Paul de Lagarde, Kritiker des zeitgenössischen Christentums; der Schriftsteller Julius Langbehn; der bedeutende Strafrechtslehrer, Kriminologe und Völkerrechtler Franz Eduard von Liszt (1851–1919); der Schriftsteller und Historiker Wolfgang Menzel; der bedeutende Historiker Eduard Meyer (1855–1930); der bedeutende, insbesondere als Kirchenrechtler bekannte protestantische Jurist Rudolph Sohm (1841–1917); der für seinen Antisemitismus besonders bekannte Heinrich von Treitschke (1834–1896), einer der bedeutendsten Historiker seiner Zeit; der Publizist und Politiker Hermann Wagener.

Besonders hervorgehoben sei der orthodox-protestantische Geistliche Adolf Stoecker (1835–1909), der 1874–1889 Hof- und Domprediger in Berlin war. Er führte eine ultrakonservative Partei und bekämpfte das Judentum als Hort des Liberalismus sowie aus wirtschaftlich-sozialen Gründen, natürlich auch aus religiösen. Er gründete den antisemitischen »Verein deutscher Studenten«. Zu den Ritualmordlegenden sagte er 1892 im Reichstag: »Wird doch keiner, der die Geschichte kennt, leugnen, daß Christen, insbesondere Kinder, jahrhundertelang durch die Hand von Juden aus Fanatismus oder Aberglauben umkamen.«

Großen Erfolg hatte Wilhelm Marrs Schrift *Der Sieg des Judentums über das Germanentum,* die zwischen 1873 und 1879 in zwölf Auflagen herauskam und in großem Umfang Wagners Gedanken aufnahm.

Die häufig große Schärfe der antisemitischen Äußerungen zeigt sich beispielhaft in den Worten des schon genannten Orientalisten Paul de Lagarde:

> »Es gehört ein Herz von Härte einer Krokodilhaut dazu, um mit den armen, ausgesogenen Deutschen nicht Mitleid zu empfinden und ... die Juden nicht zu hassen und ... [jene], die – aus ›Humanität‹! – diesen Juden das Wort reden oder die zu feige sind, dies Ungeziefer zu zertreten. Mit Trichinen und Bazillen wird nicht verhandelt, Trichinen und Bazillen werden auch nicht ›erzogen‹, die werden so rasch und gründlich wie möglich unschädlich gemacht.«[1]

H. St. Chamberlain schrieb in seiner »Geschichtsphilosophie«, einem Hauptwerk des Rassenantisemitismus und Pangermanismus, die Juden seien

---

1 Paul de Lagarde: Juden und Indogermanen, 1888.

eine »Bastardrasse«, deren Dasein »Sünde, ein Verbrechen gegen die heiligen Gesetze des Lebens ist«. Die jüdische Geschichte bestehe aus rabbinischen Fälschungen und der einzelne Jude sei Menschenfeind und Kulturschädling.

Bernhard Foerster, der später die »judenfreie« Kolonie »Neu-Germania« in Paraguay gründete, legete dem Reichstag 1880 einen Katalog antisemitischer Forderungen mit ca. 255 000 Unterschriften vor.

1887 zog der Bibliothekar Otto Böckel, Führer der hessischen antisemitischen Volkspartei, als erster antisemitischer Abgeordneter in den Reichstag ein. 1893 betrug die Zahl der antisemitischen Reichstagsabgeordneten schon 16, und 1911 waren es 22 bei 461 000 Wählern. 70 bis 85 Prozent der Stimmen wurden auf dem Land und in Kleinstädten abgegeben, hauptsächlich in Hessen und Sachsen. Der Reichstagsabgeordnete Hermann Ahlwardt zeichnete sich durch besonders pöbelhaften Antisemitismus aus. Julius Langbehns Werk *Rembrandt als Erzieher* (1890) prägte Generationen im antijüdischen Sinn. 1928 erschien die 84. Auflage.

Die wirkliche Bedeutung des Antisemitismus in Deutschland bis zum Ersten Weltkrieg mag nicht leicht einzuschätzen sein. Teilweise wird gesagt, man überschätze ihn. Andererseits muß er doch die Massenpsyche langsam vergiftet haben, denn auf dem Nullpunkt aufbauend wäre es wohl nicht möglich gewesen, daß nach dem Ersten Weltkrieg eine Partei entstand, die mit dem Slogan »Deutschland erwache – Juda verrecke!« auf Wählerfang ging. Und daß das schleichende Gift auch Literaten beeinflußte, die keine Antisemiten waren, zeigt, wie stark der Zeitgeist von Antisemitismus geprägt war:

»Es besteht kein Zweifel, daß Wagners offen ausgedrückte Judenfeindlichkeit und die Ansichten anderer angesehener Personen wie Treitschke und Stoecker dazu beitrugen, den Antisemitismus zu rechtfertigen und ihm eine soziale und intellektuelle Scheinrespektabilität zu verleihen. Dies galt auch für die Art, wie die Juden in einigen der meistgelesenen Romane des ausgehenden 19. Jahrhunderts dargestellt wurden. Man wird wohl kaum behaupten können, daß Autoren, die für den gebildeteren Teil der Leserschaft schrieben, Schriftsteller wie Wilhelm Raabe, Gustav Freytag und Felix Dahn, in ihren Werken bewußt antisemitisch waren; sie beweisen sogar oft Mitgefühl bei ihrer Beschreibung der materiellen und seelischen Nöte deutscher Juden. Dennoch griffen sie in ihren bekanntesten Büchern um des dramatischen Effekts willen zur Technik des Parallelismus, indem sie ihrer christlichen Hauptperson, die stets als ehrbar, idealistisch gesinnt und hilfsbereit gezeichnet wurde, einen jüdischen Gegenspieler gegenüberstellten, der egoistisch, feige, materialistisch und ohne Skrupel war. Diese Methode wurde bei solchen Langzeit-Bestsellern wie *Der Hungerpastor, Soll und Haben* und *Ein Kampf um Rom* (hier in etwas abgewandelter Form) angewandt. Es ist durchaus möglich, daß die Machenschaften der jüdischen Bösewichter auf die Leser dieser Bücher einen tieferen Eindruck machten als die erbaulich-langweilige Rechtschaffenheit der christlichen Helden. Was die zwanzig Millionen Deutschen betrifft, die ihre geistige Nahrung aus den in wöchentlichen Fortsetzungen erscheinenden Kolportageromanen bezogen, so gewöhnten sie sich allmählich an die immer wieder angebotenen stereotypen Porträts von Juden als Wucherer, Brunnenvergifter, Kindsmörder und Meisterverbrecher.«[2]

---

2 Gordon Craig: Über die Deutschen, München 1985, S. 157 f.

Nicht nur apologetische Theologen, sondern auch zahlreiche anerkannte Profanhistoriker klammern den Teil der Gesellschafts- und damit auch politischen Geschichte, der das Thema Christentum und Judentum betrifft, einfach aus. Dies auch in umfangreichen Werken und gerade dann, wenn sie der Allgemeinheit leicht zugänglich sind. Selbst bei Antisemitismusforschern muß man solche Verzeichnungen leider feststellen. Sie beschäftigen sich fast nur mit der überhandnehmenden rassisch-völkischen Idee, mit Wirtschaftsproblemen und soziologischen Faktoren. Für ein Verständnis der Gesamtzusammenhänge geht damit ein wichtiger Bereich verloren. Tatsächlich war die christliche Judenfeindschaft ein wichtiges politisches Moment im 1871 gegründeten Deutschen Reich.

»In den von der Entwicklung unberührten Zonen und Provinzen war der kirchliche Judenhaß noch ungebrochen lebendig, er brauchte nicht neu entfacht zu werden... Die zum Gehorsam gegenüber der Obrigkeit erzogenen protestantischen Bürger ... ließen sich immer wieder davon überzeugen, daß das System menschlicher Abhängigkeit einem höheren Willen entspreche und nur durch fremde, vornehmlich jüdische Einflüsse bedroht sei... Die Judenfeindschaft sollte ›das Volk‹ mit den konservativen Führungsschichten zusammenkitten zur Erhaltung der Monarchie und der alten Ordnung.«[3]

Der Staat, ein Werk Gottes, durfte nicht umgestaltet werden, denn die frevelhaften demokratischen Ideen gefährdeten die Substanz der patriarchalischen Gesellschaftsordnung und des »christlichen Staates«. Um jeden Preis war der aufklärerische Grundsatz der Gleichheit der Menschen zu verhindern, hätte er doch dazu geführt, Nichtchristen wie den richtigen Staatsbürgern gleiche Rechte zu geben.

Wie stark die religiösen Traditionen und Leidenschaften waren, zeigte im katholischen Bereich Bismarcks Kulturkampf. Bismarck meinte nach der Proklamierung des Unfehlbarkeitsdogmas (1870) wie viele andere auch (so der österreichische Kaiser, der gleich das Konkordat kündigte und fortschrittliche Schulartikel einführte), den Ultramontanismus eindämmen zu müssen. Der Kulturkampf führte aber dazu, daß die katholischen Gläubigen »bis in den letzten Winkel des Landes« mobilisiert wurden.

»Die große, weithin noch unpolitische und bildungsmäßig rückständige Mehrheit katholischer Provinzbewohner ließ sich, das war eine weitverbreitete Einsicht, nur durch Weckung von Emotionen aufbieten. Dabei stellte ein Teil der katholischen Kleriker und Laien bewußt den überall verbreiteten und tief im Bewußtsein der Menschen verwurzelten kirchlichen Judenhaß in den Dienst ihrer politischen Pläne.«[4]

Daß Papst Pius IX. gegen die Juden Stellung bezog, förderte diese Entwicklung. Pius IX. war nicht der letzte antijüdische Papst, wohl aber der letzte, der wirklich rücksichtslos gegen die Juden vorging: mit Zwangstaufen

3 Werner Jochmann in: Antisemitismus. Von der Judenfeindschaft zum Holocaust, hg. von Herbert Strauss und Norbert Kampe, Bonn 1985, S. 99–142, hier S. 100 f.

4 Ebenda, S. 103.

und Kinderraub. Ganz Europa hatte sich über den Raub des siebenjährigen Edgar Mortara aus einer reichen jüdischen Bologneser Familie (Kirchenstaat) im Jahr 1858 erregt, bei dem die päpstliche Polizei Hilfestellung leistete. Edgar soll von einer christlichen Magd getauft worden sein und wurde schließlich zum Priester gemacht.[5] Jetzt, zur Zeit des neuen Antisemitismus, erschienen in vatikanischen Zeitschriften antijüdische Polemiken. Die Theologieprofessoren Rohling und Rebbert und im Gefolge zahlreiche katholische Geistliche und Publizisten kämpften in einer Vielzahl von Zeitungen im Kulturkampf gegen Bismarck: Sie sahen sich einem »Krieg des Judentums gegen das Christentum« ausgesetzt. Diese Agitation politisierte die katholiche Bevölkerung und gab der katholischen Zentrumspartei Auftrieb. Einzelne Abgeordnete des Zentrum, einer an sich nicht antisemitischen Partei, schürten aus wahltaktischen Gründen den Judenhaß und bewiesen die politische Massenwirksamkeit dieser christkatholischen Strategie.

Die Protestanten sahen, wie schon angedeutet, im Liberalismus, den Juden und dem Sozialismus eine große Gefahr für die Kirche. Als Bismarck auf einen antiliberalen Kurs schwenkte und Bereitschaft zeigte, ebenfalls den Antisemitismus als Agitationsmittel einzusetzen, gaben viele Wissenschaftler, Publizisten und Theologen ihre bisherige Zurückhaltung auf und verfaßten Abhandlungen, »in denen sie oft ihre Unkenntnis noch mehr unter Beweis stellten als ihre Voreingenommenheit« (Jochmann). Auch einflußreiche Adelskreise förderten jetzt den Antisemitismus, um die Nationalliberalen und die linksliberale Fortschrittspartei zu zerschlagen. Nicht zuletzt sollte der Antisemitismus dazu dienen, größere Bevölkerungsgruppen gegen den Sozialismus zu immunisieren. Und je mehr Prominente sich dem Antisemitismus zuwandten, und sei es in geistig dürftigen Reden und Schriften, desto stärker mußte das im Lauf der Zeit auf das autoritätsgläubige Volk wirken. Seit 1878 rollten ständig Agitationswellen über's Land: Broschüren, Flugblätter, Zeitschriften. Lehrer, Ex-Offiziere, Beamte und nicht zuletzt Pastoren verteilten Flugblätter.

Die vielleicht unglückseligste Erscheinung dieser Zeit war der schon genannte Hofprediger Stoecker, der von 1878 bis 1906 das politische Leben im deutschen Kaiserreich beeinflußt hat und mehr öffentliche Reden gehalten haben mag als irgend jemand sonst: Neun Jahre saß er im preußischen Landtag und zweiundzwanzig Jahre im Reichstag, eine der wenigen wirklich mächtigen Persönlichkeiten. Er, dessen gewinnende Herzensgüte gepriesen wurde, der rastlos im Dienst der Kirche stand und große Erfolge beim Ausbau der Inneren Mission erzielte, machte den Antisemitismus zu einem integralen Bestandteil seines Denkens und Redens: »Der Antisemitismus strukturierte und vitalisierte alles, was er sagte, schrieb und tat«, schreibt Günter

5 Vergleiche etwa August B. Hasler: Wie der Papst unfehlbar wurde, München 1981, S. 251.

Brakelmann.[6] Seit 1879 stand der Antisemitismus im Zentrum seiner politischen Arbeit. Geistig Seite an Seite kämpfte er z. B. mit dem atheistischen Judenhetzer Wilhelm Marr, der den eigentlich unsinnigen Begriff »Antisemitismus« prägte. In den Juden bekämpfte er alle avantgardistischen Kräfte. Er trug, wie ein begeisterter Zeitgenosse sagte, »die antisemitische Gesinnung in die Massen des evangelischen Volkes«, das davon mehrheitlich geprägt wurde. Eine feste Legierung zwischen Protestantismus, Politik und Antisemitismus entstand und wirkte lange fort. Immer wieder sprach der Hofprediger von der »parasitären Existenz« der Juden. Er empörte sich, daß die Juden in Wissenschaft, Öffentlichkeit und Wirtschaft beachtliche Positionen erreicht hatten und warf ihnen Machtstreben vor. Ein Großteil der 255 000 Unterschriften, die 1881 mit einer antisemitischen Petition an den Reichstag der Reichskanzlei vorgelegt wurden, dürfte aus der Anhängerschaft Stoeckers gekommen sein.[7] Stoecker hatte sich vorher an Superintendenten und Pastoren wegen Unterstützung gewandt, ging es doch u. a. um das christliche Anliegen, die jüdischen Lehrer aus den Volksschulen zu entfernen, die Zulassung von Juden zur Rechtsanwaltschaft zu beschränken, sie an den höheren Schulen zurückzudrängen und möglichst von der Verwaltung auszuschließen. Die meisten Unterzeichner der Petition wohnten in Berlin, der Mark Brandenburg, in Schlesien und Westfalen, sämtlich Zentren des Stoeckerschen Wirkens. Während der begabte Redner Stoecker in seinen Hörermassen gar inbrünstigen Fanatismus zu entfachen vermochte, forderte er die Juden auf, »ein klein wenig toleranter« zu sein. Er nahm es hin, daß in seinen Versammlungen politische Gegner niedergeschrien wurden und es zu Tumulten kam. Als 1881 in Pommern sogar der Einsatz von Militär erforderlich wurde, beschuldigte er die Presse und die Liberalen, die Juden nicht zur Zurückhaltung und Bescheidenheit ermahnt zu haben. Die Juden hätten die christlichen Einwohner »bis aufs Blut« gequält und die Ausschreitungen ausgelöst, nicht umgekehrt. Heftig schalt er alle Pastoren, die anläßlich des Xantener Ritualmordprozesses für den schuldlosen, aber beruflich zugrunde gerichteten jüdischen Angeklagten, einen Handwerker, eine Sammlung veranstalteten. 1882 hoffte Stoecker milde, die angebliche »Übermacht des Judentums ... ohne Anwendung von Gewaltmitteln« brechen zu können. Dabei betrug der jüdische Bevölkerungsanteil nur 1,25 Prozent. 1892 erklärte er es zur Christenpflicht, den Juden zu erkennen zu geben, wie dem (für seine blutigen Pogrome bekannten) russischen Volk könne auch dem deutschen einmal der Geduldsfaden reißen. 1882 nahm der Volkstribun an der Seite von erklärten Antichristen am ersten internationalen antijüdischen Kongreß in

6 In: Protestantismus und Politik. Werk und Wirkung Adolf Stoeckers, hg. von W. Jochmann, G. Brakelmann und M. Greschat, Hamburg 1982, S. 106.

7 Darauf verweist W. Jochmann in seinem Beitrag ebenda, S. 152 f.

Dresden teil. Interessant ist der Hinweis Jochmanns, Stoecker habe nur in der kirchlich uninteressierten Arbeiterschaft keinen Erfolg gehabt. (August Bebel unternahm große Anstrengungen, um die SPD gegen den Antisemitismus zu immunisieren.)[8] Stoecker starb 1909, aber seine verhängnisvolle Agitation wirkte nach und bereitete dem Nationalsozialismus den Boden. Der protestantische Kirchenhistoriker Karl Kupisch schrieb über ihn: »Ehe aber Christen nicht erkennen, daß Adolf Stoecker ungewollt einer der Wegbereiter für Auschwitz gewesen ist, wird wahrscheinlich eine Begegnung zwischen Christen und Juden überhaupt nicht möglich sein.«[9] Denn – wie sich noch zeigen wird – im Dritten Reich räumte die Mehrheit der Protestanten den Nationalsozialisten das Recht zu einer harten Judenpolitik ein, weil sie von der zersetzenden Wirkung des Judentums auf allen Gebieten überzeugt waren und glaubten, an den Juden vollzöge sich ein göttliches Strafgericht. Der württembergische Landesbischof Wurm, der heute vielfach als Hauptfigur des sogenannten Kirchenkampfes der NS-Zeit angesehen wird, war immer ein Anhänger Stoeckers. Noch nach Auschwitz sprach er von der »weitgehenden Aussaugung des Landvolkes« durch jüdische Wucherer.

Aber Stoecker war nur einer von vielen, die den Antisemitismus predigten. Die Vereine Deutscher Studenten prägten die jungen Akademiker antisemitisch. Es gab Richter, die ihren Antisemitismus zum Grundsatz der Rechtsanwendung machten. Lehrer waren führend in antisemitischen Parteien und Verbänden auf lokaler Ebene tätig, beeinflußten Jugendgruppen und Sportvereine.

> »Es sind zahlreiche Fälle bedenkenloser Verhetzung unwissender, der antisemitischen Beeinflussung wehrlos ausgelieferter Kinder bekanntgeworden... Besonders schnell breitete sich der antisemitische Bazillus in den protestantischen Pfarrervereinen aus. Schon zu Beginn der neunziger Jahre mußten einzelne Kirchenbehörden ihre Pastoren eindringlich mahnen, sich nicht aktiv an der antisemitischen Agitation zu beteiligen, da diese weder ›mit den Christenpflichten‹ noch mit den ›Amtspflichten eines Geistlichen‹ vereinbar sei. Doch die kirchlichen Amtsträger wichen vielfach selbst einer klaren Entscheidung aus.«[10]

Auch fanden die Kirchenoberen »mehr Worte der Entschuldigung als des Tadels« für die betroffenen Pastoren. Und was Stoecker erlaubt war, konnte dem Landpfarrer schlecht verboten werden.

In studentischen Kreisen spielte der Antisemitismus seit den achtziger Jahren eine herausragende Rolle. Norbert Kampe weist in seiner Arbeit *Studenten und ›Judenfrage‹ im deutschen Kaiserreich* (1988) darauf hin, daß bei studentischen Wahlen die Theologischen Fakultäten immer Hochburgen der Antisemiten darstellten. Demgegenüber waren die Verhältnisse bei den Katholiken trotz allen Antijudaismus auch Roms in Deutschland nicht so

8 Ebenda, S. 161.
9 Ebenda, S. 196.
10 W. Jochmann in: Antisemitismus, a. a. O., S. 118.

schlimm. Sie erkannten vielfach, daß der Antisemitismus mit seinem stark völkisch-rassischen Denken mit dem Christentum nicht vereinbar war. Insgesamt war daher der schreckliche Antisemitismus der wilhelminischen Ära vornehmlich eine Sache der protestantischen Mehrheit.[11]

Zusammenfassend läßt sich feststellen: Der vielfach fanatische Antisemitismus in Deutschland ab etwa 1870/1878 trug in erster Linie politisch-völkisch-rassische Züge. Er hatte viel mit der wirtschaftlichen Umbruchsituation und dem sozialen Elend zu tun. Insofern war er nicht spezifisch christlich. Der christliche Antisemitismus war aber auch nicht gerade eine Randerscheinung. Vielmehr hat der moderne Antisemitismus seine stärkste Kraft aus dem schon immer teils akut, teils latent vorhandenen christlichen Antijudaismus gezogen. Wenn die von daher rührenden irrationalen Antriebe auch etwas zurücktraten, so bildeten sie doch das Fundament, von dem aus immer wieder neue Brände entfacht werden konnten.

Der Name als Stigma: Um ein besonderes Kapitel hat jüngst Dietz Bering die Antisemitismusforschung mit seiner Habilitationsschrift bereichert: *Der Name als Stigma. Antisemitismus im deutschen Alltag 1812–1933* (1987). Bering weist nach, in welchem Ausmaß die jüdischen Namen ihre Träger stigmatisierten und daß dies auch von der staatlichen Verwaltung gewollt war – ein weiteres Anzeichen dafür, wie stark der Antisemitismus die deutsche Gesellschaft der wilhelminischen Zeit und danach geprägt hat.

Bering hat 1 517 Änderungsanträge für jüdische Familiennamen und 304 Anträge für Vornamen ausgewertet. Er fand im Geheimen Preußischen Staatsarchiv (Dahlem) und im Zentralen Staatsarchiv der DDR in Merseburg nahezu sämtliche jüdischen Namensänderungsanträge von 1840 bis 1867 und von 1900 bis 1932 für den Staat Preußen aufbewahrt. Auch Regierungspräsidentenakten konnte Bering auswerten.

Ursprünglich kannten die Juden keinen Familiennamen in unserem Sinne. Vielmehr wurde dem Vornamen in der Regel derjenige des Vaters angehängt, z. B. Moshe ben Maimon (Moshe, Sohn des Maimon). Mit dem Beginn der Judenemanzipation Anfang des 19. Jahrhunderts wurde eine Änderung dieser Namenspraxis notwendig. So konnten und mußten die preußischen Juden selbst einen Familiennamen wählen. Meist blieben sie in der Tradition und deutschten hebräische Namen ein oder veränderten sie (Napthali – Hirsch; Mordechai – Markus; Moses – Moser usw.). Zwei Drittel der Berliner Juden wählten 1812 ihren Vaternamen als Familiennamen. Dies

---

11 Wer sich über die zahlreichen Aspekte des christlichen und außerchristlichen Antisemitismus dieser Epoche näher unterrichten will, dem sei die hervorragend lesbare und plastische Abhandlung Jochmanns in Strauss/Kampe (Hg.): Antisemitismus, a. a. O., empfohlen. Darüber hinaus finden sich zahlreiche Quellennachweise in einer monographischen Darstellung desselben Autors in dem von Werner Mosse und Arnold Paucker herausgegebenen Sammelband: Juden im Wilhelminischen Deutschland 1890–1914, Tübingen 1976.

führte aber dazu, daß Juden, die sich ansonsten stark assimilierten und als solche nach ihren Lebensgewohnheiten oftmals gar nicht auffielen, an ihrem Namen als Juden kenntlich blieben. (Nicht immer war aber eine Zuordnung des Namens zum »jüdischen« oder »christlichen« Bereich möglich.)

Mit dem erstarkenden Antisemitismus wurden die jüdischen Namen zum Negativ-Kennzeichen der deutschen Juden. Manche Namen wurden zum Spott und erhielten insoweit symbolische Bedeutung, z. B. der Name Cohn. In Berings Buch ist eine Berliner Spottkarte mit dem Motto »Berlin unter Wasser« abgedruckt. Darauf ist ein im Wasser untergehender Körper zu sehen; deutlich zu erkennen ist ein funkelnder Diamant am Finger. Die fröhliche Unterschrift lautet: »Bei der großen Wassernot fand auch der kleine Cohn den Tod!« Zu verschiedenen Namen gab es eine Reihe von Spottversen und Witzen. Der Name Cohn wurde zum allgemeinen Lästerwort, um Juden zu beleidigen und zu verhöhnen und sie mit Negativklischees zu bedenken. Ein Witz lautete etwa: »Mit meinem Hund hab' ich e Zustand im Geschäft! Zuerst hatt ich einen Kommis, der hieß Katz, natürlich hat der Hund den Katz immer gebissen. Dann hab' ich den Katz entlassen und einen genommen, der hieß Eckstein, da war's noch schlimmer!« Zu einem diskriminierenden Etikett wurde auch der Name Schmuhl. Hierzu Wilhelm Busch in *Plisch und Plum:*

Kurz die Hose, lang der Rock,
Krumm die Nase und der Stock,
Augen schwarz und Seele grau,
Hut nach hinten, Miene schlau –
So ist Schmulchen Schievelbeiner.
(Schöner ist doch unsereiner!)

Passend dazu ist die Illustration.

In Galizien konnten die Juden ihre Namen nicht selbst wählen; sie wurden ihnen vielmehr von Militärkommissionen zugeteilt, wobei Geld und soziale Position eine große Rolle spielten. Ein »schöner« Name wie »Blumenthal« kostete viel Geld, während ein armer Teufel u. U. einen so diskriminierenden Namen wie »Schweißloch« zudiktiert bekam.

Bering dokumentiert in seinem Buch, welche erschütternden Gründe viele Antragsteller vorbrachten. Das reichte aber häufig nicht, um die Bürokraten von der Notwendigkeit eines Namenswechsels zu überzeugen. Die Willkür war groß.

Als es einem Kaufmann mit dem antisemitisch aufgeladenen Namen Emil Schmuhl 1892 gelungen war, den Namen Goetze zu erhalten, machten 116 Bürger aus dem ganzen Reichsgebiet mit diesem oder einem ähnlichen Namen eine Eingabe an den Kaiser. Die Namensänderung solle rückgängig gemacht werden, weil ihr guter deutscher Name jetzt abgewertet sei und man zwischen Deutschen und Juden nicht mehr unterscheiden könne.

Die Behörden, so weist Bering nach, machten Schwierigkeiten über Schwierigkeiten: Die Juden sollten als solche erkennbar bleiben. Das wurde von oben unterstützt. 1894 schrieb eine preußische Verordnung vor, alle Änderungsanträge abzulehnen, wenn sie der Absicht entsprängen, »mit Rücksicht auf die antisemitische Bewegung einen die jüdische Abstammung kennzeichnenden Namen mit einem anderen zu vertauschen«.

1898 wurde der Wechsel des Vornamens unter Strafe gestellt. 1900 legte man die Schreibweise der Namen per Verordnung fest, und 1908 wurde schließlich sogar der Weg verbaut, den Namen über eine Adoption zu ändern.

2. Österreich

Eine besondere Darstellung »verdient« der österreichische Antisemitismus. Ein Zentrum des Antisemitismus wurde Wien. Zwar war auch im katholischen Österreich jahrhundertelang ein konfessionell bestimmter Antisemitismus vorherrschend. Ende des 18. Jahrhunderts zeigte der Theologieprofessor August Rohling Symptome eines auf physische Vernichtung zielenden Antisemitismus. Zeittypisch war das aber nicht. Im frühen 19. Jahrhundert war Wien keine antijüdische Stadt. Schubert hat sogar hebräische geistliche Musik geschrieben. Der Wiener Hochadel war selbst im späten 19. Jahrhundert nicht antisemitisch. Der Antisemitismus gedieh aber im mittleren und vor allem Kleinbürgertum, denn dort wirkte sich die jüdische Konkurrenz aus. Viele Juden waren aus den besonders antijüdischen Oststaaten (Rußland, Polen, Rumänien), wo es immer wieder Pogrome gab, ins traditionell judenfreundliche Wien geströmt.

Dies förderte auch den Antisemitismus des Klerus. Ein großer Vorkämpfer des katholischen Antisemitismus in Österreich–Ungarn war Prälat Sebastian Brunner (1814–1893), der als Herausgeber der *Kirchenzeitung* auch in Rom Ansehen genoß; dort stützte sich die Jesuitenzeitschrift *Civiltà Cattolica* auf ihn. Prälat Albert Wiesinger von der Wiener *Kirchenzeitung* wurde als »aufopferungsvoller Fanatiker des Hasses« bezeichnet. Pfarrer Dr. Deckert forderte 1897: »Die Juden müssen für die christlichen Völker unschädlich gemacht werden; man muß sie unter ein Fremdengesetz stellen. Die Emanzipation der Juden muß fallen.« Überhaupt spielten vom späten 19. Jahrhundert an Wiener Geistliche im christlichen Antisemitismus als Prediger, Kundgebungssprecher und Schriftenverfasser eine bedeutende Rolle.

Im politischen Bereich war die »Christlich-soziale Partei« (ab 1889) unter ihrem Führer Karl Lueger (1844–1910) von Bedeutung. Sie bildete ein »Antisemitisches Zentralkomitee«. Lueger, nach dem noch heute eine wichtige

Straße benannt ist (Karl-Lueger-Ring), hat sich als Bürgermeister von Wien verdient gemacht (gewählt 1895/97). Aber er war ein leidenschaftlicher Antisemit. 1890 hielt Lueger im Reichsrat eine berühmte antisemitische Rede, in der er die Juden als »Raubtiere in Menschengestalt« bezeichnete. Der erste große christlich-soziale Parteitag 1896 stand im Zeichen des Antisemitismus. 1920 gab diese Partei Wahlplakate heraus, auf denen die jüdische Satansschlange den österreichischen Staatsadler erdrosselt. Das christlich-soziale Parteiorgan *Reichspost* schlug einen derart scharf antisemitischen Ton an, daß Kardinalstaatssekretär Rampolla Mäßigung forderte (allerdings auch nicht mehr als dies). Der Wiener Katholik Friedrich Heer meint zu diesen Vorgängen, im damaligen katholisch-christsozialen Wien sei der Jargon Hitlers vorgeprägt worden.

Bedeutung besaß auch die schon 1879 gegründete deutsch-nationale und antisemitische Bewegung des Georg von Schönerer (1842–1921). Am »Linzer Programm« von 1882, das von Antiklerikalismus (Los-von-Rom-Bewegung), aber auch von radikalem Antisemitismus geprägt war, war er maßgeblich beteiligt. Er initiierte eine Agitationskampagne mit Siegelmarken, Handzetteln und Zigarrenspitzen. Angestrebt wurde eine Art protestantisches alldeutsches Christentum.

Im akademischen Bereich forderte in Wien, dem Mekka der Medizin, 1875 der berühmte Chirurg Theodor Billroth die Ausschließung jüdischer Studenten vom Medizinstudium. Er erklärte u. a., die Juden seien des Märtyrertums unfähig (ausgerechnet!). In Linz wurde 1889 der große Burschenverband »Linzer Delegierten-Convent« (L. D. C.) gegründet, der offen den Antisemitismus propagierte.

Zum Schluß sei noch ein trauriges Kuriosum erwähnt: In der Landstraße in Wien wurde im Café Bittner die »Erste antisemitische Lesehalle« eingerichtet, in der in- und ausländische einschlägige Blätter auslagen. Herausragend war dabei das »Deutsche Volksblatt«.[12]

3. Rußland

Rußland war traditionell ein antijüdisches Land und ist es bis heute geblieben. Es wurde schon darauf hingewiesen, daß um 1500 deutsch-jüdische, aus Nowgorod kommende Kaufleute in Moskau den jüdischen Glauben verbrei-

12 Vergleiche zum österreichischen Antisemitismus Friedrich Heer: Der Glaube des Adolf Hitler, München/Esslingen 1968, als Taschenbuch 1989; Isaak A. Hellwing: Der konfessionelle Antisemitismus im 19. Jahrhundert in Österreich, Freiburg 1973; E. Weinzierl in: Kirche und Synagoge, hg. von Karl Heinrich Rengstorf und Siegfried von Kortzfleisch, 2 Bde., Stuttgart 1968, insbesondere Bd. II, S. 507–520; sowie speziell zum politischen Antisemitismus Peter G. J. Pulzer: Die Entstehung des politischen Antisemitismus in Deutschland und Österreich 1867–1914, Gütersloh 1966.

teten und daß die führende Gestalt 1504 verbrannt wurde. Es ist auch eine altrussische Überzeugung, daß die Juden im Dienst fremder, feindlicher Mächte stehen: im Dienst der Deutschen, der Österreicher, der Kapitalisten, Israels oder der USA. Sie wurden als Element der Unruhe gesehen. Der bedeutende Moskauer Großfürst Iwan III. (1440–1505) ließ bei der Eroberung der polnischen Stadt Polozk alle Juden in der Düna ertränken, freilich auch die römisch-katholische Geistlichkeit töten. Im Zarenreich siedelten die Juden vor allem in den Randgebieten (Ukraine, Krim, Baltikum). Im 19. Jahrhundert hatten die Zaren – angesichts der Rückständigkeit auf allen Gebieten kein Wunder – Angst vor einer Revolution. Da war es willkommen, daß die obere Schicht zur Ablenkung im Volk den Nationalismus und Antisemitismus geradezu züchtete, wie man sogar offen zugab. Es gab sozusagen regierungsoffizielle Pogrome durch Mörderbanden und SS-ähnlich schwarz gewandete Hundertschaften. 1900 waren die Verfolgungen so schlimm, daß 1901 ein »Hilfsverein der deutschen Juden« gegründet wurde, der die jüdische Auswanderung aus Rußland organisierte. In der Zeit von 1881 bis 1914 flohen ca. 2 Millionen russischer und polnischer Juden aus dem Zarenreich. Im spätzaristischen Rußland gab es zwei große antisemitische Organisationen, die offiziell von der Regierung unterstützt wurden (Verband des russischen Volkes, 1905 gegründet, und Doppeladler): in der letzten Zeit ihrer Herrschaft betrieben die Zaren eine extreme Russifizierung: alle Untertanen sollten russisch-orthodox und zarengläubig sein. Diesem Totalitarismus widersetzten sich die Juden. Sie bereiteten angeblich die Weltherrschaft des Antichrist vor. Die Komplottheorie kam auch bei der Geistlichkeit gut an, die sich schon immer vom korrupten Westen bedroht fühlte. Unvergessen blieb die vollständige Vernichtung Konstantinopels durch ein Kreuzfahrerheer 1204, die der bedeutende Kreuzzugshistoriker Steven Runciman als größte kulturelle Barbarei der Geschichte bezeichnet. Westeuropa war im 18. und 19. Jahrhundert zudem antirussisch eingestellt, so daß angesichts der militärischen Unterlegenheit (Napoleon) ein Gefühl der Isolierung bestand: die Juden erschienen als die geborenen Verräter und Westagenten. Anläßlich der Niederlage im russisch-japanischen Krieg wurden im Oktober 1905 nicht weniger als 690 Pogrome gezählt. Im gleichen Jahr erschienen die verhängnisvollen und berüchtigten *Protokolle der Weisen von Zion*, eine Fälschung, die bis heute nachwirkt. Ihre Auswirkung war, wenn auch erst später, so groß, daß näher darauf eingegangen werden soll.

Zunächst noch einige Worte zum rechtsradikal-antisemitischen »Verband des russischen Volkes«, den 1905 ein Petersburger Arzt gründete und der einige Jahre sehr einflußreich war. Treibende Kraft hinter dem Verband und den »Schwarzen Hundert«, dem kämpferischen Zweig der Organisation, war Purischkjewitsch, ein ehemaliger Ministerialbeamter und Gutsbesitzer, den man später als ersten russischen Faschisten bezeichnet hat. Er besaß gute Beziehungen zu hohen Regierungskreisen. Millionen von Rubel liefen durch seine Hand: die Regierung zahlte sie 1905–1907 an die Organisationen der Rechten, verteidigten diese doch die Zarenherrschaft gegen die drohende Revolution und traten für die orthodoxe Kirche ein. Um breitere Volksschichten anzuziehen, ging man demagogisch gegen Intellektuelle, alles Ausländische und insbesondere gegen die Juden vor. Die Judenhetze, insbesondere der Schwarzen Hundert, sprach von einer Verschwörung der jüdischen Revolutionäre mit den jüdischen Kapitalisten. Die Juden wurden als Wurzel allen Übels im heiligen Rußland angesehen. Auch die Gleichsetzung von Weltjudentum und Freimaurerei war wie manches andere ein unmittelbares Vorbild für die Nationalsozialisten. Nach Purischkjewitsch sollten alle Juden in Ostsibirien (Eismeer) angesiedelt werden. Der andere Führer, Markow, konnte sogar unangefochten in der Duma, der ab 1905/06 bestehenden Volksvertretung, die Ermordung sämtlicher Juden »bis zum Letzten« fordern. Dennoch »erfreuten sich die Schwarzen Hundert wegen ihres ›loyalen Verhaltens‹ der Gunst des Zaren Nikolaus II. und der Zarin. Mitglieder der Organisation, die an Pogromen und ähnlichen Verbrechen teilgenommen hatten, konnten sicher sein, daß sie dafür strafrechtlich nicht zur Verantwortung gezogen wurden.«[13] Die Unterstützung der Rechtsradikalen, auch durch die Geheimpolizei, ging so weit, daß sie Verbrecher gegen politische Gegner anwerben konnten. Während im Dritten Reich z. B. der allen Nachkriegsjuristengenerationen bekannte bedeutende Strafrechtsgelehrte und Ostrechtler Reinhart Maurach (München) die Schwarzen Hundert in Schutz nahm und es als Beweis der Unreife und Unwissenheit ansah, wenn russische Intellektuelle den Antisemitismus für einen Charakterfehler hielten[14], bezeichnete der 1915 verstorbene ehemalige russische Ministerpräsident und Finanzminister Graf Witte in seinen Erinnerungen den Verband des russischen Volkes als einen Haufen von Dieben und Straßenlümmeln, die Schwarzen Hundert als eine üble Gesellschaft von heimtückischen Mördern.

Rußland war ein »christliches« Land, die gegenseitige Unterstützung von Thron und Altar funktionierte noch besser als anderswo, und es bestand eine enge Verbindung des Verbands des russischen Volkes zur orthodoxen Kirche. Einige Geistliche waren in der Verbandsführung tätig. Allerdings ist einzuräumen, daß eine Minderheit von Geistlichen fortschrittlich war, es gab sogar Sozialisten unter ihnen. Und dem Metropoliten von Petersburg muß man zugutehalten, daß er sich geweigert hat, bei Verbandsveranstaltungen

---

13 Walter Laqueur: Deutschland und Rußland, Berlin 1966, Kapitel »Der Nationalsozialismus und die Weisen von Zion«, S. 99–121.

14 So Reinhart Maurach in: Russische Judenpolitik, Berlin 1939, S. 382, zitiert nach W. Laqueur: Deutschland und Rußland, Berlin 1966, S. 102 (Fn 4).

gottesdienstliche Handlungen vorzunehmen. Dies ändert aber nichts daran, daß der Rechtsradikalismus in der Orthodoxie eine Basis hatte.[15]

Purischkjewitsch und andere schlugen sich nach der Revolution zu den Weißen Armeen. Die in Südrußland entstehenden rechtsradikalen Organisationen gaben die Losung aus: Schlagt die Juden und rettet Rußland! In diesem Milieu entstanden viele antisemitische Lügen und Greuelgeschichten, die auch außerhalb Rußlands weit verbreitet wurden. So sollte das New Yorker Bankhaus Kulm, Loab & Co die russische Revolution geplant und finanziert haben: ein »Beweis« für die jüdischen Weltherrschaftspläne. Dies wurde ein dankbares Motiv für die Nazis. Die Geschichte über die Ermordung des Zaren durch fünf jüdische Henker soll englische Regierungskreise stark beeindruckt haben.

Die bekannteste antisemitische Schrift sind die *Protokolle der Weisen von Zion*, die in Rußland 1905 veröffentlicht wurden und nach dem Ersten Weltkrieg größte Bedeutung erlangen sollten. Sie waren das Ergebnis der Bemühungen der deutschen und russischen Rechtsextremen. Für die neuen deutschen Antisemiten war ausgerechnet das Zarenregime die Verwirklichung eines Traums. Die ständig aus Rußland übernommenen Materialien in der deutschen *Staatsbürgerzeitung* übertrafen z. T. sogar die russischen Originale. In Rußland gab es um 1880 eine aus Deutschland importierte antijüdische Hochflut, die die deutsche verstärkte. Man hat u. a. – wohl etwas übertrieben – den Berliner Hofprediger Stoecker (s. o.) als einen der Väter der russischen Pogrome bezeichnet. Immerhin hatten 1882 auch Russen an einem Dresdener Kongreß teilgenommen, bei dem der protestantische Hofprediger, Vorkämpfer der Idee einer antisemitischen Internationale, erklärt hatte, die jüdische Frage müsse so gelöst werden wie im Mittelalter die Frage der Türken, Tataren und Araber.[16] Besonders wirksam war die »Rede des Oberrabbi« aus dem Roman *Biarritz* von Hermann Gödsche (1869), wonach sich das jüdische Sanhedrin (Gerichtshof) nächstens treffe, um Weltherrschaftspläne zu erörtern. Die 1901 nachgedruckte Rede des Rabbi wurde von russischen Behörden aufgegriffen und in Millionen Exemplaren verbreitet. Diese und weitere Veröffentlichungen wie die Enthüllungen des verrückten Majors Osman Bey (z. B.: ostdeutsche Rabbiner als Militärs einer Rußland bedrohenden Angriffstruppe im Rahmen der jüdischen Weltverschwörung) wurden in höchsten russischen Kreisen ernstgenommen, auch von Zar Nikolaus II., und waren die Vorläufer der *Protokolle.*

Deren Ursprung ist im einzelnen nicht bekannt, obwohl sich eine umfang-

---

15 Zu den Verbindungen der orthodoxen Kirche mit rechtsradikalen russischen Organisationen ausführlich John S. Curtis: Church and State in Russia, New York 1940.

16 Siehe das Manifest an die Regierungen und Völker der durch das Judentum gefährdeten christlichen Staaten laut Beschluß des Internationalen Kongresses zu Dresden 1882/83, Chemnitz 1883; siehe auch den Beitrag von P. Hauptmann in: Kirche und Synagoge, a. a. O., Bd. II, S. 639–661.

reiche internationale Literatur um das Rätsel dieses »größten literarpolitischen Betruges der modernen Geschichte« (W. Laqueur) bemüht hat. Sicher scheint, daß die russischen hohen Polizeioffiziere Orgejewskij und Ratschkowskij bei der Abfassung beteiligt waren. Die ursprüngliche französische Fassung erschien 1895. Die russischen Herausgeber der *Protokolle* waren Butmi, »ein bessarabischer Gauner« (Laqueur) und Nilus, ein Grundbesitzer, der ein liederliches Leben geführt haben soll und schließlich in religiösen Verfolgungswahn verfallen ist. Er erwartete den Antichrist. Die erste Ausgabe von Nilus 1905 wurde von einer Hofdruckerei veröffentlicht, die letzte von der Druckerei eines Dreifaltigkeitsklosters: Wenn der Hof und der Hl. Synod die *Protokolle* auch nicht offiziell gefördert haben, so fanden sie doch Unterstützung in höchsten Kreisen. Der eigentliche Siegeszug der *Protokolle* begann nach der russischen Revolution (hierzu später). Ihr Inhalt sei daher in der Zusammenfassung von Walter Laqueur, dem Leiter der bekannten Londoner »Wiener Library«, kurz skizziert:

»Die Protokolle wurden ausgegeben als ein angeblich wörtlicher Bericht über vierundzwanzig Geheimsitzungen der Häupter der jüdischen Weltverschwörung, der sowohl ihre Ansichten wie ihre Absichten umrisse. Das erklärte Ziel der Verschwörer sei der Sturz aller bestehenden Throne und Religionen, die Vernichtung aller Staaten mit dem Ziel, auf ihren Ruinen ein jüdisches Weltreich zu errichten, mit einem Kaiser aus dem Geschlechte Davids an der Spitze.

Zu diesem Zwecke benutzen die Juden, so heißt es, verschiedene Geheimorganisationen (wie etwa die Freimaurerlogen), aber ihre wichtigsten Werkzeuge sind Demokratie, Liberalismus und Sozialismus. Die Juden haben hinter allen Umwälzungen in der Geschichte gestanden (selbstverständlich auch hinter der Französischen Revolution) und die Forderung nach der Freiheit des Individuums unterstützt, sie stehen auch hinter dem Klassenkampf. Alle politischen Morde und alle größeren Streiks sind von ihnen organisiert worden. Sie verführen die Arbeiter zum Alkoholismus und versuchen, durch Erhöhung der Lebensmittelpreise und durch die Verbreitung ansteckender Krankheiten chaotische Zustände herbeizuführen. Sie stellen schon eine geheime Weltregierung dar; da aber ihre Macht noch unvollständig ist, hetzen sie die Völker gegeneinander auf, um einen Weltkrieg zu entfesseln.

Natürlich besteht ein großer Unterschied zwischen der Taktik, die zur Errichtung ihrer Weltherrschaft angewandt wird, und den wahren Zielen der Weisen von Zion. Sie sind alles andere als Liberale oder Demokraten. Wahres Glück wird es nach ihrer Meinung nicht durch demokratische Prinzipien, sondern durch blinden Gehorsam gegenüber der Obrigkeit geben. Nur ein kleiner Teil der Bevölkerung wird irgendwelche Erziehung genießen, denn die Ausbreitung des Wissens unter den niederen Bevölkerungsschichten ist eine der Hauptursachen des Niedergangs der christlichen Staaten gewesen. Es wird Ehrenpflicht aller Staatsbürger sein, einander zu bespitzeln und anzuzeigen. Die Regierung wird unbarmherzig diejenigen unterdrücken, die sich ihr entgegenstellen. Ihre früheren Mitverschworenen – zum Beispiel die Freimaurer – werden liquidiert, einige werden getötet, die übrigen in Strafkolonien nach Übersee verbannt.

Was aber geschieht, wenn die Nichtjuden diese diabolische Verschwörung rechtzeitig aufdekken? Wenn sie die Juden angreifen, sobald sie begriffen haben, daß alles Unheil, alle Intrigen Teil eines gigantischen allumfassenden Planes sind? Gegen diese Eventualität haben die Weisen eine grauenvolle letzte Waffe: Bald werden – man denke an die Zeit, als die Protokolle abgefaßt wurden – alle Hauptstädte von einem Netzwerk von Untergrundbahnen durchzogen sein. Im Falle der Gefahr werden die Weisen die Großstädte von diesen Untergrundbahntunnels aus in die Luft sprengen, alle Regierungsgebäude, Behörden, Archive und alle Nichtjuden und ihr Eigentum werden vernichtet werden.«

Laqueur schreibt weiter, es handele sich um eine »bis in die letzte Konsequenz getriebene, völlig törichte Bekundung des Glaubens an eine verborgene Hand, die hinter allem Bösen und aller Unzufriedenheit in der Welt am Werke sei« – eine der zahlreichen Verschwörungstheorien der Geschichte, die auch in Form von Verfolgungswahn auftraten. Und er nennt die *Protokolle* ein »Mischmasch von Absurditäten«, ein »Dokument, das man mindestens teilweise lesen muß, um an seine Existenz glauben zu können«.

Verschwörungstheorien spielten bekanntlich schon in der Französischen Revolution eine große Rolle; darin hatten allerdings die Juden mangels Präsenz im öffentlichen Leben noch keinen Platz. Zwischen 1880 und 1914 wurde die Idee einer Weltverschwörung »anerkannter Glaubensartikel« der äußersten Rechten in Frankreich, Deutschland und Rußland. Vor 1918 konnten die Protokolle – bislang noch nicht in andere Sprachen übersetzt – in Rußland nicht wirken, weil die russischen Juden – im Gegensatz zur Darstellung der Protokolle – eine unterdrückte, im Elend lebende Minderheit waren.

4. Frankreich

Frankreich war ein klassisches Land des Antisemitismus, obwohl seit den mittelalterlichen Judenaustreibungen fast keine Juden dort wohnten. Seit dem Mittelalter wurde der Antisemitismus in Predigten und Passionsspielen genährt. Sogar erlauchte Geister wie der kirchenfeindliche Voltaire waren antisemitisch, letzterer wohl wegen schlechter persönlicher Erfahrungen mit jüdischen Geldleuten. Vor der Revolution besaßen die Juden auch in Frankreich keine Bürgerrechte, allerdings einige blühende Gemeinden. Die Emanzipation der europäischen Juden begann in Frankreich, war es doch dieses Land, das die Bewegung der Aufklärung, der Entwicklung des freien Geistes, anführte. Auch hatten die Anfänge der historisch-kritischen Bibelwissenschaft gezeigt, daß das Neue Testament trotz aller antijüdischen Stellen auch berichtet, daß Jesus dem Judaismus im Grundsatz loyal verhaftet blieb, daß es zahlreiche Juden waren, die ihn willkommen hießen. Ludwig XVI. wagte es sogar, die jüdischen Sondersteuern abzuschaffen. Nach der Erklärung der Menschenrechte im Rahmen der Revolution war es nur konsequent, wenn die Nationalversammlung am 27. 9. 1791 allen französischen Juden die vollen Bürgerrechte zugestand. Der Code Napoléon führte die Judenemanzipation automatisch in allen eroberten Gebieten ein. Nach verschiedenen Schwierigkeiten bestätigte Napoleon am 18. 3. 1808 endgültig die religiöse und politische Freiheit der Juden mit Ausnahme gewisser Einschränkungen in Elsaß und Lothringen aufgrund besonderer Umstände. Wie allmählich in Deutschland, so konnten nun in Frankreich die wenigen Juden eine schöpferische Rolle in Wissenschaft, Literatur, Philosophie, Musik und Kunst spielen.

Aber auch in Frankreich wendete sich das Blatt wieder gegen die Juden. Nach dem verlorenen Krieg gegen Deutschland (1870/71) befürwortete der Großteil der französischen Katholiken eine Wiederherstellung des Ancien Régime. Damals gab es in ganz Frankreich nur etwa 50 000 Juden, ca. 0,13 Prozent der Bevölkerung. Dennoch entwickelte sich ein Antisemitismus, der den deutschen noch um einiges übertraf. Dazu trug der Konkurrenzneid der nicht immer so sensiblen und eleganten nichtjüdischen Intellektuellen bei. Schon vor dem Krieg hatten sich bedeutende Literaten zum Antisemitismus bekannt. So legte Alphonse Daudet (1840–1897) 1870 ein antisemitisches Buch vor, zu dem der geistliche Führer des Pariser Auslandsmissionsseminars ein Vorwort schrieb. Pius IX. lobte Daudet dafür, denn der »perverse Jude« führe überall die Kampagne gegen die Kirche an. Die Juden erschienen als Agenten der Deutschen; das war insbesondere die Meinung des Klerus und des Rechtskatholizismus. Es war dies auch die Zeit, in der der hohe Klerus den jungen Priestern um den bekannten Bibelwissenschaftler Alfred Loisy, den »Vater des Modernismus«, Vorwürfe machte: sie seien den Deutschen und den deutsch-protestantischen Wissenschaften verfallen. Damals war im chauvinistischen französischen Klerus auch der Antiamerikanismus verbreitet, da in den USA die Demokratie gesiegt hatte. Die französischen Katholiken schlossen sich in ein geistiges Getto ein. Sie waren bigott und Wahnvorstellungen zugänglich, der Okkultismus war verbreitet.

> »Ein Drittel aller antisemitischen Bücher im Zeitraum 1870–1894 ist von Priestern verfaßt... Neunzig Prozent des französischen Klerus stammen aus bäuerlichen Familien und aus Familien des ländlichen Handwerks. In den Seminaren werden diese Jungen, die an den Teufel massiv glauben wie nur je ein mittelalterlicher Mönch in seiner Zelle, gelehrt: Schuld an allen Übeln in der Geschichte sind die Juden.«[17]

Es war dies auch das Zeitalter der Eucharistischen Kongresse, eine Erfindung des französischen Katholizismus (eucharistische Bewegung seit etwa 1874: Sühnewallfahrten zu eucharistischen Wunderstätten wie Bluthostien; erster internationaler Eucharistischer Kongreß in Lille 1881, bis heute über 30 Kongresse). Der Katholizismus fühlte sich bedrängt durch den Protestantismus, die Freimaurer, Teufelsdiener und natürlich die – wieder einmal ritualmordbesessenen – Juden.

Paris war ein Zentrum der Juden und des Antisemitismus. Viele arbeitslose und unterbezahlte Journalisten und Literaten sahen im Antisemitismus ihre

17 Friedrich Heer: Gottes erste Liebe. 2000 Jahre Judentum und Christentum, Frankfurt/Berlin 1986, S. 216.

Chance. Die drei berühmtesten Karikaturisten, Willette, Poirè und Forain, waren Antisemiten. Die deutschen Antisemiten und später die Nationalsozialisten (Stürmer) übernahmen diese Karikaturen, die teilweise zum Mord aufhetzten. Auch Postkarten zeigten den häßlichen Juden. Und Bücher: Das katholische Verlagshaus Gautier veröffentlichte 1886 in zwei Bänden die Hetzschrift *La France juive* des Edouard Drumont (1844–1917), des berühmtesten Antisemiten, in der Pétains Judengesetzgebung im Zweiten Weltkrieg und die damit verbundene Preisgabe der französischen Juden an Hitlers Schergen vorweggenommen erscheint. Ausgerechnet diese Schrift begrüßte die einflußreiche katholische Zeitung *La Croix* enthusiastisch. Pater Henri Desportes veröffentlichte 1889/90 ein dickes Buch und zwei Pamphlete über die angeblichen jüdischen Menschenopfer und Ritualmorde. Diese Greuelpropaganda beeinflußte den Katholizismus stark. Der hl. Agobard (Lyon; 769–840, s. o. unter II. 2) wurde als Patron des kirchlichen Antijudaismus angerufen. 1896 forderte der Kongreß der christlichen Demokraten Frankreichs – auch das gab es – den Ausschluß aller Juden aus allen öffentlichen Ämtern. Für den bedeutenden Antisemiten Morés (eine Art frühnationalsozialistischer adeliger Katholik) fand 1896 in Notre Dame eine Begräbnisfeier mit dem Kardinal von Paris und dem Außenminister statt. Rückblickend hat man Morés als »ersten SA-Mann« bezeichnet. Die nationalsozialistischen und faschistischen Schlägertrupps sollen seine Erfindung sein.

Besondere Bedeutung in der Geschichte des Antisemitismus erlangte der Fall des jüdischen Hauptmanns Alfred Dreyfus (1859–1935), der 1892 die Eignungsprüfung für den französischen Generalstab bestand, bezeichnenderweise »jésuitière« genannt. Der Generalstab war ein Hort des radikalen Antisemitismus. Aufgrund gefälschter Dokumente wurde Dreyfus im Dezember 1894 nach einem völlig regelwidrigen Verfahren von einem Militärgericht wegen Landesverrat zugunsten Deutschlands zu lebenslänglicher Deportation auf die Teufelsinsel (Cayenne, Französisch-Guayana) verurteilt. Hintergrund des Prozesses war der Antisemitismus. Wichtigstes Beweismittel der Anklage war ein in Wirklichkeit von Major Walsin-Esterhazy stammender Brief mit einer Liste, der im Papierkorb des deutschen Militärattachés in Paris gefunden worden war und die Übergabe geheimer Papiere ankündigte. Vom Dokumentenfälscher Walsin-Esterhazy stammt der Ausspruch: »Ich werde sie – die Juden – töten wie Kaninchen, aber ganz ohne Zorn. Ich möchte hundert in ein Zimmer einschließen, und mit einem Knüppel in der Hand möchte ich sie alle totschlagen...« Hierzu bemerkt Friedrich Heer, der sich trotz aller an die Wurzeln gehender Kritik bis zuletzt als Katholik begriffen hat: »Esterhazy spricht hier für die Mehrheit der französischen Katholiken.« Esterhazy stand in enger Beziehung zu Edouard Drumond, dem berühmtesten französischen Antisemiten (s. o.), der eine antisemitische Partei gründete und eine Tageszeitung (*La Libre Parole,* 1893–1924) herausgab.

Von den Russen übernahmen er und zahlreiche Katholiken den Schlachtruf »Tötet die Juden«. Die Juden sollen übrigens Rußland mit der Syphilis infiziert haben. Drumonds *Libre Parole* war es auch, die anläßlich des bevorstehenden Prozesses am 1. 11. 1894 das Feuer gegen Dreyfus eröffnete. Erste Zweifel an Dreyfus' Schuld wurden vom Generalstab unterdrückt, um bei einem neuen Prozeß nicht an Prestige einzubüßen. Aber der elsässische Senator Scheurer-Kestner und Emile Zola erzwangen die Wiederaufnahme des Falles. Am 13. 1. 1898 schleuderte Zola dem französischen Präsidenten in einem offenen Brief sein berühmtes »J'accuse« (ich klage an) entgegen. Es dauerte nicht lange, bis sämtliche Werke Zolas – noch im gleichen Jahr – auf den Index der verbotenen Bücher des Stellvertreters Gottes auf Erden gelangte. Obwohl sich im Revisionsprozeß auch ein neues belastendes Dokument als Fälschung erwies, dessen Urheber ein Major Henry war, wurde Dreyfus vom Kriegsgericht, allerdings jetzt unter Zubilligung »mildernder Umstände«, im September 1899 erneut verurteilt, und zwar zu zehn Jahren. Schließlich wurde Dreyfus vom Präsidenten der Republik begnadigt, 1906 durch ein Urteil des Kassationshofs voll rehabilitiert und schließlich nach Beförderung zum Major mit dem Orden der Ehrenlegion ausgezeichnet. Warum all dies so ausführlich referiert wird, mögen folgende Einzelheiten zeigen:

Am 5. 2. 1898 – vor dem Revisionsprozeß – schrieb die 1850 zur Verteidigung des kurialen Absolutismus gegründete römische Jesuitenzeitschrift *La Civiltà Cattolica,* die sich gegen die durch Dreyfus verkörperte jüdisch-deutsch-republikanisch-freimaurerische Verschwörung wandte: »Der Jude ist von Gott geschaffen, um überall als Spion zu dienen, wo ein Verrat sich anbahnt.« Denn es war eine katholische These, daß die Armee nicht lügen kann, so wie die Kirche angeblich nicht lügen kann. Schon zuvor, nämlich 1881/82, hatte *La Civiltà Cattolica* in einer Artikelserie die z.T. schon im Mittelalter selbst von antijüdischen Päpsten, ja noch 1858 vom Antisemiten Pius IX. (Fall Mortara) verurteilten Ritualmordanschuldigungen wiederholt, ohne daß der als »Arbeiterpapst« nicht unbedingt zu Recht gerühmte Leo XIII. dies beanstandet hätte. Zurück zu 1898: Nach Pogromen in Algier, bei denen 158 jüdische Geschäfte geplündert und Judenfrauen nackt ausgezogen wurden, schrieb die katholische Zeitung *La Croix* am 2. 2. 1898: »An diesem Tag hat sich Algier für Christus erklärt.« Bei so viel christkatholischer Liebe braucht es nicht mehr zu überraschen, wenn die Zeitung *La Libre Parole* des vorgenannten Drumond dem Oberstleutnant Henry, dem Fälscher, ein Denkmal setzen wollte. Er war vom Generalstab als gefährlicher Mitwisser ermordet worden. Da schien es besser, das geplante Denkmal mit der Inschrift zu versehen: »Ermordet von den Juden.« Die Subskriptionslisten für die Denkmalskosten enthalten die berühmtesten Namen des alten französischen Adels, die von 32 Generälen und einigen hundert Priestern. Die katholische *Croix* begrüßte diese Listen am 17. 12. 1898 – während des Revisionsprozesses Dreyfus – als »großes, tröstliches und wohltuendes Schauspiel«. Für die Witwe Henrys wurde eine große Summe gespendet. Durch Begleitschreiben, die den Spenden beigefügt waren, zeichneten sich besonders Aristokraten aus. Sie wollten die Juden prügeln, ihnen die Augen ausstechen, ihre Häute gerben, sie rösten, ersäufen und in Öl kochen. Einer wollte gar eine Bettvorlage aus Judenhaut. Das kennt man anderswoher.

Nur eine kleine Zahl von Katholiken war angewidert von all diesen Scheußlichkeiten, z.B. Charles Péguy (1873–1914), Dichter, Schriftsteller und Sozialist. 1908 zum katholischen Glauben zurückgekehrt, wurde er als Gegner jedes Klerikalismus zum Bahnbrecher eines verjüngten Katholizismus. Er hatte erkannt, daß – so Fr. Heer – der Katholizismus an Selbstvergiftung sowie an der Unfähigkeit dahinsterbe, die Wahrheit zu vernehmen. Dieser arme Péguy befand sich im letzten Geleit des armen Juden Bernard-Lazare. Dieser hatte sich durch den Wust von Lügen des Falls Dreyfus durchgearbeitet, lange unbeachtet gebliebene Flugschriften verfaßt und soll darüber vor Erschöpfung gestorben sein. In diesem jüdischen Atheisten sah Péguy – der mit seinem religiösen Nationalismus vor dem ersten Weltkrieg starken Einfluß ausübte – einen vom Geist Gottes erfüllten Menschen, der die Züge echter Heiligkeit getragen habe.

Als der Papst den fanatischen Judenhaß 1899 übertrieben fand, erregte das im katholischen Frankreich wilden Haß. Drumont wollte den Papst züchtigen. Viele Messen wurden gelesen, um die Bekehrung Leos XIII. zur Orthodoxie zu erflehen.

Zu dieser Zeit bestand die unmittelbare Gefahr eines Staatsstreichs zur Begründung einer ersten klerikalfaschistischen Diktatur. Die Kirche wollte mit der satanischen Republik abrechnen und lehnte es natürlich ab, zugunsten von Dreyfus zu intervenieren. Am 19. 1. 1899 forderte *La Croix* einen Militär als starken Mann, der einen Staatsstreich durchführen sollte. Die antisemitisch-nationalistisch-klerikale Rechte, die sich in der Patriotenliga organisierte, und die antimilitaristische Linke standen sich gegenüber. Nach einer schweren Staatskrise siegte die demokratische Linke, deren Ministerpräsident (1899–1902) Waldeck-Rousseau die Beendigung der Dreyfus-Affäre einleitete und mit der antiklerikalen Gesetzgebung begann, die 1905 zur Trennung von Staat und Kirche führte. Das Gesetz wurde von der Kammer mit 341:233 und vom Senat mit 179:103 Stimmen angenommen. Ca. 10000 katholische Schulen wurden aufgelöst, das Vermögen der französischen Klöster wurde beschlagnahmt. Hiergegen und nicht gegen den Antisemitismus schleuderte der neue Papst Pius X. seine Bannflüche. Da die Kirche im 19. Jahrhundert immer heftig gegen die Gewissensfreiheit polemisiert hatte, fiel es dem Hl. Vater nicht schwer, das Trennungsgesetz mit seiner Zusicherung der Gewissensfreiheit zu »annullieren«: »Kraft der erhabenen Machtvollkommenheit, die Uns von Gott übertragen worden ist, mißbilligen und verurteilen wir das Gesetz, durch welches Frankreich die Trennung von Kirche und Staat angeordnet hat..., weil es Gott im tiefsten Sinne verächtlich behandelt und in aller Öffentlichkeit verwirft, wenn es den Grundsatz aufstellt, daß die Republik keine bestimmte Form des Gottesdienstes anerkenne...« (!) Trotz aller antikirchlichen Maßnahmen wie der Vertreibung der Orden, der Entfernung der Kruzifixe aus den Gerichtssälen (die man freilich eher nüchtern als Anerkennung der weltanschaulichen Neutralität des Staates sehen sollte) u. a. m. kam es im Gegensatz zu den Erwartungen nicht zu Unruhen, wurde all dies im großen und ganzen gleichgültig hingenommen. Die Masse des Volks begann sich sogar noch mehr von der Kirche abzuwenden.

Den Antisemitismus legte die Kirche aber nicht ab. Auch nach Dreyfus' Rehabilitation 1906 sahen viele Kleriker in denen, die an Dreyfus' Unschuld glaubten, Häretiker. Im selben Jahr warnte der Pariser Nuntius den Hl. Stuhl, der böse Geist des Modernisten Loisy, des Dreyfus und der Abrüstung (!) mache sich bei den französischen Seminaristen breit. Und noch 1916 vertrat der Bischof von Nancy die Auffassung, der Glaube an die Unschuld Dreyfus' sei gleichbedeutend mit dem Abfall vom Glauben.

Friedrich Heer, an dessen Darstellung zum französischen modernen Antisemitismus[18] sich diese Ausführungen anlehnen, sieht einen direkten Weg von der Affäre Dreyfus zum Regime Pétains in Vichy mit seiner Judengesetzgebung (1940/41, wobei französische bischöfliche Proteste nur vereinzelte Aktionen gewesen seien[19]), einem christlichen Führerstaat, der die Juden Hitlers Schergen überließ. Heer weist darauf hin, daß Rom 1929 dem katholischen »Verein der Freunde Israels« die kirchliche Lizenz entzog und Pius XII. 1939 die kirchliche Verurteilung der »Action française« aufhob, jener rechtsextremen katholischen Vereinigung, deren Führer Charles Maurras allerdings Atheist war.

Auch Pierre Sorlin sieht einen engen Zusammenhang zwischen dem katholischen Antisemitismus in Frankreich und der Kooperation des Vichy-Regimes mit der deutschen Besatzungsmacht in der Frage der »Endlösung«:

> »Fünfzig Jahre lang kauten die Katholiken ihren Judenhaß wieder, und als dann die siegreichen Deutschen bestimmten, alle französischen Bürger jüdischer Abstammung seien im eigenen Land als Fremde zu behandeln, hielt das die Mehrheit der praktizierenden Christen für eine nützliche Maßnahme.«[20]

Sorlin ist der Auffassung, über den traditionellen christlichen Antijudaismus hinaus hätten sich die französischen Katholiken ihren Antisemitismus

18 In F. Heer: Gottes erste Liebe, a. a. O., S. 198–229.

19 Vergleiche dazu jedoch die neuere Darstellung von Serge Klarsfeld, die der Intervention katholischer und protestantischer Bischöfe größeres Gewicht beimißt; Serge Klarsfeld: Vichy–Auschwitz, Nördlingen 1989.

20 Pierre Sorlin in: Kirche und Synagoge, a. a. O., Bd. II, S. 450.

erst in den letzten Jahren des 19. Jahrhunderts zu eigen gemacht. Als Gründe nennt er u. a. die verspätete industrielle Revolution, später dann die Trennung von Staat und Kirche, die den Katholiken ihre privilegierte Stellung nahm, sowie die nationale Rechtfertigung durch die ›Action française‹.

Bei den protestantischen Kirchen lagen die Dinge kaum besser:

»Ihre religiöse Unterweisung blieb von 1830 bis 1930 ebenso antisemitisch, ebenso feindselig gegen die ›Gottesmörder‹ wie die der Katholiken. Aber da sie sich in der Minderheit fühlten, verbreiteten sie ihre Gedanken nicht weiter, um nicht erleben zu müssen, daß sie sich gegen sie selbst kehrten. Sie beteiligten sich weder an der ›Ligue antisémitique‹, noch an den verschiedenen gegen die Juden organisierten Kampagnen.

Die Katholiken beherrschten den Vordergrund der Szene. Fast niemand fand sich in ihren Reihen, der die Juden verteidigt hätte. Die Mehrheit der Bischöfe mißbilligte den Antisemitismus nicht aus dem Wunsch nach Gerechtigkeit für die Juden, sondern aus Furcht, die Kirche könnte in einer unangenehmen Sache kompromittiert werden. Sie bedachten die Antisemiten mit diskreten Rügen, doch keiner von ihnen wagte es, sie offen zu verurteilen.«[21]

5. Exkurs: Die islamische Welt und das Judentum

Über 1300 Jahre sind die islamisch-jüdischen Beziehungen alt. Bis auf die jüngste Zeit waren sie keineswegs von der fanatischen Judenfeindschaft heutiger Form geprägt. Vielmehr behandelte der Islam die Juden, eine in seinen Augen unbedeutende, ungefährliche Minderheit, in der Regel mit einer Mischung aus Toleranz und herablassender Verachtung und gewährte ihnen mindere, aber gesicherte Rechte. Regelrechte Verfolgungen, wie in Europa so häufig, gab es fast nie, Vertreibungen waren unbekannt. Das hatte wesentlich religiöse Ursachen.

Interessant ist der Umstand, daß es zwischen Mohammedanern und Juden eine Reihe religiöser Parallelen gibt, wie sie im Verhältnis von Christen und Juden nicht bestehen:

- Im Islam und im Judentum spielen die Evangelien keine Rolle;
- beide Religionen vertreten einen strengen Monotheismus;
- einen Gottesmord kann es daher nicht gegeben haben;
- Islam und Judentum sind (im Gegensatz zum Christentum) Gesetzesreligionen (Scharia, Halacha);
- beide Religionen kennen Speisegesetze;
- Moslems und Juden kennen keine Priesterklasse im theologischen Sinn, sondern »nur« gelehrte Männer des Gesetzes;

21 Ebenda. Vergleiche zum Fall Dreyfus Maria Matray: Dreyfus. Ein französisches Trauma, Berlin 1988; Siegfried Thalheimer: Macht und Gerechtigkeit. Ein Beitrag zur Geschichte des Falles Dreyfus, München 1958; Hannah Ahrendt: Elemente und Ursprünge totaler Herrschaft, Stuttgart 1964, S. 52 ff.; Barbara Tuchman: Der stolze Turm, München 1969, Kapitel 4; zur Entwicklung in Frankreich nach 1850 insgesamt sowie ausführlich auch zur Affäre Dreyfus den genannten Beitrag von Pierre Sorlin in: Kirche und Synagoge, a. a. O., Bd. 2, S. 421–450.

- es gibt keine Sakramente und priesterliche Funktionen, sondern nur solche, die im Grundsatz jeder Gläubige ausüben kann.

Es gibt im Verhältnis zwischen Islam und Judentum nicht solche fundamentalen Punkte der Entzweiung wie zwischen Christentum und Judentum:
- teilweise gemeinsame heilige Schriften (Altes Testament) mit oft gänzlich unterschiedlicher Auslegung;
- Herkunft der einen Religion aus der anderen und aus dem gleichen Volk;
- Ersetzung des Alten Bundes durch den Neuen Bund;
- Entzweiung in der Gottes-Sohn-Frage mit der christlichen Messiasbehauptung (eine Messias-Eigenschaft Mohammeds wurde nie behauptet).

Dem Verhältnis zwischen Islam und Judentum fehlte daher die negative religiöse Aufladung, so daß ein wesentlicher Punkt entfiel, der Anlaß für besondere Entrechtung und Verfolgung bieten konnte. Zudem endete der Konflikt Mohammeds mit den jüdischen Stämmen von Medina mit deren vollständigen Vernichtung.

Zu keinem Zeitpunkt bedeuteten die Juden in irgendeiner Hinsicht eine Gefahr für den Islam. Das Zeitalter der Toleranz war zwar – mit einer gewissen Ausnahme der Kultur der drei Ringe im maurischen Spanien, einem goldenen Zeitalter für die Juden – nocht nicht angebrochen. Juden wurden daher – wie alle Nichtmoslems – diskriminiert. Nur selten wurden sie aber regelrecht verfolgt, so wie das im christlichen Europa die Regel war.

»In den islamischen Ländern genossen die jüdischen Gemeinden Toleranz in der von den Gesetzen und Sitten des Islams vorgeschriebenen Form und Weise. Juden genossen ebenso wie andere Nichtmoslems begrenzte Rechte bei gleichzeitiger Festschreibung ihrer Minderwertigkeit – aber diese begrenzten Rechte waren gesetzlich geregelt und garantiert.«[22]

Wie die Christen waren die Juden Bürger zweiter Klasse, aber Angehörige einer anerkannten Gemeinde mit meist wirklich garantierten Rechten. Bis auf wenige Ausnahmen lebten die Juden nicht in Gettos und konnten sich beruflich und auch sonst frei bewegen, bei garantierter Religionsfreiheit und gewisser Verwaltungsautonomie. Auch islamische Theologen widmeten den Juden wenig Aufmerksamkeit, weil sie aus ihrer Sicht unbedeutend waren. Sie wandten sich viel mehr gegen das Christentum, das für den Islam ein ernsthafter religiöser und politischer Rivale war. Schlechtere Zeiten auch für die Juden gab es im Zusammenhang mit den Kreuzzügen und den mongolischen Invasionen.

Erst ab etwa 1800 vollzog sich ein Wandel zu Ungunsten der Juden. Ursache dafür war die fortschreitende Unterwerfung moslemischer Länder durch europäische Staaten mit ihren wirtschaftlichen und gesellschaftlichen Veränderungen, die das moslemische Selbstbewußtsein und damit auch die Toleranzbereitschaft allgemein schwächten. Nichtmoslems wurden jetzt bearg-

---

22 Bernard Lewis: Treibt sie ins Meer. Die Geschichte des Antisemitismus, Frankfurt/Berlin 1987, S. 144.

wöhnt. Die großmütige Herablassung, mit der das islamische Herrenvolk die Minderheit behandelte, wenn sie sich hinreichend unterwürfig verhielt, hörte jetzt auf. Man hielt Nichtmoslems jetzt für gefährlich. Bis dahin gab es im Islam keine Judenfeindschaft, die sich – wie im christlichen Bereich – zu Haßausbrüchen und bösartigen Ausfällen von Theologen und selbst in der Neuzeit von Philosophen und bedeutenden Schriftstellern steigerte, von Massenaustreibungen und Pogromen ganz zu schweigen.

Mit dem europäischen Vordringen im 19. Jahrhundert sickerte verstärkt auch die europäisch-christliche Judenfeindschaft in die islamischen Gebiete ein. Eine Vorstufe dieser Art von Feindschaft hatte es schon infolge der mittelalterlichen Christen gegeben, die zum Islam konvertierten. Als mit der Eroberung Konstantinopels zahlreiche griechisch-orthodoxe Christen unter moslemische Herrschaft gerieten, wurde der Islam in größerem Umfang mit den Ritualmordlegenden bekanntgemacht. Im 19. Jahrhundert wurde für die Juden gefährlich, daß christliche Minderheiten enge Kontakte zum Westen unterhielten und westliche Repräsentanten sowie christliche Missionare im islamischen Bereich tätig wurden, zumal die Juden für die christlichen Minderheiten wichtige wirtschaftliche Konkurrenten waren. Daher waren jetzt antijüdische Agitationen immer von Boykottaufrufen begleitet. Im 19. Jahrhundert wurden im Osmanischen Reich Ritualmordanklagen fast alltäglich: in den griechischen, türkischen und auch arabischen Provinzen. In der zweiten Hälfte des 19. Jahrhunderts wurden die ersten arabischen Fassungen europäischer antisemitischer Schriften veröffentlicht, zuerst wahrscheinlich 1869 (Beirut). Mit dem Dreyfus-Prozeß schwoll im islamisch-französischen Einflußbereich die antisemitische Literatur zur Flut an. Besonders eng war das Verhältnis zwischen Frankreich und den libanesischen maronitischen Christen. Zwar setzten sich viele Araber für Dreyfus ein und prangerten die Judenverfolgung in Frankreich an. Selbst islamische Behörden trafen Maßnahmen gegen die antijüdische Hetze. Aber der Weg für arabische Übersetzungen europäischer antisemitischer Literatur war beschritten.

Die Situation der Juden verschlechterte sich dennoch, da der Islam immer schwächer und Europa immer stärker wurde. Großbritannien, Frankreich, die Niederlande und Rußland verleibten sich große Teile der islamischen Welt ein. Die mit dieser Entwicklung einhergehende formale Besserstellung der – jetzt starken – Christen und der Juden wirkte sich im Ergebnis zu Lasten der traditionell mindergeachteten Juden aus. Der Grund für den heutigen Judenhaß wurde gelegt:

»Die Anfänge des Antisemitismus neuer Prägung im Nahen Osten können ausländischen Lehrmeistern und ihren einheimischen Jüngern zugeschrieben werden. Dabei bediente man sich in der Regel zweier Kanäle – des kirchlichen und des amtlichen. Die griechische und die katholische Geistlichkeit scheuten keine Mühe, um ihre Anhänger unter den Untertanen des Osmanischen Reiches zu mobilisieren, die einen im Interesse Rußlands, die anderen im Interesse der katholischen Mächte und insbesondere Frankreichs.

In nahöstlichen Städten gegen Juden erhobene Ritualmord-Anklagen gingen noch sehr lange ausschließlich auf christliche Urheber zurück. Die berühmteste von allen, die Damaskus-Affäre des Jahres 1840, hatte ihren Ursprung bei einigen Kapuzinermönchen und wurde energisch vom französischen Konsul vorangetrieben. Konsularische und geistliche Interventionen lassen sich in einer Anzahl ähnlicher Fälle erkennen. Gegen Ende des neunzehnten Jahrhunderts kamen solche Anklagen dann schon aus moslemischen Quellen; im Laufe des zwanzigsten Jahrhunderts wurden sie zur Alltäglichkeit.«[23]

Ungünstig wirkte sich ferner die Revolution der Jungtürken 1908 aus. Konservative Moslems führten die Revolution gegen den Despotismus des Sultans Abdul Hamid II. auf jüdische Machenschaften zurück, ein Gedanke, der hauptsächlich auf importierten Überzeugungen beruhte. Im Ersten Weltkrieg wurde der Antisemitismus Bestandteil der westlichen alliierten Propaganda.

Im Zuge der schmerzhaften Veränderungen im arabischen Raum brachen für alle Minderheiten schwere Zeiten an. Gegen die Juden speziell wirkten die starke NS-Propaganda und die zionistischen Bestrebungen, die nicht zuletzt im europäischen Antisemitismus ihre Ursache hatten. Die Grundlagen für den heutigen fanatischen arabischen Judenhaß wurden vom Westen gelegt.[24]

---

23 Ebenda, S. 162 f.

24 Auf das Eindringen des westlichen Antisemitismus in den arabischen Raum im 19. und 20. Jahrhundert hat vor allem der amerikanische Orientalist Bernard Lewis aufmerksam gemacht. In deutscher Sprache sind seine Forschungsergebnisse zusammengefaßt in seinem oben genannten Buch: Treibt sie ins Meer. Die Geschichte des Antisemitismus, Frankfurt/Berlin 1987, Kapitel »Die Moslems und die Juden«, S. 137–165; darauf fußt im wesentlichen die vorliegende Darstellung.

VI. Erster Weltkrieg und Weimarer Zeit

1. Die Juden im Ersten Weltkrieg

Mit dem Kriegsausbruch, den die deutschen Juden mit der gleichen vollen Begeisterung begrüßten wie die übrigen Deutschen, verschwand der Antisemitismus zunächst aus der öffentlichen Diskussion. Das Bewußtsein der gemeinsamen Gefahr wirkte sich bei den Soldaten verbindend aus. Selbst Heinrich Claß, Vorsitzender des berüchtigten antisemitischen Alldeutschen Verbands (in dem sich namhafte protestantische Geistliche betätigten), hielt sich zunächst mit seinem Judenhaß zurück. Der Kaiser hatte gesagt: »Ich kenne keine Parteien mehr, ich kenne nur noch Deutsche.« Alle jüdischen Verbände gaben patriotische Erklärungen ab. Die Juden sahen die willkommene Gelegenheit, den Mißgünstigen ihren bedingungslosen Patriotismus durch persönlichen Einsatz zu beweisen. Die Militärzensur unterdrückte in der Anfangszeit sogar antisemitische Äußerungen. Reichsregierung und Länderregierungen versuchten, antisemitische Agitation zu unterbinden, und beriefen Juden in verantwortliche Stellungen. Aber der »Geist von 1914« wehte nicht lange. Verschiedene Rechtskreise ließen auch 1914 ihrer Judenfeindschaft freien Lauf. Als die Hoffnungen auf einen baldigen Siegfrieden verblaßten und Not und Entbehrungen die sozialen Spannungen verschärften, schlug die Volksstimmung um. Deutschvölkische und andere antisemitische Blätter verleumdeten die Juden, wo sie nur konnten. Nach der Besetzung russischer Gebiete beschworen sie grundlos eine ostjüdische Gefahr, nämlich die der Masseneinwanderung von »sechs Millionen minderwertiger, vermongolisierter Menschen«. Juden würden in der Kriegswirtschaft begünstigt und schwächten den Staat. Die radikalen Rechten und Antisemiten rissen die Gegensätze auf und organisierten Kader gegen die unter dem Einfluß von »Charakterhalunken« stehende Regierung. Als immer mehr Menschen unter Arbeitsplatzverlust und Teuerung litten, wobei die Juden angeblich die »Kriegsgewinnler« waren, gelang es – auch wegen fehlender amtlicher Informationspolitik –, den Judenhaß so anzufachen, daß selbst mancher liberale Bürger und Anhänger der traditionell judenfreundlichen Sozialdemokratie von der antisemitischen Krankheit befallen wurde. Die Staatsorgane wichen zurück. Insbesondere in Offizierskorps und Militärverwaltung, deren Angehörige ihre privilegierte und exklusive Stellung erhalten wollten, breitete sich der Antisemitismus aus. Dabei waren alle Behauptungen über mangelnde militärische Qualifikation und Leistung der Juden längst durch Tatsachen widerlegt. Gerade dies schuf wieder neidischen Unmut bei denen, die keine qualifizierteren jüdischen Offiziersanwärter als Konkurrenten wollten. Offiziere begannen sogar, mit den bislang verschmähten »Radau-Antisemiten« zusammenzuarbeiten. Die Militärbehörden begannen, den Antisemitismus nicht nur zu dulden, sondern sogar zu fördern. Die »Drückeberger«-These fand weite Verbreitung. Das Kriegsministerium wurde unter Druck gesetzt. Schließlich war sogar die nicht antisemitisch festgelegte katholische Zentrumspartei bei denjenigen, die im Reichstag eine Kriegsstatistik betreffend die Juden beantragten. Im Oktober 1916 ordnete das preußische Kriegsministerium eine statistische Erhebung über die Dienstverhältnisse der deutschen Juden während des Kriegs an. Das war beliebt. Walther Rathenau, der erfolgreich die deutsche Kriegswirtschaft organisierte und wenige Jahre später als »gottverdammte Judensau« ermordet werden sollte, wußte da längst: »Je mehr Juden in diesem Kriege fallen, desto nachhaltiger werden ihre Gegner beweisen, daß sie alle hinter der Front gesessen haben, um Kriegswucher zu treiben.« Und so war es auch. Die Statistik ergab (wie sich nach Kriegsende herausstellte) für die jüdischen Soldaten so günstige Ergebnisse, etwa was die Verleihung von Tapferkeitsorden und die Frage des Anteils der vom Kriegsdienst befreiten Juden anbelangte, daß sie nicht veröffentlicht wurde. Das gab wiederum Anlaß für die Behauptung, die Ergebnisse seien so vernichtend, daß sie aus Rücksicht auf die Juden nicht hätten veröffentlicht werden dürfen.

Die gesellschaftlichen Führungsschichten brauchten einen Sündenbock als Verantwortlichen für den Prozeß der Auflösung der ständischen Ordnung im Krieg. Während gerade die sogenannten besseren Kreise vor 1914 den vulgären Antisemitismus zumeist abgelehnt hatten, scheuten sie jetzt nach und nach auch vor antisemitischer Agitation nicht mehr zurück. Die drohende demokratische Bewegung war Gift, und die Juden waren an ihr beteiligt. Nach dem verlorenen Krieg, den revolutionären Wirren und der Errichtung einer demokratischen Republik, geführt von einer »verjudeten« Sozialdemokratie, sollte daher der antisemitische Haß mit voller Wucht über die Juden hereinbrechen.[1]

1 Vergleiche zum Ganzen insbesondere die ausführliche und reich dokumentierte Abhandlung von Werner Jochmann: »Die Ausbreitung des Antisemitismus in Deutschland 1914–1923«, in: ders.: Gesellschaftskrise und Judenfeindschaft in Deutschland 1870–1945, Hamburg 1988, S. 99–170 (zuerst in: Deutsches Judentum in Krieg und Revolution, hg. von E. Mosse und A. Paucker, Tübingen 1971); wichtig ferner Egmont Zechlin: Die deutsche Politik und die Juden im Ersten Weltkrieg, Göttingen 1969, Kapitel »Juden und Antisemitismus im Weltkrieg«, S. 516–567.

2. Das Opferhochamt des »heiligen Krieges« als Triumph der sittlichen Weltordnung

Für die Kirchen stand im Krieg die Stärkung der deutschen Nation und der Reichswehr, also der Aufbau einer theologischen Kriegsfront, im Vordergrund, keineswegs aber eine Verteidigung der Juden. Dabei konnte freilich die künstliche Hochputschung der »jüdischen Frage« der nationalen Einheit alles andere als förderlich sein.

Die katholische Kirche befahl den katholischen Soldaten aller kriegführenden Länder das gegenseitige Töten als höchste Pflichterfüllung. Jeder katholische Soldat konnte sicher sein, in einem gerechten Krieg zu kämpfen, ungeachtet der jeweiligen Nationalität. Der katholische Geistliche Heinrich Missalla schreibt hierzu: einmütig hätten die Katholiken den Krieg bejaht. Der Klerus sei, wie die gesamte Kriegspredigtliteratur zeige, durchwegs chauvinistisch gewesen.[2] Der Krieg war Gottes Schlachtfeld.

Der deutsche Buchhandelskatalog notierte für 1914 17 katholische und über 170 evangelische Titel mit Kriegspredigten und für 1915 schon 52 katholische und ca. 290 evangelische.[3] Buchtitel lauteten etwa: Kreuz und Schwert, Der Krieg des Herrn, Gottes Schlachtfeld, Der Rosenkranz des heiligen Krieges. Der katholische Moraltheologe Joseph Mausbach meinte unmittelbar nach Kriegsbeginn: »... es ist ein großer Tag, ein Tag des Gerichts, ein Tag des Herrn.« Mit dem hl. Augustin hob er die »köstliche, erhebende Seite« der Schlachten hervor, da sie »die Sittenverderbnis der Menschen bessern und zunichte machen«. Man sprach von »Gnadenzeit«, nannte den Krieg »ein rechtes Sakrament«, »eine gewaltige Volksmission«. Das Sausen der Kugeln wurde zum »Meßgesang«. Der Augsburger Bischof sprach von Tagen »heiliger Exerzitien« und der Feldgeistliche Michael von Faulhaber, bald danach zum Erzbischof und Kardinal erhoben, davon, das Evangelium drücke »dem Waffenpaß des Krieges das Siegel der Befürwortung auf«. Die Kanonen glorifizierte Faulhaber zu »Sprachrohren der rufenden Gnade«. Welch herrlich christlicher Geist herrschte, kommt in folgenden glanzvollen Höhenflügen Faulhabers zum Ausdruck: »Wenn die Toten dieses Krieges daheimgeblieben wären, etwa aus Verachtung gegen den Militarismus, so ständen wir nicht vor dem Triumph der sittlichen Weltordnung, sondern vor dem Triumph der Moral des Teufels. Dann hätte ... die gottesfeindliche Staatsidee aus Frankreich ungestraft durch die Welt fortwuchern können. So aber kämpfen und sterben unsere Soldaten als Hüter und Rächer der göttlichen

2 Heinrich Missalla: Gott mit uns. Die deutsche katholische Kriegspredigt 1914–1918, München 1968.

3 Zur evangelischen Seite siehe Karl Hammer: Deutsche Kriegstheologie 1870–1918, München 1971.

Weltordnung.«[4] Noch während des Kriegs machte der »Friedenspapst« Benedikt XV. Faulhaber zum Erzbischof von München und Freising. Mit diesen Beispielen aus dem katholischen Bereich will ich dem hie und da vielleicht bestehenden Eindruck entgegentreten, im wesentlichen nur die Protestanten seien dem nationalistisch übersteigerten Kriegspathos verfallen gewesen.[5]

Als das »Opferhochamt« des Krieges zu Ende gesungen war, wobei anscheinend Gott, der Oberste Kriegsherr, den Überblick verloren hatte, so daß schließlich der böse Feind siegte; als sich herausstellte, daß der prominente Pallottinerpater Josef Kentenich (heute als Gründer der umfangreichen, marianisch geprägten Schönstatt-Bewegung gepriesen) vergeblich gesagt hatte: »Wir beneiden diejenigen, die ins Feld hinaus ziehen, um ihr Blut für den Heimatboden verspritzen zu dürfen«, nun also bedurfte der Klerus, dessen höhere Chargen den Krieg unversehrt überstanden hatten, wieder eines anderen Betätigungsfeldes. Bei so viel sprühender Energie – wobei Protestanten und Katholiken einander ebenbürtig waren – konnte nicht ausbleiben, daß man sich bald wieder den Juden zuwandte. Dies entsprach auch der Tradition.

3. Hauptschuldiger: Der Jude

Sich wieder den Juden zuzuwenden, war nach verlorenem Krieg vor allem in Deutschland höchst notwendig. Obwohl von den ca. 100 000 deutschen jüdischen Soldaten etwa 12 000 fielen und ca. 30 000 mit Orden ausgezeichnet wurden, mußte doch genaueres Nachdenken zum Ergebnis gelangen, daß dies alles nur Tarnung gewesen. Klar lag es für viele auf der Hand: Die Juden waren bei den Hauptschuldigen. Ein Sündenbock mußte her, der die göttlichen Pläne durchkreuzt hatte. Die vor 1914 vorhandene »hartnäckige unterschwellige Infektion« des Antisemitismus wurde nach 1918 verstärkt durch die nationale Demütigung des verlorenen Kriegs, des ungerechten und unvernünftigen Versailler Diktats, die wirtschaftliche Not und die sozialen sowie politischen Umbrüche. Die Krankheit sollte »allmählich den ganzen Körper erfassen und ihn zu dem Wahnsinn treiben, in dem er seinen eigenen Gliedern gräßliche Wunden zufügte«.[6]

Während die Weimarer Verfassung beraten wurde, begannen die völki-

4 Vergleiche zum Ganzen Karlheinz Deschner: Ein Jahrhundert Heilsgeschichte, 2 Bde., Köln 1982 und 1983, Bd. 1, S. 236–273, mit zahlreichen Nachweisen; dort auch die Zitate, insbesondere S. 253 ff.

5 Diese Anmerkungen zum Kriegsgeschehen zeigen, wie fremd uns Heutigen diese noch nicht lange zurückliegende Zeit ist. Das Thema »Kirchen und Krieg«, zu dem ich eine eigene kleine Bibliographie zusammengestellt habe (siehe Anhang zu Abschnitt V des Literaturverzeichnisses), steht übrigens durchaus in einem gewissen Zusammenhang mit der Judenverfolgung.

6 Zitate aus Gordon Craig: Über die Deutschen, München 1985, Kapitel »Deutsche und Juden«, S. 158 f.

schen Führer, alle Republikgegner und Antisemiten zu vereinen. Als umfassende Organisation wurde in Nachfolge des Alldeutschen Verbands der Schutz- und Trutzbund geschaffen. Dessen Hauptaufgabe war es, über Wesen und Umfang der jüdischen Gefahr aufzuklären und die Juden mit allen Mitteln zu bekämpfen – als Vorbedingung für die »sittliche Wiedergeburt des deutschen Volkes«. Obwohl Veranstaltungen dieser – keineswegs einzigen – antisemitischen Sammelbewegung oft zu Gewalt gegen Andersdenkende führten, nicht selten Pogromstimmung erzeugten und es daher anschließend zu Ausschreitungen kam, stellten sich namhafte Professoren, Generäle und Wirtschaftsführer zur Verfügung. Der Bund wurde u. a. von der Industrie finanziell unterstützt. Ununterbrochen wurden von allen völkisch-antisemitischen Gruppen Kampagnen gegen Juden und Demokraten organisiert. Immer wieder wurde auch offen zum Mord aufgerufen. Und die Ermordung von Rosa Luxemburg und Karl Liebknecht, Kurt Eisner und Gustav Landauer, Walther Rathenau und dem Katholiken Erzberger zeigten deutlich, wozu die völkischen Extremisten fähig waren. Dabei handelte es sich nicht um Außenseiter. Vielmehr hatte allein der Schutz- und Trutzbund über 200 000 Mitglieder, als er nach der Ermordung des hochverdienten Ministers Rathenau 1922 verboten wurde.

Es kann hier nicht im einzelnen dargestellt werden, in wie vielen Bevölkerungsgruppen, z. B. in berufsständischen Vereinigungen, im Heer, in den Schulen, in Sportvereinen usw., die Agitation ihre Früchte trug. Die antisemitische Sturmflut richtete in der Nachkriegspresse Verheerungen an. Dabei waren wohl nicht die vielen kleinen antisemitischen Verbandsorgane ausschlaggebend, sondern die großen, angesehenen bürgerlichen Zeitungen, Zeitschriften und Fachpublikationen. Viele Journalisten paßten sich, und sei es aus kommerziellen Gründen, dem Trend an, soweit sie ihn nicht aus Überzeugung förderten. Selbst die Sozialdemokratie blieb von diesen Einflüssen nicht verschont und versagte bei der Abwehr des Antisemitismus weithin.

Alle alten antisemitischen »Argumente« wurden wieder hervorgeholt, bekannte antisemitische Schriften neu gedruckt. Jetzt war auch außerhalb Rußlands der Boden bereitet für den Erfolg der *Protokolle »der Weisen von Zion«*. Nach der russischen Revolution 1917 wurden die *Protokolle* von Fachleuten übernommen. Mehrere Neuauflagen erschienen im Hinterland der Weißen Armeen. Mit den Emigranten kamen die *Protokolle* 1919 nach Deutschland, wo sie noch im selben Jahr von der »Liga gegen jüdische Arroganz« herausgebracht wurden. Deren führender Mann war des Kriegshelden Ludendorff Berater. Binnen kurzem waren 120 000 Exemplare verkauft. Millionenfach wurden einschlägige Broschüren und Flugblätter sowie Nachdrucke aufgelegt. Führende Zeitungen, z. B. die *Kreuzzeitung* und die *Deutsche Zeitung* druckten die *Protokolle* ab und besprachen sie. Viele Aristokraten, selbst der im holländischen Exil lebende Wilhelm II., empfahlen Freunden die Lektüre.

Die *Protokolle* wurden in zahlreiche Sprachen übersetzt, so daß sie sich in den meisten europäischen Ländern zum antisemitischen Standardwerk entwickelten und sogar in anderen Erdteilen verbreitet wurden. Es gab z.B. neben englischen und französischen auch polnische, italienische, chinesische und japanische Übertragungen. Um 1925 forderte der Patriarch von Jerusalem seine »Schäflein« auf, die arabische Übersetzung zu kaufen. Der berühmte Henry Ford veröffentlichte bereits 1920 einige Artikel zu den *Protokollen*, die er auch als Buch herausgab (*The International Jew. The World's foremost Problem*), und gründete eine dem Studium der *Protokolle* gewidmete Zeitung. Sogar nach dem Zweiten Weltkrieg gab es noch vereinzelt Ausgaben der *Protokolle*. Zur Verbreitung der Protokoll-Literatur schreibt Walter Laqueur:

> »Um 1923 bestand bereits ein internationales Netz von Förderern und Erforschern der Protokolle. Sie kamen zu Worte in einigen russischen Emigrantenzeitungen, ferner in Deutschland (›Der Hammer‹ – ein Vorläufer der NS-Presse), in England (›The Patriot‹ und ›British Guardian‹), in den Vereinigten Staaten (›Dearborn Independent‹), in Frankreich (›La Vieille France‹), Ungarn (›A nep‹), Norwegen (›National Tidsskrift‹), Dänemark (›Dansk National Tidsskrift‹), Polen (›Dwa Grosze‹ und ›Pro Patria‹) wie auch in Italien und anderen Ländern. Die Herausgeber dieser Zeitschriften arbeiteten eng zusammen und verstanden es, ihre Tätigkeit wirksam zu koordinieren; die Arbeit der Antisemitischen Internationale lief übrigens sehr viel reibungsloser als die der erdichteten Weisen von Zion.«[7]

Zwar hatte die Londoner Times den Betrug schon 1921 aufgeklärt, und es ist zunächst schwer verständlich, daß eine primitive Fälschung so lange ernst genommen werden konnte. Aber verhetzte, ungebildete und naive Menschen glauben gerne, was sie glauben wollen bzw. sollen. Zur Erklärung der großen Wirkung der Protokolle verweist Laqueur auf die schrecklichen Folgen des Kriegs: Millionen Tote, ungeheure Zerstörungen, Unruhen, Revolution, Bürgerkrieg, wirtschaftliches Unheil, Hoffnungslosigkeit. Da waren primitive, klare Antworten erforderlich, möglichst unter Ausklammerung der Möglichkeit einer Mitschuld am Krieg. Insbesondere die russische Revolution wurde als Bedrohung empfunden. So viel Unheil konnte nicht zufällig sein, eine verborgene Hand war am Werke: die Juden. Selbst plumpe Fälschungen fanden da bereitwillig Aufnahme: »Die Unwissenden glaubten sie, weil sie unwissend waren, und die halbwegs Intelligenten nahmen sie hin, weil es der Sache der Reaktion dienlich war, daran zu glauben.« Und es war eine Tatsache, daß nach dem Krieg sowohl in Rußland als in Deutschland plötzlich Juden führende Stellungen in Wirtschaft, Politik und Kultur fanden. (Zu nennen ist insbesondere der 1922 ermordete jüdische Außenminister Rathenau, ein auch in der Geisteswelt bedeutender Mann, Sohn des Gründers der AEG und 1915 deren Präsident, nachdem er 1914/15 überlegen die Kriegs-

---

7 Walter Laqueur: Deutschland und Rußland, Berlin 1966, Kapitel »Der Nationalsozialismus und die Weisen von Zion«, S. 99–121, Zitat S. 119.

wirtschaftsabteilung aufgebaut hatte. 1921 war er aufgrund seines großen Finanzwissens Wiederaufbauminister geworden. Zu seinem Verhängnis trug bei, daß er so mutig war zuzugeben, daß Deutschland zunächst nicht darum herumkam, nach Kräften den Versailler Vertrag zu erfüllen in der Hoffnung, die Bedingungen zu mildern. Bald nach seiner Ernennung zum Außenminister im Februar 1922 sangen die ehemaligen Freicorps-Kämpfer: »Knallt ab den Walther Rathenau, die gottverdammte Judensau!«) Hitler erkannte die reichen propagandistischen Möglichkeiten der Ideen, auf denen die Protokolle beruhten. Er zitierte sie in »Mein Kampf«.

Der Antisemitismus- und NS-Forscher Werner Jochmann skizziert die ersten Nachkriegsjahre folgendermaßen:

> »Es ist kaum möglich, einen vollständigen Überblick über das Ausmaß behördlicher Rechtsbeugungen zu gewinnen. Bereits in den ersten Jahren der deutschen Republik hielt, von vielen Aufsichtsbehörden begünstigt, der Geist der Intoleranz sowie des Rassen- und Völkerhasses in deutschen Schulen, besonders in Gymnasien, verstärkten Einzug. Die demokratischen Regierungen nahmen das ebenso widerstandslos hin wie die Benachteiligung jüdischer Schüler und Studenten und die Zurücksetzung qualifizierter jüdischer Lehrer und Dozenten. Keine Regierung konnte das verhindern. Es wurde hingenommen, wenn Hochschullehrer die durch die Verfassung garantierten Rechte des Individuums verletzten und die Freiheit der Lehre mißbrauchten. Antisemitische Willkürakte deutscher Richter waren in vielen Gerichten an der Tagesordnung. Die Skala reichte von der ungesetzlichen Inhaftierung jüdischer Bürger über die Behinderung ihrer Verteidigung bis hin zu besonders harter Verurteilung bei Bagatellfällen. Solches Unrecht wird in seinem ganzen Ausmaß sichtbar, wenn man es gegenüberstellt der milden Beurteilung antisemitischer Heißsporne und Attentäter durch viele Richter und Staatsanwälte.«[8]

Die antisemitische Sturmflut überflutete schon in den ersten Jahren der gefährdeten Republik alle rechtsstaatlichen Dämme und richtete Verwüstungen im geistigen Bereich an. Sogar die Regierungsparteien gaben dem Druck nach; sie empfahlen den Juden, die doch kulturell gerade in der Weimarer Zeit (die »Goldenen Jahre« Berlins) so viel leisteten, Zurückhaltung und ermöglichten ein strenges Vorgehen gegen die unerwünschten ostjüdischen Flüchtlinge – bis zu Internierung und Ausweisung.

4. Protestantischer Antisemitismus

Davon, daß die Kirchen dem Antisemitismus entschlossen entgegengetreten und etwa gegen die *Protokolle der Weisen von Zion* vorgegangen wären, hat man noch nie gehört. Vielmehr schürten sie das Feuer des Antisemitismus auf ihre Art weiter.

---

8 Werner Jochmann: Gesellschaftskrise und Judenfeindschaft in Deutschland 1870–1945, Hamburg 1988, S. 164.

»Besonders empfänglich für antisemitische Kulturkampfparolen waren Geistliche der beiden christlichen Konfessionen und, unter ihrem Einfluß, die Redakteure der in hohen Auflagen verbreiteten Kirchenblätter sowie viele kirchlich aktive Laien. Die Führung des Deutschvölkischen Schutz- und Trutz-Bundes hatte das sofort erkannt und daher unmittelbar nach der Gründung des Bundes mit einer planmäßigen Beeinflussung der Geistlichen begonnen. Besonders in der evangelisch-lutherischen Kirche verhieß ein solcher Vorstoß Erfolg, betätigten sich doch schon seit mindestens zwei Jahrzehnten namhafte protestantische Geistliche im Alldeutschen Verband und in anderen nationalen und vaterländischen Vereinigungen. Sie haben die Gefahren, die dem Christentum von den stark antichristlich völkischen Tendenzen drohten, entweder nicht erkannt oder mißachtet. Sie lebten in einer Tradition, die ihrer Meinung nach ungebrochen von Luthers judenfeindlichen Schriften bis zu Stoecker und in die Gegenwart reichte, und die viel nachhaltiger, als sich dies die kirchlichen Behörden jemals eingestanden, »Gesinnung und Haltung der evangelischen Geistlichkeit gegenüber dem Judentum« geprägt hatte. So war die Mehrheit der Pastoren nicht nur bereit, das Judentum als einen »Fremdkörper innerhalb des deutschen Volkes«, einer weitgehend christlichen Gemeinschaft, abzulehnen, sondern auch alle geistigen Bewegungen des Aufklärungszeitalters, die das Christentum in Frage stellten, den Juden zuzuschreiben.«[9]

Da es freilich auch andersdenkende Pastoren gab, die die Völkischen bekämpften, versuchte der Schutz- und Trutzbund Einfluß auf die Berufung von Geistlichen zu nehmen. Dabei bedurfte es – so Jochmann – oft »nicht einmal eines massiven Druckes seitens der Völkischen auf die Geistlichkeit und die Kirchenbehörden. Da diese die sozialen Probleme der Zeit nicht klar diagnostizierten, lenkten sie von der schweren Glaubenskrise durch Anklage gegen den ›zersetzenden Geist des Judentums‹ ab«. Für viele bestand kein Zweifel an der jüdischen Schuld für die »sittliche Entartung« der christlichen Völker. Viele Pastoren haben ihre Gemeinden und insbesondere die Jugendgruppen antisemitisch beeinflußt. Die Redakteure zahlreicher kirchlicher Zeitschriften und Zeitungen druckten immer wieder in hohen Auflagen gehässige antisemitische Artikel ab. Alle wesentlichen antisemitischen Pamphlete einschließlich der *Protokolle der Weisen von Zion* wurden den Christen sogar empfohlen. Diese demagogische Berichterstattung führte in Einzelfällen sogar zu Pogromen. Vor allem auf dem Land dürfte der Einfluß dieser Kirchenpresse nicht gering gewesen sein.

Im protestantischen Bereich wirkte sich auch die jetzt entstehende »politische Theologie« verhängnisvoll aus. Der protestantische Theologe Klaus Scholder hat die Entwicklung im Detail in seinem umfangreichen und schonungslosen grundlegenden Werk *Die Kirchen und das Dritte Reich* dargestellt. Er schreibt:

»Man begreift nicht, wie Christen die Flut des Hasses und der Gemeinheit in Kauf zu nehmen bereit waren, die der völkische Antisemitismus auswarf, wenn man sich nicht klar macht,

9 Ebenda, S. 149 f.

daß durch die Anfänge der politischen Theologie das Recht des Volkes zum Inbegriff des göttlichen Schöpfungswillens geworden war.«[10]

Wie kam es zur »politischen Theologie« des Protestantismus? Das landesherrliche Kirchenregiment war zusammengebrochen, der Weimarer Staat wurde aus verschiedenen Gründen von Militärs, Beamten- und Richterschaft und u. a. auch von den Kirchen abgelehnt. Von Demokratie wollten diese traditionell nichts wissen (es gab natürlich Ausnahmen wie den Kölner Oberbürgermeister Adenauer). Die Demütigungen der Zeit kamen der Weimarer Republik mit ihrer hervorragenden demokratischen Verfassung, die sogar besonders kirchenfreundlich war – wovon die Großkirchen noch heute über Gebühr im wahrsten Sinne des Worts profitieren – nicht zugute. An die Stelle der Begriffsverbindung Thron und Altar trat die von Gott und Volk. Die politische Theologie ist als Antwort auf die erstarkende profane völkische Bewegung zu verstehen. Seit 1919 vertrat der einflußreiche Publizist Wilhelm Stapel (1882–1954) in seiner nationalkonservativen Zeitschrift *Deutsches Volkstum* eine völkisch-nationale und christlich-lutherische Position. Er verstand das Volk als ursprüngliches, gottgeschaffenes Wesen, das das eigentliche Subjekt der Geschichte sei. Es bestätigt sich wieder einmal die theologiegeschichtliche Erfahrung, daß die Skurrilität von Ideen kein Hindernis ist, sie zum Thema theologischer Betrachtung zu machen. Stapel schrieb 1922: »Das deutsche Volk ist nicht eine Idee von Menschen, sondern eine Idee Gottes«, wobei der Volkswille durch den vorbestimmten Führer (!) repräsentiert werde. Auch den Antisemitismus propagierte Stapel schon zu dieser Zeit, wenn er auch staatsbürgerliche Rechte nicht antasten wollte. Zwischen 1930 und 1933 hat Stapel zu denen gehört, die maßgeblich am Abbau der Schranken zwischen Protestantismus und NSDAP mitgewirkt haben. Fast ein Symbol des politischen Protestantismus war der Theologe Emanuel Hirsch, ein universal gebildeter Mann. Er war (so Scholder) »ein leidenschaftlicher politischer Theologe, in allen Fragen, die Deutschlands Sendung und Schicksal betrafen, von einer unbeirrbaren und hartnäckigen Beschränktheit, ein Parteigänger der völkischen Bewegung von Anfang an und ein glühender Verehrer Hitlers, dabei nie Parteimitglied und gewiß kein Opportunist«.

Seit etwa 1924 nahm der Evangelische Bund für die völkische Bewegung, dessen erster Vorsitzender der frühere Hof- und Domprediger Bruno Doehring war, vehement Partei. Zur Tagung der 28. Generalversammlung dieses Bundes am 31. August und 1. September 1924 schrieb am 4. September 1924 der katholische *Bayerische Kurier,* die Diskussion habe »ruhig auch in einer Hitler-Versammlung« stattfinden können. Der Ultramontanismus der Katholiken und das Weltjudentum erschienen als eine Front.

---

10 Klaus Scholder: Die Kirchen und das Dritte Reich, 2 Bde., Frankfurt/Berlin 1977 und 1986, Bd. 1, »Vorgeschichte und Zeit der Illusionen 1918–1934«, S. 124–150.

Es gab, wie eigentlich immer in der Geschichte des Antisemitismus, auch kritische Stimmen. Der 1945 zum Bischof ernannte Wilhelm Stählin war an sich völkisch gesinnt, sagte aber 1924, der Antisemitismus sei ein beschämendes Zeichen für den Mangel an Einsicht und Anständigkeit bei der völkischen Masse. Er prangerte die Verhetzung der Jugend an und kritisierte die politische Theologie, da sie die völkische Idee der christlichen Gemeinschaft überordne. Aber wieder einmal vermochte sich die Idee der Menschlichkeit und Vernunft im Christentum nicht durchzusetzen. Einen Wendepunkt zum Schlechten stellte der Königsberger Kirchentag von 1927 dar, der eine Gesamtvertretung des deutschen Protestantismus darstellte. Als »Vaterländischer Kirchentag« ging er in die Geschichte ein. Paul Althaus hielt dort den Vortrag »Kirche und Volkstum«. Eine «Vaterländische Kundgebung« schloß sich an. Die zentrale theologische Aussage von Althaus lautete: »Gott will nicht nur die einzelnen heiligen, sondern um die Familien und Völker als Ganzheiten ringen. Die Völker als ganze haben ihren Beruf in der Gottesgeschichte. Völker sündigen, Völker richtet Gott.«

Althaus übernahm auch rassistisches Gedankengut: »Niemals wird ein Volkstum ohne die Voraussetzung z. B. der Blutseinheit.« Zwar ließ die vaterländische Kundgebung nicht erkennen, wie sich der Protestantismus schließlich entscheiden würde, aber die politische Theologie war nun als Möglichkeit etabliert. Sie hat die Entscheidung der evangelischen Kirchen für den Antisemitismus ermöglicht. Scholder schreibt:

> »Von Althaus' Vortrag aus mußte der Siegeszug der NSDAP wie die Erfüllung des Willens Gottes wirken. Durch die politische Theologie wurden Essenz und Akzidens der Bewegung geradezu vertauscht. Ihr Wesen, die mörderische Verachtung des einzelnen, erschien nur als unglückliches Akzidens, als der Auswuchs einer an sich guten Sache, während das, was in Wahrheit nur Akzidenzien waren, Ordnung, Gemeinschaftsgeist, Opfersinn, Solidarität, als ihr Wesen erschien...
>
> Der Eindruck des allmählichen Verlustes der Ansprechbarkeit der Kirche für die Wahrheit drängt sich auf, wenn man die Diskussion in der Weimarer Zeit verfolgt. Denn es war ja nicht so, daß ihr das in dieser Zeit niemand gesagt hätte. Der schon fast 70jährige Otto Baumgarten etwa schrieb 1926 eine Broschüre mit dem Titel ›Kreuz und Hakenkreuz‹, die an alle evangelischen Pfarrer in Deutschland versandt wurde. Dort kommt Baumgarten zum Schluß: ›Was uns Jünger des Kreuzes aber mehr als alles andere zur Ablehnung des Hakenkreuzes zwingt, zwingen sollte, ist das christliche Gebot der Liebe... Für die, die unter dem Kreuze Christi leben, der für alle ohne Unterschied starb und darum für alle ohne Unterschied lebt, gibt es kein die Juden ausschließendes Hakenkreuz.‹«

Solche Stimmen, wie etwa auch eine eindrucksvolle Schrift Eduard Lamparters gegen den Antisemitismus (*Evangelische Kirche und Judentum,* 1928), wurden aber wenig gehört. Die Kirche sah allmählich eine sittliche Aufgabe innerhalb der antisemitischen Bewegung. 1926 bereits bildeten völkisch-religiöse Gruppen eine »Deutsch-christliche Arbeitsgemeinschaft Großdeutschlands«, welche die Abschaffung des Alten Testaments und das Ausscheiden aller jüdischen Elemente forderte, skurrilerweise auch z.T. deutsche Märchen und Sagen als deutsche Form der Offenbarung sehen wollte. Dabei hatte noch 1924 das *Kirchliche Jahrbuch* über die »Deutschkirche« gespottet. 1931 aber lehnte es der Kirchenbundesrat mit 76:12 Stimmen ab, eine These zu verabschieden, wonach die – als häretisch bekannten – deutsch-kirchlichen Pfarrer ihr Amt nicht in Widerspruch zum Bekenntnis der Kirche ausüben dürften: man wollte nicht den Verdacht entstehen lassen, die Kirche bekämpfe den deutschen Gedanken. Indem Hitler sich von religiösen Schwärmern trennte und die Partei auf eine allgemeine Religiosität verpflichtete, erfüllte er die Anforderungen der politischen Theologie an einen deutschen Führer.

5. Katholischer Antisemitismus

Auch im katholischen Bereich wurde zur Weimarer Zeit der Antisemitismus weiter gepflegt. Es kam nicht von ungefähr, daß der einflußreiche Cartellverband der katholischen farbentragenden deutschen Studentenverbindung 1923 bestimmte: »Hinderungsgrund für die Aufnahme in den C.V. bildet semitische Abstimmung, nachwirkbar bis auf die Großeltern.« Im gleichen Jahr ließ der Augsburger Diözesanpriester Philipp Haeuser in seinem Buch *Jud oder Christ oder Wem gebührt die Weltherrschaft?* seinem maßlosen Haß gegen die Juden freien Lauf. Ebenfalls 1923 schrieb der Geistliche Joseph Roth von der Erzdiözese München-Freising in seinem Buch *Katholizismus und Judenfrage:*

> »Gewiß steht die katholische Idee über Rassen und Nationen, aber die katholische Idee steht in erster Linie gegen die Unmoral; und wenn Unmoral und Rasse sich verbinden, dann steht die katholische Idee eben gegen diese Rasse, nicht mehr über der Rasse. Der so aufgefaßte Antisemitismus wird für einen Christen nicht nur erlaubt, sondern sogar pflichtgemäß.«[11]

Bleibt anzumerken, daß Roth kirchlich nicht gemaßregelt wurde, später der NSDAP beitrat und im Reichskirchenministerium bis zum Ministerialdirigenten avancierte. Wilhelm Maria Senn schrieb in *Katholizismus und Nationalsozialismus* (1931), die Hitlerbewegung sei trotz gewisser Übertreibungen »die letzte große Gelegenheit, das jüdische Joch abzuschütteln«. Zu dieser Zeit übten die Banden der SA schon lange ihren Terror aus. Ganz allgemein kann man sagen: »Es fehlte schon in den Jahren vor 1933 nicht an Theologen und Pfarrern, die in Wort und Schrift gegen das Volk der Juden polemisierten. Dabei klangen neben religiösen Gründen häufig gesellschaftliche und

---

11 Georg Denzler und Volker Fabricius: Die Kirchen im Dritten Reich, 2 Bde., Frankfurt 1984; Zitat Bd. 1, S. 136.

wirtschaftliche Motive an...«[12] Der volkhafte Antisemitismus hatte keinerlei Anlaß, zurückzugehen (Passionsspiele, Deggendorfer Gnad, Werner von Bacharach usw.). Auch auf »höherer« Ebene hielt man sich nicht zurück. So erschien 1920 die siebte Auflage der deutschen Ausgabe des *Index Romanus*, jenes pathologischen Katalogs verbotener Bücher, herausgegeben von dem ultraorthodoxen Theologen Albert Sleumer, dessen letzte Ausgabe 1956 erschien. In der Einleitung der vorgenannten siebten Auflage heißt es:

»Über alles Maß hinaus ist das Kino, das eine Stätte edelster Freude und wissenschaftlicher Vertiefung sein sollte, nach der Revolution vom November 1918 zum Schauplatz ungezügelter Schamlosigkeit geworden, nachdem das ›Hemmnis‹ der Zensur gefallen war. Hunderttausende, ja Millionen anständiger Deutscher schreien nach Wiedereinführung der Zensur, damit die Schmutzwelle der Entsittlichung unserer deutschen Jugend lediglich eingedämmt werde. Man darf behaupten, daß im Jahre 1919 infolge der schändlichen Kinovorstellungen, Theaterstücke (z. B. jenes des im Wahnsinn verendeten Juden Lautensack »Die Pfarrhauskomödie«), Schmutzbücher und Schandbilder *mehr* christliche Jünglinge und Mädchen verführt und verdorben worden sind als früher in zehn Jahren! Wann wird das *deutsche* Volk sich aufraffen, um den ausländischen (galizisch-polnisch-russischen) Schmutzfinken und ihren inländischen Ebenbildern es zum Bewußtsein zu bringen, daß deutsch sein soviel wie ›anständig sein‹ bedeuten soll?! *Höhnend* weist man in jenen Schmutzkreisen darauf hin, die deutsche Jugend *wünsche* offenbar solche – Schweinereien, da sie zu jedem anrüchigen Film laufe!! Jeder Einsichtige wird darum doch die Hersteller solcher Schmutzfilme – und das weiß selbst der deutsche Michel, daß 95 Prozent der Filmfabrikanten – *JUDEN* sind! – als gemeine Verführer betrachten, denen nur der eigene Geldbeutel heilig ist.« (Hervorhebungen, einschl. der doppelten Hervorhebung der Juden, im Original.)

Vorangestellt ist ein freundliches Geleitwort des Kardinalstaatssekretärs Merry del Val, verbunden mit der Mitteilung, Seine Heiligkeit habe Sleumer den Apostolischen Segen gespendet. In Österreich propagierte schon 1919 der katholische Literaturpapst Richard von Kralik eine antisemitische Nationalhymne: »Kultur ist notwendigerweise antisemitisch. Das Judentum als Prinzip ist kulturwidrig, es ist geradezu der Gegensatz zur Kultur.« Das schrieb er in einer Zeit, als der Anteil der deutschen Juden am kulturellen Leben kaum größer hätte sein können. Die Feindseligkeit der Katholiken gegen den »jüdischen« Liberalismus blieb bestehen. Man hatte insbesondere nicht vergessen, daß an der antikatholischen Bewegung der siebziger Jahre[13] viele prominente Juden mitgewirkt hatten. Die Zentrumspresse hatte 1875 eine heftige antisemitische Kampagne gestartet. Jetzt, in der Weimarer Zeit, stimmten viele katholische Publizisten mit den Nationalsozialisten darin überein, daß man gegen die jüdische »Vorherrschaft auf finanziellem Gebiete, den destruktiven Einfluß der Juden auf Religion, Sitte, Literatur und Kunst und politisches und soziales Leben« vorgehen müsse. Denn die natio-

12 Ebenda.

13 die freilich gute Gründe hatte; siehe das Erste Vatikanum mit seinem Unfehlbarkeitsdogma und die Vorgeschichte hierzu; vergleiche insbesondere August B. Hasler: Wie der Papst unfehlbar wurde, Frankfurt/Berlin 1981.

nalsozialistische Bewegung habe einen gesunden Kern, nämlich das »Bestreben, das deutsche Blut, die deutsche Rasse reinzuerhalten«. Dieser gute Kern sei nur von der faulen Schale des Extremismus umgeben.[14] In dem bekannten katholisch-theologischen Großlexikon, dem *Lexikon für Theologie und Kirche,* herausgegeben vom Regensburger Bischof Buchberger, schrieb in der zweiten Auflage 1930 der bekannte Jesuit Gustav Gundlach im Artikel »Antisemitismus«, ein politischer Antisemitismus, der sich des übersteigerten und schädlichen Einflusses der Juden erwehre, sei zulässig, wenn dabei moralisch vertretbare Mittel angewendet würden. Michael Buchberger selbst hielt 1931 für eine gerechte Notwehr, das übermächtige jüdische Kapital zu verdrängen. Allerdings sei es unchristlich, allen Juden dafür die Schuld zuzuschieben oder den Wirtschaftskampf in einen Kampf gegen die jüdische Rasse und Religion umzuwandeln. Die katholische Kirche konzentrierte sich in der Weimarer Zeit in ihren Angriffen auf die Liberalen und Freidenker (Kirchenaustrittsbewegung), von denen viele jüdischer Abstammung waren, tat aber nichts zur Eindämmung des anschwellenden Antisemitismus. »Nur wenige katholische Persönlichkeiten, Kleriker und Laien, widersetzten sich der Feindseligkeit gegen ihre jüdischen Mitbürger«, schreibt der deutsch-jüdisch-amerikanische Politologe Guenter Lewy in seinem 1965 auch in deutscher Sprache erschienenen wichtigen Buch *Die katholische Kirche und das Dritte Reich,* in dem umfangreiches Quellenmaterial verarbeitet und nachgewiesen ist. Es ist wohl die Qualität dieses Buches, die den Apologeten Konrad Repgen in dem 1979 erschienenen Band VII des in Kirchenkreisen vielgepriesenen *Handbuchs der Kirchengeschichte,* herausgegeben von dem bekannten Kirchenhistoriker Hubert Jedin, herabsetzend bemerken läßt, es handele sich um »zu engagierte Geschichtsschreibung«. Im großen Ausschuß des »Vereins für die Abwehr des Antisemitismus«, einer christlich-jüdischen Organisation, saßen gerade zwei katholische Priester. Ein wichtiger Mahner war der (später von der Kirche verleugnete) Jesuit Friedrich Muckermann, der im Januar 1932 109 von den Nazis begangene Verwüstungen jüdischer Friedhöfe und Synagogen anprangerte. Zwar traten 1932 die deutschen Bischöfe gegen die nationalsozialistische Verherrlichung von Rasse und Blut auf, sagten aber kaum etwas zu deren Gewalttaten und zur weitverbreiteten antisemitischen Propaganda. Insgesamt war man in der katholischen Kirche für einen gemäßigten Antisemitismus. G. Lewy formuliert dies so: »Dieses Plädoyer für einen gemäßigten Antisemitismus war ein ziemlich typischer und durchaus respektabler Standpunkt innerhalb der Kirche.« Die formelle Verdammung des Antisemitismus durch Papst Pius XI. im Jahr 1928 vermochte daran nichts mehr zu ändern. »Die antidemokratischen geistlichen Führer des deutschen Katholizismus und der antidemokratische ›deutsche

14 Zitate aus Eberhard Schlund OFM: Katholizismus und Vaterland, München 1923.

Papst‹, Pius XII., ein Gegner der Diskussion und des Parlamentarismus, führen den deutschen Katholizismus ins Dritte Reich.«[15] Sie waren der Auffassung, sei seien dazu da, die Kirche und deren Rechte zu retten, nicht die Rechte der anderen, z. B. der Liberalen, Sozialisten und Juden.

6. Die Kirchen und der Untergang der Weimarer Republik

Die Geschichte des Endes der auch von den Kirchen ungeliebten Weimarer Republik (Otto Dibelius 1926: »Da die Stimmung in der Kirche überwiegend republikfeindlich ist, steht die Kirche dem neuen Staat sehr reserviert gegenüber«; die katholische Kirche war ohnehin, von seltenen Ausnahmen abgesehen, schon immer demokratiefeindlich gewesen) kann hier nicht nachgezeichnet werden. Einige Hinweise erscheinen aber zum Verständnis des weiteren angebracht. Die Kirchen waren an der Machtergreifung und offiziellen Etablierung des Terrorsystems alles andere als unschuldig, obwohl ihre Rolle in aller Regel unterschlagen wird.

Zur Entwicklung im Protestantismus schreibt der protestantische Theologe und Kirchenhistoriker Beyreuther:

> »Tatsache ist, daß bei grundsätzlicher Neutralität der Kirche die Unterstützung der Nationalsozialisten von christlicher Seite immer stärker wurde. Bei den Kirchenwahlen im November 1932 in Preußen erhielten die Deutschen Christen ein Drittel der Stimmen. Die Mehrzahl wenigstens der mittel- und norddeutschen Pfarrer sehnte die Machtergreifung herbei und hielt Ausschau nach einem Führer; Gott wurde um Hilfe für den Führer gebeten. Freilich wollte man auch um eine christliche Untermauerung der Partei ringen. Die Pfarrerschaft wußte von den antichristlichen Flügeln der Partei. Aber angesichts des kirchenfeindlichen Linksradikalismus wurde der Rechtsradikalismus, der sich ja vor 1933 als kirchen- und christentumsfreundlich ausgab, als Hilfe begrüßt.«[16]

Die »Deutschen Christen« waren der protestantische Ableger der NSDAP. Sie entstanden Anfang der dreißiger Jahre. Ihre Führer hatten z. T. hohe Parteiämter inne. Sie stützten sich auf den kirchenpolitischen Art. 24 der NSDAP, der da lautete:

> »Wir fordern die Freiheit aller religiösen Bekenntnisse im Staat, soweit sie nicht dessen Bestand gefährden oder gegen das Sittlichkeits- und Moralgefühl der germanischen Rasse verstoßen. Die Partei als solche vertritt den Standpunkt eines positiven Christentums, ohne sich konfessionell an ein bestimmtes Bekenntnis zu binden. Sie bekämpft den jüdisch-materialistischen Geist in und außer uns und ist überzeugt, daß eine dauernde Genesung unseres Volkes nur erfolgen kann von innen heraus auf der Grundlage: Gemeinnutz geht vor Eigennutz.«

---

15 Friedrich Heer: Gottes erste Liebe. 2000 Jahre Judentum und Christentum, Frankfurt/Berlin 1986, S. 402.

16 In: Kirche und Nationalsozialismus, Sonderband I der »Tutzinger Texte«, hg. von P. Rieger und J. Strauß, München 1969, Kapitel »Die Vorgeschichte des Kirchenkampfes zwischen 1918 und 1933«; dort wichtige Literaturangaben.

In ihren Richtlinien forderten die Deutschen Christen eine Reichskirche, Abschaffung des inzwischen eingeführten innerkirchlichen Parlamentarismus, Kampf gegen Pazifismus, Freimaurerei und Bolschewismus. Sie wollten einen »artgemäßen« Christusglauben. Rasse, Volkstum, Staat und Nation waren nicht hinterfragbare Schöpfungsordnungen. Judenmission und Eheschließung zwischen Deutschen und Juden werden abgelehnt. Auch hieß es: »Wir fordern ... Schutz des Volkes vor den Untüchtigen und Minderwertigen. Die Innere Mission darf keinesfalls zur Entartung unseres Volkes beitragen.« Und, wie schon erwähnt, errangen sie bei den preußischen Kirchenwahlen im November 1932, wo die Deutschen Christen zuerst überregional auftraten, auf Anhieb ein Drittel der Sitze in den Kirchengemeinderäten. Der Boden war bereitet für das Kommen des gottgewollten großen Führers.

Die katholische Kirche konnte sich dank kirchenfreundlicher Weimarer Reichsverfassung ungehindert entfalten, antidemokratisch wie sie war, die schrecklichen Entgleisungen gegen die innerkirchliche Erneuerungsbewegung im Antimodernistenkampf[17] gerade hinter sich lassend. Man sprach von einem monastischen Frühling, der Staat zahlte weiterhin Subventionen. Katholische Organisationen jeder Art erlebten eine Blütezeit. So gehörten 1933 zum Dachverband der katholischen Jugend Deutschlands über 1,5 Millionen Mitglieder. Hierzu 1931 Karl Bachem, Historiker der Zentrumspartei: »Niemals hat ein katholisches Land ein so gut ausgebautes System von allen denkbaren katholischen Vereinen gehabt, wie heutzutage das katholische Deutschland.« Die katholische Tagespresse hatte hohe Auflagen, und Zeitschriften wie *Hochland*, die jesuitischen *Stimmen der Zeit* und *Allgemeine Rundschau* waren angesehen. Die 1871 (Kulturkampf) gegründete katholische Zentrumspartei nahm jetzt sogar eine politische Schlüsselstellung ein. Sie wurde mit ihren jeweils ca. 12–13 Prozent der Wählerstimmen Koalitionspartner der SPD und konnte zwischen 1918 und 1933 in 8 von 14 Kabinetten den Reichskanzler stellen. Etwa 60 Prozent der Katholiken (insgesamt ca. 20 Millionen Einwohner) wählten das Zentrum. In Bayern stand an der Stelle des Zentrums die Bayerische Volkspartei. Hieraus ergibt sich, daß vielen Katholiken das Zentrum zu gemäßigt war. Der Trend zum Rechtsradikalen überwog bei weitem. Die Münchener Zeitschrift *Der Rütlischwur* (ab 1924) enthielt eine Spalte »Der Völkische Katholik«. Aufgerufen wurde gegen die Mächte des Bösen: Marxisten, Juden, Freimaurer. Zu den rechtsgerichteten Kreisen gehörten der schon erwähnte scharfe geistliche Antisemit Joseph Roth und Abt Albanus Schachleitner. Speziell um 1930 wurden viele Katholiken insbesondere vom Antikommunismus der NSDAP angezogen,

17 Dazu etwa: Aufbruch ins 20. Jahrhundert. Zum Streit um Reformkatholizismus und Modernismus, hg. von Georg Schwaiger, Göttingen 1976; Norbert Trippen: Theologie und Lehramt im Konflikt, Freiburg 1977.

deren Parteiprogramm ja nicht kirchenfeindlich war (s. o.). Auch hatte Hitler – um die Macht der Kirche, insbesondere in Bayern wohl wissend – jedes Interesse an einem Feldzug gegen die Religion abgeleugnet. Die katholische Kirche fühlte sich durch die Nazis nicht verschreckt. Bischöfliche Kritik gab es erst, als im Zuge der Weltwirtschaftskrise (1929) die Nazis ihre Stimmenzahl von 1928 bis 1930 verneunfachen konnten und nunmehr 18,5 Prozent der Reichstagsmandate erhielten (freilich nicht aus den katholischen Bereichen). Alarm schlug der (später berüchtigt gewordene) Breslauer Kardinal Bertram, als in Breslau die Nazis ihren Anteil binnen zwei Jahren von 1 auf über 24 Prozent steigerten und Alfred Rosenberg, einer der Chefideologen der NSDAP, ebenfalls 1930 sein Buch *Der Mythus des 20. Jahrhunderts* veröffentlichte, in dem er die Abschaffung des jüdischen Alten Testaments, die Streichung abergläubischer Berichte des Neuen Testaments und eine deutsche Kirche forderte, die nicht konfessionell gebunden und in Dogmen verankert sein dürfe, sondern in Blut, Rasse und Boden wurzeln müsse. Nun erst warnte Bertram vor der Rassenglorifizierung, der Verachtung der göttlichen Offenbarung und dem zweideutigen »positiven Christentum« der Nazis. Nationalismus sei berechtigt, dürfe aber nicht fanatisch sein. Propagiert werde ein religiöses Wahngebilde, das mit aller Festigkeit bekämpft werden müsse. Schon zuvor hatte der Generalvikar von Mainz die Weisung erteilt, Katholiken sei der Eintritt in die NSDAP verboten, Parteimitglieder dürften nicht als Gruppe an kirchlichen Amtshandlungen teilnehmen und kein Katholik, der sich zu den Lehren der Partei bekenne, könne zu den Sakramenten zugelassen werden. Das christliche Bekenntnis könne nicht dem Sittlichkeitsgefühl der germanischen Rasse angepaßt werden. Die Kulturpolitik des Nationalsozialismus stehe mit dem katholischen Christentum im Widerspruch. Diese Weisung wurde der Parteileitung in Offenbach bestätigt. Gegen die Angriffe der Partei unterstützte der Mainzer Bischof seinen Generalvikar. Gleichzeitig vertrat aber der Berliner Bischof Schreiber die Auffassung, Katholiken sei der Eintritt in die NSDAP nicht verboten. Eine einheitliche Haltung des deutschen Episkopats kam nicht zustande. Nach peinlichen Vorkommnissen (SA-Truppe im Regensburger Dom am 18. Mai 1930; NSDAP-Weihnachtsansprache des Geistlichen und scharfen Antisemiten Dr. Haeuser in Augsburg) veröffentlichte die Bayerische Bischofskonferenz am 10. Februar 1931 pastorale Anweisungen für den Klerus. Danach wollten die acht Bischöfe nicht über die politischen Ziele der Nationalsozialisten urteilen, aber vor deren unkatholischer kulturpolitischer Lehre warnen. Priestern wurde streng verboten, in der NS-Bewegung in irgendeiner Weise mitzuarbeiten. Ob einzelne Nationalsozialisten zu den Sakramenten zugelassen werden, sollte davon abhängen, ob sie nur Mitläufer oder aktive Mitglieder seien. Etwas zurückhaltender war die Erklärung der sechs Bischöfe der Kölner Kirchenprovinz vom 5. März 1931. Ähnlich streng wie die bayerischen

Bischöfe waren die der Kirchenprovinz Paderborn. Offen gegen die NS-Weltanschauung waren die Bischöfe von Freiburg, Mainz und Rottenburg. Die Fuldaer Bischofskonferenz, auf der alle 25 deutschen Diözesen vertreten waren, brachte keine Einigung, wohl weil man sich nicht auf die im Entwurf vorgesehene Gleichsetzung der NSDAP mit den Sozialisten, Kommunisten und Freidenkern entsprechend den Richtlinien über glaubensfeindliche Organisationen aus dem Jahr 1921 einigen konnte. Im Entwurf hatte klar gestanden, daß die NSDAP »tatsächlich mit fundamentalen Wahrheiten des Christentums und mit der von Christus geschaffenen Organisation der katholischen Kirche in schroffstem Gegensatz steht...«[18] Offenbar befürchteten die Bischöfe, in die Parteipolitik hineingezogen zu werden, zumal die Zahl der Katholiken, die nach rechts drifteten, größer wurde. Aus der schließlich beschlossenen verschwommenen Erklärung konnten die Nazis erkennen, daß sich der Episkopat nicht einig war, und sie schlachteten den Kommunistenhaß propagandistisch aus: selbst in den kritischen bischöflichen Erklärungen wurde ja das nationalistische Bestreben anerkannt. Wachsweich waren die verschiedenen bischöflichen Erklärungen.[19] Letztlich wirkte sich die kritische, aber unklare Haltung des katholischen Episkopats verhängnisvoll aus: »Statt der extremen Rechten den Wind aus den Segeln zu nehmen, verhalf man dem Nationalsozialismus zu immer größerem Ansehen, indem man ständig die Vaterlandstreue hervorhob; doch gelang es dabei nicht, diejenigen wirklich zu überzeugen, die die Ergebenheit der Kirche in der nationalen Sache bezweifelten. Das gleiche tragische Schicksal sollte diesen Kurs nach 1933 treffen.«[20] Nur vereinzelt kritisierten Katholiken und katholische Presseorgane den Nationalsozialismus scharf. Aber auch sie richteten ihre Angriffe hauptsächlich gegen die quasireligiösen Lehren des Nationalsozialismus, gegen dessen Ablehnung der Konfessionsschulen und derartige Dinge. Selten nur kritisierten diese wenigen die Verherrlichung der Gewalt, den Antisemitismus und die Forderung nach diktatorischer Herrschaft. Die Verteidigung der Demokratie, durch die »der Wahrheit und dem Irrtum die gleichen Rechte eingeräumt« würden (so Erzbischof Faulhaber in einem Hirtenbrief 1920 zur »gottlosen« Weimarer Reichsverfassung), lag dem seit langem im geistigen Getto befindlichen Katholizismus im allgemeinen fern.

Das alles konnte nicht ohne Auswirkung auf die Politik der Zentrumspartei sein. Deren Flügelkämpfe führten 1928 zur Wahl des Msgr. Ludwig Kaas, eines Kirchenrechtsprofessors, zum Parteivorsitzenden. Er war ein brillanter Redner mit autoritären Neigungen. Nachdem 1929 der Finanzexperte Hein-

18 Zitiert nach Guenter Lewy: Die katholische Kirche und das Dritte Reich, München 1965.

19 Nachzulesen z. B. bei Hans Müller: Katholische Kirche und Nationalsozialismus. Dokumente 1930–1935, München 1963.

20 G. Lewy: Die katholische Kirche und das Dritte Reich, a. a. O.

rich Brüning Fraktionsvorsitzender im Reichstag geworden war, übernahm der rechte Parteiflügel die Führung. Die Partei wurde zunehmend antirepublikanisch und verhalf vielen Klerikern zu leitenden Positionen: eine verhängnisvolle Entwicklung.

Wie man sieht, war auch im Bereich des Katholizismus der Boden bestens bereitet für den großen nationalen Aufbruch: im Bereich der Politik, der Weltanschauung und des Antisemitismus. Die Gegenkräfte waren gering. Im Frühjahr 1930 zerbrach die Koalition zwischen SPD und Zentrum, und Brüning, mit dem Notverordnungsrecht regierend, baute schon einen autoritären Führerkult auf. Trotz seiner nationalistischen Politik wurden die Nazis im Juli 1932 mit 37,4 Prozent der Stimmen die stärkste Partei im Reichstag. Obwohl auch die beiden katholischen Parteien noch geringen Stimmenzuwachs verzeichneten, konnten sie nur weniger als die Hälfte aller katholischen Stimmen auf sich vereinigen. Franz von Papen, ultrakonservatives Mitglied des Zentrums, ließ sich abredewidrig von Reichspräsident Hindenburg zum Kanzler ernennen und trat wegen der folgenden Differenzen mit der düpierten Zentrumspartei aus dieser aus. Göring wurde mit den Stimmen des Zentrums am 30. August 1932 zum Reichstagspräsidenten gewählt, da man naiverweise glaubte, die Nazis noch bändigen zu können. Man sprach von einer »Regierung der nationalen Konzentration«. Mit dieser Entwicklung wurden die katholischen Massen vollständig verwirrt und die ohnehin nur halbherzigen Kritiken der Bischöfe völlig neutralisiert: ihre Autorität war ausgehöhlt.

Als Hitler sich mit fünf SA-Männern solidarisch erklärte, die wegen besonders grausamer Ermordung eines kommunistischen Arbeiters in Oberschlesien zum Tod verurteilt worden waren, schrieb der Herausgeber der katholischen Zeitung *Der Gerade Weg* am 11. September 1932 in seiner Zeitung:

> »Wir sind der Überzeugung, daß in Hitler die Unbedingtheit zum Bösen zum Ausdruck kommt. Und es ist für uns das erschütterndste Erlebnis, daß ... zu der gleichen Zeit, wo Hitler und seine maßgeblichen Parteiführer in ihren Erklärungen über den Beuthener Meuchelmord sich ohne die geringste Rücksicht zum Grundsatz des Bösen bekennen, die Führung der auf christlicher Grundlage programmatisch aufgebauten Bayerischen Volkspartei und des Zentrums sich mit ihm und seinen Genossen zusammensetzt und noch dazu zu behaupten wagt, sie seien die geeigneten ›Hüter des Rechts‹ und der ›ehernen Grundsätze‹.«

Nun häuften sich bereits die Fälle, in denen Nationalsozialisten, obwohl dies nicht zugelassen war, in SA-Uniform an Gottesdiensten teilnahmen. Jetzt, da die Weimarer Republik in den letzten Zügen lag, sagte der neuernannte Erzbischof Dr. Conrad Gröber, Freiburg – späteres bischöfliches Verhalten schon vorwegnehmend – vor einer Versammlung von Geistlichen, es sei die Zeit gekommen, da die Kirche zum Nationalsozialismus allmählich eine versöhnlichere und klügere Haltung einnehmen müsse. Bekanntlich hatte mittlerweile die Kirche in Italien mit dem totalitären Staat des atheistischen Mussolini ihren Frieden geschlossen, sich auf die religiöse Sphäre zurückgezogen und 1929 einen großen Erfolg mit dem Lateran-Vertrag erzielt. Daß es in Deutschland ähnlich kommen würde, hat der hochgeachtete Linkskatholik Walter Dirks Ende 1932 zu Recht befürchtet.[21]

21 Ein in der Forschung bisher stark vernachlässigtes Thema ist »Der Antisemitismus und seine Bedeutung für den Untergang der Weimarer Republik«. Unter diesem Titel erschien jetzt eine Abhandlung von Werner Jochmann in derselbe: Gesellschaftskrise und Judenfeindschaft in Deutschland, a.a.O., S. 171–194, mit umfangreichen Quellenangaben.

VII. Kirchen, Nationalsozialismus, Juden und die Position der Westmächte

1. Machtergreifung

Das Ende der Weimarer Republik war denkbar tragisch, denn vieles deutete Ende 1932 darauf hin, daß den Nazis die Machtübernahme nicht gelingen würde. Zwar stieg bei der Reichstagswahl am 31. Juli die Zahl der Nazimandate von 107 auf 230. Hindenburg bekundete Hitler deutlich sein Mißfallen. Nach dem Fehler Hitlers, am 12. September den vereinbarten Waffenstillstand mit Kanzler Papen zu brechen, und der Empörung vieler, daß Hitler die abscheuliche Ermordung eines unbewaffneten Kommunisten in Beuthen (Oberschlesien) durch fünf SA-Leute öffentlich gutgeheißen hatte, verlor die NSDAP bei den Neuwahlen am 6. November 1932 zwei Millionen Stimmen und 34 Mandate. Zerfallstendenzen bei der NSDAP (Gregor Strasser, mächtiger Leiter der Parteiorganisation, stand im Begriff, der Partei den Rücken zu kehren) waren unübersehbar. Aber der neue Kanzler Schleicher mußte Hindenburg am 23. Januar 1933 um Auflösung des Reichstags bitten, da er keine Mehrheit zustande brachte. Zu diesem Zeitpunkt hatte Hitler seine Partei wieder im Griff (neues zentrales Parteibüro unter Rudolf Heß). Jetzt sah Papen nur eine Möglichkeit: Einbindung der NSDAP mit Hitlers Kanzlerschaft als Lockmittel, wobei Hitler, der nur zwei NS-Minister zugestanden bekam, neben Vizekanzler Papen und sieben weiteren Deutschnationalen nicht in der Lage sein sollte, wirkliche Macht auszuüben. »Wir haben ihn uns engagiert!« war Papens Meinung. Nach zwei Monaten werde Hitler in die Ecke gedrückt sein. In den zwei Monaten aber spielte sich ganz anderes ab. Offenbar hatte es niemand für wert befunden, eines der zahllosen Exemplare von *Mein Kampf* zu lesen oder irgendwelche Schlußfolgerungen aus den schon damals zahlreichen Nazimorden und den fanatischen Äußerungen Hitlers zu ziehen. Zwei Monate genügten Hitler als Basis für die Unterwerfung des Staats.

Am 30. Januar 1933 wurde Hitler zum Reichskanzler ernannt. Aus propagandistischen Gründen sagte er in seiner ersten Rundfunkansprache, die neue Regierung werde »das Christentum als Basis unserer gesamten Moral und die Familie als Keimzelle unseres Volks- und Staatskörpers in ihren festen Schutz nehmen«. Es wird immer unverständlich bleiben, welche Moral die Christen im Auge hatten, die Hitler so zahlreich alsbald zujubelten. Hitler, der den Katholizismus – obwohl Atheist – bis zuletzt bewunderte, übrigens bis zuletzt Kirchensteuer zahlte und nie exkommuniziert wurde, hat nach Hjalmar Schacht einmal so formuliert: »Ich habe dem Rosenberg schon immer gesagt, auf Weiber- und Priesterröcke soll man nicht schlagen.« Ähnliche Worte werden zahlreich wiedergegeben. Mit solchen Reden konnte er viele Kirchenleute noch jahrelang beschwichtigen, weil sie u.a. vieles Kirchenfeindliche angesichts der unterschiedlichen Ansichten innerhalb der Partei nicht Hitler zuschrieben: eine heute ganz unbegreifliche Haltung. Man sah im Nationalsozialismus ein Bollwerk gegen den Kommunismus. Hitlers Reden waren eine Sache, seine Taten eine andere. Daß ausgerechnet die Kirchen hierbei so naiv gewesen sein sollten? Hitler gab sich zunächst vernünftig und staatsmännisch. Cesare Orsenigo, päpstlicher Nuntius in Berlin, hat über Hitlers Kanzlerschaft frohlockt. Verschiedene Mitglieder der Kurie äußerten sich wohlwollend. Hier sei angemerkt, daß sich Hitler bis zu seinem Tod der Gunst verantwortlicher Führungskräfte beider christlicher Großkirchen erfreuen konnte.[1] In Österreich hatte Nuntius Sibilia 1932 erklärt, wenn der Nationalsozialismus garantiere, daß er nicht kirchenfeindlich sei, solle man ihn nicht bekämpfen. Genau das war auch die Haltung des deutschen Katholizismus: Für kirchliche Sonderrechte war man bereit, die Menschenrechte preiszugeben. Dies bezeichnet Friedrich Heer als die Tragödie des kirchlichen Katholizismus ab 1933. Für den Protestantismus galt freilich nichts anderes.

»Die politische Nähe vieler evangelischer Laien und Kirchenführer zur nationalsozialistischen Bewegung führte dazu, daß mit dem Eintritt der NSDAP in die Regierungsverantwortung durch die Ernennung Hitlers zum Reichskanzler am 30. Januar 1933 die beabsichtigte parteipolitische Neutralität in vielen Landeskirchen aufgegeben wurde.«[2]

Der bekannte, im Kirchenkampf mutige Landesbischof von Baden-Württemberg schrieb später in seinen Lebenserinnerungen:

»Es gab ja auch Rückschläge; insbesondere war man in allen kirchlichen Kreisen erschrocken, als im Jahr 1932 Hitler einen politischen Mord in Schlesien ohne weiteres rechtfertigte. Aber als im Januar 1933 Hindenburg sich zur Berufung von Hitler als Reichskanzler an die Spitze eines nationalen Kabinetts entschloß, da glaubte man doch auch in kirchlichen Kreisen, diese Wendung begrüßen und von ihr eine günstige Wirkung auf das Ganze des Volkes erwarten zu können. Die Nationalsozialisten hatten bisher die kirchenfeindliche Agitation des marxistischen Freidenkertums entschieden bekämpft, so daß wirklich Grund vorhanden war zu der Hoffnung, es werde nun anders werden, und diese Hoffnung schien auch in Erfüllung zu gehen, denn es setzte eine entschiedene Bewegung zur Zurücknahme des Kirchenaustritts ein, besonders in Norddeutschland.«[3]

---

1 Vergleiche Friedrich Heer: Gottes erste Liebe. 2000 Jahre Judentum und Christentum, Frankfurt/Berlin 1986, S. 393.

2 Georg Denzler und Volker Fabricius: Die Kirchen im Dritten Reich, 2 Bde., Frankfurt 1984; Zitat Bd. 1, S. 31.

3 Zitiert nach ebenda aus Wurm: Erinnerungen aus meinem Leben, 1953, S. 85 f.

Zurück zu Hitlers Kanzlerschaft. Zur Machtkonsolidierung und zur Erweiterung der Regierungsbasis hatte Hitler Scheinverhandlungen mit dem Zentrum geführt. Trotz deren Scheitern waren aber die Zentrumsführer für eine Annäherung an Hitler. Erfolgreich strebte Hitler alsbald bei Hindenburg Neuwahlen an, von denen er eine solide NS-Mehrheit erhoffte. Hierzu schreibt Walther Hofer in seiner weitverbreiteten, vor allem an Schulen beliebten kommentierten Dokumentensammlung (der sich zur Rolle der Kirchen wie in vielen anderen bekannten Werken aber fast nichts entnehmen läßt):

»Die Wochen bis zum Wahltermin sind durch zwei Umstände gekennzeichnet: durch die Terrorisierung der politischen Gegner mittels der nationalsozialistischen Parteiformationen, also SA und SS, die jetzt sozusagen staatsoffizielle Einrichtungen geworden waren, und durch die Festigung der Macht der Hitlerregierung dank einer Reihe von Notverordnungen, welche Schlag auf Schlag die verfassungsmäßigen Grundrechte der Demokratie außer Kraft setzten. Von wirklich freien Wahlen konnte unter solchen Verhältnissen, trotz der Zulassung anderer Parteien, kaum mehr die Rede sein.«

In dieser Zeit bemächtigte sich der preußische Innenminister Göring mit großer Rücksichtslosigkeit und Gesetzesmißachtung der preußischen Polizei. Sein nomineller Vorgesetzter, von Papen, der nicht nur Vizekanzler, sondern auch Reichskommissar von Preußen war, ließ sich überrumpeln. Göring versetzte die Polizeipräsidenten von 14 Städten in den Ruhestand, entließ Dutzende andere Beamte, ernannte den Berliner SS-Gruppenführer Kurt Daluege zum »Kommissar zur besonderen Verwendung« und betraute ihn mit der Aufgabe, die gesamten Polizeikräfte von »unzuverlässigen Elementen« zu säubern. Am 17. Februar verordnete er den örtlichen Polizeidienststellen gute Beziehungen zu SA, SS und Stahlhelm bei der Bekämpfung der Linken. Zeitungsverbote behinderten den Wahlkampf der Nazigegner zusätzlich. Am 20. Februar 1933 veröffentlichten die katholischen Bichöfe eine von Kardinal Bertram ausgearbeitete Wahlerklärung, die die Nazis *nicht* als Gegner benannte. Daß Kandidaten gewählt werden sollten, die der katholischen Unterstützung würdig waren, nutzten katholische NS-Kandidaten natürlich aus. Nur einzelne Bischöfe sprachen sich gesondert für die Zentrumspartei aus. Karl Speckner hat in einem 1934 mit Imprimatur versehenen Buch die neutrale Haltung Kardinal Faulhabers für die (geringen) Stimmenverluste der Bayerischen Volkspartei verantwortlich gemacht. In diese prekäre Situation platzte die Nachricht vom Reichstagsbrand, den die Nazis sofort der KPD in die Schuhe schoben. Um die Frage der Urheberschaft des Reichstagsbrands am 27. Februar 1933 (Inszenierung der Nazis oder Alleintäterschaft des später dafür hingerichteten holländischen Wirrkopfs Marinus van der Lubbe) wird seit einigen Jahren wieder mit besonderer Heftigkeit gestritten. Eines steht aber fest: Einen noch günstigeren Termin vor der Wahl hätte man auch nicht planen können. Verheerend waren die Folgen.

»Hitler und Göring verloren keine Zeit, die Tat der Kommunistischen Partei in die Schuhe zu schieben und diese Beschuldigung zur Rechtfertigung eines vernichtenden Schlages gegen die noch verbliebenen Reste des demokratischen Systems zu benützen. Ehe der Morgen des 28. Februar dämmerte, waren 4000 kommunistische Funktionäre und Parteimitglieder verhaftet und in einem Aufwasch mit ihnen Intellektuelle und Akademiker, die sich den Zorn der Nazi-Partei zugezogen hatten... Noch vor der Mittagsstunde hatte Hitler einen erschütterten Präsidenten, dem man weisgemacht hatte, daß eine kommunistische Revolution unmittelbar bevorstehe, dazu gebracht, die verhängnisvollste von allen Notverordnungen zu unterzeichnen, die seinen Namen trug.«[4]

Die »Verordnung zum Schutz von Staat und Volk«, die sog. »Brandverordnung«, die bereits tags darauf, am 28. Februar in Kraft trat, mußte von langer Hand vorbereitet sein. »Die absolute Rechtlosigkeit des Individuums für die kommenden 12 Jahre der Hitlerdiktatur war damit bereits besiegelt... Die Errungenschaften eines vielhundertjährigen Ringens um die Freiheit in der europäischen Geschichte wurden mit einemmal ausgelöscht...«[5] Die Verordnung ermächtigte die Reichsregierung, erforderlichenfalls in jedem Bundesstaat sämtliche Befugnisse zu übernehmen, und schuf – obwohl bloß eine Verordnung – eine Reihe neuer Straftatbestände. Da keine Durchführungsbestimmungen existierten, blieb ihre Interpretation dem jeweiligen Innenminister überlassen: ein Freibrief für Hermann Göring. Erstmals enthielt diese Verordnung keine Bestimmungen, die im Fall der Verhaftung sofortige Anhörung, Anspruch auf anwaltliche Hilfe und Rechtsmittel garantierten.

In der letzten Wahlkampfwoche wurde die gesamte marxistische Presse zum Schweigen gebracht und auch die SPD konnte keinen wirksamen Wahlkampf führen. Sogar die Kundgebungen wichtiger Zentrumsführer wurden vom Nazipöbel gesprengt.

Trotz alledem blieb die NSDAP am 5. März 1933 weit hinter ihrem Ziel des absoluten Sieges zurück: Ein Zeichen, daß Vernunft und Anstand trotz allen Terrors noch nicht völlig darniederlagen. Noch erhielten das Zentrum 73, die BVP 19, die SPD 120 und die KPD 81 Mandate. Die NSDAP errang mit 288 Sitzen nur zusammen mit den Deutschnationalen eine Mehrheit von 52 Prozent. Aber die Nazis bejubelten nicht nur das Wahlergebnis: Die örtlichen Parteigliederungen

»feierten den Erfolg mit einer Verhaftungsorgie, mit Plünderungen in jüdischen Geschäften und Kaufhäusern, mit Angriffen auf die oppositionelle Presse und mit gewalttätigen Ausschreitungen auf den Straßen, die die Überzeugung verrieten, daß, wer ein braunes Hemd trug, an geltendes Recht und Gesetz nicht gebunden war. Hitler selbst wurde kühner: Er wandte die Bestimmungen der Verordnung vom 28. Februar gegen diejenigen Länder, in denen es noch bedeutende oppositionelle Kräfte gab. In den zwei Wochen, die auf die Wahlen folgten, beorderte die Regierung mit dem Argument, die örtlichen Behörden seien nicht in der Lage, die Ordnung auf-

4 Gordon Craig: Deutsche Geschichte 1866–1945, München 1980, S. 503.
5 Walter Hofer: Der Nationalsozialismus. Dokumente 1933–1945, 1. Auflage 1957.

rechtzuerhalten – die in der Hauptsache von betrunkenen SA- und SS-Horden gestört wurde – reguläre Truppen oder auch SA- und SS-Verbände nach Württemberg, Baden, Bremen, Hamburg, Lübeck, Sachsen, Hessen und Bayern, setzte die legal amtierenden Regierungen unter dem Vorwand, die Weimarer Verfassung zu schützen, ab und ernannte an ihrer Stelle Reichskommissare. Die Regierung Held in Bayern suchte mit energischen Appellen den Reichspräsidenten gegen seinen zielstrebigen Kanzler zu mobilisieren, mußte sich jedoch von Staatssekretär Meißner erklären lassen, daß Beschwerden an die Regierung zu richten seien, die nach Auffassung Hindenburgs ›in eigener Machtvollkommenheit gehandelt hatte‹. Held blieb nichts anderes übrig, als sein Amt an Franz Ritter von Epp abzutreten, den früheren Freikorpsführer, der 1919 mitgeholfen hatte, die Münchner Räterepublik zu zerschlagen.

Angesichts dieser Erfolge Hitlers verfielen diejenigen, die sich dem Nationalsozialismus widersetzt hatten, zunehmend in Resignation und Fatalismus. Angehörige des republikanischen Reichsbanners begannen sich um die Aufnahme in den Stahlhelm zu bewerben; die Führung des ADGB, des Dachverbands der Gewerkschaften, verkündete im März ihre Bereitschaft, ihre Bindungen an die SPD zu lösen und mit der neuen Regierung zusammenzuarbeiten; und Tausende, die bis dahin den Parteien der Mitte angehört hatten, traten in die NSDAP ein und erwarben sich damit den wenig schmeichelhaften Anspruch, zu den ›Märzgefallenen‹ zu gehören. Noch ehe Hitler in aller Form die uneingeschränkte Macht gefordert hatte, war daher die potentielle Opposition dagegen in fataler Weise geschwächt, insbesondere angesichts der Tatsache, daß einflußreiche katholische Bischöfe darauf zu drängen begannen, daß ihre Kirche sich mit der Nazi-Bewegung arrangiere.«[6]

Soweit Gordon Craig. Auch bei der endgültigen Erringung der Macht durch den NS-Terrorismus und dessen Konsolidierung waren die Kirchen nicht unbeteiligt. Der über das Thema Machtergreifung gut unterrichtete Leser möge diese relative Ausführlichkeit der gleichwohl nur kursorischen Darstellung im Rahmen eines Abrisses der jüdischen Verfolgungsgeschichte nachsehen. Anderen Lesern wird sie jedoch – so hoffe ich – das Gesamtverhalten der Kirchen deutlicher machen, aus dem die Judenfrage nicht einfach abgelöst werden kann.

2. Die Zeit nach den Wahlen vom 5. März 1933

Karl Barth, der große protestantische Theologe, hielt am 15. März 1936 in Schaffhausen einen Vortrag zum Thema »Die Bekennende Kirche im heutigen Deutschland«. Hierbei stellte er folgendes heraus:

»Im Frühjahr 1933 nach dem ersten überwältigenden Sieg des Nationalsozialismus auf der politischen Bühne waren sich die kirchlichen Kreise zunächst einig in folgenden Hauptpunkten:

1. In der rückhaltlosen Bejahung des Nationalsozialismus, in welchem man nicht nur eine Hoffnung für das deutsche Volk und den deutschen Staat, sondern ganz direkt eine Gabe Gottes erblicken zu müssen meinte. Alle deutschen Kirchen widerhallten damals in Predigt und Gebet von diesen Gedanken.

2. Die evangelische Kirche auch in dieser neuen politischen Situation zu erhalten, ja sogar ihre mannigfach problematische Lage zu verbessern…

---

6 G. Craig: Deutsche Geschichte, a. a. O., S. 505 f.

Betrachtet man diese beiden Momente: Bejahung des Nationalsozialismus einerseits, Erhaltung der protestantischen Kirche andererseits, so hat man das ganze Problem der Geschichte vor Augen.«[7]

Die Richtigkeit dieser Darstellung kann an zahlreichen Beispielen erhärtet werden und gilt auch für den katholischen Bereich. Einige Beispiele seien herausgegriffen.

Bereits am 8. März 1933, d.h. drei Tage nach den Reichstagswahlen – denen ja (s.o.) so viele schreckliche Ereignisse vorangegangen und unmittelbar nachgefolgt waren, daß sie auch den hohen Kirchenführern nicht *völlig* entgangen sein konnten – schrieb Otto Dibelius (1880–1967), Generalsuperintendent der Kurmark (Brandenburg), in einem vertraulichen Hirtenschreiben an seine Pfarrer: »Es werden unter uns nur wenige sein, die sich dieser Wendung nicht von Herzen freuen.«[8] Dibelius (der übrigens noch im selben Jahr aus politischen Gründen seines Amtes enthoben wurde, später führend in der Bekennenden Kirche und von 1949–1961 Vorsitzender des Rates der Evangelischen Kirche in Deutschland und auch international führend tätig war) sprach ferner von der »bitteren Schule von 1½ Jahrzehnten«. Die Ablehnung der Weimarer Republik, in der die Kirche zumindest im Grundsatz (bei aller noch vorhandener Privilegierung) erstmals ohne das förmliche Bündnis von Thron und Altar bestehen mußte, schlug um in das positive Verhältnis zum Nationalsozialismus. Dabei hätte doch klar sein sollen:

»Das Dritte Reich war vom ersten Tag seines Bestehens an ein terroristisches System. Hitler hatte in der Kampfzeit so offenkundig auf die Macht der Gewalt gesetzt, und er hatte dabei seinen Gegnern, vor allem den Juden und den Marxisten, so unmißverständlich die Vernichtung angedroht, daß diese Vorgeschichte allein genügte, um nach dem 30. Jan. unter vielen Betroffenen ein Klima der Furcht und des Schreckens zu verbreiten.

Nach dem Wahlsieg vom 5. März aber begann sich eine Welle des Terrors über Deutschland zu ergießen.«[9]

Gleichwohl: Auch im katholischen Bereich war der Wahlsieg der NSDAP

»für viele Katholiken eine Bestätigung dafür, daß das Recht auf Hitlers Seite stand... Es verbreitete sich das Gefühl, daß eine mächtige Bewegung nationaler Erneuerung im Gange sei, zu der sich alle bekennen konnten und sollten. Der Aufruf der Nationalsozialisten, die religiösen Differenzen zu begraben, fand ein wohlwollendes Echo in einer Gesellschaft, die sich nach der religiösen Einheit des deutschen Volkes sehnte, seit sie im Ersten Weltkrieg erfahren hatte, was interkonfessionelle Kameradschaft bedeutete. Nicht wenige Führer – von denen man später als den ›Märzgefallenen‹ sprach – traten jetzt aus der Zentrumspartei aus, und einige einflußreiche katholische Zeitungen wie die ›Augsburger Postzeitung‹ forderten die Unterstützung des neuen Reiches, das die NS-Bewegung errichten werde. ›Da wir Deutschland lieben, wollen wir in der

---

7 Zitiert nach Helmut Baier: »Das Verhalten der lutherischen Bischöfe gegenüber dem nationalsozialistischen Staat«, in: Kirche und Nationalsozialismus, Sonderband I der »Tutzinger Texte«, hg. von P. Rieger und J. Strauß, München 1969, S. 87.

8 Ebenda, S. 88.

9 Zitate nach Klaus Scholder: Die Kirchen und das Dritte Reich, 2 Bde., Frankfurt/Berlin 1977 und 1986, Bd. 1, Kapitel »Die Judenfrage März–April 1933«, S. 322–354.

deutschen Gemeinschaft sein. Und wir halten es gerade katholischer Geistesrichtung für unwürdig, in negativer Opposition zu verharren, wenn es die Arbeit und ein positives Ziel gibt.‹«[10]

Und wenige Tage nach den Wahlen fuhr Kardinal Faulhaber zum Papst, um ihm seinen fünfjährigen Diözesanbericht zu erstatten, wobei natürlich die neue Lage in Deutschland besprochen wurde. Nach der Niederschrift der Konferenz der bayerischen Bischöfe in Regensburg vom 20. April 1933 hat Pius XI. laut Faulhabers Bericht während einer Kardinalsversammlung am 13. März Hitler für seine Haltung gegenüber dem Kommunismus gelobt. Was Faulhaber dem Papst wohl berichtet haben mag? Angesichts der zahllosen Einschüchterungs- und Terrormaßnahmen schrieb Kardinal Bertram am 10. März 1933 an Reichspräsident Hindenburg: »An uns als Bischöfe tritt insbesondere mit wuchtigem Ernste die Frage heran, ob die zur Macht gelangte Bewegung vor dem Heiligtum der Kirche und vor der Stellung der Kirche im öffentlichen Leben Halt machen werde.«[11] Hindenburg stellte aber nur ein Gespräch mit Hitler in Aussicht. Am 19. März fragte Bertram vertraulich bei den Mitgliedern der Bischofskonferenz an, ob eine Überprüfung der kirchlichen Haltung zum Nationalsozialismus wirklich notwendig sei, im Klerus herrsche Unsicherheit. Er vertrat die Auffassung, für allgemeine Weisungen sei die Situation noch nicht genügend geklärt. Das Verbot der Parteizugehörigkeit solle stillschweigend aufgehoben werden.

Das Rad der Ereignisse drehte sich schnell. Schon am 11. März 1933, sechs Tage nach der Wahl, begann ganz öffentlich die systematische Verfolgung der Juden, die Hitler schon in seiner 1. Judenschrift 1919 angekündigt hatte. An diesem Tag also drang ein starker Trupp SA-Leute in das Breslauer Amts- und Landgerichtsgebäude ein, öffnete mit dem Kampfschrei »Juden raus« sämtliche Dienst- und Sitzungszimmer und zwang jüdische Rechtsanwälte, Richter und Staatsanwälte, das Gebäude sofort zu verlassen. Die SA zog erst ab, als nach einer geschlagenen halben Stunde die Polizei eintraf: eine abgesprochene Sache. Auf Beschluß von über 100 Breslauer Richtern stand die Justiz in Breslau drei Tage lang still. Dies führte zu einem Kompromiß zwischen dem NS-Polizeipräsidenten und der Justizverwaltung. Letztere sagte zu, den jüdischen Einfluß selbst einzudämmen. Die Folge war, daß nur 17 ausgewählte jüdische Anwälte das Gericht mit Sonderausweis betreten durften. Einen »ganz bescheidenen Anfang« nannte der *Völkische Beobachter* das am 19. März und forderte ähnliche Maßnahmen für Berlin, in dem fast ein Drittel der deutsch-jüdischen Bevölkerung lebte. Umgehend wurden Hausverbote für jüdische Richter und Anwälte in Berlin erlassen. Weitere Maßnahmen folgten in Frankfurt/M., Stuttgart, Hamburg und München. Auch Professoren, Künstler, Journalisten und andere jüdische Berufsgruppen

10 Zitiert nach Guenter Lewy: Die katholische Kirche und das Dritte Reich, München 1965, S. 45.
11 Ebenda.

wurden fast über Nacht in einen Zustand der Rechtlosigkeit versetzt und entehrt. Es zeigte sich auf drastische Weise, daß »ein terroristisches System die Macht in Deutschland ergriffen hatte und diese Macht ohne Rücksicht auf Leben, Recht, Freiheit und menschliche Würde offen und erbarmungslos durchsetzte« (Scholder).

Dies schreckte die Kirchen nicht aus ihrer Behäbigkeit. Die *Tägliche Rundschau*, einzige große protestantische Tageszeitung, sah in ihrem Leitartikel vom 14. März 1933 in der neuen Obrigkeit Gottes ordnende Hand.

Nach diesen Ereignissen wurde am 21. März 1933 die erste Sitzung des neuen Reichstags in der Potsdamer Garnisonskirche feierlich eröffnet. Zuvor fanden Eröffnungsgottesdienste statt. In der evangelischen Nicolaikirche predigte Generalsuperintendent Otto Dibelius u. a.:

»Ein neuer Anfang staatlicher Geschichte steht immer irgendwie im Zeichen der Gewalt. Denn der Staat ist Macht. Neue Entscheidungen, neue Orientierungen, Wandlungen und Umwälzungen bedeuten immer den Sieg des einen über den anderen. Und wenn es um Leben und um Sterben der Nation geht, dann muß die staatliche Macht kraftvoll und durchgreifend eingesetzt werden, es sei nach außen oder nach innen. Wir haben von Dr. Martin Luther gelernt, daß die Kirche der rechtmäßigen staatlichen Gewalt nicht in den Arm fallen darf, wenn sie tut, wozu sie berufen ist. Auch dann nicht, wenn sie hart und rücksichtslos schaltet. Wir kennen die furchtbaren Worte, mit denen Luther im Bauernkrieg die Obrigkeit aufgerufen hat, schonungslos vorzugehen, damit wieder Ordnung in Deutschland werde. Aber wir wissen auch, daß Luther mit demselben Ernst die christliche Obrigkeit aufgerufen hat, ihr gottgewolltes Amt nicht zu verfälschen durch Rachsucht und Dünkel, daß er Gerechtigkeit und Barmherzigkeit gefordert hat, sobald die Ordnung wiederhergestellt war.«

Diese Predigt wurde zwei Tage vor dem Ermächtigungsgesetz gehalten. Zwar heißt es darin auch, wenn die Ordnung hergestellt sei, müßten Gerechtigkeit und Liebe wieder walten. Aber war diese Aussage zu diesem Zeitpunkt sehr glaubhaft?

Der katholische Gottesdienst fand in St. Peter und Paul mit den Zentrums- und BVP-Abgeordneten statt, in Anwesenheit des Katholiken von Papen (der das SA- und SS-Verbot der SPD-Regierung aufgehoben hatte) und des »Mutter-Gottes-Generals« Ritter von Epp, jedoch ohne Hitler und Goebbels: offiziell ließen diese erklären, als katholische Minister fernbleiben zu müssen, solange nicht die Erklärungen widerrufen seien, sie seien als Parteimitglieder Abtrünnige der Kirche. Aber ihre »Rehabilitierung« sollte nicht lange auf sich warten lassen. Psychologisch bereitete Hitler in der Garnisonskirche sein Ermächtigungsgesetz vor. Der Schweizer Leonhard Ragaz kommentierte das Geschehen:

»Eine Lüge, endlich der Gipfel der Lüge, *die* Lüge, die *religiöse Aufmachung* dieses ganzen dämonischen Schwindels, dies Glockengeläute und Orgelspiel, diese Choräle, diese Gebete, diese Predigten – alles auf den Ton gestimmt: Gott ist mit uns –, dies zuletzt eine schwere *Lästerung*. Denn abgesehen von all der Lüge – in dieses Gockenläuten, Orgelspielen, Singen, Beten, Predigen tönen die Schreie der in den Kasernen dieser Befreier und Erneuerer Deutschlands gemarterten Söhne und Töchter Deutschlands. Das ist diese Eröffnungsfeier in der Potsdamer Garnisonskirche...«[12]

Zwei Tage später also wurde das Ermächtigungsgesetz beschlossen, das »Gesetz zur Behebung der Not von Volk und Staat«, das der Regierung das Recht verlieh, auch von der Reichsverfassung abweichende Gesetze an Stelle des Reichstags zu beschließen. Am 23. März 1933 führten sich SA und SS nicht mehr so diszipliniert auf wie zwei Tage zuvor in Potsdam. »Wie eine Bande blutrünstiger Landsknechte« (G. Craig) riegelten sie die Zugänge zur Kroll-Oper ab mit Schlachtrufen wie: »Wir fordern das Ermächtigungsgesetz – sonst gibt's Zunder!« SA und SS übernahmen auch den Saaldienst. Um Zentrum und BVP zu gewinnen, gab Hitler eine schöne Regierungserklärung ab. Er versprach, sich um politische und moralische Säuberung des öffentlichen Lebens zu kümmern und so die Voraussetzungen für eine wirkliche tiefe Religiosität zu schaffen. Die Regierung sehe in den christlichen Konfessionen wichtigste Faktoren der Erhaltung des Volkstums, werde deren mit den Ländern geschlossenen Konkordate respektieren und in Schule und Erziehung den christlichen Konfessionen den ihnen zukommenden Einfluß einräumen und sicherstellen. Auf freundschaftliche Beziehungen zum Hl. Stuhl werde größter Wert gelegt.

Nach einer dramatischen Sitzung des Zentrums wurde schließlich nur gegen die Stimmen der 94 anwesenden SPD-Abgeordneten das Ermächtigungsgesetz beschlossen und Hitler damit praktisch zum unumschränkten Diktator gewählt. Zu dieser Abstimmung wird regelmäßig die Auffassung vertreten, daß die Nazis zur verfassungändernden Mehrheit auf das Zentrum und andere bürgerliche Parteien (neben der DNVP) angewiesen waren, so daß das Zentrum über die »Legalität« der Machtergreifung entschied. Das ist allerdings, wie Hartmut Jäckel nachgewiesen hat, nicht richtig. Nach dem eigenartigen Artikel 76 der Verfassung der Weimarer Republik kamen nämlich verfassungsändernde Gesetze nur zustande, wenn zwei Drittel der gesetzlichen Zahl der Reichstagsmitglieder anwesend waren und von diesen mindestens zwei Drittel zustimmten. Es genügte daher, dafür zu sorgen, daß eine entsprechend große Zahl der Reichstagsabgeordneten nicht an der Sitzung teilnahm. Nachdem alle 81 KPD-Abgeordneten unmittelbar nach Annahme ihres Mandats verhaftet worden waren – Innenminister Frick erklärte am 11. März ausdrücklich, daß sie infolge Aufenthalts in einem Konzentrationslager nicht an der Sitzung teilnehmen würden –, brauchten nur noch ausreichend viel Sozialdemokraten zu fehlen (26 waren es es tatsächlich). In diesen Gewaltmaßnahmen lag die eigentliche Gewaltanwendung. Hartmut Jäckel hat im einzelnen dargelegt und berechnet[13], daß sich Hitler nach Ausschal-

12 Zitiert nach Klaus Scholder: Die Kirchen und das Dritte Reich, a.a.O., Bd. 1.
13 DIE ZEIT vom 18. März 1983.

tung der gesamten KPD auch ohne Zentrum eine ausreichende Mehrheit sichern konnte. Der Möglichkeit, daß Beschlußunfähigkeit eintrat, war durch Änderung der Geschäftsordnung vorgebeugt worden. Die Details zum Ganzen sind recht kompliziert.

Diese Anmerkungen erfolgen der historischen Korrektheit halber. Besser wird das Verhalten des katholischen Zentrum, dieser zerstrittenen Fraktion, durch das Fehlen seiner Kausalität hinsichtlich des Ermächtigungsgesetzes nicht. Mit einer Opposition der katholischen BVP war von vornherein kaum zu rechnen. Jedenfalls wird man von einer »Legalität« der Machtergreifung aufgrund der vorbeugenden Gewaltmaßnahmen der Nazis kaum sprechen können. Gleichwohl geschieht dies gerade kirchlicherseits immer wieder, um das kirchliche Verhalten dem Regime gegenüber (Gehorsam gegenüber der rechtmäßigen Obrigkeit!) besser verständlich zu machen.

Auf Initiative von Kardinal Bertram kam nun innerhalb von nur fünf Tagen eine folgenschwere »Kundgebung des deutschen Episkopats« zustande. Am 28. März 1933 erklärten die Bischöfe u. a.:

> »Es ist nunmehr anzuerkennen, daß von dem höchsten Vertreter der Reichsregierung, der zugleich autoritärer Führer jener Bewegung ist, öffentlich und feierlich Erklärungen gegeben sind, durch die der Unverletzlichkeit der katholischen Glaubenslehre und den unveränderlichen Aufgaben und Rechten der Kirche Rechnung getragen, sowie die vollinhaltliche Geltung der von den einzelnen deutschen Ländern mit der Kirche abgeschlossenen Staatsverträge durch die Reichsregierung ausdrücklich zugesichert wird. Ohne die in unseren früheren Maßnahmen liegende Verurteilung bestimmter religiös-sittlicher Irrtümer aufzuheben, glaubt daher der Episkopat das Vertrauen hegen zu können, daß die vorbezeichneten allgemeinen Verbote und Warnungen nicht mehr als notwendig betrachtet zu werden brauchen.«

Es schließt unmittelbar folgende Ermahnung für's Kirchenvolk an:

> »Für die katholischen Christen, denen die Stimme ihrer Kirche heilig ist, bedarf es auch im gegenwärtigen Zeitpunkte keiner besonderen Mahnung zur Treue gegenüber der rechtmäßigen Obrigkeit und zur gewissenhaften Erfüllung der staatsbürgerlichen Pflichten unter grundsätzlicher Ablehnung allen rechtswidrigen oder umstürzlicheren Verhaltens.«[14]

Was man wohl unter »rechtmäßiger Obrigkeit« zu verstehen hatte, konnte das noch zweifelhaft sein? Richtig ist zwar, daß kaum jemand wußte, was in den Folterkammern der Nazis geschah; und wer es wußte, schwieg aus Angst. Auf der anderen Seite ist nicht bestreitbar, daß man fast alles Wesentliche wissen und hören konnte, wenn man wollte. Scholder weist darauf hin, daß zur gleichen Zeit in Deutschland die Vorgänge kraß unterschiedlich gesehen wurden. Die Skala ging vom größten Abscheu einer starken Minderheit bis zur freudigen Begeisterung. Wer den terroristischen Charakter des Regimes (immer noch) nicht begriff, konnte die herrlichsten Erwartungen haben. Entscheidend für das Verhalten der Mehrheit dürfte nicht die Infor-

14 Die Erklärung ist vollständig abgedruckt in: G. Denzler und V. Fabricius: Die Kirchen im Dritten Reich, a. a. O., Bd. 2, S. 42 ff.

mationsfrage gewesen sein, sondern die Überzeugung, Hitler habe den Staat gerade noch vor einem kommunistischen Umsturzversuch gerettet, so daß man den Terror als berechtigte Abwehrmaßnahmen verstehen konnte. Die Kommunisten waren politische Todfeinde und der Antisemitismus latent stark. Den Nazis gelang es, das Vorgehen gegen beide Gruppen propagandistisch geschickt zu verbinden (Verschwörungstheorie).

Während in Deutschland von der großen Terrorwelle nach dem 5. März viele nichts mitbekamen, gelangten doch so viele Informationen ins Ausland, daß es dort zunehmende Proteste, auch Protestmärsche, gegen die Menschenrechtsverletzungen in Deutschland gab. Gerade dies rief in Deutschland eine heftige Gegenreaktion mit Solidarisierungseffekt hervor. Deutschland war gegen die ganze westliche Welt mißtrauisch, so daß die Nazis die Meldungen für erlogen erklären konnten. Sogar der deutsche PEN-Club erklärte, es handele sich um erlogene Greuelmärchen, und verbreitete dies bei den ausländischen PEN-Clubs. Vielfach wollte man einfach nichts wissen. So weigerte sich – worauf Scholder hinweist – das zentrale evangelische Kirchenbundesamt in Berlin, Informationen entgegenzunehmen.

Am 25. März 1933 erschien in New York und in Deutschland eine Stellungnahme des Exekutivkomitees des bedeutenden »Federal Council of the Churches in America« gegen die Judenverfolgungen in Deutschland. Man erwarte von den deutschen Kirchen die Bekämpfung des Antisemitismus. Dies geschah am Ende der Woche, in der der Tag von Potsdam, die Regierungserklärung Hitlers und die Verabschiedung des Ermächtigungsgesetzes Höhepunkte der »nationalen Wiedergeburt« darstellten. Obwohl Kirchenbehörden i.d.R. langsam und vorsichtig arbeiten, reagierten sie in diesem Fall ungewöhnlich schnell. So fragte Otto Dibelius schon am 26. März in seiner Sonntagskolumne im Berliner *Tag,* wie ein anglikanischer US-Bischof dazu komme, »sich zum Schützer des Judentums in Deutschland aufzuwerfen«. Ähnlich äußerten sich zahlreiche kirchliche Prominente. Hierzu K. Scholder: »Der massierte kirchliche Widerspruch blieb im Ausland nicht ohne Wirkung.« Man beruhigte sich. Genau in der Woche – so Scholder weiter – in der die evangelische Kirche allenthalben an der Beschwichtigung des Auslands arbeitete, »erreichte die öffentliche antisemitische Hetze in Deutschland ihren ersten Höhepunkt«.

Nachdem die Reaktion der Kirchen so regimefreundlich ausfiel, startete Hitler schon am 28. März eine große öffentliche Provokation und befahl der Partei einen allgemeinen Boykott aller Juden und jüdischen Betriebe zum 1. April. Es war der erste Schritt zum planmäßigen Ausschluß der Juden aus der Gesellschaft. Bereits am Montag, dem 27. März, gab es erste Meldungen über die geplante Aktion. In dem Führeraufruf vom 28. März hieß es, die (wenigen und verängstigten!) Juden wären es, die das »wahnsinnige Verbrechen« der »Greuelhetze« begingen: »Die Boykott- und Greuelhetze darf nicht und wird nicht das deutsche Volk treffen, sondern in tausendfacher Schwere die Juden selbst.« In elf Punkten wurde die Durchführung des Boykotts geregelt: schlagartiger Beginn, »Aufklärung« der Bevölkerung, Schutz der Ausländer, Forderung der Beschränkung der Zulassung zu bestimmten Berufen, Auslandsaufklärung, örtliche Aktionskomitees. Gewalttätigkeiten waren aber untersagt. Zum Schluß hieß es, wer die Regierung angreife, greife Deutschland an und verleumde die Nation. »Wer sie bekämpft, hat 65 Millionen den Kampf angesagt! ... Nationalsozialisten! Samstag, Schlag 10 Uhr, wird das Judentum wissen, wem es den Kampf angesagt hat.« Der Vorsitzende des Boykott-Zentralkomitees, der Nürnberger Gauleiter Julius Streicher, erließ einen Boykottaufruf, der am 31. März und 1. April in der ganzen deutschen Presse abgedruckt wurde. Zusätzlich wurden primitiv-bösartige Pamphlete der örtlichen Komitees veröffentlicht. Motto: Die Juden sind unser Unglück! Boykottiert alle jüdischen Geschäfte! Meidet jüdische Ärzte! usw. Chefpropagandist Goebbels erklärte am 31. März, der Sinn der nationalen Revolution liege in der Überwindung des liberalen Individualismus und seiner Ersetzung durch den völkischen Gemeinschaftssinn. Das Jahr 1789 werde aus der Geschichte gestrichen; mit dem internationalen Judentum werde auch der Marxismus gebrochen.

Der Boykott selbst verlief tatsächlich relativ ruhig. Beleidigungen und kleinere Tätlichkeiten gegen Juden und Boykottbrecher waren freilich nicht selten, doch wurden größere Zusammenstöße und Mißhandlungen weitgehend vermieden. Alle jüdischen Läden und Praxen waren gekennzeichnet, SA-Posten forderten zum Boykott auf. Zumindest geistig wurden die Juden gleichsam aus der Volksgemeinschaft gestrichen.

Interessant sind nun die Reaktionen der Kirchen.[15] Im ganzen dürfte die Aktion nicht sehr populär gewesen sein. Wenn auch nur wenige offene Solidarität wagten, so zeigten viele sie doch heimlich. Einen organisierten öffentlichen Protest jedoch gab es nirgends, obwohl doch selbst vor dem Boykott einige Tage zur Verfügung standen und die Kirchen auch eine organisatorische Macht darstellten. Dabei waren die Kirchen selbst betroffen: Einmal als (selbst)erklärte Wächter über Recht und Gerechtigkeit und Hüter des Gewissens, aber auch als Vertreter der jüdischen Christen. Denn in Ziffer 3 der Boykottrichtlinien hatte es geheißen: »Katholisch oder protestantisch getaufte Geschäftsleute oder Dissidenten jüdischer Rasse sind i. S. dieser Anordnung ebenfalls Juden.«

Nun war es keineswegs so, daß sich innerhalb der Kirchen nichts getan

---

15 Klaus Scholder, dessen Buch die Zitate entnommen sind, hat diese Reaktionen sehr detailliert dargestellt und dokumentiert: Die Kirchen und das Dritte Reich, a. a. O., Kapitel »Die Judenfrage März–April 1933, S. 322–354; ausführlich zum Judenboykott und seiner Vorgeschichte auch Wolfgang Gerlach: Als die Zeugen schwiegen. Bekennende Kirche und die Juden, Berlin 1987; und Ernst Klee: »Die SA Jesu Christi«. Die Kirche im Banne Hitlers, Frankfurt 1989, S. 25–31.

hätte. Viele einzelne Empörte versuchten in beiden Kirchen die Kirchenleitungen zu Kritik und Widerstand zu bewegen. Scholder meint, daß »der Widerstandswille gegen die antisemitische Hetze offenbar weit ins Kirchenvolk hineinreichte«. Der 75jährige konservative Lutheraner und deutschnationale Monarchist sowie langjährige Präsident des Deutschen Evangelischen Kirchentags, der Münchener Bankier Wilhelm Frhr. v. Pechmann, begriff die Bedeutung der Sache; er rief schon zwei Tage vor dem Boykott beim Berliner Kirchenbundesamt an und teilte dessen Direktor Hosemann mit, »er sei von einer maßgebenden Seite aus Berlin dringend gebeten worden, sich dafür einzusetzen, daß die evangelische Kirche zusammen oder parallel mit der katholischen Kirche ein ernstes und entscheidendes Wort gegen die jetzt inszenierte Boykottierung der Juden in Deutschland spreche«. Am Nachmittag desselben Tages wiederholte v. Pechmann telegrafisch seinen eindringlichen Aufruf, tätig zu werden. Auch in der Zeit nach dem 1. April war v. Pechmann tätig, auch bei der katholischen Kirche. Er hielt dem Präsidenten des Kirchenbundesamts, Kapler, mit Schreiben vom 14. April vor, die Bewegung gegen die Juden habe »über ungezählte Familien, die sich mit vollem Recht christlich nennen, namenloses Leid gebracht«. Angstvoll warteten auch viele Kirchenmitglieder auf den Schutz ihrer Kirche. Der württembergische Kirchenpräsident Wurm wandte sich rechtzeitig vor dem Boykott an das Kirchenbundesamt und drängte auf ein Tätigwerden. Die württembergischen Protestanten seien mit der Sache »in keiner Weise einverstanden«. Daher sei eine sofortige Sondersitzung des Kirchenausschusses einzuberufen. Aber Dir. Hosemann meinte, es wäre nicht günstig, wenn das erste Zusammentreffen zwischen Kirchenausschuß und Reichsregierung einem Protest gelte. Auch – um nur ein weiteres Beispiel für viele zu nennen – der Frankfurter Kirchenrat Johannes Kübel schrieb am 4. April nach Berlin, wohl alle Landeskirchen litten unter der Judenfrage und in Frankfurt werde ständig die Frage gestellt, was denn die Kirche tue. Es sei vollends unerträglich, wenn »Familien bis ins dritte Glied zurück zur evangelischen Kirche gehören und gleichwohl plötzlich mit dem Makel des Judentums belastet werden« und weiter: »Selbst unbeteiligte, nicht tief christlich empfindende Menschen sagen es uns, wie sie sich zur Zeit vor den Juden ihres Deutschtums und ihres Christentums schämen!« Und der rheinische Sozialpfarrer Wilhelm Menn schrieb dem Koblenzer Generalsuperintendenten, »daß man nicht jahrelang Massen schreien lassen kann: ›Juda verrecke!‹, ohne daß man einmal diesem brutalen Verfolgungswillen Raum gibt. Und unser ›christliches Volk‹ jubelt.« Scholder resümiert:

> »Aber so sehr alle diese Stimmen auch drängten: die Kirche als ganze blieb stumm. Kein Bischof, keine Kirchenleitung, keine Synode wandte sich in den entscheidenden Tagen um den 1. April öffentlich gegen die Verfolgung der Juden in Deutschland.«

Unter den Gründen für das Schweigen nennt Scholder politische und kirchenpolitische Aspekte. Erstere seien in einer Rundfunkrede Dibelius' vom 4. April nach Amerika fast vollständig enthalten, wobei Dibelius weder Opportunist, noch ängstlich gewesen sei. Dibelius ging von der Legalität der Machtergreifung und der Rettung Deutschlands vor der bolschewistischen Revolution aus, do daß er gegen die Inhaftierung der linken Regimegegner nichts einzuwenden hatte. Mit dem amerikanischen Methodistenbischof Dr. Nuelsen habe er sich persönlich von der korrekten Behandlung der Gefangenen überzeugt. Nur KPD-Führer Thälmann habe sich über das ihm nicht ganz ausreichende Essen beklagt. Hier sei angemerkt, daß ein anderer Besucher, Rudolf Diels, etwa zur gleichen Zeit etwas anderes feststellen mußte: In Anwesenheit Görings habe er Thälmann gegen dessen Willen Rock und Hemd vom Leib gerissen. Göring, so Diels (vom Referat Kommunistenbekämpfung des preußischen Innenministeriums kommend, nun Leiter des geheimen Staatspolizeiamts), »starrte auf einen blutigen, mit Striemen übersäten Rücken«. Demgegenüber konnten die beiden Bischöfe die ausländischen Meldungen über den deutschen Terror zurückweisen. Der Boykott erhielt den Anschein berechtigter Notwehr gegen die »antideutsche jüdische Agitation«. Dibelius bat am Schluß, den Sensationsmeldungen nicht zu glauben. Nichts macht blinder als ein allzu fester Glaube, in welcher Hinsicht auch immer. Im übrigen war Dibelius ziemlich antijüdisch eingestellt (was seiner großen, auch internationalen kirchlichen Karriere nach 1945 keinen Abbruch tat). Wenige Tage nach dem Boykott des 1. April schrieb er in einem österlichen Sendschreiben an die Pfarrer der Kurmark:

> »Für die letzten Motive, aus denen die völkische Bewegung hervorgegangen ist, werden wir alle nicht nur Verständnis, sondern volle Sympathie haben. Ich habe mich trotz des bösen Klanges, den das Wort vielfach angenommen hat, immer als Antisemiten gewußt. Man kann nicht verkennen, daß bei allen zersetzenden Erscheinungen der modernen Zivilisation das Judentum eine führende Rolle spielt.«[16]

Wie fremd der Nachwelt das Denken der dreißiger Jahre ist, zeigt der Umstand, daß selbst ein Mann wie der schon zitierte Karl Barth antijüdisch eingestellt war. 1933 sprach er in einer Adventspredigt von den Juden als einem »halsstarrigen und bösen Volk«. 1967, ein Jahr vor seinem Tod, schrieb Barth an den Theologen Friedrich W. Marquardt, er habe »in der persönlichen Begegnung mit dem lebendigen Juden (auch Judenchristen!) ... immer so etwas wie eine völlig irrationale Aversion herunterschlucken« müssen.[17]

---

16 Nachzulesen in der umfangreichen Arbeit von Wolfgang Gerlach: Als die Zeugen schwiegen, a. a. O., erschienen als Studie des Berliner Instituts Kirche und Judentum. Es handelt sich um eine hamburgische evangelisch-theologische Dissertation aus dem Jahre 1970, die offenbar wegen des darin enthaltenen Zündstoffs nicht früher zum Druck zugelassen wurde.

17 Vergleiche ebenda. Der protestantische Geistliche Gerlach kommt zu dem Ergebnis, daß die antijüdische Einstellung von Otto Dibelius als nahezu repräsentativ für die deutsche Christenheit zur Zeit der national-

Neben die genannte politische Blindheit traten kirchenpolitische Gründe, die in einem vertraulichen Rundschreiben Kaplers vom 1. April aufgeführt sind. Jugenderziehung und Schule, Finanzfragen, die verfassungsmäßigen Rechte und Garantien der Kirche, freiwilliger Arbeitsdienst, Reichskonkordat und Entwicklung im Katholizismus sowie die Aktivität gegen die ausländische Propaganda seien die beherrschenden Themen gewesen. Auch der drohende Generalangriff der Deutschen Christen auf die bisherigen protestantischen Kirchen ließen die Frage der Judenverfolgungen zweitrangig erscheinen. Dies war die Marschrichtung, die sich bei einer Besprechung der Generalsuperintendenten am 11. April 1933 in Berlin deutlich abzeichnete.

»Aber dies beides, das politische Fehlurteil und die kirchenpolitische Lage, hätten allein trotz allem wohl noch nicht ausgereicht, das Schweigen der Kirche zu begründen, wenn sie sich nicht in den zwanziger Jahren dem völkischen Antisemitismus geöffnet hätte. Die antisemitische Grundstimmung, die von der völkischen Ideologie in Deutschland verbreitet wurde, war auch vom deutschen Protestantismus aufgesogen und mitgetragen worden. Aus diesem antisemitischen Klima erwuchsen Boykott und Verfolgungen; unter seinem Eindruck sahen und hörten auch die Kirchen nicht, was doch unter ihren Augen, vor ihren Türen, ja in ihren Mauern geschah.«[18]

Aber etliche protestantische Kirchenführer luden nicht nur die Schuld des vorbereitenden und zuschauenden Schweigens auf sich, sondern gingen weit darüber hinaus. So schrieb der sächsische Landesbischof Ihmels am 2. April 1933 in der *Täglichen Rundschau:* »Wie sollte sie [die Volkskirche] dann nicht in ehrfürchtiger Dankbarkeit die ungeahnte Wandlung begrüßen, die sich vor ihr vollzogen hat. Sie kann nur den Versuch machen, diese Wandlung durch die Predigt, die ihr befohlen ist, in der Tiefe – in Gott selbst – zu verankern. Darum darf es ihr eine besondere Freude sein, daß jene Bewegung selbst schon den Zusammenhang mit Gott sucht und bewußt pflegt.« Das radikalste Bekenntnis zur NSDAP legte Bischof Rendtorff aus Mecklenburg ab; er war zunächst durch einen NS-Kommissar ersetzt und dann nach Protesten wieder eingesetzt worden; er trat in die NSDAP ein und rechtfertigte dies am 12. Mai 1933 – als sich ja schon weiteres ereignet hatte! – in der *Mecklenburgischen Zeitung* ausführlich. Der Bischof schrieb unter anderem:

»Die NSDAP erfüllt unter der Führung des unserem Volk von Gott geschenkten Führers Adolf Hitler mit ihrem Kampf um Deutschlands Freiheit und Erneuerung, was seit zwanzig Jahren das Ziel unserer Sehnsucht und unseres Kampfes war. Ich kann als Christ mich öffentlich zu der NSDAP bekennen; denn sie hat durch die feierlichen Zusagen Adolf Hitlers und durch die

---

sozialistischen Machtübernahme gelten könne. Zur Illustration ein Beispiel aus dem katholischen Bereich: Franz Mußner, theologischer Vorreiter der christlich-jüdischen Verständigung, berichtet in seinem Buch: Traktat über die Juden, München 1979, S. 11 f.: »Im bischöflichen Knabenseminar wurde uns beigebracht: ›Beim Juden wird nicht eingekauft!‹ (obwohl es in Passau nur drei jüdische Geschäfte gab). Man schlich an den jüdischen Kaufhäusern vorbei mit dem bedrückenden Gefühl: Da drinnen müssen ganz böse Menschen wohnen.«

18 K. Scholder: Die Kirchen und das Dritte Reich, a. a. O., S. 342 f.

Einsetzung seines Bevollmächtigten für die evangelischen Kirchenfragen die Freiheit und Unabhängigkeit der Kirche für den ihr von Gott befohlenen Dienst zugesichert... Ich will als Seelsorger inmitten der NSDAP dienen; denn sie weiß, daß es um ein Neuwerden des Volkes, um eine Erneuerung des Menschen geht, und sie braucht für das von ihr gewagte ungeheure Werk die Botschaft des Evangeliums und den Dienst der Kirche...«

Daß dies nicht nur die – allerdings besonders groteske – Verirrung eines einzelnen war, zeigt eine Kundgebung des bayerischen Landeskirchenrats vom 13. April 1933, in der es heißt:

»Ein Staat, der wieder anfängt, nach Gottes Gebot zu regieren, darf in diesem Tun nicht nur des Beifalls, sondern auch der freudigen und tätigen Mitarbeit der Kirche sicher sein.«[19]

Dazu ist noch anzumerken, daß die Zeitungen bereits am 21. März die Errichtung von drei Konzentrationslagern gemeldet hatten.

Wie sich die katholische Kirche in Deutschland nach dem 1. April 1933 verhalten hat, faßt Klaus Scholder zusammen:

»Das Bild auf katholischer Seite gleicht dem der evangelischen Kirche bis in die Einzelheiten. Zwar fanden sich hier etwas weniger deutsch-nationale Illusionen, dafür aber gab es noch stärkere politische und kirchenpolitische Bedenken. Das Ergebnis war hier wie dort das gleiche, nämlich Schweigen.«

Auch im Bereich der Catholica gab es Mahner zur Aktivität. Am 31. März 1933 suchte auf Empfehlung des später ermordeten Domkapitulars Lichtenberg (dem der bevorzugt von Geschichtsfälschern verfemte Rolf Hochhuth seinen *Stellvertreter* widmen sollte) Oskar Wassermann, Bankdirektor und Präsident der Arbeitsgemeinschaft der Konfessionen für den Frieden, Kardinal Bertram in Breslau auf. Der Episkopat solle intervenieren. In einem Schreiben gleichen Tags an die fünf deutschen Erzbischöfe ließ Bertram keinen Zweifel, daß er für Stillhalten war. Bertrams Bedenken bezogen sich

»1. darauf, daß es sich um einen wirtschaftlichen Kampf in einem uns in kirchlicher Hinsicht nicht nahestehenden Interessentenkreis handelt; 2. daß der Schritt als Einmischung in eine Angelegenheit erscheint, die das Aufgabengebiet des Episkopates weniger berührt, der Episkopat aber triftigen Grund hat, sich auf sein eigenes Arbeitsgebiet zu beschränken; 3. daß der Schritt keinen Erfolg haben dürfte, weil die Gründe pro und contra den maßgebenden Stellen auch ohne unsere Vorstellung genügend bekannt sind; dazu kann 4. die taktische Erwägung kommen, daß dieser Schritt, der nicht vertraulich im engeren Kreis bleiben kann, sicher die übelste Interpretation in den weitesten Kreisen von ganz Deutschland finden würde, was bei der überaus diffizilen und dunklen Gesamtlage keineswegs gleichgültig sein kann.«[20]

Adolf Bertram – über dessen auch künftig noch unselige Rolle etwa in der *Brockhaus-Enzyklopädie* (1967) nicht einmal ansatzweise die Rede ist, wobei aber der erstmals 1966 verliehene bundesdeutsche Kardinal-Bertram-Preis

---

19 Zitate nach H. Baier: »Das Verhalten der lutherischen Bischöfe gegenüber dem nationalsozialisten Staat«, a.a.O., S. 90 f.

20 Zitate nach K. Scholder: Die Kirchen und das Dritte Reich, a.a.O., S. 91.

für schlesische Kirchengeschichte erwähnt wird – glaubte noch gut christlich die Tatsache erwähnen zu sollen, »daß die überwiegend in jüdischen Händen befindliche Presse gegenüber den Katholikenverfolgungen in verschiedenen Ländern durchweg Schweigen beobachtet habe«. Ausgerechnet der »braune Erzbischof« Gröber aus Freiburg, der noch 1933 förderndes SS-Mitglied wurde, sprach sich für ein Tätigwerden aus mit Rücksicht auf Schuldlose und Konvertierte. Im Ergebnis fand weder jetzt noch in Zukunft ein gemeinsamer Schritt der deutschen Bischöfe zugunsten der verfolgten Juden statt. Im Gegenteil. Gerade die fünf Jahre später so anschlußbegeisterten österreichischen Bischöfe kritisierten ihre deutschen Kollegen. Insbesondere der Linzer Bischof Gföllner bekräftigte die Verbote gegen den Nationalsozialismus nachdrücklich, was den Ärger des Regensburger Bischofs Michael Buchberger hervorrief. Aber nicht nur seinen. Kardinal Faulhaber schrieb am 10. April 1933 an Kardinalstaatssekretär Pacelli nach Rom:

»Ein großer Schaden für die kirchliche Autorität ist die Tatsache, daß die deutschen Bischöfe dem Nationalsozialismus ihr Vertrauen ausgesprochen haben, während der Herr Bischof von Linz gleichzeitig alle Verbote gegen die Nationalsozialisten neu verkündet...«

Im gleichen Schreiben heißt es weiter:

»Uns Bischöfen wird zur Zeit die Frage vorgelegt, warum die katholische Kirche nicht, wie so oft in der Kirchengeschichte, für die Juden eintrete. Das ist zur Zeit nicht möglich, weil der Kampf gegen die Juden zugleich ein Kampf gegen die Katholiken werden würde und weil die Juden sich selbst helfen können, wie der schnelle Abbruch des Boykotts zeigt.«[21]

Auch innerhalb der katholischen Kirche waren es nur einzelne, die das Verhalten der Amtskirche unerträglich fanden und dies auch aussprachen. So wandte sich der bayerische Pfarrer Alois Wurm, Herausgeber der Monatsschrift *Seele*, an Faulhaber und klagte, »daß in dieser Zeit einer äußersten Haßschürung gegen die doch sicher zu mehr als 99 Prozent unschuldigen jüdischen Staatsbürger kein einziges katholisches Blatt, soviel ich sehe, den Mut hatte, die katholische Katechismuslehre zu verkünden, daß man keinen Menschen hassen und verfolgen darf – am wenigsten wegen seiner Rasse. Das erscheint vielen als katholisches Versagen«. Eine größere katholische Zeitung habe ihm einen entsprechenden Artikel zurückgesandt. In seiner sarkastischen Antwort wies Faulhaber darauf hin, jeder Christ müsse gegen die Judenverfolgung auftreten, die Kirchenleitung müsse sich aber mit weit wichtigeren Fragen befassen. Es bestehe keine Veranlassung, »der Regierung einen Grund zu geben, um die Judenhetze in eine Jesuitenhetze umzubiegen«. Unter den vielen Opponenten hat der Berliner Dominikaner Franziskus Stratmann geschrieben: »Am Opportunismus geht das echte Christentum zugrunde... Nur durch Bekennertum und Märtyrertum kann die darniederliegende Christenheit wieder hochkommen.«

21 Zitiert nach: Akten Kardinal Michael von Faulhabers 1917–1945, 2 Bde., Mainz 1975 und 1978, Bd. 1.

Inzwischen machten die Nazis sich mit ungeheurem Tempo daran, ihre Macht endgültig zu etablieren. Bereits am 7. April (!) wurde das »Gesetz zur Wiederherstellung des Berufsbeamtentums« verkündet: Die Ausnahmegesetzgebung gegen die Juden begann damit. Nach § 3 des Gesetzes waren alle nichtarischen Beamten in den Ruhestand zu versetzen, ausgenommen diejenigen, die bereits seit dem 1. August 1914 Beamte waren oder im Krieg an der Front gekämpft hatten oder deren Väter oder Söhne im Krieg gefallen waren: immerhin am Anfang noch ein Rest von »Menschlichkeit«. Mindestens genauso schlimm war § 4 mit seiner Gewährbieteklausel, der jegliche Form von Widerstand nahezu unmöglich machte: »Beamte, die nach ihrer bisherigen politischen Betätigung nicht die Gewähr dafür bieten, daß sie jederzeit rückhaltlos für den nationalen Staat eintreten, können aus dem Dienst entlassen werden.« Hiervon wurde rege Gebrauch gemacht; besonders rigoros in Preußen, wo die Zahl der der SPD angehörenden Beamten relativ groß war: von 1 663 Angehörigen des preußischen Höheren Staatsdienstes wurden 12,5 Prozent aus politischen oder rassischen Gründen und 15,5 Prozent wegen fehlender Qualifikation entlassen. Verschont blieben »die meisten Nicht-Juden, die in der Vergangenheit nicht durch besonders selbständiges Denken oder durch die Intensität ihrer demokratischen Grundüberzeugung aus dem Rahmen gefallen waren« (G. Craig).

Auch zahlreiche katholische Beamte, gegen die man schon im März vorgegangen war, waren betroffen. Deshalb wandten sich die Bischöfe dagegen. Aus diesem Anlaß beschwor z. B. Bischof Buchberger das »christliche Prinzip der Gerechtigkeit und Liebe« als Grundlage des staatlichen Lebens. Dieses Prinzip war also an sich noch bekannt. Einige Tage nach dem 7. April veröffentlichte Erzbischof Gröber – ähnlich wie andere Bischöfe – eine Erklärung, wonach die Bischöfe mit dem deutschen Volk durch Sprache und Blut verwachsen seien usw. Man bedauere aber, was den Anschein der Ungerechtigkeit erwecken könne wie die Entlassung treuer Bürger von ihren Arbeitsplätzen. Während Gröber die ausländische Kritik angesichts der zwischenzeitlich bekanntgewordenen Berichte über KZ-Brutalitäten als verleumderisch zurückwies, prangerte er die Entlassung katholischer Beamter als ungerecht an. Im Hirtenwort der bayerischen Bischöfe vom 5. Mai hieß es, jede Art von Ausnahmegesetzen sei abzulehnen. Aber die Erklärung war sehr allgemein formuliert, und die Juden waren »natürlich« nicht ausdrücklich genannt. Und mit der Kritik war die freudige Zustimmung zum Staat verbunden.

Auf protestantischer Seite wurde am 11. April bei einer Konferenz aller Generalsuperintendenten und Konsistorialpräsidenten eine vom Theologen Walter Künneth ausgearbeitete Schrift mit dem Titel »Die Kirche und die Judenfrage in Deutschland« verteilt. In ihr wurden der staatliche und der kirchliche Aspekt der Judenfrage streng unterschieden. Die Ausnahmegesetzgebung sei lediglich ein Akt notwendiger Gerechtigkeit, denn sie richte sich gegen das »prozentuale Mißverhältnis zwischen der Besetzung öffentlicher Ämter durch Juden und ihrem Anteil an der Bevölkerungszahl«. Für die Kirche jedoch sei nicht rassische Abstammung, sondern die Teilhabe an den Sakramenten entscheidend. Hieraus ergab sich die Lösung: der Staat müsse in der Gesetzgebung zwischen Juden und Judenchristen unterscheiden. Die Kirche habe sich dafür einzusetzen, »daß die Ausschaltung der Juden als Fremdkörper im Volksleben sich nicht in einer dem christlichen Ethos widersprechenden Weise«, etwa in Gewaltakten, vollziehe: eine aus heutiger Sicht nicht mehr nachvollziehbare Aussage. Hitler brauchte 1789 nicht mehr aus der Geschichte zu tilgen, es war in den Gehirnen längst gelöscht, unter erheblicher Mitwirkung beider Kirchen. (Übrigens war damals auch Gotteslästerung im engeren Sinn strafbar.) Es sei aber nicht verschwiegen, daß Ausnahmegesetze für rassische und ethnische Minderheiten keineswegs selten waren. So gesehen war es nur konsequent, wenn Otto Dibelius amerikanischen Interventionen entgegenhielt, die deutschen Kirchen intervenierten auch nicht in der Negerfrage (so im *Sonntagsspiegel* vom 26. März 1933). Bekanntlich gab es in den demokratischen USA noch bis in die sechziger Jahre und darüber hinaus ein beträchtliches Maß an Rassismus, verbunden mit einer Fülle niederträchtigster Justizverfolgungsmaßnahmen. Ein Maßstab für die Kirchen hätte das allerdings nicht sein sollen. Selbst der als Widerstandskämpfer hingerichtete Exponent der Bekennenden Kirche, Dietrich Bonhoeffer, ging im Juni 1933 in der Judenfrage von der oben genannten Trennungstheorie aus. Die Kirche habe »staatliche Gesetze weder zu loben noch zu tadeln«, denn der Staat sei eine Erhaltungsordnung Gottes in der gottlosen Welt. Die Kirche könne dem Staat in der Judenfrage nicht ins Wort fallen. Allerdings – das ist das Neue bei Bonhoeffer – dürfe die Kirche das politische Handeln nicht teilnahmslos an sich vorbeiziehen lassen. Im äußersten Fall, den er offenbar aber noch nicht für gegeben hielt, dürfe die Kirche dem Rad der Entwicklung in die Speichen fallen. Jedenfalls konnten sich die 28 protestantischen Landeskirchen nicht zu einer substantiellen Erörterung der Judenfrage durchringen. Bei einer Sitzung des Kirchenausschusses am 25. und 26. April 1933 folgte die große Mehrheit der Auffassung des Präsidenten Kapler: Da Hitler tags zuvor gegenüber Kapler die Judenfrage nicht namentlich erwähnt hatte, wollte man dies auch nicht tun. Auf einen diesbezüglichen Vorstoß v. Pechmanns sprach man in der Diskussion vom Recht des Staats, die Judenfrage zu »ordnen« usw.

Ebenfalls am 25. und 26. April tagten die katholischen Bischöfe in Berlin. Auch sie waren nicht bereit, die Judenfrage zu erörtern. Ihnen ging es um das Problem der Gleichschaltung der Kirche, die katholischen Organisationen, die Einrichtung eines Verbindungsorgans zum Staat u.a. mehr. Man kam überein, alles zu tun, was zur Verteidigung der Kirche notwendig sei, und alles zu vermeiden, was das Verhältnis zum Regime belasten könne. Hinsichtlich der Juden wurde lediglich beschlossen, die Frage durch Theologen »in Verbindung mit Rassentheoretikern« prüfen zu lassen. Am 26. April fand ein Gespräch zwischen Hitler und Bischof Berning mit Msgr. Steinmann statt, das Berning als »herzlich und sachlich« bezeichnete. Zur Judenfrage erklärte Hitler hierbei nur, daß er nur das tue, was die Kirche 1 500 Jahre lang getan habe. Mehr wurde darüber nicht gesprochen. Hitler hat aber nach Berning gesagt: »Es droht eine schwarze Wolke mit Polen. Wir haben Soldaten notwendig, gläubige Soldaten. Gläubige Soldaten sind die wertvollsten. Die setzen alles ein. Darum werden wir die konfessionelle Schule erhalten, um gläubige Menschen durch die Schule zu erziehen...«[22] Und so geschah es dann auch. Die deutschen Soldaten gingen sechs Jahre später in den Krieg, vom Segen der Kirchen begleitet, mit den Worten »Gott mit uns« auf dem Koppelschloß. Den Segen erhielten freilich auch Engländer, Italiener, Amerikaner, unabhängig von der Konfession.

Nach dem Zweiten Weltkrieg und verstärkt wieder, seit die Forschung immer mehr gegenteilige Tatsachen ans Licht bringt, wird der – gewiß nicht unbedeutende – Widerstand von Christen beider Konfessionen gegen das Terrorregime herausgestrichen. »Kirchenkampf« nennt man dies. Es handelt sich aber »lediglich« um die – z.T. durchaus mutige – Vertretung der innerkirchlichen Interessen gegenüber dem Regime, bei allerdings sehr verengter Betrachtungsweise. Hierzu gibt es eine umfangreiche Literatur. Besonders die katholische Kirche tut sich bei solchen Aktivitäten noch heute hervor. So werden Wanderausstellungen veranstaltet, Vorträge gehalten, einschlägige Forschungen auf Diözesanebene gefördert usw. Die örtliche Presse, häufig Monopolpresse, berichtet darüber entsprechend häufig. Ganz »vergessen« wird dabei, von Schulbüchern ganz zu schweigen, daß es sich hier nur um einen kleinen Teil der Wahrheit handelt. Der andere existiert nicht. Insbesondere die katholische Kirche steht als Symbol des Widerstands da: Kirchengeschichtsschreibung nennt man das. Natürlich gibt es Ausnahmen. Vergessen wird gern, daß die Kirchen trotz der zahlreichen gegen sie gerichteten Verfolgungsmaßnahmen (Auflösung der Jugendverbände, der Kirchenpresse usw.) dem Regime neben anderen Faktoren durch ihr Verhalten mit in den Sattel geholfen haben und daß sie von Anfang an und über Auschwitz hinaus bis zum bitteren Ende mit dem Regime kooperiert und es gestützt haben, und zwar in einer oft widerwärtigen Weise. (Besonders befremdlich: Kardinal Bertram hat ein Requiem für den Führer angeordnet, wie Klaus Scholder herausgefunden hat.) Zeitgenössische innerkirchliche Kritiker sehen das auch so. Profanhistoriker befassen sich, wie schon früher bemerkt, kaum mit kirchenhistorischen Themen, mögen sie politisch auch noch so wichtig für ihre Zeit gewesen sein. Dies gilt auch für das Thema »Die Kirchen und das

22 Zitiert nach Guenter Lewy: Die katholische Kirche und das Dritte Reich, München 1965, S. 67.

Dritte Reich«, so daß der interessierte »Normalbürger« bis vor wenigen Jahren Schwierigkeiten bei der Informationsbeschaffung hatte. Selbst ein so beachtliches und vielgepriesenes Werk wie die *Deutsche Geschichte 1866–1945* von G. Craig bringt zu diesem Thema praktisch nichts, obwohl die Spezialliteratur sehr umfangreich ist. Dem Bürger, der sich nicht regelrecht engagiert, bleibt all dies vorenthalten.[23]

Auf diesem Gebiet bleibt noch einiges zu tun. Dies kann natürlich im Rahmen einer Abhandlung zur Geschichte der Judenverfolgung in zwei Jahrtausenden nur teilweise geschehen. Andererseits erscheint ein skizzenhaftes Eingehen auf das Thema »Kreuz und Hakenkreuz« nicht nur historisch notwendig – die Verdrängung dieser Verbindung aus dem öffentlichen Bewußtsein und ihre Ersetzung durch ein Widerstandsepos ist eine der wirklich großen Geschichtsfälschungen –, sondern auch für unsere Thematik sinnvoll und zu einem gewissen Grad notwendig. Einem »Verständnis« des Holocaust kann man sich nur nähern, wenn man auch die enge Verschränkung von Staat und Kirchen gebührend berücksichtigt. Denn ohne bzw. ohne so deformierte Kirchen hätte es weder das NS-Terror-Regime noch den großen Judenmord geben können.

3. Kreuz und Hakenkreuz ab Mitte 1933

Mit dem amerikanischen Historiker Gordon C. Zahn von Kirche als »Agentur des Dritten Reiches« zu sprechen ist in dieser pauschalen Form sicher falsch. Denn daß die Kirchen und viele einfache Geistliche und Laien – von denen einige Tausend auch ermordet wurden – unter dem Regime zu leiden hatten, ist gar keine Frage. Aber sie waren insgesamt, bei besonderer Berücksichtigung der Kirchenführung, alles andere als Widerstandskirchen. Speziell an die Adresse der katholischen Amtskirche sagt Friedrich Heer eindrucksvoll:

»Natur und Gnade: Hakenkreuz und Kreuz. Die Kirche schmiegt sich der ›Natur‹, dem NS-Regime, an und überhöht dessen tapferen Kampf durch ihre Sakramente und Segnungen bis zum bitteren Ende 1945. Inzwischen stürmen NS-Horden die letzten katholischen Heime, schlagen katholische Jugendliche zusammen, verhaften katholische ›Beamte‹. Völlig überrascht lassen die Führer der Kirche in Deutschland den Angriff auf ihre Kirchenschafe über diese ergehen.

---

23 Um so dankbarer muß man neuerdings für eine so gut lesbare und informative, noch dazu »ökumenische« einführende Darstellung wie die von G. Denzler und V. Fabricius: Die Kirchen im Dritten Reich, a. a. O., sein, die sich an der Wahrheit orientiert und als Taschenbuch preiswert erhältlich ist. Sehr lesenswert sind auch die Taschenbücher von Georg Denzler: Widerstand oder Anpassung? Katholische Kirche und Drittes Reich, München 1984; und von Hans Prolingheuer: Wir sind in die Irre gegangen, Köln 1987; sowie neuestens von Ernst Klee: »Die SA Jesu Christi«, a. a. O., zu Themen wie »Diakonissen-Lobgesänge auf NS-Heilige«, »Das KZ der Inneren Mission«, »Heiligenstürme der SA«.

Papst Pius XI. ist beunruhigt und bestürzt, läßt sich jedoch von Pacelli beruhigen... Die Gleichschaltung der katholischen Presse (400 katholische Tageszeitungen bei Beginn des Dritten Reichs) vollzieht sich ziemlich reibungslos, ihr ging meist eine weitgehend freiwillige Selbstgleichschaltung und Selbstfesselung voraus. Nicht wenige Kirchenblätter beginnen nun eine Übererfüllung des von Berlin geforderten Plansolls und erweisen sich praktisch – wie etwa das Passauer Bistumsblatt – als Propaganda-Organe des Nationalsozialismus. Pater Friedrich Mukkermann, der nach Holland geflüchtet ist und hier mit Hilfe holländischer Freunde die Resistance-Zeitschrift ›Der Deutsche Weg‹ herausgibt..., nennt im April 1936 die katholische Presse im Dritten Reich ein unappetitliches Instrument der Lüge. Reibungslos arbeitet die Presse im Dienste der Kriegspropagandamaschine, so in der Vorbereitung auf die Offensive gegen den plutokratischen kapitalistischen Westen im März 1940. Der Krieg gegen den Westen entspricht dem Naturrecht und der päpstlichen Lehre.«[24]

Dies greift schon etwas voraus. Daß Heer nicht übertreibt, sei zunächst an katholischen Theologen aufgezeigt. Der bekannte Dogmatiker Michael Schmaus, seit 1951 Mitglied der Bayerischen Akademie der Wissenschaften und gleichzeitig für lange Jahre Rektor der Universität München, hat gesagt: »Katholisches und liberales Denken sind unvereinbar. Katholizismus und Nationalsozialismus können und sollen Hand in Hand marschieren.« In seiner Schrift *Begegnungen zwischen katholischem Christentum und nationalsozialistischer Weltanschauung* (2. Auflage Münster 1934) schrieb er:

»Ich sehe nämlich in der nationalsozialistischen Bewegung den schärfsten und wuchtigsten Protest gegen die Geistigkeit des 19. und 20. Jahrhunderts.

Die Tafeln des nationalsozialistischen Sollens und die der katholischen Imperative weisen in dieselbe Wegrichtung.«

Wenige Jahre nach dem Krieg konnte Schmaus wieder Generationen von Theologiestudenten über die unbefleckte Empfängnis und Probleme der Eucharistie belehren, als guter, »Gewähr bietender« Demokrat wie zahllose andere auch. Auch von Franco und dem Papst wurden ihm zu dieser Zeit Ehren zuteil. Der Kirchenhistoriker Joseph Lortz gar beklagt

»eine wahrhaft tragisch zu nennende Unkenntnis der gewaltigen positiven Kräfte, Ideen und Pläne des Nationalsozialismus, wie sie authentisch in Hitlers Buch ›Mein Kampf‹ bereits seit 1925 allgemein zugänglich niedergelegt waren. An diesem Versäumnis tragen wir alle unser Teil Schuld.«

An anderer Stelle erklärt Lortz den Liberalismus zu einem Hauptfeind der Kirche, zu einer Todeskrankheit der Zeit und fährt dann fort:

»Demgegenüber ist es geradezu befreiend, daß endlich in der Moderne *außerhalb* der Kirche eine große Kraft und Gestaltung des Lebens erscheint, die das verkündet und weit in die Wirklichkeit des Lebens einführt, was im 19. Jahrhundert die Päpste Gregor XVI., Pius IX. und auch Leo XIII. unter dem überheblichen Hohngelächter der ganzen sogenannten gebildeten und fortschrittlichen, für die ›Kultur‹ kämpfenden Welt lehrten bzw. ablehnten, was auch jene Päpste ablehnten: Die Überschätzung der Majorisierung und ihre Verwechslung mit der Autorität; die

24 F. Heer: Gottes erste Liebe, a.a.O., S. 110 f.

Forderung schrankenloser Presse- und Redefreiheit, kurz alle Auswüchse, die der individualistische Liberalismus mit dem Wesen der Freiheit verwechselte.«[25]

Daher sieht auch Lortz grundlegende Verwandtschaften zwischen Nationalsozialismus und Katholizismus. Dazu paßt folgendes Wort des bekannten Dogmatikers und Moraltheologen Karl Adam: »Nationalsozialismus und Katholizismus gehen zusammen wie Natur und Gnade.«

Viele prominente Katholiken schrieben in einer Schriftenreihe des Münsteraner Aschendorff-Verlags, die »dem Aufbau des Dritten Reiches aus den geeinten Kräften des nationalsozialistischen Staates und des katholischen Christentums dienen« sollte. In der Zeitschrift *Die Schildgenossen* der insgesamt schon zur Weimarer Zeit antidemokratischen katholischen Jugendbewegung ist im Herbst 1933 zu lesen:

»Als im Jahr 1870 die Unfehlbarkeit des Papstes definiert wurde, da nahm die Kirche auf höherer Ebene jene geschichtliche Entscheidung voraus, die heute auf politischer Ebene gefällt wird: für die Autorität und gegen die Diskussion, für den Papst und gegen die Souveränität des Konzils, für den Führer und gegen das Parlament.«[26]

Der Jesuit Anton Stonner schrieb mit kirchlicher Druckerlaubnis das Buch *Nationalsozialistische Erziehung und Religionsunterricht* (Regensburg 1934), in dem er zwischen christlicher Mission, Mönchtum, SA und SS (zu Recht!) Parallelen zieht. Der bedeutende Theologe Otto Schilling vertrat 1934 das Recht auf vergrößerten Lebensraum und auf deutsche Kolonien.

Und erst die Bischöfe! Es ist schwierig, die Fülle an Ungeheuerlichkeiten auf kurzem Raum wiederzugeben. Wer will, mag sie alle auf den berühmten Zeitgeist schieben, von dem freilich Goethe im Faust gesagt hat: »Was ihr den Geist der Zeiten heißt, das ist im Grund der Herren eigner Geist.« Wer es aber lieber mit dem glühenden Antisemiten Augustinus hält: »Wir sind die Zeiten; wie wir sind, so sind die Zeiten.«

Kein deutscher Bischof sprach gegen die Aufhebung der Menschenrechte und der politischen Rechte durch das Regime. Obwohl im Zusammenhang mit den massenhaften Röhm-Putsch-Morden 1934 (die SA war zu mächtig und Röhm zu eigenwillig) u. a. auch etliche führende Katholiken ermordet wurden, hat sich kein Bischof gerührt. Dem Katholiken Waldemar Gurian blieb es vorbehalten, das Schweigen der Kirche anzuprangern. Mit Ausnahme des Domprobstes Bernhard Lichtenberg haben die Kirchen einschließlich der Bischöfe zur Errichtung der seit März 1933 auch der Allgemeinheit aufgrund öffentlicher Berichte bekannten Einrichtung der KZ's geschwiegen; die katholische Kirche versuchte lediglich, von Hitler die Abhaltung von Beichte und Messe in den KZ's zu erbitten. Bischof Berning, Osnabrück,

25 In: Katholischer Zugang zum Nationalsozialismus, 2. Ausgabe 1934, zitiert nach Karlheinz Deschner: Abermals krähte der Hahn, Neuausgabe 1986, S. 540.

26 Zitiert nach F. Heer: Gottes erste Liebe, a. a. O., S. 397.

1933 auf Görings Vorschlag zum preußischen Staatsrat ernannt, besuchte 1936 einige KZ's seiner Diözese und ermahnte die Gefangenen zu Gehorsam und Treue zu Staat und Volk und lobte (laut Friedrich Heer) das Werk der Schergen. Die katholische *Kölner Volkszeitung* berichtete am 1. Juli 1936, Berning habe sich im KZ Papenburg mit einem dreifachen »Sieg Heil!« empfohlen. In einem gemeinsamen Hirtenbrief der Bischofskonferenz vom 30. Mai und 1. Juni 1933 (noch vor dem Konkordatsschluß), der von sämtlichen deutschen Bischöfen unterzeichnet ist, kann man lesen, es falle nicht schwer, sich der Autorität des neuen deutschen Staatswesens zu unterwerfen, denn jede menschliche Obrigkeit sei ein »Abglanz der göttlichen Herrschaft« und eine »Teilnahme an der ewigen Autorität Gottes«. »Auch die Ziele, die die neue Staatsautorität für die Freiheit unseres Volkes erhebt, müssen wir Katholiken begrüßen«, heißt es weiter. Es werden zwar gewisse Bedenken angemeldet, aber gleich versichern die Bischöfe, darin liege kein versteckter Vorbehalt gegenüber dem Staat, dem die Kräfte der Kirche »um keinen Preis« entzogen werden sollen. Auch für die Vergrößerung des deutschen Lebensraums wird geworben. Dieser berühmte Hirtenbrief wurde gegeben »im Jubiläumsjahr unserer Erlösung«. Weihbischof Neuhäusler hat ihn in seinem apologetischen Buch *Kreuz und Hakenkreuz,* erschienen 1946, durch 21 Kürzungen bis zur Unkenntlichkeit verfälscht, und dies bis heute offenbar weitgehend erfolgreich. Im Mai 1933 (da waren die Gewerkschaften gerade schon aufgehoben) mahnten die bayerischen Bischöfe, man solle nicht auf das Trennende und die Vergangenheit (Unvereinbarkeit von Katholizismus und Nationalsozialismus) sehen, sondern »auf das, was uns eint«. Erzbischof Gröber, der »braune Bischof«, verfügte im August 1933: »Demgemäß besteht kein Hindernis, auch die Fahnen und Abzeichen der Nationalsozialistischen Arbeiterpartei in die katholische Kirche zuzulassen und deren Aufstellung im Kirchenschiff zu gestatten.« Derselbe Conrad Gröber belegte 1935 in seinem Buch *Kirche, Vaterland und Vaterlandsliebe* die Staatstreue der Katholiken durch alle Jahrhunderte. Den gottlosen Nietzsche z. B. diffamierte er, weil er ein guter Europäer gewesen sei. Er schließt mit einem Wort Leos XIII.: »Es gibt in Krieg und Frieden keinen besseren Bürger als einen pflichtbewußten Christen.« Kardinal Bertram hat die rasche Kehrtwendung zum Nationalsozialismus 1933 damit gerechtfertigt, es habe sich wiederum gezeigt, daß die Kirche an keine Regierungsform und keine Parteikonstellation gebunden sei, da ihr übernatürliche Aufgaben oblägen. Hier hat Bertram ein wahres Wort gesprochen: Opportunismus als Wesenselement der Amtskirche. Der Trierer Bischof Bornewasser war bereit, dem neuen Reich »mit dem Einsatz aller Kräfte unseres Leibes und unserer Seele« zu dienen. Weihbischof Burger: »Die Ziele der Reichsregierung sind schon längst die Ziele unserer katholischen Kirche.« Der fälschlich als Widerstandskämpfer gefeierte Kardinal Faulhaber, nach dem selbstverständlich an zentraler Stelle in München eine

Straße benannt ist, nicht weit entfernt von der Pacellistraße und beide nahe dem Platz der Opfer des Nationalsozialismus, dieser Kardinal also hat schon in seinen Adventspredigten 1936 den im Krieg erforderlichen Opferwillen gepriesen. Die Außenpolitik Hitlers hat die deutsche Amtskirche von Anfang bis Ende unterstützt. Bischöfe haben Hitler z.B. bei der Volksabstimmung über den Austritt aus dem Völkerbund im Oktober 1933 unterstützt. Ein eigener Hirtenbrief des Episkopats vom 19. August 1936 verlieh Hitlers Außenpolitik kirchliche Weihe. Am 3. Januar 1937 wurde ein Hirtenwort gegen den Bolschewismus verlesen und gleichzeitig vor Regimekritik gewarnt. »Widerstandskämpfer« Faulhaber wandte sich u.a. gegen die katholischen Emigranten, die gegen Hitler redeten, wie z.B. Pater Muckermann. Über die frühzeitige kirchliche Unterstützung der Kriegsvorbereitung wird später noch referiert. Hier sei nur darauf hingewiesen, daß in Österreich und Deutschland alle Kirchenglocken den »Tag des Großdeutschen Reiches« (Volksabstimmung in der Ostmark) einläuteten. Zum Einmarsch in die Tschechoslowakei am 1. Oktober 1938 sandte Faulhaber Hitler im Namen des Episkopats ein Danktelegramm, und am Sonntag danach wurden überall Dankgottesdienste abgehalten. Zu des Führers 50. Geburtstag 1939 – da wehte schon der günstige Wind des Pacelli-Papstes aus Rom – wehten auch Hakenkreuzfahnen an allen Kirchen. Bistumsblätter und Predigten feierten den »Mehrer des Reichs«. Die kirchlichen Fahnen und Glocken: auch beim Sieg über das katholische Polen und das katholische Frankreich wehten und läuteten sie. Die Fahnen wehten überhaupt schon früh.

»Am 25. Juni [1933] versammelten sich 45000 Katholiken zum Katholikentag der Diözese Berlin im Grunewald-Stadion. Bei dieser Massenversammlung war auch der päpstliche Nuntius anwesend. Er wurde wahrscheinlich zum erstenmal unter Glockengeläut und Fanfarenklang von SA-Leuten mit Hakenkreuzfahnen zum Altar geleitet. Hitler war eingeladen, hatte aber mit Bedauern abgesagt.«[27]

Als das Attentat auf Hitler am 20. Juli 1944 gescheitert war, hielt Widerstandskämpfer Faulhaber im Münchner Liebfrauendom ein feierliches Te Deum ab. Zu diesem Zeitpunkt waren schon Millionen Juden, Zigeuner, Oppositionelle, Geistliche, Zeugen Jehovas, Zwangsarbeiter ermordet. Und die Kirchenführer waren nachweislich schon früh bestens informiert. Auch für die katholischen Verbände galt: »Kreuz und Hakenkreuz rücken immer enger zusammen« (F. Heer). So heißt es in einer programmatischen Erklärung des Bundes Neudeutschland (katholische Gymnasiastenvereinigung) vom September 1933: »Wir Neudeutschen bejahen also die Totalität unseres Staates und die Totalität unserer Religion.« Dies mag als ein Beispiel für viele genügen.

---

27 Guenter Lewy: Die katholische Kirche und das Dritte Reich, a.a.O., S. 119.

Von besonderer Bedeutung war natürlich auch die Politik des Vatikan. Der spielte über die Person des Kardinalstaatssekretärs Pacelli auch bei der Auflösung der katholischen Zentrumspartei eine Rolle. Prälat Prof. Kaas, der mit Pacelli schon seit langem befreundet war, und der katholische Vizekanzler Hitlers, v. Papen, waren Hauptfiguren. Schon bald nach dem Ermächtigungsgesetz lösten sich beide katholischen Parteien auf: Die Bayerische Volkspartei am 4. Juli und das Zentrum am 5. Juli 1933 (Entsprechendes war schon in Italien geschehen). Diese Vorgänge stehen in engstem Zusammenhang mit dem bevorstehenden Abschluß des Reichskonkordats, an dem Hitler und die Kirche größtes Interesse hatten und das dem Vatikan schon gesichert schien. Die komplizierten Vorgänge um die Entstehung des Reichskonkordats und seine Vor- und Nachgeschichte interessieren hier nicht näher (hierzu gibt es eine umfangreiche Literatur; ausführlich z. B. auch Lewy und Scholder).

Der Konkordatsabschluß, der am 20. Juli 1933 im Vatikan in einer feierlichen Zeremonie von v. Papen und Pacelli vollzogen wurde (die Ratifizierung erfolgte am 10. September), stellte die Krönung der bisherigen Arbeit des späteren Papstes dar. Seit seiner Ernennung zum päpstlichen Nuntius in Deutschland 1920 hatte er darauf hingearbeitet. Zur Weimarer Zeit scheiterte eine Regelung u. a., weil in Reichstag und Reichsrat die Mehrheit nichtkatholisch war und man vor allem in der Schulfrage dem Vatikan nicht die geforderten enormen Konzessionen machen wollte. Auch über die Militärseelsorge konnte man sich nicht einigen. Nur mit drei Ländern waren Konkordate geschlossen worden, nämlich mit Bayern 1924, mit Preußen 1929 und mit Baden 1932.

Das Reichskonkordat wurde von allen Seiten stark gefeiert. Geregelt war darin im wesentlichen folgendes: Selbstverwaltungsrecht der Kirche und staatlicher Schutz hierbei, Gewährleistung des kirchlichen Eigentums, staatlicher Religionsunterricht als ordentliches Lehrfach gemäß kirchlichen Grundsätzen, Garantie des Bestandes und der Neuerrichtung von Bekenntnisschulen, kirchliche Lehranstalten und Privatschulen, Erhalt der staatlichen katholisch-theologischen Fakultäten, Schutz religiöser Organisationen, Kirchensteuererhebung, Militärseelsorge mit einvernehmlicher Ernennung des Armeebischofs und der Militärgeistlichen, öffentlich-rechtlicher Status der Kirchengemeinden, Orden usw. wie bisher, keine Bischofsernennung gegen politische Bedenken des jeweiligen Reichsstatthalters. Der Bischofseid war in die Hand des Reichsstatthalters bzw. Reichspräsidenten zu leisten. Darin heißt es (Art. 16): »Ich schwöre und verspreche, die verfassungsmäßig gebildete Regierung zu achten und von meinem Klerus achten zu lassen.« Der Eid wurde geleistet »vor Gott und auf die heiligen Evangelien«. Ein geheimer Anhang enthielt bereits eine Regelung für den Fall der Einführung der allgemeinen Wehrpflicht. Die Verschränkung von Staat und katholischer Kirche war also sehr stark.

Während der Vorteil für Hitler – Prestigegewinn – eindeutig war, war die Position der Kirche trotz der enormen rechtlichen Privilegien und Sicherheiten zwiespältig, da es sich doch um ein Terrorregime handelte und Hitler offenbar von vornherein eine vertragsbrüchige Einstellung hatte. Das Konkordat stellte für die Kirche eine juristische Basis für Proteste gegen kirchenfeindliche Maßnahmen dar; andererseits mußte die Kirche bei zu starken Protesten um die Fortgeltung des Konkordats fürchten. Wie auch immer: Zum Zeitpunkt des Vertragsschlusses stellte das Konkordat die Anerkennung des Regimes vor der Weltöffentlichkeit dar. Faulhaber dankte Hitler am 24. Juli für das Konkordat und schloß mit dem Wort: »Gott erhalte den Reichskanzler für das Volk.« Erzbischof Conrad Gröber schrieb in dem von ihm mit Empfehlung des Gesamtepiskopats 1937 herausgegebenen »Handbuch der religiösen Gegenwartsfragen«, das Konkordat sei ein »Beweis, daß zwei Mächte, totalitär in ihrem Charakter, ein Übereinkommen finden können, wenn ihre Domänen getrennt sind«. Und Faulhaber formulierte in einer Predigt am 14. Februar 1937:

»Zu einer Zeit, da die Oberhäupter der Weltreiche in kühler Reserve und mehr oder minder voll Mißtrauen dem neuen Deutschen Reich gegenüberstehen, hat die katholische Kirche, die höchste sittliche Macht auf Erden, mit dem Konkordat der neuen deutschen Regierung ihr Vertrauen ausgesprochen. Für das Ansehen der neuen Regierung im Ausland war das eine Tat von unschätzbarer Tragweite.«[28]

1958 schrieb Heinrich Böll, der zum Zeitpunkt des Konkordatsschlusses 15 Jahre alt war, seinen lesenswerten »Brief an einen jungen Katholiken«. Dort heißt es:

»Für mich, als ich in ihrem Alter war, war es eine sittliche Gefahr hohen Grades, als der Vatikan als erster Staat mit Hitler einen Vertrag schloß; diese Anerkennung war weit folgenreicher als heute etwa die diplomatische Anerkennung Pankows durch Bonn wäre. Bald nach Abschluß dieses Vertrags zwischen dem Vatikan und Hitler galt es als schick, in SA-Uniform zur Kommunionbank zu gehen, als schick und modisch, aber es war nicht nur schick und modisch, sondern auch logisch, und wenn man nach der heiligen Messe dann zum Dienst ging, durfte man wohl getrost singen: ›Wenn das Polenblut, das Russenblut, das Judenblut...‹«

Zumindest ein Stück Wahrheit steckt sicher in dem Wort F. Heers: »Mit dem Konkordat ist jedem katholischen Widerstand gegen Hitler das Rückgrat gebrochen.« Unabhängig von der Frage der taktischen Richtigkeit muß man es von einem ethischen Standpunkt aus unerträglich finden, daß eine christliche Glaubensgemeinschaft, die zumindest offiziell als Religion der Liebe und Wahrheit firmiert und sich mit dem Odium des Heiligen umgibt, mit einem Verbrecherregime größten Ausmaßes paktiert, was damals längst offensichtlich und jedenfalls der Kirche bewußt war (Pius XI. vor Bischöfen im Mai 1933: »Wenn es darum geht, einige Seelen zu retten und noch größe-

28 Ebenda, S. 108.

ren Schaden abzuwenden, haben Wir den Mut, sogar mit dem Teufel zu verhandeln«). Dies mag dem einen oder anderen zu sehr aus heutiger Sicht gesehen erscheinen. Demgegenüber ist aber festzustellen, daß die gleiche Sicht auch 1933 katholische Zeitgenossen hatten, wie es überhaupt in der Kirche auch zu den zahlreichen finsteren Zeiten immer bedeutende einzelne Gläubige gegeben hat, die trotz des »Zeitgeistes« noch in der Lage waren, sich auf die Ursprünge zu besinnen. Insbesondere die umfangreiche Ketzergeschichte beweist dies. Freilich: man kann alles so oder anders sehen. Dies führt zu Grundfragen der Kirchengeschichtsschreibung, die hier nicht erörtert werden sollen.[29]

Im Protestantismus gab es 1933 und danach eine bemerkenswerte Entwicklung. Weiter oben wurde schon ausführlich Karl Barth zitiert, u.a. mit der Aussage, im Frühjahr 1933 seien sich die protestantischen Kirchen einig gewesen »in der rückhaltlosen Bejahung des Nationalsozialismus«. Die protestantischen Amtskirchen hatten zur »Brandverordnung« vom 28. Februar 1933, zum Ermächtigungsgesetz, zur Errichtung der ersten Konzentrationslager und zum Judenboykott vom 1. April 1933 geschwiegen, ja im Gegenteil kaum eine Gelegenheit ausgelassen, das Regime zu bejubeln. In Hessen z.B. waren die Pfarrer aufgerufen, des Kanzlers an seinem Geburtstag (20. April) betend zu gedenken und die Kirchen zu beflaggen. Die Deutschen Christen hatten, zunächst sehr erfolgreich (Novemberwahl 1932), für den Zusammenschluß der 29 Landeskirchen zu einer evangelischen Reichskirche gekämpft. Sie steuerten auf eine gleichgeschaltete Kirche zu. In ihren Richtlinien vom 26. Mai 1932 – die den Oberkirchenrat in Berlin unbeanstandet passiert hatten – hieß es unter anderem:

> »Wir lehnen die Judenmission in Deutschland ab, solange die Juden das Staatsbürgerrecht besitzen und damit die Gefahr der Rassenverschleierung und Bastardierung besteht. Die Heilige Schrift weiß auch etwas zu sagen von heiligem Zorn und versagender Liebe. Insbesondere ist die Eheschließung zwischen Deutschen und Juden zu verbieten.«[30]

Aber auch Lutheraner und Vertreter der Dialektischen Theologie forderten eine Reichskirche. Die Kirche sollte grundlegend reformiert werden. Die sogenannte Jungreformatorische Bewegung (darunter erstaunlicherweise auch der bald bedeutende Widerstandskämpfer und Vormann der Bekennenden Kirche Martin Niemöller) forderte am 9. Mai 1933 u.a. die umgehende Ernennung eines Reichsbischofs durch das bestehende Direktorium, die Ablehnung von Wahlen als einem überwundenen demokratischen Irrtum und ein »freudiges Ja zum neuen deutschen Staat«. Den Ausschluß von Nicht-

---

29 Vergleiche aber hierzu eindrucksvoll die Einleitung zu Karlheinz Deschner: Kriminalgeschichte des Christentums, Reinbek 1986, Bd. 1, S. 11–70, insb. S. 29 ff.

30 Zitiert nach G. Denzler und V. Fabricius: Die Kirchen im Dritten Reich, a.a.O., Bd. 2, Dokument 11.

ariern aus der Kirche lehnten sie allerdings im Gegensatz zu den Deutschen Christen ab. Gegen das gerade in Kraft getretene Gesetz zur Wiederherstellung des Berufsbeamtentums erhoben auch die »Jungreformatoren« ihre Stimme nicht, obwohl es auch schon prominente protestantische Opfer gefordert hatte. Meistens handelte es sich aber um ohnehin unbequeme Persönlichkeiten (religiöse Sozialisten). Schließlich wurde bereits am 27. Mai 1933 gegen massiven Druck der Deutschen Christen Friedrich von Bodelschwingh von den Jungreformatoren von den Beauftragten der Landeskirchen gewählt. Nach tumultartigen Wochen trat von Bodelschwingh jedoch zurück, und – führungslos – unterzeichneten alle Landeskirchen am 14. Juli die von Hitler bereits abgesegnete »Verfassung der Deutschen Evangelischen Kirche vom 11. Juli 1933«, die noch am gleichen Tag Reichsgesetz (!) wurde und schon für den 23. Juli kirchliche Neuwahlen vorsah. Mit Hilfe Hitlers und des NSDAP-Propagandaapparats erzielten die Deutschen Christen über 70 Prozent, worauf sich die jungreformatorische Bewegung auflöste. Die Deutschen Christen saßen nun fast überall an den Schalthebeln der Kirche. Am 5. September 1933 – da waren u.a. die Auflösung der Gewerkschaften am 2. Mai und die große öffentliche Bücherverbrennung vom 10. Mai längst Vergangenheit – verabschiedete die preußische Generalsynode u. a. einen der staatlichen Regelung genau entsprechenden *Arierparagraphen* für alle Geistlichen und Kirchenbeamten. Diesen Tiefpunkt erreichte übrigens die katholische Kirche nie. Allerdings konnte man aber selbst als Achteljude nicht Mitglied der Gesellschaft Jesu werden.

Jetzt meldete sich erstmals das christliche Gewissen auf breiterer Front. Nach dem Gründungsaufruf von Martin Niemöller vom 21. September 1933 traten bis Ende 1933 bereits ca. 6000 Pfarrer dem Pfarrernotbund bei, von denen viele sich förmlich verpflichtet hatten, gegen alle Verletzung des Bekenntnisstandes »mit rückhaltlosem Einsatz zu protestieren«. Eine derartige Verletzung sei auch »mit der Anwendung des Arierparagraphen im Raum der Kirche Christi geschaffen«. Der Protest speziell dagegen ging allerdings vielen zu weit, da die entsprechende staatliche Bestimmung jedenfalls berechtigt sei. Man war also in der Judenfrage gespalten, was auch in gegensätzlichen Gutachten zweier theologischer Fakultäten zum Ausdruck kam. Nur eine Minderheit sprach sich völlig uneingeschränkt für die Juden aus. Bonhoeffer erfuhr trotz seiner differenzierten Auffassung (strenge Trennung der Beurteilung der Judenfrage im staatlichen und kirchlichen Bereich) »nur vereinzelt Zustimmung«.[31] Am 27. September 1933 wählte die Nationalsynode einstimmmig (!) den vorher weithin abgelehnten Wehrkreispfarrer Ludwig Müller in Wittenberg zum Reichsbischof. Dieser sprach sich sofort für den Arierparagraphen aus und meinte, der junge Theologe habe »den Dienst an Volk

31 Ebenda, Bd. 1, S. 42.

und Vaterland in der SA und im Arbeitslager als Ehrenpflicht« anzusehen. Das Kreuz des Reichsbischofs war übrigens mit dem Hakenkreuz verbunden. Im Zweiten Weltkrieg erschienen selbst in der *Jungen Kirche,* der Zeitschrift der Bekennenden Kirche, Todesanzeigen mit dem Eisernen Kreuz und integriertem Hakenkreuz.[32] Angesichts der nun enormen Machtposition der Deutschen Christen hielt am 13. November 1933 auf einer berühmt gewordenen kirchlichen Sportpalast-Kundgebung in Berlin – die mit dem Horst-Wessel-Lied beschlossen wurde – Dr. Reinhold Krause, Mitglied der preußischen Generalsynode, eine berüchtigte Rede. Er forderte u. a. die Befreiung vom Alten Testament mit seiner »jüdischen Lohnmoral« und sagte dann: »Wenn wir Nationalsozialisten uns schämen, eine Krawatte vom Juden zu kaufen, dann müßten wir uns erst recht schämen, irgend etwas, das zu unserer Seele spricht, das innerste Religiöse vom Juden anzunehmen.«[33] An dieser Stelle gab es anhaltenden Beifall. Das hinderte Krause nicht, von der Rückkehr zur schlichten Frohbotschaft zu sprechen: »Liebe deinen Nächsten als dich selbst.« Aber die Vereinbarkeit von kraß Unvereinbarem ist ja in der Theologie nichts Ungewöhnliches, heute z. B. die Berechtigung der Drohung mit (und das heißt doch wohl unausgesprochen: auch des Einsatzes von) Atom»waffen« bei gleichzeitiger voller Bejahung der Bergpredigt. Die Rede Krauses, eine Propagierung der völkischen Religion des Alfred Rosenberg, führte zu dessen völliger Suspendierung und zum Auseinanderfallen der Deutschen Christen, letztlich auch zum Scheitern des Reichsbischofs.

Der Pfarrernotbund wurde gestärkt. Alles in allem aber brauchte der Nationalsozialismus von den Protestanten keinen Widerstand zu fürchten. Allerdings ging der Reichsbischof 1934 zu weit, als er entgegen gegebenen Zusicherungen die Eigenständigkeit der Landeskirchen abschaffen wollte. Auf enormen Widerstand hin hob er Eingliederungsverfügungen auf. Das zeigt, wie später noch andere Beispiele, daß es den Kirchen nicht unmöglich war, sich zu widersetzen, wenn auch mit Risiko.

1934 erfolgte der Bruch. Bei der Synode von Barmen am 29.–31. Mai 1934, der ersten »Bekenntnissynode«, wurden sechs gewichtige Thesen verabschiedet, allerdings die Juden nicht ausdrücklich genannt und eine Kompromißformel hinsichtlich des Staats aufgenommen. Die Synode erklärte, allein für die DEK rechtmäßig sprechen und handeln zu können, womit die »Bekennende Kirche« entstanden war. Sie konnte sich überall als Gegenorganisation gegen die von den Deutschen Christen beherrschten Landeskirchen etablieren, in den Gebieten der Deutschen Christen mit »Bruderräten«. Aber: Dem Streben nach Einheit opferte die Bekennende Kirche eine Stellungnah-

---

32 Bei E. Klee: »Die SA Jesu Christi«, a. a. O., S. 242, ist eine derartige Anzeige des Generalsuperintendenten Dibelius aus der *Jungen Kirche* abgedruckt, in der dieser den Soldatentod seines 20 Jahre alten Sohnes Franz kundtut.

33 Zitiert nach G. Denzler und V. Fabricius: Die Kirchen im Dritten Reich, a. a. O., Bd. 1, S. 43.

me zu den konkreten Menschenrechtsverletzungen. Eine »vorläufige Kirchenleitung« (VKL) vom November 1934 unter Mitwirkung einiger Landesbischöfe konnte die innerkirchlich anerkannte Leitung der DEK werden. Allerdings zeigte sie sich dem Führer gegenüber freundlich (Glückwunschschreiben usw.). Die Reichs-Bekenntnissynode vom 4.–6. Juni 1935, gut drei Monate vor Erlaß der Rassegesetze, sprach von einem aufgenötigten Kampf um die Wahrheit des Bekenntnisses, doch hieß es auch: »Unser Gebet für unser Volk und seinen Führer geschieht aus aufrichtigem Herzen.« Zu einem klaren Wort für die Verfolgten konnte man sich nicht aufraffen. Walter Künneth gab zu dieser Zeit in einem Buch ziemlich üble antijüdische Sätze von sich. So schrieb er:

»Daß in der Charakterisierung des zersetzenden Einflusses des dekadenten Weltjudentums und seiner Gefährdung des deutschen Kulturlebens Rosenberg Wesentliches erkannt und dargestellt hat, ist nicht zu bestreiten. Verständlich ist es ferner, daß er aus Liebe zum Volk und zur deutschen Rasse ... diesem Fremdgeist den unerbittlichen Kampf ansagt. Der Fehler liegt jedoch darin, daß die ganze Minderwertigkeit und Gefährlichkeit des entarteten Weltjudentums kritiklos auf das Volk Israel und auf das A.T. übertragen wird ..., als ob die Geistigkeit des wurzellosen Asphaltjudentums der Gegenwart gleichbedeutend wäre mit dem Geist des A.T.«[34]

Insgesamt sah Hitler die Situation in der evangelischen Kirche mit Mißbehagen, weil die auswärtige Diplomatie durch aktuelle Lageberichte gestört wurde. Mit dem Gesetz zur Sicherung der DEK vom September 1935 wurde der Reichskirchenminister zum Erlaß entsprechender Verordnungen in DEK und Landeskirchen ermächtigt. Durch den »Reichskirchenausschuß« wurde der Reichsbischof funktionslos.

1936 zerfiel die Bekennende Kirche. Die kleine Gruppe um Niemöller lehnte jede Zusammenarbeit mit den Ausschüssen ab und übte mit einer Denkschrift vom 28. Mai 1936 ungewohnt deutliche Grundsatzkritik am NS-Staat, in der auch die Verpflichtung zum Judenhaß, die KZ's und die Gestapo angeprangert wurden, sie war allerdings als vertrauliches Schreiben an Hitler gedacht. Der Reichskirchenausschuß scheiterte und trat zurück. Die folgende Entwicklung ist besonders verworren. Hier nur soviel: Verschiedene Mitglieder des Reichsbruderrats wurden 1937 verhaftet. Aber beim Anschluß Österreichs ließ auch Bischof Wurm eine Stunde die Glocken läuten. Dr. Werner von den Deutschen Christen, der die laufenden Geschäfte der DEK führte, verlangte aus diesem Anlaß per Verordnung von den Pfarrern den Eid, dem Führer treu und gehorsam zu sein und die Gesetze zu beachten; die meisten leisteten ihn. Nicht einmal die Bekennende Kirche stemmte sich geschlossen dagegen, so daß nur wenige sich bis zum Schluß verweigerten, was aber weiter keine Folgen hatte.

Eine Darstellung des Verhältnisses des Protestantismus zum Regime ist

34 Walter Künneth: Antwort auf den Mythus, 1935.

schwierig. Fest steht aber, daß der deutsche Protestantismus gerade in der ersten Zeit das Regime besonders stark gestützt hat und die protestantische Führung auch nie zu einem geschlossenen Protest gegen die Menschenrechtsverletzungen gelangt ist. Um so weniger war zu erwarten, daß sie etwas für die Juden wagen würde.[35]

4. Die deutschen Kirchen und die Juden bis 1939

Wie die Amtskirchen die kurz nach der Machtergreifung schon regelrecht und nicht mehr nur mit schlimmen Worten verfolgten Juden nicht nur im Stich ließen, sondern ihnen auch noch in den Rücken fielen, wurde schon mit etlichen Details belegt. Auch wurde gezeigt, daß die Judenfrage für die Entwicklung im Protestantismus eine besondere Rolle spielte. Hätte es nicht vielleicht sein können, daß sich mit dem Fortschreiten der Verfolgung doch ernsthafter Widerstand der Kirchen – trotz starkem pseudotheologischem Antijudaismus – entwickelt hätte? Die tatsächliche Entwicklung kann man mit Friedrich Heer wie folgt umreißen:

»Der Nationalsozialismus hat ... in Testfällen (1933–1939 zunächst) die Reaktion der Kirchen, der Öffentlichkeit in Deutschland, im Ausland, in der Welt stufenweise getestet: auf die Entrechtung, Enteignung, Austreibung, Einschließung in Konzentrationslagern von Juden, Sozialisten und anderen Gegnern; er hat sodann die ›Endlösung‹ der Judenfrage vorgetestet: in der Zwangssterilisierung und dann in der Vernichtung des ›lebensunwerten Lebens‹. Hier traf er auf ein entschiedenes Nein von seiten der Kirche. Dieses Nein trat ihm nicht entgegen in seinen ›Bemühungen um die Lösung der Judenfrage‹, in seiner Vernichtung und ›Unschädlichmachung‹ von Liberalen, Demokraten, Sozialisten und Kommunisten.«[36]

Nachkriegsapologeten haben sich nicht gescheut, Faulhabers Adventspredigten von 1933 als Zeugnis unerschrockenen Eintretens für das jüdische Volk zu rühmen. Zwar stellte der Kardinal in seiner fünften und letzten Adventspredigt fest, daß »die Liebe zur eigenen Rasse in der Kehrseite niemals Haß gegen andere Völker werden« dürfe. Unmittelbar zuvor hatte er aber klargestellt, gegen die »ehrliche Rassenforschung und Rassenpflege« sei nichts einzuwenden, auch nicht gegen das »Bestreben, die Eigenart eines Volkes möglichst rein zu erhalten und durch den Hinweis auf die Blutsgemeinschaft den Sinn für die Volksgemeinschaft zu vertiefen«.[37] In den Pre-

---

35 Daß führende protestantische Theologen führenden katholischen Theologen in nichts nachstanden, hat Robert P. Ericksen in einer Fallstudie über drei Theologen ausführlich dokumentiert; Robert P. Ericksen: Theologen unter Hitler. Das Bündnis zwischen evangelischer Dogmatik und Nationalsozialismus, München 1986. Darin beschäftigt er sich mit drei (sämtlich 1888 geborenen) auch international anerkannten Theologen: Gerhard Kittel, Paul Althaus und Emanuel Hirsch. Sie haben, wie viele andere auch, Hitler öffentlich und begeistert unterstützt.

36 F. Heer: Gottes erste Liebe, a. a. O., S. 375.

37 Zitiert nach G. Denzler und V. Fabricius: Die Kirche im Dritten Reich, a. a. O., Bd. 1, S. 143.

digten hat Faulhaber das Alte Testament gegen die Angriffe des Nationalsozialismus (Rosenbergs *Mythus des 20. Jahrhunderts*) verteidigt und klargestellt, es gehe ihm nicht um die Verteidigung der jüdischen Zeitgenossen. Vielmehr müsse man unterscheiden zwischen dem Volk Israel vor und nach Christi. Selbst den Juden des Alten Testaments gönnte er dieses nicht: »Volk Israel, das ist nicht als deine Pflanzung in deinem Garten gewachsen.« Welch großartiges Zeugnis des Eintretens für die Juden! Zu recht wirft Guenter Lewy in seinem schon mehrfach zitierten und zu seiner Thematik wohl unübertroffenen materialreichen und bestens dokumentierten Buch dem bekannten Fundamentaltheologen Yves Congar vorsichtig nur »fast« Geschichtsfälschung vor, wenn dieser in seinem Buch *Die katholische Kirche und die Rassenfrage* (1961), Faulhabers Adventspredigten als »Brandmarkung der Judenverfolgung« bezeichnet. Dies wird noch deutlicher, wenn man folgenden Vorfall bedenkt: Im Sommer 1934 veröffentlichte die Prager Zeitung *Sozialdemokrat* eine erfundene Predigt, die man Faulhaber unterschob und in der der Rassenhaß angeprangert wurde. Als der in Genf tagende Weltkongreß der Juden Faulhaber wegen seiner mutigen Haltung lobte, protestierte Faulhaber in zahlreichen Schreiben an deutsche Behörden und ausländische Zeitungen dagegen. Es sei eine ungeheuerliche Unterstellung, er habe eine Predigt gegen Juden- und Rassenhaß gehalten, und es handele sich um einen »schmachvollen Hetzartikel, der auf einer marxistischen Fälschung beruht«. Faulhabers Sekretär protestierte in einem offenen Brief an den jüdischen Weltkongreß dagegen, »daß sein Name auf einer Konferenz genannt würde, die gegen Deutschland Handelsboykott, also wirtschaftlichen Krieg fordert«.

Erzbischof Gröber schreibt in seinem schon genannten Handbuch 1935 im Artikel »Marxismus«: »Der Bolschewismus ist ein asiatischer Despotismus im Dienste einer Gruppe von Terroristen, angeführt von Juden.«

Am 15. September 1935 wurden auf dem Nürnberger Reichsparteitag die Rassengesetze verabschiedet. Nach dem »Reichsbürgergesetz« konnten nur Staatsangehörige deutschen oder artverwandten Blutes Reichsbürger sein. Das »Gesetz zum Schutz des deutschen Blutes und der deutschen Ehre« (Blutschutzgesetz) verbot Eheschließungen von Ariern und Juden. Selbst im Ausland geschlossene derartige Ehen wurden für nichtig erklärt. Der außereheliche Geschlechtsverkehr zwischen Juden und Ariern wurde verboten. Zuwiderhandlungen wurden mit Zuchthaus bzw. Gefängnis bestraft.

1937 wurde die Wirtschaft »arisiert«: Juden mußten ihre Geschäfte und Betriebe weit unter Wert veräußern. Abgesehen von einer mutigen Erklärung der Vorläufigen Leitung der Deutschen Evangelischen Kirche an Hitler vom Frühjahr 1936, in der – völlig unüblich – die Juden beim Namen genannt sind (das Gebot der Nächstenliebe stehe gegen die aufgedrängte Verpflichtung zum Judenhaß), nahmen die – selbst stark bedrängten – Kirchen die neuen Gesetze hin. Nicht nur das: Bischof Alois Hudal (der sich später um die

Flucht von Nazi-Hauptverbrechern nach Südamerika besonders »verdient« machen sollte, s. u.) begrüßte in Rom die Rassengesetze, an deren Ausarbeitung der streng-kirchliche Katholik Hans Globke beteiligt war. Globke war auch juristischer Kommentator der Rassengesetze, deren Anwendung – dokumentarisch durch zahlreiche Gerichtsurteile belegt – schrecklich war. Hans Globke war es auch, der die jüdischen Zusatznamen (Israel, Sara) in die Pässe der deutschen Juden gebracht hat. Später blieb es Globke unbenommen, als Staatssekretär im Bundeskanzleramt des Katholiken Adenauer viele Jahre u. a. erheblichen Einfluß auf die bundesdeutsche Personalpolitik zu nehmen.

Von besonderer Bedeutung war, daß schon seit dem Beamtengesetz vom April 1934 und jetzt verstärkt Tausende von Pfarrämtern beider Konfessionen an der Erstellung der *Ariernachweise* beteiligt waren. Ohne ihre bereitwillige Mithilfe wäre der begehrte »Ariernachweis« nicht zu erbringen gewesen, so daß die verbrecherische Politik wesentlich geschwächt hätte werden können.

Nachkriegs-Widerstandsheros Faulhaber wetterte 1936, d. h. nach Erlaß der Rassegesetze, in seinem Dom dagegen, man habe dem deutschen Volk die schlimme Lüge aufgetischt, der Papst sei Halbjude. Hierzu Faulhaber wörtlich: »Ich sehe, wie sich meine Hörer vor Entsetzen und Abscheu abwenden. Es ist eine Lüge, bestimmt, das Ansehen des Papstes zu verhöhnen.«[38] Dabei war es gerade dieser Papst gewesen, der – allerdings gegen den Zeitgeist und daher erfolglos – 1928 den Antisemitismus verurteilt hatte (freilich unter gleichzeitiger Aufhebung der Gesellschaft der Freunde Israels). In diesem Zusammenhang ist auch folgende skurrile, aber bezeichnende Geschichte von Interesse: Das im 19. Jahrhundert außerordentlich erfolgreiche antiklerikale kirchen- und papstgeschichtliche Buch *Pfaffenspiegel* von Otto v. Corvin (ursprünglicher Titel von 1845: *Historische Denkmale des christlichen Fanatismus;* das Buch wurde geschrieben anläßlich der Wiederzeigung des »Heiligen Rocks« in Trier 1844 und ist im Handel erhältlich) wurde zu Anfang der Naziherrschaft propagandistisch ausgeschlachtet. Bald versuchte die Kirche, die Bedeutung des Buches zu mindern, indem sie Corvin zum Halbjuden erklärte, während die Nazis auf ihrem Vollarier bestanden. Die Kirche unterstützte ihre Behauptung mit dem berüchtigten widerlich-antisemitischen *Handbuch der Judenfrage* von Theodor Fritsch. Kurze Zeit später berichtete die gesamte katholische Presse, Corvin sei zudem Zuchthäusler gewesen. Schließlich behauptete die Kirche noch, das Buch sei von einer jüdischen Druckerei gedruckt worden. Auch sei er mit Juden befreundet, ein Mensch mit wenig Mitgefühl und von kaltem Sarkasmus und anmaßender Überheb-

---

38 Beilage 11 des Amtsblattes für die Erzdiözese München und Freising Nr. 6, 1936; zitiert nach G. Lewy: Die katholische Kirche und das Dritte Reich, a. a. O.

lichkeit, kurzum besonders »unarisch« gewesen. Schließlich sagte man, wenn er auch nicht, wie sich gezeigt habe, Jude gewesen sei, so hätte er doch einer sein können. Er habe unter dem Einfluß des liberal-freidenkerisch-freimaurerischen Judentums gestanden. Trotz aller Beweise nannte der Regensburger Bischof Buchberger Corvin noch im Februar 1937, als den Juden ihre Menschenwürde längst genommen war, in einem Hirtenbrief einen Halbjuden und Freimaurer, und Erzbischof Gröber wollte sich mit den Fakten noch Anfang 1942 nicht abfinden.

Ein ähnlicher Geist herrschte bei den traditionell ohnehin antisemitischen Jesuiten. Die römische Jesuitenzeitschrift *Civiltà Cattolica* wollte verhindern, daß die Opposition der Jesuiten gegen den nationalsozialistischen Rassismus als Ablehnung des Antisemitismus überhaupt mißverstanden wird und veröffentlichte daher zwischen 1936 und 1938 eine Artikelreihe, in der die Unterschiede und Übereinstimmungen des kirchlichen und des NS-Antisemitismus im einzelnen erläutert werden. Am 19. Juni 1937 hieß es in der Zeitschrift der »Gesellschaft Jesu«: »Es besteht das dringende Bedürfnis, die Beziehungen zwischen Christen und Juden zu beschränken und *eine Schranke zu errichten* gegen die beiden störenden Übergewichte der Juden: gegen das materialistisch-finanzielle und gegen das revolutionäre Übergewicht.« Kapitalismus und Bolschewismus seien Schöpfungen des Weltjudentums. Zur »Unschädlichmachung« der Juden wurde – als ob die Nazis noch Hinweise gebraucht hätten – auf traditionelle päpstliche Maßnahmen verwiesen, nämlich »geeignete gesetzliche Maßnahmen, etwa in einer Form der *Absonderung und Kenntlichmachung,* die unserer Zeit entspricht« (so am 2. April 1938). Hierzu fragt sich der bekannte jüdische Theologe und Philosoph Pinchas E. Lapide in seinem wichtigen Buch *Rom und die Juden:*

»War es reiner Zufall, daß sich, als diese Artikel erschienen, die Säuberung von den Juden in Deutschland von Monat zu Monat verschärfte, daß Heydrich ein Jahr darauf mit der Einrichtung von Zwangsgettos begann und daß zwei Jahre später der ›gelbe Judenstern‹, ursprünglich eine Erfindung der mittelalterlichen Kirche, mit dem Erlaß vom 1. September 1941 wieder in Deutschland eingeführt wurde?

Außerdem bekundete der Faschismus offen sein Interesse an der jesuitischen Lösung der Judenfrage. ›Wir waren stark beeindruckt, als wir diese Stellen in der Civiltà Cattolica lasen‹, schreibt der Chefredakteur der offiziellen Zeitung Il Regime Fascisto am 28. August 1938 mit beißendem Sarkasmus, ›wenn wir selbst auch solche Grausamkeit und solchen Haß nicht empfunden haben ... Sowohl Italien als auch Deutschland haben noch viel von den Jüngern Jesu zu lernen, und wir müssen zugeben, daß der Faschismus sowohl in seiner Planung als auch in seiner Durchführung noch weit von der übertriebenen Strenge der Leute von der Civiltà Cattolica entfernt ist‹.

Beim Nationalsozialismus war das Bindeglied zu den Jesuiten sogar noch greifbarer. Himmler, den der berühmte Historiker Trevor-Roper den ›Großinquisitor Hitlers‹ nennt, besaß nach Angaben seines Freundes und Vertrauten Schellenberg die beste und reichhaltigste Bibliothek über den Jesuitenorden, dessen Literatur er jahrelang nachts verschlang. So baute er seine SS entsprechend den jesuitischen Prinzipien auf. Ihre Grundlagen waren die Konstitutionen und

Exerzitien des Ignatius von Loyola: das oberste Gesetz war strenger, bedingungsloser Gehorsam. Himmler selbst als Reichsführer SS war der Ordensgeneral. In Westfalen, in der Nähe von Paderborn, machte er eine mittelalterliche Burg, die Wevelsburg, sozusagen zum SS-Kloster. Die Wurzeln dieser Einstellung gehen auf die Erziehung durch seinen Vater und dessen streng katholische Lebensweise zurück. Léon Poliakov gibt eine lange Liste von besonders bösartigen Antisemiten unter den Nationalsozialisten an – Himmler, Goebbels und Heß neben andern –, die aus Familien ›streng katholischer Frömmigkeit‹ stammen.

Wir dürfen hinzusetzen, daß in der Hitlerzeit die ›Gesellschaft Jesu‹ – die doch den Namen eines Juden trug – und die SS die einzigen Organisationen auf der Welt waren, die nicht einmal Achteljuden als Mitglieder aufnahmen. Nach 1945 blieben die Jesuiten die einzige Körperschaft von dieser Exklusivität. Der Druck des Vatikans führte 1946 schließlich zur Aufgabe dieser mittelalterlichen Einstellung...«[39]

Hauptsächlich Schreckliches ist hinsichtlich der Einstellung zur Judenverfolgung aus dem protestantischen Bereich zu berichten. Einiges wurde oben schon angesprochen. Zur Einleitung in die Thematik sei die Position des bekannten Neutestamentlers Gerhard Kittel (s.o.) näher dargelegt. Parteigenosse (1933) Kittel von der Universität Tübingen hielt im Frühjahr 1933 eine Vorlesung zum Thema »Die Judenfrage«, die er auch drucken ließ. Er sagte z.B.:

»Nicht darum handelt es sich, ob einzelne Juden anständige oder unanständige Juden sind; auch nicht, ob einzelne Juden ungerechterweise zugrunde gehen oder ob einzelnen damit Unrecht geschieht. Die Judenfrage ist überhaupt nicht die Frage der einzelnen Juden, sondern die Frage des Judentums, des jüdischen Volkes. Und darum darf, wer ihr auf den Grund gehen will, nicht zuerst fragen, was aus dem einzelnen Juden, sondern was aus dem Judentum werden soll.«

Hierzu nannte Kittel vier Lösungsmöglichkeiten. Den Zionismus hielt er für nicht praktikabel. Die Assimilation war für ihn nicht hinnehmbar, weil sie zur rassischen Vermischung und zur Dekadenz führe. Für richtig hielt er den »Gastzustand« unter Separierung der Juden vom jeweiligen Volk ohne Bürgerrechte, d.h. unter Fremdenrecht (wie es ja auch bald geschah). Die *Ausrottung* hingegen lehnte er ab: so etwas habe noch nie funktioniert und sei daher *nicht zweckmäßig.* Noch nach 1945 hielt sich der Theologe zugute, er habe der Reinheit der Bewegung gedient und damit gegen den rüden SA-Antisemitismus gearbeitet. 1936 war Kittel einer der Mitbegründer der »Forschungsabteilung ›Judenfragen‹« des »Reichsinstituts für die Geschichte des Neuen Deutschland«. In der Schriftenreihe des Instituts veröffentlichte er mehrere Aufsätze und schrieb einen Aufsatz auch für Goebbels' »Archiv für Judenfragen«.[40]

Die »Ausrottung« der Juden nur aus Zweckmäßigkeitsüberlegungen abzulehnen war sicher auch für einen damaligen Gottesmann ungewöhnlich. Ansonsten aber paßte dies durchaus ins protestantische Spektrum, wie sich gleich zeigen wird.

---

39 Pinchas E. Lapide: Rom und die Juden, Freiburg 1967, S. 64 f. Das Buch enthält eine Korrektur zu Hochhuths *Stellvertreter* zugunsten Pius XII.

40 Zu Kittel siehe R. P. Ericksen: Theologen unter Hitler, a.a.O.

Auf dem Nürnberger »Reichsparteitag der Freiheit« vom September 1935, der u.a. mit dem Altniederländischen Dankgebet feierlich eröffnet worden war (»Wir treten zum Beten vor Gott, den Gerechten... Im Streite zur Seite ist Gott uns gestanden... Wir loben dich oben, du Lenker der Schlachten«...), wurden schließlich unter den Beifallsstürmen von über 10 000 Delegierten die Rassegesetze verabschiedet. Während des Parteitags gab es Zeitungsschlagzeilen: »Vollblutjuden an der Orgel.« Noch während des Parteitags suspendierten die evangelischen Kirchenbehörden mehrere evangelisch-jüdische Kirchenmusiker vom Dienst.

Obwohl die »gottesdienstliche Musik« nicht in die NS-Reichsmusikkammer gezwungen wurde, ordneten die protestantischen Kirchenorgane ihr die gesamte Kirchenmusik ein mit der Folge, daß die NS-Behörde anhand der Akten die »nichtarischen« Kirchenmusiker feststellen konnte. Nach Veröffentlichung eines Hetzartikels des *Stürmer* suspendierte die Kirche auch Kirchenmusikdirektor Ernst Maschke, der als Leiter des ostpreußischen Instituts für Kirchen- und Schulmusik eine ganze Generation von Kirchenmusikern ausgebildet hatte. Das ging ganz ohne kirchliches Disziplinarverfahren. Entsprechend erging es dem zweiten »volljüdischen« evangelischen Kirchenmusiker, Julio Goslar aus Köln. Man konnte daher erfreut feststellen, »daß sich das kirchenmusikalische Leben im Gegensatz zur Verjudung des öffentlichen Musiklebens nahezu gänzlich judenrein gehalten hat« (so Oberkonsistorialrat Oskar Söhngen).

Aber nicht nur die Kirchenmusikerschaft wurde »entjudet«, sondern auch das Kirchenlied. Bekannte Kirchenmusiker nahmen sich dieser Aufgabe an. Auch Lieder von Paul Gerhard wurden gereinigt. So hieß es in seinem Choral »Du meine Seele singe« nicht mehr »Wohl dem, der einzig schauet nach Jakobs Gott und Heil«, sondern »... nach unsers Gottes Heil«. In dem neuen Gesangbuch *Deutsche Kirchenlieder – Zur Erneuerung des Gemeindegesangs* – ein Verkaufsrenner – waren auch alle 63 Hallelujas aus den Osterhymnen »Christ ist erstanden« und »Erstanden ist der heilig Christ« entfernt. Gut arisch hieß es nun »Gott sei gelobt« bzw. »gelobt sei Gott«.[41]

Groß war die Empörung, als man der evangelischen Pfarrerschaft im Zusammenhang mit dem rassistischen Propagandastück *Schwiegersöhne* »Verjudung« vorwarf. Hierzu erklärte der Sprecher der ca. 18 000 deutschen evangelischen Pfarrer, der bayerische Kirchenrat Friedrich Klingler, auf der Tagung des Reichsbundes der deutschen evangelischen Pfarrervereine in Bautzen 1937 u.a., lediglich 0,3 Prozent des Pfarrerstandes seien nichtarisch i.S. des Reichsbeamtengesetzes, d.h. bei Einbeziehung der Großeltern. Die Voll-Nichtarier könne man an den Fingern abzählen. Klingler wörtlich:

41 H. Prolingheuer: Wir sind in die Irre gegangen, a.a.O., S. 133 f.

»Und dennoch wird immer wieder von der starken Verjudung des evangelischen Pfarrerstandes gesprochen... Hat dieser Stand solche Zurücksetzung und Kränkung, die bald im ganzen Volk als solche erkannt und empfunden werden wird, verdient? Es ist der Stand, der im Kriege nächst dem Offiziersstand die größten Blutopfer gebracht hat, aus dessen Reihen ein Horst Wessel, der Sohn eines evangelischen Pfarrhauses, hervorgegangen ist...«[42]

Die Leitung der Bekennenden Kirche prangerte am 4. Juni 1936 gegenüber Hitler die Abweichung Rosenbergs vom »positiv-christlichen« Parteiprogramm der NSDAP an und verwahrte sich laut Originalfassung der Denkschrift dagegen, daß den Christen nach Rosenberg »ein Antisemitismus aufgedrängt wird, der zu Judenhaß verpflichtet« und daher dem christlichen Gebot der Nächstenliebe entgegenstehe. Bei der Kanzelabkündigung am 23. August 1936 und der Veröffentlichung als Flugblatt war auch dieser Satz gestrichen.

Am 4. April 1939 gründeten 13 deutsche Landeskirchen in Eisenach das »Institut zur Erforschung und Beseitigung des jüdischen Einflusses auf das kirchliche Leben«; 192 Bischöfe, Konsistoriale, Professoren usw. arbeiteten mit am großen Werk der »Entjudung von Theologie und Kirche«. Zu den Arbeitsergebnissen gehörten ein »entjudetes« Neues Testament (1941) sowie im gleichen Jahr ein »judenreiner« Katechismus. Wesentlich war die Aussage, Jesu Eltern seien keine Juden gewesen, so daß auch er selbst keiner gewesen sei. Auf das Alte Testament wurde ganz verzichtet.

Am 31. Mai 1939, dem fünften Jahrestag der Verkündigung des Barmer Bekenntnisses, beruhigten die auch nach 1945 noch amtierenden Kirchenführer Happich, Henke, Hollweg, Marahrens, Meiser und Wurm die Christen mit der Feststellung, daß »eine ernste und verantwortungsbewußte Rassenpolitik zur Reinhaltung unseres Volkes erforderlich« sei.[43]

Mit dem Pogrom vom 9. November 1938 (»Reichskristallnacht«) begannen die Nazis endgültig, Deutschland »judenfrei« zu machen. Schon am 5. Januar war mit dem Namengesetz der zusätzliche jüdische Vorname für Juden eingeführt worden (Israel bzw. Sara; Hauptexperte: Ministerialrat Globke), am 9. Juni 1938 wurde die Münchener Synagoge zerstört, am 15. Juni wurden etwa 1500 Juden, die z.T. nur wegen Bagatelldelikten vorbestraft waren, schlagartig verhaftet und in Konzentrationslager eingewiesen (»Asozialen-Aktion«). Am 23. Juli wurde die Kennkarte für Juden eingeführt (ab 1. Januar 1939). Arzt-Approbationen von Juden wurden für ungültig erklärt (25. Juli), jüdische Rechtsanwälte erhielten Berufsverbot (27. September), jüdische Reisepässe wurden eingezogen, und künftige Pässe erhielten den Auf-

42 Zitiert nach ebenda, S. 128.

43 Neben dem genannten Band von H. Prolingheuer vergleiche zum Thema »Protestantismus und Juden«: Der Holocaust und die Protestanten, hg. von J.-Ch. Kaiser und M. Greschat, Frankfurt 1988; W. Gerlach: Als die Zeugen schwiegen, a.a.O.; sowie E. Klee: »Die SA Jesu Christi«, a.a.O.

druck »J« (5. Oktober). 17000 nichtdeutsche Juden wurden nach Osten deportiert (28. Oktober). Da brach, wohl geplant, am 9. November 1938, dem Tag der »Novemberverbrecher« von 1918, die »Reichskristallnacht« herein. Bilanz: etwa 100 Morde, Verbrennungen und sonstige Zerstörung von fast allen Synagogen, Zerstörung von ca. 7000 Geschäften, Zerstörungen an zahllosen Häusern und um die 30000 KZ-Einweisungen.

Die Führer beider Kirchen schwiegen. Auf Anregung des judenfreundlichen (sonst weniger positiven) Pius XI. gab Faulhaber eine halbherzige Erklärung ab. Aber wenn die Kirchenleitungen überhaupt reagierten, so gedachten sie fast nur der getauften Juden statt sich vor ganz Israel zu stellen. Nur einzelne wiederum handelten anders. Der evangelische Pfarrer von Jan predigte am Bußtag (16. November) in Oberlenningen und nahm ausdrücklich auf die Pogromnacht bezug: »Schindet nicht die Fremdlinge, Waisen und Witwen und tut niemand Gewalt an und vergießt nicht unschuldig Blut!« Unschuldige habe man ins KZ geworfen, bloß weil sie einer anderen Rasse angehörten. Dies brachte dem Pfarrer nicht nur eine längere Gefängnishaft ein, sondern auch eine Strafversetzung. Die Stuttgarter Kirchenleitung erklärte in einem Erlaß an die Dekanate vom 6. Dezember 1938, es sei selbstverständlich, daß die Kirche die ihr aufgetragene Predigt nicht unterlassen dürfe, und fuhr dann fort, es sei aber »ebenso selbstverständlich, daß der Diener der Kirche bei dieser Predigt alles zu vermeiden hat, was einer unzulässigen Kritik an konkreten politischen Vorgängen gleichkommt«. Jeder Verkünder des Evangeliums müsse »eine ernste Selbstprüfung vor Gott« anstellen, »ob seine Ausführungen und Gebete einen wirklich seelsorgelichen und nicht etwa demonstrativen Charakter haben..., ob sie eine Darbietung des eigentlichen Evangeliums ... und nicht eine Kritik an allerlei Vorkommnissen und Zuständen zum Ziel haben«. Der Zuhörer solle nicht mit politischen und kirchenpolitischen Dingen belastet werden, andererseits dürfe aber das Evangelium nicht so verkündet werden, »als ob nichts geschehen wäre«. Es wird also die Kunst des moralisch gerechtfertigten Wegsehens empfohlen. Der thüringische Landesbischof Martin Sasse gar begrüßte ganz offen, daß die Synagogen brannten.

Trotz allem gab es einige Gruppen und viele einzelne, die nicht wegsahen, sondern wirksam halfen. So weigerte sich die Berlin-Dahlemer Bekenntnisgemeinde (M. Niemöller; später H. Gollwitzer) konsequent, ihre Judenchristen aus dem kirchlichen Leben auszugrenzen, als anderswo längst kein jüdischer Protestant mehr neben einem arischen in der Kirchenbank sitzen konnte. Man organisierte Besuchsdienste, beschaffte Dokumente zur Ausreise, versteckte und verköstigte die Verfolgten. Sehr bekannt war das »Büro Grüber«, eine 1936 von Pfarrer Heinrich Grüber gegründete Hilfsstelle der evangelischen Kirche für »nichtarische« Christen. Wie die Dahlemer Bekenntnisgemeinde konnte das nicht kleine »Büro Grüber«, das sogar Zweigstellen unterhielt und offiziell (!) arbeitete, noch lange nach der Reichspogromnacht vielen Verfolgten helfen. Amtskirchliche Unterstützung erhielt Grüber aber nicht. Nachdem – wie er berichtet – die meisten der verhafteten nichtarischen Pfarrer im Frühjahr 1939 aus den KZ's entlassen worden waren, erhielt er von ihnen viele Informationen und versuchte, kirchliche Stellen zu interessieren. Er konnte auf einer Tagung der lutherischen Kirchenführer berichten und erinnert sich dazu wie folgt:

»Vielleicht schilderte ich den versammelten Bischöfen die Mißhandlungen, denen die KZ-Häftlinge ausgesetzt wurden, etwas zu ausführlich. Ich hörte jedenfalls, wie einer der Würdenträger sagte: ›Wir müssen nun langsam zum zweiten Punkt der Tagesordnung übergehen‹ ... Das war eine der ganz großen Enttäuschungen, die ich erlebt habe ... ich hatte gehofft, daß diese Kirchenführer uns helfen würden.«[44]

Erst im Dezember 1940 wurde das Büro Grüber wegen »kommunistischer Umtriebe« geschlossen.

Daß man bei einigem Mut, der sich gar nicht zum Heldenmut steigern mußte, etwas tun konnte, wenn man eine entsprechende Position hatte, haben auch andere bewiesen. Martin Niemöller, zu dem die Menschen aus ganz Berlin strömten, hatte eine Art, staatliche Maßnahmen offen zu mißachten, so daß er die staatlichen Repräsentanten der Lächerlichkeit preisgab. Dabei war er ständig unter den Augen der Gestapo-Spitzel, die er sogar demonstrativ begrüßte. Unter diesen Umständen muß man sagen, daß er »erst« am 1. Juli 1937 verhaftet wurde. Das beweist, daß eine größere Zahl von Kirchenführern bei geschlossenem Auftreten einiges hätte erreichen können, auch in der Frage der Menschenrechte. Die Katholiken brachten noch im Kriegsjahr 1941 ein erstaunliches Kunststück fertig: Sie liefen gegen den Erlaß des Münchener Gauleiters Wagner Sturm, der die Entfernung der Kreuze aus den Schulen angeordnet hatte. Für diese vergleichsweise unbedeutende Sache vermochten die Katholiken so viel Energien zu entwickeln, daß Wagner zurücksteckte. Auch Pater Rupert Mayer hat bewiesen, daß man bei einiger Popularität schon Opposition betreiben konnte. Pater Augustin Rösch SJ, Münchener Ordensprovinzial, einer der Stärksten der katholischen Abwehrfront, erwirkte 1942 die Erlaubnis aus Berlin, die Frage der geplanten Schließung der Münchener Jesuitenhäuser bis nach dem Sieg über Rußland zu verschieben. Er hatte beim SD auf zu erwartende Unruhen in der katholischen Bevölkerung hingewiesen.

Im katholischen Bereich gab es Parallelen zum Büro Grüber und zur Tätigkeit der Dahlemer Bekenntnisgemeinde. Der St.-Raphaels-Verein nahm sich tatkräftig der katholischen Juden an und konnte vielen auch zur Auswanderung verhelfen. Auch die Caritas wurde auf diesem Gebiet tätig.

---

44 Heinrich Grüber: Erinnerungen aus sieben Jahrzehnten, Köln/Berlin 1968, S. 104 f.

Erfuhren aber insgesamt schon die christlichen Juden von kirchlicher Seite mehr Demütigung als Hilfe, so war nicht zu erwarten, daß die Kirche sich für die Juden außerhalb ihres Bereichs einsetzen würden. Die Christen waren in der übergroßen Mehrzahl antijüdisch geprägt. Nach dem Tod des mutigen »Löwen von Münster«, Bischof Graf Galen, hat man einen seiner Assistenten gefragt: »Warum hat Graf Galen in seinen Predigten eigentlich nie das Unrecht gegen die Juden gegeißelt?« Er soll betroffen geschaut und erwidert haben: »Richtig – daran haben wir einfach nie gedacht!«[45]

5. Der Krieg, der Völkermord an den Juden und die Haltung der »christlichen« Westmächte

Mit Beginn des Polenfeldzugs am 1. September 1939 (gleichzeitig mit dem offiziellen Beginn der »Euthanasieaktion«), spätestens mit dem Angriff auf die UdSSR am 22. Juni 1941, war das Schicksal zumindest der osteuropäischen Judenheit besiegelt. Die Voraussetzungen für den Völkermord, zunächst »umständlich« durch Massenerschießungen, später auf industrielle Weise, waren für lange Zeit gegeben: Es herrschte Krieg, und zwar ausreichend weit von Deutschland entfernt. Hitler konnte sicher sein, daß sich die deutsche Bevölkerung der Judenausrottung nicht entgegenstellen würde, wenn die Morde außerhalb des Erfahrungsbereichs der Bevölkerung lagen, möglichst wenig Einzelheiten bekannt würden und den Leuten die Möglichkeit belassen wurde, nichts zu wissen, wenn man nicht unbedingt etwas wissen wollte. Stufenweise hatte Hitler seine Vorgehensweise getestet. Und seine Kenntnisse der Volksseele und gruppendynamischer Prozesse waren groß genug.

Nur sieben Monate vor Kriegsbeginn – und auf den Krieg steuerte alles von Anfang an zu, das war auch den Kirchenführern schon Jahre zuvor bekannt – gab Hitler seine Absichten am 30. Januar 1939 deutlich in einer Reichstagsrede bekannt:

> »Wenn es dem internationalen Finanzjudentum inner- und außerhalb Europas gelingen sollte, die Völker noch einmal in einen Weltkrieg zu stürzen, dann wird das Ergebnis nicht die Bolschewisierung der Erde und damit der Sieg des Judentums sein, sondern die Vernichtung der jüdischen Rasse in Europa!«[46]

Damit kündigte Hitler nur erneut die Durchführung dessen an, was er schon immer angestrebt hatte. Der Krieg, den die kirchlichen Hierarchien in Deutschland vom ersten bis nahezu letzten Tag unterstützten, nachdem sie

---

45 Vergleiche zu Galen Ekkehard Klausa in einer Besprechung des von Roman Bleistein herausgegebenen Buches über Rösch in DIE ZEIT vom 20. Juni 1986; dort ist auch vermerkt, daß schon vor 1933 ein Ritter des Johanniterordens mit Ordensausschluß zu rechnen hatte, wenn er zuließ, daß seine Tochter einen Juden heiratete – so Graf Schulenburg, Teilnehmer der Verschwörung vom 20. Juli 1944.

46 W. Hofer: Der Nationalsozialismus. Dokumente 1933–1945, a. a. O., Dokument 155.

schon zuvor an der Schaffung der geistigen Voraussetzungen tatkräftig mitgewirkt hatten, war, wie gesagt, Grundlage des Plans. Schon 1937 feierte die Fuldaer Bischofskonferenz in Voraussicht der bevorstehenden großen Auseinandersetzung die Kriegspfarrer des Ersten Weltkriegs. In dieser Zeit erschienen auch viele Bücher über klerikale Kriegshelden des Ersten Weltkriegs. So gab Johann Aich 1937 in Breslau das Buch *Im Dienste zweier Könige. Das Heldenbuch der Kriegstheologen* heraus. Im Juli 1939 erhielten die Bischöfe den geheimen Auftrag, für die Bereitstellung von Militärgeistlichen zu sorgen. Nach dem Überfall auf das *katholische* Polen wurden die katholischen deutschen Soldaten mit dem »Gemeinsamen Wort der deutschen Bischöfe« vom 17. September 1939 besonders zum Gehorsam gegen den Führer verpflichtet. Auf Geheiß des Kardinalprimas Bertram läuteten alle Kirchenglocken die Eroberung Warschaus ein. Daß im Oktober und November 1939 u.a. 214 polnische Priester hingerichtet wurden, hielt die deutschen Diözesanblätter nicht ab, weiterhin von »heiligem Krieg« zu sprechen. Daß es sich um einen Expansionskrieg handelte und die Kirche seit Thomas von Aquin (der noch heute kirchenamtlicher theologischer Haupt-Lehrer ist) eine differenzierte Lehre vom gerechten Krieg besaß, spielte keine Rolle. Der Soldat hatte der Obrigkeit blindlings zu gehorchen. Gegen Ende 1939 waren ca. 1000 polnische Priester inhaftiert, vielfach in neu errichteten Konzentrationslagern. Nach den zahlreichen Äußerungen der deutschen Bischöfe mußte jeder Katholik schließen, daß Hitlers Ziele edel und gerecht seien. Am 8. Dezember 1939 erließ Pius XII. einen Hirtenbrief an die Militärseelsorger *aller* Nationen: Der jetzige Krieg solle als Manifestation der göttlichen Vorsehung gesehen und als Wille des göttlichen Vaters angenommen werden, der immer Böses zum Guten wende. Unter der Fahne ihres jeweiligen Landes sollten die Militärseelsorger auch für die Kirche kämpfen. Pius XII., der vielgepriesene Mann des Friedens, folgte der scholastischen Lehre vom kleineren Übel, um das größere, nämlich den bolschewistischen Atheismus, zu vermeiden. Seiner ungeheuren Angst vor einer Niederlage gegen die Sowjetunion ordnete der Vatikan alles unter: wohl kein überzeugender Beweis für einen tiefen Glauben an die Allmacht Gottes. Schon 1938 hatte Pacelli auf dem Eucharistischen Kongreß im faschistischen Ungarn auf den kommenden Kreuzzug gegen den Bolschewismus hingewiesen. Noch im Januar 1945 – als auch die fanatischsten und infantilsten Deutschen wußten, daß der Krieg längst verloren war – rief der Paderborner Erzbischof Jaeger die Katholiken auf, ihren Beitrag im Kampf gegen die größten Feinde Deutschlands, Liberalismus und Individualismus auf der einen und Kollektivismus auf der anderen Seite, zu leisten. 1965 wurde Lorenz Jaeger übrigens Kardinal.[47]

---

47 Zur Haltung der Kirchen im Zweiten Weltkrieg muß auf die Literatur verwiesen werden; siehe dazu den Anhang »Kirchen und Krieg« zu Abschnitt V des Literaturverzeichnisses.

Unermeßlich sind die Blutopfer, die Polen nach dem deutschen Überfall zu erbringen hatte. Hierzu gehörte auch der Massenmord an der polnischen Bildungsschicht, der die polnische Nation zum Sklavenvolk erniedrigen sollte. Insgesamt kamen etwa sechs Millionen Polen um, davon drei oder dreieinhalb Millionen Juden und »nur« etwa 300 000 Soldaten. Auch die Kirche war schwerstens betroffen. Über 2 000 Priester wurden ermordet. Sogar das Beichten in polnischer Sprache wurde strengstens verboten. Polen ist das Land, in dem sich der Mord an zwei Dritteln der europäischen Judenheit ereignete, nachdem die deutschen Truppen am 22. Juni 1941 in die Sowjetunion eingefallen waren. Den Truppen folgten die »Einsatzgruppen«, mobile Spezialeinheiten, sowie andere Kommandos, die alle Juden zusammentrieben und in Massenerschießungen im ehemaligen Ostpolen und in Rußland umbrachten: etwa 500 000 bis Ende 1941 und weitere 900 000 bis Ende 1942. Da die Methode zu aufwendig war, wurden für die Ermordung der Juden (aber auch »Zigeuner«, um diese große Volksgruppe nicht – wie meist – zu vergessen) aus den anderen europäischen Ländern sechs große Vernichtungslager errichtet, von denen das erste (Chelmno) seinen »Betrieb« bereits Ende 1941 aufnahm. Dort wurden die Opfer in Lastwagen mit Auspuffgasen umgebracht. In den anderen Lagern begann die Tötungsmaschinerie im wesentlichen ab Frühjahr 1942, in Lodz ebenfalls schon Dezember 1941. Mit Ausnahme von Auschwitz, wo man Blausäure (»Zyklon B«) einsetzte, verwendete man dort Gaskammern, die mit Abgasen von stationären Motoren betrieben wurden. Bis Ende 1944 wurden auf diese Weise etwa drei Millionen Menschen umgebracht: aus ganz Europa wurden sie über Sammellager unaufhörlich mit Güterzügen unter grauenvollen Bedingungen herangeschafft, weit überwiegend nach Auschwitz. So wichtig war den Naziverbrechern der Massenmord – die Judenfeindschaft war ja der Kern ihrer Ideologie –, daß sie bereit waren, dafür eine militärische Schwächung in Kauf zu nehmen. Denn man ermordete nicht nur zahlreiche junge und arbeitsfähige Menschen, während die Kriegswirtschaft unter enormem Arbeitskräftemangel litt, es wurden ungeheure Mengen an kriegswichtigem Transportmaterial gebunden und auch der Verwaltungsaufwand war riesig.

> »Millionen von Juden quer durch Europa zu den Todesfabriken in Polen zu befördern war eine Aufgabe, die ein ohnehin bis an die Grenzen seiner Leistungsfähigkeit ausgelastetes Eisenbahnsystem nicht erfüllen konnte, ohne daß sich auf der militärischen Seite, beim Transport von Truppen und Kriegsmaterial, Engpässe ergaben.«[48]

Ab Mitte 1942 lief die Mordmaschinerie auf vollen Touren. Bereits im Juli 1942 gelangten die ersten absolut sicheren Informationen darüber ins westliche Ausland. Walter Laqueur und Richard Breitman haben nach schwierigen

48 David S. Wyman: Das unerwünschte Volk. Amerika und die Vernichtung der europäischen Juden, Ismaning 1986, S. 13; sehr wichtiges Werk mit umfangreichem Quellenmaterial.

Forschungen ans Licht gebracht, daß es Dr. Eduard Schulte, Generaldirektor des Giersche-Konzerns (Bergbau) in Breslau, war, der herausfand, was sich in Auschwitz ereignete, und mit detaillierten Informationen im Juli 1942 nach Zürich fuhr.[49] Ob auch nach ihm einmal – wie nach vielen opportunistischen und bräunlichen Persönlichkeiten aus Wirtschaft, Kirche usw. sowie bei Militärs verschiedener Zeitalter auch – Straßen benannt sein werden? Schulte konnte nicht wissen, wie wenig Interesse das christliche Europa und Amerika seinen Informationen und denen anderer Beobachter entgegenbringen würde. Auch im katholischen Bereich gab es schon früh sichere Informationen. Der Katholik und Oberst Kurt Gerstein war der SS beigetreten, um sich von der Richtigkeit der Gerüchte zu überzeugen. Im August 1942 wollte er den päpstlichen Nuntius in Berlin, Msgr. Orsenigo, über eine Vergasung bei Lublin informieren, die er selbst beobachtet hatte. Der Nuntius weigerte sich, ihn auch nur zu empfangen. Gerstein unterrichtete zahlreiche andere Persönlichkeiten, u. a. den juristischen Berater des Berliner Bischofs Preysing, Dr. Winter, mit der Bitte um Information des Vatikan. Neben anderen katholischen Offizieren war auch der bekannt-berüchtigte Hans Globke eine Informationsquelle sowie der spätere »Ochsensepp« Dr. Joseph Müller, Abwehroffizier und Vertrauter Kardinal Faulhabers.

Auf der einen Seite also der absolute Vernichtungswille der Nazis. Was stand dem gegenüber? Die einzigen Mächte, von denen nicht nur humanitärpolitische, sondern auch militärische Hilfe erwartet werden konnte und mußte, waren die USA und Großbritannien. Die USA waren das Land, das in jeder Hinsicht am meisten hätte tun und Einfluß nehmen können. Doch »war die Bereitschaft der USA und ihrer Verbündeten, etwas für die Rettung der Juden zu opfern, nahezu gleich Null«, schreibt der schon zitierte amerikanische Protestant schwedischer Abstammung Wyman in seiner umfangreichen Arbeit.[50] Dabei hatten die USA (und andere Länder, z. B. die Schweiz) ohnehin schon die Rettung zahlreicher Juden verhindert, denn nur bis Herbst 1941, als die Nazis für Juden das Auswanderungsverbot verfügten, hätte eine sichere Fluchtmöglichkeit bestanden. Aber schon im Herbst 1939 begannen die USA ihre 1938 vorübergehend gelockerten Schranken für Juden wieder fast ganz zu schließen, obwohl das Einwanderungskontingent während der gesamten Kriegszeit bei weitem nicht ausgeschöpft war. Bis zum Januar 1944, als die meisten schon nicht mehr lebten, ergriffen die christlichen USA überhaupt keine aktiven Rettungsmaßnahmen. Selbst danach wurden die knappen Einwanderungsquoten nur zu einem Zehntel zugunsten der um ihr

---

49 Siehe Walter Laqueur und Richard Breitman: Der Mann, der das Schweigen brach, Frankfurt/München 1986; dort ist das Leben und humanitäre Wirken Schultes mit Akribie und zahlreichen Quellenangaben dargestellt.

50 D. S. Wyman: Das unerwünschte Volk, a. a. O., S. 13.

Leben bangenden Juden ausgeschöpft. Die anderen mußten überwiegend ihrem elenden Tod entgegensehen. Wyman faßt kurz zusammen: »Dieser Politik, die formell vom Kongreß und von der Regierung Roosevelt vertreten wurde, lagen hauptsächlich drei Faktoren zugrunde: Arbeitslosigkeit, nationalistische Borniertheit und Antisemitismus.« Hinzu kam die verbreitete Fremdenfeindlichkeit. Zum amerikanischen Antisemitismus schreibt Wyman:

»Hatte der amerikanische Antisemitismus bereits gegen Ende der dreißiger Jahre zugenommen, so verstärkte er sich ab Anfang der vierziger Jahre noch mehr. Seinen Höhepunkt erreichte er 1944. Im Frühjahr 1942 schrieb der Soziologe David Riesman, die antisemitische Stimmung im Land bewege sich ›knapp unter dem Siedepunkt‹. Drei Jahre später sprach der Meinungsforscher Elmo Roper warnend davon, daß der Antisemitismus sich ›über die ganze Nation ausgebreitet hat und in Ballungszentren besonders virulent ist‹. Während der dreißiger Jahre verbreiteten mehr als hundert antisemitische Organisationen ihre Haßpropaganda in der amerikanischen Gesellschaft.«[51]

Auch in den USA standen die Christen hierbei in vorderster Front, z. B. Pater Charles Coughlin (Bewegung für soziale Gerechtigkeit) und Reverend Gerald Winrod (Verteidiger des christlichen Glaubens; fundamentalistisch-protestantische Organisation). Zwar wurde Coughlin nach Kriegsende von seinem Erzbischof zurückgepfiffen und sein Hetzblatt *Social Justice* vom Postversand ausgeschlossen. Es gab auch strafrechtliche Verurteilungen wegen Volksverhetzung. Aber trotz des Rückschlags des organisierten Antisemitismus war dieser keineswegs gebrochen. Pater Edward Lodge Curran, Präsident der International Truth Society, »bemühte sich nach Kräften, die Christliche Front, eine militante Gruppe von Coughlin-Anhängern, am Leben zu erhalten«. Wyman berichtet von zahlreichen Ausschreitungen, die sich vor allem in den Städten Neuenglands ausbreiteten: Ergebnis einer jahrelangen Hetzpropaganda. Jüdische Friedhöfe wurden geschändet, Synagogen mit Hakenkreuzen und antisemitischen Parolen beschmiert und dergleichen mehr.

»Zu den schlimmsten Ausschreitungen kam es in New York und Boston. In New York setzten diese Vorfälle 1941 ein und hielten mindestens bis Ende 1944 an. Sie ereigneten sich in allen Stadtteilen, erreichten jedoch ihren Höhepunkt im Wohnviertel Washington Heights, wo fast jede Synagoge geschändet wurde und Übergriffe gegen jüdische Kinder und Jugendliche an der Tagesordnung waren.«

Zwar handelte es sich meistens um Jugendliche aus armen und zerrütteten Familien. Aber sie waren von antisemitischer Propaganda beeinflußt, der sie zu Hause und in der Schule ausgesetzt waren. Ein New Yorker Untersuchungsbericht ergab, daß die Polizei in 70 Prozent der Fälle nicht oder nur nachlässig tätig wurde. In Boston mußte der Polizeipräsident abgesetzt werden, da nachgewiesen wurde, daß die Polizei oft tatenlos zugesehen hatte.

51 Ebenda, S. 19.

»Antisemitische Flugblätter, Pamphlete, Plakate, Witze und Verse genossen landesweit große Popularität in der amerikanischen Gesellschaft. Sie tauchten überall auf: in Bussen, auf U-Bahnhöfen, in Fabriken, öffentlichen Gebäuden, Kasernen und Schulen. Häufig konnte man lesen oder hören, die Juden drückten sich vor dem Militärdienst, blieben zu Hause und scheffelten Geld, während die christlichen jungen Männer in den Krieg und in den Tod geschickt würden. (In Wirklichkeit war der Anteil der Juden in den Streitkräften mindestens genau so hoch wie ihr Anteil an der US-Bevölkerung).«

Gegenüber Parlamentariern und Regierungsbeamten äußerten sich Briefschreiber etwa wie folgt:

»Ich lese in den Zeitungen, daß 200000 jüdische Flüchtlinge in Ungarn die nächsten paar Wochen nicht überleben werden. Das ist eine Schweinerei, (aber) was zum Teufel gehen uns die Juden in Ungarn an. Wir wollen, daß die jüdischen Flüchtlinge, die in unser Land geholt worden sind, dahin zurückgehen, woher sie kommen. Sollen wir den ganzen Abschaum von Europa aufnehmen? ... Die Juden reißen hier alles an sich.«[52]

Dieser brutale Antisemitismus der Straße war nur die Spitze eines Eisbergs. Millionen achtbarer Bürger praktizierten zumindest eine subtile Diskriminierung oder hegten unterschwellige Vorurteile, so daß angesichts des Völkermords »eine große Gruppe normalerweise wohlanständiger und vernünftiger Bürger sich einfach nicht dafür interessierte, was mit den europäischen Juden geschah oder ob die US-Regierung irgend etwas zu ihrer Rettung unternahm«. Nach Umfragen zwischen August 1940 und Kriegsende sahen zwischen 15 und 24 Prozent der Bevölkerung in den Juden eine Gefahr für das Land. Bei der Frage nach potentiell gefährlichen Minderheiten wurden die Juden stets öfter genannt als Schwarze, Katholiken, Deutsch-Amerikaner oder Japaner, mit Ausnahme des Jahres 1942. Umfragen aus den Jahren 1938–1945 belegen, daß ungefähr 15 Prozent der Befragten antijüdische Kampagnen aktiv unterstützt hätten. Wyman resümiert: Während ein ganzes Volk vom Hauptkriegsgegner der USA systematisch ermordet wurde, tat die Regierung dieses sich zum Christentum und damit zur Hilfe für die Bedürftigen bekennenden Landes, einer traditionell großzügigen Einwanderernation, trotz ihrer ansonsten humanitären Einstellung nichts. Das galt auch für die Kirchen:

»Die christlichen Kirchen der USA blieben angesichts des Holocaust nicht nur weitgehend untätig, sondern auch ziemlich schweigsam. Keine der größeren Kirchen äußerte sich öffentlich zu dem Thema. Unter den vielen christlichen Publikationen forderten nur wenige in gebotener Entschiedenheit Hilfsmaßnahmen für die Juden; Nachrichten über den Völkermord tauchten allenfalls sporadisch und eher beiläufig auf.«[53]

Wie überall, so existierte auch in den USA die Sache Jesu und der Menschlichkeit auch gegenüber den Juden noch. Es waren kleine Kirchen wie Quäker und Unitarier, die sich der moralischen Herausforderung stellten und

52 Die drei Zitate ebenda, S. 20–23.

53 Ebenda, S. 435.

Hilfsorganisationen aufbauten. Ebenso beharrlich wie vergeblich forderte die noch kleinere »Kirchliche Friedensunion« die Kirchen und die Regierung auf, sich zu engagieren. Die einzige ausführliche Auseinandersetzung des US-Christentums mit der jüdischen Tragödie war – so Wyman – die Kampfschrift der Mercedes Randall von der Internationalen Frauenliga für Frieden und Freiheit mit dem Titel *The Voice of Thy Brother's Blood* (1944, Die Stimme des Blutes deines Bruders). Am Schluß schreibt sie: »Wir haben uns auf der anderen Straßenseite vorbeigeschlichen... Werden wir unser Leben weiterleben müssen mit jenem schrecklichen Ausruf auf unseren Lippen: ›Bin ich meines Bruders Hüter?‹« Um 50000 Exemplare drucken und an Multiplikatoren verteilen zu können, mußte Randalls Organisation jüdische Vereinigungen um finanzielle Unterstützung angehen. Hilfswillig, aber nicht besonders aktiv war der Bundesrat der Kirchen, der mehrmals öffentlich zu staatlichen Hilfs- und Rettungsprogrammen aufrief. Von ihm stammt der einzige Versuch der Kriegszeit, die gesamte amerikanische Christenheit zu tätiger Anteilnahme zu bewegen, indem er im Mai 1943 – reichlich spät – zu einem Tag des Mitleidens aufrief. Der Bundesrat tat das aber nur, weil jüdische Gruppen dazu gedrängt hatten und jüdische Organisationen einen großen Teil der anfallenden Arbeit übernahmen. Aber die meisten Kirchengemeinden ignorierten diesen Aufruf. Die einflußreiche protestantische Wochenzeitung *Christian Century* reagierte auf die ersten Meldungen über die »Endlösung« mit der Behauptung, die genannten Zahlen seien übertrieben, obwohl sie in Wirklichkeit viel zu niedrig angesetzt waren. In der Folge berichtete diese Zeitung »nur noch vereinzelt über die jüdische Tragödie und sprach sich nur bei ganz wenigen Gelegenheiten für Rettungsmaßnahmen aus. Gleichwohl hat Christian Century von allen kirchlichen Zeitschriften noch am meisten über den Völkermord veröffentlicht. Die übrige protestantische Presse hüllte sich weitgehend oder ganz in Schweigen«, wie Wyman nach Analyse von zehn Zeitschriften feststellte.

Ähnlich sah es im katholischen Bereich aus. Die wichtigen Zeitschriften *America* und *Commonwealth* berichteten in längeren Abständen und forderten Hilfs- und Rettungsaktionen. Aber:

> »Der große Rest der katholischen Presse jedoch hüllte sich zu diesem Thema weitgehend in Schweigen, ebenso wie die katholische Kirche in den USA. Forderungen an die Adresse der Regierung, etwas für die verfolgten Juden zu tun, wurden von katholischer Seite in Amerika niemals erhoben. Die wichtigste Wohlfahrtsorganisation der katholischen Kirche der USA, die NCWC, setzte sich nicht einmal für die Aufnahme jüdischer Flüchtlinge ein. Sie bezog im Gegenteil, wie aus den Akten ihres Einwanderungsbüros hervorgeht, ständig gegen die Einwanderung jüdischer Flüchtlinge Stellung.«[54]

54 Ebenda, S. 437.

Dabei war diese Organisation die einzige, die mit dem State Department nie Probleme wegen der Ausstellung der Visa hatte.

Wie die christliche Presse versagte, so versagten eigentlich alle öffentlichen Einrichtungen und Gruppen in den christlichen USA. Zwar konnte sich in der allgemeinen Presse jedermann informieren, »aber die vielen, die es bequemer fanden, nichts zu wissen, wurden auch nicht mit der Nase darauf gestoßen, denn die Massenmedien behandelten die systematische Ermordung von Millionen von Juden wie ein Ereignis von drittrangigem Nachrichtenwert«.[55] Dabei bekamen die Zeitungen von Nachrichtenagenturen und eigenen Korrespondenten ausführliche Berichte. Die führende *New York Times*, an der sich auch andere Zeitungen orientierten, veröffentlichte zwar viel, aber nur auf hinteren Seiten. So stand am 2. Juli 1944 auf der Titelseite u. a. eine Analyse der Verkehrsprobleme im Zusammenhang mit dem Urlaubsbeginn, aber erst auf S. 12 kam ein einspaltiger ca. 10 cm langer Bericht, nach zuverlässigen Informationen seien 400 000 ungarische Juden deportiert und ermordet worden, 350 000 sollten demnächst folgen, eine im wesentlichen zutreffende Meldung. Auch die großen Nachrichtenmagazine (*Time, Newsweek, Life, Reader's Digest* u. a.) schwiegen sich weitgehend aus. Die Rundfunkanstalten nahmen in Nachrichten und Kommentaren kaum Notiz von den Ereignissen. Schließlich kam doch noch so viel Druck auf, daß Roosevelt endlich mit Verfügung vom 22. Januar 1944 das War Refugee Board (WRB; Kriegsflüchtlingsamt) zuließ und ihm sogar weitgehende Kompetenzen u. a. auch hinsichtlich der Inanspruchnahme militärischer Hilfsdienste einräumte. Aber die Arbeit des WRB, dessen Personal nie mehr als lediglich 30 Köpfe zählte, wurde weitgehend sabotiert. Das WRB tat sich sogar schwer mit der Ausstrahlung von selbst produzierten Sendungen. Die meisten Intellektuellen verhielten sich indifferent, und Wyman sieht sich sogar genötigt, festzustellen, daß sich selbst die jüdischen Intellektuellen, z. B. der einflußreiche Walter Lippmann, meist heraushielten. Die Filmindustrie, die während des Kriegs zahlreiche Spielfilme mit Flüchtlingsthemen und Nazi-Greueltaten produzierte, hat nicht ein einziges Mal den Völkermord dargestellt. Dem American Jewish Congress gelang es nicht, auch nur einen Produzenten zu finden, der einen Kurzfilm finanzieren wollte. Für die Wochenschau war der Genocid kein Thema. Ein gewisses Problem mag darin bestanden haben, daß man sich an frei erfundene Greuelpropaganda des Ersten Weltkriegs erinnerte und daß die allgemeinen Kriegsnachrichten eine beherrschende Rolle spielten. Präsident Roosevelt, der schon vielfach vergebens bedrängt worden war, erwähnte den Völkermord erstmals im März 1944 auf einer Pressekonferenz. Vielen erschien auch die deutsche Erklärung plausibel, es handele sich um Zwangsarbeit. Daß ein Glaubwürdigkeitsproblem

55 Ebenda, S. 441.

bestand, wird an dem jähen Entsetzen der US-Öffentlichkeit klar, das die Detailinformationen und Bilder nach dem Krieg begleitete. Aber zuvor hatte man gerade bei dieser Menschheitskatastrophe geglaubt, in der Berichterstattung besonders mißtrauisch sein zu müssen. Immerhin hielten aber bei der ersten direkten Meinungsumfrage im Januar 1943 47 Prozent die Meldungen für wahr.

Nach dem bisherigen braucht es nicht verwundern, daß auch im Kongreß »Gleichgültigkeit und Ignoranz« gegenüber der jüdischen Tragödie herrschten. In beiden großen politischen Lagern gab es nur ganz wenige Abgeordnete, die Interesse an der Rettung der europäischen Juden zeigten. Das moralische Empfinden der Politiker entsprach dem der Bevölkerung. Seine Qualität läßt sich daran ablesen, daß nach Meinungsumfragen des Office of War Information der Durchschnittsamerikaner auf Meldungen über NS-Greuel an nicht näher bezeichneten Menschen *siebenmal stärker* als auf Berichte über Verbrechen an Juden reagierte.[56]

Präsident Roosevelt war natürlich hauptsächlich mit der Kriegsführung beschäftigt. Wyman meint, aufgrund seiner Persönlichkeit lasse sich nicht feststellen, welche Empfindungen der Völkermord bei ihm auslöste. Jedenfalls interessierte er sich für die Frage nicht, obwohl er »in seiner Zeit geradezu das personifizierte Symbol einer humanitär verpflichteten Politik« darstellte.

> »Es hat ganz den Anschein, als sei Roosevelts Reaktion auf den Holocaust weitgehend von politischem Opportunimus bestimmt gewesen. Die große Mehrzahl der Juden stand ohnehin loyal hinter ihm, so daß eine aktive Rettungspolitik kaum zusätzlich politischen Gewinn versprach. Eine projüdische Haltung dagegen hätte den Präsidenten möglicherweise die Stimmen anderer Wählergruppen gekostet.«[57]

So kam es, daß die begrenzte Hilfe, die die Vereinigten Staaten den europäischen Juden angedeihen ließen, zum größten Teil durch freiwillige Spenden der amerikanischen Juden finanziert wurden.

Manch einer mag sich nun fragen, wieviel die USA denn hätten tun können. Daß dies sehr viel hätte sein können, macht Wyman in einer sehr detaillierten Darstellung plausibel.[58] Er meint zwar, die Möglichkeiten wären angesichts der Entschlossenheit der Nazis und der Kriegsbedingungen begrenzt gewesen. Hierzu muß aber festgestellt werden, daß die USA gerade zur kritischen Zeit vor dem Kriegseintritt die Einwanderungsquoten reduzierten und das geringe Kontingent für Juden nicht, wie es sich für diese am meisten Gefährdeten gehört hätte, stark erhöhten. Immerhin hätten nach Wymans vor-

56 Ebenda, S. 450.
57 Ebenda, S. 433.
58 Ebenda, S. 455 ff.

sichtiger Schätzung einige Hunderttausend ohne Beeinträchtigung der alliierten Kriegführung gerettet werden können. Die Angebote verschiedener von Hitler besetzter Länder auf Zulassung des Freikaufs von Juden wurden nicht ausgelotet. Dabei wußte das State Department seit Frühjahr 1943, daß die Satellitenregierungen zum Teil mit Deutschlands Niederlage rechneten und schon um einen günstigen Frieden besorgt waren. Von besonderer Bedeutung war hierbei, daß sich die ungarische Regierung Horthy auf Druck des War Refugee Board und im Gefolge auch des Papstes sowie – zögerlich – des Internationalen Roten Kreuzes bereiterklärte, etwas für einen Teil der über 200 000 Budapester Juden zu tun. Im übrigen war Ungarn schon nahezu »judenfrei«: an die 440 000 Menschen waren deportiert worden. Am 18. Juli 1944 bot Horthy dem IRK an, alle jüdischen Kinder unter zehn Jahren ausreisen zu lassen, für die ein anderes Land Einreisevisa ausstellte, ebenso alle Juden, die ein von den Briten auszustellendes Palästina-Zertifikat vorweisen konnten. Das War Refugee Board wollte nicht alleine zusagen, obwohl es dazu in der Lage gewesen wäre, sondern nur zusammen mit den Briten. Diese betrieben eine Verzögerungstaktik und es gab ein großes Hin und Her. Die Briten wollten ihre restriktive Palästina-Politik nicht aufweichen. »Wie immer, wenn es um Juden ging, machten sich die britischen Führer weit mehr Gedanken über ›die praktischen Schwierigkeiten, mit einem großen Flüchtlingsstrom fertig zu werden‹, als über die Alternative – die Abschlachtung der Juden in den NS-Vernichtungslagern.«[59] Während sogar die bekanntlich sehr abweisende Schweiz, die viele Flüchtlinge den Nazis und damit dem sicheren Tod auslieferte, 13 000 Juden vorübergehend aufnehmen wollte und Schweden sich zur Aufnahme von 10 000 Kindern bereiterklärte, wollte das State Department nur 5 000 Einreisevisa für Kinder ausstellen. Trotzdem war dies eine »bedeutsame Wende in der Reaktion der Alliierten auf den Holocaust«. Aber sie kam zu spät. Denn während nach über einem Monat Verhandlungen sich Amerikaner und Briten noch nicht einig waren, der Massentransit nach Palästina aber schon gesichert war, schlossen die Nazis die Grenzen. Daß beim Einmarsch der Russen 1945 trotz zahlloser Ermordungen (Pfeilkreuz-Faschisten) noch 120 000 Juden in Budapest lebten, war dem Zusammenwirken vieler (den Botschaften Schwedens, der Schweiz, Spaniens, der päpstlichen Nuntiatur, dem Roten Kreuz) zu verdanken, vor allem aber dem schwedischen Helden Raoul Wallenberg, der in Budapest mit dem Status eines Attachés alsbald 300 freiwillige Mitarbeiter um sich scharte und allein mindestens 20 000 Menschen das Leben rettete. Seine Bedeutung ging aber weit darüber hinaus.

Wyman führt zahlreiche Maßnahmen an, die die USA hätten treffen können, wenn sie gewollt hätten. Man hätte bei eigenem guten Beispiel Druck

59 Ebenda, S. 327, mit zahlreichen Nachweisen.

auf die neutralen Staaten, darunter die Türkei, ausüben können, so daß bei Androhung strenger Vergeltungsmaßnahmen für Mithilfe bei Deportationen, verbunden mit Honorierung, u. U. große Teile des rumänischen, bulgarischen, ungarischen und evtl. slowakischen Judentums hätten gerettet werden können. Man hätte systematisch Nachrichten in ganz Europa verbreiten können und vor allem bei Anzeichen bevorstehender Deportationen die Gefährdeten warnen können. Meistens waren die Juden nicht informiert. Selbst wenn der Erfolg der möglichen Maßnahmen zweifelhaft war, so hätte man sie doch prüfen und erproben müssen. Die Regierung Roosevelt wischte aber alle Rettungsvorschläge achtlos beiseite und hatte Standardbegründungen dafür: Die Behauptung, es stünden keine Transportkapazitäten zur Verfügung, war regelmäßig eine glatte Lüge, wie sich an zahllosen Beispielen beweisen läßt. Auch war es so, daß es für jüdische Flüchtlinge fast nie Schiffe gab, für andere aber sehr häufig. Es gab z. B. zahlreiche leer zurückfahrende Militärschiffe und zahlreiche neutrale und nicht ausgelastete Passagier- und Frachtschiffe. Auch argumentierte man, die Nazis würden Agenten einschmuggeln (was allerdings nicht von der Hand zu weisen war). Sogar mit dem Gleichheitsgrundsatz hat man operiert: Wo viele Völker litten, solle nicht eine Gruppe von Opfern bevorzugt werden. Interessant auch die Befürchtung, ein besonderes Eintreten für die Juden werde antisemitische Stimmungen aufleben lassen und die Regierung setze sich damit dem Vorwurf aus, sie führe Krieg für die Juden. Völlig unaufrichtig war auch die Begründung, die Kriegsführung dürfe nicht beeinträchtigt werden, da dies allenfalls vorübergehend und nur geringfügig der Fall gewesen wäre und man für zahlreiche andere humanitäre Erfordernisse sehr wohl militärisches Potential abgezweigt hat, nämlich bei Evakuierungen von Nichtjuden aus den verschiedensten Ländern nach Nahost, Nordafrika und anderswohin. In diesen Fällen wurden auch alle Unterbringungsprobleme gelöst, was bei Juden kaum je der Fall war. Urplötzlich standen Dutzende von Flüchtlingslagern für meist nicht von der Ermordung Bedrohte da, die für Juden nicht existiert hatten. So hat man z. B. 1942 120 000 Polen aus Rußland in britische Lager im Iran gebracht, von denen zwei Drittel in die britische Armee aufgenommen wurden und der Rest nach Afrika, Indien, Nahost und Mexiko verbracht wurde. Den USA war es möglich, 425 000 Kriegsgefangene in die USA zu verfrachten. Groß war die Hilfe der USA und Großbritanniens für Griechenland. Aber in der gleichen Zeit, als diese beiden Alliierten 100 000 jugoslawische, polnische und griechische Flüchtlinge evakuierten, waren es nur knapp 2 000 Juden. Welch schäbiges Doppelspiel mit den freien Kapazitäten gespielt wurde, zeigt sich erst in den Details, die bei Wyman ausführlich dargestellt und mit Dokumenten belegt sind.

Was wohl am unverständlichsten bleiben muß, ist die Tatsache, daß es Amerikaner und Briten zu Zeiten vollständiger alliierter Lufthoheit unterlassen haben, Auschwitz und die dorthin führenden Bahnlinien zu bombardieren, obwohl dies bei langanhaltend schönem Wetter völlig problemlos möglich gewesen wäre und mit benachbarten militärischen Zielen hätte verbunden werden können. Dabei fehlte es nicht an Aufforderungen zur Bombardierung, da sie ab Frühjahr 1944 ebenso notwendig wie technisch möglich war. Denn Mitte April begannen die Nazis die Deportationen der ungarischen Juden nach Auschwitz vorzubereiten. Ende April gelang den Slowaken Rudolf Vrba und Alfred Wetzler die Flucht aus Auschwitz, und sie gaben einen außerordentlich detaillierten dreißigseitigen Bericht, in dem alles Wichtige über Grundriß, Anlage, Organisation, Tagesablauf und Technik dargestellt war. Mitte Juni gelangte ein Exemplar an das War Refugee Board, wo man die Übereinstimmung mit früheren Berichten feststellte. Die Informationen gelangten sofort an die alliierten Regierungen und wurden auch in Zeitungen veröffentlicht. Mitte Mai hatten bereits die Deportationen aus dem östlichen Ungarn begonnen, und jüdische Führer versandten Hilferufe um Bombardierung der Eisenbahnlinien nach Polen, wobei auch wichtige Eisenbahnknotenpunkte der Achsenmächte hätten zerstört werden können. Am 26. Juni lehnte die für die Bombereinsatzplanung zuständige Abteilung des US-Kriegsministeriums die Vorschläge nach nur zwei Tagen ohne Überprüfung der aktuellen Operationen als undurchführbar ab, da sie nur um den Preis eines Abzugs beträchtlicher Luftwaffenkapazitäten durchgeführt werden könnten. Man hatte es nicht einmal für nötig befunden, die Einsatzleitung in Europa zu befragen. Dabei gehörte der Kriegsminister dem War Refugee Board an. Die Streitkräfte hatten schlicht und einfach beschlossen, sich nicht an Rettungs- oder Hilfsaktionen zu beteiligen, und daran wollte man nicht rühren, koste es was es wolle. Alle folgenden Versuche wurden abgewiesen. Dabei hätte man z. B. die Bombardierung von Auschwitz mit einem Angriff auf das nur 25 km entfernte Kattowitz verbinden können. Man hat sogar behauptet, Auschwitz sei nicht Bestandteil eines industriellen Zielkomplexes, obwohl das der Fall war. Die wirkliche Lage war so: Nach offizieller amerikanischer Luftkriegsgeschichte konnte die deutsche Luftwaffe ab 1. April 1944 als endgültig besiegt gelten. Ab Anfang Mai war das in Italien stationierte 15. Geschwader in der Lage, Auschwitz und die anderen angegebenen Zielorte anzugreifen. Schon am 26. Juni überflogen bei einem Einsatz 71 fliegende Festungen eine der Eisenbahnlinien und passierten zwei weitere in geringer Entfernung. Ab Mai flog das 15. Geschwader Angriffe auf den Raffineriekomplex von Blechhammer in nur 75 km Entfernung von Auschwitz, aber auch auf andere strategisch wichtige Ziele des »Ölkriegs« in diesem Bereich. Am 2. August 1944 warfen 127 fliegende Festungen 1336 500-Pfund-Bomben auf die Fabrikanlagen von Auschwitz in nur 8 km Entfernung von den Gaskammern, bei idealen Sichtbedingungen, die gezielte Abwürfe erlaubten. Am 13. September bombardierten 96 schwere Liberator-

Bomber erneut die Auschwitzer Industrieanlagen. Hierbei beschädigte einer von zwei Irrläufern das Gleis, das zu den Gaskammern führte. Zwischen dem 7. und 29. August waren der Luftraum über Oberschlesien und Südpolen und der Luftraum über Auschwitz selbst geradezu ein Tummelplatz amerikanischer Bomber. Und genau in dieser Zeit erklärten die Militärs, daß eine Bombardierung von Auschwitz nicht möglich sei, weil die Streitkräfte andernorts in entscheidende Operationen verwickelt seien. Dabei verfügte der Befehlsstab der US-Luftwaffe ab Anfang April 1944 über detaillierte Luftaufnahmen des Lagergeländes von Auschwitz-Birkenau. Die Geschichte der Unterlassung der Bombardierung von Auschwitz ist noch ungeheuerlicher, wenn man sie in den weiteren Details betrachtet. Sie finden sich einschließlich der damit verbundenen militärischen Überlegungen und überaus zahlreichen Nachweisen in dem über 30 Seiten langen einschlägigen Abschnitt bei Wyman.

Auf der soliden Grundlage eines massiven Antisemitismus konnte sich den Juden gegenüber eine Gefühlskälte breitmachen, die schwerlich zu übertreffen war; obgleich nicht vergessen werden darf, daß die gleichen Alliierten während des Krieges und danach eine Vielzahl von humanitären Aktionen durchführten. Daß es auch anders ging, haben z. B. die Dänen bewiesen. Als Dänemark »judenrein« werden sollte, gewährten Tausende den Juden Unterschlupf. In engem Zusammenhang damit steht der Hirtenbrief der dänischen Bischöfe vom 29. September 1943, der die Juden, anders als bei allen kirchlichen Verlautbarungen in Deutschland und im Vatikan, direkt mit Namen nannte. Dort heißt es: »Überall in der Welt, wo Judenverfolgungen aus rassischen oder religiösen Gründen stattfinden, ist es die Verpflichtung der christlichen Kirchen, dagegen zu protestieren... Deshalb werden wir, sollte dies nötig sein, unzweideutig das Gebot befolgen, Gott mehr zu gehorchen als den Menschen.«[60] Das dänische Volk stand so zusammen, daß von 7500 jüdischen Bürgern 7000 gerettet werden konnten, während nur 500 nach Theresienstadt verschleppt wurden. Ansonsten freilich fand Hitler in allen besetzten Ländern für die Endlösung eine Unterstützung, die seine kühnsten Hoffnungen übertroffen haben dürfte. Einen gewaltigen Judenhaß gab es in Polen (das 1932 antisemitische Gesetze erlassen hatte und wo in der Untergrundarmee antijüdische Pamphlete verbreitet wurden), in Ungarn (wo es seit 1932 einen offenen Antisemitismus und 1938 neun nationalsozialistische Parteien, später eine enge Zusammenarbeit mit Eichmann gab) und in Rumänien, wo sogar Teile der Regierung zur Endlösung drängten und die Zusammenarbeit mit den deutschen Schergen besonders gut war. Zur Erklärung weist Friedrich Heer darauf hin, dies seien agrarische Länder mit Problemen

60 G. Denzler und V. Fabricius: Die Kirchen im Dritten Reich, a. a. O., Bd. 2, Dokument 49.

der beginnenden Industrialisierung bei starkem Analphabetismus gewesen, in denen man einen Sündenbock gebraucht habe und das Volk durch seine Kleriker verführt worden sei. Der Christ Heer ist mit seiner Auffassung keineswegs allein, wenn er in erster Linie eine tausendjährige christliche Tradition für den Holocaust verantwortlich macht. Auch der anglikanische Geistliche und Historiker James Parkes schrieb 1961: »Die christliche Kirche ist verantwortlich für die Ausrottung der sechs Millionen Juden«, wobei alle Konfessionen gemeint sind.

6. Der Vatikan und die Juden

Papst Pius XI. war kein Antisemit, im Gegenteil. 1927 verurteilte er die integralistisch-antisemitische »Action Française«, allerdings bei gleichzeitigem Verbot des italienischen Vereins der Freunde Israels (auf kurialen Druck). Noch kurz vor seinem Tod 1939 wandte er sich deutlich gegen den Antisemitismus. Pius XI. war aber mitverantwortlich für den Schulterschluß der Kirche mit Mussolini, Hitler und Franco; seine Kirche rechtfertigte und pries den italienischen Raubüberfall auf Abessinien 1936 als »Evangelisationsfeldzug«; er verkündete am 27. August 1935, als die Kriegsvorbereitungen schon auf Hochtouren liefen, ein Verteidigungskrieg zum Zweck der Expansion einer wachsenden Bevölkerung könne gerecht und richtig sein, und mindestens 7 italienische Kardinäle, 29 Erzbischöfe und 61 Bischöfe unterstützten sogleich den Krieg mit ihren Mitteln, einen Krieg, den 52 Völkerbundstaaten als Angriffskrieg verurteilten – man kann also manches über den »militanten Papst« sagen, ein Antisemit war er jedoch nicht.[61] Er hat sogar – kirchenhistorisch bemerkenswert – das ideologische Standardwerk Alfred Rosenbergs, *Der Mythus des 20. Jahrhunderts,* auf den Index gesetzt (freilich mit dem Ergebnis, daß das Buch erst jetzt seine Auflage gewaltig steigern konnte).

1937, als der Konflikt zwischen der katholischen Kirche und dem Nationalsozialismus schon lange andauerte und die Kirche in den engeren kirchlichen Bereich abgedrängt war, berichteten im Januar die Kardinäle Bertram, Faulhaber und Schulte sowie die Bischöfe von Galen und Preysing dem Papst in Rom über die bedrohliche Lage. Faulhaber verfaßte in Rom in kürzester Zeit den Entwurf einer Enzyklika, den Pacelli und Pius XI. wesentlich erweiterten, konkretisierten und verschärften. Die in erster Linie an die deutschen Bischöfe adressierte Enzyklika »Mit brennender Sorge«, datiert vom 14. März 1937, ist das wichtigste katholische Dokument der Zeit des sog. Kirchenkampfes. Infolge geheimer Verbreitung auch an die Pfarrer konnten

61 Im Gegensatz sogar zu den meisten unter jenen Päpsten, die Judenschutzbriefe erlassen haben; siehe P. E. Lapide: Rom und die Juden, a. a. O., S. 26 f.

die Nazis die Kanzelverlesung nicht verhindern, rächten sich dann freilich an den Druckereien und Verlagsleitern und nahmen die Sittlichkeitsprozesse gegen Priester und Ordensleute wieder auf.

Das sehr langatmige Dokument[62] enthält in der Tat auch deutliche Worte. Gleich anfangs wird vom »Leidensweg der Kirche« gesprochen, es ist von »Machenschaften« die Rede, »die von Anfang an kein anderes Ziel kannten als den Vernichtungskampf«. Es wird die ständige öffentliche Verletzung des Reichskonkordats angeprangert, z. B. der Kampf gegen die geschützte Bekenntnisschule. Eigentlicher Zweck des Schreibens sei die Stärkung der Gläubigen im Glauben. In diesem Zusammenhang heißt es: Wer »Grundwerte menschlicher Gemeinschaftsgestaltung – die innerhalb der irdischen Ordnung einen wesentlichen und ehrengebietenden Platz behaupten –« zur höchsten Norm erhebe, treibe Götzenkult. An *erster* Stelle dieser ehrwürdigen Werte nennt der Papst neben Volk und Staat die Rasse! Die Enzyklika wendet sich dann gegen die Rede vom nationalen Gott, ruft zum Sühnegebet gegen die Gottesverächter auf, preist die göttliche Sendung der Kirche, »der Edelfrucht am Baume des Kreuzes«, spricht von der in Gottes- und tätiger Nächstenliebe sich bewährenden Christenheit. Angesichts des Druckes, »dem insbesondere katholische Beamte ausgesetzt sind«, die zum Kirchenaustritt gebracht werden sollen, spricht der Papst sein »ganzes väterliches Mitgefühl und tiefstes Mitleid« denjenigen aus, die ihre Treue mit dem hohen Preis der Einschüchterungen und Nachteile bezahlen müssen. Interessanterweise spricht der Pontifex vom »Judasansinnen des Kirchenaustritts« (Gottesmördervolk-Theologie!). Anschließend wendet sich die Enzyklika gegen die Umdeutung heiliger Worte und beschwört die christliche Sittenordnung, ermuntert Jugend und Ordensleute, Verbände und Eltern. Gegen Schluß heißt es ausdrücklich, der Papst wolle nicht »durch unzeitgemäßes Schweigen mitschuldig werden« an der mangelnden Aufklärung. Der Papst wendet sich »gegen die Verneiner und Vernichter des christlichen Abendlandes« und erteilt allen den Apostolischen Segen.

Zugunsten der Juden, die der Papst zwei Jahre nach Verabschiedung der Rassengesetzgebung nicht einmal erwähnt, findet man in der vielgepriesenen Enzyklika nicht einmal eine mittelbare Aussage, sondern nur die milde Anprangerung der götzenhaften Überhöhung der Rassenpolitik, die aber einen richtigen Kern habe. Der Papst war offenbar nicht der Meinung, sich insoweit durch »unzeitgemäßes Schweigen« mitschuldig zu machen. Daß die Nazis trotzdem geschäumt haben, ändert daran nichts.

1938, leider etwas spät, sprach Pius XI. doch noch ein erfreulich klares Wort öffentlich aus: »Wie kann überhaupt ein Christ Judengegner sein? Kein

62 Im vollen Wortlaut abgedruckt z. B. bei G. Denzler und V. Fabricius: Die Kirchen im Dritten Reich, a. a. O., Bd. 2, Dokument 32.

Christ darf irgendeine Beziehung zum Antisemitismus haben, denn wir sind doch alle im geistigen Sinne Semiten.« 2000 Jahre vergingen, bis ein Papst ein solches Wort sprach. Bewirken konnte es natürlich zu diesem Zeitpunkt nichts mehr, vor allem nicht in Deutschland und Österreich, wo in der Kirche ein anderer Geist herrschte.

Zur Frage der Wirkung päpstlicher Proteste schreibt P. Lapide:

»Falls noch ein weiterer Beweis für die Wirkungslosigkeit päpstlicher Proteste und Appelle nötig ist, dann kann Pius XI., ›der militante Papst‹, ihn beibringen: Welche greifbare Wirkung hatten die 48 antinationalsozialistischen Diatriben, Predigten, Ansprachen und Enzykliken, die er zwischen 1930 und 1939 verfaßte, auf das ständige Wachstum und die stete Konsolidierung der nationalsozialistischen Tyrannei, die er so erbittert ablehnte? Mindestens ein Dutzendmal erklärte er öffentlich und mit allen ihm zur Verfügung stehenden Mitteln, daß ›Nationalsozialismus und Christentum unvereinbar‹ seien, daß ›ein guter Katholik dem Götzen des Rassismus nicht dienen‹ könne – aber Guenter Lewy berichtet: ›Fast die Hälfte der Bevölkerung des Großdeutschen Reiches (im Jahr 1939: 43,1 %) war katholisch, und selbst in der SS gehörte trotz des ständigen Drucks, aus der Kirche auszutreten, fast ein Viertel (22,7 %) dem katholischen Glauben an.‹«[63]

1933 schon hatte die konvertierte Jüdin Edith Stein bei Pius XI. eine Privataudienz erbeten, um ihm die Bedrohung der deutschen Juden deutlich vor Augen zu führen. Sie wollte erreichen, daß er eine Enzyklika gegen den Antisemitismus herausgab. Daß das auch nach Kenntnis des Vatikan (Pacelli) notwendig gewesen wäre, konnte dem Papst nicht verborgen geblieben sein. Die Begegnung kam aber nicht zustande. Jahre später zögerte die Amtskirche so lange, ihr aus den Niederlanden in die sichere Schweiz zu verhelfen, bis es zu spät war. Die ersehnte Enzyklika gegen den Antisemitismus wäre übrigens – einzigartig in der bisherigen Kirchengeschichte – 1939 beinahe doch noch erschienen, wenn nicht der Tod des Papstes unmittelbar davor dies verhindert hätte.

1935 beauftragte Pius XI. John La Farge, einen amerikanischen Jesuiten, mit der Ausarbeitung des Entwurfs einer Enzyklika gegen Rassismus und Antisemitismus. La Farge hatte sich in den USA als Kämpfer gegen den Rassismus engagiert. Der Wortlaut des Entwurfs brachte klar zum Ausdruck, daß die antijüdischen Maßnahmen der Nazis unannehmbar seien. Der Entwurf wurde aber zu Lebzeiten des alten Papstes das Opfer vatikanischer Intrigen. Er mußte zunächst dem Ordensgeneral Ledochowski vorgelegt werden, der aus dem vielleicht antisemitischsten Land kam: aus Polen. Er hielt das Papier drei Monate lang zurück. Der Papst war krank. Mitverfasser Gustav Gundlach SJ, der sich mit den Themen Totalitarismus und Rassismus zu befassen hatte, hat zweimal geschrieben, Ledochowski scheine die Enzyklika sabotieren zu wollen. Der Entwurf enthielt zwar einige historische Unwahrheiten. Immerhin wurde aber jede Judenverfolgung als unchristlich dargestellt, ins-

63 P. E. Lapide: Rom und die Juden, a. a. O., S. 215.

besondere, wenn sie mit der Verletzung von Bürger- und Menschenrechten einhergehe. Der Antisemitismus sei ein Freibrief für jede Form von Gewalt und richte sich letztlich gegen die Religion überhaupt. Ungeklärt ist, ob Pius XI. nicht einem Mordanschlag Mussolinis zum Opfer gefallen ist, der eine offene Verurteilung des Faschismus verhindern wollte. Es ist nicht unwahrscheinlich, daß man ihm den Entwurf zugespielt hatte. Entscheidend ist, daß der Erlaß einer Enzyklika mit einer klaren Verurteilung des Antisemitismus 1938 oder 1939 zwar schon viel zu spät gekommen wäre, aber doch noch hätte hilfreich sein können und wenigstens ein Zeichen dargestellt hätte. Pius XII. aber verkündete am 20. Oktober 1939 seine erste Enzyklika »Summi Pontificatus« auf der Grundlage des ersten Entwurfs, doch der Abschnitt über den Antisemitismus fehlte.

Das Verhältnis Pius XII. (1939–1958) zu den Juden war ambivalent. Einerseits gilt: »Unversehrt wollte dieser Papst die ganze Tradition der Kirche erhalten. Zu ihr gehört der Antijudaismus vom 4. bis hin zum 20. Jahrhundert. Er wollte an keinen einzigen Stein des Gebäudes rühren aus Angst vor dem Zusammensturz des ganzen Kirchenbaues.« (F. Heer) Er war gewiß kein Judenfreund. Obwohl kein schwacher, sondern ein Allein-Herrscher (»Io non voglio collaboratori, ma essecutori«: Ich will keine Mitarbeiter, sondern Ausführende), ließ auch er, wie schon sein Vorgänger, den herrschsüchtigen Jesuitengeneral Ledochowski (gestorben 1942) gewähren. Unter Ledochowskis Führung konnten die römischen und deutschen jesuitischen Judenfeinde sich frei entfalten. Die Jesuiten Pierre Charles (Belgien) und Friedrich Muckermann (Deutschland), die u. a. einen einsamen publizistischen Kampf gegen die Achse Rom/Berlin führten, brachte er zum Schweigen: Sie sollten dem Werk Gottes nicht in den Arm fallen. Als die deutsche katholische Presse (1933 über 400 Tageszeitungen!) ziemlich schnell gleichgeschaltet wurde, viele katholische Organe ihr Plansoll sogar übererfüllten und sich zum Teil zu regelrechten Propaganda-Organen der Nazis entwickelten, flüchtete Muckermann nach Holland und gründete dort eine Widerstandszeitung (*Der Deutsche Weg*); darin nannte er die katholische Presse im Dritten Reich im April 1936 ein unappetitliches Instrument der Lüge.

Der bedeutende Judenfreund Augustin Bea SJ, der sich 1965 auf dem Konzil mit seinem Entwurf einer Judenerklärung leider nicht hat durchsetzen können (hierzu später), war lange der Beichtvater von Pius XII. Zu dessen Lebzeiten weigerte er sich, von ihm den Kardinalshut anzunehmen, von Johannes XXIII. nahm er ihn 1959 sofort an. Folgerichtig erscheint der nicht unbedeutende Bea, seit 1930 langjähriger Chef der päpstlichen Bibelkommission, 1958 noch nicht im vielbändigen Lexikon für Theologie und Kirche.

Der Pacelli-Papst, ein Ordnungsfanatiker, völlig vereinsamt und stark neurotisch, ein Feind jeglicher Diskussion, sakraler Schauspieler und hochintelligenter Diplomat, machte folgenden Satz zum Wahlspruch seines Pontifikats: »Der Friede ist das Werk der Gerechtigkeit.« Taube und Ölzweig waren sein Wappen. Er, der ebenfalls Italien beim Überfall auf Abessinien 1936 unterstützt hatte, ebenso Franco, der auch mit dem Verbrecher Hitler ein Konkordat geschlossen hatte, konnte sich bei seiner Wahl des freudigen Zuspruchs der gesamten NS-Presse erfreuen. Gleich nach der Papstwahl am 6. März 1939 – das verharmlosend Reichskristallnacht genannte Ereignis war noch nicht lange her – schrieb Pius XII. an Adolf Hitler, und zwar sogar protokollwidrig in deutscher Sprache: »... inzwischen erflehen Wir für Sie, hochzuehrender Herr, und für alle Mitglieder ihres Volkes, mit den besten Wünschen den Schutz des Himmels und den Segen des allmächtigen Gottes«. Damit kein Mißverständnis aufkommt: Ein Freund der NS-Ideologie war Pacelli nie, aber immerhin waren die Nazis die schärfsten Gegner des Bolschewismus.

Wie gesagt, ein Judenfreund war Pius XII. nicht. Aber als es darauf ankam, war es doch nicht so, daß er nichts getan hätte, wie man vielfach glaubt und schreibt. Dieser skrupulöse Mensch, der wohl zu den schwierigsten Persönlichkeiten der Weltgeschichte gehört und im Urteil der Nachwelt kraß widersprüchliche Wertungen erfahren hat, erfüllte im stillen und wirksam eine Menschenpflicht, als die Judenleben nach und nach ausgelöscht wurden und alle Mächte, die viel und ohne weiteres etwas hätten tun können, so versagten, daß man mit P. Lapide ausrufen muß: »Wo war der Mensch, als das Morden mechanisiert wurde und Milionen verschlang?« Zwar wurden die Juden Roms und Italiens unter Pacellis Augen zu den Vernichtungstransporten zusammengetrieben, ohne daß er je *direkt* seine Stimme für sie erhoben hätte. Auch ist im Grundsatz wohl richtig, was Rolf Hochhuth in seinem *Stellvertreter* 1963 ans Licht gebracht hat. Nicht umsonst wurde er deswegen verfemt, nicht umsonst aber auch hat Golo Mann ihm seine Bewunderung ausgesprochen (der sein Werk übrigens Pater Kolbe und Prälat Lichtenberg gewidmet hat). Auch hatte Hochhuth gute Informationsquellen, darunter den in schreckliche Dinge verwickelten österreichischen Titularbischof Alois Hudal, der 1976 seine Erinnerungen als Buch veröffentlicht hat. Und doch: Daß Pius XII. nicht nur Diplomat und Techniker der Glaubensmacht war, hat Pinchas Lapide, der bekannte jüdische Neutestamentler, nach umfangreichen Quellenstudien zutage gefördert. In seinem Buch *Rom und die Juden* (1967) meint er zwar an einer Stelle, als Katholik hätte er vielleicht auch lieber einen Papst gehabt, der direkt und unmißverständlich in die Welt getragen hätte, was er über den Holocaust wußte. Und er wußte schon früh alles. Trotzdem spricht Lapide als Jude in höchster Achtung von Pius XII. Er kommt zu dieser Wertung durch umfangreiche Untersuchungen komplizierter Vorgänge und Überlegungen unter Verarbeitung einer Fülle von Dokumenten. Kurz wiederzugeben ist das alles nicht. Fest steht aber: keinem Papst hatten die Juden bis zu diesem Zeitpunkt so gedankt wie Pacelli nach dem Krieg, jedenfalls, wenn man nur das Zeugnis der hohen jüdischen Führer berücksichtigt.

Demgegenüber wird Pacelli – soweit er nicht in zahlreichen devoten und apologetischen Schriften z. B. als Manifestation des Hl. Geistes gepriesen wurde – wegen seines Schweigens zum Holocaust verurteilt: Wer sonst, wenn nicht er, hätte einen flammenden Protest in die Welt hinausschleudern müssen? Der Protestant Hochhuth hat ihn wegen seines Schweigens gar einen Verbrecher genannt. Man sollte Hochhut, der nicht leichtfertig und mit hohem Ethos ein solches Urteil in seinem Drama gewagt hat, deswegen nicht verurteilen. Denn zum damaligen Zeitpunkt hatte die katholische Kirche schon viel vertuscht; andererseits waren insbesondere die Forschungsergebnisse von Lapide noch nicht bekannt. Nach dem jahrzehntelangen Abstand von heute sollte man mit solchen Urteilen vorsichtiger sein. Je mehr man sich mit der Geschichte der Judenauslöschung befaßt, um so mehr kann man Zweifel bekommen, wie man die Schuld der zahlreichen »idealistischen« Überzeugungstäter einschätzen soll. So hat der Auschwitzkommandant Höß Rosen gezüchtet und war ursprünglich als Katholik ein regelmäßiger Kirchgänger. In seiner kurz vor seiner Hinrichtung verfaßten Lebensgeschichte macht er auch Aufführungen über seine achtbaren ethischen Grundsätze seiner Zeit als junger Mann. Ich deute die Problematik nur an, um auch für Pius XII. ungeachtet der insgesamt wohl erforderlichen sehr negativen Bewertung (im weltlichen Bereich und im Bereich des Glaubens und der Kirche; im Rahmen dieser Abhandlung kann dies nicht näher begründet werden) eine gewisse Milde zu beanspruchen. Die Frage der – letztlich nie zu beantwortenden – persönlichen Schuld ist im Rahmen dieser Gesamtuntersuchung ohnehin nicht von Bedeutung.

Lapide weist in seiner inhaltsreichen Monographie u. a. auf folgendes hin: Die Bemühungen des Vatikan müssen vor dem Hintergrund einer allgemeinen Verhärtung und Gleichgültigkeit gegenüber dem Völkermord in Europa gesehen werden. All die zahlreichen Proteste und Erklärungen Pius XI. gegen die Nazis waren fruchtlos gewesen. Pacelli wußte, daß die deutschen Katholiken nicht bereit waren, sich »den Zorn ihrer nationalsozialistischen Obrigkeit der Juden wegen zuzuziehen, die nach der jahrelang vertretenen Auffassung der katholischen Bichöfe einen schädlichen Einfluß im deutschen Leben ausübten. Poliakov hat recht, wenn er sagt, daß letztlich ›das Schweigen des Papstes nur die tiefempfundenen Gefühle der katholischen Masse von Europa widerspiegelte‹«.[64] Man muß sich vor Augen halten, daß Lapide trotz aller scharfen, ja gnadenlosen Kritik der antisemitischen Geschichte des Christentums und der Kirche zur Zeit des Dritten Reichs insgesamt ein gro-

64 Ebenda, S. 217.

ßes Loblied auf Pius XII. anstimmt. Ferner ist zu bedenken, daß Lapide seit langem einer der wichtigen Promotoren der christlich-jüdischen Verständigung ist. Und gerade er spricht das prägnante Wort: »Eins, wovon der Papst vielleicht mehr verstand als die meisten seiner Zeitgenossen, war der geistige Kollektivzustand des deutschen Katholizismus.« Und weiter schreibt er: »Wollte man den erfolgreichen Versuch der deutschen Kirche, mit der antisemitischen Flut zu schwimmen, in allen Punkten veranschaulichen, dann bekäme man dazu ein ganzes eigenes Schwarzbuch.«[65] (Ein solches ist als wissenschaftliche Gesamtdarstellung bis zum heutigen Tag noch nicht geschrieben. Seit langem ist es z. B. so, daß das nüchterne, auch anhand bischöflicher Archive reich dokumentierte und eindrucksvolle Standardwerk von G. Lewy kaum noch Chancen hat, in der wissenschaftlichen oder oft nur so genannten Literatur auch nur zitiert zu werden, vor allem bei katholischen Autoren, wie man leicht feststellen kann. In der Flut der Desorientierungsliteratur droht die Wahrheit unterzugehen.)[66] Lapide schreibt weiter und belegt dies mit vielen Beispielen: »Es hat den Anschein, als ob sich die Einstellung der deutschen Kirche zu Juden und Judentum nur dem Grad, nicht dem Wesen nach von dem manischen Haß des Nationalsozialismus unterschied.« Der Chefredakteur des Londoner Catholic Herald erklärte 1963: »Die deutschen Katholiken waren durchaus fähig, einen päpstlichen Aufruf, sich der Judenverfolgung zu widersetzen, zurückzuweisen«.

Hätte es bei dieser Sachlage im Sinn einer Rettung von Menschenleben einen Sinn gehabt, wenn der Papst flammende Aufrufe erlassen hätte? Lapide weist darauf hin, daß von den 291 historischen Papstdokumenten zur Verteidigung der Juden (allerdings *immer* auf der Basis eines »erlaubten« Antisemitismus) auch nicht eines seinem Zweck gedient habe, ausgenommen, Truppen erzwangen diese Forderung. Man kann unter Bezugnahme auf eindrucksvolle historische Beispiele der Neuzeit aufweisen, daß auch eine Exkommunikation Hitlers nichts ausgerichtet hätte. Vielmehr konnte man befürchten, daß eine solche Maßnahme eine noch schärfere Judenverfolgung zur Folge haben würde. Pius XII. ließ 1939 Radio Vatikan und den *Osservatore Romano* über die Ermordung zahlreicher Priester in Polen berichten, mit dem Ergebnis, daß der Erzbischof wegen der negativen Folgen dieser Aktion bat, von weiteren Protesten abzusehen. Der Vatikansender stellte auch Sendungen über antikirchliche Maßnahmen und KZ-Greuel ein, weil Notrufe das zugunsten der Inhaftierten forderten. 1942 boten die Nazis den holländischen Bischöfen auf deren Proteste hin an, vor 1941 konvertierte Nichtarier von den Deportationen auszunehmen, wenn die Kirche schweige. Als der Erzbischof

65 Ebenda, S. 219.
66 Eindrucksvoll allerdings seit neuerem Georg Denzler: Widerstand oder Anpassung? Katholische Kirche und Drittes Reich, a. a. O.

von Utrecht sich nicht daran hielt, wurden alle auffindbaren katholischen Juden einschließlich der Philosophin Edith Stein verhaftet und deportiert. Auch Gelehrte wie Léon Poliakov sowie Robert Kempner und andere wichtige Persönlichkeiten vertraten die Auffassung, daß derartige spektakuläre Aktionen eine bedeutende Verschlimmerung hätten bewirken können oder gar müssen. Aus dem KZ Dachau wird berichtet, inhaftierte Priester hätten jedesmal gezittert, wenn sie von kirchlichen Protesten gehört hätten. Es ist auch bekannt, daß Hitler mehrfach mit dem Gedanken einer Gefangennahme des Papstes gespielt hat. Da nun Pius XII. ohnehin keine Kämpfernatur, sondern Diplomat war und oft unschlüssig und lange zauderte, wer möchte ihn da deswegen zum Verbrecher machen, weil er sich zum Schweigen entschloß, um Schlimmeres zu verhüten, mag man diese Auffassung für richtig oder für falsch halten. Immerhin weist Lapide mit zahllosen dokumentarisch belegten Details nach, daß der Papst und seine zahlreichen Helfer sich in verschiedenen Ländern unter kompliziertesten Verhältnissen und im Zusammenwirken mit verschiedenen Organisationen und Gruppen an der Rettung vieler Juden beteiligten.

In Rom z. B. waren in 155 (nach anderen Angaben ca. 180) Klöstern, Seminaren und kirchlichen Instituten zur Zeit der deutschen Besetzung etwa 4 000 bis 5 000 Juden verborgen, davon ca. 400 im Vatikan und ca. 250 als angebliche Mitglieder der päpstlichen Garde. Obwohl die SS von diesen Dingen wußte, achtete der Befehlshaber Kappler die Exterritorialität dieser Häuser. Dadurch war der Papst erpreßbar, vom Papst wurde Schweigen erwartet. Als aufgrund einer Großrazzia am 16. Oktober 1943 Tausende der noch nicht verhafteten Juden umherstreiften und jederzeit aufgegriffen werden konnten, veröffentlichte der *Osservatore Romano* (der damals auch von Nichtkatholiken und Antifaschisten geschätzt wurde) einen Leitartikel, in dem von der »universalen und väterlichen« Hilfeleistung des Papstes die Rede war, die weder Grenzen der Nationalität noch der Religion oder Rasse (!) kenne. Das Leiden vieler Unglücklicher habe die päpstliche Aktivität verstärkt. Das war damals eine klare Aufforderung an die Römer, von denen viele Juden versteckt hatten, ihre Rettungsbemühungen zu verstärken. Insgesamt wurden von den ca. 7 000 römischen Juden aufgrund aller Bemühungen so viele versteckt, daß »nur« 1 007 am 18. Oktober 1943 nach Auschwitz transportiert wurden. Lapide berichtet, er kenne seit 1945 keine Beschuldigung eines maßgebenden Juden, in der die päpstliche Zurückhaltung mit mangelnder Rettungsbereitschaft und Untätigkeit gleichgesetzt worden wäre. Er stellt hierzu folgenden Zusammenhang her:

»Zu allererst liegt die Schuld für die Ermordung von einem Drittel meines Volkes bei den Nationalsozialisten, die das Gemetzel verübt haben; doch in zweiter Linie liegt diese Schuld in dem allgemeinen Versagen der Christen, die, soweit sie sahen, was geschah, nicht versucht haben, das Unheil abzuwenden oder wenigstens zu mildern, die nicht nach ihren eigenen sittlichen und ethischen Grundsätzen gelebt haben, als das Gewissen schrie: RETTE!, während die selbstsüchtige Berechnung zur Zurückhaltung riet. Komplizen waren all diese Hunderte von Millionen, die wußten, daß meine Brüder starben, und die dennoch lieber nichts sehen wollten, die sich weigerten zu helfen und sich ihre Ruhe bewahrten.

Erst vor dem Hintergrund eines so gewaltigen Egoismus und im Zusammenhang mit dem tausendjährigen Antisemitismus der Christen kann man das Verhalten des Papstes während des Krieges überhaupt ermessen.«[67]

Gewisse Zweifel, ob das Lob eines dankbaren Juden auf Pius XII. nicht unangemessen hoch ausfällt, überkommen Lapide aber selbst, wenn er meint: »Seine schicksalhaften Urteile und Entscheidungen mögen vielleicht ebenso irrig sein wie meine Hochachtung für ihn.« Ich meine, daß diese Zweifel nach heutigem Kenntnis- und Bewußtseinsstand mehr als berechtigt sind. Auch, wenn man berücksichtigt, daß zur Zeit des Holocaust für den Papst jede der möglichen Alternativen wegen der zu befürchtenden Folgen schwere Gewissensfragen aufwerfen mußten. Da war es freilich schon etwas spät.

Vielen Juden hat der Vatikan im Krieg geholfen und vielen hat er Pässe zur Flucht verschafft. In diesem Zusammenhang verdient der deutsche »Raphael-Verein« ehrende Erwähnung, dessen römische Filiale getauften Juden zur Emigration nach Südamerika verhalf (führend: die Pallottiner Wojciech Turowski und Anton Weber). Aber kurz nach dem Krieg haben sich vatikanische Stellen auch der Hilfe für Judenverfolger gewidmet. Dieses düstere Kapitel konnte noch nicht ganz aufgehellt werden, zumal die Akten der »Päpstlichen Hilfskommission« (PCA) bis heute der Forschung verschlossen sind (wie aus gutem Grund auch die gesamten umfangreichen Aktenbestände aus Jahrhunderten päpstlicher Inquisition). Was aber bekannt ist, rückt den Vatikan in ein denkbar ungünstiges Licht, um es einmal betont vorsichtig zu formulieren.

Nach dem Krieg traten unter den verschiedenen Fluchthilfeorganisationen Roms zwei besonders hervor: die der jüdischen Überlebenden des Holocaust und die noch größere des Vatikan (PCA). Über deren Kanäle sind auch eine größere Zahl prominenter blutbesudelter Nazis ins sichere Südamerika entkommen, darunter Adolf Eichmann, Franz Stangl (der Kommandant des Vernichtungslagers Treblinka), Klaus Barbie (der »Schlächter von Lyon«), Walter Rauff (der Erfinder der Gaskammern), der Fliegeroberst Rudel und Martin Bormann, der zuletzt einer der engsten und einflußreichsten Mitarbeiter Hitlers war. Eine zentrale Rolle bei diesen hauptsächlich 1948–1951 laufenden Aktionen spielte der österreichische Titularbischof Alois Hudal (1885–1963), der von 1923–1952 Rektor des römischen Priester-Kollegs »Anima« war. Hudal, Träger des Goldenen Parteiabzeichens, hatte von einem christlichen Nationalsozialismus geträumt. 1937 veröffentlichte er sein Buch *Die Grundlagen des Nationalsozialismus. Eine ideengeschichtliche Untersu-*

67 P. E. Lapide: Rom und die Juden, a. a. O., S. 246 f.

chung von katholischer Warte und übersandte es Hitler mit der handschriftlichen Widmung »Dem Siegfried deutscher Hoffnung und Größe«. Er war Vermittler zwischen der österreichischen Kirche und dem Nationalsozialismus. Das Buch erschien mit der kirchlichen Druckerlaubnis Kardinal Innitzers.[68] Bischof Hudal also stellte sich im Juli 1944 an die Spitze eines »Österreichischen Befreiungskomitees«, das in einem US-Geheimdienstbericht als »Karikatur von Demokraten« bezeichnet wurde, gleichwohl aber mit alliierter Genehmigung das »Österreichische Büro« einrichten durfte. Dort wurden dreisprachige Ausweise ausgestellt, zu denen Hudal Zugang hatte. Hudal wurde auch Chef des österreichischen Unterkomitees (Assistenza Austriaca) der Päpstlichen Hilfskommission. Dieser hatte Pius XII. die Zuständigkeit für die gesamte Flüchtlings- und Gefangenenfürsorge übertragen. Die Auslandsabteilung der PCA, von einem vatikanischen Monsignore geleitet, arbeitete mit 20 nationalen Unterkomitees. Die PCA finanzierte die Schiffskarten nach Südamerika – mit US-Geld, hauptsächlich dem Kriegshilfsdienst der »National Catholic Welfare Conference« (NCWC). Die segensreiche Rolle insbesondere Hudals sprach sich weit herum. In seinen Lebenserinnerungen, *Römische Tagebücher* (1976), schreibt der Bischof, er habe nach 1945 seine ganze karitative Arbeit »in erster Linie den früheren Angehörigen des Nationalsozialismus und Faschismus, besonders den sogenannten Kriegsverbrechern geweiht ... und nicht wenige mit falschen Papieren ihren Peinigern durch die Flucht in glücklichere Länder entrissen«. Der Vernichtungslagerkommandant Franz Stangl berichtete 1971 kurz vor seinem Tod einer Journalistin: »Ich floh am 30. Mai 1948 aus dem Linzer Untersuchungsgefängnis... Dann hörte ich, daß ein Bischof Hudal beim Vatikan in Rom katholischen SS-Offizieren half, und so fuhr ich nach Rom.« Der römische Fluchtweg, auch als »rat-line« bezeichnet, konnte auch deswegen so wirksam arbeiten, weil das Internationale Rote Kreuz besonders günstige »titre de voyage« ausstellte, und zwar für beliebige Länder und ein Jahr. Ein Empfehlungsbrief des PCA genügte dem IRK. Die Fälschung solcher Ausweise war nicht schwer. Der bekannte Vatikankorrespondent Hansjakob Stehle zitiert hierzu eine damalige (bis 1948) schweizerische IRK-Delegierte in Rom: »Rom zog so viele Flüchtlinge an, weil sie hofften, durch die Kirche weiterzukommen... Natürlich hat uns sozusagen Gott und die Welt Leute empfohlen, aber auf die Päpstliche Hilfskommission (PCA) hat man sich irgendwie verlassen, das war eine Adresse...« Und der New Yorker Rechtsanwalt Vincent La Vista, der für den amerikanischen Geheimdienst eine Fülle von Fakten über die »rat line« sammelte, klagte in seinem Bericht vom 15. Mai 1947: »Es gibt noch immer ganze Gruppen von Nazi-Deutschen, die

---

68 Vergleiche zu Hudal Friedrich Heer: Der Glaube des Adolf Hitler, München/Esslingen 1968; sowie V. Reimann: Innitzer, Kardinal zwischen Hitler und Rom, Wien/München 1967.

zu dem einzigen Zweck nach Italien kommen, sich fiktive Dokumente ausstellen zu lassen, um dann meist sofort über Genua und Barcelona nach Lateinamerika abzureisen.« Interessant ist in diesem Zusammenhang, daß nicht die Flucht von Nazis die Amerikaner besorgt machte, sondern der Umstand, »daß die Kommunisten diese Möglichkeiten ausnützen, um ihre Agenten in die betreffenden Länder zu schicken«. Das war Wasser auf die vatikanischen Mühlen: Gegenüber US-Handelsminister Averell Harriman nannte Pius XII. am 15. Juli 1947 die kommunistische Gefahr heimtückischer als die nazistische. Das stand unverändert in der Tradition der katholischen Kirche. In diesem Klima konnte auch Hudal gut arbeiten. Er pflegte enge Beziehungen zum argentinischen Konsulat. Das Regime Peróns hatte vor allem Interesse an Spezialisten. Hudal konnte, wie er selbst schrieb, garantieren, daß keine »linksgerichteten Elemente, Juden, Deserteure und allierte Spione« darunter waren.

Es fällt schwer, zu glauben, daß all diese Dinge am Vatikan und am Papst völlig vorbei abgewickelt wurden. Denn Naivität war im allgemeinen kein Merkmal des scharfen Intellekts des Papstes. Daher wohl hat auch La Vista pauschal vom Vatikan und »der« Kirche gesprochen. Auch der noch heute selbst für Papstreisen akkreditierte kritische Katholik Hansjakob Stehle vermag in seinem detaillierten Dossier vom 4. Mai 1984 offenbar nicht so recht daran zu glauben.[69]

Eigenartigerweise wurde Hudal erst dann seines Rektorpostens bei der Anima enthoben, als 1949 (da waren die Aktionen längst abgeschlossen) ein Skandal die Gemüter erregte. Und selbst dann dauerte es noch über zwei Jahre, bis er abgesetzt wurde. Der Skandal: Es kam heraus, daß Hudal lange und bis zu dessen Tod den Freiherrn von Wächter betreut hatte. Dieser war 1934 als österreichischer Nationalsozialist direkt an der Ermordung des Bundeskanzlers Dollfuß beteiligt gewesen, ein Sturmbannführer der SS und Polizeigeneral. 1942–1945 war er gefürchteter Gouverneur des Distrikts Galizien unter Hans Frank. Dieser Mann nun starb in Hudals Armen. In seinen posthum 1976 erschienenen *Römischen Tagebüchern* schreibt Hudal liebevoll, dem von allierten und jüdischen Stellen Gesuchten sei es gelungen, »nicht zuletzt dank der rührenden selbstlosen Mithilfe italienischer Ordensgeistlicher«, in Rom unbehelligt zu leben. Bei Aufdeckung des Skandals sprach Hudal von einer verleumderischen Aktion eines protestantischen Juden, der im sowjetischen TASS-Büro arbeite. Gleichwohl hätte der offiziöse *Osservatore Romano* Hudal verteidigt, wenn Montini, der spätere Papst Paul VI., dies nicht verhindert hätte: »Man verteidigt keinen nazistischen Bischof!« Nun, daß er das war, wußte man wohl auch schon, als er u. a. Chef des öster-

69 Hansjakob Stehle: »Pässe vom Papst? Aus neu entdeckten Dokumenten: Warum alle Wege der Ex-Nazis nach Südamerika über Rom führten«, in : DIE ZEIT vom 4. Mai 1984.

reichischen Unterkomitees der Päpstlichen Hilfskommission war. Seines Rektorpostens wurde er jedoch erst 1952 enthoben. Zur Rache für diese ungerechte Maßnahme stellte er sich 1959 Rolf Hochhuth als Informant zur Verfügung.[70]

Wesentlich bei der Fluchthilfe für Naziverbrecher war das Zusammenspiel des Vatikan mit der ODESSA, der Organisation der ehemaligen SS-Angehörigen, die die »Klosterroute« Österreich-Italien-Südamerika aufgebaut hatte. Obwohl zur damaligen Zeit viele Behörden in verschiedenen Ländern bemüht waren, Nazigrößen aufzuspüren, die der Beteiligung an der Judenvernichtung verdächtigt wurden, war die Zusammenarbeit mit den kirchlichen Stellen so gut, daß ODESSA ihr Ziel im wesentlichen erreichte. Einige hundert Naziverbrecher konnten sich in Sicherheit bringen, und zwar außer nach Südamerika (wobei der Vatikan zum Argentinien Peróns besonders gute Beziehungen hatte) auch nach Franco-Spanien, in den Nahen Osten und zum Teil nach Afrika. Die ODESSA unter dem Hauptakteur Dr. Johann von Leers, ehemals Judenreferent bei Goebbels, arbeitete so heimlich, daß die Geheimdienste nichts merkten. Hinweise auf ODESSA tauchten erst in den späten sechziger Jahren auf, erstmals anläßlich des Düsseldorfer Prozesses gegen Franz Paul Stangl (Sobibor, Treblinka). Stangl hat vor Gericht ausgesagt, mit Hilfe eines (nicht genannten) österreichischen Bischofs einen IRK-Paß erhalten zu haben. Er hat auch gestanden, mit einem vatikanischen Paß von Damaskus nach Brasilien gelangt zu sein. Dabei stellte der Vatikan, der damals freilich hauptsächlich Tausenden von heimatlosen Menschen vieler Nationalitäten geholfen hat, nur selten Reisedokumente aus. Die vatikanischen Geistlichen prüften im allgemeinen die politische Einstellung der Flüchtlinge nicht. In diesem Zusammenhang sei nochmals Bormann erwähnt, der nach Hitlers Selbsttötung dessen Bunker verlassen hatte. Er war eine treibende Kraft bei der Judenverfolgung und Ausbeutung von Fremdarbeitern (Arbeitssklaven; »Vernichtung durch Arbeit«) gewesen und wurde in Nürnberg in Abwesenheit verurteilt. Er hatte sich allerdings – so der Italo-Amerikaner und praktizierende Katholik Nino Lo Bello –

»mit dem späteren Papst Pius XII. während dessen zwölfjähriger Tätigkeit als Nuntius in Deutschland recht gut angefreundet, und das mag auch Einfluß auf die Art und Weise gehabt haben, in der der Vatikan diesen Fall nach dem Krieg behandelte. Im Mai 1948 präsentierte der als Jesuitenpater verkleidete Bormann vatikanische Papiere, die ihn als staatenlose Person auswiesen (sie hatten die Nummer 073.909 und trugen die Unterschrift des Papstes). Bei einem Menschen, der als Jesuit ausgewiesen war, war es sicherlich merkwürdig, daß er, seinen Papieren nach, in Polen geboren war, und zwar als Eliezer Goldstein, ein Name, der gewöhnlich als jüdisch angesehen wird. Dennoch gelangte er damit nach Brasilien, und später konnten dann auch fünf seiner Kinder damit Europa verlassen, nachdem sie einige Tage lang im Kloster der Pallot-

70 Die Zitate nach ebenda.

tiner in Rom untergebracht worden waren. Mit amerikanischen Pässen und unter falschen Namen reisten sie nach Südamerika.«[71]

Lo Bello, u. a. jahrzehntelang Italien-Korrespondent des *International Herald Tribune,* weist noch auf einen anderen interessanten Fall hin. Paul Touvier war stellvertretender Kommandant der kollaborierenden Miliz in Lyon und wurde zweimal in Abwesenheit zum Tod verurteilt. Er war aufgrund eines Geschäfts mit dem Vatikan entkommen. Er erklärte sich bereit, alle nach dem Krieg noch übriggebliebenen Gelder der Miliz dem Vatikan zu übergeben, Gelder, die aus der Plünderung jüdischen Eigentums stammten. Der Vatikan sagte Touvier Schutz zu.

»Mit Hilfe des Vatikans gelang es Touvier, den Behörden zu entkommen. Er besaß Identitätsausweise auf den Namen Paul Berthet. Die darin angegebene Adresse war die des Erzbischofs von Lyon. Häufig trug er eine Priestersoutane, und es gab mindestens ein Dutzend Geistliche, die sich um ihn kümmerten, während die Resistance nach ihm fahndete. Obwohl er bereits völlig in Vergessenheit geraten war und weiterhin unter vatikanischem Schutz in ruhiger Zurückgezogenheit hätte leben können, tauchte er im Jahr 1962 mit einem Gnadengesuch an den französischen Staatspräsidenten Georges Pompidou wieder auf, einem Gnadengesuch, das offen unterstützt wurde von dem für sein Gebiet zuständigen französischen Kardinal, der überdies Informationen zusammentrug, die für Touviers Rehabilitierungsverfahren nützlich sein konnten. Bald nachdem der Kardinal einen wichtigen Posten im Vatikan erhielt, wurde Touvier begnadigt. Allerdings konnte Touvier nicht mehr lange in Chambery bleiben und seine Begnadigung genießen, da wutentbrannte Männer und Frauen der Resistance nach Rache trachteten. Und so mußte Touvier 1972 im Alter von siebenundfünfzig Jahren wieder untertauchen. Seither hat man nichts mehr von ihm gehört.«[72]

Angesichts solcher Dinge wirkt der durch die gleichwohl wichtigen Forschungen Lapides zu Pius XII. erzeugte Glanz weniger strahlend, und zwar unabhängig davon, ob der Papst informiert war oder nicht.

Noch mehr verdunkelt sich das auf Pius XII. scheinende milde Licht, wenn man seine Rolle im Zusammenhang mit dem Schreckensregiment des Katholiken Ante Pavelič berücksichtigt, dem Chef des unter dem Protektorat von Hitler und Mussolini errichteten klerikalfaschistischen kroatischen Ustascha-Regimes (ab 1941). Es handelt sich um eines der ungeheuerlichsten Kapitel der modernen Geschichte. Wohl gerade deshalb, weil die katholische Kirche in so hohem Maß darin verstrickt war – nach den niedrigsten Schätzungen wurden 600 000 Menschen ermordet –, ist dieses Kapitel zumindest im deutschsprachigen Raum der Allgemeinheit unbekannt. Soweit man darüber in lexikalischen Werken überhaupt etwas findet, fehlen weitgehend Hinweise auf kirchliche Beteiligung. So lautete die entscheidende Stelle des Mini-Artikels »Ustascha« der Brockhaus-Enzyklopädie (1974) schlicht: »Mit Grausamkeit verfolgte die U. Juden und orthodoxe Christen (meist Serben).

---

71 Nino Lo Bello: Vatikan im Zwielicht. Die unheiligen Geschäfte des Kirchenstaates, Düsseldorf/Wien 1983, S. 70.

72 Ebenda.

Sie trieb damit viele Menschen in die von TITO geführte Partisanenbewegung.«

Der Jurist Ante Pavelič, Hauptverantwortlicher der Ermordung des jugoslawischen Diktator-Königs Alexander am 9. Oktober 1934 in Marseille, war Mitbegründer der Ustascha, eines nach der Proklamation Alexanders 1929 gegründeten nationalrevolutionären Kampfbundes. Es ging um den bewaffneten Aufstand zur Befreiung Kroatiens von den verhaßten, seit dem Versailler Vertrag führenden Serben, aber auch um einen Religionskrieg, einen »heiligen Kampf«, der jedes Mittel erlaubte und »Bibel und Bombe nebeneinander als Wahrzeichen und Kampfmittel« einbezog[73], einen Religionskrieg der katholischen Kroaten gegen die orthodoxen Serben. Dies wird aus dem Umstand deutlich, daß katholische Serben in der Regel verschont blieben. Die katholischen Ustascha-Kapläne leisteten in späterer Zeit ihren Schwur vor zwei Kerzen, einem Dolch und einem Revolver.[74] In einer bereits 1936 von Pavelič unterzeichneten Denkschrift heißt es, zu den Hauptfeinden der Ustascha gehörten auch die internationale Freimaurerei und das vom nationalen Chaos profitierende Judentum. Hitlerdeutschland sei der »mächtigste Kämpfer für lebendes Recht, wahre Kultur und höhere Zivilisation«. Mussolini gewährte dem späteren Diktator Unterschlupf und stellte ihm ein Haus in Bologna zur Verfügung, das jahrelang als Ustascha-Hauptquartier diente. In aller Ruhe konnte Pavelič Bombenexplosionen in Zügen (Wien–Belgrad) und andere Anschläge verschiedenster Art planen und durchführen. Nach dem Königsmord erhielt er sogar eine italienische Staatspension. Am 17. April 1941 konnte Pavelič in Zagreb sein erstes Kabinett ernennen. Er war nun Herr über gut 3 Millionen Kroaten, 2 Millionen orthodoxe Serben, 500 000 bosnische Moslems und u. a. 40 000 Juden. Die ersten Regierungsanweisungen an das Volk wurden durch die Geistlichkeit verkündet. Die kroatische Presse war gerührt von der Herzlichkeit, mit der Pius XII. Pavelič und seine Leute noch am 18. Mai 1941 in Privataudienz empfing, dies mit besten Wünschen für die weitere Arbeit verbindend. Am 22. Juli 1941 begrüßte Seine Heiligkeit über hundert kroatische Jugendliche, diese z. T. in Ustascha-Uniform mit dem großen U und der darin explodierenden Bombe. Jeder erhielt eine Medaille zum Andenken. Für Kroatien wurde im Vatikan ein eigenes Amt eingerichtet, dessen Leiter Msgr. Pietro Sigismondi war.

Am 28. April 1941 schrieb Primas Stepinač in einem Hirtenbrief zu den Ereignissen, es sei »leicht, die Hand Gottes in diesem Werk zu erkennen... Wir kennen die Menschen, die heute das Schicksal des kroatischen Volkes in ihren Händen halten, und wir sind fest davon überzeugt, daß die Kirche in dem wiederhergestellten kroatischen Staat die unfehlbaren Grundsätze der

---

73 Siehe Ladislaus Hory und Martin Broszat: Der kroatische Ustascha-Staat 1941–1945, München 1964.

74 Carlo Falconi: Das Schweigen des Papstes, 1965, S. 502, Anm. 237.

Wahrheit und der ewigen Gerechtigkeit in voller Freiheit wird verkündigen können.« Wie das Werk Gottes dann aussah? »... es ist fast unmöglich, sich eine Strafexpedition der grauenhaften Ustascha-Kader ohne einen Priester vorzustellen, vor allem ohne einen Franziskaner, der sie anführt und aufreizt« (C. Falconi). Um die Darstellung dieses Nebenschauplatzes der Judenverfolgung abzukürzen: Bei dem Kreuzzug wurden 299 orthodoxe Kirchen ausgeraubt bzw. zu Toiletten, Ställen u. a. umgewandelt. 240 000 Serben wurden zwangsweise katholisiert, soweit sie nicht, oft nach schrecklichen Folterungen, abgeschlachtet wurden. Man hat ihnen

»die Nasen, die Ohren abgeschnitten, die Augen ausgestochen, ... das Haar, den Bart ausgerissen, die Haut abgezogen ... Kinder, Greise, Männer, Frauen geköpft, erstochen, erschossen, erwürgt, ertränkt, ... lebendig verbrannt, lebendig gevierteilt, lebendig in Stücke geschnitten, lebendig begraben und lebendig gekreuzigt.«[75]

So wurde etwa, ein beliebiges Beispiel, in der Kirche von Glina in Bosnien ein Blutbad angerichtet, das von abends 10 Uhr bis morgens 4 Uhr und dann noch mehrere Tage weiter ging. Die blutdurchnäßten Uniformen der Schlächter mußten gewechselt werden. Initiatoren waren der aus dem Ort stammende Justizminister Dr. Mirko Pak und der Franziskanerprior von Cuntic, Hermengildo (alias Častimir Hermann). Die Serben waren, wie Ribbentrops Sondergesandter Neubacher milde sagte, Freiwild geworden. Man ist versucht, zu sagen, die Greueltaten (die in der Literatur im Detail beschrieben und belegt sind) seien so grausam gewesen, daß neben ihnen die Untaten deutscher KZ-Schergen milder erscheinen. Immer wieder brandmarkten selbst SS-Leute das Geschehen. Der Chef der Sicherheitspolizei und des SD berichtete dem Reichsführer SS am 17. Februar 1942:

»Die von den Kroaten niedergemetzelten und mit den sadistischsten Methoden zu Tode gequälten Pravoslaven müssen schätzungsweise auf 300 000 Menschen beziffert werden... Zu bemerken ist hierbei, daß letztlich die katholische Kirche durch ihre Bekehrungsmaßnahmen und ihren Bekehrungszwang die Ustascha-Greuel forciert hat, indem sie auch bei der Durchführung ihrer Bekehrungsmaßnahmen sich der Ustascha bedient... Tatsache ist, daß in Kroatien lebende Serben, die sich zur katholischen Kirche bekannt haben, unbehelligt wohnen bleiben können... Daraus ist ersichtlich, daß der kroatisch-serbische Spannungszustand nicht zuletzt ein Kampf der katholischen Kirche gegen die pravoslavische Kirche ist.«[76]

Die italienischen Faschisten wiegelten sogar gegen das Regime auf und schützten z. T. Serben und Juden. 600 000 Menschen, darunter auch einige tausend Juden, sollen die italienischen Truppen gerettet haben. Auch deutsche Truppen, die selbst nicht zimperlich vorgingen (Geiselerschießungen im Verhältnis 1:100 und 1:50) griffen wegen der Greueltaten Ustascha-Einheiten an.

---

75 Karlheinz Deschner: Opus Diaboli, Reinbek 1987, S. 268.
76 Karlheinz Deschner: Ein Jahrhundert Heilsgeschichte, a. a. O., Bd. 2, S. 226.

Die Kirche focht das weniger an. Waren doch zahlreiche Kleriker schon lange Mitglied der Ustascha. Die kroatischen Kreuzfahrer (Križari) hielten zahlreiche Zusammenkünfte mit Kommunion und Anbetungsstunden ab. Franziskaner hatten führende Postionen in Konzentrationslagern (Jasenovač!) inne, und das Parlament rief den heiligen Geist in einem Gesang an. Pavelič war ein so guter praktizierender Katholik, daß er ständig von Geistlichen umgeben war – zahllose Fotos zeigen das –, einen eigenen Beichtvater und eine eigene Kapelle besaß. Das Bistumsblatt von Sarajewo erklärte, der Katholizismus sei zu verkünden »mit Hilfe von Kanonen, Maschinengewehren, Panzern und Bomben«. Besondere Verdienste kamen, wie schon erwähnt, den Franziskanern zu, deren Klöster Waffenlager waren, aber auch den Jesuiten. Führend: Erzbischof Stepinač, dessen Verbindungsmann zum Vatikan Draganovič war, seines Zeichens Theologieprofessor und Mitglied des Komitees für die Bekehrung im Todeslager Jasenovač, in dem etwa 200000 Menschen einschließlich Juden umgekommen sind. Pacellis Staatssekretär lobte am 21. Februar 1942 die kroatischen Bischöfe und übermittelte ihnen den apostolischen Segen. Übrigens ernannte der Hl. Vater Stepinač zum Militärvikar der Ustascha und erhob ihn *nach* 1945, als er schon zu 16 Jahren Zwangsarbeit verurteilt war, für seine großen Verdienste zum Kardinal.[77]

Was sagt zu alledem die Kirchengeschichtsschreibung? Normalerweise existieren solche Dinge nicht. Das *Handbuch der Kirchengeschichte,* ein »klassisches« Standardwerk, bringt in dem über 800 Seiten starken 7. Band[78] nur den Satz: »Die dortige Regierung kam der kath. Kirche sehr entgegen, zwang sie jedoch oft zur Kollaboration und zog sie in die blutigen Auseinandersetzungen der kroatischen Ustaschen mit den serbischen Partisanenverbänden hinein.« Anschließend weist der Verfasser Adriányi auf die bedauerlichen Gewalttätigkeiten gegen die deutsche Bevölkerung und die katholische Kirche hin, die 243 ermordete Geistliche zu beklagen habe. Und Wilhelm Weber beklagt, Erzbischof Stepinač sei einer derjenigen Bischöfe im kommunistischen Bereich, die Opfer der Schläge gegen die Kirche geworden seien.

Das Buch, das im einzelnen nachweist, daß und warum solche Informationen wie über das Ustascha-Regime oder auch viel harmlosere unterdrückt werden und vor allem, wieso das auch in freiheitlich-demokratischen Ländern mit im Prinzip freier Presse geschieht, ist noch nicht geschrieben.[79]

---

77 Ansprache an das Konsistorium vom 12. Januar 1953, AAS XLV, 1953, S. 65 ff.

78 Die Weltkirche im 20. Jahrhundert, hg. von Jedin und Repgen, Freiburg 1979.

79 Im Anhang II des Abschnitts V des Literaturverzeichnisses ist einige Literatur zum Ustascha-Regime zusammengestellt. Neuestens: V. Dedijer: Jasenovac – das jugoslawische Auschwitz und der Vatikan, Freiburg 1988.

VIII. Die Verfolgung der Juden durch die Christen – ein Überblick

1. Die Geschichte der Verfolgung bis zum Ersten Weltkrieg

Historische Voraussetzungen und Anfänge des christlichen Antijudaismus. Die Judenfeindschaft zieht sich teils latent, teils offen wie ein roter (blutiger) Faden durch den Gang der Jahrhunderte europäischer Geschichte bis zum heutigen Tag. Sie ist eine Mythe, die sich ungeachtet vernunftgemäßer Erwägungen von Generation zu Generation fortpflanzt. Ihre Ursprünge hat sie in der vorchristlichen Antike, insbesondere im Spannungsverhältnis zwischen Hellenismus und Judaismus, zwischen dem brutalen Machtanspruch der ausbeuterischen Weltmacht Rom sowie der kulturellen Identität und dem auch religiös gespeisten Freiheitsdurst der Juden. Die in allen größeren Städten präsenten Juden stellten einen beachtlichen Teil der Bevölkerung dar, hatten zahlreiche Bekehrungserfolge und beunruhigten die hellenistische Welt kulturell. Die Evangelien der neu entstehenden christlichen Religion konnten, ja mußten zur Zeit des ausgehenden 1. Jahrhunderts als antijüdisch verstanden werden. Sie wurden es jedenfalls.

Die Judenfeindschaft der christlichen Spätantike. Auf einer solchen Basis konnte die sich entwickelnde christliche Kirche trotz ihrer zahlreichen Richtungskämpfe mit ihrem theologischen Antijudaismus (Gottesmörder-Theologie) gut voranschreiten. Die christlichen Kirchenväter der Frühzeit waren nahezu sämtlich scharf bis widerwärtig antijüdisch. Die Judenfeindschaft prägte eine ganze Literaturgattung. Inwieweit die Judenfeindschaft im Neuen Testament angelegt ist, ist bei den Theologen im einzelnen heute sehr umstritten. Das verwundert nicht, denn die Evangelien sind nach allgemeiner Ansicht mehr Verkündigungstexte als historische Texte, ihre Entstehungsgeschichte ist äußerst kompliziert, die Widersprüche sind zahlreich. Im übrigen ist es Aufgabe der christlichen Neutestamentler, Exegese und Glauben in Einklang zu bringen. Eine solche Exegese ist aber interessengebunden. So schreibt T. de Kruijf im Artikel »Antisemitismus« der *Theologischen Realenzyklopädie* (1978) zu den synoptischen Evangelien sehr vorsichtig: »Einen antisemitisch zugespitzten Bericht darf man die Leidensgeschichte nicht nennen, obwohl man nicht ausschließen kann, daß die Verteilung der Verantwortung zwischen jüdischen und römischen Behörden apologetisch beeinflußt wurde.« Wie auch immer: Die Judenfeindschaft setzte sich in Theologie, Kirchen- und Staatspraxis ungezügelt durch. Zu dem Vorwurf, die Juden hätten ihren eigenen Messias abgelehnt, schreibt Nicholas de Lange:

»Diese Geschichtsfälschung im Dienst der Polemik läßt sich schon im Johannesevangelium nachweisen... Erst einmal eingeführt, wurde die Beschuldigung des Gottesmordes gang und gäbe, ohne Rücksicht auf die Tatsache, daß sie zu anderen Auffassungen der Kreuzigung – wie etwa, daß Jesus sich selbst aus freiem Willen zum Opfer darbot, oder daß sein Tod vorherbestimmt war – im Widerspruch stand. Früh bildete sich die Vorstellung, daß die Juden zuerst die Propheten, dann Jesus getötet hätten und überhaupt ein mordlustiges Volk seien, das auch heute noch die Gerechten bei jeder sich bietenden Gelegenheit erschlug. Man verstieg sich sogar zu der Annahme, daß Gott nur Mensch geworden sei, ›um das Vollmaß der Sünden derer, die seine Propheten in den Tod verfolgt hatten, zum Abschluß zu bringen‹. Die Schuld an der Kreuzigung (von der man die Römer, die nie ein ähnlicher Vorwurf getroffen hat, zugleich entlastete) wurde den Juden als eine Erbschuld aufgebürdet, die sich auf alle künftigen Generationen übertrug und allein durch die Bekehrung zum Christentum abzubüßen war. Die Juden sind zum Sündenbock geworden...

Zusammenfassend ist zu sagen, daß die frühchristliche Literatur von einer konsequenten Judenfeindlichkeit durchzogen ist, die alles übertrifft, was ältere oder gleichzeitige heidnische Schriften in dieser Hinsicht bieten, und die als eine offizielle Ideologie gelten kann. Sie ist darauf abgestellt, Volk und Glauben der Juden zu diffamieren und verächtlich zu machen, gründet sich auf eine bestimmte Auslegung alttestamentlicher Texte und der biblischen und aktuellen Geschichte und findet ihren Ausdruck in polemischen Schriften, Predigten, Bibelexegese und Geschichtsschreibung – eigentlich in der gesamten Literatur der Kirche – und später, als das Christentum Staatsreligion des römischen Reiches wird, überdies in antijüdischer Gesetzgebung und illegalen Ausschreitungen. Mit Anbruch des 4. Jh. tritt uns diese Ideologie, deren Anfänge sich in den ersten und am schlechtesten dokumentierten Phasen der Kirchengeschichte verlieren, bei den Lateinischen, Griechischen und Syrischen Kirchenvätern als konsistentes System universaler Geltung entgegen.«[1]

Bezeichnenderweise endete die staatsbürgerliche Gleichstellung der Juden im alten Rom (nicht im besetzten Palästina) in dem Augenblick, als das Christentum im 4. Jahrhundert Staatsreligion wurde:

»Im allgemeinen scheinen die frühen christlichen Kaiser versucht zu haben, die Rechte der Juden aufrechtzuerhalten; allmählich aber erlagen sie dem Druck der Kirche und entzogen den Juden ein Recht nach dem anderen. Auch die Sprache der Gesetze ist unangenehm abfällig.«[2]

Ende des 4. und Anfang des 5. Jahrhunderts gab es extreme Ausschreitungen, die immer mehr überhandnahmen und an denen regelmäßig Mönche und Bischöfe als Anstifter oder Mittäter beteiligt waren: eine »praktische Folge der systematisch Haß und Verachtung predigenden Theologie«. Einen literarischen Höhepunkt bilden die acht antijüdischen Predigten des hl. Johannes Chrysostomus. Diese »überbieten an schimpfwütiger Geschmacklosigkeit alles, was die christliche Literatur bis dahin gezeigt hatte« – so steht es

1 Theologische Realenzyklopädie, hg. von G. Krause und G. Müller, Bd. 3, 1978, S. 130 ff.
2 Ebenda, S. 132.

in der gut ökumenisch-internationalen *Theologischen Realenzyklopädie.*[3] Demgegenüber meint das von J. Höfer und K. Rahner herausgegebene katholische *Lexikon für Theologie und Kirche* unter »Johannes Chrysostomus« zurückhaltend nur: »Der Auseinandersetzung mit dem Judentum dienen die 8 Homilien Adversus Iudaeos«. Ferner wird er gerühmt: »Als Prediger an der Bischofskirche erreichte er durch sein zündendes Wort eine einzigartige seelsorgerische Tiefenwirkung, die ihm bei der Nachwelt den Ehrennamen ›Goldmund‹ und ein nie mehr erloschenes Ansehen einbrachte.«

Mittelalter und frühe Neuzeit. Schon die byzantinisch-christlichen Kaiser hatten nach und nach ihre Judengesetzgebung auf kirchlichen Druck hin immer mehr verschärft. Das mag schließlich die teilweise Abwanderung der Juden nach Westen bewirkt haben (die Quellenlage hierzu ist schlecht). Die harte Linie fand im katholisch gewordenen Westgotenreich in Spanien eine besonders klare Ausprägung. Die Häufigkeit der Wiederholung und Verschärfung der geistlichen und weltlichen antijüdischen Bestimmungen zeigt, daß die Bevölkerung sich nicht ohne weiteres auf die Judenfeindschaft festlegen wollte, so sehr auch die religiös-kulturelle Eigenständigkeit der Juden befremden mochte. Schließlich wurde aber die religiöse Judenfeindschaft durch christliche Prediger und Bischöfe doch weit ins nachkarolingische Europa hineingetragen. Zuvor konnten die Juden speziell im frühchristlich-germanischen Bereich lange Zeit unbehelligt leben. Soweit sie Fernhandel betrieben, waren sie sogar ausgesprochen gern gesehen, weil sie den Wohlstand mehrten. Vor allem fehlte eine judenfeindliche Propaganda. Fanatische Judenhasser wie der heilige Bischof Agobard blieben die Ausnahme. Doch verschlechterten sich die Umstände. Im 9. Jahrhundert erhielt das in der Karfreitagsliturgie gesprochene Judengebet eine eindeutige judenfeindliche Bedeutung. Noch wiesen aber die wichtigen Rechtssammlungen des Burchard von Worms (1000–1025) und Ivo von Chartres (1090–1116) in gleicher Weise Bestimmungen zur Einschränkung und Bedrückung wie zum Schutz der Juden auf. Zwangstaufen wurden noch ausdrücklich abgelehnt. Die gewaltigen Pogrome während der ersten beiden Kreuzzüge hingen zwar mit dem christlichen Antijudaismus zusammen, standen aber immerhin im Gegensatz auch zum kirchlichen Recht. Trotz der Auslöschung zahlreicher jüdischer Gemeinden, vor allem im Rheinland, konnten sich bald, wohl durch auswärtigen Zuzug, neue jüdische Gemeinden entwickeln. Die theologische Judengegnerschaft wurde aber stärker. Schon das Decretum Gratiani (1140), diese große Sammlung kirchlichen Rechts, verschlechterte die jüdische Position: Während die antijüdischen Beschränkungen zunahmen, wurde die Zahl der Judenschutzbestimmungen geringer. Seit Konstantin war es kirchliches An-

3 Artikel »Antisemitismus«, ebenda, Bd. 3, S. 135.

liegen gewesen, die – oftmals erfolgreiche – jüdische Mission (»Proselytenmacherei«) zu unterbinden. Daher sollten Kontakte zwischen Christen und Juden möglichst unterbunden werden. Die Institution der Sklaverei gab immer wieder Anlaß, den Juden das Halten christlicher Sklaven zu verbieten. Entsprechendes galt für Knechte und Mägde. Viele kirchliche Maßnahmen waren hautpsächlich oder ausschließlich repressiv zu verstehen und tasteten die Menschenwürde an, bei freilich fließenden Übergängen. Eine Konstante der kirchlichen Auffassung war aber die Theologie vom Gottesmördervolk und die augustinische Lehre, wonach die Juden in Unterdrückung leben, aber immerhin leben sollten. Die Judenschutzbestimmungen waren die Grenzen, die man der religiös bedingten und wirtschaftlich-sozial beeinflußten Judenfeindschaft ziehen mußte, um sie nicht ins Mörderische abgleiten zu lassen.

1130 begann die demütigende Praxis der päpstlichen Bestätigung des Thoragebrauchs anläßlich der Inthronisation neuer Päpste. Ein flammendes Beispiel gab die große Pariser Talmudverbrennung 1142 auf Geheiß des Papstes. Einen grundsätzlichen Wandel der kirchlichen Judenpolitik leitete das vierte Laterankonzil (1215) ein, das den Ausschluß der Juden aus der Gesellschaft zum Ziel hatte. Ab jetzt, der Zeit der angeblichen Hochblüte des Christentums und Papsttums, wurde Judenhaß zum Kirchenprogramm. Der psychologisch mit dem Zweifel am eucharistischen Dogma zusammenhängende unsinnige Vorwurf des Hostienfrevels wurde für die Juden mörderisch, vor allem in Kombination mit dem (schon in der Antike gegen Andersgläubige benutzten) Vorwurf der Brunnenvergiftung und der Rolle des Geldhandels (Wucherproblematik), in die die Juden weitgehend gedrängt wurden, zumal das aufkommende Zunftwesen die Juden von handwerklichen Berufen ausschloß. Ebenso wie die Hostienfrevellügen hatten die Ritualmordlegenden für die europäischen Juden blutige Auswirkungen, oft verbunden mit wirtschaftlicher Ausplünderung und Vertreibung. Die wirren Verhältnisse der nachfolgenden, dämonen- und teufelsbesessenen Zeit und die antijüdische Mobilisierung der Volksmassen durch Passions- und Mirakelspiele, später auch Flugblätter, vor allem aber durch Hetzprediger der Bettelorden, taten ein übriges. »Kaum nachvollziehbar, wie gewaltig die Wirkung des gesprochenen Wortes im Mittelalter war, wie die Predigten der Bettelmönche die Leute aufwühlten und hinrissen.« Darauf weist Otto Borst schon am Anfang seines Buches über das »Alltagsleben im Mittelalter« (1983) hin. Interessant ist der Umstand, daß in einer Zeit der zunehmenden territorialen Aufsplitterung der Herrschaft in Deutschland das Geschick der Juden von einer gegenteiligen Tendenz bedroht wurde: Die Merkmale, die die Juden von ihrer Umwelt trennten, wurden zunehmend vereinheitlicht. Ich habe oben sikzziert, wie die Judenfeindschaft die spätmittelalterliche Kunst beeinflußte und immer mehr das Bild des teuflischen Juden prägte. Die Judensau prangte an vielen Kirchen und die Kraft der Synagoge war jetzt bei gebrochener Lanze und verbundenen Augen dahin. Wirtschaftlich wurden die Juden durch Sonderabgaben, vom Kirchenzehnt ganz abgesehen, bis zur Finanzierung von Konzilien immer wieder ausgebeutet, nicht zuletzt von den weltlichen und geistlichen Fürsten. Massenhaft wurden die Juden schließlich aus England, Frankreich, Deutschland und Spanien vertrieben.

Spanien: Im gleichen Land, in dem unter maurischer Herrschaft Mauren, Christen und Juden viele Jahrhunderte lang eine großartige »Kultur der drei Ringe« entfaltet hatten, steigerte sich nach abgeschlossener Rechristianisierung ein fanatischer Wille zur Macht im religiösen und weltlichen Bereich zu den Ungeheuerlichkeiten der Inquisition. Deren Hauptopfer, die ohnehin unglücklichen konvertierten Juden, wurden massenhaft gefoltert und bei lebendigem Leib verbrannt oder zur Flucht gezwungen. Die vollständige Vertreibung aus Spanien war das Schicksal der nicht konvertierten Juden. Gleichwohl entwickelte sich gerade im Spanien der Neuzeit ein unglaublicher Rassismus. Nach dem Zusammenbruch der spanischen Weltmachtstellung verfiel das bislang kulturell blühende Land infolge der Inquisition in geistige Dunkelheit.

Im übrigen Europa, vor allem in Deutschland und Frankreich, wüteten die geistlichen und weltlichen Hexenbrenner und grassierte der Teufelswahn in kaum vorstellbarem Ausmaß, und zwar ungeachtet der Spaltung der Christenheit in Protestanten und Katholiken. Diesem wahnhaften Denken war in der Zeit des Humanismus auch der gewaltige Luther verfallen. Diesen erbitterte der Mißerfolg seiner gutgemeinten Judenmission besonders, da sich die Juden – wie er meinte – wider besseres Wissen und somit bösartig der christlichen Wahrheit verschlossen. Dies ließ ihn gegen Ende seines Lebens in schauerliche Haßtiraden ausbrechen, die noch bis zum Holocaust nachwirkten. Da berührt es eigenartig, wenn sich Jost Delbrück im neu aufgelegten renommierten *Evangelischen Staatslexikon* 1987 zu der Behauptung versteigt, die Judenfeindschaft habe »kein Recht, sich auf *Luthers* Äußerungen zu berufen«, da dieser »in der Auseinandersetzung mit ›dem Juden‹ immer nur die rationale Gefährdung des christlichen Glaubens« abgewehrt habe.[3a]

Als die Reformation den Katholizismus zunächst in die Defensive drängte, entwickelte die Judenfeindschaft dort – insbesondere im päpstlichen Bereich – eine besondere Stoßkraft. Berühmt-berüchtigt wurde das römische Judengetto, in dem die Juden auf unglaubliche Weise entwürdigt wurden. Es wurde erst im Zuge der Eroberung durch die italienischen Truppen im Jahr 1870 aufgelöst. Symptomatisch war, daß der Jesuitenorden gegen Ende des 16. Jahrhunderts, kurz nach dem Tod des Ordensgründers Ignatius von

---

3a An dem Artikel »Judenfeindschaft« fällt auch seine unangemessene Kürze auf sowie – neben anderen apologetischen Tendenzen – der Umstand, daß antike und mittelalterliche Judenfeindschaft einerseits und nationalsozialistische Judenverfolgung andererseits einander unvermittelt gegenübergestellt werden. Eine solche Geschichtsklitterung hätte man gerade im Evangelischen Staatslexikon nicht erwartet.

Loyola, einen »Arierparagraphen« schuf, den er – ausgedehnt sogar auf achtel-jüdische Abstammung, erst 1946 auf päpstlichen Druck abschaffte. Auf die Judenpolitik der Päpste wird anschließend noch im Zusammenhang eingegangen.

Als günstig erwies sich für die Juden der Umstand, daß die Glaubensspaltung freiheitlichen intellektuellen Energien Auftrieb verschaffte. Die Entwicklung der Naturwissenschaften führte ebenfalls dazu, daß das Zeitalter des Glaubens zurückzuweichen begann und die kritische Vernunft sich nach und nach entfalten konnte.

Judenemanzipation und neuer Antisemitismus. Über die Zeit bis zur Aufklärung schreibt Erika Weinzierl: »Die vor allem in den christlichen Ländern Europas – die Niederlande und England, wo es allerdings von 1290 bis 1656 keine Juden gab, und die freie Hansestadt Hamburg ausgenommen – bis zur Aufklärung vorherrschende Judenfeindschaft war in erster Linie konfessionell bestimmt... Die Verfolgung und Bedrückung der Juden haben daher erst aufklärerische Philosophen, die zugleich die Macht und den Einfluß der Kirche bekämpften, als menschenunwürdiges Unrecht angesehen und sich für dessen Beseitigung eingesetzt.«[4]

Die meisten bedeutenden Aufklärer wollten die Juden zwar assimilieren und als gleichberechtigte Bürger anerkennen; an einer vollen Anerkennung in ihrer Identität war ihnen allerdings wenig gelegen. Die Französische Revolution trug einerseits die Judenbefreiung in die eroberten Gebiete, andererseits diffamierte man die Juden seitdem, sie seien Urheber, Drahtzieher und Gewinner jeder Revolution. Als die rechtliche Gleichstellung der Juden in Deutschland (und anderswo) vorankam, verbunden mit der grandiosen kulturellen Befruchtung des deutschen Geistes, gab es aber auch Judenhetzjagden, wesentlich mitbedingt durch die Unterdrückung des Volkes in dieser Zeit der Restauration und des Frühkapitalismus mit seinem unsäglichen Elend.

Schon kurz nach der vollen bürgerlichen Gleichberechtigung (Österreich 1867, Preußen 1869) in ganz Mittel- und Osteuropa kam ein neuer Antisemitismus auf, an dem sich auch viele bedeutende Gelehrte und einflußreiche Theologen beteiligten. Es ist schwer zu sagen, welches Land den stärksten Antisemitismus entfaltete. Und überall waren Männer der Kirche als Mittäter oder wohlwollende Zuschauer dabei. In der Donaumonarchie wurde zu Ende des 19. Jahrhunderts im Gefolge christlicher Hetzprediger eine regelrechte Hysterie erzeugt, die sich in einer Serie von Ritualmordprozessen manifestierte. Im antisemitischen Wien der Christlichsozialen Partei Dr. Luegers und anderer wurde Hitler zum Antisemiten.

---

4 Theologische Realenzyklopädie, a. a. O., S. 155 f.

2. Die Judenpolitik der Päpste im Wandel der Jahrhunderte

Dieser wichtige Faktor der Geschichte des christlichen Antisemitismus ist bisher nur in Einzelfällen gestreift oder behandelt worden. Eine Gesamtdarstellung wesentlicher und typischer Positionen der Träger der zentralen Institution Papsttum erscheint nützlich. Sie erscheint geboten, wenn man daran denkt, daß immer wieder bestritten wird, die Päpste oder viele Päpste seien Antisemiten gewesen oder hätten die Juden gar verfolgt. Man pflegt auf die Rettungstaten Pius XII. und auf zahlreiche Papstbullen zum Schutz der Juden zu verweisen, vielleicht auch auf primitive Reaktionen des Volks in harter Zeit, die die Kirche leider nicht habe zurückdämmen können.

Das Papsttum »war bestimmt von der Zwiespältigkeit des pseudotheologischen Antijudaismus und, in wenigen Ausnahmen, von einer Haltung, die aus menschlichen wie christlichen Gründen Verfolgungen ablehnte, ihnen sogar mutig entgegentrat«.[5] Ich beginne mit dem Frühmittelalter.

Gregor I. (590–604), der größte Papst des frühen Mittelalters, ist ein Beispiel für die ambivalente Haltung mancher Päpste. Mit unverhohlenem Abscheu sprach er als Theologe von den Juden. Einerseits erließ er einen Judenschutzbrief (»Sicut Judaeis«, so begannen alle päpstlichen Judenschutzbriefe), in dem er u. a. die Beleidigung und Benachteiligung der Juden untersagte. Andererseits schrieb er in seinem jahrhundertelang vielbenutzten Kleriker-Handbuch *Moralia:* »Weil die Herzen der Juden glaubensleer sind, bleiben sie dem Teufel unterworfen.« Soweit den Juden Rechte zustanden, sorgte er für ihre Einhaltung. Bekehrung wollte er durch Güte erreichen, doch zur Taufe lockte er die Juden durch Steuervergünstigungen. Er vermochte aber auch äußeren Zwang zu rechtfertigen. Und wenn er vom jüdischen Glauben sprach, so von Unglauben, Aberglauben, Verruchtheit. Das war aber, z. B. im Vergleich zu seinem Vorgänger, noch gemäßigt.

Benedikt VIII. ließ im Jahre 1021 Juden hinrichten, weil er ihnen die Schuld an einem Orkan und einem Erdbeben zuschrieb. Gregor VII. (1073–1085), der bedeutendste Papst des 11. Jahrhunderts, den Kirchenlehrer Petrus Damiani »heiliger Satan« genannt hat, war lebenslang vom Judenhaß geprägt. Ein geflügeltes Wort wurde seine Rede von der »Synagoge Satans« (Apk 2,9). Seit Innozenz II. (1130–1143) mußten die römischen Juden den Papst bei der Inthronisation begrüßen. Wenn sie ihm die Thora entgegenhielten und um Bestätigung baten, bekamen sie diese; ihre Auslegung der Thora aber wurde verdammt. Gut augustinisch wollte Alexander III. (1159–1181), der antijüdische Bestimmungen auf dem Dritten Laterankonzil 1179 erneuern ließ, die Juden nur leben lassen, damit ihr leidvolles Dasein Zeugnis von der Herrlichkeit Christi gebe. Innozenz III.

5 Hans Kühner: Der Antisemitismus der Kirche, Zürich 1976, S. 105.

(1198–1216), dessen Pontifikat vielen als eines der glänzendsten, wenn nicht mehr, gilt, hat das wichtige Vierte Laterankonzil einberufen, das die »Nürnberger Gesetze« vorwegnahm. Auch als Kreuzzugsfanatiker und Mitverantwortlicher für das völkermordartige Albigenserschlachten und -brennen tat er sich hervor. Der katholische Papsthistoriker Kühner schreibt über ihn: »Er umgab die Kirche mit Terrorismus.«[6] 1205 hat dieser Papst dem Bischof von Paris geschrieben: »Der Jude ist wie ein Feuer im Busen, wie eine Maus im Sack, wie eine Schlange am Hals.« Gleich zu Beginn seiner Regierung erließ Innozenz 1198 die Bulle »Post miserabile«. Mit ihr wurden die Kreuzfahrer angelockt durch die Ermächtigung, ihre Schulden bei den Juden nicht mehr zahlen zu müssen. »Von Gott verfluchte Sklaven« nannte er sie, nahm aber gleichwohl ihr Geld zur Finanzierung der Albigenserausrottung. Sein Nachfolger Honorius III. (1216–1227) forderte 1218 in einer Bulle die verschärfte Durchführung der Konzilsbeschlüsse und verlangte von den Juden die Entrichtung des Zehnten für die katholischen Ortskirchen. Anschließend regierte Gregor IX., der Begründer der Inquisition. Er nahm gegenüber den Juden eine inkonsequente Haltung ein. Jedenfalls verbot er das Gespräch zwischen Juden und Christen. Auf seine Veranlassung wurden 1240 in Paris an einem Sabbat alle greifbaren Talmudexemplare eingezogen. Zu der vom Papst angeordneten Verbrennung kam es aber auf Grund königlicher Hemmungen noch nicht. Schließlich vollstreckte der französische König Ludwig IX., der Heilige, den Befehl und verbrannte am 9. Mai 1242 vierundzwanzig Wagenladungen des Talmud, was die Juden in tiefe Verzweiflung stürzte. Innozenz IV. (1243–1254) verlangte 1244 mit seiner Bulle »Impia Judaeorum Perfidia« erneut eine Bücherverbrennung. Im Anschluß daran wurde in Frankreich während des ganzen 13. Jahrhunderts unersetzliche jüdische Literatur vernichtet. Am 18. Mai 1247 schrieb Innozenz IV. über den edlen Draconet de Montauban, einen Kreuzzugsgefährten des Hl. Ludwig:

> »Der edle Draconet beraubte die Juden all ihrer Güter und warf sie in ein schreckliches Gefängnis, und ohne ihre Proteste und die Beteuerungen ihrer Unschuld als berechtigt anzuerkennen, hieb er manche von ihnen in zwei Teile, andere verbrannte er auf dem Scheiterhaufen, bei wieder andern kastrierte er die Männer und riß den Weibern die Brüste ab. Er erlegte ihnen Martern verschiedener Art auf, bis sie, wie es heißt, mit dem Mund gestanden, was ihnen das Gewissen nicht eingab, und sich lieber in einem einzigen Augenblick der Qual töten ließen, als am Leben zu bleiben und weiter Qualen zu leiden und Foltern unterzogen zu werden.«[7]

Lapide schreibt über diese Zeit:

> »Der einzige Strahl des Lebens in diesem Tal der Tränen war der ziemlich beständige, wenn auch gefährdete Schutz, den die meisten Päpste den Juden in *Lebensgefahr* (Hervorh. von mir) angedeihen ließen. Daß das drückende Bedürfnis für solche päpstliche Hilfe stets bestand, war das tödliche Erbe der Kirchenväter und einer Unzahl übereifriger Priester. – Denn in der Kirche

6 Hans Kühner: Das Imperium der Päpste, Frankfurt 1980, S. 166.
7 Pinchas E. Lapide: Rom und die Juden, Freiburg 1967, S. 24.

herrschte damals die Anschauung, daß die ungläubigen Juden bis zum Ende der Zeiten als Zeugen für die Wahrheit des Christentums aufbewahrt, jedoch auf der niedrigsten sozialen Ebene gehalten werden sollten. Doch der Geist der Menge machte nie so feine Unterschiede, daß er sich bemühte, Duldung mit Diskriminierung und Absonderung zu verbinden... So wurden die Juden im Mittelalter in der Regel von den Fürsten ausgebeutet, vom Pöbel ermordet und von den Päpsten verachtet, geschröpft und beschützt.«[8]

Klemens IV. (1265–1268) führte gegen rückfällige zwangsgetaufte Juden die Inquisition ins Feld. Nikolaus III. (1277–1280), von Dante in die Hölle verdammt, institutionalisierte 1278 mit der Bulle »Voneam sorec« die römischen Zwangspredigten. Sie dauerten an, bis die Truppen der Französischen Revolution Rom besetzten.

Immer wieder gab es zwischendurch auch relativ judenfreundliche Päpste. Zu ihnen gehörte Nikolaus IV., der 1291 eine Bulle zum Schutz der römischen Juden gegen Raub und Peinigungen durch den Klerus (!) erließ (»Orat mater ecclesia«).

Bonifaz VIII. (1294–1303), einer der »finstersten und gewalttätigsten Päpste« (Kühner), quälte die jüdische Gemeinde Roms so durch die Inquisition, daß der Rabbiner Elia de Pomis alle ungerechtfertigten Beschuldigungen gegen die Gemeinde auf sich nahm und – erstmals in Italien – verbrannt wurde. Eugen IV. (1431–1447), von Haus aus nicht judenfeindlich, erließ unter dem Einfluß des Konzils von Basel 1442 eine schlimme Bulle für Kastilien, die bald auch für Italien verbindlich wurde, dort aber nach Zahlungen der Juden an die Kurie wieder außer Kraft gesetzt wurde.

Ausgerechnet unter Nikolaus V. (1447–1455), einem selten bescheidenen, friedliebenden, sehr gebildeten, gütigen und toleranten Papst konnte der schreckliche Franziskaner Johannes von Capestrano (1386–1456) in Italien und anderswo gegen die Juden hetzen und Terrorwellen verursachen. Tausende von Juden wurden auf Grund seiner Agitation umgebracht, etwa 1420 in Österreich, 1453 in Schlesien. Nikolaus V. vermochte sich – nach einer ihm 1447 aufgeredeten antijüdischen Bulle und einer ebensolchen von 1451 – mit vier Bullen, die Ausdruck religiöser Toleranz waren und sich gegen Capestrano richteten, nicht durchzusetzen.

»Wo [Capestrano] in Italien, Bayern, Schlesien, Mähren, Österreich und Polen erschien, ausgestattet mit der Würde eines päpstlichen Legaten für einen neuen Kreuzzug gegen die Türken, fanatisierte er das Volk in dämonischer Weise. In Breslau überwachte er persönlich Folter und Scheiterhaufen von einundvierzig schuldlosen Juden, nachdem eilig eine Hostienschändung und ein Ritualmord konstruiert worden waren. Kinderraub, Konfiskationen, Austreibungen und Verbrennungen begleiteten den Weg dieses Heiligen, genannt ›Geißel der Juden‹.«[9]

In der *Brockhaus-Enzyklopädie* heißt es nur relativ harmlos, Capestrano sei Bußprediger, Inquisitor, Ordenserneuerer, Papstberater, Hussitenmissionar

---

8 Ebenda, S. 24 f.

9 H. Kühner: Der Antisemitismus der Kirche, a. a. O., S. 128.

und Prediger für den Türkenkreuzzug gewesen, »einer der größten franziskanischen Wanderprediger des 15. Jahrhunderts«. Das *Lexikon für Theologie und Kirche* schließt 1960 seinen Capestrano-Artikel, in dem Juden kaum vorkommen, gut katholisch mit dem Hinweis, es sei »sein Bild entstellt durch protestantische und jüdische Historiker«. Wen wundert es, daß Papst Alexander VIII. ihn 1690 heiliggesprochen hat? Am 28. März wird noch heute sein Fest gefeiert.

Zu den päpstlichen Krönungsfeierlichkeiten anläßlich der Wahl von Innozenz VII. (1404) schreibt der Chronist Adam von Usk:

> »Auf seinem Weg zur Kirche boten ihm die Juden ihr Gesetz an, das ist das Alte Testament, und erbaten seine Bestätigung, und der Papst nahm es behutsam in seine Hände, denn durch dieses Gesetz sind wir zur Kenntnis vom Sohn Gottes und zu unserm Glauben gelangt, und antwortete: ›Euer Gesetz ist gut, aber ihr versteht es nicht, denn die alten Dinge sind vergangen, und alles ist neu gemacht worden.‹ Und wie zum Vorwurf, weil sie es, in ihrem Irrtum verstockt, nicht verstehen, reichte er es ihnen über die linke Schulter zurück.«

Hierzu ergänzt Lapide:

> »Dieser öffentliche Akt der Geringschätzung mit den darauffolgenden Ausschmückungen, etwa der tiefen Verneigung des Oberrabbiners und der Tatsache, daß dieses Ereignis am Triumphbogen des Titus stattfand, der die Zerstörung Jerusalems festhält, bildete einen Teil der päpstlichen Krönungszeremonien bis ins neunzehnte Jahrhundert.«[10]

Damit auch die Finanzen wieder einmal angesprochen sind: Konnten die Päpste wenig verhindern, so konnten sie doch fördern und handeln. 1428 war die päpstliche Judenbesteuerung in Rom so groß geworden, daß Martin V., nachdem er sich von der Zahlungsunfähigkeit der Juden überzeugt hatte, einen Teil der Zahlungen erließ. Die Restsumme legte er freundlicherweise auf sämtliche Juden im Kirchenstaat um.

Aber die Geschichte der heiligen Kirche schreitet voran. Papst Sixtus IV., mit dem der völlige moralische Verfall des Renaissancepapsttums begann (u. a. hat dieser Erbauer der Sixtinischen Kapelle die römischen Bordelle wegen der hohen Einnahmen gefördert), ermächtigte mit einer Bulle vom 1. November 1478 die spanische Krone zur Einrichtung der Inquisition. Diese begann 1480 in Sevilla mit ihrer gnadenvollen Arbeit. Die Massenhinrichtungen mit lebenden Fackeln begannen. Als Volksschauspiele und prunkvolle Glaubensfeiern wurden die Autodafés (Akte des Glaubens) ausgestaltet. Das alles ereignete sich nach einem fast 700jährigen Glaubensfrieden mit kultureller Hochblüte im maurischen Spanien (Kultur der drei Ringe). Mit dem Abschluß der Reconquista war es damit vorbei.

Paul IV. (1555–1559) verbrannte schon 1553 als Kardinal Carafa in Rom – als wirkungsvolles Beispiel für ganz Italien – alle auffindbaren Talmud-Exemplare. In Ancona ließ er 24 Männer und eine Frau – sämtlich vor der

10 P. E. Lapide: Rom und die Juden, a.a.O., S. 18 f.

portugiesischen Inquisition geflohene Marranen – bald nach Beginn seines Pontifikats verbrennen: Ergebnis seiner abscheulichen Judenbulle »Cum nimis absurdum« aus demselben Jahr, in dem der Augsburger Religionsfriede geschlossen wurde: 1555. Bald darauf mußten die römischen Juden ins strenge Getto ziehen. Man hat ihn als »grausamste Gestalt der ganzen Papstgeschichte« und als »personifizierten Scheiterhaufen der Inquisition« bezeichnet (H. Kühner). Seine antijüdischen Vorschriften galten meist bis ins 19. Jahrhundert hinein. Er war es übrigens auch, der den ersten Index der verbotenen Bücher aufstellte. Der Kirchengeschichtsprofessor Msgr. W. A. Purdy, Mitarbeiter des Sekretariats für die Einheit der Christen ausgerechnet unter dem großen wirklichen Judenfreund Kardinal Augustin Bea SJ, schreibt 1967, d. h. nach der Judenerklärung des Zweiten Vatikanischen Konzils, in seinem Buch *Die Politik der katholischen Kirche* zu Paul IV.: »Selbst nachdem das Dritte Lateran-Konzil den Gläubigen verboten hatte, unter Ungläubigen zu wohnen, wurde das Gesetz nur nachlässig und zeitweilig durchgesetzt. Paul IV. erzwang durch seine Bulle von 1555, die er liebenswürdigerweise ›Cum nimis absurdum‹ nannte, die Trennung...«[11]

Ein ganz besonderes Kapitel ist in diesem Zusammenhang der Römische Karneval. Es ist wenig bekannt und soll daher ausführlicher wiedergegeben werden.

»Im Jahre 1497 versammelte Papst Paul II. Senat und Volk von Rom zu einem Fest, um dem Schauspiel ›zwei- und vierbeiniger Barbaren‹ beizuwohnen, nämlich dem Schauspiel eines Wettlaufs zwischen alten und jungen Juden, Büffeln, Eseln usw. Aus zeitgenössischen Berichten wissen wir, daß er solche Karnevalsspiele genoß und es selten versäumte, sie mit seiner Anwesenheit zu beehren. Da er selbst Juden, Büffel und Esel auf eine Stufe stellte, wird man den Pöbel entschuldigen dürfen, wenn er seiner Verachtung Luft machte, die Juden angriff und ihre Riten beschimpfte. Doch diese ›Barbarenrennen‹ waren eine Verbesserung gegenüber den ›Agone‹- und ›Testaccio‹-Spielen, die bei früheren Karnevalsfesten als Lustbarkeiten stattfanden. Während dieser öffentlichen Belustigungen mußten Menschen gegen wütende Stiere kämpfen, auf Rennpferden reiten, und schließlich mußte als Strafe für die ›Geldgier‹, die die Juden zeigten, der älteste unter ihnen auf den Gipfel des Testaccio-Hügels steigen, wo man ihn in ein Faß steckte, das von langen scharfen Nägeln strotzte; dann rollte man ihn den steilen Hang hinunter, an dessen Fuß die zitternde Gemeinde den Unglücklichen erwartete, der entweder tot oder sterbend unten ankam. Das mußten die Juden von Rom jahrhundertelang erdulden, bis es ihnen im Jahr 1443 endlich gelang, den Ältesten und Ehrwürdigsten aus ihrer Gemeinde vor dem nutzlosen Martyrium zu retten. Papst Eugen IV. erklärte sich im Jahr 1443 bereit, dem tragischen Schauspiel ein Ende zu machen, vorausgesetzt, daß die Juden jedes Jahr die gesamten Karnevalsfeierlichkeiten bezahlten – neben allen andern päpstlichen Steuern und Abgaben. Außerdem mußten sie seit 1497 an den ›Barbarenrennen‹ teilnehmen.

Papst Klemens IX. ersetzte diese Quälerei im Jahr 1668 in einer päpstlichen Verordnung durch eine andere Demütigung. Am ersten Samstag des Karnevals – dieser Tag wurde gewählt, um die Juden zu einer Sabbatentheiligung zu veranlassen – mußten die Oberrabbiner und die Ältesten der jüdischen Gemeinde vor den drei Richter-Konservatoren der Stadt Rom erscheinen

11 W. A. Purdy: Die Politik der katholischen Kirche, 1967, S. 261.

und öffentlich ihre Dankbarkeit bezeigen, daß sie – durch die jährliche Zahlung von abermals 300 Kronen – von der Teilnahme an den ›Barbarenrennen‹ befreit worden waren. Die Danksagung bestand in der Überreichung eines Blumenstraußes, in dem ein Umschlag mit 20 Kronen enthalten war. Darauf hatte der Rabbiner mit einer tiefen Verneigung einen vorgeschriebenen Text serviler Unterwürfigkeit zu sprechen. Rabbiner und Älteste mußten tiefgebückt stehenbleiben, bis der erste Richter-Konservator das Geschenk annahm und nach einer sadistischen Pause sagte: ›Geht!‹ Nach der Überlieferung wurde dieses Wort von einem kräftigen Tritt ins Hinterteil begleitet. Angehörige der niederen Schichten, die sich versammelten, um sich diesen Spaß anzusehen, begleiteten die Juden dann den ganzen Weg vom Kapitol bis zu den Gettotoren und traktierten sie mit Schlägen, Beleidigungen und rohen Scherzen.

Solche Demütigungen und Abgaben wurden Jahr für Jahr fortgesetzt, bis 1848 die päpstliche Weltherrschaft auf dem Tiefpunkt angelangt war und der öffentliche Druck die Aufhebung durchsetzen konnte.«[12]

Nun, bis 1848, dem Regierungsantritt des Antisemiten Pius IX., sollten die Päpste noch zahlreiche antijüdische Aktivitäten entfalten. Als der bekannte italienische jüdische Arzt Joseph Ha Cohen 1575 eine geschlossene Darstellung der jüdischen Geschichte herausbrachte, gab er ihr den Titel *Tal der Tränen.* »Die Theologie hatte ihr Endziel erreicht, dem alle Endlösungen folgen konnten. Die Geschichte der jüdischen Passion war das geworden, was Lessing in die sechs Worte des Patriarchen in ›Nathan der Weise‹ gefaßt hat: ›Tut nichts, der Jude wird verbrannt‹.«[13]

Die Freiheit der Juden blühte zuerst dort, wo die Herrschaft Roms fern war, z. B. im calvinistischen Holland (Amsterdam als »Neues Jerusalem«), in Cromwells England, in manchen protestantischen Gebieten der Neuen Welt.

Zurück zu den Päpsten: Der hl. Pius V. (1566–1572) verehrte seinen Vorgänger Carafa, den ehemaligen Großinquisitor. Wagte es ein bekehrte Jude, alte Freunde im Getto zu besuchen, ließ er Männer tagelang foltern und Frauen auspeitschen. Schließlich befahl er die Vertreibung der Juden aus dem Kirchenstaat, ausgenommen Rom und Ancona. Unter demselben Papst erschien freilich 1566 der Catechismus Romanus, der zum Verhältnis zwischen Christentum und Judentum eine Besserung brachte, freilich kaum Einfluß ausübte. In der Sphäre des *Bekehrten* fing der Jude jetzt an, als Mensch anerkannt zu werden. Aber weiterhin beharrte man in Rom auf den Zwangspredigten, deren Versäumnis schwer bestraft wurde. Gregor XIII. (1572–1585) erließ zu den Zwangspredigten eigens zwei Bullen (1577 und 1584). Hatte man die armen, notfalls zu den Predigten geprügelten Juden zum Konvertieren gebracht, mußten sie die damals riesige Summe von 100 Talern bezahlen. Neue Karnevalsspäße dachte man sich unter diesem Papst auch aus. Eigens gemästete Juden wurden von der Menge mit Schlamm beworfen: »Wie es jene Treulosen verdienen« meinte hierzu zufrieden *Avvisi di Roma,* das päpstli-

12 P. E. Lapide: Rom und die Juden, a. a. O., S. 20 f.
13 H. Kühner: Der Antisemitismus der Kirche, a. a. O., S. 124.

che Hofblatt. Auch bei Kälte und Regen mußten die Mastjuden nackt durch die Straßen rennen.[14]

Klemens VIII. (1592–1605), dem die ausnahmsweise menschliche Haltung seines Vorgängers Sixtus V. ein Dorn im Auge war, erneuerte die schlimmen Bullen von Paul IV. und Pius V. Urban VIII. (1623–1644) führte gar Zwangstaufen für Kinder ein, die auf Kosten der Juden (!) in einem Heim christianisiert wurden. Nach einigen Lichtblicken erließ die Heilige Römische Inquisition unter Benedikt XIV., der menschenfreundlich gewesen sein soll, 1751, im Zeitalter der Aufklärung, ein Judendekret, das in allen Gettos angeschlagen werden mußte: Vierzig Unmenschlichkeiten waren in ihm verfügt, z. B. Bücherverbot, Kauf- und Verkaufsverbote, strenge Kleidervorschriften, keine würdigen Begräbnisse. Pius VI. (1775–1799), das Opferlamm der Französischen Revolution, erließ im Jahr seines Regierungsantritts ein demütigendes Judenedikt[15] und verbot den Juden sogar Grabsteine. Als Gettobewohner zwei Buben versteckten, um sie vor der Zwangstaufe zu retten, raubte die Kirche 60 Buben und kerkerte sie ein. Die Französische Revolution bedeutete für die Juden – vorübergehend – die Befreiung. Natürlich verdammte Pius VI. die Menschenrechte, Rede- und Pressefreiheit, und zwar als »Ungeheuerlichkeiten« (Breve »Quod aliquantum«, 1791). Anläßlich der zweiten Deutschlandreise des Wojtyla-Papstes im Mai 1987 gedachte man insbesondere im Raum Augsburg in aller Unschuld mit Abhandlungen, Vorträgen und einer historischen Ausstellung dieses Papstes: Historisch bewußt kam Johannes Paul II. genau am gleichen Tag in Augsburg an wie 205 Jahre zuvor Pius VI., der, von Kaiser Josef II. schwer gebeutelt, wenigstens hier prunkvoll empfangen worden war.

Leo XII. (1823–1829) erließ – die herrliche Zeit der Restauration war gekommen – haßerfüllt mehrere Judenerklärungen. Pius IX. (1846–1878) schließlich, der seiner Kirche die päpstliche Unfehlbarkeit und den Jurisdiktionsprimat beschert hat, war ebenfalls ein heftiger Judenfeind. Selbst die Gemüter sämtlicher gekrönter Häupter Europas vermochte dieser Papst in Wallung zu bringen: Er ließ 1858 den sechsjährigen Edgar Mortara aus Bologna seinen Eltern polizeilich entführen, um ihn in ein christliches Internat zu stecken. Edgar soll kurz nach der Geburt von einer christlichen Magd getauft worden sein. Als die Eltern bei der Neujahrsaudienz um Rückgabe ihres Sohnes baten, mußten sie sich vom Papst verhöhnen lassen. Zwei Jahre später war dieser in der Lage, Edgar seinen Eltern im Seminaristengewand vorzuführen. Er ist tatsächlich katholischer Priester geworden.

---

14 Vergleiche zur Stellung der Juden im Kirchenstaat unter Gregor XIII. eindringlich und mit umfangreichen Zitaten aus Papstbullen W. P. Eckert in: Kirche und Synagoge, hg. von Karl Heinrich Rengstorf und Siegfried von Kortzfleisch, 2 Bde., Stuttgart 1968 und 1970, Bd. II, S. 222–230.

15 Im wesentlichen abgedruckt bei W. P. Eckert, ebenda; vollständig bei Abraham Berliner: Geschichte der Juden in Rom, 3 Bde., Frankfurt/M. 1893.

Raul Hilberg schreibt 1982 in der Einleitung seines großen dokumentarischen Werks zum Holocaust *Die Vernichtung der europäischen Juden:*

»Keine Zusammenfassung des kanonischen Rechts kann allerdings auch nur annähernd so erhellend sein wie die Schilderung des römischen Ghettos, das bis zur Besetzung der Stadt durch die königlich-italienische Armee im Jahre 1870 vom Kirchenstaat unterhalten wurde. Ein deutscher Journalist, der das Ghetto in den letzten Tagen seines Bestehens besucht hatte, veröffentlichte diese Schilderung in der ›Neuen Freien Presse‹. Das Ghetto bestand seinem Bericht zufolge aus ein paar stickigen, düsteren und schmutzigen Gassen, in die man 4700 menschliche Wesen ›hineingepfercht‹ hatte.

Um außerhalb der Ghettomauern Wohn- oder Geschäftsräume zu mieten, benötigten die Juden eine Erlaubnis des Kardinalvikars. Der Erwerb von Grund und Boden außerhalb des Ghettos war verboten. Der Handel mit Industrieprodukten oder Büchern war ebenfalls verboten. Desgleichen der Besuch höherer Schulen und die Ausübung des Berufs eines Rechtsanwalts, Apothekers, Notars, Malers oder Architekten. Den Arztberuf durfte ein Jude dann ausüben, wenn er sich auf jüdische Patienten beschränkte. Kein Jude durfte ein öffentliches Amt bekleiden. Neben den üblichen Steuern hatten die Juden folgende Abgaben zu entrichten: 1. eine jährliche Unterstützung für die katholischen Beamten, die die Finanzverwaltung des Ghettos und das jüdische Gemeindewesen beaufsichtigten, 2. einen jährlichen Betrag von 5250 Lire an die Casa Pia für die an Juden geleistete Missionsarbeit; 3. einen jährlichen Betrag von 5250 Lire an das Kloster der Bekehrten für den gleichen Zweck. Seinerseits brachte der Kirchenstaat eine jährliche Summe von 1500 Lire für wohltätige Zwecke auf. Für Ausbildung und Krankenpflege hingegen standen keinerlei Staatsgelder bereit.

Das päpstliche Regime im römischen Ghetto gibt uns eine Vorstellung von den kumulativen Auswirkungen des kanonischen Rechts. *Dieses* war sein Endresultat.«[16]

Dies alles hindert den Kirchenhistoriker W. A. Purdy beispielsweise nicht daran, in seinem schon erwähnten Buch 1967 offenbar im Grundsatz zustimmend ein kirchenrechtliches »Standardwerk« des »sehr heiligmäßigen und gelehrten« Priesters Felix Cappello wie folgt zu zitieren:

»Die Kirche hat den Antisemitismus niemals gefördert und die grausamen Judenverfolgungen, wie die Geschichte bezeugt, immer verurteilt.«[17]

Mit dem militärischen Aus für den Kirchenstaat 1870 fand auch die scharfe Judenfeindschaft der Päpste ihr Ende. Aber noch Pius X. (1903–1914), von Pius XII. heiliggesprochen (er hat übrigens gegen theologische Abweichler, Modernisten genannt, durch Umberto Benigni eine Art kurialer Gestapo geschaffen), hat erklärt: »Die jüdische Religion war die Basis der unseren; aber sie wurde ersetzt durch die Lehre Christi, und wir können ihr keinen weiteren Bestand zuerkennen.« Und daß Pius XII. kein Judenfreund war, wurde schon dargelegt.

Zum Thema Päpste und Juden wird seitens der katholischen Kirche gern auf die zahlreichen Judenschutzbriefe hingewiesen. Aber dies ist ein sehr zweischneidiges Schwert: Richtig ist zwar, daß im Lauf der Jahrhunderte ne-

---

16 Raul Hilberg: Die Vernichtung der europäischen Juden. Die Gesamtgeschichte des Holocaust, Berlin 1982, S. 14 und S. 16.

17 W. A. Purdy: Die Politik der katholischen Kirche, a. a. O., S. 261.

ben zahlreichen judenfeindlichen Erlassen auch über 100 päpstliche Erlasse zum Schutz der Juden herausgegeben wurden. Sie litten aber fast immer an vier Mängeln.

1. Sie stellten nur einen Schutz vor dem Äußersten dar, der notwendig wurde, wenn die Bevölkerung, angestachelt durch den Klerus oder auch päpstliche Ermunterung, vom Druck zur Tötung überging.

2. Die päpstlichen Ermahnungen, die Juden leben zu lassen, waren sanft, verglichen mit den energischen Verurteilungen angeblicher jüdischer Exzesse. Das sieht man gut an Gregor IX. Am 6. April 1233 bedauert er in einem Brief, daß die Christen den Juden die Fingernägel ausreißen und die Zähne ausschlagen, und er fordert die Bischöfe auf, »alle gläubigen Christen zu ermahnen und zu bewegen, den Juden keinen Schaden zuzufügen...« In einem Brief vom selben Tag klagt er gegenüber denselben Bischöfen, daß sich die Juden ihrer üblichen »Ungeheuerlichkeiten« schuldig machten (wie z. B. lautes Singen in der Synagoge und Einstellung christlicher Ammen), und befahl, daß »diese Exzesse völlig unterdrückt werden müssen; und damit die Juden es nicht wieder wagen, den unter dem Joch der Sklaverei gebeugten Nacken zu strecken, dürft Ihr zu diesem Zweck den weltlichen Arm zu Hilfe rufen...« Und dies, wie gesagt, bei gleichzeitiger milder Bitte, doch nicht zuzulassen, daß Juden gefoltert und ermordet würden.

3. Bemerkenswert ist auch, daß selbst die meisten Judenschutzerlasse die Juden als treulos, undankbar und unverschämt bezeichnen. Dieser Diktion entspricht es zum Beispiel, wenn zum Schutz für die Synagoge Satans aufgerufen wurde.

4. Und endlich waren die meisten Schutzerlasse mit Einschränkungen verbunden, etwa der Art: »Niemand soll irgendwelche Dienste von den Juden erzwingen..., es seien denn solche, die diese zu leisten gewöhnt sind«, oder: »Wir wünschen, daß nur jene Juden, die sich nicht dazu bereit gefunden haben, etwas zur Verderbnis des christlichen Glaubens zu unternehmen, durch die Vorsichtsmaßnahmen dieses Schutzes gestärkt werden.«

Solcher Art also waren die päpstlichen Judenschutzerlasse; nur offene Gewalt verurteilten sie, Feindseligkeiten ließen sie gelten oder förderten sie gar.[18] Nie hat es einen päpstlichen Brief etwa des Inhalts gegeben: Liebe deinen Nächsten wie dich selbst, auch und gerade die Juden.

18 Vergleiche zum Ganzen P. E. Lapide: Rom und die Juden, a. a. O., S. 26 ff.; von dort sind auch die Zitate entnommen.

3. Vergleichende Tabellen antijüdischer Maßnahmen

Unter den antijüdischen Maßnahmen der Nazis gab es kaum eine, die nicht schon ein exaktes Vorbild in der Kirchengeschichte gehabt hätte. Hitler hat Kirchenführern auch unwidersprochen erklärt, er tue nichts anderes als 1500 Jahre lang die Kirche. Die nachfolgende Tabelle enthält die wichtigsten Arten antijüdischer Maßnahmen der Kirche im Laufe der Geschichte, wobei jeweils das erstmalige Auftreten datiert ist. Parallel werden die entsprechenden Maßnahmen der Nazis aufgeführt. Es ergibt sich bis ins einzelne eine ziemlich genaue Entsprechung.[19]

TABELLE 1.
Kanonische und nazistische antijüdische Maßnahmen

KANONISCHES RECHT	NAZIMASSNAHMEN
Verbot der Ehe und des geschlechtlichen Verkehrs zwischen Christen und Juden (Synode von Elvira, 306)	Gesetz zum Schutze des deutschen Blutes und der deutschen Ehre, 15. Sept. 1935 (RGBl. I, 1146)
Verbot der gemeinsamen Speiseneinnahme von Juden und Christen (Synode von Elvira, 306)	Juden wird die Benutzung von Speisewagen untersagt (Verkehrsminister an Innenminister, 30. Dezember 1939, NG-3995)
Juden ist es nicht erlaubt, öffentliche Ämter zu bekleiden (Synode von Clermont, 535)	Gesetz zur Wiederherstellung des Berufsbeamtentums, 7. April 1933 (RGBl. I, 175)
Juden ist es nicht erlaubt, christliche Knechte, Mägde oder Sklaven zu halten (3. Synode von Orleans, 538)	Gesetz zum Schutze des deutschen Blutes und der deutschen Ehre, 15. Sept. 1935 (RGBl. I, 1146)
Juden ist es nicht erlaubt, sich während der Karwoche auf den Straßen zu zeigen (3. Synode von Orleans, 538)	Polizeiverordnung zur Ermächtigung der Lokalbehörden, Juden an bestimmten Tagen (d. h. an Nazi-Feiertagen) von den Straßen zu verbannen, 28. Nov. 1938 (RGBl. I, 1676)
Verbrennung des Talmud und anderer jüdischer Schriften (12. Synode von Toledo, 681)	Bücherverbrennungen in Nazideutschland
Christen ist es untersagt, jüdische Ärzte zu Rate zu ziehen (Trullanische Synode, 692)	4. Verordnung zum Reichsbürgergesetz vom 25. Juli 1938 (RGBl. I, 969)
Christen ist es nicht erlaubt, bei Juden zu wohnen (Synode von Narbonne, 1050)	Anordnung Görings vom 28. Dez. 1938, wonach Juden in bestimmten Häusern zu konzentrieren seien (Bormann an Rosenberg, 17. Jan. 1939, PS-69)

19 Die Tabelle ist R. Hilberg: Die Vernichtung der europäischen Juden, Berlin 1982 (Olle & Wolter), S. 15 f.; sowie J. E. Scherer: Die Rechtsverhältnisse der Juden in den deutsch-österreichischen Ländern, Leipzig 1901, S. 39–49, entnommen.

Kanonisches Recht	Nazimassnahmen
Juden müssen gleich Christen den Kirchenzehnt entrichten (Synode von Gerona, 1078)	Die »Sozialausgleichsabgabe« vom 24. Dez. 1940, wonach Juden als Ausgleich für die den Nazis auferlegten Parteispenden eine besondere Einkommensteuer zu entrichten haben (RGBl. I, 1666)
Verbot der Sonntagsarbeit (Synode von Szabolcs, 1092)	
Juden dürfen Christen nicht anklagen und können nicht Zeugen gegen Christen sein (3. Lateranisches Konzil, 1179, Kanon 26)	Vorschlag der Parteikanzlei, Juden die Erhebung von Zivilklagen zu verbieten, 9. Sept. 1942 (Bormann an Justizministerium 9. Sept. 1942, NG-151)
Den Juden ist es verboten, ihre zum Christentum übergetretenen Glaubensbrüder zu enterben (3. Lateranisches Konzil, 1179)	Ermächtigung des Justizministeriums, Testamente, die das »gesunde Volksempfinden« beleidigen, für nichtig zu erklären, 31. Juli 1938 (RGBl. I, 973)
Juden müssen ein Unterscheidungszeichen an ihrer Kleidung tragen (4. Lateranisches Konzil, 1215. Als Vorbild diente ein Erlaß des Kalifen Omar II., 634–644, wonach Christen blaue und Juden gelbe Gürtel zu tragen hatten.)	Verordnung vom 1. Sept. 1941 (RGBl. I, 547)
Verbot des Synagogenbaus (Konzil von Oxford, 1222)	Zerstörung von Synagogen im gesamten Reich am 10. Nov. 1938 (Heydrich an Göring, 11. Nov. 1938, PS-3058)
Christen ist es nicht erlaubt, an jüdischen Feierlichkeiten teilzunehmen (Synode von Wien, 1267)	Verbot freundschaftlicher Beziehungen zu Juden vom 24. Okt. 1941 (Gestapo-Anordnung, L-15)
Juden dürfen mit einfachen Leuten nicht über den katholischen Glauben disputieren (Synode von Wien, 1267)	
Juden dürfen nur in Judenvierteln wohnen (Synode von Breslau, 1267)	Heydrich-Befehl vom 21. Sept. 1939 (PS-3363)
Christen ist es nicht erlaubt, Grund und Boden an Juden zu verkaufen oder zu verpachten (Synode von Ofen, 1279)	Verordnung vom 3. Dez. 1938, die den Zwangsverkauf jüdischen Grund und Bodens vorsah (RGBl. I, 1709)
Übertritt eines Christen zum Judentum oder Rückkehr eines getauften Juden zu seiner früheren Religion ist wie erwiesene Häresie zu behandeln (Synode von Mainz, 1310)	Der Übertritt eines Christen zur jüdischen Religion setzt ihn der Gefahr aus, als Jude behandelt zu werden; Urteil des Oberlandesgerichts Königsberg, 4. Zivilsenat, vom 26. Juni 1942 (in: *Die Judenfrage, Vertrauliche Beilage,* 1. Nov. 1942, S. 82, 83)
Verkauf oder Verpfändung kirchlicher Gegenstände an Juden sind verboten (Synode von Lavaur, 1368)	

Kanonisches Recht	Nazimassnahmen
Juden dürfen nicht als Unterhändler bei Verträgen zwischen Christen, insbesondere nicht als Vermittler von Ehen auftreten (Konzil von Basel, 1434, XIX. Sitzung)	Gesetz vom 6. Juli 1938 über die Auflösung jüdischer Grundstücks- und Immobilienagenturen sowie jüdischer Heiratsvermittlungsinstitute, die an Nichtjuden vermitteln (RGBl. I, 823)
Juden dürfen keine akademischen Grade erwerben (Konzil von Basel, 1434, XIX. Sitzung)	Gesetz gegen die Überfüllung deutscher Schulen und Hochschulen vom 25. April 1933 (RGBl. I, 225)

Nun war bekanntlich der Wille der Kirche im Abendland weithin auch Richtschnur staatlichen Handelns. In der folgenden Tabelle werden solche weltliche Maßnahmen Vorschriften der NS-Zeit gegenübergestellt.[20]

Tabelle 2.
Antijüdische Maßnahmen der Vornazi- und der Nazizeit

Vornazizeit	Nazizeit
Pro-Kopf-Schutzsteuer (der goldene Opferpfennig), die König Ludwig der Bayer (1328–1337) den Juden auferlegte (siehe: Stobbe, *Die Juden in Deutschland,* a. a. O., S. 31)	
Das Eigentum von Juden, die in einer deutschen Stadt ermordet wurden, gilt als öffentliches Eigentum, »weil die Juden mitsamt ihrem Vermögen der Reichskammer gehören«; Bestimmung des Gesetzbuchs *Regulae juris »Ad decus«* aus dem 14. Jahrhundert (siehe: Kisch, *The Jews in Medieval Germany,* a. a. O., S. 360–361, 560–561)	13. Verordnung zum Reichsbürgergesetz, wonach der Besitz eines Juden nach dessen Tod zu beschlagnahmen ist, 1. Juli 1943 (RGBl. I, 372)
Konfiskation jüdischer Forderungen gegen christliche Schuldner Ende des 14. Jahrhunderts in Nürnberg (Stobbe, *Die Juden in Deutschland,* a. a. O., S. 58)	11. Verordnung zum Reichsbürgergesetz, 25. Nov. 1941 (RGBl. I, 722)
»Geldbußen«, etwa die Regensburger Geldbuße für die »Ermordung christlicher Kinder« aus dem Jahre 1421 (*Ibid.,* S. 77–79)	Verordnung über eine »Sühneleistung« der Juden deutscher Staatsangehörigkeit vom 12. Nov. 1938 (RGBl. I, 1579)
Kennzeichnung von Dokumenten und Personalpapieren, die deren Inhaber als Juden ausweisen (siehe: Zosa Szajkowski, »Jewish Participation in the Sale of National Property during the French Revolution«, in: *Jewish Social Studies,* 1952, S. 291)	Bekanntmachung vom 23. Juli 1938 über den Kennkartenzwang (RGBl. I, 922) Verordnung vom 5. Okt. 1938 über die Kennzeichnung jüdischer Reisepässe (RGBl. I, 1342)

20 Die Tabelle ist R. Hilberg: Die Vernichtung der europäischen Juden, a. a. O., S. 17, entnommen.

Vornazizeit	Nazizeit
Etwa um 1800 mußte der jüdische Dichter Ludwig Börne seinen Paß mit dem Vermerk »›Jud‹ von Frankfurt« versehen lassen (siehe: Heinrich Graetz, *Volkstümliche Geschichte der Juden,* Berlin/Wien 1923, Bd. III, S. 673)	
Kennzeichnung von Häusern, gesonderte Einkaufsstunden und Beschränkungen der Bewegungsfreiheit im 17. Jahrhundert in Frankfurt (*Ibid.,* S. 387–388)	Kennzeichnung jüdischer Wohnungen (*Jüdisches Nachrichtenblatt,* Berlin, 17. April 1942) Verordnung vom 1. Sept. 1941 über Bechränkungen der Bewegungsfreiheit (RGBl. I, 547)
Die im 19. Jahrhundert geübte bürokratische Praxis, Juden zum Tragen jüdischer Namen zu verpflichten (siehe: Leo M. Friedman, »American Jewish Names«, in: *Historica Judaica,* Oktober 1944, S. 154)	Verordnung vom 5. Jan. 1937 (RGBl. I, 9) Verordnung vom 17. Aug. 1938 (RGBl. I, 1044)

So ist es gekommen, daß die europäischen Juden ins Gas mußten.[21]

21 Zur Judenfeindschaft der Päpste und zum Kirchenstaat siehe Hans Kühner: Der Antisemitismus der Kirche, Zürich 1976, S. 105–132; Pinchas E. Lapide: Rom und die Juden, Freiburg 1967 (Einleitung); Léon Poliakov: Geschichte des Antisemitismus, 8 Bde., Worms 1977–1987, Frankfurt 1988, insbesondere Bd. 3, Anhang; Kirche und Synagoge, hg. von K. H. Rengstorf und S. von Kortzfleisch, 2 Bde., Stuttgart 1968 und 1970, Bd. 1, 3. Kapitel/S. 210 ff.), Bd. 2, 9. Kapitel (S. 222 ff.) und 11. Kapitel (S. 358 ff.); Abraham Berliner: Geschichte der Juden in Rom, 3 Bde., Frankfurt/M. 1893; H. Vogelstein und P. Rieger: Geschichte der Juden in Rom, 2 Bde., Berlin 1895/96; Ferdinand Gregorovius: Das Ghetto und die Juden in Rom, 1935.

IX. Zwischenbilanz 1945

1. Allgemeine Anmerkungen

Wenn man angesichts der Völkerschlachten und gigantischen Mordtaten des Zweiten Weltkriegs innehält und sich fragt, was da nun geschehen ist in nahezu 2000 Jahren, so muß die Antwort grundlegender Natur sein. Das Christentum ist eine Religion der Liebe, sagt man heute gemeinhin. Und Gottes- und Menschenliebe waren auch der Kern der Lehre Jesu. Er stammt aus dem jüdischen Glauben und ist auch anderen Weltanschauungen nicht fremd. Aber die Liebe, wo war sie nur geblieben, nach 2000 Jahren? Da wirkt es schon etwas übertrieben, wenn es über die Kirche im Katholischen Erwachsenenkatechismus der deutschen Bischofskonferenz von 1985 heißt: »Schließlich ist die Kirche als Tempel des Heiligen Geistes selbst heilig« (wenngleich der Begriff Heiligkeit dort nicht als ethische Vollkommenheit, sondern als »Ausgesondertsein aus dem Bereich des Weltlichen und Zugehörigkeit zu Gott« verstanden wird). Und wenn man in beiden großen Konfessionen sagt, Kirche sei der »Leib Christi«: wo war denn die ganze Zeit der Geist Christi, insbesondere angesichts der jüdischen Leidensgeschichte? Mit dem Christentum ist offensichtlich etwas ganz schiefgelaufen. Mit der »Konstantinischen Wende« waren die Weichen gestellt: die Weichen zu Macht- und Besitzstreben, ja Machtgier, zu politischem Einfluß, zu Dogma und Ausschließung Andersdenkender aus Kirche und Gesellschaft, zu Priesterherrschaft und Krieg. Diese Dinge sehen auch wachsende Minderheiten in den Kirchen. Sie vermögen nicht das Wort der katholischen Theologen Thomas und Gertrude Sartory zu kritisieren: »Das Christentum ist die mörderischste Religion, die es je gegeben hat.«[1] Wie man das als Christ bewältigen kann, ist nicht das Thema dieses Buches. Viele einzelne vermögen es jedenfalls. Freilich brauchen sie dazu einen selbständigen Begriff von Christentum. Sie gehen zurück zu den Ursprüngen, zur Bergpredigt und zum Liebesgebot, und dies teils innerhalb, teils außerhalb der Volkskirchen.

Das mit Abstand schlimmste unter den zahlreichen dunklen Kapiteln des christlichen Abendlandes ist die Verfolgung der Juden. Und wer den Tatsachen ins Gesicht blicken will, der muß sehen: Von den Anfängen des Christentums führt eine nie abreißende, oft sehr breite Straße der Judenfeind-

1 Thomas und Gertrude Sartory: In der Hölle brennt kein Feuer, 1968, S. 88.

schaft, der offenen und latenten Abneigung und des mörderischen Judenhasses, bis in die Öfen von Auschwitz. Die »Kombination von Pedanterie und Terror, zur Reife gelangt in unserem Jahrhundert der Konzentrationslager, sie ist in den Protokollen der geistlichen Inquisiteure schon da...«[2] All diese Einsichten, vor allem aber die Vorkenntnisse, die dazu erforderlich sind, werden vom Kirchenvolk sorgfältig ferngehalten. Wo es gar nicht anders geht, streut man schon einmal kritische Anmerkungen ein, schließlich ist Kirche eine Kirche von und für Menschen, wie man sagt. Und Menschen sind Sünder. Da darf man sogar in einem Glaubensbuch wie dem Katholischen Erwachsenenkatechismus, allerdings in einem einzigen Satz, einen geschichtlichen Tatbestand zumindest abstrakt zugeben: »Die Spannung zwischen der Heiligkeit der Kirche und der Sündigkeit ihrer Glieder kann *zuweilen* [Hervorhebung von mir] ein erschreckendes Ausmaß annehmen und – etwa im späten Mittelalter – Situationen hervorbringen, in denen das Antlitz der Kirche selbst schwer entstellt ist« (allerdings heißt es gleich anschließend im Katholischen Erwachsenenkatechismus S. 286, wegführend von diesen unangenehmen, theologisch ja *ganz* nebensächlichen Dingen: »Auf der anderen Seite ist die Geschichte der Kirche von Reform- und Erneuerungsbewegungen geprägt...«). Im selben Katechismus heißt es aber auch ganz deutlich: »Das Kreuz ... ist für die Christen das Zeichen des Heils... Deshalb ist aller Judenhaß und erst recht alle Judenverfolgung, die es in der Geschichte des Christentums so oft und in so schrecklichem Ausmaß gegeben hat, zu verurteilen und das in unseren Tagen neu aufgenommene Gespräch mit dem Judentum weiterzuführen und zu vertiefen.« Das ist löblich. Nur wie es dazu kam und was die Kirche im einzelnen damit zu tun hat, das erfährt der Christ meist nur, wenn er sich aus eigenem Antrieb in tiefere göttlich-kirchliche Sphären hineinwagt. Und daß die These, ohne das Christentum hätte es keinen Holocaust gegeben, nicht nur eine These, sondern bittere historische Wahrheit ist, wird den meisten Christen nicht nur fremd, sondern als bösartige Lüge erscheinen. Man muß auch sehen, daß solche Dinge nicht einmal ansatzweise in Schulbüchern zu finden sind. Ist es doch nicht einmal in den allgemeinen großen Publikumslexika der Fall. Und auch in den weltlichen Geschichtswerken findet man es selten. Es fällt auch auf, daß die unumstritten zentrale Bedeutung der Kirche für die europäische Geschichte selbst in großen Darstellungen von Profanhistorikern eine eigenartige stiefmütterliche Rolle spielt und meist nur in ganz groben Linien oder sektoral abgehandelt wird. So gibt es dickleibige Bücher zur NS-Zeit, in denen die Rolle der Kirchen kaum gestreift wird. Es gibt bekannte Faschismustheoretiker, in deren Büchern das Thema »Kirche« nicht einmal im Sachverzeichnis auftaucht.

---

2 So der Religionswissenschafter und Schriftsteller Adolf Holl in seinem Buch: Religionen, Berlin/Frankfurt 1974, S. 65.

Das muß man wissen, um das Urteil über manche Erscheinungen nicht zu hart ausfallen zu lassen.

2. Theologische und weltliche Literaturstimmen zum Zusammenhang zwischen Christentum und Holocaust

Um so mehr ist es anzuerkennen, wenn unter Mitwirkung des bekannten katholischen Theologieprofessors Clemens Thoma in der *Theologischen Realenzyklopädie* solche Sätze zu lesen sind:

»Wie weit sind antisemitische Verbrechen der näheren und ferneren Vergangenheit auf das Schuldkonto der verschwiegenen, falsch oder richtig gedeuteten christlichen Botschaft zu buchen? Ist die antisemitische Vergangenheit des Christentums nicht das stärkste Zeugnis gegen die christliche Wahrheit? Solche Fragen werden seit Ende des Zweiten Weltkrieges innerhalb und außerhalb des Christentums mit zunehmender Häufigkeit gestellt. Die Diskussionen darüber tragen oft vorwiegend emotionalen, apologetischen und apodiktischen Charakter. Der Mangel an ausgewogener, geschichtlicher und theologischer Aufarbeitung wird vielfach empfunden. Daß der Antisemitismus auf die jahrhundertealte antijüdische Lehre und Predigt der christlichen Kirche zurückgeht, ist heute weithin anerkannt.«

Mit diesen bemerkenswerten Worten beginnt der 55seitige Artikel »Antisemitismus« der *Theologischen Realenzyklopädie* von 1978.

Aber es sind nur wenige einzelne Christen, die das nicht nur erkennen, sondern auch öffentlich aussprechen. Ich zitiere einige Stimmen:

Adolf Hitler konnte zu einer Weltmacht, zu einer Mordsmacht aufsteigen, da das Gewissen von mehreren hundert Millionen Christen zu seinen Taten schwieg oder diesen gar zustimmte. Dieses Gewissen war ein Privatgewissen, nur beschäftigt mit Angelegenheiten der privaten Intimzone: der andere da draußen vor der Tür, der Jude, der Pole, der Zigeuner, der Italiener, der wurde ausgeklammert.

Auschwitz und ... auch Hiroshima und seine Todesengel beruhen auf eineinhalbtausendjährigen erlauchten theologischen Traditionen der Kirche.« (Friedrich Heer)[3]

»Wie war dies alles möglich? Wir fragen dies jetzt schlicht als Christen, als Angehörige einer Gemeinschaft, die sich – im Gegensatz zum alten Gottesvolk – das neue Gottesvolk nennen will. Wir können diese Frage nicht fragen, ohne zu verstummen, vor Scham und Schuld. Könnten wir noch reden wollen, wo Millionen verstummt sind? Um uns zu rechtfertigen in verschämter oder unverschämter Apologetik, die moralisch (Auch die Juden haben Fehler gemacht? Gewiß!) oder historisch (Man muß alles aus der Zeit heraus verstehen! Alles?) oder theologisch (Das war nicht die wahre Kirche selbst! Wer und wo ist denn diese wahre Kirche selbst?) oder gar politisch (Man mußte abwägen, es war opportuner, nichts dagegen zu tun! War es auch christlich, evangelisch?) zu argumentieren versucht. Wie weit wird solche Selbstrechtfertigung kommen, beim unermeßlichen Bleigewicht der Schuld? Die Kirche hat Liebe gepredigt und mörderischsten Haß gesät, sie hat das Leben verkündet und den blutigsten Tod verbreitet. Und dies gerade an den leiblichen Brüdern dessen, von dem sie es hörte: ›Was ihr dem geringsten meiner Brüder getan, das habt ihr mir getan‹ (Mt 25,40)!«

---

3 Friedrich Heer: Gottes erste Liebe, Frankfurt/Berlin 1986, S. 8.

»Der nazistische Antisemitismus, sosehr er primär das Werk von Gottlosen, ja Verbrechern war, wäre ohne die fast zweitausendjährige Vorgeschichte des ›christlichen‹ Antijudaismus, der denn auch die Christen an einem überzeugten und energischen Widerstand auf breiter Front hindert, unmöglich gewesen.« (Hans Küng)[4]

»Die Einsicht wird vermißt, daß der zu Exzeß und Tat vorangetriebene Judenhaß der Christen in logischer Entwicklungslinie zwischen 1933 und 1945 dort endete, wo er enden mußte; daß die hierarchisch regierte Kirche Judenhaß und Judenverfolgungen von jeher mit Exkommunikationen hätte strafen müssen, anstatt Verfolger zu kanonisieren und Ausrottungen zu billigen oder stillschweigend hinzunehmen, wäre ihr, statt an der Pseudotheologie zur Eliminierung der Ersten Liebe Gottes, am Ausbau der einzig richtigen Theologie gelegen gewesen, die ... die Juden ... als Mitmenschen angenommen hätte. Noch immer werden in Spanien Seelenmessen für den Massenmörder Hitler gelesen...« (Hans Kühner)[5]

»Die christliche Kirche ist verantwortlich für die Ausrottung der sechs Millionen Juden.« (James Parkes)[6]

»Auschwitz ist die Verdichtung eines in seiner abgründigen Tragik bis dahin nie wirklich erkannten zweitausendjährigen Prozesses schuldhaften Versagens von Getauften in der Bruderliebe. Es ist ein unübersehbares Symbol, an dem sich noch einmal die Geister scheiden.« (Heinrich Spaemann)[7]

»Kein Mensch, der sich der Grundlagen des modernen Europa bewußt ist, kann leugnen, daß die Scheiterhaufen und Verbrennungsöfen, der giftige Rauch und Gestank in den Vernichtungslagern des nationalsozialistischen Deutschland zwar nicht gerade die logische Folge, aber doch zumindest eine extremistische Konsequenz der Haltung sind, die der normale Christ den Juden gegenüber eingenommen hat. Das Christentum steht hier hart am Rande der Selbstzerstörung.« (Michael Serafian)[8]

»Und in unseren Gemeinden ist hinsichtlich der Juden die Erkenntnis doch wirklich noch nicht da, daß nach einer 1500jährigen Geschichte der Christen und der Juden miteinander, in Deutschland ebenso wie in den anderen europäischen Ländern, wir Christen so weit sind, daß wir den Juden eigentlich nicht mehr unter die Augen treten können.« (Helmut Gollwitzer)[9]

»Immerhin muß es angesichts dieser Mitverantwortung der Christen für das ungeheure Geschehen an den Juden in der Nazizeit verwundern, daß es erst der Ausstrahlung der amerikanischen Fernsehserie ›Holocaust‹ in den Dritten Programmen des Deutschen Fernsehens ARD bedurfte, bis sich die deutschen Bischöfe 1980 zu einer umfassenden Erklärung ›Über das Verhältnis der Kirche zum Judentum‹ entschließen konnten.« (Klemens Richter)[10]

---

4 Hans Küng: Die Kirche, Freiburg 1967, S. 165 f. der Taschenbuchausgabe.

5 Hans Kühner: Der Antisemitismus der Kirche, Zürich 1976, S. 183.

6 James Parkes, anglikanischer Geistlicher, Verfasser mehrerer einschlägiger Bücher, zitiert nach F. Heer: Gottes erste Liebe, a.a.O., S. 469.

7 Heinrich Spaemann, Katholik, in: Die Christen und das Volk der Juden, 1966, S. 53; zitiert nach F. Heer: Gottes erste Liebe, a.a.O., S. 469.

8 Michael Serafian (Martin SJ), in: Der Pilger, S. 53; zitiert nach F. Heer: Gottes erste Liebe, a.a.O., S. 507 und S. 693.

9 Helmut Gollwitzer 1960, zitiert nach ebenda, S. 541.

10 Klemens Richter, katholischer Theologieprofessor, Herausgeber von: Die katholische Kirche und das Judentum. Dokumente von 1945–1982, Freiburg 1982; Zitat ebenda, S. 11.

In einem Faltblatt des Luther. Kirchenamts Hannover vom Februar 1979 zum Holocaust (Was jeder vom Judentum wissen muß, Nr. 13) heißt es:

»Auch die Kirchen blieben weithin stumm. Nur einzelne handelten dem zuwider... Die große Mehrzahl hielt sich zurück, wollte nicht zuviel wissen, billigte aber grundsätzlich ein ›strenges Vorgehen‹ gegen die Juden... Als nach Kriegsende die Wahrheit über den Holocaust immer deutlicher vor aller Augen ausgebreitet wurde, berief man sich abermals auf Unwissenheit, um die Mitverantwortung erneut von sich wegschieben zu können... So ist eine tiefgreifende und umfassende Auseinandersetzung mit dem Phänomen Holocaust in Deutschland immer noch nicht zustandegekommen... Aus der Erschütterung über das in ›christlichen‹ Ländern – unter Billigung oder ohne hinreichend energischen Widerstand von Christen und christlichen Kirchen – Geschehene ist ein intensives Fragen und Suchen entstanden, das in den USA geradezu zu einer Theologie des Holocaust geführt hat... In Deutschland wird ... der Massenmord an den Juden zumeist nur als ein Problem der Vergangenheit aufgefaßt, von dem man sich mit zunehmendem zeitlichem Abstand immer mehr entfernen kann. Die Frage muß sich jedoch entschieden auf die Gegenwart und Zukunft richten können... Wie können wir die Botschaft von der Liebe Gottes zu allen Menschen glaubwürdig bezeugen?«

Doch solche deutlichen Stimmen aus dem kirchlichen Bereich waren lange sehr selten. Im Katholizismus gibt es sie noch heute kaum. Über die meist zaghaften kirchlichen Versuche zur Überwindung des Antijudaismus nach 1945 (ausgenommen der Protestantismus ab etwa 1975) wird später berichtet. Nun einige weltliche Stimmen. Henryk *Broder* spricht in seinem wichtigen Buch zum Antisemitismus so gut wie gar nicht von Kirche und Christentum: Wer sich nur ein klein wenig auskennt, der weiß ja ohnehin, wo die Hauptwurzel des dicken Wurzelgeflechts zu finden ist. Aber entweder hat Broder nur ein solches Publikum im Auge, oder er übersieht die Auswirkungen einer jahrzehntelangen riesigen Verdrängungsliteratur. Deswegen kann man das Grundübel gar nicht oft und deutlich genug aussprechen. An einer Stelle formuliert Broder das für ihn Selbstverständliche in mustergültiger Weise:

»Der Antisemitismus gehört zur abendländischen Kultur wie der Glaube an den ewigen Kampf zwischen Gut und Böse, er ist Teil und Erbe der christlichen Tradition, die weder mit ein paar einsichtigen Worten aus dem Vatikan noch mit einem Bekenntnis zu den Werten der Aufklärung oder den Zielen des Sozialismus aus dem kollektiven Bewußtsein getilgt werden kann.«[11]

Ähnlich wichtig wie das Brodersche Buch sind die essayistischen Kabinettstücke von Gerhard Zwerenz. In seinem Buch *Die Rückkehr des toten Juden nach Deutschland* schreibt er:

»Die Mythe ist das Produkt unbegriffener Geschichte. Das biologische Denken der Nazis, die mit Auschwitz das Ende des jüdischen Volkes erreichen wollten, ist die völkische Variante der christlichen Mythe. Der Antisemitismus nach Auschwitz wurzelt in beiden Bewegungen, doch der Weg zu Auschwitz hin war anderthalbtausend Jahre lang. Es begann im Jahre 388 mit dem ersten von einem Bischof angeordneten Synagogenbrand in Kleinasien, einer beziehungsvoll feurigen Ausgrenzungsaktion, kurz nachdem das Christentum alleinige Reichskirche gewor-

---

11 Henryk M. Broder: Der ewige Antisemit, Frankfurt 1986, S. 30.

den war. Als der oströmische Kaiser Theodosius den Bischof zum Wiederaufbau der Synagoge verurteilte, zog er sich den Zorn des heiligen Ambrosius zu. Der Kaiser gab in dem sich ausbreitenden Streit nach, womit die neue Kirche der Gewalttaten installiert war. Der seit Paulus schwelende Konflikt zwischen Judenchristen und Heidenchristen war antijüdisch entschieden worden, aus der Glaubenskirche wuchs die Staatskirche, aus der verfolgten Christenheit wurde die verfolgende Christenheit, und die Juden waren ein für allemal zu Feinden erklärt worden, wie andere Nichtchristen. Nur potenzierte die Feindschaft sich, weil sie die Kernfrage des Glaubens betraf. Die Tatsache, daß Jesus Christus ein Jude war, mußte vergessen gemacht werden, und dazu reichte es noch nicht, die Juden als Christusmörder zu brandmarken, also erweckte man die vorgeschichtliche Judenfeindschaft zu neuem Leben. Paulus gab dem christlichen Antisemitismus den Einsatz, so daß die paulinische Christenheit in dem Maße obsiegte, in dem die christlichen Juden geschwächt wurden und Jerusalem verlassen mußten. Der Judenhaß prägte das frühe Christentum und zweitausend Jahre Leidensgeschichte der Juden, deren hellste Köpfe das Aufklärungszeitalter als Ausgang aus unverschuldeter Not einschätzten und wahrnahmen.«

»Es gehört zum Wesen solcher institutionalisierten Religionen, daß sie den eigenen Machtanspruch in die Form von Mythen fassen, deren Reinheit von ihnen zu verteidigen sei, woraus die Notwendigkeit folgt, Andersgläubige, Ketzer, Abweichler, Dissidenten niederzuwerfen. Der fundamentalistische Zug läßt weder Toleranz noch Liberalität und Pluralismus zu, und wenn doch, beschuldigen die Fundamentalisten die Kirche der Schwäche und Nachlässigkeit im rechten Glauben. Derart ist der Antisemitismus der Kirche nicht ein zufälliges, sondern ein notwendiges Produkt des Glaubens, der sich der Macht bedient, um zu missionieren.«[12]

In der umfangreichen Antisemitismusforschung findet die christliche Genese oft nicht die notwendige Beachtung, zumal das Problem reichlich komplex ist (soziologische, sozial- und individualpsychologische Faktoren, z. B. Frustrations-Aggressions-Hypothese, Neidfaktoren, Wirtschaftspolitik, ethnologische Probleme usw.). Herbert Strauss und Norbert Kampe heben diese Genese in der Einleitung des von ihnen herausgegebenen Sammelbandes unter der Überschrift *Christlich-abendländische Judenfeindschaft als historische Ausgangssituation* hervor. Sie sprechen vom »kulturellen Hintergrund, zu dem die religiöse Judenfeindschaft untrennbar gehört«, als einem »bis in die säkularisierte Moderne hineinwirkenden zentralen Faktor«, einem »kontinuierlichen Element«. Sie verweisen auf die Spannweite der historisch-sozialwissenschaftlichen Forschung und stellen fest, der erreichte Konsens über viele Fakten und deren Interpretation sei recht weit gediehen:

»So besteht zum Beispiel Übereinstimmung darüber, daß Judenfeindschaft ein mehr oder weniger latenter Bestandteil der christlich-abendländischen Kultur war und wohl in Resten noch ist. Diese Judenfeindschaft wirkte bis in den Entstehungszusammenhang des säkularisierten modernen Antisemitismus und des antireligiösen Rassismus hinein. Die latente Judenfeindschaft ist also letzten Endes religiösen Ursprungs und durch die Kultur vermittelt. Die Juden werden im christlichen Abendland zur Minderheit *par excellence*... Sie verursachen nach den Evangelien die den Glauben erst begründende Tat, die Kreuzigung, tun also den Willen Gottes, und sie vergehen sich zugleich an Gott, begehen angeblich das schändliche und widernatürliche Verbrechen des Gottesmordes. Die Entwicklung und Wirkung dieser Vorstellung ist durch die Ideenge-

---

12 Gerhard Zwerenz: Die Rückkehr des toten Juden nach Deutschland, Ismaning 1986, S. 35 f. und S. 37 f.

schichte, die Geschichte der Theologie, der Geschichte des Aberglaubens oder der Volksmeinungen zu verfolgen. Sie wird zu einem Teil der latenten und unbezweifelten Volkstradition… Daß die protestantische oder katholische Theologie sich zum überwiegenden Teil nicht zu einer Anerkennung der Unabhängigkeit anderer Formen und Inhalte der Gottesverehrung durchringen konnte, dürfte unbestritten – zum Teil noch heute gültig – sein.«[13]

Robert Wistrich schreibt über die Genealogie des Nationalsozialismus :

»Die unangenehme Wahrheit ist, daß der Nationalsozialismus bei aller latenten Feindseligkeit gegenüber den Amtskirchen dialektisch betrachtet nicht ohne das Christentum und namentlich ohne dessen antijüdische Klischees hätte entstehen können. Im Grunde war es die christliche Theologie, von der die Nazis gelernt hatten, die Juden und ihren Glauben als etwas Satanisches, als Verkörperung des Bösen schlechthin zu dämonisieren.«

»In den zwanziger Jahren konnte Hitler noch nicht öffentlich erklären, daß er das Christentum für einen frühen Prototyp des ›jüdischen Bolschewismus‹ hielt… Wenn man sich zunächst aber auf einen kämpferischen Nationalismus und Antikommunismus sowie auf eine christlich eingefärbte Stimmungsmache gegen die Juden verlegte, durfte man ziemlich sicher sein, Zulauf aus allen konfessionellen Lagern zu erhalten. Diese taktischen Erwägungen stellte Hitler ganz bewußt an, wie er einmal General Ludendorff anvertraute.«[14]

Der protestantische Historiker David Wyman, der weiter oben schon mehrfach zitiert wurde, sagt zum Holocaust:

»Der Holocaust war gewiß eine jüdische Tragödie… Er war auch eine christliche Tragödie, eine Tragödie für die westliche Zivilisation, ja für die ganze Menschheit. Menschen haben Menschen umgebracht, während andere untätig zusahen. Auch wenn die Täter kaum als gläubige Christen zu bezeichnen sind, entstammten sie doch der christlichen Kultur. Auch die Zuschauer, die am ehesten imstande gewesen wären zu helfen, waren Christen.«[15]

Der Wiener Historiker Friedrich Heer schließlich, der wohl mit das Tiefste zum Thema Christentum und Judentum gesagt und sich trotz seiner auf Fakten gegründeten schrecklichen Einsichten und Visionen bis zu seinem Tod 1984 als Katholik verstanden hat, schreibt in *Gottes erste Liebe:*

»Wer die Geschichte der Christenheit in Europa aufmerksam studiert, kann zu der Ansicht kommen: Das von Gott verworfene und verfluchte Genus, das Geschlecht der Gottesmörder und Menschenmörder, sind – die Christen. Sehr früh, schon im 2. Jahrhundert, beginnen sie mit großer Grausamkeit gegen sich selbst zu wüten. Julian Apostata beobachtet das mit Ensetzen. Sie kämpften mit allen Mitteln – Fälschung, Verfolgung, Tötung – gegen andere Christen, die als Häretiker dem Rufmord, nicht selten schon der Ermordung verfallen. Vom 4. Jahrhundert an entfaltet sich dieser permanente kalte und heiße Bürgerkrieg in und um die christlichen Kirchen nach außen hin: gegen Nichtchristen, ›Heiden‹ und andere. Eineinhalb Jahrtausend Verfolgung der Juden werden durch eineinhalb Jahrtausende von wütendem, pathologischem Selbsthaß, von Selbstquälerei und Verfolgung der Mitchristen begleitet.«

»Der größte Bankrott der Weltgeschichte hat sich in den von der ganzen Christenheit mitzuverantwortenden zwei Weltkriegen und in der Ausrottung von sechs Milionen Juden offenbart.

---

13 So die Historiker Herbert Strauss und Norbert Kampe in ihrem Sammelband: Antisemitismus. Von der Judenfeindschaft zum Holocaust, Bonn 1985.

14 Robert Wistrich: Der antisemitische Wahn, Ismaning 1987, S. 250 und S. 262 f.

15 David Wyman: Das unerwünschte Volk, Ismaning 1986, Vorwort.

Dieser Bankrott ist ganz wörtlich zu verstehen. Bankrott bedeutet ursprünglich: die Tische und Bänke bankrotter Geldleute, ›Bankiers‹, werden zum Zeichen ihres geschäftlichen Zusammenbruchs öffentlich zerbrochen.«[16]

Wer kennte nicht das biblische Gleichnis vom barmherzigen Samariter (Lk 10,25)? Im jüdischen Land war einer ausgeraubt, niedergeschlagen und halbtot liegengelassen worden. Priester und Levit gingen vorbei: Ausgerechnet ein Samariter war es, der sich seiner annahm. Dabei waren die Samariter bei den Judäern sehr unbeliebt: sie gehörten einer ketzerischen Sekte an, hatten ihren eigenen Tempel und raubten gewohnheitsmäßig Juden aus, waren darüber hinaus vielfach Soldaten der verhaßten römischen Besatzungsmacht. Da wird die Gegenliebe der Samariter auch nicht groß gewesen sein. Ein Samariter also. Daß dieses zentrale Gleichnis auch mit dem Holocaust zu tun hat, leuchtet ein.

»Sie sehen ihn, sehen den Menschen: die Priester, die Bischöfe, die Kardinäle, die Päpste, die Könige, die Kaiser, die Ministerpräsidenten und, immer wieder, die Professoren, der weltliche Hochklerus einer weltlichen Zeit – und sie lassen ihn liegen, lassen ihn links liegen, rechts liegen, lassen ihn verrecken! – Mich würgt es, ich greife mir an den Hals: dieses *Sehen, das nichts tut.* Sehen, das nicht hilft. Wissen, das nicht hilft. Wissen, sehen, reden, das nicht hilft, das dem halbtoten, an meinem Wege, an meinem Lebenswege liegenden, stehenden Menschen nicht hilft. Dem Bruder.«[17]

Wir leben in einer »Räuber- und Passantengesellschaft«. In einer solchen

»werden immer mehr Menschen Zuschauer. Zuschauer des fremden, Zuschauer auch des eigenen Lebens. Sie nehmen ihren Anteil im Zuschauen – beim Sport, beim Spiel, beim Leiden der andern. Als Passanten dienen sie den Räubern am besten. – In der Gesellschaft der Räuber und Passanten werden die Opfer verschwiegen und versteckt. Niemand hat sie gesehen, niemand hat sie gehört. – Jesus erzählt seine Geschichte in einem ganz bestimmten Interesse: er wollte die Anzahl der Zuschauer verringern zugunsten derer, die mit-leidend mithandeln.«[18]

Die Sache des Juden Jesus schien 1945 abermals gescheitert. Wir alle sind aufgerufen, daran mitzuwirken, daß sie es nicht endgültig ist: Jeder auf seine ganz persönliche Weise. Denn die Gestalt des Jesus von Galiläa gehört, wie alle Menschheitslehrer, allen und nicht nur denen, die in ihm einen Gott verehren. Dies beweist das Zeugnis zahlreicher geistiger und menschlicher Größen anderer Weltanschauung. »Tut etwas!« heißt die Botschaft. Aber hier fängt das Fragen erst an.

16 F. Heer: Gottes erste Liebe, a. a. O., S. 507 f.

17 Friedrich Heer in: Vom Nächsten, hg. von Walter Jens, München (dtv), S. 111.

18 Dorothee Sölle, ebenda, S. 168 und S. 167.

X. Die große Verdrängung

Mühsam kämpften sich die Menschen durch den Schutt der zerbombten Städte, und die Öfen von Auschwitz waren noch kaum erkaltet, da wurden die Menschen einschließlich der Kirchenfürsten in der Nacht vom 8. auf den 9. Mai 1945 völlig umgewandelt. Die Nazis hatten sie vielfach schon immer bekämpft, zumindest innerlich, und von den ganz schlimmen Sachen hatte man überhaupt nichts gewußt. Flugs reparierten die Wechsler ihre Tische und tätigten ihre Geschäfte, als wäre nichts gewesen.

1. Katholische Verdrängung

Kardinal Faulhaber, der große »Widerständler«, hatte im November 1939 nach einem fehlgeschlagenen Attentat auf Hitler (Elsner) in München einen Dankgottesdienst abgehalten. Unmittelbar nach dem Attentat vom 20. Juli 1944 hatte er Hitler persönlich beglückwünscht und im Liebfrauendom ein Te Deum abgehalten. Aber welch wundersame Wandlung: Schon am 12. Mai 1945 beschimpfte er vor US-Journalisten das Hitlerregime heftig und forderte, der Nazismus dürfe nicht wieder aufleben. Er behauptete sogar, zusammen mit allen bayerischen Bischöfen: »Die deutschen Bischöfe haben, wie ihr selber wißt, von Anfang an vor den Irrlehren und Irrwegen des Nationalsozialismus ernstlich gewarnt und immer wieder hingewiesen...«[1] Auf schamlose Weise hatte Faulhaber den Ersten Weltkrieg verherrlicht und 1941 sein Einverständnis zur Ablieferung der Kirchenglocken gegeben, damit man Waffen daraus gießen konnte. Überhaupt haben die deutschen Bischöfe fast bis zuletzt Durchhalteparolen ausgegeben. »Noch in der völligen militärischen Niederlage, während das Dritte Reich seinem Zusammenbruch entgegenwankte, erhoben (deutsche) Bischöfe ihre Stimme, um Männer aufzurufen, ihren letzten Tropfen Blut zu geben... Wir dürfen mit Recht schließen, daß die (deutsche) Kirche zu einem Mittel der sozialen Kontrolle wurde, das zugunsten des nationalsozialistischen Staates wirkte, insofern es um die uneingeschränkte Unterstützung des Krieges durch die Katholiken ging.«[2]

1945 hörte man's von den Bischöfen anders: Mit seinem ganzen Episkopat

1 Vergleiche zum Beispiel das Amtsblatt für die Diözese Bamberg vom 4. Juli 1945; zitiert nach Karlheinz Deschner: Abermals krähte der Hahn, Neuausgabe 1986, S. 577.

2 Gordon C. Zahn, zitiert nach Pinchas E. Lapide: Rom und die Juden, Freiburg 1967, S. 218 f.

beklagte sich Faulhaber im Mai 1945 vor US-Korrespondenten, unablässig hätten die Nazis Propaganda für den Militarismus getrieben. Keine Rede davon, daß sich beim Militärbischof Rarkowski mehr Theologen für den Dienst des Feldgeistlichen beworben hatten, als gebraucht wurden, daß Rarkowski mit seinem Hirtenbrief vom 1. Februar 1944 selbst die hl. Eucharistie für die Hitlerpropaganda einspannte: »Man wird das Brot des Lebens unter euch verteilen, und ich bin überzeugt, daß die Kraft des Herrn über euch kommen und euch die Stärke geben wird, euer Bestes zu tun als Soldaten des deutschen Heeres für Führer, Volk und Vaterland.«[3] Keine Erwähnung auch des Umstands, daß 1936 in einer Schrift anläßlich Faulhabers 25jährigen Bischofsjubiläums etwa ein Viertel von 100 Seiten Faulhabers Soldatenzeit gewidmet war, daß er 1941 in einem Hirtenbrief geschrieben hatte:

»Wir haben eine ähnliche Zeit schon durchlebt im Weltkrieg und wissen daher aus einer harten und bitteren Erfahrung, wie notwendig und wichtig es ist, daß in solcher Lage jedermann ganz und gern und treu seine Pflicht erfüllt, ruhige Besonnenheit und festes Gottvertrauen bewahrt und nicht anfängt zu zagen und zu klagen. Darum richten wir heute an euch, liebe Diözesanen, in väterlicher Liebe und Sorge ein Wort der Ermahnung, das euch ermuntern möchte, in gewissenhafter Pflichterfüllung und ernster Berufsauffassung die ganze Kraft einzusetzen im Dienst des Vaterlandes und der teueren Heimat... Wir haben in den ersten Jahren des Weltkrieges mit Freude und Stolz gesehen, was die Einigkeit Großes vollbringt, wir haben am Ende des Weltkrieges aber auch erfahren müssen, wie die Uneinigkeit alles Große wieder zerstört. Einig wollen wir sein in der Liebe und im Dienst des Vaterlandes, wollen zum Schutz der Heimat eine einzige Opfer- und Arbeitsgemeinschaft bilden...«

Neben Faulhaber haben diese erhabenen Zeilen unterschrieben der Erzbischof von Bamberg und die Bischöfe von Augsburg, Eichstätt, Passau, Regensburg, Speyer und Würzburg.[4]

Keine Rede war auch davon, daß z.B. der Bamberger Erzbischof Kolb noch am 31. Januar 1944 geschrieben hatte: »Wenn Armeen von Soldaten kämpfen, dann muß eine Armee von Betern hinter der Front stehen.« »Heißes Gebet« verlangte der Erzbischof für das geliebte Volk und Vaterland. Zahllose Zitate kann man anführen zur amtskirchlichen Unterstützung von Hitlers Herrschaft und Krieg, zu entnehmen kirchlichen Amtsblättern und sonstigen katholischen Presseorganen.

1945 galt das alles nicht. Ganz vergessen hatten die Menschen – denn zu lange war es her –, wie es gewesen war. »Es ist etwas Unheimliches um das kurze Gedächtnis der Menschen.« Dieses Wort bezog Faulhaber auf die erste gewichtige »Vergangenheitsbewältigung« der katholischen Kirche durch seinen Weihbischof Neuhäusler, die bereits 1946 in zwei Bänden erschien. Noch heute wird dieses Werk mit dem Titel *Kreuz und Hakenkreuz* vor allem von manchen katholischen Wahrheitssuchern gern zitiert. Denn dort steht,

3 Ebenda.
4 Zitiert nach K. Deschner: Abermals krähte der Hahn, a.a.O., S. 547.

wie es wirklich war: »Kraftvoll ist der Widerstand, der sich auch hier zeigt, bereits im Mai 1933...«

Keine Rede war natürlich nach dem Krieg davon, daß Neuhäuslers Kardinal – ebenfalls natürlich – Antisemit war; erinnert sei an den energischen Protest, den Faulhaber 1936 gegen die Behauptung erhob, er habe eine Predigt gegen den Rassenhaß gehalten. Keine Rede war auch davon, er habe es seinerzeit für eine gehässige Unwahrheit gehalten, als die Lüge verbreitet wurde, Pius XI. sei Halbjude, um ihn dem Gespött preiszugeben. Vielmehr erklärte Faulhaber 1946 vor der englisch-amerikanischen Palästinakommission, weil er seit 1933 für die Juden eingetreten sei, habe man ihn im Dritten Reich so sehr verfolgt. Apodiktisch heißt es im noch heute hochangesehenen *Lexikon für Theologie und Kirche* (1960/1986) in dem nur 14 Zeilen umfassenden Text über Faulhaber: »Unerschrockener Kämpfer gegen den Nationalsozialismus für die Rechte der Kirche und für die Menschenrechte, besonders auch für die Juden.« Und jetzt, 1945, war die katholische Kirche wieder, wie vor 1933, der Auffassung: »Die deutschen Bischöfe verurteilen einmütig den Nationalsozialismus als eine Ketzerei, weil sein Programm ... Wendungen enthält, die der katholischen Lehre zuwiderlaufen.« Auch Gröber, der »braune Bischof«, zählte 1945 Fehler auf. U.a. schrieb er, wie bei Neuhäusler in aller Unschuld nachzulesen: »Es ist falsch, einem extremen und erbarmungslosen Antisemitismus zu verfallen.« Gegen einen weniger erbarmungslosen Antisemitismus ist also nichts einzuwenden: nach Auschwitz. Aber Hauptsache: »Das Kreuz steht!« (So eine Überschrift bei Neuhäusler) Und: »Der N. [Nationalsozialismus] vermochte weder die kath. Kirche noch die Mehrheit der prot. Gemeinschaften gleichzuschalten, die in gemeinsam erduldeten Prüfungen u. Leiden ihre inneren Kräfte erneuerten. Der christl. Glaube war stärker als der Totalitätsanspruch des Regimes, das 1945 zerbrach.«[5] Wie es mit dem christlichen Glauben und dem Verhältnis zum Nationalsozialismus 1945 bestellt war, wird sich noch zeigen.

Michael Schmaus, der schon als herausragender katholischer Theologe zitiert wurde, stellte 1933 eine annähernd 50seitige Betrachtung an unter dem Titel »Begegnungen zwischen katholischem Christentum und nationalsozialistischer Weltanschauung«, die dem mit der Zeit gehenden Katholiken zeigen sollte, was nun der Zeitgeist sei. »Nichst ist unkatholischer als eine extrem demokratische Wertung des Seins« schrieb er. Die Lehr- und Denkfreiheit bezeichnete er als große, aber »tragische Errungenschaft«, da sie die Lösung von religiösen Bindungen ermögliche. Über den Krieg schrieb Schmaus, zu einem Zeitpunkt, als sich der Vatikan in einem von dem katholischen Stellvertreter Hitlers, von Papen, gepriesenen geheimen Zusatzprotokoll zum Reichskonkordat bereits mit einer eventuell allgemeinen Wehrpflicht einver-

5 Lexikon für Theologie und Kirche, Bd. 7, Artikel »Nationalsozialismus«.

standen erklärte, noch nichts. Wie schrecklich, so Schmaus, daß vor dem ersten Weltkrieg die tragische Lehr- und Denkfreiheit zum »Alleinherrscher« erhoben worden war (glücklicherweise war das wenigstens im Katholizismus nicht gelungen, siehe den widerlichen Kampf gegen die »Modernisten«). Das war jetzt erfreulicherweise anders: »Ich sehe nämlich in der nationalsozialistischen Bewegung den schärfsten und mächtigsten Protest gegen die Geistigkeit des 19. und 20. Jahrhunderts.« Schmaus tischte wie die Nazis die Volk-ohne-Raum-These auf: »Vorerst müssen wir uns im vorhandenen Raum einrichten, so gut es geht.« Den berüchtigten Syllabus errorum (1864) von Pius IX., Ausdruck der heute wohl allgemein beklagten pathologischen Selbstabschließung des Katholizismus im 19. Jahrhundert, erhob Schmaus 1933 wieder zu autoritärer Gültigkeit: »Zwischen katholischem Glauben und liberalistischem Denken gibt es keinen ideenmäßigen Ausgleich... Die Feindschaft zwischen beiden ist eine letzte und unbedingte.« Er schwärmte für Blut und Boden, z. B.: »Eine Folge der Liebe zum Volk ist die gerechte Sorge für die Reinerhaltung des Blutes, dieser Grundlage für die geistige Struktur des Volkes.« Sowohl Führerprinzip als auch Opfergemeinschaft sah er im Nationalsozialismus wie in der Kirche verwirklicht.

Man muß sich das vergegenwärtigen, um zu begreifen, was es bedeutete, wenn einer wie Schmaus 1951 in die Bayerische Akademie der Wissenschaften berufen wurde. Gleichzeitig wurde er Rektor der Münchener Universität, und selbstverständlich bot er wie all die Professoren, Richter, Ärzte usw. die »Gewähr«, jederzeit für die freiheitlich-demokratische Grundordnung einzutreten. Sechzehn katholische Verbindungen ernannten Schmaus zum Ehrenphilister. 1952 wurde er Päpstlicher Hausprälat. Franco verlieh ihm das Komturkreuz des Ordens »Al merito civil«. Die *einzige* Aussage der 17. Ausgabe der *Brockhaus-Enzyklopädie* zu Michael Schmaus besagt (1973), er habe »die kath. Theologie durch seine große ›Dogmatik‹ bedeutsam im Sinne einer Erneuerung beeinflußt, die im Einklang mit der Tradition bleibt«. Obwohl die Dogmatik von Schmaus mit Abstand die orthodoxeste der heute gebräuchlichen Dogmatiken sein dürfte, pries der bekannte Münchener Theologieprofessor Richard Heinzmann Schmaus in der *Augsburger Allgemeinen* am 16. Juli 1987 anläßlich des 90. Geburtstags von Schmaus als »Persönlichkeit von hohem menschlichem Format und großer wissenschaftlicher Kompetenz, dazu ein herausragender Repräsentant jener Generation von Theologen, die in den zwanziger und dreißiger Jahren unseres Jahrhunderts die Herausforderung zu einer theologischen Neubesinnung erkannt und aufgenommen hat«. Ein beliebiges Beispiel einer funktionierenden, aber von einflußreichen Kreisen noch heute mit System und Erfolg geförderten Verdrängung.

An Wunder grenzende (zumindest offizielle) Geisteswandlungen waren nach 1945 in allen Lebensbereichen keine Mangelerscheinung. Papst

Pius XII. setzte sich rasch mit an die Spitze. In Rundfunkreden und Neujahrsansprachen sprach ausgerechnet er sich jetzt für Demokratie aus. In seiner Enzyklika »Summi Pontificatus« vom 20. Oktober 1939 hatte er die Versöhnung mit dem faschistischen Staat als »Friede Christi, der Italien wiedergegeben wurde«, gefeiert. Er, der trotz aller Kirchenunterdrückung, trotz Massenverbrechen und Holocaust gehofft hatte, Hitler würde als Bollwerk gegen den Bolschewismus noch standhalten, der den Fahneneid der deutschen Soldaten und Bischöfe auf Hitler nicht gelöst hatte, er erklärte am 2. Juni 1945 vor dem Kardinalskollegium: »Jedenfalls aber könnte niemand der Kirche den Vorwurf machen, sie habe nicht rechtzeitig den wahren Charakter der nationalsozialistischen Bewegung erkannt und die Gefahr aufgezeigt, der sie die christliche Kultur aussetzte.« Solche Geschichtsdarstellung wirkte vorbildhaft. Friedrich Heer schreibt zum zitierten Satz des Papstes: »Diese Behauptung hängt in einem luftleeren Raum über einem ›christlichen Abendland‹, in dem die Kirchenglocken ohne Unterbrechung läuteten, während in den Gaskammern die Menschen aufgelöst wurden.« Jetzt erinnerte der Papst an die Leiden der Kirche, der Priester und Laien in Dachau und anderes mehr. Über die Ermordung von Millionen Juden verlor er kein Wort. Das ist verständlich, wenn man sich an die Realität erinnert: »Stünden die Ansichten deutscher wie österreichischer Bischöfe während der Hitlerdiktatur nicht auf dem Papier, man würde sich weigern, sie zu glauben ...«[6]

Eher verstärkt wird heutzutage der katholische Widerstand gegen die Nazis herausgestrichen, der freilich z. T. Erstaunliches erreichte. Man denke an die verspätete, aber doch erfolgreiche Euthanasie-Aktion und den Erfolg gegen den Erlaß des Münchener Gauleiters Wagner noch im Kriegsjahr 1941 (!), der auf enormen Druck der katholischen Bevölkerung zustande kam. Wagner nahm den Erlaß zurück, mit dem er die Kreuze aus den Schulen verbannt hatte. Solcherart waren die Probleme, die die katholische Kirche wirklich bewegten und sie hautnah trafen: ausschließlich ihre eigenen Angelegenheiten bzw. Maßnahmen, die auch eigene Kirchenmitglieder betrafen. Die Schuld oder Mitschuld der einzelnen Menschen spielt bei dieser Betrachtung keinerlei Rolle: Ich stelle nur fest. Die zahlreichen Widerstandsepen speziell im katholischen Bereich – im Protestantismus ist man da zumindest heute wohl vorsichtiger – muten angesichts der Tatsachen befremdlich an. Was es mit dem kirchlichen Widerstand, aus dem die Kirchen nach dem Krieg als gesellschaftliche und – wie man sagt – gar moralische Kraft gestärkt hervorgegangen seien, auf sich hat, ist bei dem niederländischen Historiker Ger van Roon, stellvertretend für viele, wie folgt und wohl gültig zusammengefaßt:

6 Hans Kühner: Der Antisemitismus der Kirche, Zürich 1976, S. 101.

»Während bei der evangelischen Kirche von einer relativ großen, wenn auch nicht sehr homogenen Gruppe gesprochen werden kann, die sich als Organisation der staatlichen Gleichschaltungspolitik widersetzt hat, liegen bei der katholischen Kirche die Verhältnisse anders. Wenn diese sich nach dem Kriege auch nicht dazu durchringen konnte, eine ›Schulderklärung‹ abzugeben, so müssen wir doch feststellen, daß hier weder die Kirche als solche noch eine geschlossene kirchliche Gruppe zum Widerstand aufgerufen hat.

Dennoch wäre es unrecht zu behaupten, es habe keinen katholischen Widerstand gegeben.«

»Wenn wir den katholischen Widerstand mit dem von Ernst Wolf formulierten Stufenmodell beschreiben wollen, so ist festzustellen, daß die Katholische Kirche eigentlich nie über die erste Stufe, die Abwehr staatlicher Übergriffe, hinausgelangt ist. Im Konkordat hatte sie sich dafür eine Grundlage geschaffen. Nur eine kleine Zahl von Katholiken ist darüber hinausgegangen. In mehreren Hirtenbriefen und Predigten lassen sich Beispiele aus der zweiten Stufe finden, wobei die Freiheit des Evangeliums im Mittelpunkt stand. Proteste einzelner Geistlicher, Provinzialen und Ordensangehöriger sind der dritten Stufe zuzurechnen, in welcher die Welt außerhalb des kirchlichen Bereichs nicht mehr dem Regime überlassen wurde, sondern auf der Grundlage elementarer Grundprinzipien des Christentums gegen die Untaten und Verfolgungen protestiert wurde. Noch weniger Beispiele lassen sich für die vierte Stufe nennen, in der katholische Laien in einer politischen Krisensituation (Eidesfrage, Kriegsdienstverweigerung) standhaft blieben oder sich am politischen Widerstand beteiligten. Der katholische Widerstand war im Grunde ein Widerstand einzelner und kleiner Gruppen.«[7]

Eine solche, den Tatsachen entsprechende Beurteilung gibt es natürlich nicht nur bei Profanhistorikern (auch bei diesen selten genug, sie ignorieren regelmäßig die Kirchengeschichte), sondern immerhin auch bei Kirchenleuten. Zu der Frage, ob sich zur Zeit des Nationalsozialismus kirchliche Institutionen deshalb nicht für die »Freiheit des anderen« engagiert haben, weil sie vom mittelalterlichen Denken geprägt waren, wonach es zunächst darum gehe, die Freiheit für die eigene Kirche zu sichern, sagt der als einer der Hauptförderer des christlich-jüdischen Gesprächs bekannte Dominikaner Willehad Paul Eckert:

»Das würde ich mit einem glatten Ja beantworten. Für mich besteht da gar kein Zweifel, daß ein mittelalterlicher Denkstil bis zur Gegenwart vorherrschend war. Ja, ich würde jetzt fast zögern zu sagen: ›war‹. Ein solcher Denkstil *ist* vorherrschend...

...die Beispiele der Menschlichkeit, der Fürbitte, des aktiven Einsatzes, der Solidarität sind Zeugnisse der Tapferkeit der einzelnen. Sie dürfen nicht verwandt werden zu einer Art Alibifunktion, daß etwa die Christen in ihrer Gesamtheit Widerstand geleistet hätten.«[8]

Man kann diesen Tatbestand natürlich auch vornehm-zurückhaltend andeuten wie der Politologe Peter Steinbach: »Der Versuch der Nationalsozialisten, die deutsche Gesellschaft gleichzuschalten, fand nicht nur innerhalb der Arbeiterbewegung, sondern auch bei den Kirchen einen entschiedenen und teilweise beeindruckenden Widerstand. Sicherlich gab es auch zwischen Kirchen und Nationalsozialisten *manche* (Herv. v. Verf.) Berührungspunkte,

7 Ger van Roon: Widerstand im Dritten Reich, 4. bearbeitete Auflage München 1987, S. 101 und S. 121.

8 In: Auschwitz als Herausforderung für Juden und Christen, hg. von Günther Ginzel, Heidelberg 1980, S. 84 und S. 87.

die nicht in das Bild der widerständigen Selbstbehauptung paßten, welches 1945 nach der Niederlage gezeichnet wurde.«[9]

Ungeachtet der historischen Tatsachen, die die deutschen Bischöfe gut kannten, kehrte man nach 1945 sofort den Widerstand heraus. Dabei war man sich mit den anderen gesellschaftlichen Gruppen einig: »Nach 1945 hatten in der Bundesrepublik Kirchen, Gewerkschaften, Professoren, Theologen, Literaten, die Politiker und Nichtpolitiker, ein vielfaches gemeinsames Interesse, ihre Kollaboration im NS-Regime zu tarnen oder zumindest zu verharmlosen.«[10] Das ist zwar nur allzu menschlich und somit begreiflich. Auch saß der Schock von Niederlage, Zerstörung von Menschen und Städten und des Nationalpathos tief. Not und Chaos und der Kampf ums nackte Überleben ließen den Menschen wenig Zeit und Lust, sich mit Schuldfragen auseinanderzusetzen. Der Katholizismus aber hatte als einzige große gesellschaftliche Kraft (weit besser als der Protestantismus) die Diktatur organisatorisch intakt überstanden, und man erkannte ihm sogar – aus welchen Gründen auch immer – einen besonderen moralischen Führungsanspruch zu. Ist es nun sehr naiv gedacht, daß man angesichts des Holocaust von einem wirklich ethischen Anspruch aus hätte erwarten sollen, daß die Kirche ein klares und konkretes Schuldbekenntnis formuliert? Historisch gesehen mag ein solches Ansinnen naiv erscheinen. Angesichts der ständigen Rede von Jesus, Liebe und Wahrheit hätte vom Standpunkt eines ethischen Denkens und eines philosophischen Glaubens an die Menschheit her etwas geschehen müssen. Dieser Anspruch ist trotz aller Fortschritte im Verhältnis der Kirche zum Judentum bis heute nicht eingelöst, wie so vieles andere auch.

1945 hieß es in einem Hirtenwort der deutschen Bischöfe vom 23. August:

> »Wir beklagen es zutiefst: Viele Deutsche, auch aus unseren Reihen, haben sich von den falschen Lehren des Nationalsozialismus betören lassen, sind bei den Verbrechen gegen menschliche Freiheit und menschliche Würde gleichgültig geblieben; viele leisteten durch ihre Haltung den Verbrechen Vorschub, viele sind selber Verbrecher geworden. Schwere Verantwortung trifft jene, die aufgrund ihrer Stellung wissen konnten, was bei uns vorging, die durch ihren Einfluß solche Verbrechen hätten verhindern können und es nicht getan haben, ja diese Verbrechen ermöglicht und sich dadurch mit den Verbrechern solidarisch erklärt haben.«[11]

---

9 So in dem von der Bayerischen Landeszentrale für politische Bildungsarbeit 1986 herausgegebenen Sammelband von R. Lill und H. Oberreuter: Machtverfall und Machtergreifung, S. 315 f.; wer weniger Vornehmes, dafür aber Wirklichkeitsgetreueres finden will, muß schon Fußnote 42 bemühen, findet dort aber z. B. – wie so oft – das auf umfangreichem Quellenmaterial basierende Standardwerk von G. Lewy nicht erwähnt.

10 Friedrich Heer: Gottes erste Liebe, München/Esslingen 1967, S. 489; vergleiche hierzu ergänzend Georg Denzler: Widerstand oder Anpassung? Katholische Kirche und Drittes Reich, München 1984, S. 92–133; und Ernst Klee: »Die SA Jesu Christi«. Die Kirche im Banne Hitlers, Frankfurt 1989, S. 158–167, mit z. T. erschütternden Beispielen.

11 Vollständig abgedruckt bei Georg Denzler und Volker Fabricius: Die Kirchen im Dritten Reich, 2 Bde., Frankfurt 1984, Bd. 2, Dokument 58.

Das liest sich zwar – oberflächlich betrachtet – nicht schlecht. Aber Schuld und Verbrechen sind nicht konkret benannt, insbesondere heißt es nicht: viele von uns Bischöfen haben ... Als einzige Berufsgruppen sind in dem Hirtenbrief genannt Beamte und Lehrer, aber in einem gegenteiligen Zusammenhang. Relativiert wird die Gesamtaussage durch genau gegenläufige Erklärungen. Und persönlich braucht sich keiner betroffen zu fühlen, der es nicht will. Es wurden auch keine persönlichen Schulderklärungen abgegeben.

Zu erwähnen ist indessen eine beachtliche Erklärung eines Arbeitskreises des 72. Deutschen Katholikentages 1948 in Mainz, in der – ein völlig neuer Ton – gar von »christlicher Bußgesinnung« die Rede ist angesichts der Verbrechen an den Juden. Eine tiefere Unterrichtung über die Judenfrage wird gefordert. Die Christen müßten sich als Liebende bewähren:

»An jeden einzelnen Christen wird der Appell gerichtet, zu seinem Teil dazu beizutragen, daß die christliche Bevölkerung sich von einem bereits wieder aufflammenden Antisemitismus freihält. Als Familienväter, als Mütter, als Lehrer, als Seelsorger sollen wir die rechte christliche Liebeshaltung auch gegenüber dem Juden leben und lehren. Die Juden bitten wir, mit allen Gutwilligen gemeinsam Zersetzungserscheinungen jeder Art zu bekämpfen.«[12]

Zur Bekämpfung des Antisemitismus – *nach* dem Holocaust – gab es leider hinreichend Anlaß. Aber es blieb bei schönen Worten. Daher schreibt K. Richter: »Insgesamt aber bleibt festzuhalten, daß es in den ersten beiden Jahrzehnten nach dem Nationalsozialismus in Deutschland keine bedeutenden Äußerungen katholischerseits zum christlich-jüdischen Verhältnis gibt. Daran ändern auch nichts die Erklärung der deutschen Bischöfe zum Eichmann-Prozeß 1961 und das damit verbundene Gebet für die ermordeten Juden in allen katholischen Kirchen Deutschlands.«[13] Dieses Gebet wurde zwar auf bischöfliche Anordnung in allen katholischen Kirchen gesprochen; darin hieß es:

»Führe alle zur Einsicht und Umkehr, die auch unter uns mitschuldig geworden sind durch Tun, Unterlassen und Schweigen. Führe sie zur Einsicht und Umkehr, damit sie sühnen, was immer sie gefehlt. Vergib ... in deinem grenzenlosen Erbarmen die unermeßliche (!) Schuld, die menschliche Sühne nicht tilgen kann.«

Da sie das nicht konnte, brauchte man auch nicht konkret zu werden: Sühne ja, aber nur theoretisch. Und vor allem: Keine peinlichen Fakten benennen: Gott weiß sie ja.

Diesen wenigen schwächlichen und scheinheiligen Äußerungen standen um so mehr wirklich schlimme Erscheinungen im staatlich-gesellschaftlich-kirchlichen Bereich der jungen Bundesrepublik gegenüber. Natürlich muß

---

12 Zitiert nach: Die katholische Kirche und das Judentum. Dokumente von 1945–1982, hg. von Klemens Richter, Freiburg 1982, Dokument 2.

13 Ebenda, S. 13.

man ganz realistisch sehen, daß es nur wenige unbelastete Menschen gab, die für Führungspositionen in Frage kamen. Die Führungseliten, was immer sie an Schrecklichem geduldet und begangen hatten, blieben nahezu identisch. Sie haben es z. B. auch prächtig verstanden, bedeutende emigrierte (und unbelastete!) Wissenschaftler – soweit sie überhaupt wieder nach Deutschland wollten – von den Lehrstühlen fernzuhalten. Trotz der großen personellen Schwierigkeiten muß es da unangenehm berühren, daß jemand wie Hans Globke unter dem Katholiken Adenauer bereits 1950 Ministerialdirektor war und später Staatssekretär im Bundeskanzleramt wurde: jener Mann, dem u. a. die juristische Kommentierung der Nürnberger Rassengesetze die Qualifikation für solche Ämter eines demokratischen Rechtsstaats offenbar nicht nehmen konnte.

Schon viel wurde geschrieben über den nathlosen Übergang von der NS-Verwaltung zur demokratischen Verwaltung. Entsprechendes galt für Justiz, Wirtschaft, Wissenschaft und – natürlich – die Kirchen. Als Gymnasiast hat man auch in den sechziger Jahren davon normalerweise praktisch nichts mitbekommen. Die katholische Kirche hat sogar die Erinnerung an ihre wenigen Widerständler kanalisiert. So wollte man z. B. von dem seinerzeit von der Kirche verfemten mutigen Jesuiten Friedrich Muckermann nichts wissen. Pater Delp, der 1944 Hingerichtete, mußte es sich gefallen lassen, daß unter Verteidigungsminister F. J. Strauß eine Kaserne nach ihm benannt wurde. Der Jesuit Hertling, bedeutender Kirchenhistoriker der päpstlichen Universität Gregoriana, hat sich nicht geniert, in der vorkonziliaren Zeit in der bekannten Jesuitenzeitschrift *Stimmen der Zeit* zu erklären, man müsse die Leiden der Juden gewissermaßen als Beweis für Gottes Gnade ansehen.[14] Und auch der Philosemitismus – oft ein verkappter Antisemitismus – mit seinen seit 1950 abgehaltenen »Wochen der Brüderlichkeit« war Bestandteil der »postfaschistischen Gesellschaft«. Dieses katholische Milieu hat der – bezeichnenderweise noch heute verunglimpfte – Menschenfreund Heinrich Böll in seinem 1963 erschienenen Roman *Ansichten eines Clowns* meisterhaft eingefangen. Der latente Antisemitismus in einem Land ohne Juden besteht darin, daß man öffentlich judenfreundlich ist (der alte Antisemitismus ist tabuisiert), im geheimen aber den antisemitischen Mythos fortwirken läßt.[15]

Es hat kein »Jahr Null« gegeben. Daß das Umschalten der Apparatur oft sehr einfach war, hat Gerhard Zwerenz am Beispiel des Wiener Burgtheaters augenfällig gemacht, »wo das Dreigestirn Paula Wessely, Attila Hörbiger, Paul Hörbiger seine Erfolgsserie in der Hitlerzeit nach kurzer Zwangspause

14 Vergleiche F. Heer, Gottes erste Liebe, a. a. O., S. 505.

15 Antisemitismus. Von der Judenfeindschaft zum Holocaust, hg. von Herbert Strauss und Norbert Kampe, Bonn 1985, S. 256 ff., mit Literaturhinweisen.

›antifaschistisch‹ fortsetzte. Eben noch hatte man sich von Hitler und Goebbels hätscheln, feiern und teuer bezahlen lassen für seine Auftritte in Filmen wie ›Heimkehr‹, und dann wurde eben ›Nathan der Weise‹ oder Brecht gespielt, auch wenn Helene Weigel sich in Brechts Namen gegen Paula Wessely in der Titelrolle der Mutter Courage verwahrte.«[16] Vier Jahrzehnte nach der angeblichen Stunde Null konnte in Bonn das dazu einschlägige Theaterstück von Elfriede Jelinek problemlos aufgeführt werden. Ein deutsches Stück vergleichbarer Problematik gibt es nicht. Die fremde Vergangenheit bewältigt sich leichter. »Die Schwäche unserer Kunstproduktion besteht in ihrer mangelnden Zivilcourage«, so daß »jeweils ein neues dogmengläubig-tränenseliges Publikum« nachwachse, das »sofern es die Kirchen nicht mehr aufsucht, vorm TV-Schirm und im Theater Ersatzbefriedigung finden will, weil es emotional eingestimmt bleibt auf die Mythe vom Stellvertretungsopfer: Christus nahm mit seinem Kreuzestod die Schuld der Menschheit auf sich; sein Tod am Kreuz ist die Sühne des Schuldlosen für die Schuld der Schuldigen. Wir sind ... tief befangen im Gestrüpp der Vorzeitmythe. In der Kunst, im Roman, auf der Bühne und im Bild rührt uns das tragische Geschehen zu Tränen...«[17]

In solch einem geistigen Umfeld haben auch die Kirchen gewirkt. Es wird noch ausführlich auf die offiziellen Versuche zur Überwindung des Antisemitismus im Bereich der katholischen Amtskirche einzugehen sein. An dieser Stelle ist aber für den katholischen Bereich zusammenfassend festzustellen:

> »Ganze kirchliche Literaturen sind seit 1945 bemüht, jede Andeutung von Mitschuld und Mitverantwortung weit von sich zu weisen und jeder sachlichen Dokumentation – es gibt deren ebenfalls eine große Anzahl – Wert, Gewicht und zum Teil wirklich christliches Bemühen um Erkenntnis pauschal abzusprechen und als Kirchenfeindschaft auszulegen, was der Wahrheitsfindung dient.«

Kühner zitiert hierzu den anglikanischen Geistlichen James Parkes:

> »In Motivierung und Klima ist die Naziperiode der christlichen Lehre nichts schuldig geblieben. Einzelne Christen haben ihr Leben gewagt und verwirkt, indem sie Opfer Hitlers retteten, aber – bei den Kirchen ist die Linie geblieben, wie sie war, unterbrochen weder durch ausreichende Schuldbekenntnisse noch durch gemeinsamen Willen zu Wiedergutmachung oder Reue.«[18]

Dieser schlimme Tatbestand wird durch die Praxis des deutschen Nachkriegskatholizismus in seinem Verhältnis zum Judentum dokumentiert.

Weder in Deutschland noch anderswo gab es im Nachkriegskatholizismus eine erkennbare Wende in der Einstellung zum Judentum. Unverrückt blieb

16 Gerhard Zwerenz: Die Rückkehr des toten Juden nach Deutschland, Ismaning 1986, S. 46.
17 Ebenda, S. 47.
18 H. Kühner: Der Antisemitismus der Kirche, a. a. O., S. 13 f.

der volkhafte Antisemitismus bestehen, nicht beanstandet von der Kirche: Anderl von Rinn wurde weiter inbrünstig verehrt, die »Deggendorfer Gnad'« wurde gefeiert, als wäre nichts geschehen. In der niederbayerischen Stadt fanden alljährlich eine Woche lang zur Erinnerung an das Judenmassaker vom 30. September 1337 auch kirchliche Feiern statt. Als Dank für die wundersame Rettung eines Kindes vom jüdischen Ritualmord hatten am genannten Tag die Deggendorfer alle ihre Juden umgebracht. Hierzu wurde das geistliche Spiel eines Benediktiners aufgeführt. Zwar wandte sich der Geistliche Dr. Franz Rödel, der sich schon zur Weimarer Zeit der katholisch-antisemitischen Welle entgegengestellt hatte, 1960 deswegen an die Bayerische Bischofskonferenz. Eine Antwort erhielt er freilich nicht. Ähnlich war es österreichischen Bittstellern ergangen. Die Kirchenbehörden begannen sich erst dann langsam zu bewegen, als der *Spiegel* sich der Sache angenommen hatte. Ganz abgeschafft wurde die Deggendorfer Gnad' aber nicht. Noch heute wird sie in abgemilderter Form gefeiert![19]

Und die – allerdings nur alle zehn Jahre stattfindenden – Oberammergauer Passionsspiele fügten sich wie eh und je ein in die weiterhin gelehrte und praktizierte Theologie vom Gottesmördervolk. Welche Ungeheuerlichkeit all dies darstellte, konnte ein Schulkind der fünfziger und sechziger Jahre natürlich nicht erkennen, und gesagt hat es ihm niemand. Liturgisch wurde weiterhin »Pro perfidis Judaeis« gebetet, und die Religionsbücher sahen entsprechend aus.[20]

In seinem eindrucksvoll-resignierten »Rückblick und Ausblick« aus dem Jahr 1980 weist F. Heer als Wiener Zeitgenosse auf das Übersehen der nationalsozialistischen Haß-Explosionen durch das katholische Österreich hin. Erschreckt hätten ihn die »sehr handgreiflichen Angriffe« seiner nationalsozialistischen Kommilitonen auf jüdische Studentinnen und Studenten durch die Professoren, aber auch »der nicht minder massive Antijudaismus und Antisemitismus des ›katholischen Österreich‹, vertreten durch Politiker, Priester, Prediger und breiteste Schichten des Bürgertums und der ›kleinen Leute‹«. Zur Nachkriegszeit in Wien gibt Heer an gleicher Stelle folgende Schilderung:

»Als kulturpolitischer Redakteur der katholischen Wochenzeitschrift ›Die Furche‹ hatte ich, ab 1946/47 bis 1961, nicht zuletzt durch eine Fülle von Leserzuschriften (von persönlichen Angriffen anderer Art abgesehen) jahraus, jahrein erfahren, wie sehr ein rabiater Antijudaismus und Antisemitismus einerseits, wie sehr andererseits die Verengung eines an sich bereits verengten

19 Vergleiche F. Heer: Gottes erste Liebe, a.a.O., S. 418.

20 Siehe dazu die Sammelbände von Martin Stöhr: Judentum im christlichen Religionsunterricht, 1983; Herbert Jochum und Heinz Kremers: Juden, Judentum und Staat Israel im christlichen Religionsunterricht der Bundesrepublik Deutschland, 1980; sowie P. Fiedler: Das Judentum im katholischen Religionsunterricht, 1981 (mit Lehrplan- und Religionsbuchuntersuchung).

Katholizismus zu einer fetischistischen politischen Religion ungebrochen tief eingewurzelt in der Bevölkerung lebten. Da kommt entgeistert, tief bestürzt der junge Axel Corti (heute ein bekannter Fernsehfilmregisseur) in mein Redaktionszimmer: bestürzt über eine Kapuzinerpredigt, ›mitten in der Stadt‹, die von heißem Antijudaismus beseelt war, bestürzt über die Weigerung des ›Stephansplatzes‹ (so nennt man in Wien die Insassen, die Regenten des erzbischöflichen Palais des Kardinals von Wien), gegen diese(n) Prediger vorzugehen.«[21]

In zahlreichen Ländern flammte der Antisemitismus nach 1945 wieder auf. Ganz besonders tat sich *Polen* hervor, das man häufig als das katholischste Land bezeichnet. Zum Verständnis ist eine Rückblende erforderlich.

»Die Assimilierung der Juden in das polnische Volk mußte schon zu Beginn dieses Jahrhunderts unmöglich erscheinen.« Dies schreibt Ulrich Haustein in seiner Abhandlung über das Verhältnis zwischen Juden und Polen in *Kirche und Synagoge.*[22] Zu Kriegsbeginn machten die Juden nicht weniger als 10 Prozent der Gesamtbevölkerung aus. Die antijüdische Stimmung breitester Bevölkerungskreise war stark religiös gefärbt. Man kann dies am Beispiel eines Hirtenbriefs des damaligen Kardinalprimas Hlond aus dem Jahr 1936 zeigen. Hlond schrieb:

»Das jüdische Problem wird es geben, solange die Juden bleiben. Es ist eine Tatsache, daß die Juden die katholische Kirche bekämpfen, in Freidenkerei verharren und die Vorhut der Gottlosigkeit, des Bolschewismus und der Subversion bilden. Es ist eine Tatsache, daß der jüdische Einfluß auf die Sitten verderblich ist und daß ihre Verlage Pornographie verbreiten. Es ist wahr, daß die Juden betrügen, wuchern und Zuhälterei betreiben. Es ist wahr, daß der Einfluß der jüdischen Jugend in den Schulen auf die politische (gemeint wohl: polnische; Verf.) Jugend in religiöser und ethischer Hinsicht negativ ist.«[23]

Zur antisemitischen Praxis Vorkriegspolens schrieb Julius H. Schoeps:

»Die Praxis des Antisemitismus im Vorkriegspolen hat derjenigen in Deutschland vor dem 9. November-Progrom 1938 entsprochen – vielleicht nur mit dem Unterschied, daß es dafür keiner formellen antijüdischen Gesetze bedurfte. Auch in Polen wurden Juden im Berufs- und Wirtschaftsleben massiv diskriminiert. Körperliche Mißhandlungen jüdischer Schüler und Studenten an polnischen Schulen und Universitäten gehörten Ende der dreißiger Jahre zum Alltag. Die Berufsverbände der Ärzte, Architekten und Ingenieure verstießen ihre jüdischen Mitglieder unter Berufung auf »Arierbestimmungen«, die sich unverkennbar am Paragraphenwerk der Nürnberger Gesetze von 1935 orientierten, und bewiesen, daß auch die polnische Gesellschaft vom antisemitischen Bazillus befallen war.«[24]

---

21 F. Heer: Gottes erste Liebe, a. a. O., S. 718 (Anhang zur Taschenbuchausgabe).

22 Kirche und Synagoge, hg. von K. H. Rengstorf und S. von Kortzfleisch, 2 Bde., Stuttgart 1968 und 1970, Bd. II, S. 453–482, Zitat S. 477.

23 Zitiert nach der Buchrezension von Julius H. Schoeps in DIE ZEIT vom 9. Oktober 1987, S. 23.

24 Ebenda.

Zur Zeit der deutschen Besetzung war der Antisemitismus »gleichsam der Keil, den Hitler mit Erfolg zwischen christliche und jüdische Polen trieb.«[25] Wistrich, dessen wichtiges Buch längere Ausführungen zur Situation in Polen enthält, schreibt, man habe im besetzten Polen hören können, Hitler habe bei allen Verbrechen gegen die Polen doch das Verdienst, das Land von den Juden befreit zu haben. Der bei jüdischen Geschäftsleuten verschuldete polnische Mittelstand wurde unverhofft seine ungeliebten Gläubiger los, das jüdische Vermögen ging zu Spottpreisen an Polen:

»Dieser materielle Aspekt der Situation in Polen entsprach der räuberischen Habgier und Skrupellosigkeit, die oft hinter dem Antisemitismus im ganzen besetzten Europa steckte. Es ist allerdings fraglich, ob die systematische Ausrottung der jüdischen Bevölkerung irgendwo anders in diesem Ausmaß von der einheimischen Bevölkerung als ›gutes Geschäft‹ begrüßt wurde, abgesehen vielleicht einmal von den baltischen Staaten und der Ukraine.«[26]

Es kam hinzu, daß zwischen 1939 und 1941, als Deutsche und Sowjets Polen besetzten, viele Juden sich auf Moskaus Seite schlugen und vielfach als Kollaborateure angesehen wurden. Es bildete sich das Stereotyp »Jude = Kommunist« und »Pole = Katholik« heraus, das bis heute in der politischen Auseinandersetzung in Polen eine Rolle spielt.[27] So hatten die polnischen Nationalisten kein Problem, ihren Deutschenhaß mit begeisterter Zustimmung zur Nazi-Gettopolitik und später zur Judenausrottung zu verbinden.

Nun gab es selbstverständlich auch polnische Hilfsaktionen für die Juden, an denen z. B. Wladyslaw Bartoszewski als Mitglied der Widerstandsbewegung beteiligt war. Zu diesem Thema kam bei uns 1987 sein Buch heraus: *Uns eint vergossenes Blut. Juden und Polen in der Zeit der ›Endlösung‹*. Daß es aber einige hunderttausend polnische Helfer gegeben habe, wie Bartoszewski meint, ist recht zweifelhaft. So meint zum Beispiel Teresa Prekerowa, selbst im »Hilfsrat für Juden« tätig, es seien sehr viel weniger gewesen. J. H. Schoeps kritisiert Bartoszewski und das Bemühen polnischer Historiker, »die dunklen Flecken von ihrem nationalen Geschichtsbild wegzupolieren«. Wie sich doch die Bilder ähneln. So zitiert Schoeps Teresa Prekerowa mit dem Satz: »Die Menschen, die den Juden geholfen haben, taten dies heimlich, denn die Antisemiten waren überall und machten aus ihrer ablehnenden Haltung gegenüber den Juden kein Hehl – in der Straßenbahn, in der Eisenbahn, am Arbeitsplatz.« Von einer Waffenbrüderschaft zwischen polnischer Untergrundbewegung und jüdischen Gettokämpfern nach dem Motto: »Uns eint vergossenes Blut« kann nach Schoeps »nur sehr bedingt die Rede sein«. Bartoszewski zitiere das bekannte Flugblatt, das die katholische Schriftstellerin Zofia Kossak im August 1942, gleich nach Beginn der Vernichtungsaktion ge-

25 Robert Wistrich: Der antisemitische Wahn, Ismaning 1987, Kapitel »Antisemitismus als globale Waffe«.
26 Ebenda.
27 Vergleiche Heft 2/1987 der in Frankfurt erscheinenden Zeitschrift *Babylon*.

gen das Warschauer Getto, im Untergrund verfaßte. Danach appellierte Kossak an Herz und Gewissen aller an Gott glaubenden Polen, den Verbrechen gegenüber aktiv Stellung zu nehmen. Wie andere auch, so verschweige Bartoszewski jedoch den zweiten Teil des Flugblatts:

»Wir melden uns zu Wort, wir, die polnischen Katholiken. Unsere Gefühle gegenüber den Juden haben sich nicht verändert. Wir haben nicht aufgehört, sie als die politischen, wirtschaftlichen und geistigen Feinde Polens zu betrachten. Mehr noch, wir sind uns im klaren darüber, daß sie uns mehr hassen als die Deutschen, daß sie uns für ihr Unglück verantwortlich machen. Warum, auf welcher Grundlage, das bleibt ein Geheimnis der jüdischen Seele. Es ist eine Tatsache, die immer wieder Bestätigung findet. Das Wissen um diese Gefühle befreit uns jedoch nicht von der Pflicht, das Verbrechen zu verurteilen.«

Von drei bis dreieinhalb Millionen polnischen Juden hielten sich bei Kriegsende nur noch ca. 43 000 Juden auf polnischem Gebiet auf. Etwa drei Millionen, d.h. fast alle polnischen Juden, wurden ermordet. Nur etwa 30 000 haben die Vernichtungslager überlebt. Einige tausend überlebten bei den Partisanen. Wie viele Juden privat versteckt wurden und deswegen überlebten, ist stark umstritten. 1984 wurde auf einem Kongreß in Oxford hierzu jüdischerseits die Zahl 9 000 genannt; ein Sprecher der polnischen Katholiken bezifferte die Zahl auf 100 000.

Natürlich war es auch in Polen ein Schock, als man 1945 das ganze Ausmaß der Verbrechen sehen mußte. Aber es galt: »Der polnische Antisemitismus ist nicht auf den Ruinen der ausgebrannten Gettos verglüht. Das Grauen des Todes mehrerer Millionen ermordeter Juden war nicht ausreichend, um die polnischen Gewohnheiten im Denken und Fühlen zu verändern.«[28] Am 11. August 1945 kam es in Krakau und am 4. Juli 1946 in Kielce zu Pogromen, zu einem Zeitpunkt also, als die Öfen in Auschwitz, Majdanek und Treblinka noch nicht ganz kalt waren. Als die wenigen jüdischen Überlebenden wieder ihren Dörfern und Städten zustrebten, traf sie der Haß: auf den Straßen, in den Verkehrsmitteln. In spontanen Aktionen liefen in den genannten Städten Tausende von Polen, Erwachsene und Kinder, in den jüdischen Vierteln Amok. Allein 1945 wurden 353 Juden vom Pöbel umgebracht. Die Behörden hielten sich zurück. Es kam zu einer jüdischen Massenflucht in den Westen, die die Struktur der auch in Deutschland sehr klein gewordenen jüdischen Gemeinden veränderte. Kirchliche Stellen haben sich geweigert, zu diesen Vorgängen Stellung zu beziehen. Mehrfach gebeten, gab Kardinal Hlond immer nur die Antwort, die Kirche werde nicht konkret zu den Ausschreitungen Stellung nehmen, da sie grundsätzlich jeglichen Haß und jegliche Gewalt verurteile. Die Verantwortung für die Verschlechterung der Beziehungen zwischen Polen und Juden trügen allein die Juden, die zu starken Anteil am Machtapparat hätten. Die feindselige Haltung gegen die

---

28 Jerzy Andrzejewski, 1947, nach J. H. Schoeps in DIE ZEIT vom 9. Oktober 1987.

Juden habe nicht antisemitische und rassistische, sondern politische Gründe. Im übrigen gebe es unter den Polen viel mehr Opfer.

Auch in der nachfolgenden Zeit war nicht festzustellen, daß der Judenmord in Polen einen Bewußtseinswandel bewirkt hätte. Auch die kommunistische Führung nutzte den Sündenbockmechanismus für ihre Zwecke aus: bis 1956 wegen des eigenen Terrors, und dann gegen Ende der sechziger Jahre wieder. Noch heute wird die Judenfeindschaft in Polen zur Diskreditierung des jeweiligen politischen Gegners benutzt. Solidarnośc und Regierung haben sich gegenseitig vorgeworfen, von Juden unterwandert zu sein – in Polen, dem »katholischsten Land der Welt«. Vom polnischen Papst hat man auch in Auschwitz nur allgemein-würdevolle, aber keine dem Geschehen in polnischen Landen angemessene konkrete Worte vernommen, ganz, wie es der vatikanischen Tradition entspricht.[29]

Polen ist nur ein besonders markantes Beispiel dafür, wie virulent der Antisemitismus international noch heute ist. Wegen der häufigen Umwandlung des Antisemitismus in Antizionismus ist dies für den Staat Israel von wahrhaft existentieller Bedeutung. Die Kenntnis dieser Zusammenhänge läßt viele schlimme Vorgänge der israelischen Politik und Gesellschaft in einem etwas milderen Licht erscheinen.

Antijüdische und, wie in der Bundesrepublik, restaurative Tendenzen gab es nach 1945 auch in einem von Antisemitismus so relativ wenig berührten Land wie Italien, um nur dies Beispiel noch zu nennen. 1939 hatte der Historiker Nicoló Giani den Begriff »demoliberalsocialcomunismo« geprägt, bei dem das Judentum gemeinsamer Negativnenner für Demokraten, Liberale, Freimaurer, Sozialisten und Kommunisten war. Das war auch z. B. die Auffassung des angesehenen Rektors der katholischen Universität von Mailand, Agostino Gemelli. Die durch solche Männer geprägte unheilige Allianz wirkte nach 1945, insbesondere auch in der römischen Kurie, ungebrochen fort. So wäre es 1952/53 diesen Kreisen beinahe gelungen, die Regierungspartei Democrazia Cristiana unter Alcide de Gasperi zu zerschlagen und ein klerikalfaschistisches Regiment zu errichten (Maria Romana Catti de Gasperi berichtet dazu in einem 1964 erschienen Buch: *De Gasperi. Uomo solo*). Die dieser Richtung zugehörenden vatikanischen Kreise (Ottaviani!) konnten beim Zweiten Vatikanischen Konzil mit noch beträchtlichem »Erfolg« einen verhängnisvollen Einfluß ausüben. (Zur Entstehung der »Judenerklärung« siehe ausführlich später.)

29 Vergleiche zum Ganzen am Rande bei Bernard Lewis: Treibt sie ins Meer. Die Geschichte des Antisemitismus, Frankfurt/Berlin 1987, S. 28 unter Hinweis auf Yehuda Bauer: Flight and Rescue, New York 1970, S. 208 ff: sowie *Babylon*, Heft 2/1987.

2. Verdrängung im Protestantismus

Auch nach dem Krieg waren die Verhaltensunterschiede bei Protestanten und Katholiken in Deutschland nicht allzu groß. Zwar gab es das *Stuttgarter Schuldbekenntnis* vom 19. Oktober 1945, das von wichtigen Kirchenfürsten wie Wurm, Meiser, Dibelius, Niemöller, Lilje u. a. unterzeichnet ist. Es handelt sich um eine Erklärung des Rates der Evangelischen Kirche in Deutschland gegenüber Vertretern des Ökumenischen Rates der Kirchen.[30] Dort heißt es u. a.: Man wisse sich mit dem deutschen Volk in einer Gemeinschaft der Leiden, aber »auch in einer Solidarität der Schuld«. Das Dokument fährt fort:

> »Durch uns ist unendliches Leid über viele Völker und Länder gebracht worden. Was wir unseren Gemeinden oft bezeugt haben, das sprechen wir jetzt im Namen der ganzen Kirche aus: wohl haben wir lange Jahre hindurch im Namen Jesu Christi gegen den Geist gekämpft, der im nationalsozialistischen Gewaltregiment seinen furchtbaren Ausdruck gefunden hat; aber wir klagen uns an, daß wir nicht mutiger bekannt, nicht treuer gebetet, nicht fröhlicher geglaubt und nicht brennender geliebt haben. – Nun soll in unseren Kirchen ein neuer Anfang gemacht werden.«

Auch dies klingt gut, trotz apologetischer Tendenzen, ist aber so wenig konkret wie der zitierte katholische Hirtenbrief vom 23. August 1945 (freilich zumindest nicht so freudig wie dieser z. T.). Die Juden kommen darin nicht vor. Wie wenig ernst das Bekenntnis gemeint war[31], zeigt der weitere Verlauf der Ereignisse. Selbst die abstrakte Stuttgarter Erklärung wurde von den evangelischen Kirchengemeinden nicht angenommen und eher als Provokation empfunden.[32] Dabei hatte in den Text des Stuttgarter Schuldbekenntnisses schon Schuldverdrängung Eingang gefunden. Durch die Formulierung (vier Verneinungen mit Komparationen) wurde der Eindruck erweckt, das Geleistete sei mutig und tapfer gewesen, was ja nur für Einzelfälle zutraf. Und von brennender Liebe (wem gegenüber?) konnte schon gar keine Rede sein. Besonders unangenehm stieß die (von Martin Niemöller stammende) Passage auf: »Durch uns ist unendliches Leid...« Was nur als morali-

30 Quelle J. Beckmann: Kirchliches Jahrbuch für die Evangelische Kirche in Deutschland 1945–1948, Gütersloh 1950, S. 26 f.; abgedruckt z. B. G. Denzler und V. Fabricius: Die Kirchen im Dritten Reich, a. a. O., Bd. 2, Dokument 59.

31 Das ergibt sich z. B. aus einem Brief von Oberlandeskirchenrat Dr. Hanns Lilje vom November 1945 an eine Frau S.: »Die Erklärung des Rats ist niemals als öffentliche politische Erklärung, sondern lediglich als interne *kirchliche* Erklärung gedacht gewesen... Wie die Erklärung in die deutsche Presse gelangt ist, ist mir bis zur Stunde unbekannt.« Der ausführliche Brief ist abgedruckt bei Hans Prolingheuer: Wir sind in die Irre gegangen, Köln 1987, S. 113 ff. In Wirklichkeit wurde das Schuldbekenntnis als Vorbedingung für ausländische protestantische Hilfe abgegeben. Vergleiche zum Ganzen H. Prolingheuer, a. a. O., S. 99–102.

32 Hierzu ausführlich Werner Jochmann: »Evangelische Kirche und politische Neuorientierung in Deutschland 1945«, in derselbe: Gesellschaftskrise und Judenfeindschaft in Deutschland 1870–1945; Hamburg 1988, S. 312–314.

sche Geste (statt aufarbeitender Analyse) gemeint war, wurde als Kollektivschuldthese mißverstanden. Schuld im eigentlichen Sinn kann aber natürlich nur persönliche Schuld sein. Auch im protestantischen Bereich war also die Verdrängung von Schuld vorherrschend. Wie im Katholizismus war sie mit frühen Versuchen verbunden, einen Kirchenkampf-Mythos aufzubauen. Der protestantische Kirchenhistoriker Hans Prolingheuer, Mitglied der Synode Köln-Nord, schreibt hierzu in seinem bestens (auch mit Fotos) dokumentierten, 1987 erschienenen Taschenbuch *Wir sind in die Irre gegangen:* »Seit 1947 haben die Täter ihre Kirchengeschichten geschrieben – mit unterschiedlichen Schwerpunkten und persönlichen Abrechnungen, nachsichtig mit dem Feind von einst, wenn aus gewichtigen Gründen Schonung angesagt ist.«[33] Er nennt hier als apologetische Werke (Anm. 347) vor allem W. Künneth, *Der große Abfall – eine geschichtstheologische Untersuchung der Begegnung zwischen Nationalsozialismus und Christentum* (sic!), 1947, und H. Schmid, *Apokalyptisches Wetterleuchten – ein Beitrag der Evangelischen Kirche zum Kampf im »Dritten Reich«,* 1947 (mit »trutzigem« Geleitwort von Bischof Meiser).[34] Und weiter: »Die überwiegende Mehrheit der ›Kirchenkämpfer‹ läßt sich die Verklärung zum politischen Widerstandskämpfer gefallen.« So gewaltig war die Verdrängungsarbeit, daß Bischof Meiser es ablehnte, an einer Gedenkfeier für Dietrich Bonhoeffer teilzunehmen, da dieser kein christlicher, sondern nur ein politischer Märtyrer sei: Die ganze Problematik der (unjesuanischen) christlichen – auch bei heutigen Politikern jeglicher Couleur so beliebten – Verinnerlichung kommt hier zum Ausdruck. (Sie beginnt ansatzweise schon im Neuen Testament, bei Paulus. Während Jesus zum reichen Jüngling sagte: »Komm, Freund, wenn du alles läßt«, und als dieser sich nicht trennen kann: »Gut, dann müssen wir uns trennen!«, ganz konkret, sagte Paulus, vielleicht den neuchristlichen römischen Stadtbürger vor Augen: »Besitze, als ob du nicht besäßest« und »Wenn du unfrei bist, so empfinde, als wärest du frei«. J. B. Metz hat diesen Gedanken, der ihm als einem Befreiungstheologen natürlich nahe liegt, auf einer großen Tagung 1978 in Köln angesprochen, ein christliches Grundproblem: Glaube und Tat.)[35]

Das herausragende protestantische Dokument nach 1945 war das »Darmstädter Wort« des Bruderrats der Bekennenden Kirche, das vom 8. August 1947 datiert und als Flugblatt Nr. 8 der Bekennenden Kirche herausgegeben wurde. Dieses »Darmstädter Wort« wurde allerdings nur von einem Dutzend

33 Hans Prolingheuer: Wir sind in die Irre gegangen, a. a. O., S. 212.

34 Demgegenüber z. B. Hermann Diem: »Zur Entmythologisierung des Kirchenkampfes«, in: Junge Kirche 17/18, 1949, Sp. 473 ff.; und Paul Schempp: Evangelische Selbstprüfung, 1947.

35 Vergleiche: Auschwitz als Herausforderung für Juden und Christen, hg. von Günther Ginzel, Heidelberg 1980, S. 184.

der über 30 Bruderratsmitglieder beschlossen.[36] Vier von den sieben Punkten dieser Erklärung beginnen mit den deutlichen Worten »Wir sind in die Irre gegangen«. Das Dokument spricht »von der Schuld der Väter wie von unserer eigenen«, vom »Traum einer besonderen deutschen Sendung«, der »dem schrankenlosen Gebrauch der politischen Macht den Weg bereitet und unsere Nation auf den Thron Gottes gesetzt« habe, vom Verhängnis, »unseren Staat nach innen allein auf eine starke Regierung, nach außen allein auf militärische Machtentfaltung« begründet zu haben. »Wir haben das Recht zur Revolution verneint, aber die Entwicklung zur absoluten Diktatur geduldet und gutgeheißen«, heißt es in dem Dokument. Ferner: »Wir sind in die Irre gegangen, als wir meinten, eine Front der Guten gegen die Bösen ... im politischen Leben und mit politischen Mitteln bilden zu müssen.« These 5 lautet: »Wir sind in die Irre gegangen, als wir übersahen, daß der ökonomische Materialismus der marxistischen Lehre die Kirche an den Auftrag und die Verheißung der Gemeinde für das Leben und Zusammenleben der Menschen im Diesseits hätte gemahnen müssen. Wir haben es unterlassen, die Sache der Armen und Entrechteten gemäß dem Evangelium von Gottes kommendem Reich zur Sache der Christenheit zu machen.« Das Darmstädter Wort fährt fort, nicht die Parole »Christentum und abendländische Kultur«, sondern »Umkehr zu Gott und Hinkehr zum Nächsten in der Kraft des Todes und der Auferstehung Jesu Christi« seien das, was dem Volk und insbesondere den Christen not täten. Abschließend wird an die Verantwortung jedes einzelnen für den Aufbau eines besseren deutschen Staatswesens appelliert.

Dieses Darmstädter Wort traf – auch rückblickend und obwohl es leider die Juden nicht erwähnt – den Kern der Sache. Gerade deshalb wurde es so angefeindet und ja auch nur von einer Minderheit des Bruderrats verabschiedet, um sogleich auch aus der protestantischen Geschichte verabschiedet zu werden. Hierzu schreibt Prolingheuer im Vorwort seines zitierten Buches:

> »Nichts hat die Pfarrer und leitenden ›Kirchenmänner‹ im besetzten Nachkriegsdeutschland so sehr aufgeregt, wie dieses achte ›Flugblatt der Bekennenden Kirche‹ mit seinen konkreten Schuldbekenntnissen, die nicht mehr nur von der privaten, sondern auch von der politischen Schuld der Kirchen und Christen sprachen. Als diese sieben Thesen im Sommer 1947 die Pfarrer und Kirchenbehörden in den vier Besatzungszonen erreichten, hatten evangelische Kirchenführer und Theologen gerade mit viel Mühe und Geschick die Welt glauben gemacht, ihr Kampf im Nazi-Deutschland habe dem Hitler-Faschismus gegolten – und dann solche *Provokationen* des Bruderrates der EKD aus dem Darmstädter Hinterhalt!
>
> Die Evangelisch-lutherische Kirchenzeitung widmete 1947 ihre ersten beiden Ausgaben nach dem Kriege der Abwehr dieses ›Darmstädter Wortes‹:
>
> ›Schärfsten Widerspruch aber fordert das Urteil heraus: ›Wir haben das Recht zur Revolution verneint, aber die Entwicklung zur absoluten Diktatur geduldet und gutgeheißen.‹ Es ist un-

36 Abgedruckt z. B. bei G. Denzler und V. Fabricius: Die Kirchen im Dritten Reich, a. a. O., Dokument 61; und bei H. Prolingheuer: Wir sind in die Irre gegangen, a. a. O., der dieses Dokument zum »Aufhänger« seines kritischen kirchenhistorischen Buches macht.

wahr, daß die Kirche die absolute Diktatur anerkannt hat. Damit wäre ja der Sinn der Bekennenden Kirche und des Kirchenkampfes nachträglich ins Gegenteil umgefälscht.‹

›Die allerschwersten Bedenken habe ich gegen die unkritische Art, wie der ›ökonomische Materialismus der marxistischen Lehre‹ zitiert wird… Ich vermag diese Lehre nicht für einen Deut erträglicher anzusehen als die Lehre Rosenbergs. Rosenberg war dümmer als Karl Marx, aber eine Steigerung bewußter Gottlosigkeit gibt es nicht. Und diese ist das Signalement beider.‹

Da warfen also ausgerechnet Walter Künneth und Hans Asmussen jenem Dutzend der mehr als dreißig Bruderratsmitglieder, das am 8. August 1947 die sieben Thesen beschlossen und in die Öffentlichkeit gebracht hatte, Fälschung der jüngsten evangelischen Kirchengeschichte vor.«

Die Darmstädter Thesen wurden deshalb so stark angefeindet, weil sie bereits gewobene Geschichtslegenden zerstörten. Prolingheuer nennt folgende Fälschungen:

»– die Erfindung des Begriffs ›Totalitarismus‹ als gemeinsamen Nenner von Faschismus und Kommunismus, um so das historische Bündnis von Kirche, Faschismus und Kapitalismus gegen Marxismus und Kommunismus,… wegzulügen;

– die Unterstellung, die ›Religiösen Sozialisten‹ seien die Wegbereiter und Träger des Faschismus in der evangelischen Kirche gewesen, wo doch gerade sie es waren, die national und international lange vor 1933 die Unvereinbarkeit von Christentum und Faschismus feststellten und vor dem Bündnis der Deutschnationalen mit dem Hitler-Faschismus warnten;

– die Behauptung schließlich, die mehrheitlich von Deutschnationalen, Rassisten und Faschisten angeführte ›Bekennende Kirche‹ sei die evangelische antifaschistische ›Widerstandsbewegung‹ gewesen, um so die Mitschuld der Kirche an Hitlerei und Holocaust aus der Welt zu schaffen.«

Zu dem behaupteten politischen Widerstand der Bekennenden Kirche muß man leider feststellen, daß auch deren Mitglieder gegen Kommunisten, Sozialdemokraten, Freimaurer, Pazifisten, sogenannte Gottlose, Juden, Demokraten gekämpft haben.

Dieses Klima des Vergessens und Verdrängens war für die Juden nicht günstig. Soweit man aber der Juden gedachte, wie im Wort des Reichsbruderrats vom 8. April 1948, geschah es auf eigenartige Weise. In diesem Zusammenhang sei auf eine besonders infame Erklärung der nationalkirchlichen evangelischen deutschen Kirchenführer über die kirchliche Stellung evangelischer Juden vom 17. Dezember 1941 hingewiesen. Darin heißt es:

»Die nationalsozialistische deutsche Führung hat mit zahlreichen Dokumenten unwiderleglich bewiesen, daß dieser Krieg in seinen weltweiten Ausmaßen von den Juden angezettelt ist. – Als Glieder der deutschen Volksgemeinschaft stehen die unterzeichneten deutschen Evangelischen Landeskirchen und Kirchenleiter in der Front dieses historischen Abwehrkampfes, der unter anderem die Reichspolizeiverordnung über die Kennzeichnung der Juden als der geborenen Welt- und Reichsfeinde notwendig gemacht hat. Schon Dr. Martin Luther erhob nach bitteren Erfahrungen die Forderung, schärfste Maßnahmen gegen die Juden zu ergreifen und sie aus deutschen Landen auszuweisen. Von der Kreuzigung Christi bis zum heutigen Tage haben die Juden das Christentum bekämpft oder zur Erreichung ihrer eigennützigen Ziele mißbraucht oder verfälscht. Durch die christliche Taufe wird an der rassischen Eigenart des Juden, seiner Volkszugehörigkeit und seinem biologischen Sein nichts geändert. Eine deutsche evangelische

Kirche hat das religiöse Leben deutscher Volksgenossen zu pflegen und zu fördern. Rassejüdische Christen haben in ihr keinen Raum und kein Recht. Die unterzeichneten deutschen Evangelischen Kirchen und Kirchenleiter haben deshalb jegliche Gemeinschaft mit Judenchristen aufgehoben. Sie sind entschlossen, keinerlei Einflüsse jüdischen Geistes auf das deutsche religiöse und kirchliche Leben zu dulden.«[37]

Diese Schanderklärung ist unterschrieben von den Landesbischöfen bzw. Landeskirchenpräsidenten von Sachsen, Anhalt, Thüringen, Hessen, Mecklenburg, Schleswig-Holstein und Lübeck. Fünf Tage später, am 22. Dezember 1941, hatte die deutsche Evangelische Kirchenkanzlei die obersten Kirchenbehörden im Einvernehmen mit dem Geistlichen Vertrauensrat ersucht, »die geeigneten Vorkehrungen zu treffen, daß die getauften Nichtarier dem kirchlichen Leben der deutschen Gemeinde fernbleiben. Die Nichtarier werden selbst Mittel und Wege suchen müssen, sich Einrichtungen zu schaffen...«[38] An gleicher Stelle findet sich auch der Hinweis, die Landeskirche Hannover habe ab 9. Januar 1942 von Juden keine Kirchensteuer mehr verlangt, »da Juden nicht als Mitglieder der Evangelisch-Lutherischen Landeskirche Hannover als Körperschaft des öffentlichen Rechts angesehen werden können«.

Dies sollte man sich vergegenwärtigen, wenn man sich mit der bereits erwähnten weiteren Erklärung des Reichsbruderrats vom 8. April 1948, ebenfalls Darmstadt, mit dem Titel »Ein Wort zur Judenfrage« beschäftigt. Sie ist es »wert«, in wesentlichen Auszügen wiedergegeben zu werden:

»1. Indem Gottes Sohn als Jude geboren wurde, hat die Erwählung und Bestimmung Israels ihre Erfüllung gefunden...

2. Indem Israel den Messias kreuzigte, hat es seine Erwählung und Bestimmung verworfen...

3. Die Erwählung Israels ist durch und seit Christus auf die Kirche aus allen Völkern, aus Juden und Heiden, übergegangen...

4. Gottes Treue läßt Israel, auch in seiner Untreue und in seiner Verwerfung, nicht los... Daß Gottes Gericht (Israel) in der Verwerfung bis heute nachfolgt, ist Zeichen seiner Langmut...

5. Israel unter dem Gericht ist die unaufhörliche Bestätigung der Wahrheit, Wirklichkeit des göttlichen Wortes und die stete Warnung Gottes an seine Gemeinde. Daß Gott nicht mit sich spotten läßt, ist die stumme Predigt des jüdischen Schicksals, uns zur Warnung, den Juden zur Mahnung, ob sie sich nicht bekehren möchten zu dem, bei dem allein auch ihr Heil steht.

6. Weil die Kirche im Juden den irrenden und doch für Christus bestimmten Bruder erkennt, den sie liebt und ruft, ist es ihr verwehrt, die Judenfrage als ein rassisches oder völkisches Pro-

---

37 Siehe F. Heer: Gottes erste Liebe, a.a.O., S. 478; dort zitiert nach J. Beckmann: Evangelische Kirche im Dritten Reich, 1948, S. 481; bei K. Deschner: Abermals krähte der Hahn, a.a.O., S. 460 ff., finden sich weitere brisante Informationen dazu, wie immer mit Beleg.

38 W. Niemöller: Die Evangelische Kirche im Dritten Reich. Handbuch des Kirchenkampfes, 1956, S. 380; zitiert nach K. Deschner: Abermals krähte der Hahn, a.a.O., S. 462.

blem zu sehen und ihre Haltung gegenüber dem Volk Israel wie gegenüber dem einzelnen Juden von daher bestimmen zu lassen.«[39]

Drei Jahre nach Auschwitz solch eine Emanation religiösen Wahns (Ziffer 6 ausgenommen). 1900 Jahre Theologie der Judenfeindschaft verschwinden nicht spurlos, nur weil sich eine welthistorische Katastrophe ereignet hat. Aber ein bißchen Einsicht hätte man sich schon erwartet. Das Wesen des Holocaust als Tat Gottes, die SS-Totenkopfverbände, Hitler, Himmler usw. als Werkzeuge des liebenden und gerechten Gottes! Das alles, um die Christen auf ihr sündhaftes Treiben aufmerksam zu machen und die Juden für ihren falschen Glauben zu bestrafen! Eine größere Gotteslästerung läßt sich schwer vorstellen. So gesehen entspricht es auch »theologischem« Opportunismus, wenn die Gotteslästerung im eigentlichen Sinn aus § 166 des Strafgesetzbuches gestrichen wurde. Diese kirchliche Entgleisung zeigt deutlich, daß man nicht bereit ist, der Wahrheit ins Auge zu sehen: Das Böse ist ein Teil unserer Menschennatur. Wir müssen es selbst ständig bekämpfen. Statt diesen Kampf nach innen *und* außen in *allen* Lebensbereichen immer wieder aufzunehmen und Schuld durch Einsicht aufzuarbeiten, stempelt man eher Gott zum Verbrecher, als daß man in die eigene Seele, in die Tiefen des Ich blickt und Konsequenzen zieht. Bislang waren die Juden der Sündenbock, jetzt sollte es gewissermaßen Gott sein. Damit das nicht so deutlich wird, versteht man selbst Auschwitz als Zeichen der »Langmut« Gottes (These 4). Das ist deutsche protestantische Theologie 1948. Ungelesen ward das Wort des Lukasevangeliums: »Wehe euch Gesetzeslehrern! Ihr habt den Schlüssel der Erkenntnis weggenommen; ihr selbst geht nicht hinein, und jenen, die hineingehen wollen, habt ihr es verwehrt« (Lk 11,52).

Dafür, daß es dennoch im Bereich des Protestantismus insgesamt zunächst mehr Bereitschaft für ein Umdenken gab als im Katholizismus[40], ist das kurze, aber eindringliche »Wort zur Judenfrage« der Synode der EKD in Berlin-Weißensee vom 27. April 1950 ein Beleg[41], ungeachtet des eigentlich antisemitischen Terminus »Judenfrage«. Bei der fünftägigen gesamtdeutschen Synode stand an sich die Erörterung einer Erklärung zum Frieden im Mittelpunkt. Ganz unvorhergesehen setzte sich die Auffassung durch, bevor man etwas zum Frieden sagen könne, müsse man endlich das Verhältnis zu den

39 Quelle J. Beckmann: Kirchliches Jahrbuch für die Evangelische Kirche in Deutschland 1945–1948, a.a.O.; zitiert nach: Auschwitz als Herausforderung für Juden und Christen, a.a.O., S. 541.

40 Für den gesellschaftlich-politischen Bereich hat dies mit zahlreichen interessanten Details der mit den hiesigen Verhältnissen bestens vertraute Amerikaner Frederic Spotts in seinem Buch: Kirchen und Politik in Deutschland, Stuttgart 1976, dargestellt und belegt.

41 Quelle J. Beckmann: Kirchliches Jahrbuch für die Evangelische Kirche in Deutschland, Jg. 77/1950, Gütersloh 1951, S. 5 ff.; abgedruckt in: Auschwitz als Herausforderung für Juden und Christen, a.a.O., S. 339 f.

Juden auf eine neue Basis stellen. Das Synodenwort stellt fest, der Herr und Heiland stamme aus dem Volk Israel; die Kirche bestehe aus Judenchristen und Heidenchristen; die göttliche Verheißung zugunsten des Volkes Israel sei in Kraft geblieben; wörtlich heißt es dann:

»Wir sprechen es aus, daß wir durch Unterlassen und Schweigen vor dem Gott der Barmherzigkeit mitschuldig geworden sind an dem Frevel, der durch Menschen unseres Volkes an den Juden begangen worden ist.

Wir warnen alle Christen, das, was über uns Deutsche als Gericht Gottes gekommen ist, aufrechnen zu wollen gegen das, was wir an den Juden getan haben; denn im Gericht sucht Gottes Gnade den Bußfertigen.

Wir bitten alle Christen, sich von jedem Antisemitismus loszusagen und ihm, wo er sich neu regt, mit Ernst zu widerstehen und den Juden und Judenchristen in brüderlichem Geist zu begegnen.«

Das Erfreulichste an diesem in einer Nacht erarbeiteten Dokument ist vielleicht seine problemlose Verabschiedung, wobei der Entwurf fast unverändert übernommen wurde. Daß dieses gesamtkirchliche Dokument möglich war, ist beachtlich, wenn man bedenkt, daß etwa Walter Künneth 1935 in seinem Anti-Rosenberg-Buch von der »Geistigkeit des wurzellosen Asphaltjudentums der Gegenwart« gesprochen hatte und davon, Rosenberg habe zwar den Fluchcharakter der Juden richtig gesehen, seine Bedeutung aber nicht richtig erkannt. Zur scharfsichtigen Erkenntnis der Schäden des Judentums bedürfe es vielmehr der christlichen Offenbarung. Selbstverständlich konnte Künneth nach 1945 bald Theologieprofessor werden. Vergangen war die Zeit, in der das evangelische Kirchenlied mit großem Erfolg »entjudet« worden war, in der Neues Testament und Katechismus »judenrein« gemacht worden waren, in der (am 4. April 1939) 13 Landeskirchen in Eisenach das »Institut zur Erforschung und Beseitigung des jüdischen Einflusses auf das kirchliche Leben« gründeten und in der sogar bewiesen worden war, daß Jesus kein Jude gewesen ist.[42]

Man muß das bedenken, um zu erkennen, welche gewaltige Leistung heute so selbstverständlich klingende Erklärungen wie die vom 27. April 1950 waren.

Von protestantischer Seite wurden in den folgenden Jahrzehnten noch eine Reihe von Dokumenten verabschiedet, die sich unter verschiedenen Aspekten mit dem Judentum und Israel beschäftigen: vom Ökumenischen Rat der Kirchen, vom Lutherischen Weltbund und der Niederländisch-Reformierten Kirche.[43] Das nächste wesentliche westdeutsche Dokument scheint, nach Einberufung der Studienkommission »Kirche und Judentum« (erst) 1967, die von dieser erarbeitete ausführliche Studie »Christen und Juden« des Rates

42 Vergleiche H. Prolingheuer: Wir sind in die Irre gegangen, a. a. O., S. 132 ff.

43 Sie sind in: Auschwitz als Herausforderung für Juden und Christen, a. a. O., S. 329 ff., aufgelistet und teils abgedruckt, teils mit Anmerkungen versehen.

der EKD aus dem Jahre 1975 zu sein. Jetzt will man die Begegnung mit dem jüdischen Glauben zum besseren Verständnis des eigenen: ein Novum. Aber bis dahin war es ein weiter Weg, und von einem befriedigenden Verhältnis kann selbst heute erst in Ansätzen die Rede sein.

Noch schwieriger war zunächst der Fortschritt im katholischen Bereich, soweit von einem solchen überhaupt gesprochen werden konnte. Allerdings ließ die Katholische Kirche wenigstens die Judenmission nicht aufleben. Im Protestantismus gibt es noch heute mehrere Missionsgesellschaften, die die Juden zum Christentum bekehren wollen, und zwar sogar in Israel.[44]

44 Vergleiche ebenda die Abhandlung von Rolf Rendtorff, S. 539 ff., und von Paul Gerhard Aring, S. 557 ff.

XI. Kirchliche Versuche zur Überwindung des Antijudaismus

Bereits im vorangegangenen Abschnitt über die Zeit der Verdrängungen, der schnellen Herausbildung von Kirchenkampflegenden und der Kontinuität in personeller und theologischer Hinsicht war gelegentlich von kirchlichen Versuchen zur Überwindung des Antijudaismus die Rede. Insbesondere im Protestantismus gab es gewisse Ansätze einer Neubesinnung. Andererseits sind auch im Rahmen der zunehmenden Neuorientierung und bis zum heutigen Tag Verdrängungen und Geschichtsfälschungen insbesondere im kirchlichen und politischen Bereich nicht selten. Insofern sind die Kapitel X und XI nicht streng zu trennen. Sie sind verschränkt und ergänzen sich.

1. Katholizismus und Judentum

Keine Bußgesinnung. Es sei in Erinnerung gerufen, daß im Katholizismus von der »Bußgesinnung«, von der in der Entschließung des Katholikentags im März 1948 die Rede war, praktisch kein Impuls ausging und daß der volkhafte und theologisch-liturgische Antijudaismus auch in Deutschland ungebrochen blieb. Erst wieder der Jerusalemer Eichmann-Prozeß konnte die deutschen Bischöfe veranlassen, im Frühjahr 1961 eine Erklärung abzugeben.[1] Die deutschen Katholiken seien »tief betroffen darüber, daß so furchtbares Unrecht durch Menschen aus unserem Volk geschehen konnte«. Es wird die Frage aufgeworfen, »wie es zu dieser entsetzlichen Schändung der Menschenwürde und zur Vernichtung ungezählter Menschenleben kommen konnte«. Die Antwort wird sogleich geliefert. »Solches ist geschehen, weil die politische Führung unseres Volkes sich angemaßt hat, ewige Gesetze Gottes außer Kraft zu setzen.« Die Katholiken werden aufgerufen, Gott um Verzeihung anzuflehen »für die Sünden, die durch Angehörige unseres Volkes geschehen sind«. Anschließend wird den Politikern ins Gewissen geredet und der selbstlosen Helfer gedacht. Das ganze ist die perfekte Beschwörung eines Geschichtsmythos. Gottlose politische Führer – was kann man von Gottlosen schon anderes erwarten – haben Schreckliches getan, und auch eine Minderheit des Volkes hat dabei mitgewirkt. Von einer Mitverantwortung

---

1 Siehe: Die katholische Kirche und das Judentum. Dokumente von 1945–1982, hg. von Klemens Richter, Freiburg 1982, Dokument 3.

der katholischen Kirche, insbesondere ihrer Führer, oder gar von der katholischen Herkunft höchster Naziführer war nicht die Rede. Sehr geschickt wird weiter Verdrängung betrieben, wo doch gerade die zutage getretene »Banalität des Bösen«[2] Anlaß zum Nachdenken hätte geben sollen. Selbst bei den KZ-Schergen hat, wie auch 1961 schon gut bekannt war, nur eine Minderheit ausgesprochen sadistisch gehandelt. Die meisten der Hunderttausenden von Menschen zahlreicher Berufsgruppen und Verwaltungszweige, die auf irgendeine Weise in den Vernichtungsprozeß einbezogen wurden, waren ganz normale Menschen.[3] Man wußte kirchlicherseits schon, warum man nicht nach den Gründen für deren Verhalten fragte. Auf irgendeine, wenn auch oft nur mittelbare Weise, haben alle Menschen gewußt oder geahnt oder hätten zumindest wissen können. Dies erklärt das kollektive Schweigen von Generationen. Mit der psychoanalytischen Aufarbeitung der mit dem Nationalsozialismus verbundenen Massenphänomene kann sich diese Arbeit nicht befassen. Jedenfalls haben sich die Bischöfe auch angesichts des Eichmann-Prozesses diesem Schweigen auf ihre Art wieder einmal angepaßt.

Das zitierte Dokument zeigte, wie man es auch nennen könnte, pastorale Klugheit – und dies in einer Zeit wachsenden Antisemitismus. Denn 1960 gab es eine internationale antisemitische Welle, bei der auch in der Bundesrepublik u.a. zahlreiche Synagogen und Grabsteine geschändet wurden. Diese Aktivitäten standen teilweise im Zusammenhang mit der Verbringung Eichmanns nach Israel. In dieser Zeit hat Helmut Gollwitzer auf dem progressiven 10. deutschen evangelischen Kirchentag (1961 in Berlin) festgestellt, in den evangelischen Gemeinden sei die Erkenntnis »doch wirklich noch nicht da«, daß man den Juden »eigentlich nicht mehr unter die Augen treten« könne (der Kirchentag befaßte sich auch mit diesen Fragen).

Ungleich positiver als die Bischofserklärung vom Frühjahr 1961 ist allerdings ein von der Bischofskonferenz im selben Jahr angeordnetes allgemeines Gebet für die ermordeten Juden und ihre Verfolger zu beurteilen (siehe dazu aber kritisch in Kapitel X.1). Die alte apologetische Linie wird wieder mit dem Hirtenwort der deutschen Bischöfe vom August 1962 zum Vorabend des Konzils eingeschlagen.[4] Es heißt dort einerseits: »Erneut erinnern wir in diesem Sühneappell insbesondere an die unmenschliche Vernichtungsaktion gegen das jüdische Volk, das der Menschheit die Offenbarung des einen wahren Gottes überlieferte und dem der Welterlöser Jesus Christus dem Flei-

2 Hannah Arendt: Eichmann in Jerusalem, 1964; vergleiche zum pathologischen Charakter der Persönlichkeit Eichmanns aber demgegenüber überzeugend Werner Huth: Glaube, Ideologie und Wahn, München 1984, der in Kapitel 16 die Ergebnisse der umfangreichen psychiatrischen Untersuchungen Eichmanns durch Istvan Kulcsar – unter scharfer Kritik an H. Arendt – referiert.

3 Ausführlich und überzeugend zu diesen Fragen Raul Hilberg: Die Vernichtung der europäischen Juden, Berlin 1982, S. 679 ff.; eindrucksvoll hierzu die Autobiographie von Rudolf Höß: Kommandant in Auschwitz, München 1978.

4 Die katholische Kirche und das Judentum. Dokumente von 1945–1982, a.a.O., Dokument 5.

sche nach (Röm 9,5) entstammt. Wer vielleicht selber sich vom Machtrausch blenden und vom gottlosen Rassenwahn anstecken ließ, hat um so mehr Grund, den Weg der Buße und Sühne zu gehen.« Die Gottesmördervolktheologie ist damit aufgegeben. Andererseits aber heißt es lediglich: »In dieser historischen Stunde rufen wir unsere Diözesanen auf zur ernsten Sühne für alle furchtbaren Verbrechen, die von gottlosen Machthabern im Namen unseres Volkes gegen die grundlegenden Menschenrechte verübt wurden.« Man merkt die Absicht...

Rom und das Zweite Vatikanische Konzil. In diesen Jahren taten sich in Rom gewichtige Dinge. Johannes XXIII., dieses einzigartige menschliche Licht der katholischen Christenheit, strich 1959, vierzehn Jahre nach Kriegsende, das diskriminierende »perfidis« und »perfidia Iudaica« aus der Karfreitagsfürbitte für die Juden. Im selben Jahr wurden zwei – exegetisch ohnehin selbst nach katholischer Auffassung zweifelhafte – Sätze (die Anspielung auf die angebliche Selbstverfluchung des jüdischen Volkes) aus dem Weihegebet des Menschengechlechtes an das Herz Jesu gestrichen. Die teilnahmsvolle judenfreundliche Einstellung, die der Papst schon während des Krieges in der Türkei bewiesen hatte, wurde noch bekräftigt durch einen Besuch, den der hohe jüdische Repräsentant Jules Isaac 1960 beim Papst machte und der diesen stark beeindruckte. Im gleichen Jahr begrüßte Johannes XXIII. amerikanische Juden mit den Worten »Ich bin Joseph, euer Bruder«, die er auch bei anderen Gelegenheiten benutzte. Insoweit standen die Zeichen günstig, als der Papst – plötzlich zum Konzil entschlossen – den neuernannten Judenfreund Kardinal Augustin Bea SJ und dessen neugeschaffenes Einheitssekretariat mit der Ausarbeitung eines eigenen Konzilsschemas über das Verhältnis zwischen Kirche und Judentum beauftragte. Schließlich hat das Konzil nach dramatischen Entwicklungen und schon zur Zeit Pauls VI. eine »Judenerklärung« verabschiedet (28. Oktober 1965), dies aber nicht im Rahmen einer eigenständigen Erklärung – wie ursprünglich geplant –, sondern nur (abschwächend) im Rahmen der »Erklärung über das Verhältnis der Kirche zu den nichtchristlichen Religionen«. Trotz der eigenartigen und bemerkenswerten Vorgeschichte (auf die unten noch eingegangen wird), wurde ein Dokument verabschiedet, das insgesamt positiv zu werten ist, stellt es doch geradezu eine Wendemarke am Ende einer tausendjährigen leidvollen Entwicklung dar. Johannes Oesterreicher, seinerzeit Direktor des Instituts für Jüdisch-Christliche Studien an der Seton-Hall-University (USA), hat der Judenerklärung – Punkt 4 der gesamten Konzilserklärung »Nostra aetate« – sowie der Gesamterklärung in seiner ungewöhnlich umfangreichen und detaillierten Kommentierung in Bd. II der dreibändigen autorisierten Konzilsdokumentation *Das Zweite Vatikanische Konzil* (1966–1968) des *Lexikon für Theologie und Kirche* das Prädikat der »Einzigartigkeit« verliehen. Er schreibt dann einleitend weiter:

»Zum erstenmal in der Geschichte spricht hier ein Konzil mit Anerkennung vom Tasten der Menschen, Stämme und Völker nach dem Absoluten, zum erstenmal beugt es sich in Ehrfurcht vor dem Wahren und Heiligen anderer Religionen als dem Werk des einen, lebendigen Gottes. Ebenso ist es das erste Mal, daß die Kirche sich öffentlich die paulinische Schau des Mysterium Israel zu eigen macht. Die Deklaration ist dergestalt ein Bekenntnis der Kirche zur Allgegenwart der Gnade und ihrer Wirksamkeit in den vielen Religionen der Menschheit. Darüber hinaus ist sie der Kirche Lobpreis auf Gottes immerwährende Treue gegenüber dem von ihm erwählten Volk der Juden.«

An anderer Stelle nennt Oesterreicher die »Judenerklärung« trotz ihres »dornenreichen Weges« einen »Triumph über das Gesetz der Trägheit«. Am Schluß der Kommentierung schreibt er, es handele sich um »ein im guten Sinn des Wortes revolutionäres Dokument, eines, das, im Dienst der Versöhnung stehend, eine jahrhundertelang eingewurzelte Mentalität ändern soll.«[5] Mit Hilfe der Erklärung würden die Sünden der Christenheit quer durch die Völker und längs der jahrhundertealten Geschichte in die Wüste gejagt. Die Theologen K. Rahner, H. Vorgrimler und K. Richter beispielsweise halten die Konzilserklärung trotz Kritik gleichfalls für »einzigartig«. Auch jüdischerseits hebt man die Erklärung als Wendemarke besonders hervor. – Angesichts der vergangenen zwei Jahrtausende sicher zu Recht, angesichts der Erfordernisse vielleicht weniger. Worum geht es?

Die angesichts der Problematik ziemlich kurze Erklärung spricht davon, die Kirche werde durch das Volk des alten Bundes genährt »von der Wurzel des guten Ölbaums«. Christus habe Juden und Heiden durch das Kreuz versöhnt und beide in sich vereinigt. Die Säulen der Kirche stammten aus dem jüdischen Volk. Von dem reichen gemeinsamen Erbe ist die Rede, gar von »brüderlichem Gespräch«. Zwar hätten jüdische Obrigkeiten mit Anhängern auf Christi Tod gedrungen, doch könne man dies »weder allen damals lebenden Juden ohne Unterschied noch den heutigen Juden zur Last legen«. Man dürfe die Juden nicht schriftwidrig als von Gott verworfen oder verflucht darstellen. Wörtlich heißt es dann:

»Im Bewußtsein des Erbes, das sie mit den Juden gemeinsam hat, beklagt die Kirche, die alle Verfolgungen gegen irgendwelche Menschen verwirft, nicht aus politischen Gründen, sondern aus Antrieb der religiösen Liebe des Evangeliums alle Haßausbrüche, Verfolgungen und Manifestationen des Antisemitismus, die sich zu irgendeiner Zeit und von irgend jemandem gegen die Juden gerichtet haben.«

Weiter heißt es, die Kirche habe »immer gelehrt«, Christus habe »um der Sünden aller Menschen willen sein Leiden und seinen Tod aus unendlicher Liebe auf sich genommen, damit alle das Heil erlangen«. Das Kreuz Christi sei als Zeichen universaler Liebe Gottes zu verkünden.

Ich meine, daß man eine solche Erklärung – mag sie auch in gewisser Weise einzigartig sein – angesichts des Verlaufs der Geschichte und der Rolle der

5 Das Zweite Vatikanische Konzil, 1966, Bd. 2, S. 406, S. 470 und S. 478.

Kirche darin bei nüchterner Betrachtung doch mit sehr zwiespältigen Gefühlen aufnehmen muß. Der »Linkskatholik« Gerd Hirschauer hat in seinem sehr kritischen Buch *Der Katholizismus vor dem Risiko der Freiheit. Nachruf auf ein Konzil* (1966) Entstehung und Inhalt der »Judenerklärung« relativ ausführlich dargestellt und kommentiert. Er meint:

»Eine so einfache Sache wie die, eine Erklärung darüber abzugeben, daß das Konzil die Judenverfolgungen beklagt und verurteilt, und daß es unmenschlich und unchristlich ist, die Juden als ein ›verworfenes und verfluchtes Volk‹ und als des ›Gottesmordes‹ schuldig anzusehen, brauchte auf dem Konzil drei Sitzungsperioden, viele theologische Auseinandersetzungen und politische Spiele und mehrere Textfassungen, um schließlich doch, kurz vor Torschluß, mehr schlecht als recht noch über die Bühne zu gehen.[6]

Daß diese Sicht – wörtlich genommen – doch etwas naiv ist, darüber dürfte sich freilich auch Hirschauer im klaren gewesen sein. Aber etwas Wahres ist daran, vor allem, wenn man die zu den Verfolgungsmaßnahmen gefundene Formulierung bedenkt. Die Berechtigung eines gewissen Befremdens ergibt sich auch aus einem genaueren Studium der Entstehungsgeschichte.[7]

Schon bald, nachdem der Papst die Verabschiedung einer Konzilserklärung mit der Absage an den Antijudaismus angekündigt hatte, setzte aus zwei Richtungen eine heftige Kampagne dagegen ein. Zum einen gab es von Anfang an eine einflußreiche Gruppe ultraorthodoxer Bischöfe und Kardinäle, mag sie auch zahlenmäßig nicht allzu groß gewesen sein – z. B. Felici, Siri, Ruffini; der wenig bedeutende Bischof Carli, der aber agil und publikumswirksam vorging; nicht zuletzt Ottaviani, langjähriges führendes Mitglied des Hl. Officiums (vormals Inquisition) bzw. der Glaubenskongregation, der letzte große Exponent des diktatorischen mittelalterlichen Denkens, wie es einen letzten großen Führer in Pius XII. hervorgebracht hatte. Diese wichtige Minderheit war mehr oder weniger vom alten antijudaistischen, integralistischen, inquisitorischen, faschistischen Geist beseelt. Ob das Hl. Officium tatsächlich, wie Heer behauptet[8], im Hinblick auf Beas Bestrebungen – auf diesen Mann konzentrierte sich der Widerstand – sofort begonnen hat, die arabischen Staaten aufzuhetzen, mag dahinstehen. Jedenfalls begannen einige arabische Staaten, deren erklärtes Ziel die Vernichtung Israels war, sofort zu agitieren, diplomatischen Druck auszuüben und christliche Minderheiten in arabischen Staaten zu bedrohen. Auch aus diesen politischen Gründen wollte der konservative Kardinalstaatssekretär Cicognani die Judenerklärung von Anfang an verhindern. Unglücklicherweise war Cicognani auch Chef der Koordinierungskommission des Konzils, bei dem alle Konzilsfäden zusam-

---

6 S. 67.

7 Vergleiche neben dem genannten Text von Oesterreicher kontrastierend und ergänzend den angeführten Text von Hirschauer sowie Friedrich Heer, Gottes erste Liebe, München/Esslingen 1967, letzterer mit zahlreichen Literaturhinweisen.

8 Ebenda, S. 505.

menliefen. Der Widerstand kam also von der orthodoxen Kurie (in der Bea isoliert war) und anderen Konzilsteilnehmern sowie von den Arabern.

Schon zu Konzilsbeginn wurde sämtlichen Konzilsvätern und -beratern ein ungeheuerliches antisemitisches Mammutpamphlet überreicht. Die sogenannte österreichische Ausgabe aus dem Jahr 1963 (Original: 1962) trägt den Titel *Verschwörung gegen die Kirche* und ist in Madrid erschienen. Als Verfasser ist ein Maurice Pinay (Pseudonym) angegeben. Im Vorwort heißt es: »Auf Grund zahlreicher Bitten, die uns aus den Reihen der österreichischen und deutschen Geistlichkeit erreichten, haben wir uns entschlossen, die österreichische Ausgabe des Buches ›Verschwörung gegen die Kirche‹ zu drucken.« Ferner: »Das nachstehende Buch wurde von einer Gruppe von Idealisten verfaßt, die strenggläubige Katholiken sind und als Katholiken fest daran glauben, daß die katholische Kirche gerade jetzt eine der gefährlichsten Zeiten ihrer Geschichte erlebt.«[9] Die italienische Ausgabe soll in einer römischen Druckerei für kirchliche Schriften gedruckt worden sein. Das eindeutig aus dem spanischen Kulturkreis stammende Machwerk preist alle Greuel und Massenabschlachtungen der Juden in der christlichen Geschichte als göttliches Werk. Die Verruchtheit der jüdischen Religion habe eine tödliche Bedrohung für die Christenheit dargestellt. Es wird von der Fünften Kolonne des Teufels und der Juden in der Kirche gesprochen. Gemeint sind krypto-jüdische Christen wie vor allem Augustin Bea, der Bodo genannt wird. Es heißt z. B.:

> »Es ist nicht zu bezweifeln, daß der heilige Isidorus von Sevilla sowie die Metropoliten und Bischöfe des Vierten Toledanischen Konzils, wenn sie in unseren unheilvollen Tagen gelebt hätten, sofort des Rassismus, Antisemitismus oder als Naziverbrecher beschuldigt worden wären, nicht nur von Juden, sondern auch von den Klerikern, die sich als Christen ausgeben, in Wirklichkeit aber im Dienste des Judentums stehen.«[10]

Über 60 Seiten werden die westgotischen Judenverfolgungen als vorbildlich gepriesen: Fanatismus als Tugend. Man verlangt eine große Säuberung der Kirche. Theologische Kronzeugen der Verfasser sind Paulus, das Johannesevangelium, die Kirchenväter, insbesondere Augustinus. Johannes Capestrano, jene heiliggesprochene Bestie des 15. Jahrhunderts, wird als Vorbild dargestellt. Der hl. Gregor von Nyssa wird wie folgt gewürdigt: »Zweifellos hat nicht einmal Hitler in so wenigen Worten so viele Anschuldigungen gegen die Juden ausgesprochen wie vor 1600 Jahren dieser heilige Bischof von Nyssa.«[11]

Kommentator Oesterreicher meint zwar, die meisten Konzilsteilnehmer hätten das Buch widerwärtig und langweilig gefunden und weggeworfen.

9 Ebenda, S. 494.

10 Zitate nach ebenda, S. 494 und S. 497 f.

11 Ebenda, S. 503; vergleiche zu Pinay Oesterreichers Beitrag in: Judenhaß – Schuld der Christen?! Versuch eines Gesprächs, hg. von W. Eckert und E. Ehrlich, Essen 1964.

Aber nur als eine unangenehme und ganz unbedeutende Randerscheinung wird man es, wie andere antisemitische Aktivitäten auch, wohl doch nicht abtun können. Zum einen standen wichtige Kirchenführer dem Pamphlet offenbar nahe, zum anderen wurde die »Judenerklärung« schließlich sogar gegen den erklärten eigentlichen Willen der Bischofsmehrheit erheblich entschärft. Auch haben die Verfasser ja ihre krankhaften Vorstellungen mit rationalen Mitteln verfolgt. Die Existenz solcher Vorfälle allein ist aber in der zweiten Hälfte des 20. Jahrhunderts im Zusammenhang mit einer Institution, die moralische Führung in der Welt beansprucht, schon bemerkenswert.

Ein anderer anonymer Hetzer, »Bernardus«, verteilte in der zweiten Konzilsperiode eine italienische Schrift, in der er den Satz von den Juden als einem gottesmörderischen, verfluchten und schädlichen Volk verteidigte. Die Judenunterdrückung sei maßgebende und bindende kirchliche Tradition. Einen Erlaß der »Inquisition für die Juden« aus dem Jahr 1751, dessen schauerliche Einzelheiten bei Oesterreicher komprimiert zusammengestellt sind[12], erachtet Bernardus als heilige Richtschnur ewiger Dauer. Eine weitere Hetzschrift mit dem Titel »Die jüdisch-freimaurerische Aktion auf dem Konzil«, die von Priestern und Ordensleuten verfaßt sein will, wurde den Bischöfen per Post zur »Oktoberkrise« 1964 übermittelt. Ein Giorgio Trillini (»Fra Giorgio da Terni«) wies in seinem Pamphlet darauf hin, alle berühmten Päpste und Heiligen hätten vor der jüdischen Seuche gewarnt, die ansteckender als Pest oder Geschlechtskrankheiten seien. 1965 legte ein Dr. Edoardo di Zaga eine Schrift vor mit dem Titel: »Die Erklärung zugunsten der Juden begründet eine neue Form des Rassismus, die das Recht der legitimen Verteidigung anderer Völker beeinträchtigt.« Diese Vorgänge zeigen, wie wichtig eine eindeutige Haltung der Kirche war und ist.

Bei den genannten arabischen und orthodoxen Aktivitäten wird es nicht verwundern, daß der erste Entwurf Beas zurückgezogen werden mußte, noch bevor er im Juni 1962 der Zentralen Vorbereitenden Kommission vorgelegt werden konnte. Die führenden Kurialen waren dagegen. Ottaviani z. B. hatte, um noch ein Beispiel für das dort herrschende Denken zu geben, noch in der Ausgabe 1960 seines vierbändigen Kirchenrechtslehrbuchs die Auffassung vertreten, nichts sei so evident wie die Verpflichtung der Staatslenker, irrige Religionen zu verbieten: der Totalitarismus Pius XII. in Reinkultur. Vielleicht war es auch so, daß vor allem die sog. Affäre Wardi, bei der es um die Entsendung eines nichtoffiziellen Beobachters des Jüdischen Weltkongresses ging, den Ausschlag gab. Jedenfalls wurde der Entwurf wegen der ungünstigen politischen Umstände von der Tagesordnung abgesetzt.

Den Bemühungen Beas (dem man nachsagte, zu Zeiten Pauls VI. sei er das geheime Zentrum des Konzils gewesen), Johannes XXIII. selbst und schließ-

12 Das Zweite Vatikanische Konzil, a. a. O., Bd. 2, S. 468.

lich der Weltpresse, die immer wieder über die arabischen Intrigen und Pressionen berichtete, ist es zu verdanken, daß es überhaupt zu einer Wiederaufnahme der Erörterung des Verhältnisses zum Judentum kam. Allerdings glaubte Bea selbst, vorschlagen zu sollen, dies in Form einer Aufnahme in das Schema über den Ökumenismus zu tun, weil er dies für taktisch notwendig hielt. Der neue Entwurf wurde in verschiedener Hinsicht zögerlich behandelt, und insbesondere die Vertreter der Ostkirchen stemmten sich dagegen. Diskussion und Abstimmung unterblieben geschäftsordnungswidrig, vielleicht auch im Hinblick auf die Reise Pauls VI. ins Hl. Land im Januar 1964, die recht unterschiedlich beurteilt wurde und deren wichtigster Punkt die Aussöhnung mit den Ostkirchen betraf.

Der folgende dritte Entwurf war recht fortschrittlich. Ausdrücklich wird etwa gesagt, das jüdische Volk dürfe nicht als gottesmörderisch hingestellt werden. Der Entwurf spricht von gegenseitiger Kenntnis und Achtung sowie von einer Förderung der Gespräche. Diese Fassung wurde – ein ganz außergewöhnlicher Vorgang – von der Koordinierungskommission umgearbeitet und entschärft. Auch wurde der entschärfte Text mit der völlig neuen Überschrift »Über die Juden und die Nichtchristen« versehen. Es bestand die Gefahr, das Judenkapitel vom Ökumene-Schema zu trennen und an das neue »Sekretariat für die nichtchristlichen Religionen« abzugeben, das am Konzil gar nicht beteiligt war. Das vorzeitige Ende der Judenerklärung wurde abgewendet, als die entschärfte, aber immer noch beachtliche Fassung durch eine Indiskretion in die Weltpresse gelangte. So konnte Bea die geänderte Fassung am 25. September 1964 feierlich dem Konzil vorlegen.

Dies geschah zu einer Zeit, als man sich insbesondere in der Bundesrepublik immer noch über die fluchwürdige Tat des Rolf Hochhuth erregte, einen zentralen Punkt der jüngsten kirchlichen Vergangenheit aufgegriffen und sein Drama *Der Stellvertreter* 1963 mit großem Erfolg zur Aufführung gebracht zu haben. Obwohl das Stück auf umfangreichen Forschungen Hochhuths beruhte (die Taschenbuchausgabe enthält eine 50seitige historische Darstellung mit Quellenangaben) und die Anprangerung des Schweigens Pius XII. und der Kirche zur Judenvernichtung auf nachgewiesene Fakten gestützt werden kann (mag auch eine andere, differenziertere und ebenfalls auf Fakten gestützte Sicht möglich sein); obwohl allein schon die Tatsache, ein so heißes Eisen so ernsthaft angepackt zu haben, hohe Achtung verdient (Golo Mann z.B. hat sie ihm ausdrücklich gezollt), wurde Hochhuth mit Schmähungen und Beleidigungen insbesondere aus kirchlichen Kreisen überschüttet. Besonders schlimm fand man wohl – soweit die scharfe Gegnerschaft nicht durch Unwissenheit und Naivität bedingt war –, daß man die Geschichte schon so erfolgreich gefälscht hatte, und nun kam einer daher, der dem Fakten entgegenstellte. Verschiedentlich mußte das Stück abgesetzt werden. Denn damals war der Einfluß der Kirche auf die Gemüter der Kommunalpolitiker noch um einiges stärker, als er noch heute vielerorts ist.

Auch Paul VI. glaubte, nachdem er in Israel und vor dem jordanischen König Hussein den Frieden beschworen hatte, beim Verlassen Israels Pius XII. »gegen die plumpen und bösartigen Anschuldigungen eines Hochhuth« in Schutz nehmen zu sollen.[13] In diesem Zusammenhang sei angemerkt, daß es noch 1986 der christdemokratische Kanzler der Bundesrepublik für angebracht hielt, sich bei Johannes Paul II. für Hochhuth zu entschuldigen, und das auch noch im Namen des deutschen Volkes. Ich trage das vor, um auch hier wieder auf die Aktualität der Frage des Verhältnisses zwischen Deutschen und Christen einerseits und dem Judentum und Israel andererseits hinzuweisen. Übrigens war der Montini-Papst, der ja auch während der Regierungszeit Pius XII. im Vatikan tätig war, 1964 keineswegs uninformiert. Er hatte sogar wegen Hochhuth ausdrücklich bei seinen Archivaren angefragt, die ihm erklärten, es sei im Moment besser, kein Weißbuch über die Einstellung Pius XII. zur Judenfrage zu veröffentlichen.[14] Zurück zur Papstreise ins Heilige Land: Sie wurde zwar viel gepriesen, doch der in Deutschland gebürtige Jude Fritz Sonnenberg glaubte Papstreise und Chancen der Judenerklärung im März 1964 wie folgt kommentieren zu sollen: »Die Versöhnung mit dem Judentum findet nicht statt.«

Demgegenüber nahm allerdings die nun tatsächlich stattfindende große Konzilsdebatte unerwartet einen völlig anderen Verlauf. Auch Kritiker Hirschauer räumt ein, daß sie zu den Sternstunden des Konzils gehöre. Die große Mehrheit der Bischöfe verlangte, daß die Klarheit und Warmherzigkeit der nicht entschärften Fassung wiederhergestellt werde. Bedeutsame Reden am 28. und 29. September 1964 haben dazu geführt. So sprach Kardinal Ritter (USA) von der »Ungerechtigkeit der Jahrhunderte, die nach Wiedergutmachung schreit«. Er fuhr fort: »Seit vielen Jahrhunderten sind wir Christen des Irrtums und der Ungerechtigkeit gegen die Juden schuldig ...« Jener Irrtum müsse ausgerottet werden, der (1964!) »sogar die Herzen der Kinder mit Haß gegen das von Gott so sehr geliebte Volk erfüllt«. Sehr eindrucksvoll erklärte Kardinal Cushings (USA) in seiner Rede etwas, was die Kirche in offizieller Form bis heute nicht zustande gebracht hat:

> »Ich frage mich, ehrwürdige Brüder, ob wir nicht demütig vor der Welt bekennen sollen, daß Christen sich allzuoft ihren jüdischen Brüdern gegenüber nicht als wahre Christen ... erwiesen haben. Wie viele sind es, die in unseren Tagen gelitten haben? Wie viele, die gestorben sind, weil Christen gleichgültig waren und geschwiegen haben ... Wenn schon in den jüngst verflossenen Jahren nicht viele christliche Stimmen gegen jene Ungerechtigkeiten laut wurden, so laßt doch wenigstens jetzt die unsere in Demut erschallen ...«[15]

---

13 Ebenda, S. 436.

14 F. Heer, Gottes erste Liebe, a. a. O., S. 506, mit Literaturhinweisen.

15 Das Zweite Vatikanische Konzil, a. a. O., Bd. 2, S. 442.

Die meisten »Väter« verlangten eine Rückkehr zum früheren Text, in dem die Anklage des Gottesmordes ausdrücklich zurückgewiesen wurde. Es handele sich um ein infames Fluchwort, und, so Weihbischof Leven (Texas): »Jahrhundertelang, selbst in unserem Jahrhundert, haben Christen den Juden das Wort ›Gottesmord‹ ins Gesicht geschleudert, um damit alle Arten von Exzessen, ja selbst das Hinmorden der Juden zu rechtfertigen... Wir müssen dieses Wort aus der Sprache der Christen entfernen...« Erzbischof O'Boyle (USA) wandte sich gegen Formulierungen, die auch für die Zukunft Judenmission erwarten ließen, was in den Herzen der Juden schmerzhafte Erinnerungen wachrufe. Am Schluß seiner Rede meinte er: »Eine wahrhaft christliche Erklärung über die Juden kann die Tatsache nicht beiseite lassen, daß das jüdische Volk jahrhundertelang das Opfer der Ungerechtigkeit und Grausamkeit von Christen geworden ist...«

Unter den wenigen negativen Stimmen war die von Kardinal Ruffini die herausragendste. Hierzu meint Oesterreicher, seine Intervention sehe die Juden »mit den kranken Augen der Fälscher der Protokolle der Weisen von Zion«.[16]

Auf Grund dieser Debatte kam es zu erheblichen und erfreulichen Änderungen des Entwurfs. Da brach die Oktoberkrise herein: Zum einen wurde bekannt, das oberste arabische Komitee Palästinas habe eine Abordnung entsandt, um Versuchen entgegenzutreten, die Juden für unschuldig zu erklären. Wenn die Kirche im palästinensischen Konflikt eine Stellung zugunsten des internationalen Judentums beziehe, so sei das ein imperialistisch-zionistisches Manöver. Viel bedeutsamer waren aber zwei Briefe, die Bea von Erzbischof Felici, dem Generalsekretär des Konzils, erhielt, der sie angeblich »in höherem Auftrag« geschrieben hatte. Sowohl die Erklärung über die Religionsfreiheit als auch die über die Juden sollten je durch eine gemischte Kommission überprüft werden. Die allgemeine Bestürzung war groß. Obwohl der Inhalt der Briefe sich im wesentlichen als Finesse herausstellte, war man doch über die angesprochene Möglichkeit beunruhigt, auch der Papst. Während die jetzt in Aussicht genommene Übernahme der Judenerklärung in das Schema über die Kirche wohl nicht bekämpft worden wäre, wollte man sich mit einer ebenfalls geplanten starken Zusammenstreichung nicht abfinden. Da gewann ein von Paul VI. schon mehrfach ausgesprochener Gedanke Gestalt, auch das Verhältnis zu anderen Religionen auf eine offizielle Ebene zu heben. So wurde die Judenerklärung in einen neuen Rahmen eingeordnet. Bei der Beratung des vierten Entwurfs sprachen nur zwei Redner den Wunsch aus, die Erklärung über die Juden solle ein Schuldbekenntnis der Christen wegen der Judenverfolgungen einschließen. Zwei von über 2000!

---

16 Ebenda, S. 447, Anm. 105.

Die Konservativen schürten die Angst vor dem Geständnis, es habe in der Kirche Verirrungen gegeben. Der revidierte Gesamttext, der vom Sekretariat angenommen worden war, wurde von einer unbekannte Stelle drei Wochen zurückgehalten und den »Vätern« erst am 18. November 1964 ausgehändigt, d.h. nur zwei Tage vor der Abstimmung! Man mußte noch froh sein, daß die Abstimmung überhaupt erfolgen konnte, denn es war bekannt geworden, die Abstimmung über das Thema Religionsfreiheit müsse wegen zu knapper Prüfungszeit verschoben werden. Die spezielle Abstimmung über die Judenerklärung erfolgte mit 1770:185 der gültigen Stimmen, die Schlußabstimmung des Konzils über die gesamte Erklärung bezüglich des Verhältnisses zu den nichtchristlichen Religionen mit 1651:99 Stimmen. 242 Bischöfe stimmten nur mit Einschränkungen zu. Alles in allem noch ein eindrucksvolles Ergebnis mit einem durch die Bischöfe erzwungenen wieder verbesserten Text. In der Weltöffentlichkeit wurde das Ergebnis mit Hochachtung aufgenommen, etwa unter dem Motto: Das Konzil schreibt Geschichte. Die Geschichte der Judenerklärung war aber anscheinend noch nicht kompliziert genug.

Trotz Einbindung der »Judenerklärung« in einen größeren Rahmen, ein Zugeständnis an die Araber, und trotz freundlicher Worte der Erklärung über die islamische Religion, von der sie »mit Hochachtung« sprach, entfachten die Araber einen »Heiligen Krieg« gegen die Judenerklärung. Gerade jetzt, wo sie die Juden ins Meer treiben wollten (um es vorsichtig zu formulieren), mußte die Kirche nach 2000 Jahren die These des Gottesmördervolkes fallenlassen. Der gesamte Nahe Osten wurde in einen Strudel der Feindseligkeiten gezogen: Regierungen, Parlamente, Medien, Christen, Bischöfe beteiligten sich daran. Der jakobitische Patriarch Antiochiens und des gesamten Orients gab am 25. November 1964 im syrischen Rundfunk eine von verachtungsvollem Protest getragene theologische Erklärung ab. Sie begann mit den Worten: »In diesen Tagen, in denen sich die bittere Klage der Christenheit gegen das sogenannte ökumenische Konzil erhebt, das die Juden für unschuldig am Blut Christi erklärt..., in diesen Tagen, sage ich, in denen Rom durch seine Erklärung gegen die Heilige Schrift, die apostolische Tradition, die Wahrheit der Geschichte, die Lehre der Väter und Doktoren gesündigt hat, halten Wir es für Unsere unabweisliche Pflicht, den wahren, jahrhundertealten Glauben über diese wichtige Frage vor der gesamten Welt zu proklamieren...« Er erklärte weiter: »Wir, und mit Uns alle die ehrwürdigen bischöflichen Mitglieder Unserer Synode, mißbilligen nachdrücklich diese römische Häresie, die der in der Bibel sonnenklar enthaltenen Wahrheit und der Lehre der christlichen Kirche durch die Jahrhunderte widerspricht. Der Glaube der Kirche, daß die Verantwortung für die Kreuzigung Christi bis zum Ende der Welt auf das jüdische Volk zurückfalle, wird im Geist der Christenheit tief verankert bleiben, wie auch immer sich die Ideen, Anschauungen und Gewohnheiten der Menschen ändern mögen...«[17] Gleichzeitig organisierte das orthodoxe Bistum von Latakia eine Demonstration gegen die Versöhnungsarbeit des Konzils. Die Kirche habe Christus um amerikanische Dollars verkauft, tönte die syrische Presse. Eine jordanische Zeitung schrieb: »Wer hat Christus gekreuzigt? Der Vatikan im Jahr 1964.« Radio Kairo ließ am 25. November 1964 ein Manifest des »Konstituierenden Rates der Islamischen Welt« verlesen: Die feindliche Politik der katholischen Kirche werde Feindschaft zwischen der islamischen und christlichen Welt hervorrufen, was auf die kirchlichen Einrichtungen und Gemeinschaften nicht ohne Auswirkungen bleiben werde. Ständig waren die Araber beim Vatikan aktiv. Oesterreicher spricht von einem »Sprühregen der geheimen Diplomatie«. Dies stärkte die Position der zwei arabischen Bischöfe des Einheitssekretariats. Dabei, so bezeugt Oesterreicher, war man »weit entfernt von einer halbamtlichen oder gar amtlichen Behauptung, die Konzilserklärung verbürge sozusagen die Würde und Rechte des Staates Israel.«

Das Undenkbare geschah: Trotz förmlicher Verabschiedung der Konzilserklärung, die nur noch nicht vom Papst promulgiert war, wurde die Gottesmordfrage wieder aufgegriffen. Dreißig Konzilsväter hatten eine Eingabe gemacht. Die Sachverständigen waren eindeutig gegen jede Änderung, die Bischöfe aber wurden schwankend, obwohl die förmliche und wörtliche Zurückweisung der Gottesmordanklage ein Schlüsselwort von symbolhafter Bedeutung gewesen war. Man bekam Angst, die verabschiedete Erklärung werde Totschlag und Elend bei den orientalischen Christen zur Folge haben. Am 12. Mai 1965 meldete sich eindrucksvoll Bischof Stangl aus Würzburg zu Wort (derselbe, der wenige Jahre später so unglücklich in den Exorzismus an der dabei zu Tode gekommenen Anneliese Michel aus Klingenberg verwikkelt war):

> »Die Frage der Annahme oder Ablehnung unseres Dekrets ist eine Entscheidungsstunde des Konzils. Geht die Kirche den Weg unbestechlicher Wahrhaftigkeit und Gerechtigkeit oder den Weg der Taktik, der Diplomatie, des geringsten Widerstandes?«

Taktik sei vom Bösen. Gerade in Deutschland nähmen heutige Christen Erwägungen pastoraler Klugheit nicht mehr ernst. Der moralische Führungsanspruch der Kirche stehe in Frage, wenn diese ›Licht der Völker‹ sein wolle, aber dann kein Zeugnis unerschrockener Wahrhaftigkeit und Gerechtigkeit ablege. Stangl zitierte Bibelstellen: »Ich beschwöre dich vor Gott und vor Jesus Christus, dem kommenden Richter, verkünde das Wort, sei es gelegen oder ungelegen...« (2 Tim 4,1 f.); »Zieht an die Waffenrüstung Gottes, damit ihr am bösen Tag bestehen könnt... die Lenden umgürtet mit Wahrheit!« (Eph 6,11 u. 14); »die Wahrheit wird euch frei machen« (Jo 8,32).

17 Ebenda, S. 459 f.

Trotz der scharf herausgearbeiteten Alternative fand sich eines Tages die erforderliche Zweidrittelmehrheit für eine Streichung der Anstoß erregenden Worte. Gut paßt hier das Wort Carl Friedrich von Weizsäckers: »Im Kampf um die Macht kann man die Wahrheit nicht sagen.«[18] Man wollte vor allem die ökumenischen Bestrebungen im Nahen Osten, d.h. die Möglichkeit, den geistlichen Machtanspruch der Kirche zu erweitern, nicht gefährden oder gar zunichte machen. Man konnte das auch rechtfertigen mit dem Gedanken, es seien nur drei Vokabeln (»des Gottesmordes schuldig«) entfernt worden, ohne daß der Sinn der Erklärung angetastet sei.

Damit war der Kampf um die Judenerklärung aber noch nicht ausgestanden. Am 15. Februar 1965 startete Bischof Carli, ein an sich unbedeutender Bischof (Oesterreicher nennt ihn »obskur«), in dem Klerusblatt *Palestra del Clero* in Form eines umfangreichen Artikels einen Generalangriff gegen die Judenerklärung. Es gebe eine andauernde jüdische Kollektivschuld – etwas, was Pius XII. unmittelbar nach Kriegsende hinsichtlich des deutschen Volkes deutlich abgelehnt hatte –, so daß das heutige Judentum »verstoßen, verflucht und gottesmörderisch« genannt werden müsse. Schlimm war das besonders deswegen, weil Carli schon wiederholt als Speerspitze der Kurie verwendet worden war. Seine Attacke war daher gleichbedeutend mit einer Kriegserklärung der mächtigen reaktionären Gruppe. Die biblische Begründung dieser Auffassung forderte angesichts des zwiespältigen Textbefundes des Neuen Testaments zu einer kritischen Bibelinterpretation heraus, die die Sache nicht einfacher machte. Es ging um die Autorität des Bibelwortlauts und somit um die Wahrheit des gesamten Lehrsystems. Vielleicht wäre der Konzilsmehrheit die Antwort leichter geworden, wenn sie an die Folgen der unumstößlich noch 20 Jahre zuvor verkündeten »Wahrheit« gedacht hätte: Hatte doch der Limburger Bischof Hilfrich im Fastenhirtenbrief von 1939, gut vier Monate nach der »Reichskristallnacht«, festgestellt: »Das jüdische Volk ist des Gottesmordes schuldig und steht seit dem Tag der Kreuzigung unter dem Fluch«. Erzbischof Gröber gar, ein »Seelsorger mit offenem Blick für die caritativen Aufgaben der Zeit« (so das *Lexikon für Theologie und Kirche*), erklärte noch im März 1941: »Über Jerusalem geht indessen der wahnsinnige, aber wahre Selbstfluch: ›Sein Blut komme über uns und unsere Kinder!‹ Der Fluch hat sich furchtbar erfüllt. Bis auf den heute laufenden Tag.« Derartige Überlegungen wurden den Konzilsvätern aber erspart durch die Sonntagspredigt Pauls VI. vom 4. April 1965 (Passionssonntag) in einer römischen Vorstadtkirche, aus der der *Osservatore Romano* wie folgt zitierte: das Evangelium habe »eine ernste und traurige Seite, die vom Zusammenstoß zwischen Jesus und dem jüdischen Volk berichtet. Dieses Volk, dazu auser-

18 Carl Friedrich von Weizsäcker: Wahrnehmung der Neuzeit, München 1985, darin: »Macht und Wahrheit« (Randnotizen), S. 314.

koren, den Messias zu empfangen, den es seit Tausenden von Jahren erwartete..., erkennt ihn im rechten Augenblick nicht nur nicht in dem Christus..., sondern bekämpfte, verleumdete und beschimpfte ihn; schließlich tötete es ihn.« Mag es sich dabei um eine unwillkürliche rednerische Entgleisung einer spontanen Predigt handeln oder mag dem eine klare Überlegung vorangegangen sein: Das Konzil wurde jetzt zusätzlich vor die Frage gestellt, ob es den Papst korrigieren solle. Schließlich billigte das Konzil ohne größere Debatte am 14. und 15. Oktober 1965 den entschärften Text, der am 28. Oktober promulgiert wurde. An diesem Tag fand eine letzte feierliche Abstimmung statt, in der bei drei ungültigen Stimmen 2221 mit Ja und 88 mit Nein stimmten.

Oesterreicher spricht von einem Triumph des Tages, der einem Wunder gleichkomme. Dieser Triumph sei durch die herzlichen Worte des Papstes gekrönt worden. Bei nüchterner Betrachtung muß man die Judenerklärung »Nostra aetate« wohl gleichermaßen positiv wie negativ beurteilen. Negativ ist anzumerken, daß die Geschichte der Erklärung einem Tanz auf glattem Parkett glich, bei dem glanzvolle Formulierungen von großer Deutlichkeit schließlich durch Druck von außen und innen einem wesentlich schwächeren Text wichen, und dies zudem nicht, wie von Johannes XXIII. beabsichtigt, in einer eigenständigen Erklärung, sondern lediglich im Zusammenhang mit anderen Religionen. Am meisten aber ist zu kritisieren, daß bei einem solchen Prüfstein der Fähigkeit der Kirche, über den Schatten der Jahrtausende zu springen, soviel Opportunismus eine Rolle spielen durfte. Am schlimmsten empfinde ich, daß sich das Konzil nicht zu einem offenen Schuldbekenntnis durchringen konnte, obwohl die lange Geschichte der Judenverfolgung mit zahlreichen Details z.T. sehr eindringlich zur Sprache gekommen war. In diesem Punkt scheint der Antrieb sogar besonders schwach gewesen zu sein. Insoweit erscheint der verabschiedete Text regelrecht dürftig:

> »Im Bewußtsein des Erbes, das sie mit den Juden gemeinsam hat, beklagt die Kirche, die alle Verfolgungen gegen irgendwelche Menschen verwirft, ... alle Haßausbrüche, Verfolgungen und Manifestationen des Antisemitismus, die sich zu irgendeiner Zeit und von irgend jemandem gegen die Juden gerichtet haben.«

Natürlich wußten die Konzilsväter, daß es nicht um Schandtaten von »irgend jemandem« ging, sondern letztlich um Schandtaten der Kirche als ganzer, und zwar nicht nur zu »irgendeiner« Zeit, sondern fast während der ganzen langen Geschichte des Christentums, die in die Schoah einmündete. Das nicht ausdrücklich ausgesprochen zu haben ist nicht nur dürftig, sondern geradezu schäbig und eine Geschichtsfälschung. Als Alibi in Form eines verschlüsselten, aber erkennbaren Schuldeingeständnisses mag der Text zwar herhalten. Er ist aber nicht geeignet, der uninformierten Masse der Gläubigen reinen Wein einzuschenken. Die Glättung und Verdrehung der jüngsten

Kirchengeschichte hat zu Unwissenheit geführt. Aus dem Dunkel der Unwissenheit wird der Gläubige durch den zitierten Konzilstext allein nicht befreit. Er wird nicht allzusehr verunsichert. Im Gegenteil: man weist ausdrücklich darauf hin, auch andere Menschen hätten Verfolgungen erleiden müssen – so als ob die Verfolgung der Juden nichts Besonderes dargestellt habe –, und vergißt nicht zu erwähnen, daß die Kirche – selbstverständlich – all dies verwerfe. Als ob die Kirche es schon immer als Wesenszug angesehen hätte, Verfolgungen zu verwerfen, und als ob es nie Ketzerverfolgungen bis zum Genocid, Katharervernichtung, Kreuzzüge, Inquisition, Hexenverfolgung, Kriege um Dogmen, Verfolgung des Denkens und der Wissenschaft gegeben hätte. Kann man da wirklich noch von einem »Triumph der Wahrheit und Gerechtigkeit« sprechen?

Das ist die dunkle Seite von »Nostra aetate«. Man muß aber gerechterweise auch sehen: Die Konzilserklärung betont die Gemeinsamkeiten von Judentum und Christentum im Glauben. Sie spricht vom Alten Testament als dem »guten Ölbaum«, aus dessen Wurzel das Christentum genährt werde. Das Judesein Jesu, seiner Mutter und der Apostel wird anerkannt. Immer noch werde das jüdische Volk von Gott geliebt, das gemeinsame Erbe sei reich. Von gegenseitiger Kenntnis und Achtung ist die Rede, gar von brüderlichem Gespräch. Der Schrift dürfe man nicht entnehmen, die Juden seien von Gott verworfen oder verflucht. Das alles ist eine völlig neue Rede (mögen auch schon im Tridentinischen Katechismus von 1566 gewisse – wenig beachtete – positive Töne angeschlagen worden sein). Die Gottesmordtheologie wird verworfen, wenn auch dieser symbolträchtige Terminus gestrichen wurde. Und schließlich wird der Antisemitismus ausdrücklich in allen (!) Manifestationen verworfen. Das klingt nicht nur neu, sondern ist tatsächlich eine *theologische Revolution.* Kommentator Oesterreicher erklärt ausdrücklich, Antisemitismus sei »nicht nur sündhaft, sondern auch häretisch«[19]. Wenn die Kirche mit einer tausendjährigen Häresie bricht, sie, die alle Häresien mit Gewalt und blutig unterdrückte, wenn sie es für nötig hielt[20], so ist das in der Tat eine historische Wende, der Beginn einer Rückkehr zu den Wurzeln des Christentums.

Ich fasse zusammen: So sehr man zahlreiche Vorgänge im Konzil und um das Konzil verurteilen muß und so schwach der endgültige Text der »Judenerklärung« im Vergleich zu vorhergehenden Fassungen sein mag, so unglaubwürdig und farblos manche Passage wirken mag: *Nostra aetate ist eine Wende mit Flecken, aber doch eine revolutionäre Wende, eine Basis für einen Neubeginn. Sie vollzog sich vor den Augen der Weltöffentlichkeit.* Das wird gerade auch von jüdischer Seite anerkannt.

---

19 Das Zweite Vatikanische Konzil, a. a. O., Bd. 2, S. 471.

20 Vergleiche hierzu eindrucksvoll Henry Charles Lea: Geschichte der Inquisition im Mittelalter, 3 Bde., Nördlingen 1987 (Nachdruck der deutschen Übersetzung Philadelphia 1905 ff.), eine noch heute unübertroffene, hervorragend lesbare und anhand von Originalquellen verfaßte Darstellung.

Karl Rahner und Herbert Vorgrimler haben nach allem – realistisch betrachtet – recht, wenn sie in ihrem *Kleinen Konzilskompendium* diese mangelhafte Erklärung als »einzigartig« bezeichnen. Historisch ebenso wahr – wenn auch etwas utopisch – ist allerdings die scharfe Kritik des katholischen Widerstandskämpfers Hans Kühner:

»›Die Kirche beklagt alle Haßausbrüche, Verfolgungen und Manifestationen des Antisemitismus, die sich zu irgendeiner Zeit und von irgend jemandem gegen Juden gerichtet haben.‹ Man würde das glauben, wäre die Kirche an dergleichen nicht als Hauptverantwortliche beteiligt gewesen. Doch sie selber fühlt sich in und mit diesem Satz durchaus unschuldig. Erwartet hätte man ein bekennendes Wort darüber, wie lange die Kirche und ihre Organe, anstatt zu beklagen, den Tod angeordnet haben. Das hätte die Glaubwürdigkeit des Textes erhöht, die Wahrhaftigkeit der Geschichte gegenüber bezeugt. Wer war denn der ›irgend jemand‹ im Laufe der Leidensgeschichte der Juden?

Hat etwa Johannes von Capistrano seinen unberechtigten Heiligenschein verloren? Sind Deggendorf seine Privilegien genommen worden? Ist Oberammergau verboten worden? Hat Paul VI. eine Juden-Enzyklika des Bekennens erlassen? Sind Antijudaismus und Antisemitismus formell zu dem erklärt worden, was sie sind und von jeher waren: zu Häresien vor Gott und den Menschen? Hat Paul VI. Yad Vashem in Jerusalem besucht, um dort die Wirklichkeit zu erkennen? Ist er etwa nach Jerusalem gegangen, um sich mit dem Judentum zu versöhnen? Nichts von alledem ist geschehen. Im Gegenteil. Am 4. April 1965, über ein Jahr also nach seiner ›Palästina‹-Reise, wie er sie nannte, predigte Paul VI. in der römischen Kirche Madonna di Guadalupe gegen die ausdrückliche Feststellung des Konzils, der Geschichte und der Theologie erneut generalisierend über die ›Schuld‹ des ganzen jüdischen Volkes...

Die Konzilserklärung von 1965 ist somit in der Sphäre des Opportunismus hängen geblieben...«[21]

Ein denkwürdiges historisches Dokument ist also »Nostra aetate«: eine revolutionäre Erklärung, bestehend aus »Unverbindlichkeiten«, ein »Gemisch aus Lyrik, Betulichkeit, theologischen Gemeinplätzen, gönnerhaften Anmerkungen und Empfehlungen für besseres Verhalten«[22]. Ob es bei diesem Widerspruch blieb, wird sich zeigen.

Der Fortgang der Aufarbeitung in der katholischen Kirche. So revolutionär die Konzilserklärung auch war, es handelte sich nur um »Anfänge eines Anfangs« (Karl Rahner). Denn: »Nach Auschwitz gibt es nichts mehr zu beschönigen: um das klare Eingeständnis ihrer Schuld kommt die Christenheit nicht herum« (H. Küng).[23] Dieses klare Eingeständnis aber fehlt im Gesamtkatholizismus bis heute. Änderungen im Positiven gibt es indessen wohl. Es dauerte freilich noch weitere fünfzehn Jahre, bis sich die bundesdeutschen Bischöfe zu einer ausführlichen Erklärung aufrafften (28. April 1980). Diese bezeichnet Klemens Richter als »angemessen«, Erich Zenger aber – ebenfalls kath. Theologe – realitätsnäher als »halbherziges Dokument«, das »bedauer-

21 Hans Kühner: Der Antisemitismus der Kirche, Zürich 1976, S. 185 f.
22 Ebenda.
23 Hans Küng: Christ sein, München 1976, S. 197.

lich unsensibel gegenüber den faktischen Belastungen« sei, unter denen das Verhältnis zwischen katholischer Kirche und Judentum noch heute stehe (hierzu später).

Erstes nennenswertes Dokument nach »Nostra aetate« ist eine Erklärung des Komitees der französischen Bischofskonferenz vom 16. April 1973. Darin heißt es, das jüdische Volk sei jetzt, nach dem »Bruch« mit der Vergangenheit, mit neuen Augen zu betrachten. Wörtlich: »Wesentlich dabei ist, daß dieser Vorgang alle Schichten des christlichen Volkes erfaßt und daß er überall ehrlich und energisch weiter fortgesetzt wird.« Wenn doch nur folgende mutige Worte der französischen Bischöfe mehr beherzigt würden:

»Es ist vordringlich, daß die Christen definitiv aufhören, sich die Juden nach Klischees vorzustellen, die jahrhundertelange Aggressivität geformt hat; merzen wir für immer die eines ehrlichen Menschen und um so mehr eines Christen unwürdigen karikaturistischen Vorstellungen aus und bekämpfen wir sie mit Entschlossenheit, wie zum Beispiel die Idee vom Juden, von dem man sagt, er sei ›nicht wie die anderen‹, indem man dieser Behauptung eine Dosis Haß und Abneigung beimengt, die Vorstellung vom Juden als ›Wucherer, als Ehrgeizling und Verschwörer‹, oder die noch viel schwerwiegendere Folgen zeitigende Anklage vom ›gottesmörderischen‹ Juden. Wir prangern diese infamierenden Bezeichnungen an, die leider auch heute noch, sei es in direkter oder in versteckter Form, verbreitet sind, und verurteilen sie nachdrücklichst. Der Antisemitismus ist ein Erbe der heidnischen Welt, doch wird er im christlichen Milieu durch pseudotheologische Elemente noch verschärft. Der Jude verdient unsere Aufmerksamkeit und unsere Achtung, oft unsere Bewunderung, manchmal gewiß auch unsere freundschaftliche und brüderliche Kritik, jedoch stets unsere Liebe. Dieses Element hat ihm vielleicht am meisten gefehlt, und darin ist auch das christliche Gewissen am meisten schuldig geworden.«

Wann je hatte man solche amtskirchlichen Worte gehört? Die französischen Bischöfe erkennen auch, daß das Gebot der mit der Gottesliebe verbundenen Nächstenliebe auch ein Grundbestandteil der altjüdischen Lehre ist (Lev 19,18). Sogar die Pharisäer werden rehabilitiert (eine hierzulande noch seltene Erkenntnis). Die französischen Bischöfe verteidigen ausdrücklich die Existenz des Staates Israel, des Staates, mit dem sich speziell der Vatikan noch so schwer tut. Zum ersten Mal wird versucht, das Judentum ernsthaft zu verstehen, wird es als eigenständiger Partner akzeptiert, fordert man Solidarität mit den Juden.[24]

Wie weit die katholische Praxis um diese Zeit noch vom Geist solchen Verständnisses und solcher Solidarität entfernt war, ergibt sich schon aus dem zitierten Text, der die noch andauernde Verbreitung infamer Bezeichnungen und unwürdiger klischeehafter Vorstellungen beklagt. Ein denkwürdiges Beispiel gab etwa Spanien, damals noch unter Franco-Herrschaft:

»Noch immer werden in Spanien Seelenmessen für den Massenmörder Hitler gelesen, gibt es dort Schlägerbanden, die sich ›Christkönigskrieger‹ nennen, und ein ungehindert gegen Mißliebige wütendes, verwüstendes, staatlich toleriertes ›Kommando Adolf Hitler‹, das eine besondere

24 Abgedruckt in: Die katholische Kirche und das Judentum. Dokumente von 1945–1982, hg. von Klemens Richter, Freiburg 1982, S. 71–80, Zitat S. 73 f.

Gefahr für progressiv-katholische Zeitschriften und Priester in Spanien darstellt und damit praktizierten Antisemitismus verbindet.«[25]

Das war nach wie vor der katholische Staat Francos, dessen Erhebung Pius XII. gesegnet hatte. Angesichts eines solchen katholischen Umfelds wird es nicht überraschen, daß die französischen Bischöfe sofort nach Veröffentlichung ihrer Erklärung aus Kirchenkreisen des Zionismus beschuldigt wurden. Der Kurienkardinal Jean Daniélou, bekannter jesuitischer Gelehrter und Mitglied der Académie Française, griff – obwohl Mitbegründer einer christlich-jüdischen Gesellschaft – das Dokument an: es lasse außer acht, daß es außerhalb der katholischen Kirche kein Heil gebe. Und das Staatssekretariat Pauls VI. wies alle Nuntien der Welt an, »dafür zu sorgen, daß die nationalen Bischofskonferenzen das französische Dokument nicht übernehmen, wobei die Rücksicht auf die Araber weit mehr wiege als die Realität der Geschichte und der Pseudotheologie«.[26]

Solcher Art sind die Rückschläge der Entwicklung im katholischen Bereich. Wie wenig die amtskirchliche »Wende« in der Praxis verankert war, zeigte sich in folgendem Tatbestand: »Keine Berufskategorie ist in den Verbänden, die sich der Annäherung beider Welten widmen, so wenig anzutreffen wie Priester und Pfarrer.« Und: »Bislang hört man in den Predigten kaum etwas über die Zusammenhänge von Judentum und Christentum, von Bekundungen des Verstehens und der Brüderlichkeit.«[27]

Von besonderer Bedeutung sind die »Richtlinien und Hinweise für die Durchführung der Konzilserklärung ›Nostra aetate‹, Art. 4« der vatikanischen »Kommission für die religiösen Beziehungen zum Judentum« vom 31. Januar 1975. Sie erschienen reichlich verspätet, nämlich ein Jahrzehnt nach Konzilsschluß. Notwendig waren sie, da die »Judenerklärung« des Konzils ja nur eine recht unverbindliche Verwässerung der Absichten Johannes XXIII. gewesen und in der Sphäre des Opportunismus hängengeblieben war. Überrascht war man über die Richtlinien, weil die vatikanische Kommission erst am 22. Oktober 1974 gegründet worden war und das Staatssekretariat Pauls VI. 1969 eine »Nostra aetate« ergänzende Erklärung – wohl aus Rücksicht gegenüber den arabischen Staaten – unterdrückt hatte. Daß von Rom in Sachen christlich-jüdischer Verständigung nicht übermäßig viel zu erwarten war, mag man auch dem Umstand entnehmen, daß zwar zwischen Jerusalem und Bethlehem ein päpstliches »Ökumenisches Institut für Höhere Theologische Studien« bestand, jüdische Gelehrte aber – in ihrem eigenen Land – ausgeschlossen waren.

Nun also 1975 aus Rom die »Richtlinien«. K. Richter charakterisiert sie so: »Hier wird zweifellos einiges deutlicher und auch einiges mehr gesagt als in

25 Hans Kühner: Der Antisemitismus der Kirche, a. a. O., S. 183.

26 Ebenda, S. 189.

27 Ebenda, S. 195.

der Konzilserklärung, zugleich aber auch alles recht vorsichtig.« Die »Richtlinien« erinnern einleitend an den historischen Zusammenhang der Konzilserklärung, den Holocaust, freilich ohne einen christlichen Anteil daran zu erwähnen. Das Dokument stellt dann lapidar fest, nach zwei allzu oft »durch gegenseitige Unkenntnis und offene Feindschaft« geprägten Jahrtausenden habe «Nostra aetate« den Weg »zum Zustandekommen oder zur Fortsetzung des Dialogs« eröffnet. 1975, dreißig Jahre nach dem großen Judenmord, muß die Kommission einräumen, die christlich-jüdischen Beziehungen, »wo sie überhaupt vorhanden« seien, seien »im großen und ganzen noch kaum über das Stadium des Monologes hinausgekommen«. Sie sagt aber »vornehm« nicht, daß dies auch am Vatikan lag, und äußert sich nicht dazu, wer denn wem 2000 Jahre lang den Dialog verweigert hat; auch nicht dazu, warum der beschworene »Respekt gegenüber der Eigenart des anderen« nie da war. 1500 bzw. 2000 Jahre Verfolgung werden gekonnt reduziert auf den Begriff der »beklagenswerten Vergangenheit«, an dem »die Christen ihrerseits ihren Anteil von Verantwortlichkeit« anerkennen und praktische Folgerungen hieraus ziehen sollen. Sehr schnell ist dann die Rede vom »brüderlichen Gespräch« und von »Gebetsgemeinschaft«. Nach einem kurzen Abschnitt über Liturgie wird zu Lehre und Erziehung Stellung genommen. Das Neue Testament dürfe nicht in einen herabsetzenden Gegensatz zum Alten Testament gebracht werden. Auf allen Ebenen müsse auf die christliche Lehre eingewirkt werden: in katechetischen und historischen Büchern sowie durch die Massenmedien. Die Erforschung der Probleme des Judentums und der jüdisch-christlichen Beziehungen solle in allen Bereichen gefördert werden. Das ist löblich. Nur: im gesamten deutschsprachigen Bereich gibt es heute nur drei Judaistik-Lehrstühle an katholischen Fakultäten, davon nur einen in der Bundesrepublik (obwohl hierzulande die Finanzierung nach der m. E. allerdings verfassungswidrigen Praxis und Lehre voll vom Staat übernommen würde). Wer sich gar in katholischen Büchern, die sich an ein größeres Publikum wenden, über die Geschichte der Juden im christlichen Europa unterrichten will, wird auch heute noch – soweit überhaupt – mehr Unwahrheit durch Verschweigen als konkrete Information finden.

In den Schlußbemerkungen der »Richtlinien« heißt es, das Problem der christlich-jüdischen Beziehungen sei »von bleibender Bedeutung«. Von »Rückkehr der Christen zu den Quellen« ist die Rede, und die Bischöfe werden aufgefordert, »die geeigneten pastoralen Initiativen« zu ergreifen.

Alles in allem erscheint das Dokument angesichts der Fülle an qualifizierter christlich-jüdischer Literatur zum Thema zehn Jahre nach Konzilsende doch etwas »dünn«, z. T. auch recht scheinheilig (zur »beklagenswerten Vergangenheit« s. o.):

»Es baut jedoch wieder auf einer Darstellung auf, die von der historischen Realität abweicht, ja ihr weitgehend widerspricht.

Die Kirche, ›die alle Verfolgungen gegen irgendwelche Menschen verwirft‹, hat es, wie die Geschichte lehrt, niemals gegeben, denn die Kirche hat die schwersten Verfolgungen begangen, systematisiert, ja dogmatisiert, handle es sich nun um die Juden als die frühesten Opfer, um Ketzer oder sogenannte Hexen. Das neue Dokument hätte wenigstens heute endlich zu diesem Eingeständnis kommen müssen. Es hätte dann auch, historisch zutreffend, zugeben müssen, daß ›die Massenhinrichtungen von Juden, die in Europa in der Zeit vor dem Zweiten Weltkrieg und während des Krieges geschehen sind‹, logische, wenn auch säkularisierte Folge von Pseudotheologie und Kirchenhaß auf das Judentum gewesen sind, abgesehen davon, daß das taktvolle Schweigen über jene, durch die es geschehen ist, peinlich wirkt.«[28]

Die Richtlinien hängen historisch in der Luft, aber sie sind viel verbindlicher als »Nostra aetate«, zeigen pastorale Möglichkeiten auf, verlangen neue Textübersetzungen und unterlassen jede Andeutung von Missionsversuchen.

Hinterläßt auch dieser Text schon als solcher einen zwiespältigen Eindruck, so wird dieser ins Negative verschoben, wenn man das Umfeld betrachtet: Unter Paul VI. wurden die »Richtlinien« verabschiedet, Paul VI. war es aber auch, der nie Yad Vashem besucht hat. Er war es, der nach der Wiedervereinigung Jerusalems 1967 dessen Internationalisierung forderte und die Fiktion einer Gefährdung der heiligen Stätten aufrechterhielt. Kein Dank kam von ihm, als die Israelis alle nachweislich von Jordanien verursachten Kriegsschäden christlicher Gemeinden entschädigten. Wider die historischen Tatsachen beschwerte sich Paul VI. 1971 dreimal bei den Vereinten Nationen über die »Zionisierung« Jerusalems und ließ damit unausgesprochen die Befürchtung einer Bedrohung anklingen. Paul VI. hat gar die UNESCO, nachdem sie auf arabisch-kommunistischen Druck hin Israel – immerhin eine Kulturnation und eine Demokratie, was auch immer ein Teil seiner Führer an Verwerflichem tun mag, Führer einer buchstäblich von Anfang bis heute in ihrer physischen Existenz bedrohten Nation – geächtet und ausgeschlossen hatte, mit dem »Friedenspreis Johannes XXIII.« bedacht. Nach drei antiisraelischen internationalen Resolutionen im Jahr 1975 (Weltfrauenkonferenz, Erklärung der Organisation für Afrikanische Einheit, Konferenz der Außenminister der Blockfreien Staaten) faßte die Vollversammlung der UN diese Bestrebungen am 10. November 1975, 40 Jahre nach Verkündigung der Nürnberger Gesetze, in ihrer Resolution Nr. 3379 so zusammen: »Der Zionismus ist eine Form des Rassismus und der rassistischen Diskriminierung.« Das Abstimmungsverhältnis: 72:35 bei 32 Enthaltungen. Von einem Protest des Vatikan hat man nicht gehört. Vielmehr hat der vatikanische Delegierte auf der KSZE-Konferenz in Helsinki erklärt, der Vatikan könne mit Israel keine diplomatischen Beziehungen aufnehmen, weil man

28 Ebenda, S. 196 f.

sonst im Nahen Osten nicht vermitteln könne. Solche Vermittlungsbemühungen gab es aber auch in der Zeit danach nicht. Dafür hat der Vatikan noch nie generell und förmlich gegen den PLO-Terrorismus protestiert. (Im Gegenteil: Johannes Paul II. hat im September 1982 PLO-Chef Arafat feierlich empfangen, der die Juden ins Meer treiben möchte, um es vorsichtig zu formulieren.)

Das Umfeld war für die christlich-jüdische Aussöhnung zur Zeit Pauls VI. nicht günstig:

> »Es führt weltpolitisch und kirchenpolitisch eine gerade Linie von Pacelli-Pius' XII. ›Schweigen‹ zu dem vielfachen Schweigen des Papstes Paul VI. den heutigen Groß-Mördern gegenüber, zu seiner Umarmung des Massenmörders Idi Amin, zu seinen von diesem großen Schweigen getragenen offiziellen Besuchen – etwa in Südamerika – in Staaten, in denen permanent gefoltert, gemordet wird: durch die Diktatoren, die heute Hitlers gelehrige Schüler sind.«[29]

Was sollte unter solchen Bedingungen von der ohnehin zwiespältigen Erklärung aus Rom bleiben?

Demgegenüber enthält der Beschluß der Gemeinsamen Synode der Bistümer in der Bundesrepublik vom 22. November 1975 sehr respektable Formulierungen. Der Entwurf dieses Papiers (»Für ein neues Verhältnis zur Glaubensgeschichte des jüdischen Volkes«) stammt im wesentlichen von Johann Baptist Metz. Hier findet der Leser, was er – verbunden mit anderen konkreten Taten der Wahrheitsdarstellung – sich von einer jedenfalls theoretisch dem Geist der Liebe verpflichteten Kirche öfter wünschen würde:

> »Wir sind das Land, dessen jüngste politische Geschichte von dem Versuch verfinstert ist, das jüdische Volk systematisch auszurotten. Und wir waren in dieser Zeit des Nationalsozialismus, trotz beispielhaften Verhaltens einzelner Personen und Gruppen, aufs Ganze gesehen doch eine kirchliche Gemeinschaft, die zu sehr mit dem Rücken zum Schicksal dieses verfolgten jüdischen Volkes weiterlebte, deren Blick sich zu stark von der Bedrohung ihrer eigenen Institutionen fixieren ließ und die zu den an Juden und Judentum verübten Verbrechen geschwiegen hat. Viele sind dabei aus nackter Lebensangst schuldig geworden. Daß Christen sogar bei dieser Verfolgung mitgewirkt haben, bedrückt uns besonders schwer. Die praktische Redlichkeit unseres Erneuerungswillens hängt auch an dem Eingeständnis dieser Schuld und an der Bereitschaft, aus dieser Schuldgeschichte unseres Landes und auch unserer Kirche schmerzlich zu lernen: Indem gerade unsere deutsche Kirche wach sein muß gegenüber allen Tendenzen, Menschenrechte abzubauen und politische Macht zu mißbrauchen, und indem sie allen, die heute aus rassistischen oder anderen ideologischen Motiven verfolgt werden, ihre besondere Hilfsbereitschaft schenkt, vor allem aber, indem sie besondere Verpflichtungen für das so belastete Verhältnis der Gesamtkirche zum jüdischen Volk und seiner Religion übernimmt.«

Dieser Ton ist im katholischen Deutschland neu. Obwohl der Text noch relativ verhalten gefaßt ist im Vergleich zu den historischen Tatsachen, wurde er hinterher – andere Texte und die ganze Entwicklung beweisen es – vielfach als unangemessen scharf empfunden. Der Wahrheit ins Auge sehen –

29 F. Heer: Gottes erste Liebe, a. a. O., S. 737 (Nachtrag zur Taschenbuchausgabe).

das war noch nie eine Stärke der Amtskirche. Viel eher schon von Pax Christi, der mutigen katholischen Außenseiterorganisation. Bisher in Deutschland unübertroffen ist die Erklärung der Delegiertenversammlung der Pax Christi zum 40. Jahrestag der »Reichskristallnacht« von 1978. Dort wird die Erkenntnis ausgesprochen, »daß es ohne Wissen um diese Vergangenheit keinen Weg in die Zukunft geben kann«. Besonders wichtig:

»Eine besonders schwere Hypothek lastet auf dem deutschen Volk, auch auf den Christen in Deutschland. Sie sind nicht entschlossen und mutig genug gegen diese Massenvernichtung aufgetreten. Das Christentum kann auch nicht von der Mitverantwortung für das Entstehen des Antisemitismus freigesprochen werden. Auch deutsche Theologen waren es, die über die Jahrhunderte hinweg die Meinung vertreten haben, daß die Juden öffentliche Feinde seien. Christen haben im Namen Gottes dazu aufgefordert, Synagogen und Schulen der Juden zu verbrennen, ihre Häuser zu zerstören, ihre Gebetbücher zu vernichten, ihren Glauben zu verbieten, sie von der Straße zu verjagen und ihren Besitz einzuziehen. Massenzwangstaufen, Judenmessen und Pogrome galten nicht selten als gutes Werk angesichts der ›Gottesmörder‹, wie die Juden von Predigern bis in unser Jahrhundert hinein beschimpft wurden.«

Im Anschluß daran wird die Frage gestellt: »Wo waren wir in Auschwitz?«. Es folgt die Feststellung: »Eine Verurteilung des Antisemitismus genügt heute, nach Auschwitz, nicht mehr. Was not tut, ist wahre Solidarität mit den Juden.«[30]

Um so negativer fällt demgegenüber die – kirchenpolitisch ungleich gewichtigere – Erklärung des Sekretariats der Deutschen Bischofskonferenz vom 31. Januar 1979, »Die katholische Kirche und der Nationalsozialismus« auf, die anläßlich der »Holocaust«-Serie der ARD veröffentlicht wurde.

Schon 1930/31 (als ob die braune Gefahr vorher nicht bestanden hätte) habe der Episkopat die zentralen Aussagen der NS-Weltanschauung für mit der Kirchenlehre unvereinbar erklärt. Die Machtergreifung habe die Kirche in eine schwierige Lage gebracht. Das Reichskonkordat sei »die vertragsrechtliche Form der Nicht-Anpassung der katholischen Kirche« an das NS-System gewesen (K. Repgen). Die Enzyklika »Mit brennender Sorge« wurde hervorgehoben. Den Westmächten und Stalin wird vorgeworfen, dennoch das Münchner Abkommen getroffen bzw. den Hitler-Stalin-Pakt geschlossen zu haben. Es sei nicht Aufgabe der Kirchen gewesen, die »Rechtmäßigkeit« des Staates und der sich daraus ableitenden staatsbürgerlichen Verpflichtungen zu bestreiten oder den Ausbruch ungerechter Angriffskriege zu verhindern (die die Kirche als heilige Pflicht für die katholischen Soldaten darstellte), sondern zum Frieden »aufzurufen«. Letzteres habe die Kirche an den Rand des »Landesverrats« gebracht. Nur Gewissensentscheidungen einzelner zwischen patriotischer Pflicht und Ablehnung des Nationalsozialismus seien allenfalls möglich gewesen. Trotz eigener Verfolgung habe die Kirche

30 Weitere wichtige Gedanken und die Forderung der Pax-Christi-Bewegung nach Anerkennung Israels sind nachzulesen in: Die katholische Kirche und das Judentum, a. a. O., Dokument 11.

vielfach geholfen. U. a. werden Lichtenberg, von Galen und Frings hervorgehoben (letzterer hatte sich zwischenzeitlich als vehementer Kämpfer für die Atomrüstung und notfalls den Atomkrieg hervorgetan), natürlich auch Faulhabers Adventspredigten. »Mit brennender Sorge« zitieren die Bischöfe hinsichtlich des Rassenprinzips sinnentstellend nur selektiv. Bei all der mutigen Selbstbehauptung und Hilfstätigkeit geht fast unter, wenn zwischendurch selbstkritisch eingeräumt wird: »In breiten Bevölkerungskreisen Deutschlands gab es eine antisemitische Tradition und damit auch bei Katholiken. Aber die kirchliche Einstellung beruhte auf dem überlieferten Glaubensgegensatz, nicht auf einer rassistischen Ideologie.« Man räumt ein, daß die Kirche keine »genügend deutliche und aktuelle« Stellungnahme zum Boykott vom 1. April 1933, zum Erlaß der Rassegesetze und den Ausschreitungen zur »Reichskristallnacht« abgegeben hat. Mit Stolz aber verweist man anschließend auf den Hirtenbrief vom 23. August 1945 (s. o.). Umfassende Information der Jugend über den Nationalsozialismus wird gefordert, speziell anhand der Ergebnisse der kirchlichen »Kommission für Zeitgeschichte«. An die Spitze des Fortschritts und der Wahrheitsliebe stellen sich die Bischöfe (anläßlich einer Fernsehserie über den Holocaust!) mit dem Zitat Kardinal Döpfners aus dem Jahr 1965: »Die Kirche ist daran interessiert, daß die jüngste Geschichte des deutschen Katholizismus umfassend erforscht und dargestellt wird. Sie scheut weder Ergebnisse noch Dokumente.« Welch Gipfel der Heuchelei! Dem Uninformierten wird in sehr geschickter Weise das Bild einer zwar nicht fehler- und schuldfreien, doch alles in allem moralisch gerechtfertigten Kirche gemalt. Niemand würde dabei auf die Idee verfallen, daß die Frage nach einem Zusammenhang zwischen Kirche und Holocaust durchaus einen Sinn hat.

So angenehm diese bischöflichen Wahrheiten dem Kirchenvolk klingen mochten, so sehr forderten sie doch einen innerkirchlichen Widerstand heraus. Theologieprofessor K. Richter spricht davon, daß die Erklärung »ziemlich stark auf eine Rechtfertigung hinausläuft«.[31] Er stellt sich auf die Seite der scharfen Gegenerklärung des Bensberger Kreises vom 28. April 1979. Sie ist so eindrucksvoll und in puncto selbstkritischer Wahrheitsliebe unerreicht, daß ich dem Leser den vollen Wortlaut präsentieren möchte. – Der Bensberger Kreis ist eine Vereinigung kritischer Katholiken, die u. a. für Demokratisierung in Gesellschaft und Kirche eintritt und 1966 auf Initiative von Walter Dirks gegründet wurde.

»Stellungnahme des Bensberger Kreises zur Erklärung des Sekretariats der Deutschen Bischofskonferenz ›Die katholische Kirche und der Nationalsozialismus‹

Die 170 Mitglieder des Bensberger Kreises gehören verschiedenen Generationen an und sind

31 Ebenda, S. 22.

wie alle Deutschen und Christen auf vielfältige und unterschiedliche Weise in das Schicksal unseres Volkes verstrickt. Wir kennen die Problematik kurzer Stellungnahmen, weil vieles, das zu sagen notwendig wäre, darin ungesagt bleiben muß. Vor allem die älteren Mitglieder unseres Kreises wissen aus eigener Erfahrung um die Gewissensnot vieler Deutscher gerade auch während des Krieges. Mit unserem Volk und mit unserer Kirche lebend sind wir nicht Richter. Aber gerade weil wir uns der Geschichte unseres Volkes und unserer Kirche verbunden und verpflichtet wissen, glaubt der Bensberger Kreis, die folgende Erklärung abgeben zu müssen.

Bonn, den 28. April 1979 *Die Sprechergruppe*

Nach der Sendung der ›Holocaust‹-Serie im 3. Programm der ARD hat das Sekretariat der Deutschen Bischofskonferenz eine Erklärung veröffentlicht: ›Die katholische Kirche und der Nationalsozialismus‹. Diese Erklärung können wir aus folgenden Gründen nicht unwidersprochen hinnehmen:

I.

Die Auswahl der in der Erklärung angeführten Daten und Vorgänge, mit denen die schwierige Situation und die Widerstandshaltung der katholischen Kirche unter dem Nationalsozialismus dokumentiert wird, ist einseitig und erkennbar vom Willen zur Selbstverteidigung geleitet. Diese Vorgänge werden im einzelnen nicht bestritten, doch diesen ließe sich eine Vielzahl anderslautender Äußerungen gegenüberstellen, die einen erheblich anderen Eindruck von Wort und Praxis der damaligen Kirche vermitteln. Wäre das Wort ›der Kirche‹ wirklich so klar zu hören gewesen, könnte man zum Beispiel die Klage von Theodor Haecker über das Verstummen der prophetischen Stimme der Kirche nur schwer verstehen. Insbesondere bedauern wir die in der Erklärung vorherrschende Tendenz zur Selbstrechtfertigung, die in einem ärgerlichen Verhältnis zum Schicksal der ungezählten Opfer steht. Eine Hoffnung auf Zukunft hin ist nur möglich, wenn die Vergangenheit in ›Trauerarbeit‹ (Alexander Mitscherlich) angenommen worden ist. Der Ruf zur Buße gilt nicht nur für den einzelnen Christen, er gilt auch für die Kirche als ganze. Die Bereitschaft zur uneingeschränkten Wahrheit muß den Verzicht auf Selbstrechtfertigung mit dem Willen zur Analyse der eigenen Geschichte und der verschiedenen Stationen einer Mitverantwortung und Mitschuld verbinden. Die in der Erklärung zitierte Äußerung des deutschen Episkopates vom 23. August 1945 kann dabei keine Hilfe sein. Hier erscheint die Institution als nicht schuldig, während sich die Klage über den Irrweg vieler Deutscher – ›auch aus unseren Reihen‹ – als Anklage gegen bestimmte, nicht genannte Personen richtet.

II.

Wir sind bestürzt, daß in der Erklärung wie schon 1933 falsche Grundprinzipien vertreten werden, nach denen die Christen ohne Rücksicht auf inhaltliche Kriterien und moralische Qualitäten rein formaljuristisch zum Gehorsam gegenüber der ›legalen staatlichen Obrigkeit‹ verpflichtet werden und man sich dabei auf ›Selbstverständnis wie Auftrag der Kirche‹ beruft. Mag die Übertragung der Regierungsgewalt an Hitler legal gewesen sein, durch die Art ihrer Machtausübung, die unter anderem auf Beseitigung der legalen Weimarer Verfassung und ihrer Rechtsgarantien zielte, hat die Hitler-Regierung ihren Charakter als ›legale Obrigkeit‹ sogleich eingebüßt. Auch die Behauptung, daß etablierte totalitäre Systeme nicht bekämpft werden könnten, ist moraltheologisch wie sachlich unhaltbar. Wir sehen unsere Vorbilder nicht in denen, die bis 1945 der angeblich rechtmäßigen Obrigkeit Gehorsam geleistet haben, sondern in denen, die, in einer guten katholischen Tradition stehend, dieser Obrigkeit – bei der es sich nach einem Wort von Bischof von Preysing um Verbrecher und Narren handelte – den Gehorsam verweigert und aktiv Widerstand geleistet haben.

Wir sind der Meinung, daß diejenigen, die den Weg des Widerstandes gegangen sind, dieses Wagnis meistens allein und in der Regel ohne Rückendeckung – oft genug auch gegen den erklärten Willen der kirchlichen Institution – auf sich genommen haben. Diese Frauen und Männer stehen nicht für uns oder für die Kirche, die sie oft allein gelassen hat, sondern für die von ihnen vertretene Sache. Sie dürfen nicht in Anspruch genommen werden, um den entschuldigenden Nachweis zu liefern, daß ›die Kirche‹ dem Nationalsozialismus Widerstand geleistet habe. Dabei erinnern wir – stellvertretend für viele andere – an Alfred Delp, Franz Jägerstätter, Dr. Max Josef Metzger und Franz Reinisch.

III.

Gerade in diesem Jahr, da wir des Kriegsbeginns vor 40 Jahren gedenken, muß bei einer Behandlung der Frage nach dem Verhältnis von Kirche und Nationalsozialismus daran erinnert werden, daß der deutsche Episkopat die Katholiken vor allem zur ›Pflichterfüllung‹ gegenüber Volk und Vaterland aufgefordert hat. Der Hinweis auf die ›patriotischen Pflichten‹ war damals und ist heute unhaltbar, wenn man die übergeordnete, jedoch beharrlich verschwiegene Frage nach den Bedingungen für einen gerechten Krieg stellt.

1939 haben weite Kreise des deutschen Volkes nicht mehr unterschieden zwischen Deutschland und dem Nationalsozialismus. Man konnte oder wollte nicht sehen, daß die Partei sich des Staates und seiner Institutionen bediente, um ihre Ziele zu erreichen. Während im Ersten Weltkrieg die Gerechtigkeit der eigenen Sache unermüdlich betont wird, wird 1939 diese in der Moraltheologie entscheidende Frage für die legitime Teilnahme an einem Krieg weitgehend übergangen. Die Erklärung des deutschen Episkopats vom September 1939 enthält die Aufmunterung und Ermahnung an ›unsere katholischen Soldaten, in Gehorsam gegen den Führer, opferwillig, unter Hingabe ihrer ganzen Persönlichkeit ihre Pflicht zu tun‹. Mit der Einschärfung der Gehorsamspflicht ist die aktive Teilnahme am verbrecherischen Hitlerkrieg kirchenamtlich verordnet worden, und die unaufhörlichen Aufforderungen zur Opferbereitschaft bis zum Tode sind kaum anders als eine moralische Stärkung der Kriegsmacht Deutschlands anzusehen. Der Berliner Bischof von Preysing hat als einziger deutscher Bischof keinen Hirtenbrief mit Aufforderungen zur ›Pflichterfüllung‹ im Krieg herausgegeben, während umgekehrt der ebenfalls in Berlin residierende Feldbischof Franz Justus Rarkowski, ›ein begeisterter Hitler-Anhänger‹, sich ›vorbehaltos‹ für den Krieg einsetzte (Walter Adolph). Immer wieder haben fast alle deutschen Bischöfe dazu aufgerufen, der Heimat, dem Vaterland, dem Reich, dem ›Führer‹ in Gehorsam und Treue bis zum Tode zu dienen. An diesem schwer zu ertragenden Faktum ist nicht vorbeizukommen. Demgegenüber halten wir es für erforderlich zu erklären:

Es ist ohne Zweifel eine für jeden Soldaten bittere Wahrheit einsehen zu müssen, für eine ungerechte Sache gekämpft und gelitten zu haben, wenn er mit vielen Kameraden in bester Absicht sein Leben ›für Deutschland‹ aufs Spiel gesetzt hat. Für Deutschland hat jedoch wirklich gekämpft, wer als Widerständler oder Emigrant oder auch in der Uniform des ›Feindes‹ für die Befreiung seines Vaterlandes vom Barbarentum des Nationalsozialismus ›gegen Deutschland‹ gekämpft hat. Diese Wahrheiten müssen ebenso erkannt werden wie die Tatsache, daß die Kirche zum Einsatz im Hitler-Krieg ermutigt und aufgefordert hat. Die kämpfenden Soldaten, die ihre Pflicht erfüllen wollten und geblutet haben und die im Vertrauen auch auf ihre geistlichen Führer alle Schrecken durchlitten; die Toten, die Opfer eines gezüchteten Fehlglaubens geworden sind; auch und nicht zuletzt diejenigen, die der deutschen Aggression auf dem ganzen Kontinent zum Opfer fielen – sie und unzählige andere haben ein Anrecht darauf, daß auch die kirchlichen Autoritäten ihren folgenschweren Irrtum und ihre Mitschuld bekennen. Jedes Gedenken der Toten bleibt unaufrichtig, solange diese Wahrheit nicht offen ausgesprochen wird.

IV.

Während die Kirche als Organisation vorwiegend juristisch operierte und die Kirchenleitung sich meistens auf allgemeine Aussagen beschränkte, ›die da und dort nur durch einen versteckten Hinweis die Gegenwart berühr(t)en‹ (Alfred Delp), sollte der Erklärung zufolge das ›Dilemma zwischen Erfüllung der staatsbürgerlichen patriotischen Pflichten einerseits und der Ablehnung des Nationalsozialismus andererseits ... in der Gewissensentscheidung des einzelnen‹ gelöst werden. Unter Berufung auf sozialethische und rechtliche Prinzipien wie auf lehramtliche Äußerungen bietet die Kirche dann das Bild von ›eindrucksvoller Geschlossenheit‹. Unzulänglichkeiten und Fehlverhalten werden auf das Versagen (vieler) einzelner abgeschoben.

Die unaufhebbare Spannung und Differenz zwischen Maßnahmen der Kirche als einer Institution und der Entscheidung des einzelnen Christen wird in der Erklärung zu einem Dualismus, den wir aufgrund unseres Kirchenverständnisses nicht akzeptieren können.

Wir halten es für unredlich, im nachhinein auf die Gewissensentscheidung des einzelnen zu verweisen, nachdem man die Gläubigen durch eine lange Praxis daran gewöhnt hatte, von ihren Autoritäten über alle möglichen Fragen detaillierte Auskunft und Weisung zu erhalten. Eigenständigkeit und Selbstverantwortung fehlten nicht nur im Katalog der Ziele katholischer Bildung und Erziehung, sie wurden oft in die Nähe zu Individualismus und Subjektivismus, zu Unbotmäßigkeit und Willkür gebracht, wenn nicht sogar damit gleichgesetzt. Die meisten Katholiken waren überfordert, ohne klare Weisung über ihre privat-individuelle Lebensführung hinaus tätig zu werden. Kirchliche Verkündigung und Erziehung hatten den Katholiken kaum befähigt, eigenverantwortlich politisch zu handeln.

V.

Nach Auschwitz kann man ohne Beleidigung der Opfer nicht mehr rein theoretisch über die Wurzeln des Antisemitismus reden. Es ist nicht nur schwer zu begreifen, ›daß weder zum Boykott jüdischer Geschäfte am 1. April 1933 noch zum Erlaß der Nürnberger Rassengesetze 1935 noch zu den Ausschreitungen im Zuge der sogenannten Reichskristallnacht am 9./10. November 1938 von kirchlicher Seite eine genügend deutliche und aktuelle Stellungnahme erfolgt ist.‹ Wir begreifen zum Beispiel noch schwerer die antijüdischen Auslassungen im ›Handbuch für religiöse Gegenwartsfragen‹, das 1937 und noch einmal 1940 vom Freiburger Erzbischof Gröber ›mit Empfehlung des deutschen Gesamtepiskopats‹ herausgegeben wurde. Unabhängig von Einzelfragen ist jedoch die Tatsache entscheidend, daß die Kirche nicht klar und eindeutig an die Seite der Synagoge getreten ist.

Die in der Erklärung vorgenommene Unterscheidung zwischen einem rassenideologisch begründeten Antisemitismus und einer ›auf dem überlieferten Glaubensgegensatz‹ beruhenden kirchlichen Einstellung gegenüber den Juden halten wir angesichts der Opfer für unerlaubt, wenn nicht gleichzeitig eingeräumt wird, daß Fehlentwicklungen in kirchlicher Lehre und Praxis den Boden bereiten halfen und Bedingungen mitgeschaffen haben, durch die der Antisemitismus sich so grauenhaft entfalten konnte. Die lobenswerte Öffnung der kirchlichen Archive und die hervorragende Arbeit der Kommission für Zeitgeschichte bilden erst die Voraussetzung zur Erfüllung der zu bewältigenden Aufgabe. So wie wir ›als Volk auf dem falschen Wege, auf der falschen Seite‹ gewesen sind (Theodor Haecker), so ist auch durch das Volk der Kirche insgesamt eine Aufarbeitung zu leisten, die bisher nur inAnsätzen erfolgt ist. Der gesamten kirchlichen Bildungs- und Erziehungstätigkeit, den Verbänden und der kirchlichen Presse kommen dabei Aufgaben zu, die bisher nur mangelhaft wahrgenommen wurden.

VI.

Bei der geforderten Auseinandersetzung über die Frage nach dem Verhältnis von katholischer Kirche und Nationalsozialismus halten wir die Behandlung folgender Faktoren für unerläßlich, da sie vor und nach 1933 auf das Bewußtsein und die Haltung deutscher Katholiken eingewirkt haben: Die antiparlamentarische, antikritische und antiliberale Einstellung im deutschen Katholizismus, also ein unterentwickeltes Demokratieverständnis mit entsprechender Fehleinschätzung der Rolle der Opposition im modernen Staatsleben; die Unfähigkeit zum Austragen von Konflikten, die ihr Gegenstück in der Neigung zu autoritärhierarchischen Ordnungsgebilden mit daraus resultierender Gehorsamsbereitschaft und Anerkennung der Treuepflicht fand; die politische Unreife, zu der auch der Einsatz der rationalen Analyse durch unkritischen Idealismus gehört; der allzu häufige Mangel an zivilem Mut bis hin zum Opportunismus; der gerade bei kirchenoffiziellen Stellungnahmen erkennbare Gruppenegoismus und das dadurch mitbedingte Defizit an Solidarität mit denen, die die ersten Opfer der NS-Herrschaft wurden; das aus historisch-romantischer Reichsvorstellung herrührende Sendungsbewußtsein, das in nationales Pathos einmündete; Angst vor dem Bolschewismus und Angst, mit Juden und Marxisten in eine Reihe gestellt zu werden; die Betonung der Volksgemeinschaft als Gesinnungseinheit und das unterentwickelte Freiheitsbewußtsein.

Wenn man die aufgezählten Phänomene näher bedenkt, gibt es leider schwer zu leugnende Berührungspunkte zwischen einer damals verbreiteten Ausprägung des deutschen Katholizismus und dem Nationalsozialismus. Darüber hinaus ist die Frage zu stellen, ob entscheidende Fehlhaltungen von damals noch heute in der Kirche weiterbestehen, ohne bewußt geworden, geschweige denn aufgearbeitet worden zu sein.

(123 Ja-Stimmen, 3 Nein-Stimmen, 3 Enthaltungen).«[32]

Soweit das Gewissen einer Minderheit.

In theologischer Hinsicht war das Arbeitspapier des Gesprächskreises »Juden und Christen« des ZK der deutschen Katholiken vom 24. April 1979 von großer Bedeutung, in dem christliches und jüdisches Selbstverständnis einander auf gleicher Ebene gegenübergestellt werden. Das nach zwei Jahren Diskussion verabschiedete Papier geht weit über alle bisherigen kirchlichen Verlautbarungen hinaus, ist allerdings auch kein amtskirchliches Dokument. Die sechs beteiligten Juden und siebzehn Katholiken haben es sämtlich akzeptiert. Christen und Juden müssen sich nach diesem Dokument als Weggemeinschaft verstehen. Da das Arbeitspapier rein theologischer Natur ist und keine historisch-politische Aussage trifft – insoweit werden nur künftige Themen angesprochen –, muß es hier bei einem bloßen Hinweis bleiben.

Ein sehr umfangreiches Lehrdokument ist die Erklärung der deutschen Bischöfe vom 28. April 1980 »Über das Verhältnis der Kirche zum Judentum«. Es wendet sich an die katholische Basis und enthält auch eine relativ ausführliche Darstellung »kritischer Aussagen über die Juden« im Neuen Testament, denen noch ausführlicher positive gegenübergestellt werden (positiv im wesentlichen Röm 9–11). Mit Hinweisen früherer Aussagen der katholischen Kirche unter Abdruck von »Nostra aetate« werden die von mir positiv herausgestellten Dokumente (Gemeinsame Synode 1975, Erklärung der französischen Bischöfe von 1973, Arbeitspapier des vorgenannten Gesprächskreises des ZK der deutschen Katholiken 1979) lediglich aufgelistet, Kennzeichen einer weniger fortschrittlichen Haltung. Der Antisemitismus wird indessen streng verurteilt als gegen Jesus Christus selbst gerichtet. Auschwitz müsse die Christen aufschrecken und zur Umkehr bewegen. Ein Jahr zuvor allerdings hatten die gleichen Bischöfe die vom Bensberger Kreis so heftig kritisierte Teil-Reinwaschung betrieben, so daß das anschließende Bekenntnis

32 Ebenda, Dokument 13; dort mit Anmerkungen versehen.

des Schuldig-geworden-Seins der Christen im Verhalten gegenüber den Juden (auch wegen der gewählten Feinheiten der Formulierung) nicht recht zu überzeugen vermag. Und wenn im Abschnitt über den erforderlichen »prophetischen Protest« gegen Unrecht und Freiheitsbedrohung auch der Protest »gegen die sich immer mehr ausbreitenden Welt- und Geschichtslügen« ausgedrückt wird, so klingt das aus dem Munde gerade der deutschen Kirchenfürsten sehr merkwürdig.

Auch aus katholischer Sicht wird das Lehrdokument im einzelnen recht unterschiedlich gewertet.[33] Im Vergleich zu den Lehren der Kirche über die Juden in der gesamten bisherigen Geschichte, von den Taten ganz zu schweigen, sei es »sensationell neu«. Im Kern werde die Aussage getroffen, eine Kirche, die Jesus begegnen wolle, dürfe dem jüdischen Volk nicht aus dem Weg gehen, denn Kirche und jüdisches Volk seien zwei vom gleichen Gott beschenkte Geschwister. Die Bedeutung des bischöflichen Lehrschreibens – so Zenger – sei deswegen so groß, weil auch im Jahr 1980 »das heutige Judentum praktisch für jeden Katholiken ›ein unbekanntes Wesen‹« sei, demgegenüber er einerseits ein schlechtes Gewissen habe, andererseits aber auch zumindest unbewußt »unendlich viele Vorurteile und Negativklischees«. Aus diesem Grund habe man sich »durchaus leidenschaftlichere Initiativen« vorstellen können, vor allem würden keine konkreten Aktionen gefordert. Bedauerlicherweise hätten die Bischöfe nicht den Mut aufgebracht, »zu der jahrhunderteschweren langen Kette der erschreckenden Aussagen der katholischen Kirche selbstkritisch Stellung zu nehmen, nach deren Gründen zu fragen und unmißverständliche Konsequenzen zu ziehen«. Die Erklärung sei »bedauerlich unsensibel gegenüber den faktischen Belastungen, unter denen das Verhältnis von kath. Kirche und jüdischem Volk auch heute noch steht«. Klare eigene Worte zur »theologisch irrsinnigen Redeweise vom ›Gottesmord‹« wären angebracht gewesen, statt »geradezu peinlich« nur mit Zitaten aus dem Vatikanum II und gar dem Catechismus Romanus aus dem 16. Jahrhundert Stellung zu nehmen. Wie im Abschnitt V.7 von der christlichen Schuld und Verantwortung am Holocaust gesprochen wird, zeige, »wie wenig kirchliche Trauerarbeit wir als katholische Kirche bisher geleistet haben«. Es könne der »traurige Eindruck« enstehen, man habe aus der langen Diskussion über Ursachen, Hintergründe und Implikationen des Holocaust nichts gelernt. Dabei hätte doch auf die schon etliche Jahre bestehende »Theologie nach Auschwitz« zurückgegriffen werden können.

»Wie schwer es uns Katholiken fällt, zu unserem individuellen und institutionellen Versagen angesichts des systematischen Judenmords zu stehen, dokumentiert die Erklärung leider auf erschreckende Weise besonders an zwei Stellen. Der in Abschnitt V 5 stehende Satz »Auch wenn betont werden muß, daß Auschwitz ein Produkt des dezidierten Abfalls vom jüdischen (!) wie

33 Vergleiche dazu Erich Zenger, ebenda, S. 32 ff., dort auch die folgenden Zitate.

vom christlichen Glauben war...« ist hoffentlich eine Flüchtigkeit, die freilich bei einem so zentralen Punkt verräterisch wäre. Ist er ernsthaft gemeint, so wäre er Zeuge jenes gefährlichen Aufrechnungs- und Verdrängungsmechanismus, der gegenüber dem Holocaust allerorten wirksam zu werden beginnt. Auf keinen Fall ist dieser Satz Signal der von der Erklärung doch selbst geforderten ›Umkehr‹ – genausowenig wie der andere peinliche Satz in V 7: ›Auch wenn wir uns dankbar erinnern, daß viele (!) Christen sich teils unter großen Opfern für die Juden eingesetzt haben, dürfen und wollen wir weder vergessen noch verdrängen, was gerade in unserem Volk Juden angetan wurde.‹ Vergleicht man diesen Satz mit dem Schuldbekenntnis der Würzburger Synode im Dokument ›Unsere Hoffnung‹, muß man über die neuerliche Tendenzverschiebung gerade betroffen sein: ›Und wir waren in dieser Zeit des Nationalsozialismus, trotz beispielhaften Verhaltens einzelner (!) Personen und Gruppen, aufs Ganze gesehen doch eine kirchliche Gemeinschaft, die zu sehr mit dem Rücken zum Schicksal dieses verfolgten jüdischen Volkes weiterlebte, deren Blick sich zu stark von der Bedrohung ihrer eigenen Institutionen fixieren ließ und die zu den an Juden und Judentum verübten Verbrechen geschwiegen hat. Viele sind dabei aus nackter Lebensangst schuldig geworden. Daß Christen sogar bei dieser Verfolgung mitgewirkt haben, bedrückt uns besonders schwer‹ (Unsere Hoffnung IV 2). Gilt das 5 Jahre nach der Synode nicht mehr? Aus dem Engagement ›einzelner‹ für die Juden sind nun schon wieder ›viele‹ geworden – und daß die Kirche als Institution und (!) ihre Amtsträger an den Juden schuldig geworden sind, ist schon wieder vergessen? Meinen wir, das Gleichnis vom Menschen, der auf dem Weg von Jerusalem nach Jericho von brutalen Räubern blutig geschlagen wurde und erfahren mußte, wie Priester und Levit ihn zynisch links liegen ließen (vgl. Lk 11,30–37), hätte uns in dieser Situation nichts zu sagen?«[34]

Abschließend meint Zenger, 1980 sei es den Bischöfen anscheinend schon wieder zu viel gewesen, die Frage des Lebensrechts des Staates Israel anzusprechen, der nicht aus zionistischem Imperialismus, sondern als »Haus gegen den Tod«, als letzte Zufluchtsstätte eines verfolgten Volkes, gegründet worden sei. Auch nach diesem »Dokument guten Willens« sei man von einer erneuerten Glaubens- und Lebenspraxis noch weit entfernt.

Auch der prominente Jude E. L. Ehrlich kritisiert, daß das bischöfliche Lehrschreiben hinter anderen Texten zurückbleibt und sich auf kirchenamtlich bereits abgesegnete Aussagen beschränkt. Bei Anerkennung guten Willens stellt Ehrlich »nicht ohne Wehmut« fest, daß »eine große Chance ... vorübergegangen ist«. Viele, die am Text mitgewirkt hätten, hätten sich kräftigere Aussagen gewünscht.

Ehrlich würdigt hingegen positiver die Ansprache des Papstes an die Vertreter der Mainzer Juden vom 17. November 1980, in der Johannes Paul II. die Begegnung als Herzensangelegenheit bezeichnete und von der »heiligen Verpflichtung« der mitmenschlichen Brüderlichkeit insbesondere gegenüber den Juden sprach. Der Papst wollte auch die »falsche religiöse Sicht des Judenvolkes« berichtigt sehen, »welche die Verkennungen und Verfolgungen im Lauf der Geschichte zum Teil mitverursachte«: schon ein gewisser Fortschritt. Er betete »für das Land, auf das alle Juden mit besonderer Verehrung blicken«.

---

34 Ebenda, S. 39 f.

In der Papstansprache vom 6. März 1982 an die Teilnehmer einer Tagung der vatikanischen »Kommission für die religiösen Beziehungen zum Judentum« finden sich folgende Gedanken: »Die schrecklichen Verfolgungen, die die Juden in den verschiedenen Geschichtsepochen erlitten haben, haben endlich die Augen geöffnet und die Herzen aufgerüttelt«. Der Papst sprach von Friede, gegenseitiger Achtung, dem beachtlichen gemeinsamen geistigen Erbe, ja von einer angestrebten engen Zusammenarbeit, erwähnte aber nebenbei auch, daß es auch solche gebe, »die noch immer skeptisch, ja sogar feindselig bleiben«, und zwar aus Angst um die eigene Identität. E. L. Ehrlich rühmt:

> »Wie kaum ein anderer Papst vor ihm hat er drei wesentliche Merkmale der christlich-jüdischen Beziehungen verstanden: die innige Verwobenheit von Judentum und Christentum, die Tatsache, daß eine falsche christliche Lehre eine Ursache für Judenverfolgungen war, und Johannes Paul II. besitzt schließlich eine unmittelbare, spontane, echte Zuwendung zu den jüdischen Menschen.«[35]

Ehrlich meint, der Jude werde vom Papst in seiner Identität voll ernstgenommen, seine Heilsgüter würden ihm nicht bestritten oder auch nur in Frage gestellt. Der Papst sage den Mitarbeitern an der christlich-jüdischen Zusammenarbeit, sie leisteten einen »Dienst an der Kirche«. So habe das noch keine führende katholische Persönlichkeit gesagt, »geschweige denn ein Papst«. Wie tief der Wandel sei, zeige der Umstand, daß die Rede auf der ersten Seite des *Osservatore Romano* abgedruckt wurde.

Vom 24. Juni 1985 datieren die »Hinweise für eine richtige Darstellung von Juden und Judentum in der Predigt und in der Katechese der katholischen Kirche« der Vatikanischen Kommission für die religiösen Beziehungen zum Judentum im Sekretariat für die Einheit der Christen. Dort ist u. a. die Rede davon, die Beziehungen zwischen Christentum und Judentum gründeten sich »auf den Plan des Bundesgottes«. Die Juden seien »das Gottesvolk des von Gott nie gekündigten Alten Bundes«. Vom »konsequent durchgehaltenen Respekt gegenüber der religiösen Freiheit des anderen« wird gesprochen (ein Zitat aus den »Richtlinien und Hinweisen« von 1975). In den Gläubigen müßten die Reste des Antisemitismus, die man noch hie und da finde, ausgerottet werden; sie seien zu lehren, die Juden zu schätzen und zu lieben. Die Einheit des Alten und des Neuen Testaments wird herausgestellt. Man müsse im Geist der Nächstenliebe mit den Juden zusammenarbeiten und auf soziale Gerechtigkeit und Respektierung der Menschenrechte sowie auf internationale Versöhnung hinwirken. Jesus sei für alle Menschen geboren und gestorben und tief im Judentum verwurzelt. Im letzten Abschnitt über die historischen Beziehungen zwischen Judentum und Christentum heißt es: Der Fortbestand Israels sei ein Zeichen im Plan Gottes. Die 2000jährige Zergeg-

35 Ebenda, S. 58 f.

nung wird nur gestreift mit dem Bemerken, »wie negativ die Bilanz der Beziehungen zwischen Juden und Christen während zwei Jahrtausenden gewesen« sei. Die Katechese müsse zum Verständnis und zur Bedeutung des Holocaust für die Juden (!) beitragen und sich mit dem Rassismus befassen. Anschließend werden zum Antisemitismus die peinlichen Worte der Konzilserklärung wiederholt. In der kurzen Schlußbemerkung stehen die Sätze: »Die religiöse Unterweisung, die Katechese und die Predigt müssen nicht nur zu Objektivität, Gerechtigkeit und Toleranz erziehen, sondern zum Verständnis und zum Dialog... Insbesondere ist eine peinliche Unkenntnis der Geschichte und der Tradition des Judentums festzustellen, deren negative und oft verzerrte Aspekte allein zum allgemeinen Rüstzeug vieler Christen zu gehören scheinen.«

Verständlicherweise hat z. B. Hans Hermann Henrix kritische »Fragen und Wünsche an das Dokument«. Bemerkenswert ist vor allem, daß sie in den einschlägigen »Arbeitshilfen« (Heft 44) des Sekretariats der Deutschen Bischofskonferenz abgedruckt sind. Was die historischen Probleme anbelangt, so meint er, daß hinsichtlich des Holocaust zwar »eine Katechese des Verschweigens» korrigiert werde. Er vermißt aber die Darstellung des Umstands, daß »der Holocaust eine bedrängende Bedeutung auch und gerade für Christen und Christentum« hat. Er meint: »Inwiefern und in welchem Sinn Christentum und christlicher Glaube durch den Holocaust betroffen sind, müßte ein originäres Thema in der Behandlung des Holocaust durch die Katechese sein.« Es fehle ein Dokument, das zu den Problemen der geschichtlich-kirchengeschichtlichen Darstellung in der Katechese Stellung nehme. Dies stelle eine große Herausforderung dar. Die Verurteilung des Antisemitismus werde glaubwürdig, wenn »an der Geschichte des christlichen Antijudaismus das Bewußtsein geschärft wird, daß die Kirche, die als heilig bekannt und als Geheimnis geglaubt wird, eben auch die sündige Kirche ist«. In seinen zusammenfassenden Bemerkungen weist Henrix darauf hin, Voraussetzung anerkennender Einschätzung von außen sei eine »deutlich wahrnehmbare Rezeption« der »Hinweise« in den Teil- bzw. Ortskirchen. Die Teilkirchen hätten »die entsprechende Bewährung noch vor sich«. 1985, also 40 Jahre nach Kriegsende, ist man immer noch weit von einer breiten Aufarbeitung der Vergangenheit entfernt, obwohl doch die katholische Kirche infolge ihrer zentral-hierarchischen Struktur beste Voraussetzungen für ein Umdenken auf breiter Ebene mitbringt.

Was hat nun in einer solche Situation der Papst zu sagen? Am 13. April 1986 hielt er – ein sehr wichtiges Ereignis – beim Besuch der *römischen Synagoge* (wohl der erste Synagogenbesuch eines Papstes überhaupt) eine Ansprache an die jüdischen Repräsentanten, in der er die Begegnung als ein Symbol bezeichnete. Er erwähnt selbst, daß der Oberrabbiner schon 1981 eine Begegnung gesucht habe, und verweist auf zahlreiche Audienzen, die er jüdischen Vertretern gegeben habe. Daher fragt man sich, warum Johannes Paul II., dem gewiß niemand Antijudaismus nachsagen kann, diese Begegnung in der Synagoge nicht schon früher für angebracht hielt. Er sprach dann von »Akten der Diskriminierung«, der »Unterdrückung« und von »äußerst bedauerlichen Vorfällen«, um dann die peinlich-klagenden Worte der Konzilserklärung ein weiteres Mal zu wiederholen: »Ja, die Kirche beklagt nochmals durch mich mit den Worten des bekannten Dekretes ›Nostra aetate‹ (Nr. 4) ›alle Haßausbrüche und Verfolgungen, alle Manifestationen des Antisemitismus, die sich zu irgendeiner Zeit und von irgend jemandem gegen die Juden gerichtet haben‹; ich wiederhole: von wem auch immer.«

Diese Wiederholung ist sicher als Schuldbekenntnis für die Kirche anzusehen, wenn es auch bedauerlicherweise in eine diplomatische Wendung gekleidet ist, mit der die meisten Gläubigen sicher nicht viel anfangen können. Wenn der Papst dann von Genozid spricht, vermeidet er, einen Zusammenhang mit dem Christentum herzustellen. Vielmehr verweist er auf die Hilfe Roms für die römischen Juden. Nach kurzer Darstellung der geänderten Theologie sieht der Papst 1986 Anlaß für folgende Worte: »Ferner muß gesagt werden, daß der eingeschlagene Weg noch an den Anfängen steht. Deshalb bedarf es trotz der großen Anstrengungen, die von der einen oder anderen Seite schon unternommen worden sind, noch ziemlich viel, um jede – auch die subtile – Form des Vorurteils zu überwinden.« Er spricht dann vom Glauben, der stets »der freien Zustimmung der Vernunft und des Herzens« bedarf, von der »Achtung vor den inneren Überzeugungen der einen und der anderen« und von der notwendigen Zusammenarbeit zum Wohl des Menschen. Einen merkwürdig apologetischen Zungenschlag erhält des Papstes Rede mit folgendem Satz: »In einer Gesellschaft, die sich oft in Agnostizismus und Individualismus verirrt hat und die bitteren Folgen von Egoismus und Gewalttätigkeit erleidet, sind Juden und Christen Verwalter und Zeugen einer Ethik, die von den zehn Geboten gekennzeichnet ist, in deren Befolgung der Mensch seine Wahrheit und Freiheit findet.« Er spricht dann von brüderlicher Liebe und dankt für die »wiedergefundene Brüderlichkeit«, so als ob sie schon einmal vorhanden gewesen wäre.

Sicher wird diese Begegnung in der römischen Synagoge unterschiedlich beurteilt. Angesichts der Geschichte und der von mir referierten zahlreichen Dokumente läßt mich aber ein Unbehagen nicht los. Und wenn sogar der Papst, der ein Interesse daran hat, von Fortschritten sprechen zu können, einräumt, man stehe (immer) noch an den Anfängen, so fragt man sich, wie viele Jahrzehnte die Kirche noch an den Anfängen stehen will. Denn, wie sogar kirchlicherseits schon mehrfach ausgesprochen: mit schönen Dokumenten allein ist noch nichts erreicht, und noch weniger mit der erkennbaren überwiegenden Einstellung amtskirchlicher Kreise, die Wahrheit zwar gelegentlich zu streifen, ihr aber nicht ins Auge zu sehen. Und auf unterer Ebene sieht es oft noch schlimm aus.

Welche Bedeutung die Arbeit der Kirchen in der Frage der Überwindung des Antisemitismus und ähnlicher menschenfeindlicher und weitverbreiteter Einstellungen gerade auch in der Bundesrepublik haben könnte, wird vielleicht nach einer knappen, kaleidoskopartigen Darstellung zur Nachkriegsgeschichte deutlich werden. Zuvor aber ist noch auf die Entwicklung im Protestantismus einzugehen.

2. Protestantismus und Judentum

Besonders die protestantischen Dokumente waren bisher – von Ginzels Sammelband abgesehen – schwer zugänglich. Nunmehr steht eine umfangreiche Quellensammlung zur Verfügung, die nahezu vollständig alle katholischen und protestantischen Dokumente aus der Zeit von 1945–1985 (z.T. 1986) umfaßt, die offiziellen oder offiziösen Charakter tragen, soweit sie auch theologische Aussagen zum Verhältnis der Kirchen zum Judentum enthalten.

Die Dokumentation beruht auf der Tätigkeit der Studienkommission Kirche und Judentum in der EKD und der Arbeitsgruppe für Fragen des Judentums in der Ökumene-Kommission der Deutschen Bischofskonferenz. Die Dokumentation enthält 83 katholische und 81 protestantische Dokumente, ferner 8 jüdische Verlautbarungen und 12 gemeinsame christlich-jüdische Texte.[36] Ich beschränke mich im folgenden auf protestantische Verlautbarungen deutscher Landeskirchen und Kirchenverbände.

Die Provinzialsynode der evangelischen Kirche in Berlin-Brandenburg verabschiedete im Januar 1960 eine »Erklärung gegen den Antisemitismus«. Dort wird angesichts der damaligen Welle antisemitischer Aktionen Bezug genommen auf das Stuttgarter Schuldbekenntnis und die Erklärung der EKD-Synode in Weißensee von 1950 (s.o.). Letztere wird zitiert u.a. mit dem Satz: »Wir sprechen es aus, daß wir durch Unterlassen und Schweigen vor dem Gott der Barmherzigkeit mitschuldig geworden sind an dem Frevel, der durch Menschen unseres Volkes an den Juden begangen worden ist.« Anschließend heißt es:

»Wir sind vor allem schuldig geworden an der Jugend, der gegenüber wir es an der nötigen Belehrung und dem verpflichtenden Zeugnis haben fehlen lassen... Demgegenüber müssen wir es uns erneut klarmachen und es bezeugen: Der immer wieder durchbrechende Judenhaß ist offenkundige Gottlosigkeit...; brecht als Eltern und Erzieher das weitverbreitete peinliche Schweigen in unserem Land über unsere Mitverantwortung am Schicksal der Juden und widersteht dem, daß die junge Generation zur Judenfeindschaft verführt wird...; tretet ein für die

---

36 Rolf Rendtorff und Hans H. Henrix: Die Kirchen und das Judentum. Dokumente 1945–1985, Paderborn und München 1988.

Wiedergutmachungsleistungen... Darum laßt alles Rechten. Zeigt euren jüdischen Brüdern und Schwestern, daß ihr aus der Vergebung lebt, damit auch sie vergeben können.«[37]

Die Erklärung »Juden und Christen« vom 22. Juli 1961 fällt zusammen mit der Gründung der Arbeitsgemeinschaft Juden und Christen beim Deutschen Evangelischen Kirchentag Berlin 1961 und stellt – Jahre vor der Judenerklärung des Vatikanum – den Beginn einer neuen theologischen Etappe dar. In dem seitdem tätigen Gremium arbeiten Juden gleichberechtigt mit. Das kurze Dokument beginnt erfreulich bündig:

»Juden und Christen sind unlösbar verbunden. Aus der Leugnung dieser Zusammengehörigkeit entstand die Judenfeindschaft in der Christenheit. Sie wurde zu einer Hauptursache der Judenverfolgung. Jesus von Nazareth wird verraten, wenn Glieder des jüdischen Volkes, in dem er zur Welt kam, als Juden mißachtet werden. Jede Form von Judenfeindschaft ist Gottlosigkeit und führt zur Selbstvernichtung. Der gegenwärtig in Jerusalem stattfindende Prozeß geht uns alle an. Wir evangelischen Christen in Deutschland erkennen, daß wir darin schuldhaft verwickelt sind. Im Zeichen des Umdenkens und der Umkehr bitten wir die deutsche Öffentlichkeit, für folgendes einzutreten:

1. Eltern und Erzieher sollten gegenüber der jungen Generation das Schweigen brechen, eigenes Versagen eingestehen und die Ursprünge der Verbrechen ans Licht bringen, damit wir gemeinsam lernen, unsere Gegenwart zu bestehen. In der gegenwärtigen weltpolitischen Lage bedroht das Abschieben eigenen Versagens auf andere nicht nur eine bestimmte Menschengruppe, sondern alles Leben.

2. ...Wir müssen bereit sein, eigene politische Verantwortung auch unter Risiko wahrzunehmen. Personen, die an der Vorbereitung und Durchführung von Verfolgungen beteiligt waren, sollten aus führenden Ämtern ausscheiden...

4. Gegenüber der falschen, in der Kirche jahrhundertelang verbreiteten Behauptung, Gott habe das Volk der Juden verworfen, besinnen wir uns neu auf das Apostelwort: ›Gott hat sein Volk nicht verstoßen, das er zuvor ersehen hat‹ (Röm 11,2).«[38]

Anläßlich des 25. Jahrestages des 9. November 1938 verlas der Ratsvorsitzende der EKD, Präses Scharf in Dachau 1963 einen von allen zwölf Ratsmitgliedern unterzeichneten »Aufruf an alle evangelischen Christen in Deutschland und den benachbarten Ländern«. Darin heißt es: »Ehe wir von unserer Not reden, von Flucht, Hunger, Gewalt, Zertrennung oder Unrecht, müssen und wollen wir von unserer Schuld sprechen.« Die Schuld wird zwar nicht näher konkretisiert, aber immerhin ist die Erklärung verbunden mit der Absicht, im Namen der evangelischen Christen eine »Sühne-Christi-Kirche« zu bauen, die zur eigenen Buße und Umkehr mahnen solle.[39]

Es folgt eine lange Pause bis zur Studie *Christen und Juden* vom Mai 1975, die die Ergebnisse der seit 1967 (!) tagenden Studienkommission »Kirche und Judentum« zusammenfaßte und vom Rat der EKD der Öffentlichkeit übergeben wurde. Es handelt sich um ein umfangreiches theologisches Dokument. Im Abschnitt über das Auseinandergehen der Wege heißt es:

---

37 Ebenda, Dokument E III 15.

38 Ebenda, Dokument E III 16.

39 Ebenda, Dokument E III 17.

»So wurde die gegenseitige Abgrenzung unausweichlich; hinzu kamen in zunehmendem Maße offene Feindschaft und Verfolgung, die aber auch aus vielfältigen anderen Motiven gespeist wurden. Wurden in der Anfangszeit die Christen von Juden angefeindet, so waren schon bald die Juden die Verfolgten. Oft war ihre Existenz bedroht, ungezählte Juden verloren im Verlauf der jahrhundertelangen Auseinandersetzungen ihr Leben.

So entstand eine scheinbar unversöhnliche Feindschaft zwischen Juden und Christen und überdeckte die Gemeinsamkeiten immer mehr, ohne sie jedoch völlig aufheben zu können...

Die Feindschaft gegenüber den Juden führte in der Folgezeit – insbesondere seitdem das Christentum Staatsreligion war - immer wieder zur Anwendung von Gewalt gegen Juden bis hin zur Ermordung einzelner und zur Vertreibung oder Ausrottung ganzer jüdischer Gemeinden und Bevölkerungsgruppen.

Diese Vergangenheit belastet bis heute das Verhältnis von Juden und Christen zueinander. Wenn auch die Gewalttätigkeiten weitgehend aufgehört haben, so gelten die Juden für viele Christen doch immer noch als Fremde oder sogar als Feinde: als Feinde Christi und damit auch als Feinde der Christen...

Eine besondere Zuspitzung erfuhr der Judenhaß im Deutschland des 19. und 20. Jahrhunderts auf der Grundlage christlich-germanischer und rassistischer Ideologien. Er führte in letzter Konsequenz zu der Judenverfolgung nach 1933 und schließlich zum Mord an etwa 6 Millionen Juden in Europa...

Zwar hatten nur wenige Deutsche vollen Einblick in die gesamte Planung der Vernichtung. Aber die meisten erlebten die Gesetzgebung und die öffentliche Hetze gegen Juden seit 1933, die Synagogenbrände und Geschäftsplünderungen im November 1938, das plötzliche Verschwinden jüdischer Nachbarn und Schulkameraden. Es gab auch Informationen durch ausländische Rundfunksendungen und durch Gerüchte. An die geplante Vernichtung der europäischen Judenschaft (»Endlösung«) glaubten die meisten Deutschen jedoch nicht oder wollten nicht daran glauben. Sie meinten, sich beruhigen zu dürfen mit Nachrichten von Umsiedlungen der Juden nach Osteuropa. Die christlichen Kirchen haben weithin geschwiegen. Nur wenige Menschen verhalfen unter eigener Lebensgefahr Juden zur Flucht oder versteckten sie.

Die Ausrottung von 6 Millionen Juden und damit die fast völlige Vernichtung der jüdischen Kultur in Europa haben im Bewußtsein des jüdischen Volkes in aller Welt eine tiefe seelische Verwundung hinterlassen, die noch Generationen hindurch wirksam sein wird und die sich oft in Unsicherheit und Angst sowie in einem empfindlichen Reagieren auf jede Form der Existenzgefährdung ausdrückt.

Die Katastrophe von Völkermord und Vernichtung (Holocaust) ist für das jüdische Volk in Israel wie in der Diaspora mit dem Namen Auschwitz in Polen verbunden, des größten Vernichtungslagers. Auschwitz wurde ähnlich wie Hiroshima zum Symbol für die Erfahrung des Grauens der Vernichtung und zu einem Wendepunkt geschichtlichen und theologischen Denkens, insbesondere im Judentum.

Aus den schuldhaften Versäumnissen dieser Vergangenheit erwächst uns als Christen in Deutschland die besondere Verpflichtung, die neu aufkommende Judenfeindschaft, auch in der Gestalt des politisch und sozial motivierten ›Antizionismus‹, zu bekämpfen und an der Neugestaltung des Verhältnisses zu den Juden mitzuarbeiten.«[40]

Nach auch nur annähernd so deutlichen, historisch richtigen und einfühlsamen Texten sucht man im Bereich der katholischen Kirche, insbesondere auch der von Deutschland, bis heute vergeblich.

Am 10. November 1975 beschlossen 72 Staaten (die arabischen, die Ost-

40 Ebenda, Dokument E III 19.

blockstaaten, ein Großteil der afrikanischen und asiatischen Staaten; 35 Ablehnungen und 32 Enthaltungen) eine UN-Resolution, in der die Vollversammlung feststellt, »daß Zionismus eine Form von Rassismus und rassistischer Diskriminierung ist«. Im Vorgriff auf diese Zionismus-Resolution beschloß die Synode der EKD am 6. November 1975, den Rat der EKD zu bitten,

»alles ihm Mögliche zu tun, daß eine sachgerechte Darstellung und Beurteilung des Zionismus in der Öffentlichkeit, in den Schulen, in den Bildungseinrichtungen und vor allem in den internationalen Gremien gegeben wird. Auf dem Umweg ›Antizionismus‹ dürfen nicht alte und neue Judenfeindschaften geweckt oder geduldet werden.«[41]

Erfreulicherweise wandten sich am 27. November 1975 auch die leitenden Geistlichen (in der Regel Bischöfe) der Gliedkirchen des Bundes der Evangelischen Kirchen in der DDR gegen die Zionismus-Resolution der UN, ein beachtliches Dokument.[42] Entsprechend hatte sich der Generalsekretär des Ökumenischen Rates der Kirchen geäußert.

Im Anschluß an den vorgenannten Beschluß der EKD-Synode hat der Rat der EKD die Studienkommission Kirche und Judentum beauftragt, eine Stellungnahme zum Zionismus zu erarbeiten. Das Ergebnis ist die Studie »Was ist Zionismus?«, deren Veröffentlichung der Rat der EKD sogleich im September 1976 zustimmte.

In dem Dokument heißt es, die Formel Zionismus gleich Rassismus sei eine schlimme Verdrehung von Tatsachen und die UN gefährdeten damit den Frieden. Israel warte jetzt mit Recht auf christliche Solidarität. Im Rahmen der Betonung der gemeinsamen Wurzeln heißt es in dem Text:

»Die Wege der Juden und der Christen gingen trotz der gemeinsamen Wurzeln im Laufe der Jahrhunderte immer weiter auseinander. Der Gegensatz entzündete sich an dem Neuen, das die Botschaft Jesu und der Apostel brachte: daß in der Person Jesu der erwartete Messias gekommen und mit seiner Auferweckung die Endzeit angebrochen sei. Damit war auf beiden Seiten die Wahrheitsfrage gestellt. Aus Abgrenzung und Widerspruch wurde allmählich eine offene und scheinbar unversöhnliche Feindschaft. Auch der moderne Antisemitismus ist nicht denkbar ohne diesen durch die Jahrhunderte gehenden Konflikt, dessen Opfer zum allergrößten Teil die Juden wurden.«

Das Schicksal Israels könne keinem Christen nebensächlich sein.[43]

Anläßlich des bevorstehenden 40. Jahrestages der Reichspogromnacht beschloß die Synode der evangelischen Kirche der Union – Bereich der Bundesrepublik Deutschland und Berlin (West) im April 1978 ein Wort an die Gemeinden. Darin heißt es zum 9. November 1938:

»Diese Vorgänge sind undenkbar ohne jahrhundertealte Vorurteile und Entscheidungen der Christenheit und haben auch in der Unkenntnis der Gemeinden über das geschichtliche und gegenwärtige Judentum ihre Ursache. Deshalb muß alles getan werden, um

41 Ebenda, Dokument E III 20.
42 Ebenda, Dokument E III 21.
43 Ebenda, Dokument E III 22, Teil 6.

- Kenntnisse über das geschichtliche und gegenwärtige Israel zu verbreiten;
- eine neue Sicht des Verhältnisses von Christen und Juden aus der Heiligen Schrift zu gewinnen;
- verborgene Judenfeindschaft in der christlichen Verkündigung und Unterweisung aufzudekken;
- dem Vergessen und Verdrängen der unseligen Vergangenheit zu widerstehen;
- neu aufkommendem Antisemitismus in unserem Land entgegenzutreten und
- neonazistischen Tendenzen in unserem Volk zu wehren.«[44]

Aus demselben Anlaß erließ die Kirchenleitung der evangelischen Kirche der Kirchenprovinz Sachsen am 1. September 1978 ein Wort an ihre Gemeinden. Unter anderem wird ausgeführt:

»Die Vorgänge am 9. November 1938 stießen damals in weitesten Kreisen auf bedrückendes Schweigen, erschreckende Interesselosigkeit oder offene Billigung. Die meisten brachen jede Verbindung mit Juden ab, schenkten den Verleumdungen Gehör, ließen sich einschüchtern und mieden auch die geringsten menschlichen Kontakte. Nur ganz wenige erhoben ihre Stimme dagegen und versuchten, den bedrängten und verfolgten Juden beizustehen.

In diese Vorgänge waren auch die Kirchen und Gemeinden verwoben. Viele Christen verhielten sich so, wie es von den Machthabern erwartet wurde. Die Kirchen brachten nicht den Mut zum deutlichen Protest auf. Selbst getaufte Juden hatten in der Kirche kein echtes Heimrecht mehr. Die Fürbitte für das alte Bundesvolk verstummte fast ganz. Um so dankbarer blicken wir heute auf den Dienst der wenigen, die sich der ›unter die Räuber gefallenen‹ Juden z.T. unter dem Einsatz ihres Lebens annahmen.

Diese Schuld erledigt sich nicht dadurch, daß wir sie verdrängen, verschweigen oder unsere Mitverantwortung bestreiten... Durch jahrhundertealte Vorurteile und Entscheidungen, durch Unkenntnis und haßerfüllte Verkündigung war der Judenverfolgung, auch in der Kirche, der Boden bereitet.«[45]

Die wesentlichen Passagen dieses Dokuments wurden in ein Wort an die Gemeinden durch die Konferenz der Evangelischen Kirchenleitungen in der DDR vom 24. September 1978 überwiegend wörtlich übernommen.[46]

Der Rat der EKD hat sich zum 40. Jahrestag des 9. November 1938 am 23. Oktober 1978 geäußert. Zur Reichspogromnacht und zum Holocaust heißt es da:

»Die meisten sahen tatenlos zu, teils in bedrücktem Schweigen, teils in erschreckender Gleichgültigkeit, mitunter sogar in offener Billigung. Auch die evangelische Kirche blieb weitgehend stumm.«

Der Rat appelliert dann an die Wachsamkeit gegenüber den Anfängen der Intoleranz, daran, das Leid nicht zu vergessen, sondern in der Solidarität der Liebe wachzuhalten sowie daran, der Jugend ein verantwortungsvolles Geschichtsbewußtsein zu vermitteln.[47]

---

44 Ebenda, Dokument E III 24.
45 Ebenda, Dokument E III 25.
46 Ebenda, Dokument E III 26.
47 Ebenda, Dokument E III 27.

Zwischenvergleich zur Aufarbeitung im Katholizismus und Protestantismus: Vergleicht man die drei protestantischen Stellungnahmen zum 9. November 1938 mit deutschen katholischen Dokumenten, so ergibt sich ein deutlicher Unterschied. Der einflußreiche Essener katholische Bischof Franz Hengsbach sprach in seiner einschlägigen Erklärung zunächst vom Synagogenbrand als einem »dämonischen Zeichen«. Dann meint er in – wie sich dann bald erweist – pseudoprogressiver Manier:

»Zu wenig wäre es, im Gedenken dieses Tages nach Gegengewichten auf der Waagschale der Schuld zu suchen, etwa zu verweisen auf stille Sympathie, Mitgefühl, ja tätige Hilfe vieler Christen für ihre jüdischen Mitbürger. Drängender ist die Gewissensfrage, warum damals die Christen, vor allem auch die Träger eines Amtes in der Kirche, nicht in leidenschaftlichem Protest gegen den politischen Mob aufgestanden sind. Urteilen und verurteilen sollte allerdings hier nur, wer Diktatur am eigenen Leibe erfahren hat.«

Es folgt dann die etwas eigenartig wirkende Passage:

»Wenn auch von einer Mitschuld der Kirche an dem aktuellen Geschehen des 9. November 1938 nicht gesprochen werden kann, so ist unsere Kirche doch nicht unbeteiligt an dem geschichtlichen Prozeß einer heillosen Entfremdung zwischen Christentum und Judentum. Durch den Vorwurf, die Juden seien ›Gottmörder‹, hat sie dem Antisemitismus ein religiöses Motiv geliehen.«

Ein religiöses Motiv also, mehr nicht. (Ungewollt entlarvend schrieb der Bischof »geliehen«: denn dieses Motiv kehrte sogleich wieder zurück, um noch heute einen Einfluß auszuüben.) Ganz wohl ist dem Bischof bei seiner milden Geschichtsschau indessen nicht. Denn warum dürfte sonst der 9. November »nicht vorbeigehen ohne tiefe Einkehr und Umkehr«? Und immerhin heißt es anschließend, »daß in diesen unseren Brüdern... Christus als Opfer unserer Vorurteile und unserer Gleichgültigkeit von neuem getötet worden ist«. Man solle dem jüdischen Volk, das durch den einen Gott und Vater als »Wurzel unseres gemeinsamen Glaubens« »den Erlöser geschenkt« habe, »danken und es um Vergebung und Versöhnung... bitten«.[48]

So sehen Versuche aus, mutig die Wahrheit zu sagen, die Kirche aber trotzdem relativ unschuldig herauszuhalten. Ähnlich zwiespältig wirken die bischöflichen Parallelerklärungen. Heinrich Tenhumberg, Bischof von Münster, schrieb in seinem Hirtenwort vom 4. Oktober 1978 zur »Reichskristallnacht«:

»Wir bewundern heute die heldenhaften Taten jener Christen, die sich damals für die verfolgten jüdischen Mitbürger einsetzten, manche von ihnen bis zur Aufopferung ihres eigenen Lebens. Wir sind aber auch darüber beschämt, daß die Kirchen und die einzelnen Christen damals nicht lauter gerufen und hilfreicher gehandelt haben. Trotzdem steht es uns nicht zu, über die Verantwortlichen und alle Mitchristen der damaligen Zeit zu richten, denn nur wenige von uns

48 Ebenda, Dokument K III 13.

wissen noch aus eigener Erfahrung, wie sehr ein Terror-Regime solcher Art die sittliche Abwehrkraft eines ganzen Volkes lähmen kann.«[49]

Der Augsburger Bischof Josef Stimpfle sagte in einer Ansprache am 8. November 1978:

»Viele Augen- und Ohrenzeugen haben den damaligen Sturm mit Entsetzen, mit Empörung oder als grausame Ernüchterung falscher Hoffnungen beobachtet. Nicht wenige haben sich geschämt, Deutsche zu sein. Dennoch blieb der Protest dumpf und stumm. Eigene Hilflosigkeit, nackte Angst oder ein Mangel an persönlicher Betroffenheit legten sich lähmend auf das innere Aufbegehren. Daneben gab es auch kalte Teilnahmslosigkeit, das Verdrängen des Gesehenen oder Gehörten... Daß nicht wenige Deutsche, daß getaufte Christen an den Schandtaten selbst beteiligt waren, ist für unser Volk und für unsere kirchliche Gemeinschaft bis heute eine drükkende Last. Wir können sie nicht durch ein feiges Vergessen beiseite schaffen.«

Stimpfle verweist dann auf die Steinwürfe auf das Haus Kardinal Faulhabers, auf Domprobst Lichtenberg und »andere Frauen und Männer der Kirche«, die seit 1938 ihre Hilfsmaßnahmen für unmittelbar gefährdete jüdische Mitbürger verstärkt hätten. Und Stimpfle ist sich sicher: »Der Spuk des nationalsozialistischen Ungeistes ist heute Vergangenheit.« Allerdings seien Wahnvorstellungen und Gewalt nicht ausgestorben und könnten »morgen auch bei uns« wieder Menschenmengen faszinieren.[50]

Erzbischof Johannes Degenhardt von Paderborn sagte am 9. November 1978:

»Es ist an der Zeit, daß die Christen sich endgültig trennen von den Klischees, die eine jahrhundertealte Geschichte gegenüber den Juden geprägt hat. Wir sollten diese Zerrbilder ein für allemal hinter uns lassen und sie in jeder Situation mutig bekämpfen.«

Das fällt dem Bischof nicht schwer, denn: »Antisemitismus ist ein Erbe der heidnischen Welt.« Allerdings ergänzt er in souveräner Offenheit: »... aber im christlichen Kontext ist er häufig verstärkt worden durch pseudotheologische Argumente«. Und dann macht er sich die wachsweichen Formulierungen von »Nostra aetate« zu eigen und beklagt alle Verfolgungen, »die sich zu irgendeiner Zeit und von irgend jemandem« gegen die Juden gerichtet haben.[51]

Ganz anders wiederum der Synodalbeschluß der evangelischen Kirche im Rheinland »Zur Erneuerung des Verhältnisses von Christen und Juden« vom 11. Januar 1980: Die Landessynode gibt darin eine 8-Punkte-Erklärung ab, deren erster Punkt lautet: »Wir bekennen betroffen die Mitverantwortung und Schuld der Christenheit in Deutschland am Holocaust.« Die Kirchenlei-

49 Ebenda, Dokument K III 10.
50 Ebenda, Dokument K III 11.
51 Ebenda, Dokument K III 12.

tung wurde hinsichtlich der Aus-, Fort- und Weiterbildung zum Thema Christen und Juden in die Pflicht genommen.[52]

»Mission unter Israel – auch heute«, dieses »Wort an die Kirchen, Gemeinden und Missionen« des Konvents der bekennenden Gemeinschaften in den evangelischen Kirchen Deutschlands vom März 1980 wird viele merkwürdig berühren und ist innerkirchlich recht umstritten. Die Verfasser sind sich »mit Schmerzen« eingedenk der »Verfolgungen, die das jüdische Volk unter weitgehendem Schweigen der Kirchen erlitten hat«. Sie »sagen dem Geiste ab, der zur Verschuldung an Israel geführt hat: dem Geist weltanschaulicher Vermessenheit, des Antisemitismus und des Antichristentums«, und betonen Verständnis und Hilfsbereitschaft gegenüber den Juden. Für das Lebensrecht des Staates Israel »bei der notwendigen Berücksichtigung auch der Rechte der arabischen Palästinenser« treten sie ein. Dankbar sind auch sie für die Bibel und den Erlöser. Auf ihre Weise konsequent betonen die Verfasser aber:

»Die Kirche darf das Evangelium nicht verkürzen. Ihre Mission darf nicht aufgehen in einen bloß partnerschaftlichen Dialog mit Israel oder gar in eine Ökumene der drei monotheistischen Religionen Judentum, Christentum und Islam. Das Bekenntnis zur Messianität und Gottessohnschaft Jesu (Mt 16, 16), zur Sühnebedeutung seines Kreuzestodes, zu seiner Auferstehung, Erhöhung und Wiederkunft sowie zur Dreieinigkeit Gottes darf nicht um der Verständigung willen preisgegeben werden. Dies würde nämlich eine nachträgliche theologische Rechtfertigung der Ablehnung und Verurteilung Christi durch die damaligen Führer Israels bedeuten und zur Entwicklung eines antichristlichen Jesusbildes führen (2 Kor 11, 3–4).«

Die genannten Punkte sind genau diejenigen, über die gläubige Juden nicht mit sich reden lassen. (Und wer versucht, sich unvoreingenommen zu unterrichten, und liest, was christliche Theologen über diese Dinge als *Glaubenswahrheiten*, jüdische Historiker und Theologen aber an historischen und bibelwissenschaftlichen Fakten vorzutragen haben, wird sich nicht darüber wundern, daß die Juden ihre besseren Argumente nicht den unbeweisbaren christlichen Behauptungen opfern wollen.) Das Missionsdokument mündet in die Kernaussage:

»Einer grundsätzlichen Ablehnung der Judenmission ist als theologischer Verirrung entgegenzutreten. Vielmehr laden wir alle Christen dazu ein, jeden Dienst zu unterstützen, der in recht verstandener Mission an jüdischen Menschen geschieht.«[53]

Auf die Frage der von den Protestanten im Gegensatz zu den Katholiken bis heute betriebenen Judenmission (die 2000 Jahre praktisch vergeblich war) möchte ich nicht näher eingehen. Einige Hinweise: Es gibt z. B. den »Evangelisch-lutherischen Zentralverein für Mission unter Israel e. V.«, seit Ende 1985 unter dem Namen »Evangelisch-lutherischer Zentralverein für Zeugnis und Dienst unter Juden und Christen e. V.«, aber ohne Änderung der Zielset-

52 Ebenda, Dokument E III 29.
53 Ebenda, Dokument E III 31.

zung. Die Vereinssatzung wurde im Juli 1979 neu gefaßt. Laut § 1 der Satzung will der Verein »in den evangelisch-lutherischen Kirchen und Gemeinden Verständnis für dieses durch Gottes Wort gebotene missionarische Zeugnis unter den Juden wecken, verbreiten und vertiefen«. Der Verein setzt sich laut § 3 neben dem Gespräch und gemeinsamer theologischer Arbeit von Christen und Juden u.a. ein für »ein glaubhaftes christliches Zeugnis unter Juden«. Erfreulich dabei: »jede Form von Bekehrungsversuchen, die einem Menschen einen Glaubenswechsel aufnötigen, auch etwa durch Anbieten von materiellen Vorteilen, wird abgelehnt.«[54]

Man versteht z.T. noch heute die Existenz des Judentums als Infragestellung der Kirche, da es nicht zwei Gottesvölker geben könne. Der Lutherische Weltbund hat 1975 in Oslo die Auffassung vertreten, man könne die Judenmission nicht aufgeben. Juden betrachten das als Fortsetzung der »Endlösung« mit anderen Mitteln. Dieses Missionsdenken ist gleichwohl noch weit verbreitet. Aring nennt eine ganze Serie bundesrepublikanischer Missionswerke, die sich auch speziell mit Judenmission befassen, sogar in Israel. Eine kleine Rückblende: 1935 wurde bei einer Tagung der evangelischen Missionsgesellschaften in Barmen ein scharf antijüdisches Dokument verabschiedet. Das jüdische Volk stehe unter Gottes Gericht und bringe Verderben über die Völker. Diese müßten sich dagegen wehren. Der Notwendigkeit der Judenmission tue das keinen Abbruch.[55]

Am 18. Mai 1980 beschloß die Synode der Evangelischen Kirche der Union (Bereich DDR) das Votum ihres theologischen Ausschusses »Kirche als ›Gemeinde von Brüdern‹ (Barmen III)«; am 15. Juni 1980 folgte die Synode des Bereichs Bundesrepublik und Berlin (West) mit einer Empfehlung an Gliedkirchen und Gemeinden. Hier wird wirklich historischer Schutt abgeräumt:

Trotz Gefangennahme und Quälung tausender Juden seit Februar 1933 habe zuerst in Thüringen, am 5. Mai 1933, die moralische Diskriminierung der »Nichtarier« durch eine Kirchenordnung begonnen. Die Trauung sollte jetzt versagt werden, »wenn infolge zu großer Verschiedenheit der Rasse der Eheschließenden die Voraussetzungen für eine sittlich hochstehende eheliche Gemeinschaft fehlen...« Damit sei die kirchliche Diskriminierung den Nürnberger Gesetzen um zweieinhalb Jahre vorausgeeilt. Am 5. September 1933 habe die Evangelische Kirche der altpreußischen Union (APU) den Arierparagraphen übernommen, so daß ab sofort vom Dienst als Pfarrer und Kirchenbeamter ausgeschlossen war, wer »nichtarischer Abstammung« war oder

54 Ebenda, Dokument E III 28. Wer sich für das merkwürdige Phänomen der protestantischen Judenmission nach Auschwitz interessiert, mag etwa die Beiträge von Rolf Rendtorff (S. 539 ff.) und Paul Gerhard Aring (S. 557 ff.) in: Auschwitz als Herausforderung für Juden und Christen, hg. von Günther Ginzel, Heidelberg 1980, nachlesen.

55 Ebenda, S. 560 f.

mit einer »Person nichtarischer Abstammung« verheiratet war. Andere Landeskirchen seien gefolgt. Die innerkirchliche Erregung – so der Synodaltext – war schließlich so groß, daß der Paragraph in der APU im November 1933 und April 1934 außer Kraft, im Januar 1934 und (endgültig) im August 1934 (nach Barmen!) wieder inkraftgesetzt wurde.

Das Votum beklagt dies und daß die Barmer Synode wortlos an diesen Dingen vorbeigegangen sei, so daß D. Bonhoeffer und Wilhelm Vischer ihre Unterschrift verweigert hätten. Im Text ist Karl Barth zitiert mit dem Bemerken zur »Judenfrage«, er fühle sich schuldig. Allerdings meinte er hinsichtlich der Barmer Erklärungen von 1934 (von Barth verfaßt):

»Ein Text, in dem ich das getan hätte, wäre freilich 1934 bei der damaligen Geistesverfassung auch der ›Bekenner‹ weder in der reformierten noch in der allgemeinen Synode akzeptiert worden. Aber das entschuldigt nicht, daß ich damals – weil anders interessiert – in dieser Sache nicht wenigstens in aller Form gekämpft habe. Daß Bonhoeffer das von Anfang an getan hat, ist mir erst durch ihr Buch ins Bewußtsein gerückt worden. Vielleicht hat er auch darum weder in Barmen noch nachher in Dahlem dabei sein mögen.«[56]

Das Theologen- bzw. Synodalvotum von 1980 spricht auch davon, es müsse ins Bewußtsein eindringen, daß man mit der kirchlichen Tradition, z. B. mit Luthers Schrift »Von den Juden und ihren Lügen« brechen müsse. Das Dokument enthält die Sätze:

»Wir sind zum demütigen Eingeständnis unserer eigenen Untreue und unserer eigenen Schuld gerufen. Denn im Blick auf das Verhältnis von Christen und Juden ist die Geschichte der Kirche eine fast durchgängige Verleugnung der nicht gekündigten Erwählung Israels.«

»Auf die Judenfeindschaft in der Geschichte unserer Kirche können wir nicht anders als mit Scham und Reue und der Bereitschaft zur Buße antworten.«

Schließlich enthält das Votum klare und ausgewogene Gedankengänge zum Staat Israel.[57]

Im »Lutherjahr« 1983 und in vielen Lutherdarstellungen wurde zwar gern über Schattenseiten hinweggesehen. Aber es ist nicht so, daß man sie ganz unter den Teppich gekehrt hätte. Das Wort des Rats der EKD »Martin Luthers Gegenwart 1983« weist auch auf Schatten hin. Es enthält die Sätze:

»So wichtig Luthers frühe Schrift über die Juden auch heute noch ist, so verhängnisvoll wurden Äußerungen des alten Luther. Niemand kann sie heute gutheißen.«[58]

In ihrer »Erklärung zum Verhältnis von Christen und Juden« vom Januar 1983 beklagt die Synode der Evangelischen Kirche im Rheinland:

---

56 So Barth am 22. Mai 1967 an den Bonhoeffer-Biographen Eberhard Bethge; zitiert bei R. Rendtorff und H. Henrix: Die Kirchen und das Judentum, a..a. O, S. 600, nach der Züricher Barth-Gesamtausgabe, Bd. 5, 1975, S. 403.

57 R. Rendtorff und H. Henrix: Die Kirchen und das Judentum, a. a. O., Dokument E III 31, Abschnitt 6.

58 Ebenda, Dokument E III 32.

»Verborgenen Antisemitismus gibt es immer noch und schon wieder neu, auch in unseren Gemeinden. – Selbstkritisch stellen wir fest, daß es noch kaum gelungen ist, die Absichten des Synodalbeschlusses von 1980 in Theologie, Predigt, Unterricht und Seelsorge umzusetzen. Wir sind uns bewußt, daß hier noch große Aufgaben vor uns liegen. Unsere jüdischen Mitbürger haben wieder Grund, sich bedroht zu fühlen. Sie erfahren Schmähungen und Anfeindungen, über die wir nur entsetzt sein können...

Wir verurteilen, wie in manchen Medien über die jüngsten Ereignisse im Nahen Osten berichtet wurde. Wer Entscheidungen einer demokratisch legitimierten und demokratischer Opposition ausgesetzten Regierung – mag er sie für falsch und verhängnisvoll halten – mit Begriffen wie ›Holocaust‹ und ›Endlösung‹ bezeichnet, beleidigt die Opfer der nationalsozialistischen Judenvernichtung.

Wir wehren uns gegen einen neuen Antisemitismus, der sich als Anti-Zionismus oder Anti-Beginismus tarnt und mit kaum verhohlener Schadenfreude darauf hinweist, daß der Staat Israel durch seine militärischen Aktionen in Schuld verstrickt wurde.

Aus dem Synodalbeschluß von 1980 folgt nicht der Verzicht auf Kritik an bestimmten Entscheidungen der jetzigen Regierung Israels. Doch ist zu beachten, daß die Gefühle jüdischer Mitbürger verletzt werden können. Auch müssen sich Christen hüten, mit solcher Kritik dem alten und neuen Antisemitismus Vorschub zu leisten oder an Versuchen wahrheitswidriger Entlastung von historischer deutscher Verantwortung teilzuhaben.«[59]

In der Erklärung zum Verhältnis von Christen und Juden vom 3. Juni 1983, die von der Kirchenleitung der Vereinigten Evangelisch-Lutherischen Kirche Deutschlands (VELKD) herausgegeben wurde, ist zu lesen:

»Christen sind betroffen über Erscheinungsformen eines neuen Antisemitismus, der sich auch in unserem Land zeigt... Der Massenmord an den Juden hat eine lange, oft verdeckte Vorgeschichte in Kirche und Gesellschaft unseres Landes gehabt. Durch Jahrhunderte hindurch wurde in der christlichen Verkündigung das Mißverständnis überliefert, die Juden seien von Gott verworfen, weil sie Jesus von Nazareth getötet haben. Diese Tradition und die jeweilige Einbindung der Kirche in politische Entwicklungen haben dazu geführt, daß die christliche Kirche den Anfängen der Judenverfolgung keinen eindeutigen Widerstand leistete.

Die Vernichtung von Millionen Juden geschah unter weitgehendem Schweigen der Kirchen und mit Duldung vieler Menschen, die hiervon Kenntnis erhalten hatten. Das war nicht durchweg so; es gab einzelne, die sich als Christen und Menschen gegenüber Juden bewährten. Die Kirchen in Deutschland sind noch immer durch ihre unbestreitbare Mitverantwortung und Mitschuld in der damaligen Zeit tief betroffen...

Wir sehen heute unsere Verpflichtung darin, auch in der breiten Öffentlichkeit mit der Botschaft von der Liebe Gottes jedem Antisemitismus und jeder Diskriminierung von Juden entgegenzutreten.«

Für die tägliche Arbeit sprach die Leitung der VELKD eine Reihe von Bitten und Empfehlungen aus: gegen jede Form von Judenfeindschaft entschieden Stellung zu beziehen, durch Predigt und Unterricht auf die Überwindung »immer noch bestehender Vorurteile« hinzuarbeiten, die Arbeit in dieser Richtung auch in theologischen Fakultäten, kirchlichen Ausbildungsstätten und in der Pfarrerfortbildung zu intensivieren.[60]

59 Ebenda, Dokument E III 33.

60 Ebenda, Dokument E III 34.

Die Erklärung der Landessynode der evangelischen Landeskirche in Baden zum Thema »Christen und Juden« vom 3. Mai 1984 enthält folgenden Passus:

»...Dieser christliche Antijudaismus wurde zu einer der Wurzeln des Antisemitismus. Deshalb bekennen wir betroffen die Mitverantwortung und Schuld der Christenheit in Deutschland am Holocaust.«[61]

Der Landeskirchentag der evangelisch-reformierten Kirche in Nordwestdeutschland veröffentlichte einen »Beschluß zum Verhältnis von Kirche und Israel« vom 11. Mai 1984. Darin heißt es, Antisemitismus sei »Sünde wider den Heiligen Geist«.

»Aus dieser Erkenntnis heraus wollen wir umkehren – weg von allen antijudaistischen Vorstellungen und Vorurteilen in der christlichen Theologie und kirchlichen Praxis, durch die wir den gesellschaftlichen Antisemitismus gefördert und uns als Kirche an der Bedrohung, Unterdrückung und physischen Auslöschung bis hin zum Holocaust schuldig gemacht haben.

Deshalb bitten wir die Gemeinden und die Bezirkskirchenverbände, aber auch die anderen Kirchen, sich mit allen Formen des Antijudaismus in Theologie und Kirche, in Verkündigung und Unterricht kritisch auseinanderzusetzen, dem Wiederaufleben des Antisemitismus in unserer Gesellschaft zu widerstehen...

Belastet mit unserer Schuld am Holocaust, erscheint uns die Vorstellung ungeheuerlich, daß deutsche Waffen im Konfliktfall gegen die überlebenden Opfer des Holocaust ... eingesetzt würden.«[62]

Die Provinzialsynode der evangelischen Kirche in Berlin-Brandenburg (Berlin-West) erließ einen Beschluß »Orientierungspunkte zum Thema ›Christen und Juden‹« vom 20. Mai 1984. Darin steht:

»Der Holocaust bleibt ein Teil der Geschichte unseres Volkes und unserer Kirche. Besonders in der christlichen Gemeinde, deren Glieder durch die Zeiten hin eng verbunden sind, kommt damit der Frage nach dem Umgang mit dieser Schuld besonderes Gewicht zu. Deshalb treten wir jeder Leugnung und Verharmlosung des Holocaust mit unserem Zeugnis der Wahrheit entgegen. Mehr noch sind Lehre, Erziehung und Leben der Kirche nach allem Geschehenen so zu gestalten, daß die Schuldgeschichte keine Fortsetzung findet, sondern daß Umkehr und Erneuerung möglich werden.«[63]

Die Kommission des Reformierten Bundes erarbeitete Leitsätze zum Thema »Wir und die Juden – Israel und die Kirche«, die die Hauptversammlung des Reformierten Bundes vom 27.–29. September 1984 begrüßte. Es heißt dort am Beginn des Leitsatzes I:

»Wir suchen Wege der Begegnung und Versöhnung mit den Juden. In dieser Begegnung bekennen wir zuerst vor Gott und den Menschen die unermeßliche Schuld, die bis heute auf uns lastet: Von Christen ging die in der Völkerwelt vorbereitete Saat des Judenhasses aus, die Mord

61 Ebenda, Dokument E III 35.
62 Ebenda, Dokument E III 36.
63 Ebenda, Dokument E III 37.

und Vernichtung hervorbrachte. Diese Tradition ist in Kirche und Theologie bis heute wirksam geblieben. Darum sind Lieblosigkeit und Gleichgültigkeit noch nicht überwunden.«[64]

3. Zum gegenwärtigen Stand des Verhältnisses der Kirchen zum Judentum in der Bundesrepublik

Mißt man den Stand der Dinge an dem, was war, ist viel geschehen. Mißt man ihn an dem, was nach über 40 Jahren sein müßte, so ist es wenig. Insgesamt haben die Kirchen nach 1945 da weitergemacht, wo sie aufgehört haben. Von Umdenken war nur bei kleinen Teilen des Protestantismus die Rede. Etwa zehn protestantische Bischöfe haben nach 1945 in Deutschland amtiert, die noch aus der Stoecker-Schule kamen. Das – ohnehin inhaltlich kritisierbare – Stuttgarter Schuldbekenntnis wurde vom Gros der evangelischen Kirche abgelehnt, z.T. stark angefeindet.

Im katholischen Bereich gab es nicht einmal eine Parallele zum Stuttgarter Schuldbekenntnis. Die große Wendemarke war die Konzilserklärung »Nostra aetate« von 1965, die aber lange Zeit praktisch nichts bewirkte. Erklärungen des Papstes und der deutschen Bischöfe, in denen eine Mitschuld am Holocaust für jedermann deutlich und konkret (und nicht nur für Eingeweihte zwischen den Zeilen) eingestanden und dargestellt würde, gibt es bis heute nicht. Dabei wäre eine wirksame Information und Erziehung der Gläubigen und des Klerus bei der zentralistischen Struktur der katholischen Kirche besonders leicht möglich. Man kann die Erfahrung machen, daß selbst in katholischen Veranstaltungen, die zum Problemkreis Kirche – Nationalsozialismus – Juden informieren sollen, wesentliche Teile unbestreitbarer historischer Wahrheit unterschlagen werden, was vielfach einer glatten Geschichtsfälschung gleichkommt. Mit ernsthafter Kritik scheint man hierbei nicht zu rechnen. Zugegeben werden Tatbestände bevorzugt nur dann, wenn sie vom Publikum – selten genug – konkret angesprochen werden. Dafür, daß solche Erfahrungen nicht unrepräsentativ sind, spricht der Umstand, daß kritische Forschungsergebnisse meist von Protestanten und nur selten von Katholiken veröffentlicht werden. Eine solchermaßen selektive Darstellung findet man auch in allerneuesten kirchenhistorischen Lehrwerken. (Damit soll freilich nicht gesagt werden, daß von der katholischen Kommission für Zeitgeschichte keine wertvolle Arbeit geleistet worden sei.)

Abgesehen von den oft schonungslosen Forschungsergebnissen protestantischer Historiker fällt auf, daß der deutsche Protestantismus seit über einem Jahrzehnt eine größere Zahl von offiziellen und offiziösen Stellungnahmen hervorgebracht hat, in denen sich die Kirche der Wahrheit voll stellt, und

64 Ebenda, Dokument E III 38.

zwar ohne Beschönigungen und Verklausulierungen. Inwieweit dies für den Protestantismus mit seinen zahlreichen autonomen Landeskirchen und unterschiedlichen Traditionen wirklich repräsentativ ist, dürfte nicht leicht einzuschätzen sein.

In den Kreisen der deutschen Katholiken und Protestanten, die sich für die christlich-jüdische Verständigung engagieren (das sind in erster Linie die nach dem Stand von Ende 1987 59 Gesellschaften für christlich-jüdische Zusammenarbeit mit ca. 10000 Mitgliedern) wird heute noch allgemein beklagt:

- daß sich nur eine kleine kirchliche Minderheit engagiere;
- daß es regelmäßig an amtskirchlicher Unterstützung fehle und man meist nur freundliche Duldung, jedenfalls wenig engagierte Mithilfe erfahre;
- daß immer noch falsche Angaben und überholte theologische Vorstellungen in Lehr- und Unterrichtsbüchern zu finden seien;
- daß die Problematik in der theologischen Ausbildung kaum eine Rolle spiele;
- daß dementsprechend zwar viel guter Wille, aber große Unkenntnis anzutreffen sei;
- daß sich in Teilen des Kirchenvolks, ja sogar der Geistlichkeit beider Kirchen immer noch antijüdische Klischees hielten;
- daß die Geistlichen beruflich überfordert seien und ohnehin mit viel zu viel Papier zu kämpfen hätten;
- daß die kirchlichen Dokumente daher viel zu wenig bekannt seien.

Man muß konstatieren: Die Generation, bei der ein Umdenken hätte stattfinden müssen, hat dies weitestgehend versäumt. Von den Kirchen werden zahlreiche Papiere veröffentlicht, im protestantischen Bereich sogar besonders anerkennenswerte. Diese sind aber nicht ins Bewußtsein eines größeren Teils des Kirchenvolks gedrungen. Vielleicht sollen sie es auch nicht. Auch die Medien berichten über solche Fragen nur selten und vor allem wenig konkret und zu kurz. Aus der Kirchengeschichte bleibt die »Judenfrage« weithin ausgeklammert. Der Holocaust bleibt so unverstanden und kann mit voranschreitender Zeit um so leichter aus dem historischen Blickfeld verschwinden. Seine existentielle Bedeutung für die Christenheit ist weitgehend unerkannt geblieben. Das hängt wesentlich mit dem volkskirchlichen Denken einer über ihre schwindende Macht besorgten kirchlichen Hierarchie zusammen. Die innerkirchliche Substanz wird damit weiter ausgehöhlt, der geistig harmlosen bürgerlichen Service-Kirche, die sich von pseudochristlichen indifferenten Massenmenschen zur pseudoreligiösen Verbrämung von Feiern (Geburt, Heirat, Tod; weihnachtliche Stimmungsmache: Zeremonienmeister gegen Geld) mißbrauchen läßt, weiter Vorschub geleistet. Aber die Kirchen scheinen es nicht anders zu wollen. Von der freiwilligen Preisgabe von Privilegien, die ihnen ein theoretisch neutraler, praktisch quasichristlicher Staat einräumt, wollen sie nichts wissen.

XII. Latenter Antisemitismus und Geschichtsverdrängung in der Bundesrepublik und in Österreich

1. Untersuchungen zum Antisemitismus

Die Ausgangslage: Antisemitismus war und ist auch in Deutschland eine überlieferte Haltung. Sie vererbt sich sozusagen von Generation zu Generation, kann die verschiedensten Formen annehmen und kommt auch bei fehlender antisemitischer Erziehung immer wieder – wenn auch oft nur versteckt – zum Vorschein: ein Beweis für die Wirksamkeit dieses Mythos, dieses Stereotyps. Das soziale Vorurteil des Antisemitismus gehört »zu den schlimmsten und gefährlichsten sozialen Krankheiten des gesamtgesellschaftlichen Lebens« (Alphons Silbermann). Der Schock über Auschwitz war zu schwach, um ein Verschwinden des Antisemitismus in der Bundesrepublik (und anderswo) auf breiter Ebene zu bewirken. Zwar hatte er zur Folge, daß es bei uns nur wenige Menschen gibt, die sich offen zum Antisemitismus bekennen: zu sehr ist dieser besonders in Deutschland historisch diskreditiert. (Das große Problem des Neonazismus bleibt hier ausgeklammert.) Das bedeutet aber in keiner Weise, daß der Antisemitismus nicht auch heute noch unauffällig grassiert. Zwar hat Adenauer in seiner ersten Regierungserklärung am 20. September 1949 gesagt: »Wir halten es für unwürdig und für an sich unglaublich, daß nach all dem, was sich in nationalsozialistischer Zeit begeben hat, in Deutschland noch Leute sein sollten, die Juden deshalb verfolgen oder verachten, weil sie Juden sind«. Aber das war schon nach den damals bekannten Tatsachen eine Selbsttäuschung. Hierzu Klaus-Henning Rosen: »Die offizielle Meinung, am Beginn der Zweiten Republik vom Bundeskanzler formuliert, von Politikern aller Parteien, Vertretern der gesellschaftlichen Gruppen bis hin zu den Repräsentanten der Juden weitergetragen, möchte Antisemitismus als peripheres Problem abtun; lüftet man aber die Decke nur ein wenig, so sieht man ihn in voller Blüte.«[1]

Wie tief die oft unbewußten Vorurteile verwurzelt sind, ist verschiedentlich untersucht worden. Die gründlichste Studie ist die von Silbermann, die von der Deutschen Forschungsgemeinschaft finanziert und vollständig 1982 veröffentlicht wurde (hierzu ausführlicher weiter unten). Die erste Untersuchung fand im Rahmen des »Gruppenexperiments« von 1950/51 statt und

1 Zitiert nach Antisemitismus. Von der Judenfeindschaft zum Holocaust, hg. von Herbert Strauss und Norbert Kampe, Bonn 1985, S. 257.

wurde 1955 von Friedrich Pollock als soziologische Studie veröffentlicht. 1635 allerdings nicht repräsentativ ausgewählte Teilnehmer waren in 121 relativ homogenen Gesprächsgruppen zusammengefaßt. Die Bewertung gelangte zu folgenden Ergebnissen: Von den Teilnehmern waren

- 28 Prozent nicht antisemitisch
- 10 Prozent betont projüdisch
- 25 Prozent bedingt antisemitisch
- 37 Prozent extrem antisemitisch

Selbstverständlich hat man versucht, das unbequeme Ergebnis mit Methodenkritik wegzuargumentieren. Daß es aber im Kern zutraf, dafür sprechen die Ergebnisse weiterer Untersuchungen und die einfache Überlegung, daß ein jahrhundertealtes Vorurteil nicht aufgrund einer Katastrophe einfach verschwindet. Hierzu ist die Entwicklung im kirchlichen Bereich ein beredtes Beispiel. Leider setzt sich die Vernunft nur selten allein kraft ihrer Argumentation gegen das Irrationale durch.

Wie schon das »Gruppenexperiment«, so wurde auch die von Peter Schönbach geleitete »Schönbach-Untersuchung« aus dem Jahr 1960 vom Frankfurter Institut für Sozialforschung durchgeführt, diesmal anhand der Befragung von 232 repräsentativ ausgewählten Personen aus dem Frankfurter Raum. Anlaß war die große Welle antisemitischer Schmierereien 1959/60, die mit der Kölner Synagogenschmiererei Heiligabend 1959 begann und etwa 470 ähnliche Taten Erwachsener und Jugendlicher zur Folge hatten. Die Befragten hatten 14 Fragen zu diesen Vorfällen zu beantworten. Schönbach ordnete die Antworten in vier Kategorien ein:

– Sympathie für antisemitische Einstellungen	16 Prozent
– Keine erkennbare Reaktion für oder gegen antisemitische Einstellungen	24 Prozent
– Distanzierung von antisemitischen Einstellungen oder Handlungen ohne besonderen persönlichen Nachdruck	41 Prozent
– Entschiedene, eindeutige, lebhafte Ablehnung antisemitischer Einstellungen oder Handlungen	19 Prozent

Zu Beginn der Befragungsaktion hatte Adenauer in einer öffentlichen Erklärung die Kölner Vorfälle zu »fast ausschließlich Flegeleien« herabgestuft. Selbst wenn es sich zu einem beträchtlichen Teil um Flegeleien handelte (die Hälfte der ermittelten Täter war unter 20 Jahre alt, ohne Kinder), so stellt sich doch die Frage, warum man sich gerade jüdische Objekte für die Aggressionen aussuchte. (Allerdings mag ein nicht geringer Teil dieser Aggressionen triebpsychologisch zu erklären sein: Aggression aufgrund vitaler Unterdrükkung, z. B. durch eine falsche Moral, wobei man sich Objekte sucht, die für besonders hohes Aufsehen bürgen. Auf diese gewöhnlich vernachlässigten Gesichtspunkte hat eindrucksvoll Arno Plack in *Wie oft wird Hitler noch be-*

siegt?, München 1982, hingewiesen, wenn auch mit stark monokausaler Ausrichtung.) Die Schönbach-Studie zeigt, daß die Mehrheit der antisemitischen Befragten sich von den Vorfällen distanzierte (das öffentliche Tabu war wirksam), aber in besonderer Weise zum Bagatellisieren neigte (Dumme-Jungen-Streiche). Auch stellte man die Vorgänge unseriös gern als kommunistisch gesteuert hin.

Die Silbermann-Studie: 1974 wurde vom Institut für Soziologie der Universität Köln unter der Leitung von Alphons Silbermann eine umfangreiche Befragung durchgeführt, deren komplette Darstellung und Auswertung erst 1982 veröffentlicht wurde (Teilergebnis und Kurzfassung wurden schon zuvor veröffentlicht; in einem zweiten Befragungsteil wurden Juden befragt). Zum ersten Teil der Untersuchung wurden 2084 nichtjüdische Bundesbürger repräsentativ befragt. Obwohl zum Zeitpunkt der Untersuchung (im Gegensatz zu heute) weitgehend eine Solidarisierung unserer Bevölkerung mit dem Staat Israel zu verzeichnen war, ergab die Befragung schlimme Ergebnisse. Zu betonen ist, daß offene Diskriminierung immer einen Ausnahmefall darstellt, so daß im folgenden unter Antisemitismus die Latenz dieses Vorurteils (seine unterschwellige Existenz) zu verstehen ist.

Eine Fragengruppe der umfangreichen Fragebogenaktion zielte auf die Feststellung des autoritären Potentials. Eine weitere Fragengruppe, mit der das Bild des »guten Deutschen« mit dem des »typischen Juden« verglichen werden sollte, diente der Erstellung eines Eigenschaftsprofils, wobei nach Fragen zur jüdischen Religion zu 20 Statements mit Aspekten des antisemitischen Vorurteils Stellung bezogen werden sollte (Antisemitismus-Skala). Die Grade der Zustimmung bzw. Ablehnung wurden erfaßt. Statements lauteten etwa: »Man kann schon am Aussehen erkennen, ob jemand Jude ist oder nicht« oder »Die Juden arbeiten mehr als andere Menschen mit üblen Tricks, um das zu erreichen, was sie wollen«. Erfaßt wurden auch die Informationsquellen. Ich referiere einige wichtige Ergebnisse.[2] Die Masse der Befragten hatte schon keinerlei vernünftige Vorstellung von der Zahl der in der Bundesrepublik lebenden Juden. Die 83 Prozent der sich äußernden Befragten verteilten ihre Meinungen gleichförmig über die Breite der vorgegebenen Skala von »weniger als 10 000« bis »1 Million und mehr«. Im Mittel ergab sich eine Schätzung von 268 000 jüdischen Bürgern. Dabei dürfte die wirkliche Zahl ca. 30 000 betragen haben. (Heute sind es etwa 27 000. Etwas verwundert hat mich der Umstand, daß selbst Silbermann nicht erwähnt, daß es sich hierbei nur um die Zahl der Mitglieder der israelitischen Kultusgemeinden handelt. Es gibt aber, was auch jüdische Autoren kaum je erwähnen,

2 Nach Alphons Silbermann: »Latenter Antisemitismus in der Bundesrepublik Deutschland«, in: Antisemitismus, Nationalsozialismus und Neonazismus, hg. von Michael Bosch, Düsseldorf 1979, S. 41–54.

daneben noch eine annähernd ebenso große Zahl säkularisierter Juden, die man auf 20000 bis 30000 schätzen kann. Sichere Angaben hierzu scheint es nicht zu geben.) Das ermittelte Ergebnis zeigt, in wie hohem Maß Vorurteile und Unwissenheit korrelieren, aber auch, daß die alte nazistische Propagandalüge von der Überschwemmung Deutschlands mit Juden, ja der Gefahr der Zerdrückung durch die Juden noch wirksam war. Dabei gab es im Deutschen Reich 1933 bekanntlich nur etwa 500000 Juden (ein Drittel davon in Berlin) bei ca. 66 Millionen Einwohnern; etwa die Hälfte von Ihnen konnte noch flüchten; die übrigen wurden ermordet. Bei diesem Stand des Unwissens und nach der übrigen bisherigen Darstellung wird das Folgende nicht so sehr überraschen:

Das Weiterbestehen des antisemitischen Vorurteils wurde durch die Ergebnisse der Antisemitismus-Skala nachdrücklich bestätigt. Faßt man die Zahlen für mittlere und starke Zustimmung zu den vorgelegten antisemitischen Feststellungen zusammen (Extremwerte werden seltener angekreuzt, als es der tatsächlichen Einstellung entspricht), so ergibt sich:

– Ablehnung	23,6 Prozent
– schwache Zustimmung	46,4 Prozent
– starke Zustimmung	30,1 Prozent

Dies bedeutet, daß 1974 bei etwa drei Vierteln der bundesdeutschen Bevölkerung mindestens Reste antisemitischer Vorurteile vorlagen, während nicht weniger als ein Drittel ausgeprägt antisemitisch eingestellt war. Und dies im christlichen Land des Holocaust, in dem damals noch an die 95 Prozent der Bevölkerung (1988 ca. 85 Prozent) zumindest formal einem der christlichen Großbekenntnisse angehörten, in einem Land ohne Juden, in einem Land, das einen wichtigen Teil seiner vor allem geistig-kulturellen Elite für immer aus dem Land getrieben bzw. umgebracht hat (letzteres ein welthistorisch wohl einmaliger Vorgang).

Daß im wirtschaftlichen Bereich der antisemitische Mythos noch besonders wirksam ist, beweist der Umstand, daß nur 35,9 Prozent der Befragten der Meinung waren, zwischen jüdischen und anderen Geschäftsleuten bestehe kein Unterschied, während 38,7 Prozent den Rat gaben, den jüdischen Geschäftspartner sorgfältig im Auge zu behalten, und 14,3 Prozent gänzlich von jedem Geschäft abrieten. Nicht weniger als 36,1 Prozent hielten rassische Besonderheiten bezüglich des Volkscharakters und des menschlichen Charakters für erbbedingt, und nahezu die Hälfte nahmen hierzu keine eindeutige Position ein. Bei einzelnen Statements hielten 42,2 Prozent mehr oder weniger an der ihnen jahrzehntelang eingehämmerten Ansicht fest, Juden hätten rassisch begründete angeborene Fehler. Sage und schreibe 45,2 Prozent nahmen an, Juden seien an ihrem Aussehen zu erkennen. Dabei erscheint in einem Land mit derart bunt gemischter Bevölkerung wie Deutschland das Abstellen auf das Äußere besonders abwegig.

Es wird nicht überraschen, daß nach der Silbermann-Studie zwischen antidemokratischem, rassischem und antisemitischem Denken deutliche Parallelen bestehen und daß insoweit ein Land-Stadt-Gefälle existiert. Bei den Berufsgruppen zeigten sich die mit Abstand stärksten antisemitischen Vorurteile bei den Landwirten. Das ist auch die Bevölkerungsgruppe, auf die die Kirchen traditionell einen besonders starken Einfluß ausüben. Mit steigendem Einkommen und besserer Ausbildung steigt die Toleranz deutlich. Einem Antisemitismus von 40,8 Prozent bei Volksschülern ohne abgeschlossene Lehre stand einer von nur 4,3 Prozent bei abgeschlossener akademischer Ausbildung gegenüber.

Insgesamt zeigte sich 30 Jahre nach Hitler bei einem nahezu nicht vorhandenen Judentum ein Bodensatz von 15–30 Prozent der Bevölkerung mit ausgeprägt antisemitischen Vorurteilen, während solche bei weiteren 30 Prozent mehr oder weniger stark latent vorhanden waren. Und man kann nicht sagen, daß die Kirchen bei diesen bedauerlichen Nachwirkungen der Hitlerei in ihrem Einflußbereich insgesamt nennenswerte Anstrengungen unternommen hätten, um die Vorurteile abzubauen. Es läßt sich zeigen, daß im politischen Bereich von einem antisemitischen Vorurteil getragene oder der Verdrängungsabsicht entsprungene Reden und Handlungen (Sprüche von Abgeordneten und Kommunalpolitikern, Abstimmungen über Straßennahmen und Ehrenbürger, Kasernenbenennungen, Theateraufführungen usw.) im wesentlichen von Menschen stammen, die dem politischen Lager angehören, das sich mit dem C im Parteinamen schmückt. Solche Vorgänge sind Legion; systematisch dürften sie bisher noch nicht zusammengestellt sein.

Abschließend möchte ich noch auf ein interessantes Ergebnis der Silbermann-Studie hinweisen. Bezüglich der *Konfession* der Befragten hoben sich Konfessionslose von den anderen deutlich durch stärkere Toleranz ab. (Diese Toleranz wird ihnen von den Kirchen übrigens wenig gedankt: Wenn sie es wagen, auf ihre rechtlichen und gesellschaftlichen Benachteiligungen in einem theoretisch weltanschaulich neutralen Staat hinzuweisen, bezichtigt man sie gern der Intoleranz. Und man scheut sich nicht, gottlos und unmoralisch in einen Zusammenhang zu bringen. Gern spricht man von Nazis als von »gottlosen Verbrechern«. Ähnlich auch der ehemalige Bundestagspräsident *Jenninger* in seiner etwas verunglückten, aber wenigstens ehrlichen und historisch im wesentlichen zutreffenden Rede vom 10. November 1988.)

Weitere Umfragen: Auch in der Zeit danach wurden Untersuchungen durchgeführt. In Anlehnung an eine unter der Schirmherrschaft der *UNESCO* 1961/62 durchgeführte Untersuchung (mit übrigens ähnlichen Ergebnissen in der Bundesrepublik, in Frankreich und Großbritannien) wiederholte der Nürnberger Sozialwissenschaftler Badi Panahi 1979 eine Vorurteilsuntersuchung mit 1038 Teilnehmern aus der Bundesrepublik und untersuchte insbesondere den Zusammenhang zwischen autoritärer und antisemitischer Einstellung. Bekannt wurde die Sinus-Studie zum Rechtsextremismus aus dem Jahr 1980, die 1981 als Rowohlt-Taschenbuch erschien. Erfreulich an ihren Ergebnissen ist nur, daß – entsprechend dem Generationenwechsel – alle Altersgruppen unter 40 Jahren überdurchschnittlich resistent gegenüber rechtsextremer Ideologie sind. (Daß jede derartige Ideologie mit Antisemitismus einhergeht, ist ein Faktum). Aber sehr beruhigend ist es nicht gerade, wenn 1980 (laut Sinus-Studie) 13 Prozent der bundesdeutschen Wahlbevölkerung über ein abgeschlossenes rechtsextremes Weltbild verfügten: ein Potential, dem die konservativen Parteien offenbar glauben, hin und wieder huldigen zu sollen, und sei es auch nur dadurch, daß entsprechende Aussprüche nicht oder nur verbal geahndet werden.

Was die Jugendlichen anbelangt, so gibt es gegenüber obiger günstiger Prognose auch andere Stimmen. Aus einer Studie von Wilhelm Heitmeyer aus dem Jahr 1987, die u. a. auf einer Umfrage unter 1 300 Sechzehnjährigen beruht, ergibt sich, daß unsere Jugendlichen »in erheblichem Maße« zu rechtsextremer Orientierung neigen. Zwar finden demnach traditionelle neonazistische Gruppen keine große Resonanz. Aber etwa in Fußball-Fanclubs bildet sich ein diffuses rechtsextremes Potential, das in der Öffentlichkeit als unpolitisch eingestuft wird. Bedenklich stimmt hierbei, daß eine solche Extremorientierung nicht nur bei sozial benachteiligten Jugendlichen festzustellen ist, sondern auch bei beruflich Integrierten mit befriedigenden familiären Verhältnissen.

In Sachen Antisemitismus sieht es auch 1988 nicht sehr günstig aus: Im Juni 1988 stellten das »Zentrum für Antisemitismusforschung« an der TU Berlin (Leiter: Herbert A. Strauss, seit 1982) und das »Institut für Demoskopie Allensbach« das Ergebnis einer weiteren Untersuchung vor. Laut dpa/AP sind demnach knapp 8 Prozent der Bundesbürger »vehement antisemitisch« eingestellt, und weitere 7 Prozent haben klare antijüdische Vorurteile. D. h., daß fast jeder siebte Bürger (über 16 Jahre), d. h. ein beachtliches Wählerpotential, als deutlich antisemitisch zu bezeichnen ist. Nicht weniger als 22 Prozent glauben, die Juden seien mitschuldig am Haß und der Verfolgung während der NS-Zeit gewesen. Fast jeder zweite Bundesbürger findet nach dieser neuesten Untersuchung, daß »viele Juden versuchen, aus der Vergangenheit des Dritten Reiches heute ihren Vorteil zu ziehen« (*Augsburger Allgemeine* vom 10. 6. 1988).

2. Einzelbeispiele und Fallgruppen zum Antisemitismus und zur Verdrängung der NS-Zeit

Der Schriftsteller Gerhard *Zwerenz* hat zum Thema einen lebensgeschichtlichen Bezug. In seinem 1986 erschienenen eindrucksvollen essayistischen Band *Die Rückkehr des toten Juden nach Deutschland* schreibt er einleitend:

> »Anfangs nahm ich es als gutes Zeichen, wenn jemand sagte: ›Die Juden sind nicht besser als wir.‹ Ich lege Wert auf die Normalität: Der Jude ist ein Mensch wie du und ich, sperrt ihn nicht erneut ins Ghetto. So redete ich, bis ich merkte, daß etwas anderes gemeint war.
>
> Sonderbare Tarnsprache. Rund zweieinhalb dutzendmal war ich in diesem Frühjahr zu Lesungen und Vorträgen unterwegs. Das Atmosphärische bewertend, muß ich sagen: Die Mehrheit ist gutwillig. Antisemiten gibt es nicht. Aber Antisemitismus.
>
> Und es gibt sprachliche Bedeutungsverschiebungen. Der Satz: ›Die Juden sind nicht besser als wir‹ meint in Wirklichkeit ›Die Juden morden genauso wie die Deutschen.‹ Verdeutlicht man das Gemeinte noch mehr, kommt heraus: ›Was den Deutschen die Juden waren, sind den Juden die Palästinenser.‹«[3]

Im Jahre 1952 kam es in zahlreichen bundesdeutschen Städten zu Protestkundgebungen gegen die Aufführung von neuen Filmen des Veit Harlan, der für die Nazis den berüchtigten antisemitischen Hetzfilm »Jud Süß« (in Anlehnung an den freilich von andersartiger Gesinnung getragenen grandiosen historischen Roman von Feuchtwanger) produziert hatte. Hierbei kam es zu antisemitischen Angriffen auf Demonstranten (z.B. »Schlagt die Judenlümmel tot!«). In Freiburg gab es polizeiliche Übergriffe gegen Demonstranten. Zuvor hatte das Schwurgericht Hamburg festgestellt, der Film stelle ein Verbrechen gegen die Menschlichkeit dar, sprach Harlan jedoch wegen Notstands frei. (Dies führte zum Boykott-Aufruf des leitenden Hamburger Senatsbeamten Lueth, der nach gerichtlichen Niederlagen vom Bundesverfassungsgericht 1958 in der berühmten Lueth-Entscheidung, bis heute grundlegend zur Meinungsfreiheit, die Verfassungsmäßigkeit seines Aufrufs bestätigt bekam.)

Am 24. Mai 1957 bedauerte der Offenburger Studienrat Ludwig Zind am Biertisch gegenüber einem halbjüdischen Kaufmann, daß dieser »nicht auch den Rauch hinaufgegangen« sei. Die vorgesetzte Schulbehörde erwies sich als recht nachsichtig. Erst am 30. Dezember 1957 wurde er dienstenthoben. Am 11. April 1958 wurde er zu einer einjährigen Freiheitsstrafe verurteilt. Der *Spiegel* schrieb in Heft 50/1958, das Urteil habe Zind »herzliche Sympathien der Offenburger Bevölkerung, dem von Zind beleidigten Halbjuden Lieser aber eine Art Spießer-Feme« eingebracht. Dem Dienststrafverfahren

3 Gerhard Zwerenz: Die Rückkehr des toten Juden nach Deutschland, Ismaning 1986, S. 7.

entzog sich Zind durch Vorlage des Gutachtens seines Schwiegersohns, eines Frauenarztes, der ihm Verhandlungsunfähigkeit attestierte.[4]

Auf die zahlreichen Friedhofsschändungen und Synagogenschmierereien 1959/60, zu denen auch ein Bericht der Bundesregierung erschien, wurde schon oben hingewiesen. Schon im Mittelalter hatte der Grundsatz gegolten: »Sepulchra hostium religiosa nobis non sunt« (Die Gräber unserer Feinde verdienen keine Ehrfurcht), so daß es immer wieder bei Judenaustreibungen zu Friedhofsschändungen gekommen war (z. B. Rothenburg 1298, Speyer 1349, Augsburg 1439, Nürnberg 1489: jüdische Grabsteine wurden für Festungsmauern, Häuser und Kirchen verwendet, ein Stein wurde z. B. in die Wendeltreppe der Nürnberger Lorenzkirche eingebaut; zuvor hatte es allerdings auch einschlägige strenge Schutzvorschriften gegeben). Nachdem zwischen 1933 und 1945 80–90 Prozent der ca. 1700 jüdischen Friedhöfe geschändet worden waren (die Grabsteine wurden umgestürzt, zertrümmert, Grabbefestigungen herausgerissen) und nachdem SA und HJ 1939 nach Kriegsausbruch im Zuge der »Reichsmetallspende« Metallteile wie Inschriften und Gitter von jüdischen Friedhöfen entfernt hatten, glaubte man die Juden jetzt wieder tief demütigen zu müssen. Wie schon erwähnt, beträgt die Zahl der Schändungen von 1945–1982 ca. 598 plus Dunkelziffer (hauptsächlich 1959/60). Wenn vielfach zentnerschwere Steine umgestürzt wurden und laut Bundesregierung die Taten überwiegend von Jugendlichen und Kindern begangen worden sein sollen, so fragt man sich: Welche bundesdeutsche Jugendliche haben nächtens solche Schwerarbeit geleistet? Waren es nur Dumme-Jungen-Streiche? Dagegen spricht auch, daß die Vorfälle sich besonders in Hessen häuften, das für seine antisemitisch-völkische Tradition bekannt war. Ferner, daß sich die Schäden um Ostern und um den 9. und 10. November häuften: sicher *nicht nur* triebpsychologisch-aggressive Flegeleien. Die Öffentlichkeit nimmt von solchen Dingen wenig Notiz.[5] (Man fragt sich allerdings mit Arno Plack tatsächlich, ob dies nicht richtig ist. Denn nur, wer auffällt – als Antisemit oder sonst Frustrierter –, kann »Erfolg« verbuchen.)

1963 erregte die Uraufführung und der weitere Erfolg des Hochhuth-Dramas *Der Stellvertreter. Ein christliches Trauerspiel* die christlichen Parteien der Bundesrepublik und fast die gesamte katholische Welt; doch nicht nur im einschlägigen Band 7 des *Handbuchs der Kirchengeschichte* wird es noch 1979 mit abfälligen Bemerkungen bedacht, auch 1987/88 bewegt es erneut die Gemüter (siehe oben unter XI. 1).

1964 erregte weit über Bayern hinaus der Fall Maunz Aufsehen. Professor

4 Siehe Antisemitismus. Von der Judenfeindschaft zum Holocaust, a. a. O., S. 267.

5 Zum Thema der Friedhofsschändungen siehe den Beitrag von Julius H. Schoeps in: Antisemitismus nach dem Holocaust, hg. von A. Silbermann und J. H. Schoeps, Köln 1986.

Maunz (nach 1945 als Grundgesetzkommentator bekannt und bei Studenten beliebt) hatte zur NS-Zeit wie viele andere Juristen auch schreckliche Dinge geschrieben, die über bloße Anpassung an die Machtverhältnisse weit hinausgingen. Dessen war man sich zunächst nicht bewußt. 1957 wurde der Katholik Maunz bayerischer Kultusminister (das bayerische Kultusministerium ist traditionell ein katholisches Haus). Die Regierungsbildung war 1957 recht hektisch gewesen, so daß Ministerpräsident Hanns Seidl wohl keine genaue Prüfung der Schriften von Maunz vorgenommen hatte. Allerdings waren die Werke von Maunz, der gegen den Willen der juristischen Fakultät nach München berufen worden war, vorsorglich aus den öffentlichen Bibliotheken entfernt worden. 1963 schrieb die über Maunz verärgerte Hildegard Hamm-Brücher, Kultusminister Maunz informiere den Landtag auf zwiespältige Weise. Die Berufung von Professoren gerate »mehr und mehr in ein konservativ-konfessionelles Fahrwasser«, wobei Vorschlagslisten der Universitäten häufig nicht beachtet würden (wie vertraut ist das noch heute!). Da erschien im Juni 1964 in der *Neuen Juristischen Wochenschrift (NJW)*, der auflagenstärksten juristischen Fachzeitschrift, ein Aufsatz mit dem Titel »Bewältigung der Vergangenheit als Aufgabe der Justiz«. Dort wird dargestellt, wie führende Staatsrechtslehrer die NS-Gewaltherrschaft juristisch untermauert haben, darunter wesentlich Prof. Maunz. Erst jetzt wandte sich die unerschrockene FDP-Kämpferin Hamm-Brücher an Ministerpräsident Goppel. Im weiteren Verlauf der Dinge stellte sich heraus, daß die NS-Staatsrechtslehre einschließlich Maunz laut *NJW* gelehrt hatte, für die Polizei sei »jeder Vollzug des Willens des Führers auch notwendig rechtmäßig«. Auch Maunz habe durch solche Haltung das Regime »zu unbegrenzter Willkür ermutigt«. Nachdem Maunz bisher damit verteidigt worden sei, er habe seinerzeit lediglich geltendes Recht gelehrt, habe sich jetzt z. B. herausgestellt, daß er in einem 1934 erschienenen Verwaltungsrechtslehrbuch geschrieben hat: »Es kommt weniger darauf an, unangreifbare Ergebnisse zu liefern, als in dem Ringen um die Neugestaltung Waffen zu liefern«. Juden- und KZ-Politik habe Maunz gerechtfertigt. (Nebenbei: Maunz rechtfertigte als gut katholischer Kultusminister die Konfessionsschulen als Regelschule, obwohl er Jahre zuvor als Gutachter im Prozeß vor dem Bundesverfassungsgericht zur Frage der Fortgeltung des Reichskonkordats die Auffassung vertreten hatte, selbstverständlich verstoße es gegen das Grundgesetz, wenn Andersgläubige gezwungen würden, eine Konfessionsschule zu besuchen.)

Nach heftigen Auseinandersetzungen trat Maunz schließlich im Juli 1964 zurück, wobei man der Opposition lange unfaires Verhalten gegenüber Maunz vorwarf.[6] Diese Kämpfe spielten sich ab, nachdem es schon die pein-

6 Vergleiche hierzu die fragmentarische Dokumentation bei Hildegard Hamm-Brücher: Kämpfen für eine demokratische Kultur, München 1986, S. 165–172.

lichen Fälle der Bundesminister Krüger und Oberländer gegeben hatte (Globke wurde erst gar kein Fall). Solche Fälle können sich nur in einem entsprechenden Klima abspielen. Zu der Einsicht, daß manche Dinge »eigentlich« nicht gehen, gelangen manche allerdings nie.

Eine Auslöserfunktion für den Rechtsradikalismus hatte das Jahr 1965. Bis dahin war die Zahl rechtsextremistischer Rechtsverletzungen wegen Auflösungserscheinungen im organisierten Rechtsextremismus zurückgegangen. Dann hielt der Bundestag seine Debatte über die strafrechtlichen Verjährungsfristen ab, die in das Gesetz vom 13. April 1965 mündete. Am 5. Mai 1965 folgte die Aufnahme diplomatischer Beziehungen zu Israel und am 19. August 1965 die Urteilsverkündung im Auschwitz-Prozeß. In diesem Jahr stieg die Zahl einschlägiger Rechtsbrüche mit Friedhofsschändungen sprunghaft an. Nach und nach zog die 1964 gegründete NPD in sieben Landtage ein. In den ersten Jahren spielten ehemalige NS-Funktionäre eine führende Rolle (was den zahlreichen Protestwählern auch wegen der geschickt-gemäßigten Propaganda nicht unbedingt aufgefallen sein muß). Ihren Höhepunkt erreichte die NPD 1968 mit 9,8 Prozent bei den baden-württembergischen Landtagswahlen.

1973 gründete Karl-Heinz Hoffmann seine berüchtigte Wehrsportgruppe, die dank der Langmut der bayerischen Innenminister bis Anfang 1980 ihr Unwesen treiben durfte. Um so rigoroser ging man dafür gegen die (oft nur so genannten) Radikalen im öffentlichen Dienst vor (im Ergebnis natürlich vielfach schon zu recht; allerdings waren die Verhältnisse in den Bundesländern z.T. recht unterschiedlich). Das Ganze auf einer sehr fragwürdigen verfassungsrechtlichen Basis; die Verfassungsrichter, die am berühmten *»Radikalenbeschluß«* von 1975 mitwirkten, waren völlig zerstritten. Demgemäß weist die langatmige Entscheidung wenig nachvollziehbare juristische Substanz auf. Die Verunsicherung gerade der demokratisch gesinnten Jugend war enorm, und auch der Opportunismus im öffentlichen Bereich – wo das besonders nachteilig ist – dürfte sich dadurch verstärkt haben.

Immer wieder gab es Fälle kraß rechtsextremer Äußerungen von Lehrern, auch Geschichtslehrern. Manche von ihnen hatten es zum Leiter eines Gymnasiums gebracht. Am Bayerischen Obersten Landesgericht amtierte sehr lange ein Richter, der u.a. Chef des »Kulturwerks des Europäischen Geistes« war, einer Organisation, die auch vom Bayerischen Landesamt für Verfassungsschutz als verfassungsfeindlich eingestuft wurde. Das Skandalöse an derartigen Einzelerscheinungen liegt weniger darin, daß man gegen solche Fanatiker nicht oder nicht energisch genug vorging, sondern darin, daß man sie in solche Positionen gehoben hatte.

Der Franzose Léon Poliakov konnte für sein Standardwerk zum Antisemitismus zwanzig Jahre lang keinen deutschen Verleger finden, erst 1977 erschien der erste Band im Ein-Mann-Verlag von Georg Heintz.

Die Silbermann-Studie zum Antisemitismus, auf die ich oben näher eingegangen bin, hatte eine denkwürdige Vorgeschichte. Die Förderung durch die Deutsche Forschungsgemeinschaft war gefährdet. Hierzu schreibt Silbermann:

»Nach längerem, über 12 Monate dauernden Schriftwechsel mit den wie üblich anonym bleibenden Gutachtern der Forschungsgemeinschaft erhielten wir die Zusage der Finanzierung des Projekts, allerdings nur für die erste Phase (latenter Antisemitismus). Erst nachdem diese Studie beendet war und wir erneut den Antrag für die zweite Phase (manifester Antisemitismus) gestellt hatten, wurde auch diese, und zwar diesmal wiederum nach längerem Gutachter-Schriftwechsel, 17 Monate nach Einreichung des Antrags genehmigt... Es darf in diesem Zusammenhang nicht unerwähnt bleiben, daß die Haltung der Gutachter (sicherlich an unseren Hochschulen etablierte Soziologen), ihre Rückfragen, Einwände, Vorschläge und Bemängelungen in den meisten Fällen einen dubiosen Eindruck hinterließen. Entweder wollte man vermeiden, daß ein ›heißes‹ Thema angerührt werde, oder man stand der gesamten Problematik mit in den Wolken schwebender wissenschaftlicher Wirklichkeitsfremdheit gegenüber. Daß beides in gewissem Maße der Fall war, bestätigte sich durch die Stellungnahme der Gutachter nach Fertigstellung der Untersuchung: In dieser hieß es unter anderem, daß die Ergebnisse ›inhaltlich nicht überraschend‹ seien und keine ›neuen analytischen Einsichten vermitteln‹.«[7]

Wie sehr die »Trauerarbeit« verweigert wurde, trat in seinem ganzen Ausmaß 1978 zutage, als Hochhuth die schreckliche Tätigkeit des Ministerpräsidenten Hans Karl Filbinger als Marine-Kriegsrichter in der *Zeit* publik machte und damit das Kapitel der Kriegsjustiz aufschlug. Quälend lange dauerte es, bis Filbinger – ohne ein Quentchen Einsicht – zurücktrat, und sehr viele standen auf seiner Seite. Hatte er sich doch treffend mit dem Satz verteidigt: »Was damals Recht war, kann heute nicht Unrecht sein.« Nur darüber ist er letztlich gestolpert: über seine moralische Blindheit und Rechthaberei, nicht über die Kriegsrichtertätigkeit.

1979 wurde in der Bundesrepublik die vierteilige US-Fernsehserie »Holocaust« gezeigt. »Über keinen anderen Film ist in der ganzen Welt so viel geredet und geschrieben worden«, heißt es in der wissenschaftlichen Analyse dieses Films und seiner Nachwirkungen von Ahren, Melchers, Seifert und Wagner, *Das Lehrstück ›Holocaust‹* (1982). Es handelt sich bekanntlich um eine eher verharmlosende Verfilmung der Geschichte einer jüdischen Familie, die einerseits abfällig als »Seifenoper« und »Rührstück« bezeichnet wurde, andererseits aber erstmals auf breiterer Ebene wirkliche Betroffenheit erzeugte. Schon über den Ankauf der Serie gab es eine öffentliche Debatte.

---

7 Zitiert nach Henryk Broder: Der ewige Antisemit, Frankfurt 1986, S. 207, ohne Datumsangabe.

Vorab qualifizierte der CSU-Vorsitzende die Serie in der *FAZ* vom 3. Juli 1978 als »Geschäftemacherei« ab. Gegen die verantwortlichen WDR-Leute wurde Stimmung gemacht. Da man nichts gegen eine Beschäftigung mit dem Thema haben durfte, sprachen die Gegner etwa von »Machwerk« und »liederlicher Hollywood-Dramaturgie«. Da Bayern drohte, sich ggf. aus dem ARD-Programm auszublenden, rang man sich zu einem einmaligen Kompromiß durch: alle Dritten Programme wurden zusammengeschaltet. An der enormen positiven Wirkung des Films sieht man, wie viel verdrängt gewesen sein muß. Jetzt erst häuften sich die Fragen der jüngeren Generation. Jetzt erst sahen sich die Bischöfe zu ihrer Erklärung »Die katholischen Bischöfe und der Nationalsozialismus« vom 31. Januar 1979 veranlaßt (siehe hierzu oben; dort auch die im vollen Wortlaut abgedruckte scharfe Kritik des Bensberger Kreises).

1979/80 fand in Köln der Lischka-Prozeß statt. Hierbei ergab sich, daß der erfolgreich amtierende CSU-Bürgermeister Heinrichsohn an der Ermordung mehrerer tausend Menschen beteiligt war. Nicht die Opfer erfuhren die Solidarität der Bürger und der christlichen Partei (sie propagiert heute ganz betont das C, ganz ohne Anführungszeichen), sondern Heinrichsohn, der nicht einsehen mochte, daß er trotz seiner unbestrittenen kommunalpolitischen Leistungen nicht oberster Repräsentant und Verwaltungschef einer größeren Gemeinde sein sollte.

Günther Ginzel zitiert in seinem mehrfach genannten Sammelband *Auschwitz als Herausforderung* einen 1979 bei Rechtsradikalen besonders beliebten Judensong (Melodie: Die Vögel wollten Hochzeit halten) in vollem Wortlaut. Es heißt etwa:

> »In Buchenwald, in Buchenwald,
> macht Adolf seine Juden kalt
> Fiderallala...
> Der Heinrich Himmler hielt sein Wort,
> schickt' Juden in den Luftkurort
> Fiderallala...
> Die Kopfhaut einer Judenstirn,
> die gibt 'nen prima Lampenschirm
> Fiderallala...«
>
> (zahlreiche Strophen dieses Kalibers)[8]

1982 scheute man sich nicht, ausgerechnet den Frankfurter *Goethe*-Preis an Ernst Jünger zu verleihen, jenen freilich bedeutenden Stilisten, der gewiß alles andere als von goetheschem Geist geprägt war, diesen Oberverherrli-

8 Auschwitz als Herausforderung für Juden und Christen, hg. von Günther Ginzel, Heidelberg 1980, S. 47 f.

cher des Kriegs, der diesen als grandioses Naturschauspiel mit beachtenswerter Gleichgültigkeit gegenüber dem vielfachen Tod zeichnete. Das *Kindler-Literaturlexikon* schreibt zu *In Stahlgewittern:* »Die gesamte Darstellung ist überaus Ichbezogen, von einer bisweilen landsknechthaften Gleichgültigkeit gegenüber der moralischen Problematik des Tötens und nicht frei von Eitelkeit...«. Die 17. Ausgabe der *Brockhaus-Enzyklopädie* (1970) spricht hierzu von der »Gesinnung eines ›heroischen Nihilismus‹, der Kampf, ›Blut‹, Grauen als Erlebnis feiert«. Freilich: Der ganze Jünger ist das nicht. Aber Goethe-Preisträger? Ernst Jünger zum *Spiegel:*

»Mit den bestehenden Gewalten lebe ich gut. Der Bundespräsident Carstens hat mir einen Empfang gegeben... Auch der Kanzler hat mir gratuliert. Mit seiner netten Gattin hatte ich eine Korrespondenz.

Und zuvor:

Die Sachen, die man sagen darf, sind doch, sagen wir mal, dem Barock gegenüber gewaltig reduziert... Zum Beispiel dürfen Sie heute nicht sagen: ›Ich bin ein Faschist‹. Dann sind Sie schon gleich der Unterste.«[9]

Ein gefundenes Fressen war für viele der Einmarsch der israelischen Truppen in den Libanon im Sommer 1982. In ganz Europa gab es einen Sturm der Entrüstung, obwohl der Krieg im Libanon bis zu diesem Zeitpunkt nur wenig Aufmerksamkeit gefunden hatte. Und je mehr die Israelis gegenüber den Palästinensern schuldig wurden, um so geringer wurde die Schuld der Deutschen gegenüber den Juden. Daran bestand ein enormes Bedürfnis. In der Folgezeit erschienen zahlreiche Berichte mit z.T. sehr stark antizionistisch gefärbten Passagen, die ohne latenten Antisemitismus oft kaum zu erklären sind.

»Israels Libanon-Krieg erwies sich als der große Katalysator, die Schnellwäsche, die aus jedem verschämten Antisemiten wieder einen unverschämten machte. Wer seit jeher etwas gegen die Juden hatte, sich aber nicht traute, es laut zu sagen, konnte aus diesem Tauchbad mit sauberer Weste, reinem Herzen und vollem Mund wieder auftauchen. ...

Die Begeisterung über die Greuel der Israelis, die tatsächlichen und die erfundenen, war grenzenlos und entsprach einem authentischen Bedürfnis. Die Palästinenser wurden kollketiv an Opfers Statt vom deutschen Volk adoptiert.«[10]

Die Formel »Antizionismus = Antisemitismus« ist zwar sicher nicht richtig, aber es ist doch viel daran. Einige wenige Beispiele zum Nahostproblem:

Die linke *TAZ* sprach vom »umgekehrten Holocaust«. In zahlreichen deutschen Städten fanden Protestkundgebungen mit breiten Koalitionen statt: von den Grünen und Jusos bis zur DKP und zu Sponti-Gruppen. Über den gemeinsamen Tenor: »Völkermord, Endlösung der Palästinenserfrage durch den Judenstaat« konnte man sich erstaunlicherweise einigen. Die *TAZ,*

---

9 G. Zwerenz: Die Rückkehr des toten Juden nach Deutschland, a.a.O., S. 198.
10 H. Broder: Der ewige Antisemit, a.a.O., S. 115.

so Broder in *Der ewige Antisemit,* veröffentlichte Leserbriefe, die seiner Meinung nach in der *National-Zeitung* nicht gedruckt worden wären. Einen davon zitiert er auszugsweise:

»Die Deutschen haben die Juden vernichtet – übrigens zwei Mio. und nicht sechs –, die Israelis vernichten etappenweise die Palästinenser... Wann sagt mal endlich jemand offen, daß das nichts ist als jüdischer Faschismus, Massenmord für ein ›Großreich‹... Die gleiche Handschrift, das Drehbuch für den Staat Israel steht in ›Mein Kampf‹. Seit heute mittag schießen die Juden mal wieder ›zurück‹. Wie Hitler auf die Polen. Hitler marschierte im Sudetenland ein und Begin im Libanon.«[11]

Broder berichtet, als die *TAZ* »mal« einen differenzierten Artikel zum Nahostproblem veröffentlicht habe (»Das Recht zweier Völker«), sei die Wohnung des verantwortlichen Redakteurs durch eine »antifaschistische Aktionsgruppe« verwüstet worden; an die Hausflurwand malten sie: »Liebe Hausbewohner! Hier lebt ein Zionisten- und Faschistenschwein unter ihnen. Schmeißt ihn raus!« (Die alte Judensau des christlichen Mittelalters lebt wieder auf.)

150 »Wissenschaftler, Theologen, Journalisten und Politiker« forderten in der *FAZ,* der *SZ,* der *Zeit* und der *Jerusalem Post* den israelischen Rückzug aus dem Libanon (was freilich viele Israelis auch taten!) und wiesen auf die historische Verantwortung der Deutschen gegenüber den Juden hin, wobei merkwürdig die Liste von Unterzeichnern war, die sich aus anderen Anlässen kaum zusammengefunden hätten: einerseits z. B. William Borm, Heinz Brandt, Helmut Gollwitzer, Klaus Thüsing, andererseits Siegfried Zoglmann und der Bundesvorsitzende der Sudetendeutschen Landsmannschaft, Jörg Kudlich. Lieselotte von Bothmer, frühere SPD-Abgeordnete, schlug vor, man solle die Wiedergutmachungsleistungen stoppen und an Palästinenser und Libanesen auszahlen. »Das sind die Juden, mal Opfer und mal Henker« stand auf einem Transparent Bremer Demonstranten, die ihren Zug auch zur Bremer Synagoge lenkten, wo der anfängliche Ruf »Juden raus aus dem Libanon!« zu »Juden raus!« verkürzt wurde. Alles nur aus Friedens- und Menschenliebe?

Im Juli 1982 erschien in *Pardon* folgende »Satire«:

»Massierte Totenkopf-Panzerverbände unter General Moshe Guderian haben, aus der Luft von Stuka-Rudel ›Salomon‹ unterstützt, PLO-Partisanen-Nester in Beirut mit umfassend vernichtendem Flächenfeuer belegt. Infanterie und die mobile Raketen-Batterie ›Schalom‹ unter dem Befehl Infanterie-Generals Josua ›Sepp‹ Dietrich haben die Vorstadt L'idice mit Punktfeuer dem Erdboden gleich gemacht. Es wurden zehntausend, von der Feindpropaganda als Zivilisten ausgegebene, Partisanen-Tote gemacht. Seit 5 Uhr 45 ist L'idice araberfreie Zone. Die Befestigungen der Partisanen in den Hügeln von Hol O-Caust stehen vor der Kapitulation. Die Endlösung der Palästinenserfrage ist eine Frage von Stunden. General-Oberst im Stab Auflärung des Oberkommandos der Großisraelitischen Wehrmacht, Shei-tan Wiesenthal, wurde der Kollabo-

---

11 Ebenda, S. 116 f.

ration mit dem Feind überführt, festgesetzt und sieht dem Kriegsgerichtsverfahren wegen Hochverrats entgegen. Der Führer – Menachem Begin.«[12]

Werden hier nicht die Grenzen schlechten Geschmacks weit unterschritten? Ist das ethisch begründete Unterstützung des von allen arabischen »Bruderstaaten« letztlich verlassenen und in der Tat auch historisch ungerecht behandelten Volks der Palästinenser, das kein arabisches Land haben will?

Im *Grünen Kalender* 1983 wurde die Auffassung vertreten, daß »angesichts der zionistischen Greueltaten die Nazi-Greuel verblassen«.

Als in Bergen nach Anne Frank, deren Tagebuch dankenswerterweise vielen unserer Schüler nahegebracht wurde, eine Straße benannt werden sollte – sie war im KZ Bergen-Belsen umgebracht worden –, lehnte Bergens Ratsmehrheit das ab: Die Bürger wollten sich nicht durch eine Straßenbezeichnung, quasi einem Kainsmal, brandmarken lassen. Da paßte es gut, daß in verschiedenen Dritten Programmen der ARD in dem Film »Anne und Therese« die Aussagen einer den Beiruter Massakern entkommenen Palästinenserin den Tagebuchaufzeichnungen der Anne Frank gegenübergestellt wurden.

Wie schön, daß man jetzt eine historische Umschuldung vornehmen kann! Mit Berichten, Filmen und Demonstrationen zu Armenien (türkischer Völkermord während des Ersten Weltkriegs mit ca. 1,5 Millionen Opfern), Biafra (schon damals bei 3 Millionen Opfern nahezu vergessen), Vietnam, Kambodscha (Pol-Pot-Regime), Chile (Pinochet), Uganda (Idi Amin) und Iran (Khomeini) konnte und kann man das nicht. Und warum solidarisierte sich, worauf Broder hinweist, der Fachschaftsrat des Theologischen Fachbereichs der Universität Göttingen zum Ökumenetag 1983 mit dem palästinensischen Volk, während man doch solches auch zugunsten der Kurden, schwarzen Südafrikaner und anderen Minder- und Mehrheiten hätte tun können. Auch wurde bei den Göttinger Theologen die finanzielle Seite der zionistischen Bewegung ausführlich dargestellt: Beweis für eine lediglich unverkrampfte Normalität gegenüber dem in Schlimmes verwickelten Israel? Broder legt im einzelnen dar, daß die knapp 100 Seiten starke Arbeit der Göttinger Theologen von »selektiver Willkür« geprägt war, insbesondere auch hinsichtlich der Entstehungsgeschichte des Staates Israel.

Der Mitherausgeber eines »alternativen« Israel-Reiseführers, in dem die Staatsbezeichnung »Israel« in Anführungszeichen gesetzt wird und sich antisemitische Karikaturen befinden, war Psychologiedozent an der Universität Mainz. Einem Israeli schrieb er:

---

12 Ebenda, S. 127

»Israel hat uns wieder sehr gut gefallen, leider nicht dessen Bewohner. Fazit unserer Reise: Die Juden wollen den Arabern an die Kehle, den männlichen Touristen ans Geld und den weiblichen zwischen die Schenkel. Einheitlich, vom Arbeiter bis zum Professor... Wir denken weiterhin human und geben der Wahrheit die Ehre. Beides sind Dinge, die Juden nicht geläufig sind.«[13]

Diese Äußerung wurde bekannt und führte zu einem Disziplinarverfahren, in dem der Dozent den Vorwurf des Antisemitismus von sich wies. Er bildet weiterhin Pädagogik-Studenten aus.

Auch im Ausland, allen voran Österreich, gab und gibt es selbstverständlich antizionistische und antisemitische Äußerungen. Anläßlich des Libanon-Einmarschs 1982 rief ein »Personenkomitee für den Abbruch der Beziehungen zu Israel« in der sozialdemokratischen *Arbeiterzeitung* die »Österreicher!« auf den Plan: Es spiele sich eine »Tragödie der gesamten Menschheit« ab, Israel sei als Mitglied der Völkergemeinschaft disqualifiziert (NS-*Stürmer:* »Ohne eine Lösung der Judenfrage keine Erlösung der Menschheit!«). Und im Zuge der »Waldheim-Affäre« wurden die Emotionen noch mehr hochgeputscht.

Der englische Autor Roald Dahl, bis dahin als Antisemit unbekannt, schrieb im August 1983 in der *Literary Review,* nie zuvor habe es in der Menschheitsgeschichte »ein Volk gegeben, das sich dermaßen schnell von Opfern zu Mördern gewandelt« habe. Später ergänzte er:

»Es muß etwas im Charakter der Juden geben, was Haß provoziert. Vielleicht ist es ihr Mangel an Umgangsformen gegenüber Nicht-Juden. Nicht einmal Hitler hat sie grundlos verfolgt.«[14]

Genauso schlimm äußerte sich der berühmte Jean Genet nach dem Massaker in den Flüchtlingslagern Sabra und Schatilla, das christliche Milizen unter den Augen und unter Duldung des israelischen Militärs im September 1982 verübt hatten. Anfang 1984 erschien Genets Protokoll über einen Augenschein in einer Wiener Zeitschrift, in dem er poetisch den Zustand von verwesenden Körpern beschrieb und über Israel herfiel. In einem Interview zeigte er sich fasziniert, daß ein Märtyrer-Volk ein anderes niedermetzelt. Broder bemerkt dazu:

»Wenn dagegen Araber andere Araber massakrieren, dann ist das business as usual, Eingeborenen-Folklore, und Jean Genet hat keinen Grund, zornig oder fasziniert zu sein. Dies erklärt auch, warum er seine Stimme nicht erhob, als im Schwarzen September 1970 die jordanische Armee Tausende von Palästinensern niedermetzelte. Er hielt still, obwohl er zu jener Zeit in Jordanien bei den Palästinensern war.«[15]

Soweit einzelne ausländische Beispiele.

---

13 Ebenda, S. 136.
14 Ebenda, S. 112.
15 Ebenda, S. 114.

Der christliche Kanzler Helmut Kohl hatte beschlossen, die schon von Helmut Schmidt begonnene »Normalisierung« des Verhältnisses zu Israel zu beschleunigen. Anfang 1984 reiste er nach Israel, wo er das bekannte Wort von der »Gnade der späten Geburt« bekannt machte und sich recht wenig sensibel zeigte. Vielleicht das Schlimmste war, was in unseren Medien nicht herausgestellt wurde: Begleitet wurde er u.a. von Kurt Ziesel, jenem NS-Schriftsteller, der lange Jahre Geschäftsführer der *Deutschland-Stiftung* gewesen war: einer Organisation, mit der sich 1971 Jürgen Echternach scharf auseinandergesetzt hat. Anlaß war die damalige Verleihung des alljährlich vergebenen »Konrad-Adenauer-Preises« der »Deutschland-Stiftung« an den Publizisten William Siegmund Schlamm, von dem z.B. die Zeitschrift *Kritischer Katholizismus* im Mai 1971 – vom Bundesgerichtshof unbeanstandet – schrieb, er sei »Kriegstreiber und Demagoge«. Echternach, damals Mitglied des Bundesvorstands der CDU und deren Fraktionsvorsitzender in der Hamburger Bürgerschaft, schrieb zu der Preisverleihung an Schlamm in der April-Ausgabe 1971 der von der Jungen Union herausgegebenen Zeitschrift *Entscheidung,* die Deutschland-Stiftung mißbrauche den Namen Adenauers für rechte Sektierer, und fuhr dann fort:

»Doch nach diesem Vorfall sollten alle CDU- und CSU-Mitglieder, die noch Mitglieder der Deutschland-Stiftung sind, die Konsequenzen ziehen und sie sofort verlassen, um nicht einem nationalistischen Unternehmen weiterhin einen demokratischen Deckmantel zu gewähren. ›Schriftsteller‹ Kurt Ziesel mag sich weiter bemühen, seine Deutschland-Stiftung auf noch rechteren Kurs zu bringen und sein ›Deutschland-Magazin‹ der von ihm so verehrten ›Deutschen National- und Soldaten-Zeitung‹ anzugleichen. Dabei sollte ihm jedoch kein Demokrat Hilfe leisten!«

Nach zwei gerichtlichen Niederlagen gegen die Deutschland-Stiftung unter der Geschäftsführung Ziesels erkämpfte sich Echternach vor dem Bundesverfassungsgericht das Recht, die im wesentlichen zitierte Äußerung wiederholen zu dürfen.[16] Mindestens so interessant sind die juristischen Querelen um folgende Stellungnahme in der Mai-Nummer der Zeitschrift *Kritischer Katholizismus:*

»Die kk-Redaktion gratuliert herzlich dem Kriegstreiber und Demagogen William Siegmund Schlamm, dem Ende April aus der Hand Alois Hundhammers von der CSU (›Die Politik der Bayerischen Staatsregierung muß die Politik des Papstes sein‹) der mit 10000,– DM verbundene ›Konrad-Adenauer-Preis‹ der von Alt- und Neufaschisten durchsetzten ›Deutschland-Stiftung‹ verliehen wurde.«

Die hierauf folgende Klage der Deutschland-Stiftung hatte zunächst beim Landgericht München I und beim OLG München Erfolg. Der Bundesgerichtshof indessen hob die Entscheidung des OLG auf und verwies die Sache

16 Vergleiche BVerfG, Beschl. vom 11. 5. 1976 – 1 BvR 163/72, abgedruckt in der juristischen Fachzeitschrift *Bayerische Verwaltungsblätter,* 1977, S. 116 ff.

an das OLG zurück. Bemerkenswert ist nun, mit welcher Detailbegründung das Gericht jetzt die Auffassung vertrat, es handele sich bei der zitierten redaktionellen Gratulation um eine zulässige Meinungsäußerung.

Eine unzulässige Schmähkritik liege nicht vor, das in dem beanstandeten Text liegende Werturteil sei nicht willkürlich, sondern beruhe auf einer langdauernden Beobachtung und Erfassung der Stiftung, seiner Mitglieder und Preisträger durch Hans-Dieter Bamberg, der hierüber eine Diplomarbeit vorgelegt habe. Diese lag dem Senat auch in ihrer erweiterten Fassung vor. Der Inhalt der Glosse »Gratulation« sei zwar für die Stiftung herabwürdigend. Sie sei aber von Bamberg verfaßt und solle die Quintessenz seiner Erkenntnisse darstellen. Im Urteil heißt es wörtlich: »Nach der Ansicht des Senats reicht das vorgelegte Material aus, um vom Standpunkt der Beklagten aus die inkriminierte Bewertung des Klägers als diskutabel und vertretbar ... ansehen zu können.« Dies wird dann folgendermaßen erläutert:

»Hinsichtlich der Zeit vor 1945 (Altfaschisten) hat der Kläger selbst nicht bestritten, daß sein geschäftsführendes Vorstandsmitglied und weitere Mitglieder zumindest zeitweilig der NSDAP oder anderen faschistischen Organisationen angehört und sie sich im Sinne der damaligen Machthaber publizistisch betätigt haben. Dies gilt insbesondere neben Herrn Kurt Ziesel für die Herren Emil Franzel (Mitglied der Deutschen Gesellschaft für Erbgesundheit), Erich Maier (Mitglied der NSDAP und Redakteur der sudetendeutschen Zeitung »Die Zeit«), Professor Hans-Joachim Schoeps (Gründer von »Der deutsche Vortrupp, Gefolgschaft Deutscher Juden«), Bolko Freiherr von Richthofen, der im Zeitpunkt der Veröffentlichung Mitglied des Klägers war (seit 1933 Mitglied der NSDAP, Mitglied des Kampfbundes für Deutsche Kultur, Mitarbeiter der Prüfungsstelle des NS-Schrifttums und des Instituts zum Studium der Judenfrage), Professor Horst Bartholomeyczik (SS-Obersturmbannführer). Auch zahlreiche weitere Personen, die namentlich in der Diplomarbeit Bambergs als Mitglieder des Klägers oder von dessen Beirat und/oder Kuratorium genannt werden, setzten sich dem Inhalt der Arbeit nach im Sinne einer faschistischen Ideologie ein, ohne daß es nötig ist, sie einzeln aufzuführen. Maßgeblich ist der sich ergebende Gesamteindruck.«

Was die Zeit nach 1945 anbelangt, so kommen – wie das Gericht ausführte – aus der Sicht der Beklagten (des Verlags und zweier Redakteure) als neofaschistische Züge in Betracht, daß Mitglieder der Stiftung »Länder mit rechts einzuordnenden Regierungen mit eingeschränkten politischen Freiheiten mehrfach lobend erwähnt« hätten. Ziesel habe »die Möglichkeiten und Vorteile einer Rassentrennung im ›Deutschland-Magazin‹ (Nr. 1, S. 72 ff.) offen zur Diskussion gestellt« und von Richthofen sei NPD-Bundestagskandidat gewesen. Zusammenfassend heißt es dann im Urteil:

»Die erwähnten und aus dem angebotenen Material herausgegriffenen Personen sind zwar nicht die ›Deutschland-Stiftung‹, wohl aber handelt es sich um repräsentative Mitglieder und Preisträger, die als dem Kläger angehörend im Blickpunkt der Öffentlichkeit stehen oder gestanden haben. Sie werden als für den Kläger bestimmend angesehen. Dies gilt vor allem für Herrn Kurt Ziesel, das geschäftsführende Vorstandsmitglied des Klägers, der zugleich als der führende Publizist der ›Deutschlandstiftung‹ angesehen werden kann. Insofern sind die genannten Personen für den Kläger repräsentativ und können zur Begründung der Meinung herangezogen werden, der Kläger sei ›durchsetzt‹.«

Ich habe hier in unserem Zusammenhang wesentliche Teile der Entscheidungsbegründung eines OLG-Senats wiedergegeben, der (bei Würdigung des Gesamttexts deutlich erkennbar) der Zeitschrift *Kritischer Katholizismus* ersichtlich wenig Sympathie entgegenbrachte und mit der Deutschland-Stiftung recht vorsichtig umging.[17] Das macht Person und Wirkungsfeld Kurt Ziesels keineswegs anziehender.

Um so befremdlicher ist es, wenn sich Bundeskanzler Kohl für seine Israel-Reise 1984 ausgerechnet Kurt Ziesel als Begleiter aussuchte oder ihn doch immerhin duldete. Denn zumindest ungefähr mußte er wissen, wer Ziesel war. Oder handelte es sich um einen Freundschaftsdienst (»Männerfreundschaft«) für einen anderen hochrangigen Politiker, der längere Zeit Bekanntschaft mit Ziesel gepflogen hat und eine ständige Kolumne im Deutschland-Magazin hatte? Dessen Regierung im Auftrag der Deutschland-Stiftung (jetzt unter Gerhard Löwenthal) vor wenigen Jahren durch einen sehr angesehenen und sehr katholischen Minister den neugeschaffenen Friedenspreis der Stiftung feierlich an den DDR-Flüchtling Nico Hübner verliehen hat? Aber der Peinlichkeiten ist kein Ende.

Ebenfalls während der Israel-Reise des Bundeskanzlers Anfang 1984 erklärte der damalige Regierungssprecher Boenisch (ein Ex-*Bild*-Chefredakteur) taktvoll und öffentlich, Auschwitz dürfe nicht instrumentalisiert werden. Die Bundesregierung wollte unbedingt Waffen an Saudi-Arabien liefern (Ähnliches hatte freilich schon drei Jahre zuvor Helmut Schmidt gesagt, allerdings nur im kleinen, geschlossenen Kreis.) Bekanntlich trat Helmut Kohl 1984 in Israel selber (unabhängig von der Ziesel-Begleitung) recht wenig sensibel auf: allzu offensiv wollte er »Normalität« demonstrieren. Ein »geschichtspolitischer Wurfspieß« (Michael Wolffsohn), der dazu führte, daß der Bundeskanzler zu den Feierlichkeiten aus Anlaß des 40. Jahrestages der Invasion der Alliierten in der Normandie nicht eingeladen wurde.

Im Sommer 1984 veröffentlichte der Schweizer Journalist Andreas Kohlschütter in der *Zeit* und der *Weltwoche* ein Dossier über die israelische Besiedlung des besetzten Westjordanlandes. Er legte eine Fülle von für das Israel-Bild recht negativen Fakten dar, zeigte sich dabei aber merkwürdig aufgeregt. H. Broder schrieb dazu:

»Kohlschütters Sorge um Israel äußerte sich in Formulierungen von beträchtlicher Originalität. Er nannte Israel ein ›Treibhaus des jüdischen Erlöser-Egoismus‹, fühlte in der Besiedlung der besetzten Gebiete ›die ungebremste Dynamik der jüdischen Penetration‹, als würden die Juden nicht nur Siedlungen bauen, sondern Rassenschande an der unschuldigen palästinensischen Landschaft begehen, sah ›Landräuber‹ am Werk, die ›gierig‹, ›unersättlich‹, mit ›Tricks‹, ›Lug

17 Quelle: BayVBl 1977, S. 122 ff., sowie ergänzend das Originalurteil vom 31. 5. 1976.

und Trug‹ eine ›perfide Kollaboration‹ zwischen ›Staat und Landpiraten‹ besiegeln. Das Ganze wurde mit dem Adjektiv ›jüdisch‹ reichlich garniert und führt die Leser zu der Conclusio: ›Landraub ist wie Völkermord‹.«[18]

Dazu meinte Alfred Häsler, ebenfalls Schweizer, in der Weltwoche, er teile im wesentlichen Kohlschütters Kritik. Man dürfe unrechtmäßiges Handeln und brutales Vorgehen israelischer Polizei- und Militärorgane nicht abstreiten und bagatellisieren, aber:

»Was an Kohlschütters Artikel verhängnisvoll wirkt, ist die bewußte oder unbewußte Gleichstellung dessen, was er und seine palästinensischen Gewährsleute an Anklagen vorbringen, mit ›jüdischem‹ Verhalten. Da wird bestätigt, was ›jüdisch‹ ist, wie ›Juden‹ sind: Landräuber, gierig, unersättlich, Lügner, Betrüger, Fälscher, penetrant usw. Das Bild stimmt genau mit den ›Protokollen der Weisen von Zion‹ überein... Und was Israels ›Unfähigkeit zum Frieden‹ betrifft, muß man nach Kohlschütters Bericht annehmen, daß die arabischen Nachbarn seit 1948 pausenlos Friedensangebote unterbreitet haben, die von Israel regelmäßig abgelehnt wurden... Es ist der Ton, der die Musik macht. Kohlschütters Ton klingt falsch. Es ist ganz gewiß nicht der Ton eines ›besorgten Israelfreundes‹, wie die Redaktion der *Weltwoche,* wie ich hoffe, mit etwas ungutem Gefühl, seine doch allzu maßlose Attacke herunterzuspielen versucht.«[19]

In einer Replik hierzu sprach Kohlschütter gar von»alttestamentarischem Revanchismus« (ein problematischer Umgang mit dem Alten Testament!) und von »Weltzionistischer Organisation« (vgl. »Weltjudentum«!). Er könne sich doch »gerade Israel zuliebe« keinen Maulkorb umhängen lassen, das tue er auch in anderen Ländern nicht, in denen Menschenrechte vergewaltigt würden. Hierzu stellt Broder fest, es gebe jetzt viele, die Sorge um die moralische Verfassung der Juden zeigten:

»Die Zahl solcher Rettungsaktionen hat sprunghaft zugenommen, seit es nicht mehr darum geht, die Juden vor den Nazis zu schützen oder ihnen Unterschlupf zu gewähren. Dieselben Leute, denen es völlig gleich war, was aus den Juden werden würde, als die Züge nach Auschwitz und Treblinka rollten, sind ganz gebeugt vor Kummer angesichts des Weges, den die Juden heute gehen; und deren Kinder, die den Beweis nicht antreten müssen, daß sie sich im Krisenfalle anders verhalten würden, als ihre Eltern es getan haben, können deswegen zu dem Unrecht, das den Palästinensern geschieht, nicht schweigen, ›weil auf deutschem Boden Millionen von Juden ermordet wurden‹; das schlechte Gewissen wegen der Unterlassungen von damals scheint sich in einer Überaktivität zugunsten der ›Opfer der Opfer‹ auszutoben.

Wenn Kohlschütter vom ›jüdisch-israelischen Unrecht‹ spricht, weil das Adjektiv ›israelisch‹ zur Kennzeichnung der Täter noch nicht reicht, das er ›dort, wo es begangen wird, beim Namen nennen muß‹, so wie er das überall tut, wo immer ihn sein ›journalistischer Auftrag‹ hinführt, den er nicht von seinen Redaktionen, sondern von einer noch höheren Instanz bekommt, dann bietet er selbst einen Parallelvergleich seiner Arbeiten an. Er hat eine beachtliche Anzahl großer Reportagen veröffentlicht, in denen er die Vergewaltigung von Menschenrechten in vielen Ländern der Welt behandelte – aber in keinem einzigen Fall ist er dermaßen aus dem Häuschen geraten wie bei der Beschreibung der ›Dynamik der jüdischen Penetration‹, obwohl es bei etli-

18 H. Broder: Der ewige Antisemit, a. a. O., S. 149 f.

19 Zitiert nach ebenda, S. 150.

chen der von ihm berichteten Vergewaltigungen der Menschenrechte ein wenig brutaler zuging als bei der Besiedlung des Westjordanlandes.«[20]

Broder zitiert hierzu lange aus einem Kohlschütter-Bericht, der 1982 anläßlich der Zerstörung der syrischen Stadt Hama durch Truppen des alawitischen Präsidenten Assad nach einem Aufstand der sunnitischen Moslem-Brüderschaft unter dem Titel »Ein Blutbad wie im Mittelalter« erschienen war. Auf 10-20000 Opfer schätzte Amnesty International diese Aktion. Hierzu bemerkt Broder:

> Kohlschütter verkniff sich nicht nur jeden falschen Zungenschlag (in Analogie zum ›alttestamentarischen Revanchismus‹ oder ›jüdischer Penetration‹ hätte er zum Beispiel von ›islamischer Grausamkeit‹ oder ›arabischer Brutalität‹ sprechen können), er ließ auch der korrekten, aber emotionslosen Beschreibung der Fakten eine überaus freundliche ›Einschätzung‹ des Beschriebenen folgen: ›Der Rahmen der Verhältnismäßigkeit wurde durch militärische Bestialität, Vandalenakte und die nachträgliche Sprengung von Moscheen und Kirchen zwar gehörig strapaziert, blieb aber letztlich doch gewahrt...‹ Und über den syrischen Staatspräsidenten urteilte er: ›Assad ist ganz gewiß kein aus der Hüfte schießender Abenteurer, kein blutrünstiger Tyrann, kein menschenverachtender Despot...‹ – Die Toten von Hama lassen Andreas Kohlschütter und Präsident Assad schön grüßen.
>
> Es gehört nicht viel Phantasie dazu, sich vorzustellen, welche Bewertungen Andreas Kohlschütter eingefallen wären, wenn ein solches Blutbad von Juden angerichtet worden wäre und der dafür Verantwortliche nicht Assad, sondern Begin oder Sharon geheißen hätte...«[21]

Im Zusammenhang des israelischen Einmarsches in den Libanon stellte K. keine Überlegungen zur Verhältnismäßigkeit der Mittel an, sondern schrieb:

> »Was sich im Libanon abspielt, ist jüdische Barbarei, wüstes Sich-Austoben eines ›auserwählten Volkes‹, Amoklauf der jüdischen Herrenrasse...«

Man sieht, wie weit Liebe und Sorge von Israelfreunden gehen. Dabei ist, wohlgemerkt, Herr K. ein sehr angesehener Journalist. Und Antizionismus ist natürlich – Ausnahmen bestätigen die Regel – kein verkappter Antisemitismus.

Derartige Beispiele einer Sonderaufmerksamkeit gegenüber Israel und den Juden im allgemeinen gibt es zuhauf.

Besondere Bedeutung für das Verhältnis zwischen Deutschen und Juden erlangte das Jahr 1985. So wurde in diesem Jahr die Diskussion um das 21. Strafrechtsänderungsgesetz zu Ende geführt. Es hatte sich gezeigt, daß den antisemitischen und rechtsradikalen Bestrebungen mit Mitteln des Strafrechts schwer beizukommen war. Zwar verbieten § 86 Abs. 1 Ziff. 4 und § 86a StGB die Verbreitung von Propagandamitteln, die nach ihrem Inhalt dazu bestimmt sind, Bestrebungen einer ehemaligen nationalsozialistischen Organisation fortzusetzen bzw. die Verwendung von Kennzeichen verfas-

---

20 Ebenda, S. 151 f.

21 Ebenda, S. 153.

sungswidriger Organisationen, sprich Nazisymbolen. (Letztere Vorschrift wurde leider auch mißbräuchlich gegen linke antifaschistische Gruppen eingesetzt, die solche Symbole in erkennbar kritischer Absicht eingesetzt hatten.) 1960 schuf man den Tatbestand der Volksverhetzung (§ 130 StGB) und 1973 den Tatbestand der Aufstachelung zum Rassenhaß (§ 131 StGB). Gegen die »Auschwitz-Lüge« (es habe das alles nicht gegeben), deren Verbreitung lange Zeit eine Hauptbeschäftigung des rechtsextremen Schrifttums war, ließ sich damit aber nichts ausrichten. Ob es wirklich sinnvoll ist, die Verbreitung historischer Lügen (ein weites Feld!) mit Mitteln des Strafrechts zu verfolgen, mag auch für diesen speziellen Fall dahinstehen. Im Zusammenhang meiner Darstellung ist aber bemerkenswert die Art und Weise, wie um den Gesetzentwurf gestritten wurde.

1982 schlug die damalige sozialliberale Regierung vor, auch wegen der Störung des öffentlichen Friedens, die immer wieder mit den einschlägigen neonazistischen Parolen verbunden war, einen neuen Straftatbestand zu schaffen. Dieser sollte eine Strafverfolgung ermöglichen, ohne daß jüdische Bürger in eine entwürdigende gerichtliche Auseinandersetzung mit Antisemiten gezwungen würden. Auch im ursprünglichen Regierungsentwurf unter CDU-Kanzler Kohl ging es noch lediglich darum, die Leugnung von Naziverbrechen und die Beleidigung und Verunglimpfung ihrer Opfer unter Strafe zu stellen. Daraufhin wandten CDU- und CSU-Kreise ein, der Entwurf schütze nicht vor einer Verharmlosung der im Zuge der Vertreibungsmaßnahmen während und nach der Zeit des Zweiten Weltkriegs gegen Deutsche begangenen Verbrechen. Dabei hatte in der Bundesrepublik diese Verbrechen noch niemand geleugnet; auch war es deswegen zu keinen Störungen des öffentlichen Friedens gekommen. Aber was alles verlangten nicht die historische Gerechtigkeit und die politische »Ausgewogenheit«! Schließlich wurde tatsächlich im Juni 1985 mit christlich-konservativer Mehrheit ein geänderter Entwurf als Gesetz beschlossen, wonach sowohl die Billigung der unter NS-Herrschaft als auch unter einer anderen Gewalt- und Willkürherrschaft begangenen Verbrechen als Beleidigung unter Strafe gestellt wurde, Biertischgespräche freilich ausgenommen. Daß diese Gleichsetzung von so unterschiedlichem Unrecht eine erneute Erniedrigung der jüdischen Mitbürger darstellt, focht die Mehrheit nicht an.

Während der Beratungen gab Hildegard Hamm-Brücher am 26. April 1985 eine persönliche Erklärung ab, weil sie als Angehörige einer Koalitionspartei den Koalitionskompromiß ablehnte und den alten Entwurf befürwortete. In der Rede, die ausschließlich bei der SPD und bei den Grünen Beifall fand, aber mehrfach von CDU/CSU unterbrochen wurde, heißt es:

»Es geht mir um den politischen und moralischen Kern dieser Äußerung. Mit den Worten ›oder einer anderen Gewalt- und Willkürherrschaft‹ wird zumindest indirekt jene politische Intention deutlich, die Theodor Heuss als ›schreckliche Aufrechnerei‹ gebrandmarkt und als das ›Verhalten moralisch Anspruchsloser‹ schonungslos zurückgewiesen hat.«[22]

Aber gerade auch die Politiker, die sich selbst in so einer heiklen Frage so wenig moralisch anspruchsvoll verhalten, ziehen durch die Lande, beklagen das politische Desinteresse des Bürgers, beanspruchen Gerechtigkeit für sich und betonen unablässig, die Politiker müßten das Vertrauen der Bevölkerung wieder gewinnen und man müsse dem Verfall der politischen Kultur entgegenwirken. Gleichzeitig reden sie davon, in Politik und Schule müsse das christliche Menschenbild beherzt vertreten werden.

Übrigens: Das Gesetz wurde verabschiedet, nachdem Bundespräsident Richard von Weizsäcker gerade erst seine berühmte Rede zum 8. Mai gehalten hatte! »Wer aber vor der Vergangenheit die Augen verschließt, wird blind für die Gegenwart«, hatte er gesagt, auch: »Das Geheimnis der Erlösung heißt Erinnerung«, und »Der Völkermord an den Juden jedoch ist beispiellos in der Geschichte«.

Wesentlich heftiger als die Auseinandersetzung um das Problem »Auschwitzlüge« war diejenige, die den Namen Bitburg in die Zeitgeschichte eingehen ließ. Anfang Mai 1985 kam Präsident Ronald Reagan anläßlich der 40. Wiederkehr des 8. Mai 1945 (und anläßlich des Bonner Weltwirtschaftsgipfels) in die Bundesrepublik. Eine wenig sensible Regie sah eine Begegnung zwischen Kohl und Reagan auf dem Bitburger Friedhof vor, auf dem auch SS-Leute begraben liegen. »Versöhnung über den Gräbern« sollte demonstriert werden, wohl auch »Normalität«. Denn die Versöhnung zwischen den USA und der Bundesrepublik hatte ja längst stattgefunden. Da sprach Bitburgs Bürgermeister Theo Hallet manchem aus dem Herzen. Schon der Bundeskanzler war der Meinung, »Wenn wir nicht nach Bitburg gehen…, werden wir die Gefühle unseres Volkes tief verletzen.« Hallet nun sagte deutlicher, er denke nicht daran, sich »an Selektionen, Nachforschungen und Durchleuchtungen von Soldaten zu beteiligen, die seit 40 Jahren tot sind«, und er werde sich auch nicht »an einer Entnazifizierung der Soldaten der Waffen-SS beteiligen«. »Wenn die Brüskierungen und Beleidigungen der Bitburger Bevölkerung unerträglich werden und die Ehre der hier bestatteten deutschen Soldaten noch tiefer in den Dreck gezogen wird, rufe ich aus Gründen der Selbstachtung der Bürger eine Sondersitzung des Stadtrats zusammen. Alle Parteien stehen hinter mir!« So tönte der Bürgermeister. Natürlich konnte das alles nicht gutgehen. Die deutschen Juden verweigerten ihre Mitwirkung bei den Feierlichkeiten, und auch die amerikanische jüdische, aber auch nichtjüdische Öffentlichkeit drängte Reagan, Bitburg auszulassen. Das wiederum rief einen beachtlichen Teil der deutschen Öffentlich-

22 Vollständig abgedruckt bei H. Hamm-Brücher: Kämpfen für eine demokratische Kultur, a. a. O., S. 87 ff.

keit auf den Plan. Die *TAZ* schrieb: »Gewisse jüdische Kreise müßten von einsichtigen Leuten davor gewarnt werden, sich von schrecklichen Erinnerungen dazu bewegen zu lassen, gewisse Gedanken überzustrapazieren.« Ganz treuherzig ließ die so antifaschistische *TAZ* die Drohung folgen: »Das Schicksal Israels hängt von der Verteidigungsfähigkeit des Westens ab und diese wiederum von der Moral seiner Nationen«. Paßt auf, ihr Juden! Weniger renommierte Presseorgane prangerten klar die »Macht der Juden« an *(Quick)* oder man wies dezent darauf hin, New York mit seinen drei großen Fernsehgesellschaften und der New York Times befinde sich fest in jüdischer Hand (so die *Hannover'sche Allgemeine*). Rudolf Augstein, derselbe, der anläßlich des »Historiker-Streits« von 1986 (dazu später) Tendenzen zur Relativierung von Auschwitz entgegentrat (er sprach von einer »gespenstischen« Diskussion der Fachleute), äußerte ein gutes Jahr zuvor die Auffassung, nur die Sowjets und die Israelis könnten ein Interesse daran haben, den 8. Mai 1945 zu begehen: die Israelis, weil sie die Erinnerung an die deutsche Schuld wachhalten wollen, und zwar aus materiellen und rüstungstechnischen Gründen. Weniger vornehm: Schluß mit der Erpressung! Die *Rheinische Post* sorgte sich, daß »ausgerechnet zum Jahrestag des 8. Mai hierzulande die böse Saat eines neuen zumindest unterschwelligen Antisemitismus ausgestreut wird«, und fragte: »Wissen die Hysteriker in Amerika, die wohl nicht für das amerikanische Volk sprechen, was sie mit dem Übermaß ihrer Reaktionen bewirken?« – was wohl hieß, daß die Juden die Amerikaner manipulierten und am Antisemitismus selber schuld seien.

Als der Besuch Reagans im KZ Bergen-Belsen angekündigt wurde (man hatte diesen neuen Programmpunkt nachträglich aus takischen Gründen dem Bitburg-Besuch vorgeschaltet), kündigten jüdische Gruppen an, die Zufahrt zum KZ zu blockieren. Süffisant brachte die *Rheinische Post* hierzu die Schlagzeile: »Juden drohen mit Sperrung des KZ!« Kohl war es übrigens, der auf dem Besuch in Bitburg bestand. Reagans Berater setzten lediglich durch, daß der Akt der Handreichung nicht von den Regierungschefs, sondern von zwei alten Generälen vollzogen wurde.

Die deutsche Öffentlichkeit empfand die jüdische Reaktion auf Bitburg vielfach als Affront: sie störte das Ritual. Zwar entsprach es den Tatsachen, daß – worauf Präsident und Kanzler hinwiesen – auch die Toten der SS in Bitburg Opfer des Kriegs und des Regimes waren. Nicht darum ging es aber, sondern um die Symbolwirkung des staatlichen Trauerakts. »Für die Opfer des Holocaust bestand der Affront darin, daß das Zeichen der SS, das sich auf den Grabsteinen ebenso eingemeißelt findet wie im Gedächtnis der davongekommenen Opfer, eine Würdigung erfuhr« (Zwerenz). Die Planung war gewesen, die Geschlossenheit des Westens zu demonstrieren, gewisse Gruppen zu beschwichtigen und dem Motto zu dienen: »Hitler ist tot, Drittes Reich und Zweiter Weltkrieg liegen lange genug zurück, nun laßt uns

Arm in Arm gemeinsam traurig sein: um vergessen zu können.«[23] Genau die gegenteilige Motivation lag der kurz dar auf folgenden großen Rede des Bundespräsidenten zugrunde. Das hat man ihm in CDU und CSU bis heute nicht verziehen. Daß die jüdische Reaktion auf Bitburg einer traumatischen Tiefe entsprang, sahen deren Gegner nicht. Sie sahen nur die Dreistigkeit »der Juden«. Der Konflikt zwischen der bürgerlichen Obrigkeit und den Juden ging so weit, daß diese Obrigkeit Überlebende in KZ-Kleidung, die in Bitburg protestierten, durch die Polizei entfernen ließ.

All dies bedeutete aber, daß man nicht eine politische Höhe erklomm, sondern auf dem dünnen Eis der Geschichte einbrach. Die Ehrenrettung besorgten für die Bundesrepublik ihr Präsident und für die USA die Reagan-Rede in Bergen-Belsen. Diese Rede war freilich ein wenig pathetisch, gleichzeitig auch opportunistisch: von der »alles verändernden Liebe Gottes« sprach Reagan und von der »Stärke und Entschlossenheit« des deutschen Volkes, das angeblich bereit war, »sich mit den Taten eines verhaßten Regimes der Vergangenheit [!] auseinanderzusetzen und sie zu verdammen«. Die vom US-Präsidenten genannte Gedankenverbindung von Erinnerung und Erlösung vermochte da wenig zu überzeugen.

Nun ein Beispiel besonderer Weise der »Vergangenheitsbewältigung« aus der Justizbürokratie, das in der *Zeit* vom 18. 10. 1985 ausführlich dargestellt wurde. Der Hamburger Strafrechtsprofessor Heribert Ostendorf nahm sich 1985 das »Nürnberger Juristenurteil« aus dem Jahr 1947 vor. Das regte ihn an, durch einen Doktoranden die Tätigkeit des Kieler Sondergerichts untersuchen zu lassen. Die Verfahren bei den verschiedenen Sondergerichten hatten Folterung und Ermordung von Tausenden im Gefolge. Im schleswig-holsteinischen Landesarchiv lagern etwa 10 000 Akten des Kieler Sondergerichts. Einen Antrag auf Akteneinsicht (die gesamten Aktenbestände 1942–1945 waren noch ungeordnet) lehnte Generalstaatsanwalt Teschke ab. Er vermöge dem Ansinnen nicht näherzutreten, für die Bearbeitung des Themas sei das nicht geboten. Der Justizminister Henning Schwarz teilte dem beschwerdeführenden Professor mit, die Entscheidung sei sachgerecht, zumal gegen eine uneingeschränkte Akteneinsicht datenschutzrechtliche Bestimmungen sprächen. Nun ist bekannt, daß bis heute noch kein NS-Richter von einem bundesdeutschen Gericht verurteilt wurde, obwohl sich dieser Berufsstand (wie andere) wahrhaft Schreckliches hat zuschulden kommen lassen. Selbst Richter von Sondergerichten wurden nach 1945 wieder in den Justizdienst übernommen (im Huckepackverfahren: ein weißes und ein schwarzes Schäfchen). Auf die Frage eines SPD-Abgeordneten, ob Rücksichtnahme auf diese Personen der Grund für die negative Haltung sei, meinte das Justizministerium:

23 G. Zwerenz: Die Rückkehr des toten Juden nach Deutschland, a. a. O., S. 25.

»Eine absurde Unterstellung«. »Jeder Einstellung sind gründliche und erschöpfende Prüfungen vorausgegangen.« Wo doch die Akten noch Jahrzehnte später gar nicht gesichtet waren! Der Generalstaatsanwalt teilte dann dem Professor mit, er habe jetzt selbst nachgeforscht. Nichts, was von Bedeutung sein könne, sei mehr vorhanden. Der Professor hätte das freilich gern selbst nachgeprüft.

Noch eindringlichere Erfahrungen machte im Verlauf mehrerer Jahre die Passauerin Anja Rosmus-Wenninger, der 1987 der »Geschwister-Scholl-Preis« des Bayerischen Journalistenverbandes verliehen wurde. Die nunmehr 24jährige hatte die Passauer Geschichte der dreißiger Jahre erforscht. Die Preisträgerin mußte feststellen, daß die vorhandene Literatur über diese Zeit nicht mit dem übereinstimmte, was ihr die Zeitgenossen freiwillig sagten. Sie selbst wies in ihrer Erwiderung auf die Laudatio von Armin Eichholz darauf hin, Passau sei »eine sehr durchschnittliche Stadt« gewesen, nicht brauner, krimineller und grausamer als andere. Sie berichtet:

»Vergangenheitsbewältigung in Passau hieß: Einer war schuld an allem, und alle anderen waren dessen Opfer bzw. sogar Widerstandskämpfer gewesen. Aus der Erkenntnis, daß Wahrheit hier unterdrückt wird, entstand die Überzeugung, daß der Gerechtigkeit halber hier etwas getan werden müsse... Ich wollte dazu beitragen, Vergangenheit diskutierbar zu machen: Ohne zu moralisieren, sondern durch differenzierte Darstellung.

Doch meine Erfahrungen während der Recherchen waren nicht immer ermutigend; die Schwierigkeiten in Passau schienen nicht abreißen zu wollen: Das Diözesanarchiv gab nicht einmal die Todesdaten der Märtyrer bekannt, die Akten des Landratsamts wurden für unauffindbar erklärt und die Gerichte sperrten den Zugang. Um bei der Stadt Einsicht in bestimmte Akten zu erhalten, mußte ich vor dem Verwaltungsgericht klagen. Andere Akten wurden auch hier für nicht existent, für unauffindbar erklärt, wieder andere sind angeblich monatelang ausgeliehen und deshalb nicht benutzbar. Zweimal wurde wegen mir die Satzung geändert, Benutzeranträge gingen verloren oder wurden nicht bearbeitet. Gerichtlich erzwungene Akten wurden nur unvollständig vorgelegt und bestellte Kopien nicht gemacht. Vertreter der Stadt scheuten nicht einmal vor Gericht oder vor Journalisten unwahre Angaben. Das Mißtrauen in Passau war groß und die Bevölkerung kaum zu Aussagen bereit; Falschaussagen waren keine Ausnahme und Erwin Janik, Chefredakteur der Passauer Neuen Presse, führte einen Prozeß gegen mich. Im Lauf dieses Pozesses eskalierte der Psychoterror bis hin zur Androhung der Kindesentführung. Besonders enttäuschend war für mich die Erfahrung, daß Verfolgte und Menschen mit wirklich weißer Weste aus Angst, mit dem Vorwurf konfrontiert zu werden, sie seien schuld an einer neuerdings entfachten Diskussion um diese Zeit, keine Informationen gaben. Und enttäuschend war auch, daß nicht die ›niedere‹ soziale Schicht, sondern angesehene Passauer Bürger, darunter ein Hochschulprofessor, Unwahres verbreiteten und mich vor der ganzen Stadt verleumdeten. – Dabei fand ich weltweit Unterstützung und Anerkennung.«[24]

Das zweite in unserem Zusammenhang bedeutungsvolle Ereignis des Jahres 1985 war die sogenannte Fassbinder-Kontroverse: der heftige Streit um

---

24 Beunruhigung in der Provinz. 10 Jahre Scharfrichter-Haus, hg. von W. Landshuter und E. Liegl, 1987, S. 145 f.

die geplante Aufführung des Rainer Werner Fassbinder-Stücks *Der Müll, die Stadt und der Tod* in Frankfurt. Es handelte sich um ein zeitkritisches Frankfurt-Stück, in dem kapitalistische Auswüchse angeprangert wurden. Die Meinungen darüber, ob es ein antisemitisches Stück sei, prallten heftig aufeinander. Der bekannte Film- und Theaterregisseur Peter Zadek schrieb in einem Leserbrief an *Die Zeit* (13. 9. 85):

»Daß das Frankfurter Schauspiel vorhat, Fassbinders vieldiskutiertes Stück... aufzuführen, ist zu begrüßen. Allerdings ist die Behauptung des Theaters..., daß das Stück nicht antisemitisch sei, absurd. Natürlich ist es antisemitisch, das merkt jeder, der es liest. Gerade deswegen muß es aufgeführt werden. Ich bin sicher, daß heute in Deutschland ein Theaterpublikum objektiv genug denken kann, um zu sehen, daß ihm ein Stück stürmerartiger Antisemitismus vorgeführt wird...«

Andere bekannte Persönlichkeiten wiesen den Vorwurf des Antisemitismus zurück. Jedenfalls sei die Inszenierung nicht antisemitisch. Die Gemüter erhitzten sich stark, und man verzieh den Juden nicht, daß es ihnen – nach ihrer Niederlage in Bitburg – tatsächlich gelang, die für den 31. Oktober geplante Aufführung des Stücks zu verhindern. Mit diesen Auseinandersetzungen wurde eine Art »Ende der Schonzeit« für die Juden eingeläutet. Es spielt dabei keine Rolle, ob dieses Wort von Günther Rühle, dem Intendanten der Städtischen Bühnen, stammte oder nicht. Rühle ging gegen diese Behauptung gerichtlich vor. Es zeigte sich aber, daß an dem Wort etwas Wahres war. Wenn die Schonzeit endet, kommt die »Jagdzeit« wieder zu ihrem Recht. So weit ist es zwar noch nicht gekommen, aber Antisemitismus ist seitdem kein solches Tabu mehr.

Der ganze Streit hat eine zehnjährige Vorgeschichte und ist recht kompliziert. Das Stück basiert auf dem Roman von Gerhard Zwerenz *Die Erde ist unbewohnbar wie der Mond,* der 1973 erschienen war. Hauptfigur war der reiche jüdische Grundstücksspekulant Abraham, der wesentlich an der baulichen und sonstigen Zerstörung Nachkriegs-Frankfurts Anteil hatte. Dieser Abraham des Romans wurde als historische Figur gezeichnet (Seine Mutter: »Du wirst in diesem Land Geld verdienen... Es ist das Land der Mörder deines Vaters. Du wirst keinem etwas nachsehen, mit niemandem Mitleid haben und jedem seine Markstücke abknöpfen.«) Während aber dieser Roman-Jude ein schlechter Mensch aus Fleisch und Blut war, abstrahierte ihn Fassbinder zum Typus »reicher Jude«, der im Gegensatz zu fast allen anderen Figuren des Stücks keinen Namen hatte (allenfalls noch »Judd« genannt wurde). Diese Figur wurde vom Publikum allgemein mit dem größten Frankfurter Makler I. Bubis identifiziert, einem der reichsten Männer der Republik. Wenn es auch richtig ist, daß er und einige andere der größten Frankfurter Immobilien-Spekulanten Juden sind und in Frankfurt viel Unheil angerichtet haben, so war das Stück schon wegen der geschilderten Typisierung wohl doch antisemitisch, weil alte Vorurteile aufs deutlichste wieder ausgegraben wurden und in bezug auf die Thematik des Stücks sogar in den Tatsachen eine für jedermann ersichtliche Parallele hatten. Unter Berufung auf die Kunstfreiheit waren aber viele Theaterinteressenten der entschiedenen Meinung, man müsse das Stück aufführen, eine Auseinandersetzung mit gravierenden Frankfurter Mißständen dürfe nicht deswegen unterbleiben, weil unter den Hauptverantwortlichen Juden seien. Auch sollten Begleitdiskussionen stattfinden. Die beiderseitige Erregung war ungeheuer, als überwiegend junge Juden unter Führung des Intellektuellen und CDU-Politikers Michael Friedmann die Bühne besetzten.

Das Stück ist übrigens ein Fragment, das Fassbinder während eines Fluges konzipierte und das in der aufzuführenden Fassung nicht autorisiert war. Mag Fassbinder Antisemit gewesen sein oder nicht, mag das Stück antisemitisch sein oder nicht: Die deutschen Juden haben es als antisemitisch empfunden, was im Land der Täter auch bei jüngerem Publikum vielleicht ein entscheidendes Argument sein sollte.

Selbstverständlich wurden in der Fassbinder-Kontroverse auch politische Süppchen gekocht. Fassbinder war der Meinung gewesen, die Tabuisierung und der falsche Philosemitismus befördere einen neuen Antisemitismus. Es sei daher besser, die Dinge offen zu diskutieren, um ihnen dadurch die Gefährlichkeit zu nehmen. Etliche bekannte konservative Journalisten freuten sich, jetzt über linken Antisemitismus schreiben zu können. In »trauter Gemeinschaft« protestierten gegen die Aufführung »die gleichen Christdemokraten, die noch am 8. Mai dieses Jahres gegen die Bezeichnung des Datums als ›Tag der Befreiung vom deutschen Faschismus‹ Einwände erhoben hatten; die den gemeinsamen Gang des amerikanischen Präsidenten und des deutschen Bundeskanzlers nach Bitburg verteidigt hatten, die nichts dagegen einzuwenden wußten, als das Bundesministerium die HIAG aus der Liste der ›verfassungsfeindlichen‹ Organisationen herausnahm... Aus dem gleichen sozialen und politischen ›Umfeld‹, aus dem die Rufe ›Nun sollte aber endlich einmal Schluß sein mit der Vergangenheitsbewältigung‹ erschollen, tönte es jetzt: durch die Aufführung von Fassbinders Stück wird den unter uns lebenden jüdischen Bürgern der Bundesrepublik Unrecht angetan.« Mit diesen Worten brandmarkte Iring Fetscher im *Vorwärts* (16. November 1985) den scheinheiligen Philosemitismus vieler Kritiker, und er fährt fort:

»Wenn die jüdische Bevölkerung in der Bundesrepublik den Eindruck haben könnte, daß die Mehrheit der übrigen Deutschen jederzeit zur Verteidigung ihrer Rechte bereit wäre, brauchte das Stück von Fassbinder nicht zum Anstoß der Demonstration der Jüdischen Gemeinde Frankfurts zu werden. Die beabsichtigte Aufführung wirkte nur deshalb so anstößig und aufregend, weil sie ins Bewußtsein hebt und – auf der Bühne – sichtbar macht, was in Teilen der Bevölkerung lebt. Ich kann mir nicht vorstellen, daß die Aufführung... den latent und offen vorhandenen Antisemitismus von Teilen der Bevölkerung... stärken oder ermutigen würde: aber ich kann die Jüdische Gemeinde verstehen, wenn sie nichts davon sehen und hören will.«

Wer sich über die Fassbinder-Kontroverse ausführlicher unterrichten will, kann das anhand der umfangreichen von Heiner Lichtenstein herausgegebenen Dokumentation *Die Fassbinder-Kontroverse oder Das Ende der Schonzeit* (1986) tun. Dort schreibt Julius H. Schoeps in seinem Nachwort: »In der Öffentlichkeit kann man heute wieder antijüdische Vorurteile äußern, ohne daß dies irgend jemand sonderlich aufregt«. An gleicher Stelle: »Der Auschwitz-Schock scheint geschwunden zu sein. Wenn früher noch betreten geschwiegen wurde, wenn die Sprache auf den Massenmord an den Juden kam, so provoziert dies heute nur ein müdes Achselzucken, meist verbunden mit Äußerungen wie die: ›Was geht das uns an?‹... ›Irgendwann muß doch ein Strich unter die Vergangenheit gezogen werden‹. Für Lea Fleischmann und Henryk M. Broder ist die um sich greifende Gleichgültigkeit der Deutschen gegenüber ihrer eigenen Geschichte einer der Gründe gewesen, warum sie der Bundesrepublik den Rücken gekehrt haben.«[25]

Einer von denen, die sich durch das »Ende der Schonzeit« ermutigt fühlten, war der erst 35jährige CSU-MdB Hermann Fellner. Zu seinem vielzitierten bösen Wort kam es wie folgt: Prof. Dr. Robert Kempner, Chefankläger der Nürnberger Prozesse und international hochgeachtet, schrieb am 10. Dezember 1985 an den Vorstandssprecher der Deutschen Bank. *Vor* einem Ankauf der Flick-Betriebe sollten diese »von dem Stigma der Nichtzahlung von Wiedergutmachungsbeträgen für die Opfer der gesundheitlich schwer geschädigten überlebenden Sklavenarbeiter des Konzerns« befreit werden. Da hatte aber die größte deutsche Bank schon für 5 Milliarden DM fast den gesamten Flick-Konzern erworben. Kempner schlug vor, die Bank solle 5–8 Millionen DM für noch lebende Sklavenarbeiter bereitstellen, d.h. wenig mehr als ein Tausendstel des Kaufpreises für die betreffenden Firmen. Bedenkt man, daß der größte Teil der Betroffenen schon nicht mehr lebte und daß auf den einzelnen ein nur eher symbolischer Betrag entfallen würde, so mag es um so mehr befremden, was Vorstandssprecher Christians zehn Tage später erklärte: Wiedergutmachungszahlungen (ein ohnehin schon schreckliches Wort: gezahlt = wiedergutgemacht = ein für alle Mal erledigt) an ehemalige Zwangsarbeiter seien »nicht das Problem der Deutschen Bank, sondern ein Problem des Herrn Flick – wenn man überhaupt von einem Problem reden kann«. Es gab scharfe Kommentare, und nach etlichen Tagen (!) wurde erklärt, die Formulierung stamme nicht von Christians, sondern von der Pressestelle. Das machte die Sache auch nicht besser. In- und ausländische Medien unterstützten die Forderung Kempners. SPD und Grüne mach-

25 Ergänzend sei hingewiesen auf die juristische Abhandlung von Peter Emmerich und Joachim Würkner: »Kunstfreiheit oder Antisemitismus?«, in: NJW 1986, S. 1195–1205, in der das Stück als massiv antisemitisch beurteilt wird.

ten Front gegen die Bank, die christliche Regierung schwieg. Da sagte der christlich-soziale junge Rechtsanwalt und MdB Fellner gegenüber der Deutschen Presseagentur, es entstehe der Eindruck, »daß Juden sich schnell zu Wort melden, wenn irgendwo in deutschen Kassen das Geld klimpert«. Solche Forderungen seien »nahezu unmoralisch« und er fühle sich als Politiker unter Druck gesetzt. Die Empörung war groß, zumal Fellner der innenpolitische Sprecher der CSU war. Aber noch nicht genug. Er scheute sich nicht, der *Frankfurter Rundschau* (8. Januar 1986) zu sagen: »Irgendwann müssen wir Ruhe haben.« Die Juden müßten »mehr Sensibilität für die Deutschen« zeigen. Fellner versicherte, in drei Vierteln der Briefe, die er erhalten habe, sei er gelobt worden. Von einem parteigerichtlichen Verfahren war nicht die Rede, aber man brachte Fellner schließlich dazu, daß er sich im Bundestag eine windelweiche »Entschuldigung« abrang. Man sieht, wie ES im Volk denkt. Politischen Schaden hat Fellner bei seiner Couleur anscheinend nicht erlitten.

Wie diffizil und politisch Auseinandersetzungen über Antisemitismus sind, zeigt Zwerenz im *Vorwärts* vom 22. Februar 1986. Er schreibt dort:

»Die jüdische Minderheit in der Bundesrepublik beträgt weniger als 30 000 Seelen, die meisten davon sind arme, alte Leute... Diese vielbeschriebenen ›reichen Juden‹ sind unter den selten genug erwähnten ›reichen Arieren‹ eine verschwindend geringe Minderheit. Und so vermögend einige Juden auch sein mögen, was bedeutet dieser Mittelstandsreichtum gegenüber der unerhörten Größe und Macht jenes Industrie- und Bankkapitals, das sich in unserer Republik durch ständige Zentralisierung zur ernsthaften Gefahr entwickelt?

...Bei der so viel beredeten jüngsten Zahlung des Flick-Konzerns an ehemalige Zwangsarbeiter aber kommen auf den einzelnen Berechtigten lächerliche 3 000 Mark... Viel Geschrei also und wenig Wolle.

In Wirklichkeit geht es denn auch um Politik, und so nimmt sich ausgerechnet die ›Frankfurter Allgemeine Zeitung‹ am 1. 2. 1986 die ›Allgemeine Jüdische Wochenzeitung‹ vor, der sie warnend entgegenhält, die Juden erwarteten von der Bundesrepublik immer nur, ich zitiere: ›... Gefügigkeit, nicht zuletzt im Geldzahlen‹.

Was ist das nun, Fellner, übersetzt durch Joachim Fest? Das Klischee vom ›geldgierigen Juden‹ nicht so dumm und brutal in der hemdsärmeligen Politikersprache herausgepoltert, sondern feinsinnig ästhetisiert, wie man sowas eben bewerkstelligt in den Redaktionsräumen des gehobenen Bürgertums, das die Interessen des großen Kapitals vertritt?

...Vor Fassbinders ›linkem Antisemitismus‹ warnte die Zeitung seinerzeit, eine Naivität des Autors ausnutzend, vor dem offensichtlich wieder gesellschaftsfähigen orthodox-rechten Antisemitismus zu warnen aber hat diese FAZ nicht nötig. Den verbreitet sie selbst.«[26]

Hiermit soll der bekannte und verdiente Spitzenjournalist und Schriftsteller Fest nicht pauschal als Antisemit abgestempelt werden, hat er sich doch genügend mit dem NS-System auseinandergesetzt. Aber fragen muß er sich schon lassen, warum er so etwas zu diesem Zeitpunkt schrieb.

---

26 Zitiert nach: Die Fassbinder-Kontroverse oder Das Ende der Schonzeit, hg. von Heiner Lichtenstein, Kronberg 1986, S. 244 f.

Ein besonders abschreckendes Beispiel für das Fortleben brutaler antijüdischer Bilder in Sprache und Gesinnung lieferte 1986 der CDU-Bürgermeister des linksrheinischen Korschenbroich, Freiherr von Mirbach Graf von Spee, als er in einer Ratssitzung erklärte, »für den Ausgleich des Haushalts 1986 müßten einige reiche Juden erschlagen werden«.

1985 beschlossen die Stadtväter der rheinischen Stadt Dormagen, eine Hauptschule wieder so zu benennen, wie sie von 1935 bis 1968 geheißen hatte: Langemarck-Schule. Im belgischen Langemarck, das 1914 lange und blutig umkämpft wurde, starben zehntausende Soldaten. Die Erinnerung an die sinnlosen Kriegsopfer sollte wachgehalten werden. Da verfaßte der Oberstudienrat Klaus Streckenbach die Dokumentation mit dem Titel »Was geschah in Langemarck?« Der Geschichtslehrer wies darauf hin, daß die Nazis den Namen zu einem »Sinnbild der deutschen Vaterlandsliebe und Einsatzbereitschaft bis zum Tode« (Meyers Lexikon 1939) machten. Mit seiner Kritik fand er breiten (auswärtigen) Beifall bis hin zum Bundespräsidenten. Die Stadtväter indessen störte nicht einmal, daß die rechtsradikale *Nationalzeitung* ihren Beschluß begrüßte. Gegen einen rechtsextremen Stadtrat wurde wegen Volksverhetzung ermittelt. Der CDU-Fraktionschef nannte die öffentliche Diskussion »widerlich und dümmlich«. Als Streckenbach auch noch eine Dokumentation betreffend die Benennung eines Verwaltungsgebäudes vorlegte, wurde es selbst der SPD zuviel, die mit den Grünen den Langemarck-Beschluß zu Fall gebracht hatte. Hatte der Geschichtslehrer doch darauf hingewiesen, daß der frühere Bürgermeister Schönenbrücher selbst Schutzhaftbefehle unterzeichnet und zwei Dormagener Nazigegner sogar ins KZ gebracht hatte. Die Stadtväter und SPD-Bürgermeister Alef aber wollten in Schönenbrücher unbedingt einen Mann des inneren Widerstands sehen, obwohl auch ein anderer Geschichtslehrer mit näheren Kenntnissen der Lokalgeschichte nicht wußte, worin man einen solchen Widerstand hätte sehen können. Man machte Streckenbach das Leben schwer und untersagte ihm die Benutzung des städtischen Archivs, da er nicht in Dormagen wohne. Alef zeigte den Oberstudienrat wegen vorsätzlicher Falschaussage an und wollte nachweisen, daß ein Telefonat nicht stattgefunden habe, obwohl zwei Jusos angaben, das Telefonat mitgehört zu haben. Da wußten die SPD-Oberen nichts Besseres, als ein Parteiordnungsverfahren wegen parteischädigenden Verhaltens gegen die Jusos einzuleiten. Sie hatten das erste Dormagener Nazi-Opfer würdigen wollen, obwohl der ein Kommunist gewesen und seine Nazigegnerschaft nicht erwiesen sei. Diese Notizen aus der Provinz stammen aus der *Zeit* vom 21. November 1986.

1986 war das Jahr des *Historikerstreits,* der weit über die Fachwelt hinaus Aufsehen erregte und eine ganze Sekundärliteratur zur Folge hatte. Ausgelöst wurde er dadurch, daß einige konservative bundesdeutsche Historiker versuchten, Auschwitz in einen relativierenden Geschichtszusammenhang zu stellen. Vielleicht kann man andeutungsweise so viel sagen: Trotz gewisser Skurrilitäten (Nolte!) geht es der vielfach angegriffenen Gruppe konservativer Historiker nicht darum, die in Jahrzehnten erforschten Tatsachen zu ignorieren und die Einzigartigkeit der weltgeschichtlichen Katastrophe des Holocaust zu bestreiten. Es geht ihnen aber um eine solche Einordnung der Katastrophe in einen historischen Zusammenhang, die es dem allgemeinen Publikum erleichtert, wieder eine zumindest unbefangene Identifikation mit der deutschen Geschichte zu ermöglichen. Das bedeutet politisch, daß Ballast abgeworfen wird und die Regierung außenpolitisch und auch rüstungspolitisch freier agieren kann; eine allerdings zweischneidige Sache. Den betreffenden Historikern kann nicht ohne weiteres insgesamt eine diesbezügliche Absicht unterstellt werden. Es mag ihnen vorrangig darum gehen, zur Stärkung des nationalen Selbstbewußtseins beizutragen. Ob das aber gerade so notwendig ist? Wie auch immer: Die NS-Geschichte wird stärker in den Hintergrund gerückt. Sie ist für das Publikum noch weniger wichtig als bisher. Das Schlimme daran: Lehren hat man nicht viele gezogen. Wirklich wichtig wäre es, das *demokratische* Selbstbewußtsein zu stärken und den Nationalsozialismus mit seiner Vorgeschichte besser verstehbar zu machen. Das ist aber mit der Darstellung der äußeren Geschichte der Weimarer Zeit und des Nationalsozialismus nicht zu leisten. Vielmehr käme es auf den inneren Zustand des Staates und der Menschen, die ideologischen Gegebenheiten an. Damit sind die Probleme Nationalismus, Autorität, blinder Gehorsam, Struktur der politischen Richtungen, Demokratiefeindlichkeit, Struktur der Kirchen und Judenfeindschaft weltlicher und christlicher Genese angesprochen. Bei einer solchen Schwerpunktsetzung würden die Menschen als Menschen wie du und ich begreifbar und dann könnte man auch Lehren ziehen: in Richtung auf demokratisches Verhalten, Pluralismus, zivilen Ungehorsam, den Gebrauch der Meinungsfreiheit, die Kontrolle der Mächtigen, die Gefährlichkeit von Ideologien im Sinn behaupteter Wahrheit, die es unbedingt durchzusetzen gilt. Bloße Historisierungsversuche bringen kein Verstehen und keine Befreiung. Wir selbst müssen uns befreien durch wirkliche Aufarbeitung der Vergangenheit, die wir mit allen immer noch vielfach verdrängten Details als integralen Bestandteil unserer Geschichte innerlich akzeptieren müssen, ohne daß dies mit einem Verlust an Selbstachtung verbunden sein sollte oder gar müßte.[27]

27 Die wesentlichen Texte des »Historikerstreits« sind zusammengestellt in dem umfangreichen Sammelband der Serie Piper: Historikerstreit, München 1987. Weitere Literatur dazu im Anhang zu Abschnitt VI des Literaturverzeichnisses.

Im hessischen Gedern (Vogelsberg) ließ sich 1982 Dan Kiesel als Landarzt nieder. Er ist in Israel gebürtiger Sohn deutscher Juden. Er kaufte eine ehemalige Gaststätte, zunächst, um dort ein Sanatorium einzurichten, und betrieb dort seine Praxis. Es schadete ihm ein Gerücht, er wolle Asylanten hereinholen. Er hatte unter nächtlichem Telefonterror zu leiden. Ein in Gedern bekannter Bürger brachte im Januar 1987 mittels NPD-Aufklebern »Ausländer-Stop« einen Davidstern an der Scheibe seiner Praxis an. Im Februar wurde die Scheibe mit einem Stein eingeworfen. Die Anfeindungen (»Saujudd«) blieben, zumal Kiesel die Medien eingeschaltet hatte. Es gefiel aber nicht, daß nun öffentlich wurde, was die schweigende Mehrheit hingenommen hatte. Die Gederner wollten schweigen, aber auch nicht in der braunen Ecke stehen. Sein Anwesen in ein soziales Modellprojekt für bedürftige Familien umzuwandeln gelang Kiesel nicht, denn zwei Tage nach Ostern 1987 ging das leerstehende Gebäude infolge Brandstiftung im Flammen auf. Vorgeschichte: Schon vor dem 9. November 1938 waren die 130 Gederner Juden, die mit Knüppeln und Motorradketten überfallen worden waren, vor der Brutalität geflüchtet. Ein 70jähriger, der beim jüdischen Gederner Schuhmacher in die Lehre gegangen war, berichtete, Gedern sei für Juden der schlimmste Ort in Deutschland gewesen. In der erhaltenen Gederner Synagoge wird eine Kneipe mit Spielsalon betrieben.[28] Für Dan Kiesel ist kein Platz: 1987.

Schlimmes widerfuhr 1986 dem Facharbeiter Georg Dangleterre, der im Hamburger Chemiewerk Hermann Düllberg arbeitete. Er soll guten kollegialen Kontakt gehabt haben. Als einmal einer über Juden lästerte und Dangleterre das kritisierte, kam heraus, daß er selber Jude war, geboren im KZ Theresienstadt. Dann ging es mit den Judenwitzen los. Hierzu heißt es in dem ausführlichen *Zeit*-Bericht »Ein Davidstern für den ›Jud‹« vom 5. Juni 1987:

»›Als ich darauf hinwies, selbst Vater, Schwester und Tante im KZ verloren zu haben, da meinten die Kollegen nur: ›Ja, die guten Juden sind tot, und die schlechten leben noch.‹ Und ein anderer Arbeitskollege sagte, er habe selbst einen Verwandten im KZ verloren: Der sei Wachmann gewesen und besoffen vom Turm gefallen. Ich habe den Kollegen dann gefragt, ob er das irgendwie witzig findet, doch der bemerkte nur: ›Mensch Georg, das ist doch nicht gegen dich persönlich.‹«

Als Dangleterre dann die betriebliche Getränkekasse übernahm und die Abrechnung plötzlich stimmte, hieß es; bei den Juden klappe das mit dem Geld doch immer. Dangleterre: »Mit ein paar Kollegen habe ich mich ein bißchen angelegt, aber danach wurde es nur noch schlimmer. Wenn ich mir die Hände gewaschen habe, sagten sie, ›drück deinen Vater nicht so‹, weil

28 Vergleiche DIE ZEIT vom 20. März und 1. Mai 1987.

die aus den Knochen damals ja auch Seife gemacht haben.« Man hat Dangleterre auch geraten, sich tätowieren zu lassen und dann als Lampenschirm oder als Portemonnaie zu gehen. Der Meister habe ihm nicht geholfen, sondern selbst mitgemacht, und auch der Firmenchef habe schlimme Sprüche erzählt. Als auf seinem Spind ein kleiner Davidstern aufgemalt und er auf einer Telefonliste unter »Jud« geführt wurde, kündigte er. Ein Jahr später war er noch immer arbeitslos und bedauerte seinen Schritt. Seine Mutter beging aufgrund dieser Ereignisse Selbttötung. In einem Arbeitsgerichtsprozeß soll der Firmenchef erklärt haben, ihm sei die Sache unverständlich und man wisse doch, daß bei Arbeitern ein rauherer Ton herrsche. (Hermann Fellner hatte sich freilich etwas vornehmer geäußert.) Der *Hamburger Morgenpost,* die über den Fall 1987 berichtete, schrieb ein Leser: »Sprüche und Redensarten wie die erwähnten begegnen mir fast täglich. Schmierereien in U- und S-Bahnen in Form antisemitischer, antiausländischer Hetzparolen sind unzählbar.«[29]

Stätten der Begegnung und Versöhnung sind nicht immer erwünscht. Schon in Polen hatte es langjährige Widerstände gegen das Projekt der Aktion Sühnezeichen gegeben, auf dem Gelände des Ermordungslagers Auschwitz eine Jugendbegegnungsstätte zu errichten. Die Gesamtkosten wurden auf 4,2 Millionen DM veranschlagt, von denen die Aktion Sühnezeichen bereits 1,8 Millionen DM durch Einzelspenden aufgebracht hatte. 800 000 DM wollte das Bundesfamilienministerium beitragen, und eine gleich große Summe war aus dem Erlös der »Stiftung Jugendmarke« vorgesehen. Den kleinen Rest von 800 000 DM sollten die Bundesländer übernehmen. Da entbrannte 1987 ein heftiger Streit, weil einzig das besonders christlich regierte Bundesland Bayern sich weigerte, seinen Anteil zu übernehmen: DM 180 000 (der Staatshaushalt bewegt sich in einer Größenordnung von 40 000 000 000 DM). Dies war nämlich endlich der geeignete Fall, um zu demonstrieren, daß die Förderung derartiger Projekte allein Sache des Bundes sei. Gegenüber der Aktion Sühnezeichen soll die Bayerische Staatskanzlei geäußert haben, das Konzept der Stätte sei »zu rückwärts gewandt«. 1988 wurde die Jugendstätte von CDU-Ministerin Süssmuth eingeweiht. Ohne bayerische Gelder.

Die bayerische Haltung war nur konsequent. Ging es doch auch in der Sache »Internationale Jugendbegegnungsstätte Dachau« schon seit Jahren darum, Härte zu zeigen. Von rund einer Million Menschen jährlich wird die Gedenkstätte des ehemaligen KZ Dachau besucht. Seit 1965 schon mußte man die Gedenkstätte ertragen. Als sich angesichts steigender Besucherzahlen 1982 eine »Initiativgruppe Jugendbegegnungsstätte« bildete, da man die

29 Quelle: DIE ZEIT vom 5. Juni 1987.

zahlreichen internationalen jugendlichen Gäste fachlich und menschlich betreuen wollte (eine keineswegs neue Idee), verstand es sich von selbst, daß solcher Bestrebung von Anfang an Einhalt geboten werden mußte. Ungeachtet dessen wagte es der zwischenzeitlich gebildete Förderverein, 1984 ein konkretes Konzept vorzulegen. Wo doch schon 1982 beispielsweise der Kreisvorsitzende der Jungen Union, Michael Haas-Berka, erklärt hatte, er bezweifle, daß die geplante Stätte der Dachauer Jugend nütze. Jetzt mußte man den Widerstand verstärken, führte doch den Förderverein Rolf Hanusch, immerhin Leiter eines evangelischen Studienzentrums, und waren unter den Kuratoriumsmitgliedern Leute wie Hans-Jochen Vogel, Hildegard Hamm-Brücher, Erik Blumenfeld (CDU), Ingeborg Geissendörfer (ehemals CSU-MdB), Altbischof Kurt Scharf, Senta Berger, Bruno Kreisky, Autor und KZ-Häftling Hermann Langbein.

»Wir werden uns mit aller Kraft zur Wehr setzen, bis zum letzten Blutstropfen« war die Parole des CSU-Fraktionsvorsitzenden im Dachauer Stadtrat, Manfred Probst. Im Sommer 1985 legten Kreis- und Stadtratsfraktion sowie ein eigens gebildeter Arbeitskreis der CSU eine »gemeinsame Entschließung« vor, in der die Ablehnung der Jugendbegegnungsstätte ausführlich begründet wurde. Man stehe zwar voll und ganz zur vorhandenen Gedenkstätte. Aber gerade »die Würde dieser Gedenkstätte« gebiete es, »sie von jeglicher Parteipolitisierung freizuhalten und politische Agitation zu unterbinden«. Dabei war von Parteipolitik nie die Rede und die Gedenkstätte steht unter angesehener wissenschaftlicher Leitung, die auch die *Dachauer Hefte* herausgibt. Man führte ins Feld, Veranstaltungen wie »Homosexualität und Politik seit 1900« und die Ankündigung, man werde auch über aktuelle Ausländerpolitik diskutieren, verdeutlichten »die angestrebte Ausrichtung, die die Gefahr einseitiger politischer Agitation in sich birgt, ohne überhaupt noch einen Bezug zur Gedenkstätte zu haben«. Außerdem handele es sich um eine nationale Aufgabe, deren Bewältigung nicht allein einer Stadt wie Dachau aufgebürdet werden könne. Gesprächsangebote des Fördervereins konnte die CSU ablehnen, verfügte sie doch in Stadt und Kreis über absolute Mehrheiten. Reden lasse sich über eine Jugendherberge, die räumlich von der Gedenkstätte getrennt sei. Dort könne man auch entsprechende Seminare anbieten: unter Trägerschaft des bayerischen Kultusministeriums.

Hoffnung schöpfte der Förderverein, als er 1986 mit der Theodor-Heuss-Medaille ausgezeichnet wurde, als Bundespräsident von Weizsäcker Mut zusprach und auch Lothar Späth von der CDU Sympathie bekundete. Auch der Bayerische Jugendring sprach sich einhellig für einen »Lernort Dachau« aus, und der polnische Friedenspreisträger des Deutschen Buchhandels Bartoszewski unterstützte das Projekt ebenfalls. Was ist das aber alles gegen die Dachauer CSU! Ihr Vorsitzender Georg Englhard plädierte für München, das als »Hauptstadt der Bewegung« geeigneter sei. Bei einer Jahreshauptversammlung der Dachauer CSU proklamierte Englhard das »moralische Recht auf Widerstand« gegen das Projekt. Er leitete es ab vom Widerstandsrecht der Eltern, die Häftlingen geholfen hätten. Diese Hilfe sei bisher nicht dokumentiert: ein »Skandal«. Mögliche Standorte seien München, Nürnberg und Berlin.

Daß die evangelische Kirche und der DGB das Projekt unterstützten, konnte die Dachauer nicht umstimmen, bekamen sie doch sogar Unterstützung von Staatssekretär Thomas Goppel. Und auf die Meinung der SPD brauchte die CSU schon gar nicht Rücksicht zu nehmen. Im Oktober 1987 lehnte der Dachauer Stadtrat die Jugendbegegnungsstätte »endgültig« ab. Wie es sich für eine weltoffene, geschichtsbewußte, fortschrittliche christliche Partei im katholischen Altbayern gehört, stimmte die CSU mit 22 Stimmen geschlossen dagegen. Mit 24:15 wurde der Versuch abgeschmettert, eine Stätte historischer Aufarbeitung zu errichten. Dachau sollte nicht weltweit für immer stigmatisiert sein – ein seltsames Argument angesichts der vorhandenen großen Gedenkstätte.

Im Januar 1988 veranstaltete die bayerische SPD-Landtagsfraktion eine ganztätige Anhörung zum Thema mit Wissenschaftlern und Verfolgten. Da hielt einige Tage zuvor das Erzbischöfliche Ordinariat München unter Kardinal Friedrich Wetter den Zeitpunkt für gekommen, sich gleichfalls gegen die Jugendbegegnungsstätte auszusprechen. Es hieß, der Förderverein »in seiner ausgreifenden Pluralität unterschiedlichster nationaler, politischer und weltanschaulicher Gruppierungen« lasse keine Trägerkonstruktion erwarten, die geeignet sei, einer »differenzierten Auseinandersetzung mit Fragen der Zeitgeschichte zu dienen«. Am Hearing nahm das Ordinariat gar nicht erst teil. Die nach wie vor bestehende schroffe Dachauer Ablehnung schwächte jetzt CSU-Landrat Christmann ab mit dem nicht neuen Hinweis, man sei lediglich gegen die geplante Organisationsform einer solchen Stätte. Die pädagogische Bedeutung eines Jugendgästehauses unter Federführung des Kultusministeriums solle verhindern, daß der Lernort zu »Radikalisierung und politischer Polarisierung« führe. Der Förderverein lenkte daraufhin ein und hielt eine Beteiligung des bayerischen Staates für möglich. Die Stiftung »Weiße Rose« (Inge Aicher-Scholl) warnte allerdings vor totaler Abhängigkeit vom Kultusministerium. Man darf gespannt sein, wie es weitergeht.[30]

Von ähnlich »beispielhafter« Bedeutung waren 1987 die Auseinandersetzungen in Frankfurt um die Ausgrabungen am Börneplatz. Man kommt dorthin von der Konstablerwache, einer »pflegeleichten Steinwüste mit abscheulicher Randbebauung« (Walter Boehlich). Nicht weit von dort also tat sich

30 Quellen und Zitate aus: DIE ZEIT vom 15. Mai 1987, sowie aus: Augsburger Allgemeine vom 15. Oktober 1987, 22. und 27. Januar 1988.

jetzt ein großes Loch auf: Die Baugrube eines mächtigen Verwaltungsbaus der Frankfurter Stadtwerke mit Kundenzentrum. Ein Gebäude, das im ohnehin gesichtslosen Frankfurt auch an anderer Stelle entstehen könnte. Da stieß man in der Baugrube auf eine noch sehr gut erhaltene mittelalterliche »Mikwe«, ein rituelles jüdisches Tauchbad. Auch eine größere Zahl alter Grundmauern wurde ausgegraben. Das war insofern nicht erstaunlich, als sich im Bereich zwischen Konstablerwache und Börneplatz früher die Judengasse auf eine Länge von 300 m erstreckt hatte. Selbst vom Straßenstück war kaum noch etwas erhalten. Von den beiden Synagogen des Börneplatzes (ursprünglich: Judenmarkt) war nichts mehr übrig. Und jetzt das. W. Boehlich meint in seinem Bericht in der *Zeit* vom 10. Juli 1987: »Die Frankfurter haben die Erinnerung an ihre alte jüdische Gemeinde mit einer Brutalität ausgelöscht, die kaum ihresgleichen findet«. Dabei gäbe es viel zu erinnern.

Daß es den Juden in Frankfurt besonders gut ergangen sei, ist eher Legende als Wahrheit. Man kann es verschieden beurteilen. 1241 und 1349 wurden die Frankfurter Juden in »Judenschlachten« dezimiert. Im 15. Jahrhundert befahl Kaiser Friedrich III., einer Forderung des Konzils von Basel folgend, die Entfernung der Juden aus der Domgegend. Nach längerer Weigerung der Patrizier, die im guten Einvernehmen mit den Juden lebten, gehorchte die Stadt 1462. Am Wollgraben, dem städtischen Abwasserkanal, wurde gegenüber der Stadtmauer eine zweite Mauer errichtet. Zwischen den Mauern entstand die 3 bis 6 Meter breite Judengasse, die von ihren Bewohnern »Neu-Ägypten« genannt wurde. An ihr standen beiderseits 193 Häuser (Merian-Kupferstich von 1624). Alle Juden mußten dort leben. 1520 waren es 250, 1580 1200 und 1610 2270. Dies bedeutete, daß schließlich pro qm Wohnfläche 1 Mensch leben mußte. Ludwig Börne (1786–1837) beschrieb die Gasse als »langen finsteren Kerker«. Zeitweise sollen dort sogar über 3000 Menschen gewohnt haben. Die drei Tore des Gettos wurden bei Dunkelheit verschlossen. Da es den Juden verboten war, den Abwasserkanal zu überbauen, konnte man das Getto schon von weitem riechen.

Gleichwohl entwickelte sich im Getto ein blühendes kulturelles Leben, eingeschränkt lediglich z. B. durch Heiratsvorschriften, das Verbot von Landbesitz außerhalb, gewerbliche Einschränkungen, das Verbot, an christlichen Feiertagen und Sonntagen das Getto zu verlassen, und das Gebot, außerhalb des Gettos einen gelben Fleck zu tragen, wie es eben in Gettos üblich war. Im 16. Jahrhundert war die Judengemeinde wohlhabend und durch ihre Gelehrten weithin bekannt. Sie wurde zum Mittelpunkt jüdischen Lebens in Deutschland. Im Zuge eines Aufstands unter Zunftmeister Fettmilch 1614 wurde das Getto nach Gegenwehr geplündert. 1400 Juden flohen, konnten aber unter kaiserlichem Schutz wieder zurückkehren. Zur Nazizeit entleibten sich 900 Frankfurter Juden, um dem großen Mord in den Lagern zu entgehen. Man war aber deswegen 1987 nicht ohne weiteres bereit, ihnen wenigstens das mittelalterliche Bad offen zugänglich zu erhalten und sonstige Gebäudereste zu erhalten, zumal ein jüdischer Friedhof in der Nähe liegt. Wenn man das römische Mauerwerk am Dom freigelegt hatte, war das etwas anderes. Denn jetzt ging es um die Stadtwerke, also ums öffentliche Wohl.

Den Initiativen, die Bebauung des Börneplatzes insgesamt zu überdenken, vermochten die CDU-Stadtväter nicht viel abzugewinnen. Der Grund gehörte ihnen, weil man nach 1945 nicht damit rechnete, daß wieder Juden in Deutschland leben würden. Die jüdische Organisation, der die Militärregierung das jüdische Gemeindeeigentum übereignet hatte, verkaufte daher alles billig an die Stadt. Infolge dieser zweiten Arisierung ist die Stadtverwaltung heute so stark. Von einem Baustop und einer Denkpause wollte man nichts wissen, obwohl der Druck, auch von prominenter Seite, z. B. Alfred Grosser, Träger des Frankfurter Goethe-Preises, stark war. Für jüdische Geschichtsdenkmäler engagierten sich u. a. Theologen beider Konfessionen, SPD und Grüne. Man wehrte sich dagegen, daß die Gettoreste in das Kundenzentrum (teilweise) eingebaut werden sollten. Jens Harms, Direktor der Evangelischen Akademie Arnoldshain sowie Pfarrer und Studienleiter Dietrich Neuhaus bezeichneten die Getto-Ruine als »Ausdruck eines furchtbaren Irrweges der Kirche«. Ministerpräsident Walter Wallmann war da ganz anderer Auffassung gewesen:

> »Es ist nicht richtig, daß ein gerader Weg von diesem Getto nach Auschwitz führt... Nicht der christliche mittelalterliche Antisemitismus ist schuld an Auschwitz, sondern – und das sage ich mit Zögern und Zweifeln – der falsche Weg, den dieses Land seit der Aufklärung gegangen ist...
>
> Wir brauchen an dieser Stelle kein Mahnmal, denn die gefundenen Fundamente sind kein Anlaß zu Scham.«[31]

Diese schönen Worte waren CDU-OB Wolfram Brück nur zu willkommen. Die Ruinen seien kein Anlaß zu Scham, erklärte er vor den Stadtverordneten. Das Getto sei nur deshalb so überfüllt gewesen, weil es im Mittelalter Juden aus anderen Gegenden Zuflucht geboten habe. Das Getto als Zeichen der Liberalität – da konnten die christlichen Verordneten aufatmen, auch wenn viele das für unerträglich und zynisch hielten. Bei 1 000 qm »Museumssegment« und einer Gedenkstätte hinter dem Stadtwerkebau sowie 15 Millionen DM Mehrkosten, die man der Stadt abgerungen hatte, war die städtische Geduld am Ende. Nach fünf Tagen Besetzung der Ausgrabungsstätte durch 50 Menschen (Nichtjuden und Juden) stellte eine Polizeiaktion Ruhe und Ordnung wieder her. »Hier entsteht ein Geschichts-Entsorgungspark«, hatten die Besetzer auf eine Tafel geschrieben. Jetzt sah man nur noch drei Meter hohe Stahlblechwände, Polizei und Wachmannschaften. Daran prallten die Worte des Vorstands der Jüdischen Gemeinde ab. Er meinte:

31 Zitiert nach Wolfgang Martens in: DIE ZEIT vom 25. September 1987.

»Die Steine am Börneplatz sind Prüfsteine der Identität der Frankfurter… Nur ehrliche Offenlegung der immer noch schmerzlichen geschichtlichen Wunden kann auf Dauer zu ihrer Heilung und Vernarbung führen; sie aus diesem oder jenem politischen Kalkül zu verdecken (›keine Wunden aufreißen‹) hieße, sie untergründig weiter schwären zu lassen…‹[32]

Auch in Berlin hatte man Schwierigkeiten mit der Erinnerung an die jüdischen Mitbürger bzw. Bewohner. 1987 feierte man das 750jährige Stadtjubiläum. Das ist begreiflich und auch ganz richtig. Doch mit den zwölf unpassenden Jahren wußte man auch hier nichts Rechtes anzufangen. Wenigstens in einer der großen Ausstellungen hätte man des jahrhundetelangen Verhältnisses zu den Juden gedenken können, zumal in Berlin 1933 ca. 170000 Juden lebten und Deutschland für die meisten von ihnen trotz des enormen Antisemitismus das geliebte Vaterland war, in dem sie schließlich die rechtliche Gleichstellung erlangten und eine große kulturelle Blüte erlebten. Aber eine geschlossene Darstellung der Zusammenhänge gab es nicht einmal in der Ausstellung »Wissenschaften in Berlin – Der Kongreß denkt«. Dabei stünden Wissenschaft und Forschung in Berlin und Deutschland ohne das Berliner Judentum zum Teil arm da. Zusammenhänge wurden verwischt und verharmlost. So, wenn man im Katalog lesen konnte, jüdische Wissenschaftler hätten Deutschland sehr viel zu verdanken gehabt, hätten sich aber durch die faschistische Politik bedroht »gefühlt« und schließlich ihr Wissen in den Dienst der Gegner gestellt. Fehlte nur noch, wie Viola Roggenkamp in der *Zeit* vom 16. Oktober 1987 meinte, der Vorwurf des Landesverrats. Merkwürdig konnte auch berühren, wenn es hieß, ein führender Ingenieur sei aus »rassischen« Gründen – ein NS-Terminus – in die USA emigriert. Ganz nüchtern und ohne nähere Hinweise, so als ob das Emigrieren immer so leicht gewesen wäre. Es gab eine Liste der Wissenschaftler, die sich retten konnten, keine Liste derer, die ermordet wurden. Die Hochschule für die Wissenschaft des Judentums wurde nicht dokumentiert. Dabei steht noch das Haus der Hochschule (in Ost-Berlin), und es gibt genügend Literatur und Quellen. In der Ausstellung: nichts. Das Judentum existiert nicht mehr; was alles vernichtet wurde, zeigte man nicht. Juden sollen nach wie vor Opfer eines Betriebsunfalls sein, eines Alptraums, und nicht Opfer eines jahrhundertealten Antisemitismus. Zu recht fragt Zwerenz in der Einleitung seines 1986 erschienenen Buches *Die Rückkehr des toten Juden nach Deutschland:*

»Woran lag es bloß, daß die Davongekommenen nach Kriegsende und in den fünfziger/sechziger Jahren nicht die Emigranten zurückriefen und jedem einzelnen Heimkehrer dankbar um den Hals fielen? Weshalb diese germanische Kälte, das Desinteresse, die Feindschaft? Was hinderte die Musterschüler, diese Kriegsgefangenenlagerlehrlinge, daran, Alfred Döblin, Hermann

---

32 Zitiert nach ebenda; Quellen: W. Boehlich und W. Martens in: DIE ZEIT vom 10. Juli und 25. September 1987; sowie Nachum T. Gidal: Die Juden in Deutschland von der Römerzeit bis zur Weimarer Republik, 1988, S. 90 f.

Kesten, Robert Neumann, Walter Mehring, Arnold Zweig, Lion Feuchtwanger nach der Austreibung um so herzlicher ›einzutreiben‹? Die Gruppe 47, in erklärter Distanz zu den Meistererzählern der Weimarer Republik tagend, tat antifaschistisch und schloß sich gegen die bewährten Antifaschisten ab. Man war beileibe nicht antisemitisch, nein, doch die großen jüdischen Romanciers blieben verbannt.«

Anfang August 1987 verurteilte das Landgericht Koblenz einen 50jährigen Gymnasiallehrer zu 9 Monaten Gefängnis mit Bewährung (da konnte er Beamter bleiben), weil er vor Schülern und Kollegen u.a. behauptet hatte: »Auschwitz war eine Erfindung der Amerikaner«, »Grüne sind alle Lügner und Verbrecher, bei ihrer Erschießung würde ich gern das Kommando führen« und »Allerhöchstens 40000 Juden sind während des Dritten Reiches umgekommen, wenn überhaupt«. Es wäre interessant zu wissen, ob er jetzt nicht nur wieder Latein, sondern auch weiterhin Ethik unterrichten darf.[33]

Wie schwer sich die Menschen mit dem Erinnern tun, zeigt auch der Fall der kleinen Gabriele aus dem bayerischen Stiefenhofen im Westallgäu. Das Mädchen, katholisch getaufte Tochter einer Augsburger Jüdin, lebte seit kurz nach der Geburt sechs Jahre in einer Stiefenhofener Pflegefamilie. Zehn Monate nach dem KZ-Tod ihrer leiblichen Mutter mußte sie im Februar 1943 eine Reise antreten, die in Auschwitz endete. Gernot Römer, Chefredakteur bei der *Augsburger Allgemeinen*, zeichnete Gabrieles Geschichte in seinem 1984 erschienen Buch *Für die Vergessenen* auf. Da taten sich im Allgäu vier Männer zusammen und gründeten 1985 einen »Erinnerungskreis Gabriele«. Sie wandten sich brieflich an den Stiefenhofener Bürgermeister und Pfarrer und baten um Zustimmung zur Anbringung einer Gedenktafel an der Kirche auf Kosten des Erinnerungskreises. Sie erhielten keine Antwort. Dabei war es nicht die Bürgerschaft gewesen, die den Mord zu verantworten hatte. Eine Anklage war nicht beabsichtigt. Allerdings hatte seinerzeit das ganze Dorf gewußt, daß die Kleine wegmußte. Das allein genügte schon, daß die aufrechten Vier sich als Nestbeschmutzer gebrandmarkt fühlten. Die vier Männer mußten erleben, daß sich das Dorf einigelte. Pfarrer und Bürgermeister erklärten aber, daß sie an sich keine Einwände hätten. Ob der ausführliche Bericht hierüber in der *Augsburgr Allgemeinen* vom 24. Dezember 1987 eine Änderung bewirkt hat, ist in diesem Zusammenhang nicht mehr so wichtig.

Besonders schwer tut man sich mit Kriegsdienstverweigerern oder gar Deserteuren. Aus dem katholischen Bereich sind nur fünf Männer bekanntgeworden, die sich Hitlers Krieg verweigert haben. Man kann noch den Geistlichen und Pazifisten Max Josef Metzger und den Südtiroler Josef Mayr-Nus-

---

33 Quelle: Frankfurter Allgemeine Zeitung vom 8. August 1987.

ser hinzuzählen, der zwar im Krieg gedient hätte, aber den Eid auf Hitler in der Waffen-SS verweigerte. Die übrigen waren der Pallottiner Franz Reinisch, Franz Jägerstetter, Josef Fleischer und von der Christkönigsgesellschaft Josef Metzgers Bruder Maurus sowie Michael Lerpscher. Sie alle hat man nach dem Krieg jahrzehntelang übergangen und keineswegs als Märtyrer herausgestellt. Lediglich Metzger scheint relativ früh anerkannt worden zu sein, wohl wegen anderer Verdienste und als bekannter Nazigegner. Das entsprach ganz der Tradition, war es doch für alle Christen hohe Pflicht, auch das Deutschland Hitlers als Heimat zu verteidigen. Die Frage nach der Berechtigung des Kriegs entsprechend der altehrwürdigen kirchlichen Lehre vom gerechten Krieg hatte man als gehorsamer Christ wegen des gebotenen Vertrauens in die Führung nicht zu stellen. Daher haben Männer der Kirche Fleischer und Reinisch vor der Hinrichtung die Kommunion verweigert. Dies zeigt wiederum, daß man relativ weit in die deutsche Geschichte und Kulturgeschichte zurückgehen muß, wenn man von der fassungslosen Anklage aus heutiger Sicht zum historischen Verstehen und Gerechtwerden gelangen will.

Vor diesem Hintergrund braucht es nicht zu überraschen, daß man erst jetzt um die Geschichte des Allgäuer Bauernsohns Michael Lerpscher aus Wilhams (heute: Gemeinde Missen-Wilhams, Oberallgäu) ringt. Dieser sehr christliche Bauernbub aus der Nazihochburg Wilhams (ebenso Missen) hätte der Erbe eines großen Hofes sein sollen. Er war etwas stiller als die anderen. Nach seiner Lehre im Kloster St. Ottilien schloß er sich der in Meitingen nördlich Augsburgs beheimateten Christkönigsgesellschaft Josef Metzgers an. Diese war streng pazifistisch (eine ziemliche Ausnahme) und kümmerte sich um Randgruppen wie Alkoholiker und Strafgefangene. Franziskus war sein großes Vorbild. Als er 1940 eingezogen wurde, verweigerte er den Eid auf Hitler und wurde mit dem Fallbeil hingerichtet.

Wie sehr Lerpscher vergessen wurde, zeigt der Umstand, daß der aus Missen stammende Sohn des Vorsitzenden des Missen-Wilhamser Krieger- und Veteranenvereins erst als dreißigjähriger Theologe 1987 über die Pax-Christi-Bewegung im weit entfernten oberbayerischen Penzberg von der Sache erfuhr. Auswärtige waren es auch hier, die das große NEIN des Michael Lerpscher ans Licht brachten: Ernst Mader und Jakob Knab mit ihrem 1987 erschienen Buch *Das Lächeln des Esels. Das Leben und die Hinrichtung des Allgäuer Bauernsohnes Michael Lerpscher (1905–1940).* Die Autoren waren bei ihrer Spurensuche auf spöttisches Lächeln und offene Ablehnung gestoßen. Nach Erscheinen des Büchleins kam doch etwas in Bewegung. Man hatte aber Angst, daß eine unerwünschte Diskussion ins Dorf getragen würde. Die alten Einheimischen waren irritiert, daß Michael unter seiner Christenpflicht das Gegenteil verstanden hatte als sie selbst. Man versuchte gern, ihn als Spinner und Fanatiker abzutun. Das Ansinnen, am Kriegerdenkmal eine Gedenktafel anzubringen, lehnte der Vorsitzende des Kriegervereins ab: Das sei »eine Diffamierung für alle gefallenen Kriegsopfer und alle, die wir noch leben und dabei waren«. Er gab aber dann doch zu, daß sich bei manchem wohl ein schlechtes Gewissen geregt habe. Dieser Fall ging gut aus: Es gab vernünftige Gespräche, der Dorffrieden zerbrach nicht, und im August 1987 wurde die Gedenktafel angebracht.[34]

Ein wesentlich größeres Tabu ist das der Fahnenflucht, die traditionell mit Ehrlosigkeit verbunden wird. Vaterlandsverräter nennt man sie noch heute. Die Militärjustiz im Zweiten Weltkrieg soll 14–16000 Todesurteile vollstreckt haben, davon über zwei Drittel wegen Fahnenflucht und Wehrkraftzersetzung. Viele sind dabei nicht erfaßt, weil sie sogleich erschossen wurden. Die Motive der Deserteure wird man nicht erforschen können. Nur wenige dürften politisch motiviert gewesen sein. Die meisten wollten wahrscheinlich einfach nur leben. Als das Ende des Kriegs auch vielen einfachen Soldaten schon erkennbar war, mußte der Gedanke an Desertation besonders naheliegend sein. Ein weiteres Motiv mag sich aus folgendem ergeben: Der 1917 geborene Josef Stemmrich, seit 1936 aktiv in der Sturmschar des katholischen Jungmännerverbandes, sagte im März 1980 im WDR:

»...wir waren uns im klaren darüber, daß wir diesen Krieg gar nicht gewinnen durften. Wir standen also zusätzlich in der Schizophrenie, für einen Sieg kämpfen zu sollen und zu wollen und zu müssen, den wir um Gottes willen nicht haben wollten, denn wir waren uns ziemlich im klaren darüber, was mit uns qua Kirche und qua Christenheit geschehen würde, wenn der Nationalsozialismus tatsächlich siegen würde.«[35]

Lew Kopelew berichtet vom Fall eines deutschen Oberleutnants, der desertierte, weil dies die einzige Möglichkeit war, dem Befehl zu entgehen, ein russisches Dorf niederzubrennen, in dem die Bevölkerung in ihren Häusern eingeschlossen war.

Kurt Tucholsky hat schon 1925 folgende Gedenkinschrift entworfen:

Hier lebte ein Mann
der sich geweigert hat,
auf seine Mitmenschen zu schießen.
Ehre seinem Andenken.

Ähnliches in der Bundesrepublik tatsächlich zu unternehmen ist sehr schwierig, wie folgender Fall zeigt:

Im Oktober 1986 gelang es einer pazifistischen Gruppe, im Gustav-Heinemann-Bürgerhaus von Bremen-Vegesack ein selbstgebasteltes Denkmal – ein

34 Vergleiche Augsburger Allgemeine vom 25. April 1987: »Dummer Bua, wärscht halt mitganga«; und DIE ZEIT vom 18. September 1987, Buchrezension von K. Bednarz.

35 Zitiert nach Ludwig Lemhöfers Beitrag zum Thema »Die Katholiken in Adolf Hitlers Krieg«, in: Katholische Kirche und NS-Staat, hg. von M. Kringels-Kemen und L. Lemhöfer, 1981, S. 92.

120 cm hoher Betonklotz mit Soldat und schiefem Stahlhelm und der Aufschrift »Dem unbekannten Deserteur« sowie »Reservisten verweigern sich« – aufstellen zu dürfen. Initiatoren waren zehn junge Männer, die nach ihrem Wehrdienst Antrag auf Anerkennung als Kriegsdienstverweigerer gestellt hatten. Sie wollten im Gegensatz zu den üblichen Kriegerdenkmälern statt »für die Gefallenen beider Weltkriege« einmal an andere Kriegsopfer erinnern, nämlich solche, die aus Angst, Verzweiflung oder Gewissensnot das Gewehr wegwarfen und dafür erschossen oder mit dem Schild »Ich bin ein Schwein« aufgehängt wurden. Die Pazifistengruppe erhielt sogar einen Senatszuschuß von 800 DM. Als ein Mitglied der Initiative bei der Einweihung auch einen Gegenwartsbezug offenlegte: »Wir sind die Deserteure von morgen«, gab es viel Entrüstung. Der Reservistenverband der Bundeswehr sprach von einem Schandmal. Der Kommandeur der Bremer Panzergrenadierbrigade meinte, es sei keinem Bundeswehrsoldaten zuzumuten, das Bürgerhaus in Uniform zu betreten, solange das Denkmal aufgestellt sei. Verteidigungsminister Wörner forderte die Demontage. Das Denkmal wurde beschädigt. Der Leiter des Bürgerhauses erhielt Morddrohungen. Ein CDU-Abgeordneter sprach anläßlich der bevorstehenden Bürgerschaftswahlen sogar vom möglichen Verlust an Arbeitsplätzen für den Fall, daß sich das Verteidigungsministerium mit Aufträgen für Bremen zurückhalte. Das Denkmal sollte aber nach Auffassung der Initiative für alle Kriege gelten und nicht zur Desertation aus der Bundeswehr aufrufen. In der einschlägigen Parlamentsdebatte ereiferte sich aber der Fraktionschef der Bremer CDU, Bernd Neumann, unter dem Beifall seiner Fraktionskollegen: »Es ist schamlos, es ist unerhört, es ist skandalös.« Die CDU werde gegen das Denkmal so lange kämpfen, bis es verschwunden sei. Sie setzte sich aber nicht durch. Man kann jetzt vor dem Denk-Mal sinnieren, daß einmal ein gewisser Hans Filbinger als Marinerichter wenige Tage vor Kriegsende einen jungen Deserteur zum Tode verurteilte – beispielsweise.[36]

Klein und baufällig stand 1987 im sauerländischen Dorf Padberg die einzige noch erhaltene Fachwerksynagoge Nordrhein-Westfalens. Vor Jahren hatte die Stadt Marsberg das fast 300 Jahre alte Bethaus für ein paar Mark erworben. Doch der Bauer, dem das Grundstück gehört, ließ die Arbeiter der Stadt, die das Gebäude absichern wollten, nicht auf sein Grundstück und drohte dem Heimatpfleger sogar Blutfließen an. Er wollte den Bau beseitigt sehen, um sein Land um 50 qm zu vergrößern. Im Zusammenwirken mit dem SPD-Vorsitzenden brachte er die CDU-Ratsmehrheit dazu, daß diese be-

36 Vergleiche die Beiträge in: DIE ZEIT vom 1. Mai und 18. September 1987; sowie Norbert Haase: Deutsche Deserteure, Berlin 1987. Haase wertet die überaus zahlreichen, zu 80 % noch erhaltenen Akten über vollstreckte Todesurteile des Gerichts der Wehrmachtskommandantur Berlin aus; ansonsten gelten die meisten Akten der Kriegsgerichte als verschollen.

schloß, die Synagoge auf ein städtisches Grundstück inmitten von modernen Einfamilienhäusern umzusetzen. Das ging natürlich nicht. Da bot der SPD-Ortsvorsteher, sogar schriftlich auf einem Bierdeckel, demjenigen 500 DM an, der das Ärgernis durch Brandstiftung beseitigte. Und der CDU-Bürgermeister schlug gar in öffentlicher Sitzung vor, das Problem im Rahmen einer Feuerwehrübung zu lösen. Da mußte im Mai 1987 ein Staatssekretär kommen. Den hierzu eingeladenen einzigen noch lebenden Juden des Landkreises Hochsauerland jagte der Grundeigentümer davon. Das Dorf hatte übrigens 1933 so viel Kommunisten, daß an einem Sommermorgen die rote Fahne mit Hammer und Sichel in der Dorflinde hing. Noch heute ist man darauf im ehemaligen »Klein-Moskau« stolz. Daß auch Kommunismus mit Antisemitismus gut zu vereinbaren ist, ist freilich nicht neu. Ob einmal die Zeit kommt, in der die renovierte Synagoge in Padberg ein Mahnmal für Toleranz sein wird, steht dahin.[37]

1987/88 bewegte der Fall um den Hitler-General Eduard Dietl manche Gemüter. Generaloberst Dietl, der 1944 nach einem Rapport bei Hitler auf dem Obersalzberg mit dem Flugzeug abstürzte, galt als Idol der Gebirgsjäger und vorbildlicher Soldat. Er erwarb sich Verdienste um den Skisport, sorgte für zahlreiche Anekdoten und war seit seiner Zeit als Kommandant des Gebirgsjägerregiments 99 in Kempten und der anschließenden Tätigkeit als Kommandeur in Füssen volkstümlich und beliebt. Da sein Absturz zunächst aus Kriegsgründen geheimgehalten wurde, gab dies Anlaß für eine haltlose Legende, er habe sich Hitler widersetzt und sei daher ermordet worden.

Auch unter diesen Aspekten mag es nicht ohne weiteres einleuchten, daß der Stadtrat von Kempten 1973 meinte, die im Zentrum gelegene Sonnenstraße nach dem Wehrmachtsgeneral umbenennen zu sollen. Menschliche Vorbilder hätte man anderweitig genug finden können. Auch die SPD stimmte ahnungslos zu. Bedenken kamen erst 1982 auf, als man in Bad Aibling mit knapper Mehrheit beschloß, nach dem gebürtigen Aiblinger eine Straße zu benennen. Im benachbarten Rosenheim förderte nämlich jetzt die »Projektgruppe Spurensicherung« des Kreisjugendrings zahlreiche Details über Dietls enges Verhältnis zu Hitler zutage. Er wurde zu dessen persönlichem Freundeskreis gerechnet. Im November 1941 hat Hitler Dietl als »Geburtshelfer des Dritten Reiches« gelobt. Aufgrund der verschiedenen Nachforschungen kam es 1986 in Kempten zu ersten Protesten gegen die General-Dietl-Straße. CSU-Oberbürgermeister Dr. Josef Höss kanzelte hierbei (laut Klaus Wittmann von der *Zeit*) den Antrag der Grünen auf abermalige Umbenennung so ab: »Wer gibt Ihnen die Selbstgerechtigkeit, diesen Mann aus dem Gedächtnis tilgen zu wollen? Man könnte Angst bekommen, wenn Leute Ihrer Gesin-

37 Quelle: DIE ZEIT vom 23. Oktober 1987.

nung etwas Entscheidendes zu sagen hätten.« Es wurde dann eine Bürgerinitiative gegründet, der sich zahlreiche in- und ausländische Organisationen angeschlossen haben, auch DGB und SPD. Man schlug vor, die Straße nach Michael Lerpscher zu benennen, dem 1940 wegen Kriegsdienstverweigerung hingerichteten katholisch-engagierten Allgäuer (s. o.). Auch die Einschaltung der Amsterdamer Anne-Frank-Stiftung z. B. fruchtete nichts: Mitte 1987 beschloß der zuständige Ausschuß der Stadt Kempten nach ausführlicher Diskussion fast einstimmig, es bei der General-Dietl-Straße zu belassen.

Nicht anders ging es den Bemühungen der linkskatholischen Friedensbewegung Pax Christi, die Füssener Generaloberst-Dietl-Kaserne in Leutnant-Kitzelmann-Kaserne umzubenennen. Kitzelmann wurde 1942 wegen Wehrkraftzersetzung hingerichtet. Das sehr konservative Augsburger Ordinariat meinte, das mutige Glaubenszeugnis des Leutnants aus dem Lindauer Raum sei sehr hoch einzuschätzen. In diesem Sinn wurde 1986 auch in Dillingen eine Kitzelmann-Gedenktafel mit der Aufschrift enthüllt: »Er starb für die Freiheit des Denkens und des Glaubens.« Solche Freiheit will man bei der Bundeswehr offenbar nicht ohne Not besonders würdigen. Warum sollte sie auch, wo doch der Stadtrat von Füssen ebenfalls gegen die Umbenennung der Dietl-Kaserne war. Der Presseoffizier der 1. Gebirgsdivision meinte, die Bundeswehr wisse zu unterscheiden zwischen zeitloser soldatischer Leistung und zeitbedingter Schuld. Peter Würzbach, parlamentarischer Staatssekretär im Verteidigungsministerium, zeigte sich geschmeidiger: die Bundesregierung sehe zwar keinen Anlaß zur Umbenennung, würde sich aber entsprechenden Wünschen von Kommunen und Truppe nicht widersetzen. So bleibt alles beim alten: General Dietl in Kempten und in Füssen. Da spielt es keine Rolle, wenn im biographischen *Munzinger Archiv* Dietls positive Einstellung zum Nationalsozialismus besonders herausgestellt wurde und mittlerweile auch das Militärgeschichtliche Forschungsamt in Freiburg festgestellt hat, Dietl habe sich bis zuletzt nicht vom NS-Gedankengut distanziert. Aber vielleicht sollte man es aus folgendem Grund bei Dietl lassen: »Diese Mitbürger wurden damals um Jugend und Gesundheit beschissen. Wir sollten ihnen nicht auch noch ihre Idole rauben« (ein Allgäuer). Vielleicht gibt es nicht genügend Vorbilder, die sich für Alt und Jung eignen.[38]

25 Jahre nach seiner Uraufführung machte Hochhuths *Stellvertreter* wieder einmal Furore: immer noch nicht verdaut. Ein Signal hatte Bundeskanzler Kohl im Juni 1986 gegeben, als er dem Papst gegenüber bedauerte, daß »einem der Vorgänger des jetzigen Papstes durch einen Schriftsteller deutscher Zunge Unrecht widerfahren« sei. Im Dezember 1987 sollte im Rahmen einer 80-Städte-Tournee eines Berliner Theaters Hochhuths »christliches

38 Vergleiche die Augsburger Allgemeine vom 27. Februar 1988 und DIE ZEIT vom 17. Juni 1988.

Trauerspiel« im Bürgerhaus von Ottobrunn bei München aufgeführt werden. Der neue Kulturamtsleiter Rainer Burbach hatte das eingefädelt, und der Gemeinderat hatte es genehmigt. Da versandte kurz vor der Bundestagswahl Ende Januar 1987 Pfarrer Siebenhärl an die Gemeinderatsmitglieder einen Protestbrief, in dem er von »Lüge« im Hochhuth-Drama und von »geistiger Umweltverschmutzung« sprach. Wenn die CSU das Stück nicht absetze, sei sie für Christen nicht mehr wählbar. Bereits am 27. Januar wurde Burbach vom Bürgermeister die gesamte Presse- und Öffentlichkeitsarbeit entzogen, angeblich ohne Begründung und Rücksprache. Der Kulturamtsleiter geriet so in die Schußlinie, daß er – gerade erst im Amt – mit der Gemeinde übereinkam, die Zusammenarbeit zu beenden. Er sah die Möglichkeit einer liberalen Kulturpolitik nicht mehr gewährleistet. Aber so leicht entgeht man der Geschichte jetzt auch bei uns nicht mehr: Der *Stellvertreter* kam doch noch nach Ottobrunn, und zwar just ins Bürgerhaus (Ferrari-Haus), im November 1987, auf Initiative der SPD. Das Haus war voll. Die Besucher waren wohl überwiegend der Meinung, es sei nicht notwendig, die Kirche gegen ihre eigene Geschichte in Schutz nehmen zu müssen. In der katholischen Kirche ist man da vielfach aber noch anderer Meinung.[39]

Hohe Wellen schlug die Aufführung des *Stellvertreter* im Wiener Burgtheater unter Intendant Claus Peymann. Zeitlich paßte das zum 50. Jahrestag des Anschlusses der »Ostmark« Österreich. Allerdings war weniger angenehm, daß der Papst für's Jahr darauf seinen zweiten Österreich-Besuch angekündigt hatte. Wo dieser doch den angeschlagenen Bundespräsidenten Waldheim und damit das Selbstwertgefühl manches Österreichers so hilfreich unterstützt hatte. ÖVP-Vizekanzler Alois Mock bat die Unterrichtsministerin um sofortige Aufklärung, als er von der geplanten Aufführung erfuhr. Die Aufführung fand aber im März 1988 statt, denn: »Die Direktion des Burgtheaters ist völlig autonom« (Peymann). So unbeeindruckt lautete die Parole des Burgtheaters entgegen Mocks Auffassung, die Premiere würde »zweifellos kaum mit intellektueller Redlichkeit, sondern mit einem Affront zu tun haben« (so der *Spiegel*). Allerdings: Das zwischen der Fernsehreihe »Titel-Thesen-Temperamente« und Hochhuth, Peymann sowie Regisseur Jeker vereinbarte Interview mußte kurzfristig abgesagt werden, da Programmchef Glänzel die Dienstreise ins »ausländische Wien« gestrichen hatte. Es sollten – so der *Spiegel* – »in einer für die Mitarbeiter überraschenden Aufwallung von Lokalpatriotismus, künftig ›nur noch hessische Bühnen‹ in der Sendung vorgestellt werden«. Nicht nur die ÖVP mißbilligte die Neuinszenierung; schon während der Aufführung protestierten Teile der katholischen

39 Vergleiche zum Fall Ottobrunn etwa die Augsburger Allgemeine vom 10. Februar, 10. März und 7. Dezember 1987 sowie: DER SPIEGEL, Nr. 11, vom 14. März 1988, S. 234.

Besucher (»Kirchenhetze«) und auch rechtsradikale Störer. »Tumult in der Burg« und ähnlich lauteten die Schlagzeilen.[40]

Kaum war dies vorbei, da stand im Münchener Prinzregententheater unter der Regie von David Levine am 22. April 1988 die Premiere des *Stellvertreter* an. Sogar das bayerische Kabinett setzte den Fall auf die Tagesordnung. Rechtzeitig vor der Aufführung machte der stark konservative Kardinal Wetter Reklame: Das Stück sei »historisch nachweislich falsch«. Und Wissenschaftsminister Wolfgang Wild schickte dem Intendanten des Bayerischen Staatsschauspiels, Günther Beelitz, einen seltsamen Brief: Zehn Tage vor der Premiere rügte er seinen Intendanten, das Stück verkörpere eine »tendenziöse Haltung und verzerrende Geschichtsdarstellung«. Dabei haben einst Männer wie Golo Mann, Karl Jaspers und Ludwig Marcuse das »christliche Trauerspiel« als Großtat gepriesen. Die Argumente, die gegen die Zweckmäßigkeit einer deutlichen Verurteilung des großen Judenmords sprechen mochten, hat Hochhuth nicht unterschlagen, auch nicht die Tatsache, daß Pius XII. an der Rettung zahlreicher Juden beteiligt war. Angeprangert hat er aber eine »Haltung, die eine beispiellose moralische Herausforderung mit den Zweckmäßigkeitserwägungen der diplomatischen Kunst und geopolitischen Kalküls beantwortet« (Hans Krieger).

Wegen der »verzerrenden Geschichtsdarstellung« hielt es der Minister in seinem schon zitierten Brief auch für erforderlich, daß der Intendant der – in Bayern ja so schwachen – katholischen Kirche Gelegenheit zur Darstellung ihrer Sicht gibt. Der Intendant möge sich unmittelbar mit dem Kardinal in Verbindung setzen. (Vielleicht war dem Minister zu Ohren gekommen, auch die Amtskirche pflege vor wichtigen Äußerungen z. B. Gewerkschaften und andere betroffene gesellschaftliche Gruppen zu konsultieren und ihnen Gelegenheit zur Äußerung zu geben.) Dabei enthielt das bereits vorliegende umfangreiche Programmheft eine ausführliche Darstellung des Problems des päpstlichen Schweigens unter umfangreicher Einbeziehung der einschlägigen Literatur. Demgegenüber schreibt Hans Krieger in seiner scharfen Rezension der Münchener Aufführung in der *Bayerischen Staatszeitung,* es sei keineswegs mutig gewesen, dem Kardinal und dem Minister zu trotzen, sondern nur »clever«. Der Intendant könne sich »in dem bequemen Ruhm sonnen«, risikolos widerstanden zu haben. Weiter geißelte er die »Fast-Food-Zubereitung«. Die Aufführung sei »ein Offenbarungseid« gewesen, »eine halbherzige Ausflucht auf der ganzen Linie«, ein »Hochhuth-Digest«:

»... als sinnenhaft-emotionale Theatererfahrung wurde das Stück eiskalt abgemurkst. Pacelli-Verehrer haben zu früh protestiert: Wenn hier jemand auf offener Bühne verhöhnt wurde, dann nicht ein verstorbener Papst, sondern ein lebender Autor...

Gegen den Rest von feuchtgewordenem Zündstoff sichert die Alibi-Dokumentation des Pro-

40 DER SPIEGEL, Nr. 11, vom 14. März 1988; Augsburger Allgemeine vom 16. März 1988.

grammheftes ab: Man weiß ja selber, daß dieser Hochhuth schlampig recherchiert hat und literarisch nichts taugt; man stellt ihn halt zur Diskussion, des brisanten Stoffes wegen, an dem das Theater als Ort öffentlicher Auseinandersetzung nicht vorbeigehen kann.«

Mit solchen »lauwarmen Ausflüchteleien« werde ein Autor geopfert, »dessen Bedeutung gerade in der geistigen Leidenschaft liegt, mit der er sich der größten ethischen Katastrophe der Menschheitsgeschichte gestellt hat«. Und interessanterweise war es gerade die bayerische Katholische Akademie, auf der Probst Heinrich Grüber (ein wahrer christlicher Held der Nazizeit) in einer anläßlich der Stellvertreteraufführung veranstalteten Diskussion sagte, ihm sei bei der Lektüre des *Stellvertreters* immer wieder die Schamröte ins Gesicht gestiegen im Bewußtsein eigenen Versagens.[41]

Bonn feiert 1989 sein 2000jähriges Bestehen. Die Geschichte wird glänzen. In einer etliche Kilometer langen »Historischen Meile« entlang der Adenauerallee soll sie erlebbar sein. Historische Stadtrundfahrt, Theateraufführungen usw. werden stattfinden. Es steht aber – nach dem Stand vom März 1988 – zu befürchten, daß eine Geschichtsepoche ausgeblendet oder auf ein peinliches Mindestmaß reduziert wird: eine Epoche, die freilich nur vernachlässigenswerte zwölf Jahre gedauert hat.

1984 wurde in Bonn der Verein »An der Synagoge e. V.« gegründet. Sein Motto lautet: »Erinnern in Bonn«. Geleitet wird er vom Bonner Superintendenten Rolf Schlessmann und von Horst Dahlhaus, einem der Direktoren bei der Bundeszentrale für politische Bildung. Viele Gruppierungen engagierten sich dabei, auch die Kirchen und Mitglieder der CDU. Man forderte eine Gedenkstätte nahe der ehemaligen Synagoge, die am 10. November 1938 von der SA in Schutt und Asche gelegt wurde. Der Synagogenplatz war nach 1945 Parkplatz, eine durchaus typische Verwendung. Nach Entfernung der Fundamentreste wurde schließlich ein Hotel errichtet. Immerhin gelang es dem Verein, ein vorläufiges »Werkhaus für eine Bonner Gedenkstätte« einzurichten. Es beherbergt neben einer Dokumentationsstelle eine Ausstellung »Bonn zur Zeit des Nazionalsozialismus«. Schulen werden unterstützt und »Antifaschistische Stadtrundfahrten« veranstaltet. Besonders wichtig ist dem Verein die Befragung von Bonner Zeitzeugen. Anfangs unterstützte die Stadt den Verein großzügig. Vier ABM-Kräfte wurden eingestellt. Aber das Spektrum der Mitgliedsorganisationen erwies sich als zu breit: Gewerkschafter, Sozialdemokraten, Christen, Juden, Kommunisten, Sinti, Fremdarbeiter und andere. Die Sache erschien linkslastig, so daß die CDU-Fraktion mit ihrer knappen Stadtratsmehrheit auf Distanz ging. Für 1987 wurde der Zuschuß drastisch gekürzt und auch für 1988 auf 40 000 DM eingefroren. Seit 1988

41 Zur Münchener Aufführung siehe: Bayerische Staatszeitung vom 29. April 1988, ansonsten z. B. Augsburger Allgemeine vom 25. und 26. April 1988.

kann der Verein zwei Mitarbeiter nicht mehr beschäftigen, obwohl sie zur Befragung von betagten Zeitzeugen dringend benötigt würden. Dabei ist Oberbürgermeister Daniels – offiziell – ein eifriger Redner über die »Schrekken jener Zeit«. Aber was soll er tun? Die Stadt hat Schulden. Außerdem soll die 2000-Jahr-Feier 13 Millionen kosten. Und irgendwo muß man schließlich zu sparen anfangen. Ob sich der Verein, der eine öffentliche Aufgabe wahrnimmt, an der »Historischen Meile« beteiligen kann, ist offen.[42]

»Die verratene Brüderlichkeit«, so überschrieb Gernot Römer, Chefredakteur bei der *Augsburger Allgemeinen,* seinen Kommentar vom 12. März 1988 anläßlich der zu Ende gehenden »Woche der Brüderlichkeit«. Richtig schrieb er: »Allein die Tatsache, daß der brüderliche Umgang miteinander Jahr für Jahr angemahnt werden muß, beweist, wie schlecht es um diesen steht.« Zu recht habe Otto Schily im Bundestag erklärt, die Empörung über Übergriffe israelischer Soldaten entspringe nicht allein brüderlichem Mitgefühl mit den Palästinensern, sondern diene vielen als Entlastungsversuch für die deutsche Vergangenheit. Hierzu der Kommentator: »Was immer jedoch in Israel geschieht: Es wäscht nicht das Blut von den Händen derer, die den Massenmord in Auschwitz befahlen oder ausführten«. Brüderlichkeit müsse zum Dauerprogramm werden.

Eine seltsam anbiedernde Brüderlichkeit zeigte – ebenfalls anläßlich der derselben gewidmeten Woche – 1988 das *Ulrichsblatt,* katholische Kirchenzeitung der Diözese Augsburg. An deren Spitze steht der orthodoxe Bischof Dr. Josef Stimpfle: ein demonstrativer Förderer der christlich-jüdischen Verständigung. Das *Ulrichsblatt* also brachte einen längeren Artikel des zu diesem Thema verdienten Theologen Franz Mußner. Taktvoll und sehr vorsichtig versuchte der Professor, dem Kirchenvolk auch einige historische Tatsachen wenigstens anzudeuten. Das im Grundsatz lobenswerte Unterfangen wurde mit einer – hoffentlich nicht vom Autor stammenden! – Überschrift versehen, in der Christen und Juden als »Schicksalsgemeinschaft« beschworen werden. Eine Schicksalsgemeinschaft, das schon, aber die zwischen Täter und Opfer. Daß der Sinn des Aufsatzes damit ins Gegenteil verkehrt wurde, wird den meisten Lesern nicht aufgefallen sein. Zwangsbrüderlichkeit Anno 1988.

Viele Beispiele und zahlreiche Details habe ich nun ausgebreitet zur Illustration des latenten und z.T. wieder offenen Antisemitismus und zur gewaltigen Geschichtsverdrängung in der Bundesrepublik. Dabei beruht diese Zusammenstellung nicht auf systematischer Forschung. Ich habe lediglich die mir aus Büchern und Zeitungsausschnitten ohnehin schon zur Verfügung ste-

42 Quelle: DIE ZEIT vom 4. März 1988.

henden Informationen hauptsächlich chronologisch, z. T. auch nach Sachzusammenhang geordnet. Diese an sich insgesamt recht zufällige Zusammenstellung wäre beliebig erweiterbar. So blieben z. B. unerwähnt: das traurige Kapitel der Entschädigung für Zwangsarbeiter, die diversen SS-Kameradschaftstreffen mit ihren Begleitumständen, die Anerkennung des Kameradschaftsverbands der »Leibstandarte Adolf Hitler« der Waffen SS als gemeinnützig, die große Verdrängung bei der Kriegsgräberfürsorge, die Stellung der Gesellschaft zur »Wiedergutmachung« (ein allerdings schwieriges Kapitel, das sehr differenziert dargestellt werden müßte), die Korrumpierung sogar der Opfer, die soldatische Lebenslüge (einerseits ein schlechter, verbrecherischer Krieg Hitlers und der Nazis, andererseits ein guter Krieg der aufrechten, tapferen und schuldlosen deutschen Patrioten; nur am letzteren nahm man teil und verteidigte in Rußland die große christlich-abendländische Tradition gegen den kommunistischen Satan) und vieles andere mehr.

Man wird eine Zusammenstellung wie die obige nicht unbedingt in einem solchen Buch suchen. Aber es besteht ein Zusammenhang, auf den ich noch zurückkommen werde. Die zahlreichen Beispiele tragen dem schlechten Langzeitgedächtnis des von Informationen überfluteten Bundesbürgers Rechnung. Zum Teil zeigen sie, was die eingangs dargestellten theoretisch-empirischen Untersuchungen zum latenten Antisemitismus praktisch bedeuten. Meine Auflistung soll auch einen unglaublichen Satz wie den folgenden von Peter Jakob Kock in der *Bayerischen Staatszeitung* vom 29. April 1988 widerlegen:

»Die ›Unfähigkeit zu trauern‹ nannte Alexander Mitscherlich das Phänomen des Vergessens und Verdrängens in den ersten Nachkriegsjahren. Davon kann heute gottlob kaum mehr die Rede sein, weder in der Forschung, noch im Geschichtsunterricht.«

Es wäre unredlich, zu behaupten, es wäre nichts geschehen. Gerade in den beiden von Kock ausdrücklich genannten Bereichen hat sich wirklich einiges getan. Aber das allein ist nicht genug, zumal auch Gymnasiasten in dem Lebensalter, in dem sie mit Nationalsozialismus und Antisemitismus konfrontiert werden, ganz andere Probleme und Interessen haben. Auch kann man darauf hinweisen, daß die Verdrängung in anderen Ländern z. T. noch um einiges größer ist. Aber es geht um *unsere* Geschichte, auch um *unsere* Kirchengeschichte, und ihr müssen vor allem *wir* ins Auge sehen. Dabei ist auch die Selbstverständlichkeit zu beachten, daß auch unsere Väter und Großväter alles in allem keine schlechteren Menschen waren als wir. Mensch bleibt Mensch, wenn auch jeweils unter anderen Umständen. Für diese sind freilich auch wir Menschen verantwortlich. Die Anklage führt uns dabei nicht weiter. Vielmehr sind Tatsachenkenntnis und Kenntnis kultureller Gesamtzusammenhänge die Basis von Verstehen. Nur Verstehen führt zur Überwindung. Und die moralische Komponente dabei ist für unsere Zukunft wichtig.

Wie gut hat das alles doch der christkatholische Ministerpräsident eines süddeutschen Bundeslandes erfaßt, wenn er am 8. April 1987 in einer (später gedruckt und kostenlos verbreiteten) Rede wie folgt sprach:

»Wer aber die Vergangenheit nicht kennt, wer das Zustandekommen einer Krankheit nicht weiß, kann weder eine richtige Diagnose stellen noch eine richtige Therapie verordnen. Dieses Gerede, wir wollen nicht über die Vergangenheit reden, sondern in die Zukunft schauen, führt dazu, daß die Schuldigen belohnt, die Unbeteiligten nicht wahrgenommen und die Leistungsträger bestraft werden...

Aber ich erlebe immer wieder, daß nicht die Schuldigen verteufelt werden, die sich längst aus dem Staub gemacht haben, sondern die Rettungsmannschaften...

Die Folgen der Fehler, die über lange Zeit gemacht wurden, lassen sich nicht von einem Jahr zum andern beseitigen.«

Verräterisch an diesem so wahren und darum schönen Redeauszug ist das Wort »Leistungsträger«. Der Text stammt nämlich aus einer Ansprache vor Vertretern des Bayerischen Bauernverbandes zu landwirtschaftspolitischen Fragen. Nein, in dem hier interessierenden Bereich dachte dieser christliche Politiker gewiß nicht so.

3. Die Wochen der Brüderlichkeit

Ich habe schon darauf hingewiesen, daß die 59 »Gesellschaften für christlich-jüdische Zusammenarbeit« (Stand Ende 1987) mit ihrem Koordinierungsrat (DKR) in Frankfurt an der Spitze insgesamt eine sehr engagierte, qualifizierte und auch kritische Arbeit leisten. Dabei wird nicht immer »Süßholz geraspelt«, sondern auch sehr konkret und z.T. dicht an den schlimmen historischen Tatsachen gesprochen. Natürlich sind Grad der Erkenntnis, Kritikfähigkeit und Klima örtlich unterschiedlich. Es soll eine konservative und eine progressive Gruppierung geben. Aber bei allem geistigen, offenen und freundschaftlichen Klima darf nicht vergessen werden, daß die (zahlenmäßig weit überwiegenden) Christen unter den 10000 Mitgliedern nur eine kleine Spitze echten kritischen Versöhnungswillens darstellen.

Auf den seit 1951 vom DKR in jeweils anderen Städten veranstalteten »Wochen der Brüderlichkeit« wurden seit 1968 zahlreiche wirklich herausragende Persönlichkeiten mit der Buber-Rosenzweig-Medaille ausgezeichnet. Diese Veranstaltungen und die zahlreichen Parallelveranstaltungen an vielen Orten finden z.T. sehr gute Resonanz in der Öffentlichkeit, wenn auch nur kurzfristig. Doch: Ein Stück oder auch mehr an Heuchelei steckt in manchem hierbei gesprochenen Politikerwort. Manchmal stellen sich die gleichen Männer als Förderer der christlich-jüdischen Zusammenarbeit, der Toleranz und des Fortschritts dar, die in der politischen Praxis für ganz andere Worte, Werte und Taten bekannt sind. Es ist sicher schwierig für eine Minderheit wie die Christlich-Jüdischen Gesellschaften, wichtige Politiker zu verprellen; aber daß sie es nicht tun, birgt Gefahren für die Sache, der sie dienen. Auch Bischöfe, die sich in Worten für die christlich-jüdische Annäherung einsetzen, arbeiten in der Praxis nicht immer energisch daran, dem latenten Antisemitismus in Kirchenvolk und Klerus den Garaus zu machen. Und den Geist der Toleranz im eigenen Haus walten zu lassen, ist noch viel schwerer.

Insbesondere außenstehende Beobachter, wohl mit noch weniger Illusionen behaftet, sehen die »Wochen der Brüderlichkeit« mehr als gesellschaftlich-politisches Ritual, das nichts kostet und die Entsorgung der Vergangenheit erleichtert.

Lea Fleischmann (alias Rosenzweig), die junge in der Bundesrepublik aufgewachsene jüdische Frau mit dem deutschen Paß, hat nach fünf Jahren Berufsleben als Lehrerin die Bundesrepublik verlassen und ist nach Israel ausgewandert. Begründet hat sie diesen Schritt in dem eindrucksvollen Buch *Dies ist nicht mein Land.* Jedermann sollte es lesen. Sie schreibt darin:

»Die Christlich-Jüdische Gesellschaft veranstaltet jedes Jahr eine Woche der Brüderlichkeit in der Bundesrepublik. Eines Tages bekomme ich eine Einladung zu einem Seminar mit dem Thema: Erziehung zur Freiheit. Ich sage meine Teilnahme zu, obwohl ich normalerweise solche Veranstaltungen ablehne. Instinktiv ist mir das christlich-jüdische Geschwätz zuwider. Ich habe genügend Reden in Fernsehen und Rundfunk gehört oder Zeitungsartikel gelesen, und mir gefällt der Ton nicht. Es ist mir alles ein wenig zu verständnisvoll, ein wenig zu glatt, ein wenig zu verbrüdert. Die Christen beteuern, welch ein wundervolles Volk die Juden seien, wie sittlich und rein ihre Religion sei, welch ein Verderben der Antisemitismus mit sich bringe und wie sehr sich alle Christen aller vergangenen Generationen getäuscht hätten, indem sie die Juden jahrhundertelang für den Tod Jesu verantwortlich machten. Erst vor wenigen Jahren hat die katholische Kirche offiziell bestätigt, daß die lebenden Juden nicht für den Tod Christi zur Verantwortung gezogen werden könnten, und ich möchte mich im nachhinein herzlich für diese neue Auslegung der christlichen Lehre bei der Kirche bedanken.

Die Juden lassen bei diesen Veranstaltungen die salbungsvollen Worte wie Balsam auf ihre Wunden wirken, fühlen sich sehr geschmeichelt und bestätigen auf herzliche Weise, mit welch einem geläuterten Christentum man es zu tun habe und wie sehr sich doch die Deutschen gewandelt und geändert hätten. Das alles in einer freundlichen Atmosphäre, in sauberen, ordentlichen Tagungsräumen, bei reichlichem Essen ... Abends sitzen alle christlich-jüdischen Menschen bei einem Gläschen Rheinhessen oder Mosel und tauschen artige Ansichten über Israel und die Bundesrepublik aus, wobei jeder streng darauf achtet, dem anderen nicht zu nahe zu treten.«[43]

Manchmal brechen aber doch tiefere Schichten auf. So anläßlich einer Tagung des Zentralkomitees der deutschen Katholiken im April 1988, nachdem die neueste Erklärung des Gesprächskreises »Juden und Christen« zum 50. Jahrestag der Reichspogromnacht Betroffenheit ausgelöst hatte. Der Berner Rabbiner Marcel Marcus erklärte: Juden und Katholiken strecken einander die Hände entgegen, »weil und obwohl wir uns des Abgrundes zwischen uns bewußt sind«.

43 Lea Fleischmann: Dies ist nicht mein Land, München 1986, S. 183 f.

Sarkastisch schreibt Gerhard Zwerenz:

»Unser Spott über die leicht eingeknickten, angestaubten Gebrauchsverhaltensmuster der Frömmigkeitsübungen in den alljährlichen Wochen christlich-jüdischen Miteinanders resultiert aus der Spezialität der Verleugnung, mit der beide Seiten einander begegnen. Die christliche Partei mit feiertäglich aufgesetzter Schuldmiene – so trug man sich früher an Sonntagen festlich –, die jüdische Seite mit jener wissenden Skepsis im Auge, die ihr Vorhandensein signalisiert, ohne dem andern die Stimmung zu verderben. Man weiß, es ist im Grunde vergebliche Liebesmüh, doch macht man gute Miene zum feierlichen Spiel... Den Christen sitzt, wenn sie stark genug sind, die Mythe zu überwinden (gemeint: die Gottesmordmythe), die Weisheit der Großväter im Gedächtnis: Wir sind geboren, Arbeit, Kampf und Liebe zu genießen... Haben sie die Mythe nicht überwunden, deliriert der alte Haß aus ihren wohlregulierten Zahnreihen.«[44]

Es ist etwas Wahres an beiden Sichtweisen zur christlich-jüdischen Zusammenarbeit.

4. Kleiner Seitenblick auf Österreich

Ich hoffe, es sind nur wenige Bundesbürger, die es genießen, daran zu denken, daß der latente Antisemitismus in Österreich noch um einiges stärker verbreitet ist als hierzulande.

Aufgewühlt wurden unsere österreichischen Nachbarn, mit denen wir im Guten wie Bösen so verbunden sind, durch die Affäre Waldheim. Sie brachte 1986 bis 1988 große Erschütterungen mit sich. Angefangen hat es damit, daß während des Wahlkampfes zur Bundespräsidentenwahl (Alternative: Waldheim/ÖVP oder Kirchschläger/SPÖ) die Behauptung auftauchte, Waldheim habe als junger Offizier von Kriegsverbrechen auf dem Balkan gewußt und sei möglicherweise daran beteiligt gewesen. Manche Behauptungen gingen noch darüber hinaus. Nahrung hatte Waldheim dem selbst gegeben, da er seinen Kriegseinsatz als Ordonnanzoffizier an sehr wichtiger Stelle auf dem Balkan in seinen Lebensläufen regelrecht vertuscht hatte. Zwar war auch Richard von Weizsäcker, auf den Waldheim ausgerechnet verwies, Ordonnanzoffizier im Stab des Oberkommandos gewesen, und niemand hat etwas daran gefunden. Allerdings hatte von Weizsäcker auch offen dazu gestanden.

Im kleinen Österreich reagierte man empfindlich, und besonders allergisch ist man bei ausländischer Kritik. Diese konnte freilich angesichts des unklugen und wenig einsichtsvollen Verhaltens des Kandidaten Waldheim nicht ausbleiben. Stritt dieser doch – wider besseres Wissen, wie sich später herausstellte – voller Empörung Dinge ab, die lediglich zu wissen noch keine Schande gewesen wäre; zugleich machte gerade die massive Unterstützung

44 G. Zwerenz: Die Rückkehr des toten Juden nach Deutschland, a. a. O., S. 198 f.

Waldheims durch die ÖVP mißtrauisch. Die Weiterung der Diskussion brachte die Gefahr mit sich, daß eine kollektive Lebenslüge Nachkriegsösterreichs ins Wanken geriet: Die Mär von Österreich als dem unschuldigen ersten Opfer Hitlers. Hatten sich doch Sozialisten und Konservative noch 1945 mit großem Erfolg auf diese Opfertheorie geeinigt. Die Zeit vor 1945 hatte für Österreich keine besondere Bedeutung zu haben. Erleichtert wurde diese Mär durch die politische Neutralität und Randlage des Landes. Zerstört wurde sie spätestens im Zusammenhang mit dem Gedenken an den Anschluß an Hitler-Deutschland vor 50 Jahren im Jahr 1988.

Es mag unklug gewesen sein, wie der Jüdische Weltkongreß unter seinem aggressiven Präsidenten Edgar Bronfman sich immer wieder zu Wort meldete. Aber vielleicht sollte man Juden in mancher Beziehung mehr Empfindlichkeit zugestehen als anderen: ihre Empfindlichkeit ist existentiell und historisch begründet. Die Volksseele ist aber anders. Schon zu Beginn der Waldheim-Affäre wurden Juden in Wien bespuckt und verhöhnt. Wie klein oder groß die Zahl solcher Vorfälle auch gewesen sein mag: Anlaß zur Sorge gaben sie – zumal den Juden. Leben doch ca. 11 000 von den schätzungsweisen 12 000 österreichischen Juden (davon etwa die Hälfte in der Israelitischen Kultusgemeinde) in Wien: der Stadt, in der Hitler seine großen antisemitischen Impulse erhalten hat.

In dieser schwierigen innenpolitischen Phase wurde im März 1987 die bisher umfassendste Untersuchung über Antisemitismus in Österreich der Öffentlichkeit präsentiert. Die Leitung des Projekts hatten Heinz Kienzl, Generaldirektor der Nationalbank, und Ernst Gehmacher, Chef des Instituts für empirische Sozialforschung (Ifes). Fünf demoskopische Institute waren beteiligt, 9 000 Interviews wurden durchgeführt. Wenn sich die Waldheim-Affäre laut Studie hierbei nicht ausgewirkt hat, so ist dies nur ein Beweis dafür, daß latenter Antisemitismus unter bestimmten Voraussetzungen in offenen Antisemitismus umschlagen kann. Die Umfrage förderte ein verheerendes Ergebnis zutage, das man freilich herunterzuspielen versuchte.

Die Studie kommt zum Ergebnis, daß die Mehrheit der Österreicher nichts vom Antisemitismus hält und daß die negativen Haltungen mit abnehmendem Alter der Befragten ebenfalls stark abnehmen. Das ist nicht weiter verwunderlich. Es wurde auch festgestellt, daß ein starker »Österreich-Ethnozentrismus« besteht und allgemein ein großes Mißtrauen gegenüber Fremden, das sich auf alle Ausländer erstreckt. So richtet sich eine Gegnerschaft bei 18 Prozent gegen Tschechen, bei 6 Prozent gegen Amerikaner, bei 4 Prozent gegen Franzosen und Slowenen. Es wurde auch festgestellt, daß Antisemitismus und Mißtrauen gegenüber Fremden in hohem Maß Hand in Hand gehen. Allerdings wird der Antisemitismus der Österreicher zumindest zahlenmäßig von ihrer Abneigung gegen Tschechen und Russen noch übertroffen. Das macht die Ergebnisse aber nicht erfreulicher.

Die *Kronenzeitung*, größte österreichische Tageszeitung, triumphierte zwar:

»Nach der heimtückischen Waldheimkampagne wurde ja Österreich von mancherlei Seite geradezu als das eherne Bollwerk des Antisemitismus hingestellt: Ganze sieben Prozent der Österreicher sind echte Antisemiten... hingegen stehen zwischen zwanzig und dreißig Prozent der Österreicher ihren jüdischen Mitbürgern mit deutlicher Sympathie gegenüber.«[45]

Das liest sich so, als ob man auf das Umfrageergebnis stolz sein könnte. Im Detail sieht es anders aus.
- 20 bis 22 Prozent können nicht einmal beim Händegeben körperlichen oder persönlichen Widerwillen gegen Juden unterdrücken;
- 12 bis 16 Prozent halten Juden für sehr unsympathisch;
- 37 Prozent halten Juden für eher unsympathisch;
- 23 Prozent wollen darauf geachtet haben, daß Juden keine einflußreiche Stellung einnehmen;
- 26 Prozent sind gegenüber dieser Diskriminierung indifferent.

Andersherum: Ein Viertel der Bevölkerung ist für aktive Diskriminierung, und ein weiteres Viertel nimmt das gleichgültig hin. Laut einer dpa-Meldung von Mitte Juli 1987 hat der Salzburger Erzbischof Berg, Vorsitzender der Österreichischen Bischofskonferenz, Anlaß gesehen, »Manifestationen eines offenbar latenten Antisemitismus in Österreich« zu verurteilen. Die Bischöfe beobachteten gegen Juden gerichtete »pauschalierende Vorwürfe und Anpöbelungen mit tiefem Bedauern und ernster Sorge«. Gleichzeitig trat Berg aber pauschalierenden Vorwürfen gegen den Bundespräsidenten mit »derselben Entschiedenheit« entgegen. Gleichzeitig brachte es ein Sprecher der ÖVP fertig, die Kritik Heinz Galinskis am österreichischen Antisemitismus zurückzuweisen (ausländischer Jude!).

Auch nach Veröffentlichung der Ergebnisse der Antisemitismus-Umfrage, die nur ein auffallend gemäßigtes Echo hervorrief, galt die Devise: Wer Nachdenklichkeit hervorrufen will, ist ein »Österreichbeschimpfer«. Es wurde Stimmung gegen Schriftsteller gemacht, die ernsthaft über den geistigen Zustand ihres Landes nachdachten. Vom »geistigen Hochverrat« war die Rede; die Schriftsteller, hieß es, betrieben im Ausland eine »beispiellose Verleumdungskampagne« gegen Heimat, Staatsoberhaupt und Volk. So tönte z. B. das Organ der »Vereinigung Österreichischer Industrieller«. Deren Generalsekretär scheute sich nicht, seiner Kritik an einheimischen Schriftstellern dadurch Ausdruck zu verleihen, daß er von einer »geschickt aufgezogenen nationalsozialistischen Tarnorganisation Bund Deutscher Schriftsteller Österreichs« sprach.[46] Die Kolumnisten der größten Tageszeitungen attak-

45 Zitiert nach Gerhard Roth in: DIE ZEIT vom 8. Mai 1987, zum Thema »Österreich und die Vergangenheit«.

46 Zitate nach G. Roth, a. a. O.

kierten Schriftsteller mit Unterstellungen und Verhöhnungen, so daß einige Zeitungen insoweit als »gedruckte Volksempfänger« erscheinen konnten.

Der mittlerweile berühmt-berüchtigte jugendlich-forsche FPÖ-Obmann Jörg Haider erklärte zum problematischen US-Einreiseverbot für Waldheim, es bedeute einen kollektiven Schuldvorwurf gegen die Soldatengenerationen in Österreich. Wenn in Zeitungen von »Provokateuren« die Rede war und davon, daß sie jetzt »in Triumphgeheul ihren billigen Sieg feiern«, und wenn man gar von »Inquisition« sprach, so war in erster Linie der Jewish World Congress gemeint. Im Sommer 1987 schrieb der Linzer ÖVP-Vizebürgermeister Carl Hödl an den Präsidenten des Jewish World Congress und brachte die Kampagne gegen Waldheim mit dem Kreuzestod Jesu in Verbindung, für den »die Herren von Jerusalem« verantwortlich gewesen seien. Natürlich stand Hödl im Kreuzfeuer der Kritik, aber eine antisemitische Tendenz vermochte er in seiner brieflichen Äußerung nicht zu sehen. Auch wenn er keine Nachahmer fand, so muß er doch überzeugt gewesen sein, daß so eine Äußerung mehr oder wenig ungestraft möglich sei. Und tatsächlich: ÖVP-Obmann und Außenminister Alois Mock konnte sich nicht aufraffen, Hödl zum Rücktritt zu bewegen. War doch schon ÖVP-Generalsekretär Michael Graff im Wahlkampf aufgefallen: Mit Blick auf den Jüdischen Weltkongreß sprach er von »ehrlosen Gesellen«. In einem von Antisemitismus freien Land könnte man damit keine Wählerstimmen fangen, von der strafrechtlichen Seite einmal ganz abgesehen.

Viezekanzler Alois Mock war wesentlich am Entstehen einer ernsten Krise der rot-schwarzen Regierung beteiligt. Als eine im Auftrag der Regierung arbeitende siebenköpfige internationale Historikerkommission zu dem Ergebnis gekommen war, Waldheim habe sich zwar keiner Kriegsverbrechen schuldig gemacht, aber wider besseres Wissen seine Karriere als bestinformierter Nachrichtenoffizier verschwiegen, wurde ÖVP-Mann Mock vollends zum Waldheim-Verteidigungs-Minister. Als Burgvogt einer belagerten Festung forderte er bedingungslosen Schutz für den stark angeschlagenen Präsidenten. Es gab in der ÖVP einen Maulkorberlaß etwa des Inhalts: Wer den Kopf heraussteckt und Kritik übt, wird erschlagen. Dabei demonstrierten Tausende nach Bekanntwerden des Kommissionsberichts gegen Waldheim. Sie waren der Meinung des SPÖ-Kanzlers Franz Vranitzky: »Für einen Bundespräsidenten ist es zu wenig, kein Kriegsverbrecher zu sein.« Waldheim sah in seinen Gegnern immer noch eine »kleine, radikale Minderheit«. Und der verdiente Diplomat Karl Gruber, erster Außenminister der Republik nach 1945, vermochte sich nicht den Hinweis zur Historikerkommission zu verkneifen: »Der Deutsche ist ein Sozialist, die anderen sind von der jüdischen Abstammung her natürlich auch nicht seine Freunde, weil sie klarerweise gegen Waldheim sind.«

Ein Großteil der prominenten österreichischen Intellektuellen (mehrere hundert) forderte aber in einem Zeitungsinserat den Rücktritt Waldheims. Da meldete sich unerwartet der Landeshauptmann von Vorarlberg zu Wort: Er attackierte den unversöhnlichen E. Bronfman und forderte, Anständigkeit müsse über jüdische Schlauheit und Gerissenheit siegen. Und Waldheim selbst sprach davon, der ihm nachteilige Teil des Historiker-Berichts entspreche nicht den Tatsachen und baue auf Vermutungen auf. Er habe ein reines Gewissen. Die Presse machte weiter Stimmung. So schrieb »Staberl« in seiner Glosse vom 13. Juni 1988 in der *Kronenzeitung:*

»Auf einer ganz anderen Szene haben etliche unverdrossene Vorkämpfer der Waldheim-Jagdpartie angesichts der ihnen drohenden Gefahr, der allgemeinen Vergessenheit anheimzufallen, den Papst allen Ernstes aufgefordert, bei seinem jetzt beginnenden Besuch in Österreich unbedingt auf die ›Kriegsvergangenheit‹ des Bundespräsidenten Waldheim hinzuweisen. Daß hier unsere alten Freunde und Gönner vom sogenannten Jüdischen Weltkongreß an vorderster Front mit von der Partie sind, muß wohl nicht extra betont zu werden. Wem die Schäbigkeit nicht zu arg ist...«

Soweit Österreichs auflagenstärkste Tageszeitung.

In diese Austria-Szenerie paßt auch die neueste Variante der Geschichte des nicht sterben wollenden Anderl von Rinn (s. o.). Im Zuge der Ritualmordlegenden wurde bekanntlich auch nach Auschwitz der angeblich von Juden ermordete Bub aus dem 15. Jahrhundert in dem Ort Rinn bei Innsbruck nach wie vor inbrünstig und mit großem Aufgebot verehrt, bis es schließlich dem Innsbrucker Bischof gelang, 1985 den Kult zu verbieten (ganz aus der Kirche brachte er den Anderl allerdings nicht heraus). In Übereinstimmung mit dem Vatikan und den Gremien seiner Diözese hatte Bischof Reinhold Stecher erklärt, das Festhalten an der Legende vom Ritualmord sei ein Unrecht und stelle eine schwere Beleidigung des jüdischen Volkes dar. Die Österreichische Bischofskonferenz stimmte dem seinerzeit zu. Da hielt es der aus Bayern importierte orthodoxe Theologieprofessor Kurt Krenn, den Johannes Paul II. gegen heftigen Widerstand kirchlicher Kreise zum Wiener Weihbischof gemacht hatte, im Sommer 1987 für nötig, laut zu denken: Man solle doch das Bedürfnis der Menschen, den Anderl zu verehren, nicht tadeln, solange sie tun, was christliche Liebe verlangt. Bischof Stecher kreidete demgegenüber Krenn u. a. die Bemerkung an, er habe den Legendencharakter der Geschichte relativiert durch die Bemerkung, man könne sich eine Verehrung durchaus vorstellen, wenn sich herausstelle, daß der Dreijährige einem Verbrechen zum Opfer gefallen sei.

XIII. Die heutigen Aufgaben der Kirchen

Vielleicht würde man eine so ausführliche Darstellung zum Thema »Latenter Antisemitismus« und »Geschichtsverdrängung« eher in einem Lehrwerk zur allgemeinen Zeitgeschichte oder einer spezielleren Darstellung suchen als in einer knappen Gesamtdarstellung der 2000jährigen Geschichte der Judenverfolgung im christlichen Europa. Aber das welthistorisch einmalige Phänomen einer durch zwei Jahrtausende durchgängig immer wieder und in nahezu allen Gebieten verfolgten Bevölkerungsgruppe ist nun einmal räumlich bestimmt durch die Hauptverbreitungsgebiete des Christentums, so wie es sich historisch durchgesetzt hat.

Es gibt allerdings viele Arten von Antisemitismus, und die meisten haben nichts mit Religion zu tun, sondern mit Armut, Reichtum, Neid, Vorteilsstreben, Elend, Verzweiflung, Unwissenheit, Niedertracht, Macht, Politik. Dementsprechend ist der Antisemitismus ein schillerndes Phänomen. Mal tritt er offen zutage, mal wirkt er nur still und unauffällig, aber er pflanzt sich als Mythos fort, mit oder ohne Juden. In Tausenden von Büchern und Abhandlungen ist all dies festgehalten und bis in die kleinsten Details untersucht, aber man kommt damit zu keinem Ende. Die Judenverfolgung ist insoweit keine singuläre Erscheinung, als die Verfolgung von Minderheiten in der Geschichte bis zum heutigen Tag leider nicht ungewöhnlich ist. Selbst die massenhafte Ermordung von Völkern, Volksteilen, religiösen und sonstigen Gruppen von Menschen in verschiedenen Teilen der Welt ist nicht neu und dauert bis zum heutigen Tag an. Selbst was die Zielstrebigkeit und Brutalität der Ermordung anbelangt, dürfte die Folterung und Ermordung von »Hexen« und »weisen Frauen« (Hebammen) an die Greuel der nazistischen Vernichtungslager heranreichen. Die Besonderheit der Judenfeindschaft liegt darin, daß der Antisemitismus eine »anthropologische Konstante der abendländischen Kultur und Zivilisation, einen integralen Teil der historischen Erbmasse« darstellt, wie H. Broder es formuliert hat.

Diese Konstanz beruht auf der religiösen Dynamik und Sprengkraft eines christlichen Glaubens, der mit der Liebesethik des Jesus von Galiläa wenig gemein hat, viel aber mit dem ideologischen Machtanspruch einer totalitären »Heilsinstitution«. Viele prominente und z. T. auch in den Großkirchen angesehene Autoren, meist Theologen, haben das gesagt und belegt. Das ist nicht neu, wenn auch der Masse der Gläubigen unbekannt. Es fing damit an, daß der Antijudaismus ein existenzstiftendes Moment des christlichen Glaubens war und damit religiös-mythischen Charakter erhielt. Denn während für die Juden Jesus einfach ein gescheiterter Mensch und Rebell war und deswegen nicht der (ohnehin nur irdische!) Messias sein konnte, machte ihn das paulinisch-hellenistische Christentum zum Gott und Weltenherrscher, den die – im römischen Reich ohnehin unbeliebten – bösen Juden umgebracht hatten. Dieser gute Jude Jesus ist das verbindende Element (an das die Bestrebungen der christlich-jüdischen Versöhnung, der »Wiedereinwurzelung« des christlichen Glaubens in den »guten Ölbaum« des Judentums anknüpfen). Gleichzeitig ist Jesus für immer der trennende Faktor. Und solange es gläubige Juden gibt, wird deren Glaube schmerzlich den christlichen Zweifel an der Richtigkeit des eigenen, angelernten Glaubens nähren. Daher wird immer, und sei es uneingestanden, ein Abgrund zwischen Christentum und Judentum klaffen.

Es wäre indessen hoch an der Zeit, wenn das Christentum in dieser Zeit des Umbruchs und nach Auschwitz erkennen würde, welchen Irrweg es gegangen ist, einen Irrweg, der den Mythos des glaubensmäßig begründeten Antijudaismus dazu geführt hat, daß Judenfeindschaft zum integralen Bestandteil des christlichen Glaubens und daher auch der Politik wurde. Weltliche Motive konnten immer daran anknüpfen. Der moderne Antisemitismus des 19. Jahrhunderts hat aus der christlichen Judenfeindschaft die stärkste Kraft gezogen. Umgekehrt konnte der voll entwickelte völkisch-rassische, pseudodarwinistisch übersteigerte und mit kriegerisch-nationalem Pathos verknüpfte Antisemitismus immer auch einen gewissen Anklang beim gemäßigteren christlichen Antijudaismus finden: bei den Protestanten mehr, bei den Katholiken weniger (jedenfalls in Deutschland). Manche Herrscher (wie die Zaren) konnten daher den Antisemitismus aus machtpolitischen Gründen sogar planmäßig an- und abstellen. Die Juden waren zum universalen Sündenbock geworden. Es entsprach nur einer historischen Logik, wenn »der Jude« Opfer der größten moralischen Katastrophe der Menschheit wurde. Und es liegt klar zutage, was immer noch so unbekannt ist, aber jetzt doch schon in einem Lexikon eines dezidiert katholischen Verlags stehen darf: »Ohne die nahezu 2000 Jahre christlicher Judenfeindschaft wäre ›Auschwitz‹ nicht möglich gewesen.« So steht es geschrieben im Artikel »Judenfeindschaft« des 1987 von Hans Waldenfels im Herder-Verlag herausgegebenen *Lexikon der Religionen.* Der Artikel stammt von K.-H. Minz. Das Lexikon wurde begründet von Franz König, dem langjährigen Wiener Kardinal.

Ausführlich habe ich dargelegt, wie fundamental die positive Wende in beiden großen Konfessionen war. Ausführlich aber auch, wieviel Taktik, Opportunismus und salbungsvolle Scheinheiligkeit selbst viele von den Texten noch aufweisen, die zur christlich-jüdischen Aussöhnung und zur Sanierung der Kirchenfundamente beitragen sollen. Von dem heute allerdings bemerkenswerten Unterschied hierbei zwischen katholischer Kirche und den deutschen evangelischen Kirchen war schon die Rede. Das Grundproblem dürfte sein: Wie sag ich's meinen Kindern? Einerseits bieten die Kirchen vereinzelt Seminare zur Überwindung des kirchlichen Antijudaismus an. Andererseits halten sie von den Gläubigen, insbesondere den Schülern, kritische Informationen fern. Dies gilt entsprechend auch für Bücher, z. B. kirchenhistorische, die für Theologen bestimmt sind. Die Ausnahmen bestätigen hierbei die Regel. Übereinstimmend sagen Menschen, die an der christlich-jüdischen Gemeinschaft von Gottgläubigen arbeiten, man stehe erst in den ersten Anfängen. Und das nahezu 45 Jahre nach dem Holocaust. Wenn die kirchliche Aufarbeitung im bisherigen Tempo weiterschreitet, wird es noch Jahrhunderte dauern, d. h. sie wird nicht geschehen.

Hier setzt die heutige gesellschaftliche Verantwortung der Kirchen ein. Wenn die judenfeindliche Konstante eine wesentlich kirchlich-christliche Konstante ist, dann muß sie auch in erster Linie von den Kirchen bekämpft werden. Durch bloße Vernunftgründe kann der antisemitische Mythos nur zum Teil gebrochen werden. Das Irrationale ist bekanntlich mit Vernunft allein nicht zu überwinden. Relativ kompakte Institutionen wie die Kirchen als Glaubensgemeinschaften, die eine gewisse, zum Teil sogar recht starke Autorität besitzen, hätten am ehesten die Möglichkeit, in ihren Reihen wirklich Entscheidendes zu ändern. Gelingt ihnen das innerkirchlich, so hätte dies auch für die Gesellschaft positive Auswirkungen.

Ob die Amtskirchen die Kraft aufbringen, diese Aufgabe ernsthaft anzupacken, darf bezweifelt werden. Denn wie soll man dem Kirchenvolk die Wahrheit beibringen, ohne daß es verunsichert wird? Und das in einer Zeit der steigenden Kirchenaustritte? Aber andererseits: Welchen Sinn hat eine Kirche, die nicht verunsichern will? Und mit welchem moralischen Recht stellen sich dann die Kirchenleute hin und behaupten, daß sie die Wahrheit predigen? Es fragt sich auch, ob mit einer Volkskirche das Anliegen Jesu, eine moralische Erneuerung der Welt, erreicht werden kann. Die Geschichte sagt: nein. Während früher hoheitlich – meist unentrinnbar – bestimmt wurde, was der Mensch zu glauben hatte, gilt heute das Prinzip der Glaubensfreiheit. Aber wenn die Kirchen gleichwohl nach ihrem praktischen Selbstverständnis danach trachten, möglichst viele Mitglieder bei der Stange zu halten, kompromittieren sie sich damit selbst. Der Schluß, daß es ihnen besonders um die Kirchensteuer geht, liegt hierzulande besonders nahe, sträuben sie sich doch gegen Bestrebungen, die Verfilzung von Staat und Kirche zu entflechten und dem Grundsatz der Trennung mehr Raum zu verschaffen. Andererseits muß man feststellen, daß die Kirchen dort, wo sie im Allgemeininteresse im gesellschaftlichen Bereich wirksam Einfluß nehmen könnten, dies oft unterlassen. Warum z. B. prangern die Kirchen nicht Politiker an, die die Worte »christlich« und »Christentum« gern im Mund führen oder doch einer Partei angehören, die das C im Namen führt, wenn sie sich antisemitisch äußern oder dies dulden und wenn sie die Vergangenheit verdrängen? Dabei gibt es Bereiche, in denen sich die Kirchen in Deutschland stark in die Politik einmischen. In der Frage der Geschichtsverdrängung und des latenten Antisemitismus tun sie es nicht: nicht als Gesamtheit und nicht mit ihrer ganzen Autorität. Es liegt hoffentlich nicht daran, daß sich die »jüdische Frage« in der Bundesrepublik wegen der sehr gering gewordenen Zahl der jüdischen Mitbürger nahezu erledigt hat. Mit einiger Sicherheit aber dürfte es daran liegen, daß die Kirchen selbst viel zu verdrängen haben. Die Forschungen zur »jüngsten Vergangenheit« sind noch im Gange. Und je mehr geforscht wird, desto schrecklicher sind meist die Ergebnisse.

Von Kirchen, die zum Wohl der Allgemeinheit wesentlich beitragen sollen (und zwar auch zum Wohl Andersdenkender!), muß man nicht allein der von ihnen 2000 Jahre immer wieder zumindest verkündeten Liebesethik wegen verlangen, daß sie ihren eigenen schlimmen historischen Tatsachen ins Auge sehen und diese auch den Kirchenmitgliedern nahebringen. Sonst bleiben sie in Unwahrheit und Scheinheiligkeit befangen. Wie sollte daraus aber ein positiver ethischer Einfluß auf die Gesellschaft ausgehen können?

»Wenn wir, nach Auschwitz, über die Juden reden, reden wir über uns selbst. Das ist kein kollektiver Prozeß. Ein jeder muß ganz für sich allein mit sich ins Reine kommen« (G. Zwerenz). Das Verhältnis zu den Juden ist aber nicht nur eine Frage des einzelnen. Sie ist in besonderer Weise eine Frage der Christenheit, deren Beantwortung oder Nichtbeantwortung an ihre Wurzel geht. Man könnte sagen: Mit ihrer Aufarbeitung oder Vernachlässigung stehen oder fallen die Kirchen als ernstzunehmende Glaubensgemeinschaften. Ansonsten sind sie auch weiterhin großenteils nichts anderes als Einrichtungen einer bürgerlichen Ideologie, die auf das Alltagsverhalten ihrer Mitglieder kaum Einfluß haben und lediglich als Stütze weltlicher Machtinteressen dienen. Daß auch eine bloße Ideologie vielen Menschen einen Halt geben und ihnen damit eine seelische Wohltat erweisen kann, wäre wohl eine zu dürftige Rechtfertigung. Verständlicherweise kann ich das hier nur andeuten. Viele einzelne Christen haben die Probleme aber erkannt und sprechen sie auch aus. Die »Nachfolge Jesu« – was immer das im einzelnen sein mag – ist es, die nachdenkliche, kritische und bewußte Christen als das wesentliche Moment christlicher Existenz sehen und in den Kirchen wenigstens ansatzweise verwirklichen möchten. Ihnen machen es die Kirchen – unterschiedlich in den verschiedenen Teilen der Welt – oft sehr schwer. Gerade auch in der Bundesrepublik.

Das Verhältnis zu den Juden ist auch deswegen so zentral, weil es zwar die wichtigste, aber keinesfalls einzige historische Großlast der Christenheit darstellt. Anläßlich des Papstbesuchs in der Bundesrepublik im Jahr 1987 gab Thomas Seiterich von der linkskatholischen Zeitschrift *Publik-Forum* eine Sammlung heraus: *Briefe an den Papst.* 26 Christen, meist Theologen, machen dem Papst darin zahlreiche Vorhaltungen. Der damals 91jährige katholische Pfarrer Alfons Beil schrieb in seinem Brief:

»Ich wünsche mir einen Papst, der im Namen der Kirche ein umfassendes Schuldbekenntnis ablegt über ihr Versagen im Laufe ihrer bald zweitausendjährigen Geschichte. Ein Schuldbekenntnis über ihre Verbrechen an den Juden von der Urzeit über die Kreuzzüge bis zum Holocaust von Auschwitz, über ihre Verbrechen an Anders- und ›Ungläubigen‹, nicht zuletzt an den Frauen, die sie als Menschen zweiter Klasse diskriminiert und als ›Hexen‹ gefoltert und ermordet hat.«[1]

Wird und kann die Kirche ein solches Schuldbekenntnis nicht nur in Form von wenig gelesenen wissenschaftlichen Abhandlungen, sondern vor der Weltöffentlichkeit und vor jedermann abgeben? Dazu müßte sie wohl, wie Friedrich Heer schon 1967 eindrucksvoll und unter Verarbeitung zahlreicher weiterer Aspekte gefordert hat, eine 2000jährige Geschichte einschmelzen und »verflüssigen«.

»Die positive Liquidierung des Antisemitismus (und aller seiner Söhne und Töchter im Rassismus, Antikommunismus, Klerikalismus und Antiklerikalismus) setzt voraus: die Versöhnung der gekränkten Christen mit sich selbst, die Versöhnung eines exklusiven Christentums mit den anderen, den Menschen anderer Religionen und Bekenntnisse.

Diese Versöhnung ist nur zu erkämpfen durch eine Selbstanalyse, die zu dem Menschen Jesus, zu dem Juden Jesus – zurückführt...

Die Selbstanalyse des Christentums ist nicht weniger gefährlich und gefährdet als die tiefenpsychologische Analyse einer Person. Diese Analyse allein vermag jedoch den Schoß zu öffnen und ihn der Zukunft für neue Geburten, für schöpferische Prozesse zu erschließen. Öffnung der Zukunft erfordert Eröffnung, positive Liquidierung, Verflüssigung der Vergangenheit.«[2]

In einem alten Kirchenlied heißt es:

»O komm, du Geist der Wahrheit
und kehre bei uns ein
verbreite Licht und Klarheit
verbanne Trug und Schein.«

Der Geist der Wahrheit: das wäre etwas. Was aber der Geist der Wahrheit sei, ist schwierig zu beantworten. Es wäre schon viel, wenn wenigstens unbestreitbare bittere historische Tatsachen zur Kenntnis genommen würden. Man wüßte dann besser, worin eine höhere Wahrheit sicher nicht bestehen kann. In diesem Zusammenhang steht die fundamentale Kritik, die der Schriftsteller Rudolf Krämer-Badoni im letzten Abschnitt seines Lebens in seinem 1988 erschienenen Buch *Judenmord, Frauenmord, Heilige Kirche* niedergelegt hat. Es ist eine Frage der Konsequenzen, die man aus der Geschichte der Kirchen zieht. Und gebildete, engagierte, ethisch anspruchsvolle Menschen ziehen aus dieser Geschichte unterschiedliche Folgerungen. Die

1 Briefe an den Papst: Beten allein genügt nicht, hg. von Thomas Seiterich, Reinbek 1987, S. 183.
2 Friedrich Heer: Gottes erste Liebe, Frankfurt/Berlin 1986, S. 576 und S. 532.

einen wollen die Kirchen verwandeln (und im Geist der Freiheit und der Nachfolge Jesu Weltverantwortung tragen); andere halten das nicht für möglich oder ziehen – wie Krämer-Badoni – noch radikalere Konsequenzen.[3] Ich habe mich bemüht, die Geschichte der Verfolgung der Juden im christlichen Abendland bei aller unvermeidlichen Subjektivität, aber unter starker Berücksichtigung christlicher Autoren getreulich darzustellen. Welche Folgerungen aus der Fülle historischer Tatsachen und Zusammenhänge zu ziehen sind, muß jeder Leser für sich entscheiden.

3 Rudolf Krämer-Badoni: Judenmord, Frauenmord, Heilige Kirche, München 1988, z.B. S. 246 und S. 265 ff.

XIV. Wahrheit, Freiheit, Toleranz

Heute gehört Toleranz bei uns zum guten Ton. Das ist schon viel. Toleranz kann Verschiedenes bedeuten. Üblicherweise versteht man bei uns darunter heute eine soziale Tugend, die den anderen in seinem Andersdenken und Andershandeln gelten läßt, ohne ihm die eigene Meinung aufreden oder gar aufzwingen zu wollen. Solche Toleranz achtet den anderen in seinem Anderssein und hat viel mit Brüderlichkeit zu tun. Man könnte mit Worten noch »höher« greifen.

Eine Begriffsgeschichte zu versuchen ist nicht meine Absicht. Was zum Begriff Toleranz gehört, ist historisch zunächst mit Religion verbunden. In dieser Hinsicht herrschte in der Antike zumindest Toleranz im eingeengten Sinn der bloßen Duldung, war doch der Polytheismus in der römisch-hellenistischen Welt eine Basis der viele Länder umspannenden Herrschaft. Die Religion der unterworfenen Völker blieb in der Regel unangetastet. Das Christentum appellierte zunächst an die Toleranz der römischen Herrscher, die ihnen dann nicht mehr gewährt wurde, als sie – die alle »heidnischen« Kulte strikt ablehnten – an die Grundlagen der Gesellschaft rührten. An die Macht gekommen, gingen die Christen streng, oft fanatisch, gegen Andersdenkende vor: gegen die »Heiden«, gegen Juden und gegen andere christliche Richtungen (»Ketzer«). Dem hl. Augustinus gelang der schöne Satz: »Die Kirche verfolgt aus Liebe, die Gottlosen verfolgen aus Grausamkeit.« So sieht der Fanatismus eines Mannes aus, der von sich gesagt hat: »Die mich bewegende Kraft ist die Liebe...« Das ist das Gegenteil von Toleranz. Diese Einstellung kann sich an Paulus anlehnen: »Wenn jemand den Herrn nicht lieb hat, der sei verflucht« (1 Kor 16,22); Paulus möchte auch einen Mann, der »Unzucht« getrieben hat, »dem Satan zum Verderben des Fleisches übergeben, auf daß der Geist selig werde am Tag des Herrn Jesu« (1 Kor 5,5).

Diese Haltung war mehr als lange bestimmend. Ihre Wurzel lag in der subjektiven Glaubensgewißheit, die Wahrheit zu erkennen. Die subjektive Wahrheit wurde mit der objektiven Wahrheit ineinsgesetzt. Diese galt es, mit allen, aber auch wirklich allen Mitteln durchzusetzen. Es herrschte ein Grundsatz, den man mit dem prominenten Katholiken und Juristen Ernst-Wolfgang Böckenförde so umschreiben kann: Es gilt der Primat der Wahrheit gegenüber der Freiheit, denn der Irrtum hat gegenüber der Wahrheit kein Recht. Der Nichtkatholik, Nichtlutheraner usw. kann daher nicht toleriert und muß bekämpft werden. Das ist die klassische christliche – nicht:

jesuanische – »Toleranztheorie«. Diese Auffassung von der Wahrheit bedeutet also automatisch Kampf und Fanatismus.

Nochmals zurück zu den fundamentalen religiösen Texten. Wo Jesus seinen Jüngern noch geboten hatte, ihren Brüdern 70mal 7mal zu vergeben und das wunderbare Gleichnis vom barmherzigen Samariter erzählt hatte – der ja einem Volk angehörte, das als feindlich galt und auch im Glauben abwich –, hieß es bei Paulus: »Wer euch aber ein anderes Evangelium verkündigt, als wir auch verkündigt haben, der sei verflucht, auch wenn wir selbst es wären oder ein Engel vom Himmel.« (Gal 1,8). Und in den sieben Sendschreiben der sog. *Offenbarung des Johannes,* die viel später entstanden ist, heißt es: »Bekehre dich... Tust du dies nicht, so komme ich über dich und werde deinen Leuchter von seiner Stelle rücken... Und es lästern dich Leute, die sich Juden nennen, sind es aber nicht, sondern eine Synagoge Satans... Sei getreu bis in den Tod... Der Sieger soll kein Leid erfahren vom zweiten Tode... Du hast Leute dort, die zu Balaams Lehre halten. Der lehrte den Balak, einen Fallstrick vor den Söhnen Israels zu legen, Götzenopferfleisch zu essen und Unzucht zu treiben... Bekehre dich also. Wenn nicht, so werde ich bald über dich kommen und werde sie bekämpfen mit dem Schwert aus meinem Munde... Wer... bei meinen Werken verharrt bis ans Ende, dem will ich Gewalt über die Heidenvölker geben. Er wird sie weiden mit eisernem Stab, so wie ich selbst von meinem Vater Macht empfangen habe« (Off 2 und 3). Diese Bibelzitate sind aber noch harmlos im Vergleich zu etwa solchen: »Diese aber sind wie vernunftlose Tiere, die von Natur bestimmt sind, gefangen und getötet zu werden« (2 Petr 2,12). Gemeint sind die Irrlehrer, die der Verfasser des 2. Petrusbriefs wortreich anprangert: sie seien unersättlich in der Sünde, habgierig, »Kinder des Fluches« usw. »Auf sie trifft das wahre Sprichwort zu: Der Hund kehrt zurück zu dem, was er erbrochen hat, und: Die gewaschene Sau wälzt sich wieder im Dreck« (2 Petr 2,22). Paulus kanzelt die Jerusalemer Urapostel als »Hunde«, »Lügenapostel«, »Verstümmelte« ab und verflucht seine Gegner wiederholt.

Jesus hat eine Liebesethik und manches Revolutionäre gepredigt. Aber die Saat der Unduldsamkeit gegen Andersgläubige wurde, wie ansatzweise belegt, schon bald ausgestreut. Und sie ging auf.[1]

»Der Prozeß ging mit beschleunigter Geschwindigkeit weiter. Die Theologie konnte sich nicht ausbilden, ohne eine von dem Evangelium ungelöst gebliebene Reihe von Fragen aufzuwerfen; ernste Disputanten traten auf, welche in der Hitze des Wortstreits den strittigen Punkten eine übertriebene Bedeutung beilegten. Allmählich erhielten dieselben eine solche Wichtigkeit, daß sie zu den Lebensfragen des Christentums wurden, und die Menschen verfochten mit der eifrigsten Überzeugung den Glauben, daß ihre Gegner keine Christen wären, weil sie in einem unwichtigen Bruchteile der Kirchenordnung oder der Kirchenzucht oder in einem unend-

1 Daß dieser Stil bei zahlreichen Kirchenvätern sehr beliebt wurde, kann hier nicht dargestellt und belegt werden.

lich kleinen Punkte des Dogmas von ihnen abwichen, den nur der in der Dialektik der Schule dressierte Geist begreifen konnte. Als Quintilla lehrte, daß das Wasser nicht nötig sei bei der Taufe, ruft ihr Tertullian zu, daß es zwischen ihnen nichts Gemeinsames gebe, nicht einmal denselben Gott oder denselben Christus. Die Donatistische Ketzerei mit ihren beklagenswerten Folgen wurde hervorgerufen durch den Streit über die Wählbarkeit eines einzelnen Bischofs. Als Eutyches in seinem Eifer gegen die Lehren des Nestorius dazu verleitet wurde, in gewissem Grade die Doppelnatur Christi zu vermengen, in dem Glauben, daß er nur die Lehren seines Freundes, des heiligen Cyrillus, verteidigte, sah er sich plötzlich einer ebenso verdammenswerten Ketzerei, wie der Nestorianismus es war, überführt. Dagegen zeigt seine Verteidigung gegen die von Eusebius von Doryläum geübte Rhetorik, daß er nicht im Stande war, den feinen Unterschied zwischen Substantia und Subsistentia zu begreifen – ein verhängnisvoller Mangel, welcher Tausenden zum Verderben gereichte. So entstanden während der ersten sechs Jahrhunderte, wo die Menschen die unendlichen Probleme des diesseitigen und jenseitigen Daseins zu ergründen suchten, fortwährend neue Fragen, die mit erbarmungsloser Heftigkeit umstritten wurden. Diejenigen, welche in der Kirche gebietende Stellungen inne hatten und ihre Meinungen durchsetzen konnten, waren notwendigerweise orthodox, die, welche schwächer waren, wurden heterodox, und der Unterschied zwischen den Gläubigen und den Ketzern wurde von Jahr zu Jahr deutlicher...

Es entwickelte sich ein Haß gegen die Sektierer, der größer war als der gegen den schlimmsten Verbrecher. Es kommt nicht darauf an, wie nichtig die ursprüngliche Ursache des Schismas gewesen sein mag, oder wie rein und eifrig der Glaube der Schismatiker sein mochte. Daß sie sich der Autorität nicht hatten beugen wollen und so das ungenähte Gewand Christi zu teilen gesucht hatten, wurde ein Vergehen, im Vergleich zu dem alle anderen Sünden zur Bedeutungslosigkeit herabsanken, und das alle Tugenden und alle Frömmigkeit, die die Menschen besitzen konnten, aufhob. Selbst Augustin konnte in dem begeisterten Eifer, mit dem die Donatisten das Martyrium ertrugen und sogar suchten, nichts finden, was sein Herz erweichte. Hätten sie Christum in ihrem Herzen getragen, so würde ihre Selbstverleugnung Lohn verdient haben; nun aber handelten sie nur unter den Eingebungen Satans, wie die Schweine, welche der unreine Geist in das Meer trieb. Selbst ein Martyrium um Christi willen konnte den Ketzer oder Schismatiker nicht davor retten, mit Satan und seinen Engeln das ewige Feuer zu teilen.«[2]

Und als 325 auf dem berühmten (dem sog. ersten ökumenischen) Konzil von Nicäa unter der Regie des blutigen Machtpolitikers Konstantin, eines nicht getauften theologischen Laien, der den Streit um das Verhältnis von Gott Vater und Sohn schon ein Jahr zuvor als »Streitsucht unnützen Nichtstuns« abgetan hatte, auf des Kaisers Betreiben schließlich die – bis dahin ketzerische – Lehre von der Wesensgleichheit von Vater und Sohn verkündet wurde, schloß sich gleich die erste bekannte kirchliche Bücherverbrennung an: Die Schriften des Theologen Arius wurden verbrannt; Arius selbst wurde feierlich verflucht und verbannt. Und so ließe sich Buch um Buch füllen zum Verhältnis von Macht, Wahrheit, Toleranz und Fanatismus. Letzterer blühte natürlich nicht nur im Abendland. Voltaire schreibt hierzu anschaulich in seinem *Philosophischen Wörterbuch:*

»Es ist entsetzlich, wie sich der Gedanke, den Himmel durch Blut besänftigen zu können, in fast allen Religionen verbreitet hat, nachdem er einmal aufgekommen war, und mit wie vielen

2 Henry Charles Lea: Geschichte der Inquisition im Mittelalter, 3 Bde., Nördlingen 1987, Bd. 1, S. 235–237.

Argumenten man diese Opfer zu rechtfertigen sucht, damit niemand dem Messer entgeht. Bald sind es die Feinde, die dem Würger Mars geopfert werden müssen... Dann wieder sind es die Gerechten, die ein barbarischer Gott als Opfer fordert. Bei den Geten streitet man sich um die Ehre, dem Zamolxis als Opfer dargebracht zu werden. Wen ein glückliches Los dazu bestimmt, der wird auf die Spitzen der aufgerichteten Speere geworfen. Wird er dabei tödlich verwundet, so gilt dies als gutes Vorzeichen... bleibt er am Leben, so ist er ein Bösewicht, mit dem der Gott nichts zu schaffen haben will. Ein andermal fordern die Götter von den Kindern das Leben zurück, das sie ihnen erst eben erst geschenkt haben... Zuweilen wird das teuerste Blut hingegeben: Die Karthager opferten Saturn ihre eigenen Söhne, als ob die Zeit sie nicht früh genug dahinraffte! Dann wieder das schönste Blut: Die gleiche Amestris, die zwölf Menschen lebendig hat begraben lassen, um durch dieses Opfer von Pluto ein längeres Leben zu erlangen, opfert diesem unersättlichen Gott nochmals vierzehn Kinder aus den ersten Häusern Persiens, weil die Opferpriester die Menschen immer aufgerufen haben, ihr kostbarstes Gut dem Altar darzubringen. Nach diesem Grundsatz opferte man bei manchen Völkern die Erstgeborenen, bei anderen kaufte man sie frei durch Opfer, die für die Priester vorteilhafter waren... Zuweilen wird das reinste Blut gegeben – manche Indianer, die gegen jedermann gastfreundlich sind, rechnen es sich zur Ehre, jeden tugendhaften und gelehrten Fremden, der zu ihnen kommt, umzubringen, damit ihnen seine Tugenden und sein Wissen verbleiben –; ein andermal das heiligste Blut: Bei den meisten Götzendienern fungieren die Priester als Henker am Altar, bei den Sibiriern dagegen bringt man die Priester um, damit sie im Jenseits für das Volk beten.«[3]

Sobald die Toleranz in Europa, den historischen Umständen entsprechend, als Problem erkannt war, erhielt sie ebenfalls weltanschauliche Bedeutung: zur Reformationszeit. Hierzu läßt sich der gleichermaßen originell-skurrile wie scharfzüngige, aber auch gallige Ewald Gerhard Seeliger in seinem *Handbuch des Schwindels* 1922 unter »Toleranz« wie folgt aus:

»Duldsamkeit in Glaubensdingen. Sobald die neue Kirche von der alten nicht mehr unterdrückt werden kann, wird sie von ihr anerkannt. Eine Kirche schlägt der andern die Fenster nicht ein, sondern sie grenzen geschwind und betriebsam ihre Schröpfkreise gegeneinander ab...«[4]

Das mag feindselig formuliert sein, ist aber historisch wahr, denn die Toleranz hatten die Reformatoren auch nicht gepachtet. So sehr Luther etwa die Freiheit des Christenmenschen, das persönliche Schriftverständis und das persönliche Verhältnis zu Gott beschwor: Als sich die Reformation teilte, teilte sich auch seine Feindschaft gegenüber den verschiedenen falschen Glaubensrichtungen. Und aus der Glaubensfreiheit wurde das Herrscherprinzip »cuius regio, eius religio«. Von Glaubensfreiheit also keine Spur. Die Machtverhältnisse erzwangen nach blutigen Kriegen die Parität zwischen Katholiken und Protestanten. »Wahrheit vor Freiheit« galt auch weiterhin in der Form »Kirchenmacht und Staatsmacht vor individueller Glaubensfreiheit«.

---

3 Voltaire: Philosophisches Wörterbuch, Frankfurt 1985, Artikel »Fanatismus«, S. 197 f.

4 Ewald Gerhard Seeliger: Handbuch des Schwindels, Frankfurt 1986; Seeliger, Verfasser des Bestsellers: Peter Voß, der Millionendieb, wollte man wegen dieses Handbuchs – im übrigen vergeblich – für verrückt erklären; wer sich das Schwindelbuch näher anschaut, merkt schnell, warum.

Die Aufklärung war es bekanntlich, die dem Toleranzgedanken schließlich zum Durchbruch verhalf:

»Die europäische Aufklärung hat Toleranz zu einer legitimen Forderung der politischen Moral gemacht... Historisch ist die Toleranz der Aufklärung durchsetzbar gewesen, weil man schon am Wahrheitsanspruch der Bekenntnisse zu zweifeln begonnen hatte.«[5]

Der Toleranzgedanke der Aufklärung führte zu den Menschenrechtskatalogen und insbesondere auch zur persönlichen Glaubens- und Gewissensfreiheit. (Im einzelnen ist die Entstehung der Menschenrechte, insbesondere in der staatsrechtlichen Literatur, recht umstritten.) Die Duldsamkeit wurde jetzt vom Andersgläubigen auch generell auf den andersartigen Menschen ausgedehnt, sogar auf den »Ungläubigen«. Der große Aufklärer Voltaire schrieb in seinem berühmten »Traktat über die Toleranz anläßlich des Todes des Jean Calas« (Der Sohn des kalvinistischen Kaufmanns Calas aus Toulouse hatte sich erhängt, was die Familie verschwieg, um dem Sohn ein christliches Begräbnis zu sichern. Da verbreiteten fanatische katholische Kreise das Gerücht, man habe den Sohn selbst erdrosselt, um seine bevorstehende Bekehrung zum Katholizismus zu verhindern. Nach einigen Monaten wurde der Vater 1762 hingerichtet. Es ist wesentlich Voltaire zu verdanken, der sich auch der Hinterbliebenen annahm, daß Calas 1765 gerichtlich nach langen Kämpfen rehabilitiert wurde):

»Dieser kleine Erdenball, der nicht mehr als ein Punkt ist, dreht sich im Raume so gut als andere Weltkugeln. Wir verlieren uns in dieser Unermeßlichkeit. Der etwa fünf Schuh hohe Mensch ist gewiß eine Kleinigkeit in der Schöpfung. Eins dieser kleinen unmerklichen Wesen redete einmal einige seiner Nachbarn in Arabien oder auf der Küste der Kaffern folgendermaßen an: ›Hört mir zu, denn der Schöpfer aller dieser Welten hat heute mich erleuchtet. Es gibt neunhundert Millionen kleiner Ameisen wie wir auf der Erde; aber Gott liebt nur meinen Ameisenhaufen; alle anderen sind ihm von Ewigkeit her ein Greuel. Mein Ameisenhaufen allein wird glücklich und alle übrigen ewig unglücklich sein.‹ Hier wird man mich sogleich unterbrechen und fragen, wer der Narr gewesen ist, der so unvernünftiges Zeug geredet hat. Und ich werde mich genötigt sehen, ihnen zu antworten: ›Ihr selbst‹. Ich werde sie dann wieder zu besänftigen suchen; aber dies wird schwerfallen.«

Gegen Ende seines Traktats verfaßt Voltaire ein deistisches »Gebet«. Darin heißt es:

»Du gabst uns nicht ein Herz, daß wir einander hassen, nicht Hände, daß wir einander erwürgen sollten. Gib, daß wir einander helfen, die Last des kurzen, flüchtigen Lebens zu tragen; daß kleine Verschiedenheiten unter den

5 Carl Friedrich von Weizsäcker: Wahrnehmung der Neuzeit, München 1985, S. 429 f.

Bedeckungen unserer schwachen Körper, unter unseren unvollständigen Sprachen, unter unseren lächerlichen Gebräuchen, unseren mangelhaften Gesetzen, unseren törichten Meinungen, unter allen in unseren Augen so getrennten und vor Dir so gleichen Ständen, daß alle diese kleinen Abweichungen der Atome, die sich Menschen nennen, nicht Losungszeichen des Hasses und der Verfolgung werden! Gib, daß diejenigen, die am hellen Mittage Wachslichter anzünden, um Dich zu ehren, diejenigen ertragen, die mit dem Licht Deiner Sonne zufrieden sind; daß diejenigen, die ihr Kleid mit einer schwarzen Leinwand bedecken, um zu sagen, daß man Dich lieben muß, diejenigen nicht verabscheuen, die eben dasselbe unter einem Mantel aus schwarzer Wolle sagen... Möchten doch alle Menschen sich erinnern, daß sie Brüder sind!«

Aber wie unsicher die Schritte auf dem sich allmählich ausbildenden noch dünnen Boden der Toleranz waren und wie Ausrutscher leicht zu Einbrüchen werden konnten, zeigt gerade die wechselvolle Geschichte der Judenbefreiung. Auch nach dem Jahr 1789, das z.B. der Hitlersche Fanatismus aus der Geschichte auslöschen wollte (und manchmal möchte man meinen, ein Stück davon sei ihm geglückt), war der Grundsatz Wahrheit/Macht vor Freiheit noch längst nicht gebrochen.

Papst Pius VI. (1775–99) – ein harter Judenfeind, dessen man anläßlich des Papstbesuchs im Mai 1987 im Augsburger Land so freundlich gedachte – bäumte sich auf gegen die französische Erklärung der Menschenrechte von 1789. In seinem Breve »Quod aliquantum« vom 10. März 1791 verdammte er u.a. Rede- und Pressefreiheit als »Ungeheuerlichkeiten«. Schon zuvor, am 29. März 1790, hatte er die Religionsfreiheit verdammt. Er verurteilte auch das berühmte Werk Montesquieus über den Geist der Gesetze aus Scheu vor einer freiheitlichen Rechtsprechung, die er nur fürchten konnte. Der Geist der Macht-Wahrheit und Intoleranz war auch in seinen Rückzugsgefechten noch machtvoll. Nicht, daß es im (leichter darzustellenden) Katholizismus, speziell auch in Deutschland, keine fortschrittlichen Minderheitsströmungen gegeben hätte. Aber sie kamen noch lange nicht zum Zuge. Der judenfeindliche Leo XII. (1823–1829) half gar der Inquisition wieder auf. In der Romagna gab es zur Ausrottung freiheitlicher Bestrebungen sogar Massenhinrichtungen (mit dem Erfolg einer Förderung revolutionärer Aktivitäten; der Kommunismus ist übrigens in den Gebieten des früheren Kirchenstaats besonders stark vertreten). Gregor XVI. (1831–1846) erließ am 15. August 1832 die Bulle »Mirari vos«, eine in apokalyptischer Sprache verfaßte Kriegserklärung gegen Gewissens-, Kultus- und Pressefreiheit. Vom verhängnisvollen Pius IX. (1846–1878) seien nur der berüchtigte Syllabus errorum vom 8. Dezember 1864 mit Verurteilung aller »Zeitirrtümer« und die gleichzeitig ergangene Enzyklika »Quanta cura« genannt. Die öffentliche Kultusfreiheit (für Nichtkatholiken!) wird ausdrücklich verurteilt. Von dort führt über die beiden Selbstfesselungsdogmen (päpstliche Unfehlbarkeit und Jurisdiktionsprimat) von 1870 eine auch durch den wesentlich aufgeschlosseneren Leo XIII. (1878–1903) nicht unterbrochene Linie bis zum Dekret Pius X. (1903–1914) vom 3. Juli 1907 »Lamentabili«, mit dessen 65 Thesen gegen den sogenannten Modernismus (Alfred Loisy) er einen erbarmungslosen Krieg gegen alle modernen theologischen Denker begann. Mit der Enzyklika »Pascendi Dominici gregis« vom 8. September 1907 sattelte er noch drauf. Bald mußte – bis zum Zweiten Vatikanischen Konzil – jeder Priester den sogenannten Modernisteneid leisten, der mit seiner Gewissensknechtung eine grobe Verletzung der Menschenwürde darstellte. Bibelwissenschaftliche Forschung wurde unmöglich, und mit der *Corrispondenza di Roma* wurde eine »reguläre Kurial-Gestapo« (Hans Kühner) geschaffen, an der Spitze der berüchtigte Umberto Benigni. Die Vergiftung der Kirche nahm schlimme Formen an.[6]

Der letzte Papst, der uneingeschränkt dem Macht-Wahrheit-Denken unterlag und es auf die Spitze trieb, war Pius XII. (1939–58). Der angesehene katholische Kirchenhistoriker Georg Schwaiger sieht in ihm sogar den »Höhepunkt des römischen Zentralismus in der ganzen bisherigen Kirchengeschichte«. Dieser Papst brachte – nach Auschwitz – auch die alte »Toleranzlehre« nochmals auf den Punkt, darin kräftig unterstützt von dem mächtigen Kardinal Ottaviani. Diese Theorie lautete in den Worten der »Civiltà Cattolica« vom April 1948:

»Nun muß die katholische Kirche, aus ihren göttlichen Prärogativen überzeugt, die einzig wahre Kirche zu sein, für sich allein das Recht auf Freiheit beanspruchen, da dieses Recht allein der Wahrheit, niemals dem Irrtum, zukommen kann. So wird sie zwar die anderen Religionen nicht bekämpfen, aber sie wird verlangen, daß ihnen – mit gerechten und menschenwürdigen Mitteln – versagt wird, falsche Lehren zu verbreiten.«

Pius XII. nannte in seiner bekannten »Toleranzansprache« von 1953 zwei Grundsätze zur Toleranzfrage:

»Was nicht der Wahrheit und dem Sittengesetz entspricht, hat objektiv kein Recht auf Dasein, Propaganda und Aktion. Nicht durch staatliche Gesetze und Zwangsmaßnahmen einzugreifen, kann trotzdem im Interesse eines höheren und umfassenderen Gutes gerechtfertigt sein.«[7]

Und noch zu Zeiten des unvergleichlichen Johannes XXIII. schrieb Kurienkardinal Ottaviani 1960 in der 4. Auflage seines Kirchenrechtslehrbuchs, prinzipiell, d.h. unter normalen Bedingungen in einem katholischen Staat,

---

6 Vergleiche zur Modernistenfrage: Aufbruch ins 20. Jahrhundert. Zum Streit um Reformkatholizismus und Modernismus, hg. von Georg Schwaiger, Göttingen 1976; und Norbert Trippen: Theologie und Lehramt im Konflikt, Freiburg 1977.

7 Zitiert nach E. W. Böckenförde: »Religionsfreiheit als Aufgabe der Christen«, in: Stimmen der Zeit, Jg. 90/1964–1965, S. 199 ff., Zitate S. 203 und S. 205.

sei nichts so evident wie die Verpflichtung der Staatslenker, irrige Religionen zu verbieten.[8]

In dieser traditionellen Toleranztheorie wird der Mensch zum Objekt des abstrakten Wahrheitsbegriffs erniedrigt. Recht kommt nicht dem Menschen als Person, sondern nur dem Menschen zu, der in der religiös-sittlichen Wahrheit steht. Der Irrende wird allenfalls, je nach den auf dem Spiel stehenden »höheren Gütern«, im negativen Sinn toleriert. Dies ist eine Verkehrung des sonst so gern bemühten Naturrechtsgedankens. Nicht der Mensch hat kraft seiner Natur und Würde recht, sondern die Wahrheit hat recht, d.h. diejenigen haben recht, die glauben, im Besitz der Wahrheit zu sein. Recht hat die Instanz, die sich anmaßt, über die Wahrheit letztgültig zu entscheiden. »Das aber ist keine Rechtstheorie«, schreibt der Rechtsgelehrte Böckenförde, »sondern eine Machttheorie, und sie ist prinzipiell sozial unverträglich.«[9]

Das Prinzip »Wahrheit vor Freiheit« ist übrigens dasselbe, das auch im »real existierenden Sozialismus« bisher angewandt und deswegen so heftig angegriffen wurde (Die Partei, die hat immer recht). Auch dies schreibt ausdrücklich der mehrfach zitierte Staatsrechtslehrer, der sich prophylaktisch dagegen verwahrt, diesen Vergleich als billige Polemik aufzufassen. Böckenförde unterscheidet als moderner Jurist natürlich strikt die Rechtsordnung von der religiös-sittlichen Ordnung, eine Unterscheidung, die dem überkommenen katholischen Denken schwerfalle. Die Religionsfreiheit versöhne Wahrheit und Freiheit, da sie die Verwirklichung eigener Wahrheit und Sittlichkeit ermögliche.

Historisch gilt zwar:

> »Die Religionsfreiheit, die heute auch den Christen weithin eine Selbstverständlichkeit ist, wird in ihrer Entstehung nicht den Kirchen, nicht den Theologen und auch nicht dem christlichen Naturrecht verdankt, sondern dem modernen Staat, den Juristen und dem weltlichen rationalen Recht.«[10]

Theologisch allerdings vertritt er die Auffassung, die Religionsfreiheit entspreche einer Forderung des christlichen Glaubens. Denn der Glaube ist ein Akt der Freiheit. Er setzt um seiner selbst willen auch die Freiheit voraus, nicht zu glauben.

Dieser toleranten Auffassung hat für den katholischen Bereich das Zweite Vatikanische Konzil mit seiner Erklärung über die Religionsfreiheit zum Durchbruch verholfen. Zur traditionellen Auffassung erklärte Böckenförde am 16. Januar 1986 im Bayerischen Rundfunk: »Die Konzilserklärung hat dies nun alles hinter sich gelassen.« Sie habe den prinzipiellen Schritt vom

---

8 Ebenda, S. 204.
9 Ebenda, S. 206.
10 Ebenda, S. 201 f.

»Recht der Wahrheit« zum »Recht der Person« getan. »Von spezifischen Pflichten des Staates gegenüber der katholischen als der wahren Religion ist keine Rede mehr.« So ist anstelle einer totalitären eine freiheitliche Auffassung getreten. Eine Auffassung, die auch im religiösen Bereich immer noch und immer wieder gefährdet ist. Denn:

> »Den Machtkampf haben die Hochreligionen nicht überwunden; sie haben ihn zu ihrer eigenen Sache gemacht. Deshalb ist der Teufel ein Theolog.«[11]

Insgesamt ist die Sache der Toleranz in unserem Kulturkreis heute ein großes Stück vorangekommen. Trotzdem sind die Gefährdungen, die nicht zuletzt mit dem überlieferten manichäischen Weltbild und seiner Einteilung in Gut und Böse, Schwarz und Weiß zusammenhängen, noch gewaltig. Das gilt für die große, aber genauso für die kleine Politik und das alltägliche Leben. Nach wie vor gibt es allerorten Vorurteile, d. h. Vor-Verurteilungen, etwa gegenüber Ausländern und anderen Bevölkerungsgruppen. Die Strafjustiz zeigt sich überwiegend hart im Umgang mit Friedensfreunden, obwohl sich diese mit guten Gründen, unterstützt durch große Vorbilder für Menschlichkeit und Kultur, als nichtkonform erweisen und obwohl nach den Regeln der juristischen Kunst auch eine andere Rechtsauslegung möglich und sogar besser zu begründen ist (Gewaltbegriff, Verwerflichkeit). Gegen bestimmte Arten von Rechtsbrüchen wird eingeschritten, gegen andere nicht. Die Bundeszentrale für politische Bildung vertreibt ein Buch, in dem ehrenwerte Schriftsteller leichtfertig und dumm als »Wegbereiter für Anarchismus und Gewalt« angeschwärzt werden. Selbsthilfeorganisationen erhalten für eine sinnvolle Tätigkeit nicht die – ansonsten zu erwartenden – Zuschüsse, weil sie von Gruppen getragen werden, die in der Bevölkerung wenig Achtung genießen. Eine christliche Erziehergemeinschaft bezeichnet Gegner des allgemeinen Schulgebets als »intolerante Ideologen«. Behörden weigern sich, Sinti und Roma die von den Nazis aberkannte Staatsbürgerschaft wiederzugeben. Der Bundespräsident muß sich Kritik gefallen lassen, weil er mit ehemaligen Terroristen sprechen will. Nicht unerwähnt lassen möchte ich die Ratten- und Schmeißfliegensprache, deren sich manche einflußreiche Politiker gelegentlich bedienen. Wenn Sprache verräterisch ist – und es handelt sich ja nicht um situationsbedingte Ausrutscher –, so macht man sich Gedanken, wieso eine solche Sprache hingenommen wird, vor allem von der eigenen politischen Gruppierung und den ihr nahestehenden gesellschaftlichen Kräften. Und mit der Toleranzfrage hat es auch zu tun, wenn freie Staaten auf die eine oder andere Weise Diktaturen oder gar Kriege unterstützen. Eine Toleranz, die so weit geht, löst sich auf.

Solche Beispiele lassen sich beliebig vermehren und ständig kommen neue

11 C. F. von Weizsäcker: Wahrnehmung der Neuzeit, a. a. O., S. 418 f.

hinzu. Sie zeigen, wie schwer wir Menschen uns tun, zu akzeptieren, daß andere Menschen anders denken und anders handeln als wir selbst oder die Mehrheit und daß sie dafür, zumindest aus ihrer Sicht, vielleicht aber auch wirklich gute Gründe haben. Dies gilt für alle Lebensbereiche. Vor allem bedarf es des Hinhörens und der Sachkenntnis. Die Vor-Urteile sind meist dort am größten, wo die geringste Kenntnis der wesentlichen Tatsachen herrscht.

Anderswo ist die Intoleranz keineswegs geringer. Die Weltanschauung steht mehr noch als bei uns an vorderer Stelle. Man denke nur an fanatische islamische und an rassistische Bewegungen. So werden die 2–3 Millionen Burakumin in Japan noch heute diskriminiert. Für sie verwendet man die Schimpfworte »Eta« (voller Schmutz) und »Hinin« (Nicht-Menschen). Vor Jahrhunderten wurden diese kastenlosen Gruppen geschaffen als Ventil für die ausgebeuteten Bauern, sozusagen die japanischen Juden. Auch sie mußten in Gettos wohnen und Erkennungszeichen tragen. Sie mußten »unreine« Berufe ausüben. Noch 1959 hat ein Gericht entschieden, das Leben eines »Eta« sei nur ein Siebtel eines normalen Lebens wert. Heute noch leben die Burakumin in eigenen Vierteln und erhalten im Schnitt nur 60 Prozent des normalen Lohns. Das Forschungsinstitut für die Burakumin-Befreiung in Osaka registriert eine steigende Diskriminierung. Man bezeichnet die Burakumin auch als stinkende Eta und Hinin, als Vierfüßler, und sogar mit Gaskammern wurde ihnen gedroht. Familienforschung ist in Japan üblich, und eine Buraku-Herkunft ist regelmäßig ein Grund, eine Beziehung abzubrechen. Eine Regierungskommission hat es verurteilt, daß die Befreiungsliga Fälle grober Diskriminierung öffentlich anprangert.

Im Januar 1987 berichteten unsere Zeitungen: »Eine Welle von Rassenhaß erschüttert New York«. – Im Pakistan Zia-ul-Haqs waren 4 Millionen Ahmadiyya-Muslime vogelfrei. Ihre Moscheen wurden überfallen, Mullahs stachelten dazu an. Sprach ein Angehöriger dieser Minderheit das islamische Glaubensbekenntnis (»Es gibt keinen Gott außer Allah und Mohammed ist sein Prophet«), so war das eine Beleidigung jedes wahren Muslim und berechtigte zur Tötung. Der Staatschef, der von den USA massiv unterstützt wurde, rief praktisch öffentlich zum Mord auf. – Es gibt übrigens einen türkischen Politiker, der vor einiger Zeit vor großer türkischer Öffentlichkeit in der Bundesrepublik auftreten und zum Mord aufrufen konnte – unbehelligt. Er konnte sich sogar guter Beziehungen zu nicht ganz unbedeutenden Politikern erfreuen, die auf ihre Christlichkeit Wert legen.[12]

---

12 Wer sich über solche Machenschaften im Untergrund unserer Republik unterrichten möchte, kann das anhand des außerordentlich brisanten, aber von der Öffentlichkeit völlig unbeachteten Buchs von Jürgen Roth und Berndt Ender: Geschäfte und Verbrechen der Politmafia, Berlin 1987, tun; Roth ist als kritischer Fernsehjournalist und erstklassiger Kenner der internationalen Waffenhandelsszene bekannt geworden; das Buch hat eine hochinteressante Vorgeschichte, die darin auch dargestellt wird.

Die laufenden Ereignisse bieten genug Material für *Pogrom*, die in Göttingen und Wien von der »Gesellschaft für bedrohte Völker« herausgegebene »Zeitschrift für bedrohte Völker«, die sich mit der Verfolgung ethnischer, rassischer und religiöser Minderheiten befaßt.

Im Januar 1988 mahnte Weltkirchenratsdirektor Koshy in einer Untersuchung über die Religionsfreiheit die Kirchen, ihre eigene Rolle in Kriegen und anderen Auseinandersetzungen selbstkritisch zu untersuchen. In der Genfer Studie werden die 307 christlichen Mitgliedskirchen zu einer Analyse der teilweise unfriedlichen Auswirkungen der Religionsausübung aufgefordert. Besondere Aufmerksamkeit solle der Frage der Förderung des Nationalismus und der sozialpolitischen und wirtschaftlichen Ungerechtigkeit durch die Religion gewidmet werden. Man solle untersuchen, ob nicht auch in vorwiegend christlichen Ländern der religiöse Fanatismus die staatliche Politik grundlegend beeinflussen könne. Solche Kirchen seien nicht glaubwürdig, die sich nur für ihre eigenen Rechte unabhängig von den Belangen der übrigen Bevölkerung einsetzten. Vielmehr sei dem Glauben und den Menschenrechten anderer aktiver Respekt und Hochachtung entgegenzubringen.[13]

Es mag nicht immer eindeutig sein, was wahre Toleranz ist und was sie erfordert. Sich damit zu befassen, wäre z. B. Aufgabe eines säkularen Ethikunterrichts für alle Schüler. Man braucht gar nicht so viele und komplizierte ethische Grundsätze, zumal, wenn man sie nur theoretisch befürwortet. Mit ein bißchen undogmatischem und von jeweiliger Sachkenntnis getragenem Menschenverstand und der konsequenten Anwendung des Grundsatzes »Was du nicht willst, das man dir tu, das füg auch keinem andern zu« durch mehr Menschen wäre schon viel gedient. Man könnte auch sagen: »Tu nichts, was deine Mitmenschen schädigt. Im übrigen tu, was du für richtig hältst.« Darin steckt viel mehr, als man zunächst meinen möchte. Noch vorbildlicher ist freilich die christlich-jüdische Forderung: Du sollst deinen Nächsten lieben wie dich selbst (Mk 12, 31 = 3 Mos 19, 18), die aber z. B. auch in der altägyptischen Religion bekannt war. Gutes kann daraus aber nur erwachsen, wenn man wenigstens versucht, auch die Voraussetzung der Nächstenliebe zu beherzigen: sich selbst in der rechten Weise zu »lieben«.

Die Lehren aus der Verfolgung der Menschen müßten lauten:

- Schaffen wir die Wahrheitsmonopole ab!
- Werden wir tolerant (ohne aber subjektiv alles gleich gültig sein zu lassen)!
- Bekämpfen wir die Intoleranz!

Wenn Christen an dieser Aufgabe mitwirken, können sie viel für die Menschen tun. Das setzt voraus, daß sie sich – soweit nicht schon geschehen –

---

13 Vergleiche Frankfurter Rundschau vom 5. Januar 1988. Siehe zum leider heute besonders aktuellen Thema »Fundamentalismus« neuerdings Thomas Meyer (Hg.): Fundamentalismus in der modernen Welt, Frankfurt 1989 (16 Beiträge); und Thomas Meyer: Fundamentalismus. Aufstand gegen die Moderne, Reinbek 1989.

von ihren selbst auferlegten Fesseln befreien. Fesseln, ohne die eine Verfolgungsgeschichte der Juden im christlichen Abendland nicht hätte geschrieben werden müssen. In der Bundesrepublik könnte zur Selbstbefreiung gehören, das Verhältnis von Staat und Kirche entsprechend den Grundsätzen der Konzilserklärung über die Religionsfreiheit zu überdenken. Zur Befreiung gehört die Einsicht, daß das Totschweigen statt der Aufarbeitung von Verfehlungen einen zu hohen Preis hat. Es gilt auch für die Christenheit, daraus Konsequenzen zu ziehen. Denn wir werden nicht gerecht »aufgrund bestimmter Meinungen über das Dasein Gottes, den Wert und die Autorität der Bibel oder die Fortdauer der Existenz nach dem Tode« (Dorothee Sölle). Vielmehr werden wir gerecht durch die mitmenschliche Tat.

Nachtrag zur aktualisierten Neuausgabe

Reaktionen, neue antisemitische Tatsachen, Literatur

Die Kritiken sowie Äußerungen von Lesern unterschiedlichster Herkunft zur 1. A. 1989 lassen den Schluß zu, daß ich mich auf den richtigen Weg begeben habe. Während die einen (auch Theologen und überhaupt engagierte Christen) die Sachlichkeit und historische Korrektheit der Darstellung anerkannten, störte den einen oder anderen »unnötige« Polemik. Aber gerade gelegentliche polemische Spitzen (aus jeweils konkretem Anlaß) fand auch mancher mehr konservative Leser erfrischend. Hin und wieder scheint der Eindruck entstanden zu sein, ich hätte mich im aktuellen israelisch-palästinensischen Konflikt einseitig auf die Seite Israels geschlagen. Es liegt mir aber fern, die beiderseits große Tragödie einseitig zu kommentieren. Das läge auch außerhalb des Themas Christen/Juden. Es ging mir ausschließlich um die Judenfeindschaft als zumindest latente Haltung, die ich hinter vielen Besonderheiten der Art und Weise – auch berechtigt scharfer kritischer Berichterstattung über israelische Politik sah.

Eigenartig berührt hat mich der Umstand, daß gerade solche engagierte Christen auf Inhalt bzw. auch nur Existenz meines Buchs oftmals nicht reagierten, von denen ich glaubte, das aus persönlichen Gründen erwarten zu sollen. Die Angst vor sich etwa ergebenden Verunsicherungen scheint nicht gering zu sein. Wie sehr sich christlich-konservative Kreise sträuben, sich mit der speziellen Thematik dieses Buches zu befassen, zeigt folgendes Beispiel: Im Frühjahr 1990 sendete der WDR die dreiteilige Filmreihe »Der ewige Judenhaß«, die sich auf kompetente wissenschaftliche Beratung stützen konnte und auch die christlich-jüdische »Zergegnung« behandelte. Die evangelische Kirche intervenierte dagegen beim Rundfunkrat: Das Eis ist immer noch sehr dünn. Das zeigt zudem – wie ich auch persönlich feststellen mußte – die große Vorsicht jüdischerseits, die so brüchige christlich-jüdische Verständigung ja nicht durch zuviel konkrete historische Wahrheit zu stören.

Der höchst unterschiedliche Grad an Aufarbeitung der Geschichte im katholischen und protestantischen Bereich hat sich nicht verringert. Immerhin gab die »Lutherische Europäische Kommission Kirche und Judentum« im Sommer 1990 eine Erklärung heraus, in der der Holocaust als tiefgreifende Herausforderung der christlichen Lehre und Praxis bezeichnet wurde. Demgegenüber erscheint der bisher als betont judenfreundlich geltende Papst Johannes Paul II. nunmehr in einem recht zweifelhaften Licht. Anläßlich des

Papstbesuchs 1987 in der Bundesrepublik (der ebenfalls schon Anlaß zu Kritik gab) hatte Dr. Franz Henrich, Direktor der Katholischen Akademie in Bayern, formuliert, man müsse über die unbewältigte kirchliche Vergangenheit der NS-Zeit offen reden, »weil wir sonst daran kaputtgehen«. Das hatte aber wenig positive Folgen, wie die Vorgänge um das Karmelitinnenkloster in Auschwitz zeigten. Das Kloster war ohne Einvernehmen mit den Juden auf dem eigentlichen KZ-Gelände als Sühnekloster errichtet worden. Die Juden waren aber der Auffassung, diese Stätte des Grauens eigne sich nicht als Gebetsstätte, schon gar nicht als speziell christliche. Nachträglich kam die katholische Kirche unter Beteiligung von vier Kardinälen mit den Juden verbindlich überein, das Kloster außerhalb des KZ-Geländes zu verlegen. Entgegen den jüdischen Forderungen, das Kloster endlich vereinbarungsgemäß zu verlegen, bestand die polnische Kirche unter Führung von Kardinal Glemp aber darauf, das Kloster zu belassen, wo es war. Sieben New Yorker Juden, die an Ort und Stelle dagegen protestierten, wurden von Arbeitern äußerst feindselig behandelt, ja weggeprügelt. Polizisten lachten und ein Priester schaute weg. Kardinal Glemp erntete weltweit viel Empörung, in Polen aber breite und starke Zustimmung für seine Haltung. Besondere Sympathien schlugen ihm dort wegen seiner unverhüllten judenfeindlichen Äußerungen in diesem Zusammenhang entgegen. Der Papst hielt sich aus dem zwischen den hohen kirchlichen Würdenträgern entbrannten Streit um die Klosterverlegung heraus und rügte auch nicht Glemps antisemitische Äußerungen. Und obwohl der Papst im September 1987 ein Dokument über den Holocaust und den Antisemitismus angekündigt hatte (was über 40 Jahre nach der Katastrophe nicht verfrüht gewesen wäre), ist dieses bis heute weder veröffentlicht, noch konkret absehbar. Das wäre aber dringend nötig, damit seitens der kirchlichen Hierarchie nicht weiterhin so etwas Gedankenloses wie das Folgende möglich wäre: Im Sommer 1990 bezeichnete der Bistumstheologe Prof. Schmuttermayr auf der Augsburger Diözesansynode die riesige Zahl der weltweiten Abtreibungen als »Holocaust des ungeborenen Lebens« und Bischof Stimpfle rechtfertigte das mit der Zahl der Toten des 2. Weltkriegs. Ein Dutzend Synodale verließen aus Protest gegen den Vergleich der Schwangerschaftsabbrüche mit der Katastrophe des großen Judenmords den Saal. Aber warum muß nach 45 Jahren ein auf seine Versöhnung mit den Juden besonders wert legender Bischof erst nachträglich davon überzeugt werden, daß der Vergleich gegenüber den Juden eine Geschmacklosigkeit ist? Und ist es dabei ein großer Trost, daß immerhin 1988 die katholischen Bischöfe der BRD, DDR und Österreichs gemeinsam das bisher schamhaft Verschwiegene zu benennen gewagt hatten, nämlich zuzugeben, daß ihre »Vorgänger im Bischofsamt« angesichts der Novemberpogrome 1938 keinen gemeinsamen Kanzelprotest erhoben hatten? Der o. g. Kardinalprimas des »katholischsten Landes der Welt« und manches andere lassen daran zweifeln.

Auch aus dem allgemein-politischen Bereich läßt sich wenig Positives berichten. Auf einer Tagung der Evangelischen Akademie Bad Boll im Sommer 1990 öffneten Wissenschaftler aus Ostberlin ihre »Panzerschrankforschung«. Auf 45% (!) wurde der Anteil der Noch-DDR-Bevölkerung geschätzt, der für nationalsozialistisches Gedankengut anfällig sei. Häufig wurde über antisemitische Vorfälle in der DDR berichtet; dabei gab es dort nur wenige hundert Juden. Aber auch in Westdeutschland, insbesondere in Baden-Württemberg, gab es im Sommer 1990 fünf größere Vandalenakte auf jüdischen Friedhöfen und Gedenkstätten zu verzeichnen. In einem Fall wurden 177 Grabsteine umgestürzt und z. T. beschädigt: keine spontanen Taten Einzelner (vgl. Dt. Allg. Sonntagsblatt, 7. 9. 1990). Alle bisherige Aufklärungsarbeit reicht offenbar nicht aus. Dabei muß man die Auslöschng des deutsch-jüdischen Geistes heute eher verstärkt als geistige Amputation empfinden, da die Tatbestände wissenschaftlich sehr breit aufgearbeitet worden sind, speziell auch durch zahlreiche jüngere und jüngste Publikationen. Angesichts der genannten jüngsten Vandalenakte konnte man zwar »Empörung über Anschläge auf Juden-Friedhöfe« usw. registrieren, doch hielten sich die Politiker dabei bedeckt: »Die Prominenz kneift«, schrieb das Deutsche Allgemeine Sonntagsblatt am 7. 9. 1990 auf S. 1 und vermißte generell eine angemessene politische Reaktion und einen Widerstand der Gesellschaft, wie er in Frankreich durchaus zu verzeichnen war.

Auch in Frankreich gab es 1990 eine wachsende Zahl von Schändungen jüdischer Friedhöfe. Auslöser war – anscheinend ohne erkennbaren Anlaß – die brutale Entweihung des jüdischen Friedhofs von Carpentras einschließlich einer Leichenverstümmelung. Es gab auch antisemitische Schmierereien an Geschäften und Denkmälern. Aber in Frankreich war – trotz eines allgemein deutlich stärkeren Rassismus und stärkerer Fremdenfeindlichkeit als in der Bundesrepublik (so jedenfalls die nach 4 Jahren im Sommer 1990 erschienene Studie des Europaparlaments – im Gegensatz zur Reaktion auf vergleichbare Ereignisse im Westen Deutschlands die öffentliche Empörung groß und führte zu einer Massendemonstration in Paris, an der – einzigartig in der Nachkriegsgeschichte – neben christlichen und sogar moslemischen Würdenträgern auch der Staatspräsident teilnahm. Niemand konnte sich die antisemitischen Ausbrüche so recht erklären, da es im Gegensatz zu den stark geschmähten Nordafrikanern (der Führer der rechtsradikalen Nationalen Front, Le Pen, kann sich je nach Region auf 10–20% der Wähler stützen) keine gesellschaftlichen Probleme mit den ca. 500000 heute sehr stark integrierten französischen Juden gibt. Obwohl sich die fremdreligiösen, fremd aussehenden und meist armen Nordafrikaner für Ressentiments mehr eignen, flicht der unsägliche Le Pen (der aber längst vom Papst empfangen worden war) immer wieder anlaßlos Antisemitismen in seine Reden ein, die Todeslager der Nazis zu einem »Detail« der Kriegsgeschichte erniedrigend.

In der UdSSR ist auch seit Gorbatschow die Judenfeindschaft nach wie vor sehr stark, ja sie ist sogar stärker zutage getreten. Allgemein kann man sagen, der Antisemitismus sei die »traditionelle Begleitmusik für Umbrüche in Osteuropa« (Andrew Steiman in SEMIT 2/1990). Die antisemitische Hetze in der Sowjetunion ist so groß, daß 1989 70 000 Juden nach Israel auswanderten, und 1990 waren es fast 200 000. Eine populäre Moskauer Abendzeitung berichtete am 22. 1. 1990 über das Zentralhaus der Literaten, in dem am 18. 1. der Schriftsteller Anatolij Kurtschatkin von den »russischen Patrioten« mit ihren schwarzen Hemden (vgl. die Schwarzen Hundert, s. o. S. 106 f.) zusammengeschlagen worden war: »Pamjat« nennen sie sich. Auf einem öffentlichen Forum der Autoren-Gruppe »April« hatten sie Plakate entrollt mit Aufschriften wie: »Juden und Freimaurer verschwindet nach Israel!« Morddrohungen hatten sie ausgestoßen, eine Abbildung des Hl. Georg auf ihren schwarzen Hemden: »Ihr seid keine russischen Schriftsteller ... künftig kommen wir nicht mehr mit Megaphonen, sondern ... mit der Maschinenpistole!« »Wer nicht ausreisen kann, wird umgebracht!« Die Miliz kam mit Verspätung, ja sympathisierte teilweise mit den Angreifern und schritt nicht gegen die Pamjat ein: Indiz für eine Gefährdung der Juden nicht, wie früher, durch den KGB, sondern durch den »kleinen Mann von der Straße«. Ganz konkret berichtet Irina Ginzburg in DIE ZEIT vom 8. 6. 1990 über die panische Angst der über 2 Millionen sowjetischen Juden, über die Wut der Menschen auf die katastrophale Ernährungslage, ja den Hunger auf dem Land, und über die Wut auf die Juden:

> Am unerträglichsten ist die Angst vor Pogromen. Das Wohnhaus für Mitglieder des Schriftstellerverbandes in unserer Nachbarschaft wird bereits von Wachmännern einer Privatfirma geschützt. Wir haben zur Zeit keinerlei Schutz. Das Leben ist schrecklich; es wird von Tag zu Tag schlimmer.
>
> Im Fernsehen, im Radio, in den Zeitungen tauchen immer wieder die Worte »Pogrom«, »Blutvergießen«, »Bürgerkrieg« auf. Russen fordern den Tod der Juden, sie verlangen, daß Juden keine führenden Positionen besetzen dürfen, daß sie nicht mehr promovieren können, daß sie die Sowjetunion unverzüglich verlassen.
>
> Das alles wird überall im Lande verkündet. Jeder Russe, der sich Pamyat, der antisemitischen, nationalistischen Bewegung anschließen will, muß vier Adressen von Juden abgeben, damit sie zur Hand sind, wenn die Zeit reif ist...
>
> Unser Sohn schläft. Die Zeit läuft. Ich fürchte, daß die Judenhasser nicht lange warten. Sie werden ungeduldig. Ich fürchte, daß sie uns umbringen werden, mitten in unserer Wohnung...
>
> Das mag wie Hysterie erscheinen. Aber ist es Hysterie, wenn alle Juden – solche, die nie auswandern wollten, und solche, die nun darauf warten – dasselbe empfinden? So steht es heute um uns. Wir sind verzweifelt.

Und was tun in dieser Situation die sowjetischen Christen mit ihrer neugewonnen Freiheit und Anerkennung? Das soll als Frage stehenbleiben.

So wenig nach allem das Leben Anlaß gibt, Positives zu registrieren, so sehr sind in der kurzen Zeit seit Erscheinen der 1. A. die Bemühungen um eine wissenschaftliche Aufarbeitung des Komplexes Christen/Juden/NS-Zeit fortgeschritten. Aus früherer Zeit waren nur wenige Titel nachzutragen, insbesondere (meist englischsprachige) solche zu osteuropäschen Ländern. 1988, vor allem aber 1989 und 1990 ist eine solche Fülle an neuer deutschsprachiger Literatur mit Bezug zu meinem speziellen Thema erschienen, die ich in der Erstauflage noch nicht berücksichtigt habe oder noch nicht berücksichtigen konnte, daß das in einem bibliographischen Nachtrag sinnvoll nicht mehr zu bewältigen war und daher eine Neubearbeitung erforderte.

Neben wichtiger Literatur von allgemeiner Bedeutung, auch zu einzelnen Regionen Deutschlands (die ich insgesamt etwas stärker berücksichtigt habe) ist auch viel theologische und kirchenhistorische Literatur zu verzeichnen. Hervorzuheben sind wichtige protestantische Arbeiten zur NS- und Nachkriegszeit. Auffällig waren Zahl, Umfang und wissenschaftliches Gewicht von Publikationen zum österreichischen Antisemitismus im 19. und 20. Jahrhundert. Insgesamt habe ich dem Literaturverzeichnis etwa 200 Titel eingefügt, meist Neuerscheinungen. Dieser angesichts einer Zeitspanne von nur etwa 1½ Jahren außergewöhnliche Umfang literarisch-wissenschaftlicher Produktion beweist, wie sehr auch die spezielle Thematik Christen/Juden viele Einzelne umtreibt. Andererseits droht auch all den neuen, ergänzenden Forschungsergebnissen die Gefahr, vom Allgemeinpublikum einschließlich der meisten Träger der breiten Bildung nicht mehr registriert zu werden. Bereits die zahlreichen Unzulänglichkeiten der bibliographischen Erfassung von Neuerscheinungen unter den verschiedensten Stichwörtern sind eine große Hürde. Gerade in dieser schwierigen Situation sehe ich eine wirkliche Aufgabe für eine (hoffentlich) lesbare, kompakte und historisch zuverlässige Übersichts- und Querschnittsdarstellung.

Wenn ich, wie in vergleichbaren Fällen auch, feststellen muß, daß auch ein so umfangreicher Sammelband wie der 1990 erschienene von U. Backes/E. Jesse/R. Zitelmann zur Historisierung der NS-Zeit die christliche Judenfeindschaft schlicht ignoriert, so spricht das für eine Darstellung wie meine. Die umfangreiche Bibliographie empfehle ich auch dem nicht wissenschaftlich Interessierten zur Durchsicht, weil ich meine, daß sich schon aus der Lektüre der Buchtitel einiges lernen läßt.

G. Cz.

Literaturverzeichnis

– Stand Ende 1990 –

Vorbemerkung

Die Zusammenstellung einer Auswahlbibliographie zu einem thematisch, zeitlich und räumlich derart vielschichtigen Thema ist schwierig. Die Nennung nur weniger Titel wäre besonders willkürlich und würde viele wichtige Einzelaspekte vernachlässigen. Auch mag bereits die Lektüre der Titel von besonderem Informationswert selbst für Laien sein. Die Gliederung der Literaturfülle in 8 Abschnitte ist wegen der mannigfachen thematischen Überschneidungen sehr problematisch. Ich hoffe aber, daß der kritische Benutzer damit dennoch insgesamt eine vielleicht entscheidende Orientierungshilfe erhält.

Die außergwöhnliche Fülle an oft sehr wichtigen Neuerscheinungen in den Jahren 1989 und 1990 bedingt eine erhebliche Erweiterung des Literaturverzeichnisses im Vergleich zur Erstauflage, in der der Literaturstand bis etwa Frühjahr 1989 berücksichtigt war. Näheres hierzu findet sich am Ende des Nachworts zur Neuausgabe.

An *Bibliographien* nenne ich vorab nur

Bibliographie zum Antisemitismus. Die Bestände der Bibliothek des Zentrums für Antisemitismusforschung der Technischen Universität Berlin, 4 Bde., hg. von Herbert A. Strauss, Berlin 1990, 1377 S.

Ergänzend verweise ich auf die Broschüre von Rachel Salamander »Literatur zum Judentum« (Hg. »Literaturhandlung«, München) mit Verzeichnis lieferbarer Bücher.

Übersicht

I. Allgemeine Literatur

ALTMANN, Adolf: Geschichte der Juden in Stadt und Land Salzburg, Salzburg 1988: Otto Müller.

ANDICS, Hellmut: Die Juden in Wien, Wien 1988: Kremayr & Scherian; Lizenzausgabe München/Luzern 1988: C. J. Bucher (reich bebildert).

ANTISEMITISMUS. Sonderheft der Zeitschrift »Gewissen und Freiheit«, Bern 1983 (Hg.: Internat. Vereinigung zur Verteidigung und Förderung der Religionsfreiheit, Bern).

ARENDT, Hannah: Elemente und Ursprünge totaler Herrschaft, Stuttgart 1964: EVA.

ARNSBERG, Paul: Die Geschichte der Frankfurter Juden seit der Französischen Revolution. 3 Bände, 1983: Kuratorium für Jüdische Geschichte e.V.

ASCHKENAS: Zeitschrift für Geschichte und Kultur der Juden (Wien, ab Frühjahr 1991: Böhlau, Hg. F. Battenberg und M. J. Wenninger i. V. mit dem Institut für Geschichte der Juden in Österreich und dem Deutschen Koordinierungs-Rat der Gesellschaften für Christlich-Jüdische Zusammenarbeit.

BAUTZ, Franz J. (Hg.): Geschichte der Juden, Beck'sche Reihe 1987 (TB).

BEIN, Axel (Hg.): Die Judenfrage. Biographie eines Weltproblems, 2 Bde., Stuttgart 1980.

BEN-SASSON, Chayim Hillel (Hg.): Geschichte des jüdischen Volkes, 3 Bde., München 1980.

BEST, Michael (Hg.): Der Frankfurter Börneplatz. Zur Archäologie eines politischen Konflikts, Frankfurt 1990: Fischer-TB.

BETZ, Gerhard/OXAAL Ivar/POLLAK, Michael (Hg.): Eine zerstörte Kultur. Jüdisches Leben und Antisemitismus in Wien seit dem 19. Jahrhundert. Buchloe 1990: Obermayer (wichtiger Sammelband, u.a. Abh. zum Thema Antisemitismus und Katholizismus).

BIBLIOGRAPHIE ZUM ANTISEMITISMUS siehe oben, Vorbemerkung von BLUMENKRANZ, Bernhard: Juden und Judentum in der mittelalterlichen Kunst, Stuttgart 1965.

BOCHNIK, Peter: Die mächtigen Diener. Die Medizin und die Entwicklung von Frauenfeindlichkeit und Antisemitismus in der europäischen Geschichte, Reinbek 1985 (rororo-TB).

v. BRAUN, Christina/HEID, Ludger: Der ewige Judenhaß. Sachsenheim 1990: Burg Verlag (Buch zur gleich betitelten 3teiligen WDR-Dokumentation, Frühjahr 1980).

BREUER, Natascha: Das Bild der Juden in den Passionsspielen und in der bildenden Kunst des deutschen Mittelalters, Frankfurt 1986.

BRISCH, Carl: Geschichte der Juden in Köln und Umgebung. Aus ältester Zeit bis auf die Gegenwart. Nachdruck 1973 der Ausgabe 1879–1882.

BRODER, Henryk: Der ewige Antisemit. Über Sinn und Funktion eines beständigen Gefühls, Frankfurt 1986 (Fischer-TB).

CLAUSSEN, Detlev: (Judenhaß; siehe IV).

DESCHNER, Karlheinz: Abermals krähte der Hahn, 1962 u.a.; Neuausgabe 1986 (S. 442–464); als Moewig-TB 1987.

DITTMAR, Peter: Die Darstellung der Juden in der populären Kunst, Quellen zur Antisemitismusforschung. München 1990: Saur (Hg.: Zentrum für Antisemitismusforschung der Techn. Universität Berlin).
DREIER, Werner (Hg.): Antisemitismus in Vorarlberg. Regionalstudie zur Geschichte einer Weltanschauung. 1988: Vorarlberger-Autorengesellschaft.
DUBNOW, Simon: Weltgeschichte des jüdischen Volkes. Aus dem Russischen von A. Steinberg, 10 Bde., Berlin 1925–1929.
ELBOGEN, Ismar/STERLING, Eleonore: Die Geschichte der Juden in Deutschland, Frankfurt 1966, Wiesbaden 1982.
ENCYCLOPAEDIA JUDAICA. 16 Bde., Jerusalem 1971/72.
ENDRES, Elisabeth: Die gelbe Farbe. Die Entwicklung der Judenfeindschaft aus dem Christentum. München 1989: Piper (essayistisch).
FENICHEL, Otto: Elemente einer psychoanalytischen Theorie des Antisemitismus, in: O. F., Aufsätze Bd. II, Frankfurt/Main u. a. 1985; Ullstein, S. 373–389.
FREYTAG, Aurelius/MARTE, Boris/STERN, Thomas: Ritus und Haß. Zur Geschichte und Gegenwart des Antijudaismus und Antisemitismus. Wien, vor. 1991: Passagen-Verlag (umfangreich).
FRIEDLANDER, Albert: Jüdisches Leben in Deutschland. 1780 bis zur Gegenwart, 4 Bde., Stuttgart/Köln 1976–1986.
FUCHS, Eduard: Die Juden in der Karikatur, München 1921 und Berlin 1984. Ein Beitrag zur Kulturgeschichte.
GAMM, Hans-Jochen: Judentumskunde. Eine Einführung, Frankfurt 1961; mehrere Auflagen mit Erweiterungen.
GEIGER, Ludwig: Geschichte der Juden in Berlin: Nachdruck Berlin 1987: arani (Erstausg. 1871–1890, umfangr.).
GEISS, Immanuel: Geschichte des Rassismus, Frankfurt 1988: Suhrkamp (edition Suhrkamp, Neue Histor. Bibl.-TB; Schwerpunkt Antisemitismus, umfangreiche Bibliographie mit ausländischer Literatur, keine Herausarbeitung der christlichen Genese).
GINZEL, Günther B. (Hg.): Phänomenologie des Antisemitismus, Heidelberg 1980 (ausführlicher Sammelband).
GRAETZ, Heinrich: Volkstümliche Geschichte der Juden (bis 1848), 1923; 6 TB als Nachdruck (dtv) 1985.
– Geschichte der Juden von den ältesten Zeiten bis auf die Gegenwart, 11 Bde., Leipzig 1873–1900.
GRÜNFELD, Richard: Ein Gang durch die Geschichte der Juden in Augsburg, Augsburg 1917.
HAMBURGER BEITRÄGE zur Geschichte der deutschen Juden (zahlr. Bände, darunter Ina Lorenz, Juden in Hamburg zur Zeit der Weimarer Republik, 2 Bde., Hamburg 1987: Christians).
HAUMANN, Heiko: Geschichte der Ostjuden. Entstehung und Blütezeit, Leidensgeschichte und Untergang einer einzigartigen Kultur. München 1990 (dtv-TB).
HEER, Friedrich: Gottes erste Liebe. 2000 Jahre Judentum und Christentum. Genesis des österreichischen Katholiken Adolf Hitler, München/Esslingen 1967; mit ergänzendem Kapitel »Rückblick und Ausblick« 1981; in dieser erweiterten Form 1986 als Ullsein-TB mit dem (weniger treffenden) Untertitel »Die Juden im Spannungsfeld der Geschichte« (umfangreich).

HEINSOHN, Gunnar: Was ist Antisemitismus? Der Ursprung von Monotheismus und Judenhaß. Warum Antizionismus? Frankfurt 1988: Eichborn (Menschenopferproblematik).
– Über den Ursprung von Monotheismus und Judenhaß, in: Albert Sellner (Hg.), Der sogenannte Gott, Frankfurt 1988. Eichborn; hier: S. 25–70, Menschenopferproblematik.
HERLITZ, Georg/KIRSCHNER, Bruno: Jüdisches Lexikon, 5 Bde., Frankfurt 1985: Athenäum.
HEUBERGER, Rachel/KROHN, Helga: Hinaus aus dem Ghetto... Juden in Frankfurt am Main 1800–1950 (Begleitbuch zur Dauerausstellung des jüd. Museums der Stadt Frankfurt); Frankfurt 1988: Fischer.
HORCH, Hans Otto. Judentum, Antisemitismus und Europäische Kultur, 1988.
HURWITZ, Emanuel: Bocksfuß, Schwanz und Hörner, Vergangenes und Gegenwärtiges über Antisemiten und ihre Opfer, Zürich 1986.
JENS, Walter: Juden und Christen in Deutschland. Stuttgart 1989: Radius (drei deutsche Reden und eine Verteidigung des Judas).
JUDENFEINDSCHAFT. Eine öffentliche Vortragsreihe an der Universität Konstanz 1988/89, 1989: Herrtung-Gorre.
KELLER, Werner: Und wurden zerstreut unter alle Völker. Die nachbiblische Geschichte des jüdischen Volkes, 1966 (TB. populäre Darstellung).
KIRCHE UND SYNAGOGE (zweibändiges Handbuch mit Abdruck zahlreicher Quellen, hg. von Rengstorf/v. Kortzfleisch, siehe unter II.)
KIRSCHNER, B.: Die Spottmedaillen auf Juden, 1968.
KLEIN, Thomas/LOSEMANN, Volker/MAI, Gunther (Hg.): Judentum und Antisemitimus von der Antike bis zur Gegenwart, Düsseldorf 1984: Droste.
KÖLN UND DAS RHEINISCHE JUDENTUM. Festschrift Germania Judaica 1959–1984. Köln 1984 (u.a. J. H. Schoeps zur Xantener Ritualmordaffäre Buschhoff und B. Suchy zum Antisemitismus vor dem 1. Weltkrieg).
KRACAUER, Isidor: Geschichte der Frankfurter Juden, Frankfurt/M. 1925 u. 1927.
KRÄMER-BADONI, Rudolf: Judenmord, Frauenmord, Heilige Kirche, München 1988: Knesebeck & Schuler.
KROJANKER Gustav (Hg.): Juden in der deutschen Literatur, Berlin 1922.
KÜHNER, Hans: Der Antisemitismus der Kirche. Genese, Geschichte und Gefahr, Zürich 1976.
KUHLKE, Christine/LEDERER, Gerda: Der gewöhnliche Antisemitismus. Beharrlichkeit und Wandel seiner Erscheinung. Zur politischen Psychologie der Verachtung. Pfaffenweiler 1990: Centaurus.
LANDESMANN, Peter: Die Juden und ihre Widersacher, München 1989: Nymphenburger.
LAPIDE, Pinchas: Rom und die Juden, Freiburg 1967 (hier: der eindrucksvolle einleitende historische Abriß).
LAUBER, Heinz/SEEGER, Sabine/REINHARDT, Peter: Empfohlene Bücher zum Thema Juden, Judentum, Israel. Stuttgart u. Mannheim 1989: Neckar-Verlag; Hg. Landeszentrale für politische Bildung Baden-Württemberg/Erziehungsausschüsse der Gesellschaft für Christlich-Jüdische Zusammenarbeit.
LEHR, Stefan: Antisemitismus – religiöse Motive im sozialen Vorurteil, München 1974.

LEWIS Bernard: »Treibt sie ins Meer!« Die Geschichte des Antisemitismus, Frankfurt/Berlin 1987: Ullstein (im wesentlichen 20. Jahrhundert).
LINN, Heinrich: Juden an Rhein und Sieg. Siegburg, 2. A. 1984.
LOEWENSTEIN, Rudolph-Maurice: Psychoanalyse des Antisemitismus, Frankfurt 1968.
MANN, Golo: Der Antisemitismus – Wurzeln, Wirkung und Überwindung, München 1960.
MARTIN, Bernd/SCHULIN, Ernst (Hg.): Die Juden als Minderheit in der Geschichte, München 1981 (dtv-TB); darin sehr knappe Darstellung der Rolle der Kirche.
MAY, Fritz: Israel zwischen Blut und Tränen. Der Leidensweg des jüdischen Volkes, Asslar 1987: Schulte und Gerth.
MENORA. Jahrbuch für deutsch-jüdische Geschichte 1990 (Hg. Julius H. Schoeps im Auftrag des »Salomon Ludwig Steinheim-Instituts für deutsch-jüdische Geschichte), München 1990: Serie Piper (Sammelband, u. a. Abh. von Michael Schmidt zum Thema »Schacher und Wucher« zur Goethezeit u. S. Rohrbacher zu niederrhein. Ritualmordbeschuldigungen im 19. Jh.).
MONUMENTA JUDAICA: s. III; 2000 Jahre Juden am Rhein.
MOSES, Stephane/SCHÖNE, Albrecht (Hg.): Juden in der deutschen Literatur, Frankfurt 1985.
MÜLLER, Arnd: Geschichte der Juden in Nürnberg 1146–1945, Nürnberg 1968.
NEUBAUER, A./STERN, M. (Hg.): Quellen zur Geschichte der Juden in Deutschland, 4 Bde., Berlin 1887–1898.
NEUNHUNDERT JAHRE GESCHICHTE DER JUDEN IN HESSEN. 1983 (Veröff. der Kommission für die Geschichte der Juden in Hessen; umfangreich).
OSTEN-SACKEN, Peter von der (Hg.): Juden in Deutschland, Berlin 1980.
PARKES, James: Antisemitismus, München 1964.
PFISTERER, Rudolf: Von A bis Z. Quellen zu Fragen um Juden und Christen. Neukirchen-Vluyn, 2 A. 1985: Schriftenmissions-Verlag (ausf. Darst. zum Antisemitismus).
POLIAKOV, Léon: Geschichte des Antisemitismus, 8 Bde., Bd. I–VI Worms 1977 ff.; Georg Heintz; Bd. VII–VIII Frankfurt 1988: Athenäum.
– Bd. I: Von der Antike bis zu den Kreuzzügen, Worms 1977, 2. A. 1979.
– Bd. II: Das Zeitalter der Verteufelung und des Ghettos. Mit einem Anhang zur Anthropologie der Juden, Worms 1978 (mit Register für Bd. I und II).
– Bd. III: Religiöse und soziale Toleranz unter dem Islam. Anhang: Die Juden im Kirchenstaat, Worms 1979.
– Bd. IV: Die Marranen im Schatten der Inquisition. Mit einem Anhang: Die Morisken und ihre Vertreibung, Worms 1981 (mit Register zu Bd. III und IV).
– Bd. V: Die Aufklärung und ihre judenfeindliche Tendenz. Worms 1982.
– Bd. VI: Emanzipation und Rassenwahn, Worms 1987 (mit Register zu Bd. V und VI).
– Bd. VII: Zwischen Assimilation und »Jüdischer Weltverschwörung«, Frankfurt 1988.
– Bd. VIII: Am Vorabend des Holocaust, Frankfurt 1988 (mit Register zu Bd. VII und VIII).
PUGEL, Theodor (Hg.): Antisemitismus der Welt in Wort und Bild, Berlin 1935 (antisemitisches »Standardwerk«).

REICHMANN, Eva (Hg.): Größe und Verhängnis deutsch-jüdischer Existenz, Heidelberg 1974 (Sammelband betr. 20. Jahrhundert).
– Die Flucht in den Haß. Die Ursache der deutschen Judenkatastrophe, Frankfurt, 6. A. 1969.
RENGSTORF, K. H./V. KORTZFLEISCH, S. (hg.): siehe II (Kirche und Synagoge).
REUTER, Fritz: Wormaisa. 1000 Jahre Juden in Worms, Frankfurt 1988; Athenäum (mit Abb.)
ROHRBACHER, Stefan, Juden in Neuss, Neuss 1986.
ROHRBACHER, Stefan/SCHMIDT, Michael: Judenbilder. Kulturgeschichte antijüdischer Mythen und antisemitischer Vorurteile, Reinbek, vor. 1991 (rowohlts enzyklopädie).
ROTH, Cecil: Geschichte der Juden. Von den Anfängen bis zum neuen Staat Israel, 1964.
RUNES, Dagobert D.: Die Wurzel der Judenverfolgungen, Darmstadt 1981: Darmstädter Blätter.
SARTRE, Jean-Paul: Betrachtungen zur Judenfrage. Psychoanalyse des Antisemitismus, Zürich 1948.
SCHACHER: »Die Judensau«, 1974.
SCHOEPS, Hans-Joachim: Über Juden und Deutsche, Historisch-politische Betrachtungen, Stuttgart/Bonn 1986.
– Jüdisch-christliches Religionsgespräch in neunzehn Jahrhunderten, München/ Frankfurt 1961; Ner Tamid, jetzt Frankfurt 1984: Athenäum.
SCHOEPS, Julius H.: Leiden an Deutschland. Vom antisemitischen Wahn und der Last der Erinnerung. München 1990: Serie Piper (Aufsätze).
SCHUDER, Rosemarie/HIRSCH, Rudolf: Der gelbe Fleck. Wurzeln und Wirkungen des Judenhasses in der Deutschen Geschichte, Berlin 1989: Rütten & Loening (u. a. ausf. zu Preußen, Nürnberg, Frankfurt, zur Blutbeschuldigung).
SCHULTZ, Hans-Jürgen (Hg.): Juden, Christen, Deutsche, Stuttgart 1968.
SCHWARZ, Stefan: Die Juden in Bayern, München 1963 und 1980.
SEIFERTH, Wolfgang: Synagoge und Kirche im Mittelalter, München 1964 (Kunst).
SIEVERS, Leo: Juden in Deutschland. Die Geschichte einer 2000jährigen Tragödie. Hamburg 1979 und München 1983.
SILBERMANN, Alphons: Der ungeliebte Jude. Zur Soziologie des Antisemitismus, Osnabrück 1981.
STEMBERGER, Günter (Hg.): Die Juden. Ein historisches Lesebuch. München 1990 (Beck'sche Reihe; äußerst informativer, vielfältiger, umfassender Sammelband).
STEINHAUSEN, Hermann: Die Judenfrage – eine Christenfrage; Luzern 1939.
STERN, Fritz: Gold und Eisen. Bismarck und sein Bankier Bleichröder, 1978 rororo-TB 1988 (Teil 3 zum Antisemitismus).
STRAUSS, Herbert/HOFFMANN, Christhard (Hg.): Juden und Judentum in der Literatur, München 1985.
STRAUSS, Herbert/KAMPE, Norbert (Hg.): Antisemitismus. Von der Judenfeindschaft zum Holocaust, Bonn 1985 (mehrere Auflagen); wichtiger Sammelband der Bundeszentrale für politische Bildung; zur Rolle des Christentums siehe die Einleitung und die Abhandlungen von F. Graus, E. L. Ehrlich, H. Strauss und W. Jochmann.

1000 Jahre österreichisches Judentum (Ausstellungskatalog). Hg. Klaus Lohrmann/ Verein österr. Jüdisches Museum in Eisenstadt. 1982: Edition Roetzer (ausf.).

THEOLOGISCHE REALENZYKLOPÄDIE, (Hg.: Krause G./Müller G.), hier: Artikel »Antisemitismus« in Bd. 3 (1978), S. 113–168 (Autoren: N. de Lange, C. Thoma, T. de Kruijf, W. P. Eckert, G. Müller, E. Weinzierl. Leider nur Andeutungen zur Weimarer Zeit, Hinweise zur NS-Zeit fehlen völlig; ansonsten sehr informativ).

THIEME, Karl (Hg.): Judenfeindschaft. Darstellung und Analysen, Frankfurt 1963: Fischer.

TRACHTENBERG, Joshua: The Devil and the Jews. The Medieval Conception of the Jew and its Relation to the Modern Antisemitism, Philadelphia 1961.

TREML, Manfred/KIRMEIER, Josef: Geschichte und Kultur der Juden in Bayern. Aufsätze. München u. a. 1988: Saur (wiss. Begleitwerk zur gleichnamigen Ausselung im German. Nationalmuseum Nürnberg; ca. 50 Abh.).

TREML, Manfred/WEIGAND, Wolf: Geschichte und Kultur der Juden in Bayern. Lebsensläufe. München u. a. 1988: Saur (ca. 50 bayer.-jüdische Biographien).

TREPP, Leo: Die Juden. Volk, Geschichte, Religion, Reinbek 1987 (überarbeitete Nauausgabe), rowohlts enzyklopädie (TB).

WELTSCH, Robert: Die deutsche Judenfrage. Ein kritischer Rückblick, Köln 1981: Athenäum.

WIESEMANN, Falk: Bibliographie zur Geschichte der Juden in Bayern, München 1989: Saur.

WIESENTHAL, Simon: Jeder Tag ein Gedenktag. Chronik jüdischen Leidens (mit 81 Abb.) 1988: Bleicher.

WINKLE, Stefan: Das Blutwunder als mikrobiologisches und massenpsychologisches Phänomen, in: Laboratoriumsmedizin 1983, Heft 7.

WURMBRAND, Max/ROTH, Cecil: Das Volk der Juden, 4000 Jahre Kampf ums Überleben. Wiesbaden 1989: Weiss (Lizenzausg. Fourier).

ZAUNER, Friedrich: Das Hierarchenbild der Gotik, Stuttgart 1980 (zum »gnadenlosen« Kreuz in Thörl bei Villach/Kärnten).

ZWERENZ, Gerhard: Die Rückkehr des toten Juden nach Deutschland, Ismaning 1986, Max Hueber (Essays).

Zeitschriften:

Aschkenas (s. o.); Babylon (Frankfurt a. M.); Semit (Frankfurt a. M.).

II. Christlicher Antijudaismus

Bibelwissenschaft, Theologie, Kirche, Versuche der Überwindung (s. auch unter III., unter IV zum modernen konfessionellen Antisemitismus und unter V die zahlr. einschlägigen Arbeiten zur NS-Zeit.)

ANTISEMITISMUS, Sonderheft 1983 der Zeitschrift, »Gewissen und Freiheit«, Beiträge von Rolf Rendtorff S. 112 ff. und Erich Geldbach S. 116 ff. (siehe I).
ARING, Paul Gerhard: Christen und Juden heute und die Judenmission. Geschichte und Theologie protestantischer Judenmission in Deutschland, dargestellt und untersucht am Beispiel des Protestantismus im mittleren Deutschland, 2. A. Frankfurt/M. 1989: Haag + Herchen (umfangr.).
AWERBUCH, Marianne: Christlich-jüdische Begegnung im Zeitalter der Frühscholastik, München 1980.
BAUM, Gregory: Die Juden und das Evangelium. Eine Überprüfung des Neuen Testaments, Einsiedeln 1963.
BAUMANN, Arnulf (Hg.): Was jeder vom Judentum wissen muß, 1983; 4. A. 1987: GTB-Siebenstern (TB).
BEA, Augustin: Die Kirche und das jüdische Völk, Freiburg/Basel/Wien 1966: Herder.
BETZ, G./OXAAL, I./POLLAK, M. (Hg.): (s. I; Antisemitismus in Wien seit dem 19. Jh., hier: Abhandlung zum Thema Antisemitismus und Katholizismus, 1990.)
BIENERT, Walther: Martin Luther und die Juden. Ein Quellenbuch mit zeitgenössischen Illustrationen, mit Einführungen und Erläuterungen, Frankfurt 1982.
BLUMENKRANZ, Bernhard: Die Judenpredigt Augustins. Ein Beitrag zur Geschichte der jüdisch-christlichen Beziehungen in den ersten Jahrhunderten, Basel 1946.
BÖHN, Franz und DIRKS, Walter (Hg.): Judentum. Schicksal, Wesen, Gegenwart, Wiesbaden 1965.
BRAKELMANN, Günter/ROSOWSKI, Martin (Hg.): Von religiöser Judenfeindschaft zur Rassenideologie. Göttingen 1989 (Kleine Vandenhoeck-Reihe).
BROSSEDER, Johannes: Luthers Stellung zu den Juden im Spiegel seiner Interpreten. Interpretation und Rezeption von Lutherschriften und Äußerungen zum Judentum im 19. und 20. Jahrhundert vor allem im deutschsprachigen Raum, Paderborn 1972; Schöningh.
BROWE, Peter: siehe III (Judenmission und Päpste).
BRUMLIK, Micha: Johannes: Das judenfeindliche Evangelium, in: Kirche und Israel (KuI) 1989, 102–113 (aus der Sicht eines jüd. Sozialwissenschaftlers).
BUNTE, Wolfgang: Religionsgespräche zwischen Christen und Juden in den Niederlanden (1100–1500), 1990: Peter Lang (umf.).
COHEN Jeremy: The Friars and the Jews. The Evolution of Medieval Anti-Judaism, Ithaca/London 1982.
CONZELMANN, Hans: Heiden – Juden – Christen, Auseinandersetzungen in der Literatur der hellenistisch-römischen Zeit, Tübingen 1981: J. C. B. Mohr (Siebeck).
DAS ZWEITE VATIKANISCHE KONZIL (Hg. Brechter H. S. u. v. a.), Konstitutionen, Dekrete und Erklärungen, hier: Bd. II (1967). Teil des Lexikons für Theologie und Kirche (LThK), Bd. 13. Nachdruck 1986: Herder (Studienausgabe).
DESCHNER, Karlheinz: Abermals krähte der Hahn (siehe I).
ECKARDT, A. u. R.: Christentum und Judentum: Die theologische und moralische Problematik der Vernichtung des europäischen Judentums, in: Evangelische Theologie 36 (1976), S. 402–426.
ECKERT, Willehad P./EHRLICH, Ernst L. (Hg.): Judenhaß – Schuld der Christen?! Versuch eines Gesprächs, Essen 1964: Driewer, Ergänzungsheft 1966 (umfangreich).

ECKERT, W. P./LEVINSON, N. P./STÖHR, M.: Antijudaismus im Neuen Testament? Exegetische und systematische Beiträge, München 1967.

ENDRES Elisabeth: (s. I; Entwicklung der Judenfeindschaft aus dem Christentum, 1989).

ERB, R./LICHTBLAU, A.: (s. VI; Zur Abschaffung der Verehrung des Andreas von Rinn, 1989).

ERICKSEN, Robert: Theologen unter Hitler. Das Bündnis zwischen evangelischer Dogmatik und Nationalsozialismus, München 1986: Carl Hanser (zu Gerhard Kittel, Paul Althaus, Emanuel Hirsch).

FIEDLER, Peter: Das Judentum im katholischen Religionsunterricht. Düsseldorf 1981 (mit Lehrplan- und Religionsbuchuntersuchung).

FLUSSER, David: Bemerkungen eines Juden zur christlichen Theologie, München 1984.

– Die letzten Tage Jesu in Jerusalem. Das Passionsgeschehen aus jüdischer Sicht. Stuttgart 1981: Calwer Verlag (neueste Forschungsergebnisse, Fotos, Zeichnungen).

FREIBURGER RUNDBRIEF, Beiträge zur christlich-jüdischen Begegnung (Zeitschrift).

FREYTAG/MARTE/STERN: (s. I; Ritus und Haß; vor. 1991).

FRICKE, Weddig: Standrechtlich gekreuzigt. Person und Prozeß des Jesu aus Galiläa, Frankfurt 1986: Mai (1988 als Rowohlt-TB).

FROMM, Erich: siehe III (Christusdogma).

GEIS, R. R./KRAUS, H.-J. (Hg.): Versuche des Verstehens. Dokumente jüdisch-christlicher Begegnung aus den Jahren 1918–1933, München 1966.

GINZEL, Günther B. (Hg.): Auschwitz als Herausforderung für Juden und Christen, Heidelberg 1980: Lambert Schneider (mit vielen Dokumenten aus der Zeit nach 1945, insb. aus dem protestantischen Bereich; umfangreich).

GÖRG, Manfred/LEVINSON, Nathan/MAIER, Hans u. a.: Christen und Juden im Gespräch. Bilanz nach 40 Jahren Staat Israel, Regensburg 1989: Pustet.

GOTT NACH AUSCHWITZ, Freiburg/Basel/Wien 1979: Herder (Sammelband).

GREIVE, Hermann: Theologie und Ideologie. Katholizismus und Judentum in Deutschland und Österreich 1918–1935, Heidelberg 1969.

GRESCHAT, Martin (Hg.): Im Zeichen der Schuld – 40 Jahre Stuttgarter Schuldbekenntnis. Eine Dokumentation, Neukirchen 1985.

– Die Schuld der Kirche. Dokumente und Reflexionen zur Stuttgarter Schulderklärung vom 18./19. Oktober 1945, München 1982.

von HAMMERSTEIN, Franz: Von Vorurteilen zum Verständnis. Dokumente zum jüdisch-christlichen Dialog, Frankfurt 1976.

GUTTERIDGE, H.: Open thy mouth for the dump. The German Evangelical Church and the Jews 1879–1950, Oxford 1976.

HEER, Friedrich: Gottes erste Liebe (siehe I).

HELLWING, Isaak: Der konfessionelle Antisemitismus im 19. Jahrhundert in Österreich, Freiburg u. a. 1973.

HERMLE, Siegfried: Evangelische Kirche und Judentum. Stationen nach 1945. Diakonische Hilfe für rasseverfolgte Christen. Ansätze einer theologischen Aufarbeitung. Worte und Erklärungen. Göttingen 1990: Vandenhoeck & Ruprecht (umf.).

HERMLE, S./LACHELE, R./NUDING, A. (Hg.): (s. V; protestant. Theologiestudium im NS, 1988).
HESS, Moses: Rom und Jerusalem. Die letzte Nationalitätenfrage, Leipzig 1862.
HIRSCH, Emmanuel: Das vierte Evangelium in seiner ursprünglichen Gestalt, 1936.
HIRSCHAUER, Gerd: Der Katholizismus vor dem Risiko der Freiheit. Nachruf auf ein Konzil, München 1966 (S. 60–85 zur »Judenerklärung«).
HRUBY, Kurt: Juden und Judentum bei den Kirchenvätern, Zürich 1971: Theologischer Verlag.
ISERLOH, Erwin: Werner von Oberwesel. Zur Tilgung seines Festes im Trierer Kalender. In: Trierer Theologische Zeitschrift LXXII (1963), 270–285.
JOCHUM, Herbert/KREMERS, Heinz (Hg.): Juden, Judentum und Staat Israel im christlichen Religionsunterricht in der Bundesrepublik Deutschland, Paderborn 1980.
KAISER, Jochen-Christoph/GRESCHAT, Martin (Hg.): Der Holocaust und die Protestanten, Analysen einer Verstrickung, Frankfurt 1988: Athenäum.
KAMPLING, Rainer: Das Blut Christi und die Juden. Mt 27,25 bei den lateinischsprachigen christlichen Autoren bis zu Leo dem Großen, Münster 1984: Aschendorff (Neutestamentl. Abh.)
KIRCHE UND ISRAEL: Neukirchener Theologische Zeitschrift (seit 1986, Neukirchener Verlag des Erziehungsvereins; sehr wichtig).
KLAPPERT, Bertolt/STARCK, H.: Umkehr und Erneuerung. Erläuterungen zum Synodalbeschluß der Rheinischen Landessynode, 1980.
KLAUSNER, Joseph: Von Jesus zu Paulus, Jerusalem 1950; Nachdruck Berlin 1980: Jüdischer Verlag.
KLEIN, Charlotte: Theologie und Anti-Judaismus. Eine Studie zur deutschen theologischen Literatur der Gegenwart, Stuttgart/München 1976.
KLESSE, Max: Vom alten und neuen Israel. Ein Beitrag zur Genese der Judenfrage und des Antisemitismus, Frankfurt 1965: Ner Tamid.
KÖNIG, Franz (Kardinal)/EHRLICH, Ernst Ludwig: Juden und Christen haben eine Zukunft, Zürich 1988: pendo.
KREMERS, Heinz (Hg.): Die Juden und Martin Luther – Martin Luther und die Juden, 1985, 2. A. Neukirchen 1987 (zur Wirkungsgeschichte).
KREMERS, Heinz: Judenmission heute? Von der Judenmission zur brüderlichen Solidarität und zum ökumenischen Dialog, Neukirchen-Vluyn 1979.
KÜHNER, Hans: Der Antisemitismus der Kirche (siehe I).
KULKA, O. D./MENDES-FLOHR, P. R.: Judaism and Christianity under the Impact of National Socialism, Jerusalem 1987.
KUPISCH, Karl/MÜNTINGA, Hermann/von TÖRNE, Volker: Judenfeindschaft im 19. Jahrhundert. Ursachen, Formen und Folgen. Berlin, 2. A. 1982: Institut Kirche und Judentum.
LANDMANN, Salcia: Jesus und die Juden oder Die Folgen einer Verstrickung, München/Berlin 1987: Herbig.
LAPIDE, Pinchas: Am Scheitern hoffen lernen. Erfahrungen jüdischen Glaubens für heutige Christen, 1985: GTB-Siebenstern (TB).
– Wurde Gott Jude? Vom Menschsein Jesu, 1987: GTB-Siebenstern (TB).
– Wer war schuld an Jesu Tod?, 1987: GTB-Siebenstern (TB).

DE LE ROI, J. F. A.: Die evangelische Christenheit und die Juden unter dem Gesichtspunkte der Mission geschichtlich betrachtet. Von der Reformation bis zur Mitte des 18. Jahrhunderts, Karlsruhe/Leipzig 1884.

LIEBESCHÜTZ, Hans: Synagoge und Ecclesia, Heidelberg 1983.

LOHFINK, Norbert: Das Jüdische am Christentum. Die verlorene Dimension, Freiburg u. a. 1987.

MAIER, Johann: Jüdische Auseinandersetzung mit dem Christentum in der Antike, Darmstadt 1982; Wissenschaftliche Buchgesellschaft.

MACCOBY, Hyam: König Jesus. Die Geschichte eines jüdischen Rebellen, Tübingen 1982 (S. 203 ff. zur antijüdischen Tendenz des NT aus der Sicht des jüdischen Historikers).

MARON, Gotthard: Die römisch-katholische Kirche von 1870 bis 1970, Göttingen 1972.

MARSCH, Wolf-Dieter/THIEME, Karl (Hg.): Christen und Juden. Ihr Gegenüber vom Apostelkonzil bis heute, Mainz/Göttingen 1961.

MAYER, Anton: Der zensierte Jesus. Soziologie des Neuen Testaments. 3. A. Olten/Freiburg-Br. 1983: Walter (grundlegend; hier: Abschnitt »Antsemitismus« S. 246–260 m. Lit. sowie die Ergänzung S. 310 f.).

MURAWSKI, Friedrich: Die Juden bei den Kirchenvätern und Scholastikern, Berlin 1925.

MUSSNER, Franz: Traktat über die Juden. München 1979. 2., überarb. A., München 1988.

NARRMANN, Margit: Die Paderborner Juden 1802–1945. Emanzipation, Integration und Vernichtung, Paderborn 1988 (mit eindrucksvoller Abhandlung der Judenfeindlichkeit der katholischen Publizistik seit der Kulturkampfzeit S. 184–204).

NEUENZEIT, Paul: Juden und Christen auf neuen Wegen zum Gespräch. Würzburg 1990: Echter.

NEUHAUS, Dietrich: Teufelskinder oder Heilsbringer – die Juden im Johannes-Evanglium. Frankfurt 1990: Haag & Herchen.

OESTERREICHER, Johannes: Die Wiederentdeckung des Judentums durch die Kirche, 2. A. Meitingen 1971.

PETUCHOWSKI Jakob/THOMA, Clemens: Lexikon der jüdisch-christlichen Begegnung. Freiburg 1989: Herder (umfangr.).

PETZOLD, L.: Religion zwischen Sentiment und Protest. Zur Sistierung des Kultes um »Andreas von Rinn« in Tirol, in: Zeitschrift für Volkskunde 83 (1987), 169 ff.

PFISTERER, Rudolf: (s. I; Lexikon zum Thema Christen/Juden, 2. A. 1985).

PINAY, Maurice (Gruppenpseudonym): Verschwörung gegen die Kirche, Madrid 1963 (anläßlich des 2. Vatikanums erchienenes antisemitisches Mammutwerk bzw. Pamphlet).

RENDTORFF Rolf (Hg.): Arbeitsbuch Christen und Juden. Zur Studie des Rates der EKD, Gütersloh 1979.

– Hat denn Gott sein Volk verstoßen? Die evangelische Kirche und das Judentum seit 1945. Ein Kommentar. München 1989: Chr. Kaiser.

– HENRIX, Hans Hermann: Die Kirchen und das Judentum. Dokumente von 1945–1985. Paderborn bzw. München 1988: Bonifatius; Chr. Kaiser.

– STEGEMANN, Ekkehard (Hg.): Auschwitz – Krise der christlichen Theologie, München 1980.
RENGSTORF, Karl Heinrich/VON KORTZFLEISCH, Siegfried (Hg.): Kirche und Synagoge. Handbuch zur Gschichte von Christen und Juden, 2 Bde., Stuttgart 1968 und 1970; 1988 zweibändig bei dtv (TB) (Abdruck zahlreicher Quellen, von den Anfängen bis 1918 und knapp zur Weimarer Zeit; breit angelegt, protestantische, katholische und jüdische Autoren).
REPGEN, Konrad: Judenpogrom, Rassenideologie und katholische Kirche 1938. Köln 1988: Bachem (Aufsatz).
RICHTER, Klemens (Hg.): Die katholische Kirche und das Judentum. Dokumente von 1945–1982. Mit Kommentaren von Ernst Ludwig Ehrlich und Erich Zenger, Freiburg 1982: Herder.
RIEGNER, Gerhart M.: Verpaßte Chancen im christlich-jüdischen Dialog vor der Scho'a, in: Kirche und Israel 1989, 14 ff.
RÖHM, Eberhard/THIERFELDER Jörg: Schuld und Bekennen. Die evangelische Kirche und die Verfolgung von Juden und Juden-Christen im III. Reich. Eine Dokumentation
Bd. I: 1933–1938, Stuttgart 1988
Bd. II: 1938–1945, Stuttgart 1989
Calwer Verlag (jeweils mit Fotos und Faksimiles).
– Juden Christen Deutsche
Bd. I: 1933–1935 Ausgegrenzt (1990)
Bd. II: 1935–1938 Entrechtet (1990)
Bd. III: 1938–1941 Entrechtet (1990)
Bd. IV: 1941–1945 Entrechtet (1991)
jeweils Stuttgart, Calwer Verlag (Calwer Taschenbibliothek).
RUETHER, Rosemary: Nächstenliebe und Brudermord. Die theologischen Wurzeln des Antisemitismus, München 1978.
SCHALLER, Berndt: Der Reichspogrom 1938 und unsere Kirche, in: Kirche und Israel 1989, S. 123–148 (umf. Nachw.).
SCHEERER, Reinhard: (siehe VI; u. a. evangelische Theologie 1945–1949).
SCHERFFIG, Wolfgang: (s. V, Junge Theologen im Dritten Reich, 2 Bde., 1989).
SCHNEIDER, Carl: Das Frühchristentum als antisemitische Bewegung, 1940.
– Geistesgeschichte der christlichen Antike, München 1970: C. H. Beck (insb. S. 327–332).
SCHOEPS, Hans Joachim: Aus frühchristlicher Zeit. Religionsgeschichtliche Untersuchungen, 1950.
– Jüdisch-christliches Religionsgespräch in neunzehn Jahrhunderten, München/Frankfurt 1961; aktualisierte Neuausgabe Königstein 1984.
– Theologie und Geschichte des Judenchristentums, Tübingen 1949.
SCHOLDER, Klaus: (siehe V; Kirchen und Drittes Reich).
SCHOTTROFF, Luise: Passion Jesu – Passion des jüdischen Volkes. Wie können Christinnen und Christen mit neutestamentlichen Anklagen gegen »die Juden« umgehen? in: Kirche und Israel 1989, 91–101.
SCHRECKENBERG, Heinz: Die christlichen Adversus – Judaeos – Texte und ihr literarisches und historisches Umfeld, Frankfurt/Bern 1982: Lang.

SCHULTHEIS, Herbert: Würzburger katholische Theologen und die Juden (s. V; 1988).
STEGEMANN, Ekkehard: Die Tragödie der Nähe. Zu den judenfeindlichen Aussagen des Johannesevangeliums, in: Kirche und Israel 1989, S. 114–122.
STEINHAUSEN, Hermann: Die Judenfrage – eine Christenfrage, 2. A. Luzern 1939: Vita Nova.
STERN, Moritz: (siehe III. Papsturkunden, Papstbullen, Blutbeschuldigung).
STÖHR, Martin (Hg.): Judentum im christlichen Religionsunterricht, Arnoldshain 1983: Haag & Herchen.
STROH, Hans: Juden und Christen – schwierige Partner. Begegnungen, Erfahrungen, Erkenntnisse. Stuttgart 1983: Quell.
SUCHER, C. Bernd: Luthers Stellung zu den Juden, Niewkoop 1977.
TALMON Shemaryahn: Gesammelte Aufsätze II. Juden und Christen im Gespräch, Neukirchen 1990: Neukirchener Verlag.
THEOLOGIE NACH HOLOCAUST?, Themaheft der Zeitschrift »Kerygma und Dogma« 1981 (H. 3).
THEOLOGISCHE REALENZYKLOPÄDIE: siehe I.
THOMA, Clemens: Christliche Theologie des Judentums, Aschaffenburg 1978 (katholisches Standardwerk).
– Theologische Beziehungen zwischen Christentum und Judentum, Darmstadt 1982, 2. unv. A. 1989: Wiss. Buchgesellschaft.
TILGNER, Wolfgang: Volksnomostheologie und Schöpfungsglaube, Göttingen 1966.
TÖDT, H. E.: Die Kirche nach der Pogromnacht, in: Evangelische Kommentare 21 (1988), 633–638.
TREPP, Leo: Die Juden (siehe I; knapper Abriß des Verhältnisses Christen – Juden).
UTZ, Hans J.: Wallfahrten im Bistum Regensburg, München 1981.
VALLQUIST, Gunnel: Das Zweite Vatikanische Konzil, Nürnberg 1966.
VATIKANISCHE KOMMISSION für die religiösen Beziehungen zum Judentum im Sekretariat für die Einheit der Christen: Hinweise für eine richtige Darstellung von Juden und Judentum in der Predigt und in der Katechese der katholischen Kirche; Hg.: Sekretariat der Deutschen Bischofskonferenz, Bonn, mit Einführung und Analyse von H. H. Henrix sowie Papstansprache vom 13. April 1986. (ohne Jahrgangsangabe; Arbeitshilfe 44).
WEINZIERL, Erika (Hg.): Christen und Juden in Offenbarung und kirchlichen Erklärungen vom Urchristentum bis zur Gegenwart. Wien 1988: Edition Geyer (Sammelband des Instituts für kirchliche Zeitgeschichte).
WIGODER, Geoffry: Jewish-Christian relations since the Second World War, Manchester/New York 1988.
– Der christlich-jüdische Dialog in Israel, in: Kirche und Israel 1989, 156–165 (Übersetzung des Kapitels V »The dialogue in Israel« des o.g. Buchs).
WILPERT, Paul (Hg.): Judentum im Mittelalter. Beiträge zum christlich-jüdischen Gespräch, 1966.
WIESEL, Elie: Gott nach Auschwitz, Freiburg 1979.

Themenhefte:

Concilium 10 (1974)
Evangelische Theologie 2 (1982)
Gewissen und Freiheit, Sonderheft »Antisemitismus«, Bern 1983 (s. I)
Kirche und Israel. 1989 H. 2, zum Thema »Christlicher Antijudaismus« als strukturelles Problem christlicher Theologie (s. II).

Zeitschriften zum christlich-jüdischen Dialog

Freiburger Rundbrief (Herder-Verlag; s. oben II)
Kirche und Israel (Neukirchener Verlag des Erziehungsvereins; s. oben II).

III. Frühchristentum, Mittelalter, Neuzeit

ADLER, Hans Günther: Die Juden in Deutschland. Von der Aufklärung bis zum Nationalsozialismus, München 1960.
ALLERHAND, Jacob: Das Judentum in der Aufklärung, Stuttgart 1980.
ANDRESEN, Carl (Hg.): Handbuch der Dogmen- und Theologiegeschichte, 3 Bde., A. M. Ritter in Bd. 1, Göttingen 1980, zur Entstehung des Christusdogmas.
ARONIUS, J./DRESDNER, A./LEWINSKI, L.: Regesten zur Geschichte der Juden im fränkischen und deutschen Reiche, Berlin 1902 (mit übersichtlicher Darstellung der Judenverfolgungen zur Kreuzzugszeit), Nachdruck 1970.
BAER, Fritz: Die Juden im christlichen Spanien. Urkunden und Regesten aus Aragon, Navarra und Kastilien, 2 Bde., Berlin 1929 und 1936.
BATTENBERG, Friedrich: Zur Rechtsstellung der Juden am Mittelrhein im Spätmittelalter und in der frühen Neuzeit, in: Zeitschrift für historische Forschung, Bd. 6 (1979), S. 129–183.
BAUERREISS, Romuald: Pie Jesu. München 1931 (Forschungsergebnisse zu den »Hostienfreveln«).
BEA, Augustin: siehe II.
BENÖHR, Hans-Peter: Judenverfolgung, Judensteuern und Judenrecht im Mittelalter und in der Neuzeit, in: Juristische Schulung (JuS) 1989, S. 8–13.
BERLINER, Abraham: Geschichte der Juden in Rom, 3 Bde., Frankfurt/M. 1893.
BEY, D./STEUER, H. (Hg.): Juden im Mittelalter, Göttingen 1976.
BICKHOFF-BÖTTCHER, Nicole: Das Judentum in der griechisch-römischen Welt. Gesellschaftliche und politische Beziehungen und Konflikte von der Mitte des 1. Jahrhunderts v. Chr. bis zum Ende des 2. Jahrhunderts n. Chr., Diss. phil. Osnabrück 1984.
BIENERT, Walther: Martin Luther und die Juden (siehe II).
BLUMENKRANZ, Bernhard: Juden und Judentum in der mittelalterlichen Kunst, Stuttgart 1965.

BREUER, Natascha: Das Bild der Juden in den Passionsspielen und in der bildenden Kunst des deutschen Mittelalters, Frankfurt 1986.
BROWE, Peter: Die Juden-Mission im Mittelalter und die Päpste, Rom 1942; 2. A. 1973.
– Die Hostienschändungen der Juden im Mittelalter, in: Römische Quartalsschrift für christliche Altertumskunde und für Kirchengeschichte Bd. 34 (1926), Freiburg i. Br.
– Die Eucharistie als Zaubermittel im Mittelalter, in: Archiv für Kulturgeschichte, Bd. 20, Köln 1930.
– Die eucharistischen Wunder des Mittelalters, in: Breslauer Studien zur Historischen Theologie, n. F. 4, Breslau 1938.
BUNTE, Wolfgang (s. II: Religionsgespräche in den Niederlanden 1100–1500; 1990).
CARO, Georg: Sozial- und Wirtschaftsgeschichte der Juden im Mittelalter und der Neuzeit, 2 Bde., Leipzig 1908–1920, Nachdruck 1964.
COHEN, Jeremy: The Priars and the Jews. The Evolution of Medieval Anti-Judaism, Ithaca/London 1982.
COHN, Willy: Juden und Staufer in Unteritalien und Sizilien, Aalen 1978.
DESCHNER, Karlheinz: siehe I.
– Kriminalgeschichte des Christentums. Die Frühzeit (Bd. I), S. 117–142, S. 438–442, S. 511–514; Reinbek 1986; Rowohlt; Nachweise in Bd. II, Die Spätantike, 1988.
DIE GESCHICHTE DER JUDEN IN TIROL von den Anfängen im Mittelalter bis in die neueste Zeit, H. 15/16 der Zeitschr. STURZFLÜGE, 1986 (umfangreich).
EBENBAUER, Alfred/ZATLOUKAL, Klaus (Hg.): Die Juden in ihrer mittelalterlichen Umwelt, Wien 1990: Böhlau.
FROMM, Erich: Die Entwicklung des Christusdogmas. Eine psychoanalytische Studie zur sozialpsychologischen Funktion der Religion, 1930, in: Das Christusdogma und andere Essays, dt. Erstausgabe 1965, dtv-TB (nicht speziell zur jüd. Thematik, aber ergänzend zur Vergottung Jesu).
GEISSLER, Klaus: Die Juden in Deutschland und Bayern bis zur Mitte des 14. Jh., München 1976.
GERMANIA JUDAICA, Bd. I: Von den älteren Zeiten bis 1238, Tübingen 1934.
– Bd. II, Von 1238 bis zur Mitte des 14. Jahrhunderts.
– Bd. III/1 (A–L), Von 1350 bis 1519, Tübingen 1987 (s. auch unter Müller-Jerina).
GLANZ, Rudolf: Geschichte des niederen jüdischen Volkes in Deutschland, Eine Studie über historisches Gaunertum, Bettelwesen und Vagantentum, New York 1968.
GRAUPE, Heinz Mosche: Die Entstehung des modernen Judentums. Geistesgeschichte der deutschen Juden 1650–1942, Hamburg 1969, Neuauflage 1977.
GRAUS, František: Pest, Geißler, Judenmorde. Das 14. Jahrhundert als Krisenzeit, Göttingen 1987; Vandenhoeck & Ruprecht.
– Randgruppen der städtischen Gesellschaft im Spätmittelalter, in: Zeitschr. f. Histor. Forschung 8 (1981) S. 385–437.
– Judenfeindschaft im Mittelalter, in: Strauss/Kampe, Antisemitismus, siehe I, S. 29–46.
GREGOROVIUS, Ferdinand: Der Ghetto und die Juden in Rom. 1935.

GREIVE, Hermann: Die Juden. Grundzüge ihrer Geschichte im mittelalterlichen und neuzeitlichen Europa, Darmstadt 1980, 2. A. 1982.
GRIGULEVIČ, J. R.: Ketzer, Hexen, Inquisitoren. Geschichte der Inquisition. 2 Bde., Berlin (Ost) 1976; Stuttgart 1985.
GÜDE, Wilhelm: Die rechtliche Stellung der Juden in den rechtlichen Schriften deutscher Juristen des 16. und 17. Jahrhunderts, Sigmaringen 1981.
von HARNACK, Adolf: Die Mission und Ausbreitung des Christentums in den ersten drei Jahrhunderten. 4. verbess. u. verm. Aufl. 1924; Nachdruck.
– Die Entstehung der christlichen Theologie und des kirchlichen Dogmas, 1929.
HAUER, N.: Judenstein – Legende ohne Ende, 1985.
HAVERKAMP, Alfred (Hg.): Zur Geschichte der Juden im Deutschland des späten Mittelalters und der frühen Neuzeit, Stuttgart 1981.
HESS, Moses: Rom und Jerusalem. Die letzte Nationalitätenfrage, Leipzig 1862.
HEYMANN, Fritz: Tod oder Taufe. Vertreibung der Juden aus Spanien und Portugal im Zeitalter der Inquisition, Frankfurt 1988: Jüdischer Verlag bei Athenäum (verfaßt vermutlich 1940).
HOFFMANN, K.: Ursprung und Anfangstätigkeit des ersten päpstlichen Missionskonvikts. Ein Beitrag zur Geschichte der katholischen Juden- und Mohammedanermission im sechzehnten Jahrhundert, Münster 1917.
HOFFMANN, Moses: Der Geldhandel der deutschen Juden während des Mittelalters, Leipzig 1910.
HROCH, Miroslaw/SKÝBOVÁ, Anna: Die Inquisition im Zeitalter der Gegenreformation, Leipzig bzw. Stuttgart: Kohlhammer 1985 (hervorragender, bibliophiler Bild-Text-Band).
HRUBY, Kurt: Juden und Judentum bei den Kirchenvätern, Zürich 1971: Theologischer Verlag.
HSIA, R. Po-Chia: The Myth of Ritual Muroler. Jews and Magic in Reformation Germany, 1988.
IGGERS, Wilma (Hg.): Die Juden in Böhmen und Mähren. Ein historisches Lesebuch, München 1986: C. H: Beck (bis 1948).
ISAAC, Jules: Genesis des Antisemitismus vor und nach Christus, Wien u. a. 1969.
JUDENTUM IM MITTELALTER, Miscellanea Mediaevalia Bd. 4, Berlin 1966 (Sammelband).
JUDENTUM IM ZEITALTER DER AUFKLÄRUNG, Günther-Schulz-Festschrift, Wolfenbüttel 1977 (Wölfenbütteler Studien zur Aufklärung Bd. IV).
KAMEN Henry: Die spanische Inquisition, München 1967; 1980.
KAMPMANN, Wanda: Deutsche und Juden. Die Geschichte der Juden in Deutschland vom Mittelalter bis zum Beginn des Ersten Weltkriegs, Erstausgabe 1963, 2. A. 1979 (Fischer-TB).
KATZ, Jacob: Vom Vorurteil bis zur Vernichtung. Der Antisemitismus 1700–1933, München 1989: C. H. Beck.
KISCH, Guido: Forschungen zur Rechts- und Sozialgeschichte der Juden in Deutschland während des Mittelalters, Neuausgabe Sigmaringen 1978.
– Ausgewählte Schriften, 2 Bde., Sigmaringen 1978/79 (wichtig) zu rechtshistorischen Fragen.
– Erasmus' Stellung zu Juden und Judentum, Tübingen 1969.

KOLB, Karl: Vom heiligen Blut, Würzburg 1980.
KREMERS Heinz (Hg.): Die Juden und Martin Luther – Martin Luther und die Juden, 1985 2. A. Neukirchen 1987 (Wirkungsgeschichte).
KÜHNER, Hans: siehe I.
LEA, Henry Charles: Geschichte der spanischen Inquisition. Philadelphia 1905; deutsche Erstausgabe 1911, Nachdruck 1988; Greno (3 Bände, TB, klassisches Werk).
LEROY, Béatrice: Die Sephardim. Geschiche des iberischen Judentums, München 1987: Nymphenburger.
LEWIN, Reinhold: Luthers Stellung zu den Juden, Berlin 1911.
LEXIKON DES MITTELALTERS, 7 Bde., 1980 ff. (bisher Bd. 1–4, Bd. 4. 1984).
LINDEN, Walther: Luthers Kampfschriften gegen das Judentum, Berlin 1936 (Nachdruck Bremen 1983).
LOHRMANN, Klaus: Judenrecht und Judenpolitik im mittelalterlichen Österreich, Wien 1989: Böhlau.
LUCAS, Leopold: Zur Geschichte der Juden im vierten Jahrhundert, Hildesheim 1985: Olms (Neudruck der Ausgabe Berlin 1910).
MACCOBY, Hyam: siehe II.
MAIER, Johann: Jüdische Auseinandersetzung mit dem Christentum in der Antike, Darmstadt 1982: Wissenschaftliche Buchgesellschaft.
MANNZMANN, Anneliese (Hg.): Judenfeindschaft in Altertum, Mittelalter und Neuzeit. Geschichte der Stigmatisierung einer religiösen Minderheit, Frankfurt 1981: Scriptor.
MITTERAUER, Michael: »Heut' ist eine heilige Samstagnacht.« Ein Passionsgebet im sozialgeschichtlichen Kontext seiner Überlieferung, in: Richard van Dülmen (Hrsg.), Arbeit, Frömmigkeit und Eigensinn. Studien zur historischen Kulturforschung, Frankfurt/M. 1990, Fischer-TB, S. 260–299, insb. 286–299 mit Anm. S. 328–332 (zu den Ritualmorden und Passionsspielen in Mittelalter und früher Neuzeit mit Schwerpunkt Tirol).
MOMIGLIANO, Arnaldo: Die Juden in der Alten Welt, Berlin 1988: Wagenbach.
MONUMENTA JUDAICA. 2000 Jahre Geschichte und Kultur der Juden am Rhein, 2 Bde., Köln 1963 (Handbuch und Katalog).
MÜLLER-JERINA, Alwin: Germania Judaica. Kölner Bibliothek zur Geschichte des deutschen Judentums. Die Entwicklung und Bedeutung einer wissenschaftlichen Spezialbibliothek. Köln 1986: Greven.
NEUBAUER, A./STERN, M. (Hg.): Hebräische Berichte über die Judenverfolgungen, Berlin 1892.
NOETHLICHS, Karl: Die gesetzgeberischen Maßnahmen der christlichen Kaiser des vierten Jahrhunderts gegen Häretiker, Heiden und Juden, 1971.
OBERMAN, Heiko A.: Wurzeln des Antisemitismus. Christenangst und Judenplage im Zeitalter vor Humanismus und Reformation, Tübingen 1981.
OSTEN-SACKEN, Peter von der (Hg.): siehe I.
PALLAVER, G.: Simonino da Trento. Ein Ritualmordprozeß und seine Folgen (1475–1975) in: Sturzflüge. Eine Kulturzeitschrift, 15/16 (1986), 927 ff.
PETZOLD, L.: (s. II; zur Aufhebung des Kults um Andreas von Rinn, 1987).
RILL, Bernd: Die Inquisition und ihre Ketzer, Puchheim 1982 (zahlreiche Abb.).

ROGGER, I.: Simon von Trient. Eine Ritualmordlegende und ihre Bewältigung, in: Tiroler Heimat 50 (1986), 101 ff.
ROHRBACHER, Stefan/SCHMIDT, Michael: Judenbilder, Kulturgeschichte antijüdischer Mythen und antisemitischer Vorurteile. Reinbeck, vor. 1991 (rowohlts enzyklopädie).
SCHÄFER, Peter: Geschichte der Juden in der Antike: Die Juden Palästinas von Alexander dem Großen bis zur arabischen Eroberung. Stuttgart 1983: kath. Bibelwerk.
SCHERER, J.: Die Rechtsverhältnisse der Juden in den deutschösterreichischen Ländern, Leipzig 1901.
SCHMID, Alois: Die Judenpolitik der Reichsstadt Regensburg im Jahre 1349, in: Zeitschr. für bayer. Landesgeschichte 43 (1983), s. 589 ff.
SCHNEIDER, Carl: Das Frühchristentum als antisemitische Bewegung, 1940.
– Geistesgeschichte der christlichen Antike, München 1970 (S. 327–332, sehr prägnant; viel zu dogmatischen Fragen).
SCHRAMM, H.: Der jüdische Ritualmord, Berlin 1943.
SCHROUBEK, Georg R.: Zur Verehrungsgeschichte des Andreas von Rinn, in: Das Fenster 20 (1986), S. 3849 ff.
– Der »Ritualmord« um Polna, Traditioneller und moderner Wahnglaube. In: Antisemitismus und jüdischer Glaube. Studien zu Ehren von Herbert A. Strauss, hrsg. von R. Erb/M. Schmidt, Berlin 1987, S. 149–171.
SCHUDER, R./HIRSCH, R.: (s. I; u.a. ausf. Abh. zu Frankfurt/M., Regensburg, Nürnberg, Preußen; 1989).
SCHÜRER, Emil: Geschichte des jüdischen Volkes im Zeitalter Jesu Christi, Leipzig 1901–1909.
SEIFERTH, Wolfgang: siehe I (Synagoge und Kirche im Mittelalter; Kunst).
STÄHELIN, Felix: Der Antisemitismus des Altertums, Basel 1905.
STEMBERGER, Günter: Juden und Christen im Heiligen Land. Palästina unter Konstantin und Theodosius, München 1987.
STERN, Moritz: Papsturkunden – Ein Beitrag zur Geschichte des Judentums, Kiel 1893.
– Die Päpstlichen Bullen über die Blutbeschuldigung, Berlin 1900.
STERN, Selma: Der Preußische Staat und die Juden, 4 Bde., Tübingen 1962–1975.
STOBBE, Otto: Die Juden in Deutschland während des Mittelalters in politischer, sozialer und rechtlicher Beziehung, Braunschweig 1866; Berlin 1923.
THEOLOGISCHE REALENZYKLOPÄDIE: siehe I.
THIEME, Karl: siehe I.
TRACHTENBERG Joshua: The Devil and the Jews, siehe I.
TREPP, Leo: siehe I.
UTZ, Hans J.: Wallfahrten im Bistum Regensburg, München 1981.
VOGELSTEIN, Hermann/RIEGER, Paul: Geschichte der Juden in Rom, 2 Bde., Berlin 1895/96.
WENNINGER, Markus: Man bedarf keiner Juden mehr. Ursachen und Hintergründe ihrer Vertreibung aus den deutschen Reichsstädten im 15. Jahrhundert, Wien/Köln/Graz 1981.
WILPERT, Paul (Hg.): siehe II.
WINKLE, Stefan: (s. I: Blutwunder: Mikrobiologie und Massenpsychologie).

IV. Deutscher und österreichischer Antisemitismus vom 19. Jahrhundert bis in die Weimarer Zeit

ADLER, Hans Günther: Die Juden in Deutschland. Von der Aufklärung bis zum Nationalsozialismus, München 1960; Serie Piper-TB 1987.

ANDICS, Hellmut: Die Juden in Wien, siehe I.

ANTISEMITISMUS IN ÖSTERREICH, Innsbruck 1983: Inn-Verlag (u.a. Beiträge von John Bunzl und Bernd Martin).

ARNDT, Ino: Die Judenfrage im Licht der evangelischen Sonntagsblätter von 1918–1933, Diss. Tübingen 1960.

BELLER, Steven: Vienna and the Jews 1867–1938. A Cultural History. Cambridge 1989: Cambridge University Press.

BERDING, Helmut: Moderner Antisemitismus in Deutschland, Frankfurt 1988: Suhrkamp, TB (Periode 1780–1945).

BERGMANN, Werner/ERB, Rainer: »Die Juden sind bloß toleriert.« Widerstand der christlichen Umwelt gegen die Integration der Juden im frühen 19. Jahrhundert, in: Zeitschrift für Volkskunde, Jg. LXXXIII (1987), 193–218.

BERING, Dietz: Der Name als Stigma. Antisemitismus im deutschen Alltag 1812–1933, Stuttgart 1987 (Standardwerk).

BETZ, G./OXAAL, I./POLLAK, M. (Hg.): (s. I; Antisemitismus in Wien seit dem 19. Jh., 1990).

BLOCH, Erich: Geschichte der Juden von Konstanz im 19. und 20. Jahrhundert. 2. A. Konstanz 1989: Rosgarten.

BOEHLICH, Walter (Hg.): Der Berliner Antisemitismusstreit, Frankfurt 1988, Insel-TB.

BRAKELMANN, Günter/ROSOWSKI, Martin (Hg.): Von religiöser Judenfeindschaft zur Rassenideologie, Göttingen 1989: Vandenhoeck & Ruprecht.

CLAUSSEN, Detlev: Vom Judenhaß zum Antisemitismus. Materialien einer verleugneten Geschichte, Darmstadt/Neuwied 1987: Luchterhand-TB (auch zur psychoanalytischen Bedeutung).

– Grenzen der Aufklärung. Zur gesellschaftlichen Geschichte des modernen Antisemitismus, Frankfurt 1987, Fischer-TB (der christl. Antisemitismus wird in Text- und Literaturhinweisen ausgeblendet).

COUDENHOVE-KALERGI: Das Wesen des Antisemitismus, 1932.

DAIM, Wilfried: Der Mann, der Hitler die Ideen gab. Von den religiösen Verirrungen eines Sektierers zum Rassenwahn des Diktators, München 1958 (zu Jörg Lanz von Liebenfels).

DIE GESCHICHTE DER JUDEN IN TIROL... (s. III; 1986: u.a. zum studentischen Antisemitismus, zum Volksglauben und zum Antisemitismus Tiroler Politiker).

FELLNER, Günther: Antisemitismus in Salzburg 1918–1938. Salzburg 1979: Edition Geyer.

FEUCHTWANGER, Lion: Erfolg. Drei Jahre Geschichte einer Provinz, 1930; Fischer-TB (berühmter Roman aus dem kleinbürgerlichen München um 1923, der in authentischer Weise das Klima aufzeigt, in dem der Nazismus gedeihen konnte).

FRIEDLANDER, Albert: Jüdisches Leben in Deutschland 1780 bis zur Gegenwart, 4 Bde., Stuttgart/Köln 1976–1986: Deutsche Verlags-Anstalt/Athenäum.
GIDAL, Nachum T.: siehe I.
GRAB, Walter/SCHOEPS, Julius (Hg.): Juden in der Weimarer Republik, Stuttgart/Bonn 1986.
GLASER, Hermann: Spießer-Ideologie. Von der Zerstörung des deutschen Geistes im 19. und 20. Jahrhundert und dem Aufstieg des Nationalsozialismus, Freiburg 1964, Fischer-TB.
GREIVE, Hermann: Geschichte des modernen Antisemitismus in Deutschland. Entwicklung einer Vorverurteilung bis zur Holocaust-Katastrophe, Darmstadt 1983; als TB der Wissenschaftl. Buchgesellschaft mit aktuellem Ausblick, Darmstadt 1988.
– Theologie und Ideologie. Katholizismus und Judentum in Deutschland und Österreich 1918–1935, Heidelberg 1969.
HAMBURGER BEITRÄGE zur Geschichte der deutschen Juden (s. I und unter Lorenz).
HANNOT, Walter: Die Judenfrage in der katholischen Tagespresse Deutschlands und Österreichs 1923–1933, Mainz 1990: Matthias Grünewald (Veröff. der Kommission für Zeitgeschichte).
HEER, Friedrich: Der Glaube des Adolf Hitler, München/Esslingen 1968 (monumentaler Band; umfassend zum österreichischen Antisemitismus, Ergänzung zu »Gottes erste Liebe«, siehe I): Bechtle; Ullstein-TB 1989.
HELLWING, Isaak A.: Der konfessionelle Antisemitismus im 19. Jahrhundert in Österreich, Feiburg u. a. 1973.
HESS, Moses: Rom und Jerusalem, die letzte Nationalitätenfrage, Leipzig 1862.
HEUBERGER, Rachel/KROHN, Helga: Hinaus aus dem Ghetto ... Juden in Frankfurt am Main 1800–1950, Frankfurt 1988: Fischer (Begleitbuch zur Dauerausstellung des jüdischen Museums der Stadt Frankfurt, zahlr. Abb.).
HUSS, Hermann/SCHRÖDER, Andreas (Hg.): Antisemitismus. Zur Pathologie der bürgerlichen Gesellschaft, Frankfurt 1965.
IGGERS, Wilma (Hg.): Die Juden in Böhmen und Mähren. Ein historisches Lesebuch, München 1986: C. H. Beck (bis 1948).
JOCHMANN, Werner: Gesellschaftskrise und Judenfeindschaft in Deutschland 1870–1945, Hamburg 1988: Christians (Abhandlungen, sehr wichtig).
– Struktur und Funktion des deutschen Antisemitismus, in: Mosse/Paucker, s. u., S. 389–477 (mit umfangreichen Quellen- und Literaturnachweisen).
– Struktur und Funktion des deutschen Antisemitismus 1878–1914, in: Strauß/Kampe (siehe I), S. 99–142.
– Stoecker als nationalkonservativer Politiker und antisemitischer Agitator, in: Brakelmann, Günter/Greschat, Martin/Jochmann, Werner. Protestantismus und Politik. Werk und Wirkung Adolf Stoeckers, Hamburg 1982: Christians, dort S. 123–198, insb. 148 ff.
JUDEN IN DEUTSCHLAND zwischen Assimilation und Verfolgung. in: Geschichte und Gesellschaft, Zeitschr. für histor. Sozialwissenschaft, H. 3 (1983); Hg. Reinhard Rürup.
KAMPE, Norbert: Studenten und ›Judenfrage‹ im deutschen Kaiserreich. Die Entste-

hung einer akademischen Trägerschicht des Antisemitismus, Göttingen 1988: Vandenhoeck & Ruprecht (Kritische Studien zur Geschichtswissenschaft).

KATER, Michael H.: Studentenschaft und Rechtsradikalismus in Deutschland 1918–1933, Hamburg 1975.

KATZ, Jacob: Richard Wagner. Vorbote des Antisemitismus, Königstein 1985.

– Vom Vorurteil bis zur Vernichtung. Der Antisemitismus 1700–1933, München 1989: C. H. Beck (zu Deutschland, Österreich und Frankreich).

KRUCK, A.: Geschichte des Alldeutschen Verbandes, Wiesbaden 1954.

KÜHNL, Reinhard: Die Weimarer Republik, Reinbek 1985, rororo-TB (mit Kurzabriß zur Bedeutung der Kirchen).

KUPISCH, Karl u. a.: Judenfeindschaft im 19. Jahrhundert, Ursache, Formen und Folgen. 2. Aufl. Berlin 1982.

LAMM, Hans (Hg.): Vergangene Tage: Jüdische Kultur in München. München 1982: Langen Müller (reichhalt. Sammelband mit Originalzeugnissen, u. a. zur konfessionellen Verhetzung).

LILL, Rudolf: Die deutschen Katholiken und die Juden in der Zeit von 1850 bis zur Machtübernahme Hitlers, in: Kirche und Synagoge (siehe I) Bd 2, S. 370–420.

LORENZ, Ina (Hg.): Juden in Hamburg zur Zeit der Weimarer Republik, 2 Bde., Hamburg 1987; Christians (Hamburger Beiträge zur Geschichte der deutschen Juden).

MADEREGGER, Sylvia: Die Juden im österreichischen Ständestaat 1934–1938, Wien 1973.

McCAGG jr., William: A History of Habsburg Jews 1670–1918. Bloomington and Indianapolis 1989, Indiana University Press.

MICHALSKI, Gabrielle: Der Antisemitismus im deutschen akademischen Leben in der Zeit nach dem I. Weltkrieg, Frankfurt/Bern/Cirencester 1980.

MOSSE, George L.: Die Geschichte des Rassismus in Europa, Fischer TB 1990 (dt. Erstausg. Königstein 1978: Athenäum; hier: Kapitel »Die infizierte Christenheit«, zum 19. u. 20. Jh.).

MOSSE, Werner/PAUCKER, Arnold (Hg.): Juden im Wilhelminischen Deutschland 1890–1914, Tübingen 1976.

– Deutsches Judentum in Krieg und Revolution 1916–1923, Tübingen 1971.

– (Hg.): Entstehungsjahr 1932. Zur Judenfrage in der Endphase der Weimarer Republik, 2. A. Tübingen 1966.

MÜLLER, Alwin: Die Geschichte der Juden in Köln von der Wiederzulassung 1798 bis um 1850. Ein Beitrag zur Sozialgeschichte einer Minderheit. Köln 1984: Janus.

NAARMANN, Margit: Die Paderborner Juden 1802–1945 (s. II, 1988. Ausf. zur Judenfeindschaft der kathol. Publizistik).

NOWAK, K.: Evangelische Kirche und Weimarer Republik. Zum politischen Weg des deutschen Protestantismus zwischen 1918 und 1932; Göttingen 1981.

OSTEN-SACKEN, Peter von der, (Hg.): Judenfeindschaft im 19. Jahrhundert. Ursachen. Formen und Folgen, Berlin 1977 (Veröffentlichungen des Instituts Kirche und Judentum bei der Kirchlichen Hochschule Berlin).

PAUCKER, Arnold: Der jüdische Abwehrkampf gegen Antisemitismus und Nationalsozialismus in den letzten Jahren der Weimarer Repulik, 2. A. Hamburg 1969.

POLIAKOV, Léon: siehe I, Bd. VII und VIII.

POLLNICK, Carsten: Die Entwicklung des Nationalsozialismus und Antisemitismus in Aschaffenburg 1919–1933, Aschaffenburg 1984: Geschichts- und Kulturverein Aschaffenburg.

POTOTSCHNIG, Franz/PULZER, Peter/RINNERTHALER, Alfred (Hg.): Semitismus und Antisemitismus in Österreich, 2. A. 1988: Kovar.

PULZER, Peter G. J.: Die Entstehung des politischen Antisemitismus in Deutschland und Österreich 1867–1914, Gütersloh 1966.

PULZER, Peter: The Rise of Political Antisemitism in Germany and Austria, London 1988: Peter Halban.

REICHMANN, Eva G.: Die Flucht in den Haß, siehe I.

RÜRUP, Reinhard: Emanzipation und Antisemitismus, Studien zur Judenfrage der bürgerlichen Gesellschaft, Frankfurt 1987: Fischer-TB (Vernachlässigung des christlichen Aspekts).

SCHATZ, Klaus: Zwischen Säkularisation und Zweitem Vatikanum. Der Weg des deutschen Kahtolizismus im 19. und 20. Jahrhundert, Frankfurt 1986: Knecht.

SCHERER, J.: siehe III. (Rechtsverhältnisse).

SMID, Marikje: Deutscher Protestantismus und Judentum 1932/33, München 1989: Chr. Kaiser (umf.).

STERLING, Eleonore: Die Anfänge des politischen Antisemitismus in Deutschland (1815–1850), Frankfurt, 2. A. 1969.

STERN, Selma: Der preußische Staat und die Juden, 4 Bde., Tübingen 1962–1975.

TAL, Uriel: Christians and Jews in Germany, 1870–1914, Ithaca/London 1975.

THOMA, Ludwig: Sämtliche Beiträge aus dem »Miesbacher Anzeiger« 1920–21. Kritisch editiert und kommentiert im Wilhelm Volkert, München 1989: Piper.

TOURY, Jacob: Soziale und politische Geschichte der Juden in Deutschland 1847–1871, Düsseldorf 1977.

VOLKOV, Shulamit: Jüdisches Leben und Antisemitismus im 19. und 20. Jahrhundert. München 1990: C. H. Beck (Essays).

WAWRZINEK, Kurt: Die Entstehung der deutschen Antisemitenparteien. Berlin 1927.

WILHELM, Hermann: Dichter, Denker, Fememörder. Rechtsradikalismus und Antisemitismus in München vor der Jahrhundertwende bis 1921, Berlin 1989: Transit.

WISTRICH, Robert: The Jews of Vienna in the Age of Franz Joseph. Oxford 1989: Oxford University Press.

ZECHLIN, Egmont: Die deutsche Politik und die Juden im Ersten Weltkrieg, Göttingen 1969; Vandenhoeck & Ruprecht.

ZELINSKY, Hartmut: Richard Wagner – ein deutsches Thema. Eine Dokumentation zur Wirkungsgeschichte 1876–1976, Frankfurt 1976.

ZMARZLIK, Hans-Günter: Antisemitismus im Deutschen Kaiserreich 1871–1918, in: Martin/Schulin (siehe I), S., 249–270 (mit Literaturbesprechung).

ZWEIG, Arnold: Bilanz der deutschen Judenheit 1933. Ein Versuch. Amsterdam 1934; Neuausgabe Köln 1961.

V. Kreuz, Hakenkreuz, Judenverfolgung und Judenermordung

Anhang:
Kirchen und Krieg. Der kroatische Ustascha-Staat

Zum Stand der Forschung über die Problematik »Kirchen und Holocaust« siehe: »Papers presented to the international Symposium held on Jerusalem« (Historical Society of Israel), Jerusalem 1982.

ADAM, Uwe Dietrich: Judenpolitik im Dritten Reich, Königstein 1979: Athenäum (Erstausgabe Düsseldorf 1972).

ADOLPH, Walter: Hirtenamt und Hitler-Diktatur, Berlin 1965.

– Die katholische Kirche im Deutschland Adolf Hitlers, Berlin 1974.

– Geheime Aufzeichnungen aus dem nationalsozialistischen Kirchenkampf 1935–1943, hg. von U. von Hehl, Mainz 1979, 3. A. 1982.

ALBRECHT, D. (Hg.): Katholische Kirche im Dritten Reich. Eine Aufsatzsammlung, Mainz 1976 (apologetische Tendenz).

ALBRICH, Thomas/EISTERER, Klaus/STEININGER, Rolf (Hg.): Tirol und der Anschluß. Voraussetzungen, Entwicklungen, Rahmenbedingungen 1918–1938, Innsbruck 1988: Haymon (Innsbrucker Forschungen zur Zeitgeschichte; auch zum traditionellen, speziell katholischen Antisemitismus).

ALTMEYER, K. A.: Katholische Presse unter NS-Diktatur. Die katholischen Zeitungen und Zeitschriften Deutschlands in den Jahren 1933–1945. Dokumentation, Berlin 1962.

ARNDT, Ino: Die Judenfrage im Licht der evangelischen Sonntagsblätter von 1918–1933, Diss. Tübingen 1960.

BAIER, Helmut: Das Verhalten der lutherischen Bischöfe gegenüber dem nationalsozialistischen Staat 1933/34, in: Kirche und Nationalsozialismus, Hg. P. Rieger/J. Strauß, München 1969.

– Die bayerische Landeskirche im Umbruch. 1931–1934, in: P. Rieger/J. Strauß (s. u.).

BÄRSCH, Claus-Ekkehard: Erlösung und Vernichtung. Dr. phil. Joseph Goebbels. Zur Psyche und Ideologie eines jungen Nationalsozialisten 1923–1927, München 1987: Klaus Boer (Kapitel: Nationalsozialismus und Christentum).

BAUMGÄRTEL, Friedrich: Wider die Kirchenkampf-Legenden. Neuendettelsau 1958, 2. A. 1959; 1976.

BECKMANN, Joachim (Hg.): Kirchliches Jahrbuch für die evangelische Kirche in Deutschland 1933–1944, Gütersloh 1948, 2. A. 1976.

– (Hg.): Kirchliches Jahrbuch für die Evangelische Kirche in Deutschland 1945–1948, Gütersloh 1950.

– Evangelische Kirche im Dritten Reich, 1948, 2. A. 1976.

BEILMANN, Christel: Eine katholische Jugend in Gottes und dem Dritten Reich. Berichte, Briefe, Gedrucktes 1930–1945. Kommentare 1988/89. Wuppertal 1989: Peter Hammer.

BEN-TOV, Arieh: Das Rote Kreuz kam zu spät. Die Auseinandersetzung zwischen dem Jüdischen Volk und dem Internationalen Komitee zum Roten Kreuz im Zweiten Weltkrieg, Zürich 1989: Ammann.

BERDING, Helmut: Moderner Antisemitismus in Deutschland (siehe IV).

BETHGE, Eberhard: Christen und Juden – eine ungeschriebene These, 1984.

– Kirchenkampf und Antisemitismus, in: ders., Am gegebenen Ort. Aufsätze und Reden, München 1979.

– Dietrich Bonhoeffer, Theologe, Christ, Zeitgenosse, München 1967, 5. A. 1984: Chr. Kaiser.

BETZ, G./OXAAL, I./POLLAK, M. (Hg.): (s. I; Jüd. Leben und Antisemitismus in Wien seit dem 19. Jahrhundert; 1990).

BEYREUTHER, Erich: Die Geschichte des Kirchenkampfes in Dokumenten 1933–1945, Wuppertal 1966.

– Die Vorgeschichte des Kirchenkampfes zwischen 1918 und 1933, in: R. Rieger/ J. Strauß (s. u.).

BINDER, Gerhart: Irrtum und Widerstand. Die deutschen Katholiken in der Auseinandersetzung mit dem Nationalsozialismus, München 1968.

BOBERACH, H. (Hg.): Berichte des SD und der Gestapo über Kirchen und Kirchenvolk in Deutschland 1934–1944, Mainz 1971.

BÖCKENFÖRDE, Ernst-Wolfgang: Kirchlicher Auftrag und politische Entscheidung, Freiburg 1973 (Sammelband).

– Der deutsche Katholizismus im Jahre 1933. Eine kritische Betrachtung, in: Hochland 53 (1961), S. 215–239; abgedr. im o. g. Sammelband S. 30–65.

– Der deutsche Katholizismus im Jahre 1933. Stellungnahme zu einer Diskussion, in: Hochland 54 (1962); abgedr. im o. g. Sammelband S. 66–104.

– Der deutsche Kahtolizismus im Jahre 1933, Freiburg 1988: Herder.

BRAKELMANN, Günter: Kirche in Konflikten ihrer Zeit, 1981.

BRAUN, Otto Rudolf: Die katholische Kirche und der Anschluß Österreichs an das Deutsche Reich. Zur Berichtigung einer Geschichtsfälschung, Pähl 1980.

BREUNING, Klaus: Die Vision des Reiches. Deutscher Katholizismus zwischen Demokratie und Diktatur (1929–1934), München 1969.

BRUNOTTE, Heinz: Die Kirchenmitgliedschaft der nichtarischen Christen im Kirchenkampf, in: Zeitschr. für ev. Kirchenrecht 13 (1967/68), S. 167 ff.

BÜTTNER, Ursula (Hg.): Das Unrechtsregime – Internationale Forschung über den Nationalsozialismus (Festschrift für Werner Jochmann), Hamburg 1986: Christians (2 Bde. mit 45 Beiträgen).

BUSCH, Eberhard: Juden und Christen im Schatten des Dritten Reiches – Ansätze zu einer Kritik des Antisemitismus in der Zeit der Bekennenden Kirche, München 1979.

– Kirche und Judentum im Dritten Reich, in: G. van Norden, Zwischen Bekenntnis und Anpassung, Köln 1985 (S. 157–177).

CONWAY, John S.: Die nationalsozialistische Kirchenpolitik 1933–1945. Ihre Ziele, Widersprüche und Fehlschläge, München 1969: Chr. Kaiser.

DAHM, K. W.: Pfarrer und Politik. Soziale Position und politische Mentalität des deutschen evangelischen Pfarrerstandes zwischen 1918 und 1933, Köln-Opladen 1965.

DENZLER, Georg: Widerstand oder Anpassung? Katholische Kirche und Drittes Reich, München 1984 (Serie Piper-TB).
DENZLER, Georg/FABRICIUS, Volker: Die Kirchen im Dritten Reich. Christen und Nazis Hand in Hand? Bd. 1 Darstellung. Bd. 2 Dokumente und ausführliche Bibliographie, Frankfurt 1984 (Fischer-TB).
DESCHNER, Karlheinz: Abermals krähte der Hahn (siehe I).
– Mit Gott und den Faschisten. Der Vatikan im Bunde mit Mussolini, Franco, Hitler und Pavelič, Stuttgart 1965.
DEUERLEIN, Ernst: Der deutsche Katholizismus 1933, 1963.
DIBELIUS, Otto: Ein Christ ist immer im Dienst – Erlebnisse und Erfahrungen in einer Zeitenwende, Stuttgart 1961.
– So habe ich's erlebt. Selbstzeugnisse, hg. von W. Dittmann, Berlin 1980.
DIE EVANGELISCHE KIRCHE in Deutschland und die Judenfrage. Ausgewählte Dokumente aus den Jahren des Kirchenkampfs 1933–1943. Genf 1945.
DIEM, Hermann: Ja oder Nein, 50 Jahre Theologie in Kirche und Staat, Stuttgart/Berlin 1974.
DIRKS, Walter: War ich ein linker Spinner? Republikanische Texte – von Weimar bis Bonn, München 1983.
DUCHROW, U. (Hg.): Zwei Reiche und Regimente. Ideologie oder evangelische Orientierung?, Gütersloh 1977.
ECKARDT, A. und R.: Christentum und Judentum (zum Holocaust, siehe II).
EPPEL, Peter: Zwischen Kreuz und Hakenkreuz. Die Haltung der Zeitschrift »Schönere Zukunft« zum Nationalsozialismus in Deutschland 1934–1938. Wien 1980: Böhlau (ausf.).
ERICKSEN, Robert: Theologen unter Hitler (siehe II).
FALCONI, Carlo: Das Schweigen des Papstes. Eine Dokumentation, 1965 (zu Polen und Kroatien; Quellenforschung).
FAULHABER, Michael: Judentum, Christentum, Germanentum. Adventspredigten gehalten in St. Michael zu München 1933, München 1934.
FAVEZ, Jean-Claude: Das Internationale Rote Kreuz und das Dritte Reich. War der Holocaust aufzuhalten? München 1989: Bertelsmann.
FRIEDLÄNDER, Saul: Pius XII. und das Dritte Reich. Eine Dokumentation, Hamburg-Reinbek 1965.
GEIGER, Max: Der deutsche Kirchenkampf 1933–1945. Zürich 1965.
GERLACH, Wolfgang: Als die Zeugen schwiegen. Bekennende Kirche und die Juden, Berlin 1987 (Institut Kirche und Judentum; eine 17 Jahre lang unterdrückte theolog. Dissertation).
GOTTO, Klaus/REPGEN, Konrad (Hg.): Die Katholiken und das Dritte Reich, Mainz 1983: Grünewald (topos-TB; apologet. Tendenz).
GREIVE, Hermann: Theologie und Ideologie. Katholizismus und Judentum in Deutschland und Österreich 1918–1935. Heidelberg 1969.
GRÖBER, Conrad: Handbuch der religiösen Gegenwartsfragen, 1937.
GRÜBER, Heinrich: Erinnerungen aus sieben Jahrzehnten, Köln/Berlin 1968.
GUTTERIDGE, H.: Open thy mouth for the dump. The German Evangelical Church and the Jews 1879–1950, Oxford 1976.
HEER, Friedrich: Der Glaube des Adolf Hitler (siehe IV).

– Gottes erste Liebe (siehe I; ausf. zum Thema Kirche und NS-System).
HEINONEN, Reijo E.: Anpassung und Identität – Theologie und Kirchenpolitik der Bremer Deutschen Christen 1933–1945, 1978.
HERMLE, Siegfried/LÄCHELE, Rainer/NUDING, Albrecht (Hg.): Im Dienst an Volk und Kirche! Theologiestudium im Nationalsozialismus, Erinnerungen, Darstellungen, Dokumente und Reflexionen zum Tübinger Stift 1930 bis 1950 (mit Abb.) Stuttgart 1988: Quell.
HILBERG, Raul: Die Vernichtung der europäischen Juden. Die Gesamtgeschichte des Holocaust, Berlin 1982: Olle & Wolter (auf gewaltigem Quellenmaterial basierendes, monumentales Standardwerk; gut lesbar); 1990 als TB.
HIRSCH, Emanuel: Das Wesen des Christentums, 1939.
HOCHHUTH, Rolf: Der Stellvertreter. Ein christliches Trauerspiel, Reinbek 1963; Rowohlt (rororo-TB mit Essays von Sabina Lietzmann, Karl Jaspers, Walter Muschg, Erwin Piscator, Golo Mann).
HÖLLEN, Martin: Heinrich Wienken, der »unpolitische« Kirchenpolitiker. Eine Biographie aus drei Epochen des deutschen Katholizismus, Mainz 1981.
HUBER, Wolfgang: Folgen christlicher Freiheit – Ethik und Theorie der Kirche am Horizont der Barmer Theologischen Erklärung, 1983.
HUBER, Wolfgang/SCHWERDTFEGER, J. (Hg.): Kirche zwischen Krieg und Frieden, Studien zur Geschichte des deutschen Protestantismus, Stuttgart 1976.
HUDAL, Alois: Die Grundlagen des Nationalsozialismus. Eine ideengeschichtliche Untersuchung von katholischer Warte, Leipzig/Wien 1937.
– Römische Tagebücher. Lebensbeichte eines alten Bischofs, Graz/Stuttgart 1976.
HÜRTEN, Heinz: Verfolgung, Widerstand und Zeugnis – Kirche im Nationalsozialismus. Fragen eines Historikers, Mainz 1987.
– (Hg.): Deutsche Briefe 1934–1938. Ein Blatt der katholischen Emigration, 2 Bde., Mainz 1969.
INSTITUT ZUR ERFORSCHUNG DES JÜDISCHEN EINFLUSSES AUF DAS DEUTSCHE KIRCHLICHE LEBEN (Hg.): Die Botschaft Gottes, 1940.
– Deutsche mit Gott. Ein deutsches Glaubensbuch, 1941.
– Germanentum, Christentum und Judentum, 1942.
JASPER, Gotthard (Hg.): Von Weimar zu Hitler 1930–1933, Köln 1965 (mit Abhandlungen von E. W. Böckenförde zum Katholizismus, van Norden zum Protestantismus sowie Becker zum Ende des Zentrums und zum politischen Katholizismus).
JOCHMANN, Werner: Gesellschaftskrise und Judenfeindschaft in Deutschland 1870–1945, Hamburg 1988: Christians (wichtige Aufsätze, Quellenforschung).
KAISER, Jochen-Christoph: »Politische Diakonie« zwischen 1918 und 1941: Der Rechenschaftsbericht Horst Schirmachers über seinen »Dienst in der Inneren Mission der Deutschen Evangelischen Kirche«; in: Jahrbuch für Westfälische Kirchengeschichte, 1987 (der Rechenschaftsbericht stammt aus 1947).
KAISER, Jochen-Christoph/GRESCHAT, Martin (Hg.): Der Holocaust und die Protestanten. Analysen einer Verstrickung, Frankfurt 1988; Athenäum.
KATER, H.: Die Deutsche Evangelische Kirche in den Jahren 1933 und 1934, Göttingen 1970.
KITTEL, Gerhard: Die Judenfrage, Stuttgart 1933.

KLEE, Ernst: »Die SA Jesu Christi«. Die Kirche im Banne Hitlers, Frankfurt 1989 (Fischer-TB; umfangr. Quellenangaben).
– »Euthanasie« im NS-Staat. Die »Vernichtung lebensunwerten Lebens«, Frankfurt 1983 (Fischer-TB).
KLEPPER, Jochen: Unter dem Schatten deiner Flügel. Aus den Tagebüchern der Jahre 1932–1942, Berlin/Darmstadt/Wien 1959, als dtv-TB 1976.
KLÜGEL, E.: Die lutherische Landeskirche Hannovers und ihr Bischof 1933–1945, Berlin/Hamburg 1964.
KRINGELS-KEMEN, Monika/LEMHÖFER, Ludwig (Hg.): Katholische Kirche und NS-Staat. Aus der Vergangenheit lernen?, Frankfurt 1981: Knecht; 3. A. 1983 (mit einem Vorwort von Walter Dirks).
KÜNNETH, Walter/SCHREINER, Helmuth: Die Nation vor Gott – Zur Botschaft der Kirche im Dritten Reich, Berlin 1933; 2. A. 1934.
KÜNNETH, Walter: Der große Abfall. Eine geschichtstheologische Untersuchung der Begegnung zwischen Nationalsozialismus und Christentum, 1947 (apologetische Tendenz).
KULKA, O. D./MENDES-FLOHR, P. R.: Judaism and Christianity under the Impact of National Socialism, Jerusalem 1987.
KUPISCH, Karl (Hg.): Quellen zur Geschichte des Protestantismus 1871–1945, München 1965.
– Quellen zur Geschichte des Protestantismus von 1945 bis zur Gegenwart, 2 Bde., Hamburg 1971.
LAPIDE, Pinchas: Rom und die Juden, Freiburg/Basel/Wien 1967; Herder (Original: The Last Three Popes and the Jews).
LAQUEUR, Walter: Was niemand wissen wollte. Die Unterdrückung der Nachrichten über Hitlers ›Endlösung‹, Frankfurt 1981: Ullstein.
LÄPPLE, Alfred: Kirche und Nationalsozialismus in Deutschland und Österreich, Fakten, Dokumente, Analysen, Aschaffenburg 1980; Pattloch.
LENZ, H. F.: Sagen Sie, Herr Pfarrer, wie kommen sie zur SS?, Gießen 1982.
LEWY, Guenter: Die katholische Kirche und das Dritte Reich, München 1965 (Quellenforschung; kritisches Standardwerk).
LIEBIG, Heinz (Hg.). Die Marburger Theologen und der Arierparagraph in der Kirche. Eine Sammlung von Texten aus den Jahren 1933 und 1934, Marburg 1977.
LIEBMANN, Maximilian: Kardinal Innitzer und der Anschluß. Kirche und Nationalsozialismus in Österreich 1938, Graz 1982.
– Theodor Innitzer und der Anschluß, Österreichs Kirche 1938, Graz/Wien/Köln 1988: Styria.
LINDT, A.: Das Zeitalter des Totalitarismus. Politische Heilslehren und ökumenischer Aufbruch, Stuttgart 1981.
LORTZ, Joseph: Katholischer Zugang zum Nationalsozialismus, kirchengeschichtlich gesehen, Münster 1933, 2. A. 1934.
LÖFFLER, Peter (Hg.): Bischof Clemens August Graf von Galen – Akten, Briefe und Predigten 1933–1946, Bd. I: 1933–1939, Bd. II: 1939–1946, Mainz 1989: Grünewald.
LÖNNE, Karl-Egon: Politischer Katholizismus im 19. und 20. Jahrhundert, Frankfurt 1986 (Suhrkamp-TB; zum Zentrum 1918–1933: S. 217–247).

MEIER Kurt: Kirche und Judentum. Die Haltung der evangelischen Kirche zur Judenpolitik des Dritten Reiches, Göttingen 1968 (Erstausgabe Halle/Saale 1968).
– Der evangelische Kirchenkampf, 3 Bde., Göttingen 1976–1984.
MUCKERMANN, Friedrich: Der deutsche Weg. Aus der Widerstandsbewegung der deutschen Katholiken von 1930–1945, Zürich 1946.
– Im Kampf zwischen zwei Epochen. Lebenserinnerungen, bearbeitet von Nikolaus Junk, Mainz 1974; Neuauflage 1985.
MUCKERMANN, Hermann: Grundriß der Rassenkunde, Paderborn 1934 (der kath. Geistliche war 1927–1933 Leiter der Abt. für Eugenik am Kaiser-Wilhelm-Institut für Anthropologie usw. in Berlin-Dahlem).
MÜLLER, Christine-Ruth: Dietrich Bonhoeffers Kampf gegen die nationalsozialistische Verfolgung und Vernichtung der Juden. München 1990: Chr. Kaiser (umf.).
MÜLLER Hans (Hg.): Katholische Kirche und Nationalsozialismus. Dokumente 1930–1935, München 1963 (überarbeitete dtv-TB-Ausgabe 1965).
NAARMANN, Margit: (s. II; Paderborner Juden 1802–1945, mit Abh. zur katholisch-judenfeindlichen Publizistik).
NEUHÄUSLER, Johannes: Kreuz und Hakenkreuz. Der Kampf des Nationalsozialismus gegen die katholische Kirche und der kirchliche Widerstand, 2 Bde., München 1946 (»apologetisches Standardwerk«).
NIEMÖLLER, Martin: Sätze zur Arierfrage in der Kirche, in: Junge Kirche 17/1933.
NIEMÖLLER, Wilhelm: Kampf und Zeugnis der Bekennenden Kirche, Bielefeld 1948.
– Die Evangelische Kirche im Dritten Reich. Handbuch des Kirchenkampfes, Bielefeld 1956.
NORDEN, Günther van: Der deutsche Protestantismus im Jahr der nationalsozialistischen Machtergreifung, Gütersloh 1979.
– Die Barmer Theologische Erklärung und die »Judenfrage«, in U. Büttner (Hg.), Der Unrechtsstaat Bd. I, S. 315 f. (s. o.).
– (Hg.): Zwischen Bekenntnis und Anpassung, Köln 1985 (darin: Eberhard Busch, Kirche und Judentum im Dritten Reich, S. 157–177).
NOWAK, K.: siehe IV (Evangelische Kirche und Weimarer Republik).
– »Euthanasie« und Sterilisierung im Dritten Reich. Die Konfrontation der evangelischen und katholischen Kirche mit dem »Gesetz zur Verhütung erbkranken Nachwuchses« und der »Euthanasie«-Aktion, 2. A. Göttingen 1980.
OEFFLER, Hans Joachim/PROLINGHEUER, Hans/SCHLUCK, Martin/WERNER, Heinrich/WISCHNATH, Rolf: Martin Niemöller – Ein Lesebuch 1987.
PROLINGHEUER, Hans: Wir sind in die Irre gegangen. Die Schuld der Kirche unterm Hakenkreuz nach dem Bekenntnis des »Darmstädter Wortes« von 1947, Köln 1987: Pahl-Rugenstein (TB; viele Bilddokumente, umfangreiche Nachweise, umfangreiches Literaturverzeichnis).
– Der Fall Karl Barth 1934–1935. Chronographie einer Vertreibung, Neukirchen-Vluyn 1977, 2. A. 1984.
– Kleine politische Kirchengeschichte. 50 Jahre evangelischer Kirchenkampf von 1919 bis 1969, 2. A. Köln 1985: Pahl-Rugenstein (TB).
– Die Schuld der evangelischen Kirche an den Juden, in: Neue Stimme 1987, H. 1 und 2.

– Die judenreine deutsche evangelische Kirchenmusik, in: Junge Kirche 1981/11 (Beiheft), 1982/3, 1983/5–6, 1986/6.
RAEM, H.-A. (Hg.): Katholische Kirche und Nationalsozialismus, Paderborn 1980 (Quellensammlung für den katholischen Religionsunterricht).
REHMANN, Jan: Kirchen im NS-Staat. Untersuchung zur Interaktion ideologischer Mächte. Berlin 1986: Argument.
REICHMANN, Eva: siehe I.
REIMANN, V.: Innitzer, Kardinal zwischen Hitler und Rom, Wien/München 1967.
REPGEN, Konrad: Judenpogrom, Rassenideologie und katholische Kirche. Köln 1988: Bachem (Aufsatz).
RIEGER, Paul/STRAUSS, Johann (Hg.): Kirche und Nationalsozialismus. Zur Geschichte des Kirchenkampfes, München 1969 (Sonderband der »Tutzinger Texte«, sehr kritische Arbeiten protestanischer Kirchenhistoriker).
RÖHM, Eberhard/THIERFELDER, Jörg: Evangelische Kirche zwischen Kreuz und Hakenkreuz. Bilder und Texte einer Ausstellung, 3. A. Stuttgart 1983.
– (s. II: Evangelische Kirche und Judenverfolgung, Dokumentation, 1988 und 1989).
– Juden Christen Deutsche (s. II; 3 Bde. 1990, 1 Bd. 1991; betr. die Zeit von 1933–1945).
ROON, Ger van: Widerstand im Dritten Reich, 4. neubearbeitete Auflage, München 1987: C. H. Beck (BsR-TB).
ROSMUS-WENNINGER, Anja: Widerstand und Verfolgung am Beispiel Passaus 1933–1939, Passau 1983: Andreas Haller (ausführliche Darstellung des Verhältnisses Nationalsozialismus – Kirche).
SASSE, Martin (Bischof): Martin Luther über die Juden: Weg mit ihnen, Freiburg 1938.
SCHATZ, Klaus: Zwischen Säkularisation und zweitem Vatikanum (siehe IV).
SCHÄFER, Gerhard (Hg.): Landesbischof D. Wurm und der nationalsozialistische Staat 1940–1945. Eine Dokumentation, Stuttgart 1968.
SCHÄFER, Jürgen: Kurt Gerstein. Ein protestantisches Schicksal zwischen Bekennender Kirche und Vernichtungsapparat der SS. München 1990: Chr. Kaiser.
SCHALLER, Berndt: Der Reichspogrom 1938 und unsere Kirche, in: Kirche und Israel, 1989, S. 123–148 (umf. Nachw.).
SCHEERER, R.: siehe VI (evangelische Kirche 1945–1949).
SCHELLENBERGER, B: Katholische Jugend und Drittes Reich. Eine Geschichte des Katholischen Jungmännerverbandes 1933–1939 unter besonderer Berücksichtigung der Rheinprovinz, Mainz 1975.
SCHERFFIG, Wolfgang: Junge Theologen im Dritten Reich I. Es begann mit einem Nein! 1933–1935.
– Bd. II. Im Bannkreis politischer Verführung (1936–1939). Jeweils Neukirchen 1989: Neukirchener Verlag (Dokumente, Briefe, Erfahrungen; Geleitworte von H. Gollwitzer bzw. K. Scharf).
SCHLUND, Erhard: Katholizismus und Vaterland, München 1923.
SCHMAUS, Michael: Begegnungen zwischen katholischem Christentum und nationalsozialistischer Weltanschauung, Münster 1933, 2. A. 1934.
SCHMIDT, Dietmar: Martin Niemöller. Eine Biographie, Stuttgart 1983.
SCHMÄDEKE, Jürgen/STEINBACH, Peter (Hg.): Der Widerstand gegen den Na-

tionalsozialismus. Die deutsche Gesellschaft und der Widerstand gegen Hitler, München 1985: Serie Piper (TB); 3. Teil: »Kirchen und Konfessionen zwischen Kooperation und Teilwiderstand«, S. 227–326.

SCHNEIDER, Burkhart (Hg.): Die Briefe Pius XII. an die deutschen Bischöfe 1939–1944, Mainz 1966.

SCHNEIDER, U.: Die Bekennende Kirche zwischen »freudigem Ja« und antifaschistischem Widerstand, Diss. Marburg 1985.

SCHOLDER, Klaus: Die Kirchen und das Dritte Reich. Bd. 1: Vorgeschichte und Zeit der Illusionen 1918–1934; Frankfurt/Berlin/Wien 1977 (1986 als Ullstein-TB, geringfügig ergänzt). Bd. 2: Das Jahr der Ernüchterung 1934, Barmen und Rom (hg. von Greschat/Kleinmann/Thierfelder, 1986; als Ullstein-TB 1988; (umfangreiches kritisches Standardwerk eines protestantischen Kirchenhistorikers mit Verarbeitung umfangreichen Quellenmaterials).

– Die Kapitulation der evangelischen Kirche vor dem nationalsozialistischen Staat, in: Zeitschr. für Kirchengeschichte 81 (1970), S. 183–206.

– Die Kirchen zwischen Republik und Gewaltherrschaft. Gesammelte Aufsätze. Hg.: K. O. von Aretin und Gerhard Besier, Berlin 1988: Siedler.

SCHULTHEIS, Herbert: Würzburger katholische Theologen und die Juden. Bad Neustadt 1988: Rötter.

SIEGELE-WENSCHKEWITZ, L.: Mitverantwortung und Schuld der Christen am Holocaust, Evangelische Theologie 42 (1982), 182–187.

SMID, Marikje: Deutscher Protestantismus und Judentum 1932/33. München 1989: Chr. Kaiser (umf.).

SONNE, Hans-Joachim: die politische Theologie der Deutschen Christen, Göttingen 1982.

STASIEWSKI Bernhard (Hg.): Akten deutscher Bischöfe über die Lage der Kirche 1933 bis 1945, Bde. 1–3, Mainz 1968–1979 (siehe auch unter L. Volk).

STEGEMANN, Wolfgang (Hg.): Kirche und Nationalsozialismus, Stuttgart 1990: Kohlhammer.

THAMER, Hans-Ulrich: Verfolgung und Gewalt: Deutschland 1933–1945, Berlin 1986 (sehr knappe Darstellung des Verhältnisses Kirche – Drittes Reich).

TÖDT, H. E.: Die Kirche nach der Pogromnacht in: Evangelische Kommentare 21 (1988), 633–638.

TOMKOWITZ, Gerhard/WAGNER, Dieter: »Ein Volk, ein Reich, ein Führer!« Der Anschluß Österreichs 1938, München 1968 (als TB der Serie Piper 1988).

TÜGEL, Franz: Mein Weg 1888–1946. Erinnerungen eines Hamburger Bischofs, Hamburg 1972.

VOLK, Ludwig (Hg.): Akten deutscher Bischöfe über die Lage der Kirche 1933–1945, Bde. 4 und 5, Mainz 1981–1983 (siehe auch unter Stasiewski).

– Der bayerische Episkopat und der Nationalsozialismus 1930–1934, Mainz, 2. A. 1966.

– (Hg.): Akten Kardinal Michael von Faulhabers 1917–1945, 2 Bde., Mainz 1975–1978.

WALLNER, Werner: Die deutschen Eheschutzgesetze und unsere Mündel, in: Jahrbuch der Cariataswissenschaft, 1937.

WEINBERGER, Paul: Kirche und Drittes Reich im Jahre 1933, in: Werkhefte XII 1958, S. 99 ff. (reich dokumentiert).

WEINZIERL, Erika: Zu wenig Gerechte. Österreicher und Judenverfolgung 1938–1945, Graz 1969.
WETH, Rudolf: »Barmen« als Herausforderung der Kirche, München 1984.
WOLF, Ernst: Die evangelischen Kirchen und der Staat im Dritten Reich, Zürich 1963.
WOLLASCH, Hans-Josef: Beiträge zur Geschichte der Deutschen Caritas in der Zeit der Weltkriege, Freiburg 1978.
WOLLENBERG, Jörg: »Niemand war dabei und keiner hat's gewußt« – Die deutsche Öffentlichkeit und die Judenverfolgung 1933–1945, München 1990: Serie Piper.
WUNDER, Michael/GENKEL, Ingrid/JENNER, Harald: Auf dieser schiefen Ebene gibt es kein Halten mehr. Die Alsterdorfer Anstalten im Nationalsozialismus, Hamburg 1987.
ZEHRER, Karl: Evangelische Freikirchen und das ›Dritte Reich‹, 1986.
ZIMMERMANN-BUHR, B.: Die katholische Kirche und der Nationalsozalismus in den Jahren 1930–1933, Frankfurt/New York 1982.

Anhang: Kirchen und Krieg

AICH, Johann: Im Dienste zweier Könige. Das Heldenbuch der Kriegstheologen, Breslau 1937.
BESIER, G.: Krieg – Frieden – Abrüstung. Die Haltung der europäischen und amerikanischen Kirchen zur Frage der deutschen Kriegsschuld 1914–1933, Göttingen 1982.
BRAKELMANN, Günter (Hg.): Kirche im Krieg. Der deutsche Protestantismus am Beginn des 2. Weltkrieges. München 1979: Chr. Kaiser (Sammel- und Quellenband).
DESCHNER, Karlheinz (Hg.): Kirche und Krieg. Der christliche Weg zum Ewigen Leben (Beiträge von K. H. Poppe, Klaus Ahlheim, Hans Wollschläger, Wolfgang Beutin), Stuttgart 1970: Hans E. Günther.
– Ein Jahrhundert Heilsgeschichte. Die Politik der Päpste im Zeitalter der Weltkriege, Bd. 1: Von Leo XIII. 1878 bis zu Pius XI. 1939; Bd. 2: Von Pius XII. 1939 bis zu Johannes Paul I. 1978, Köln 1982 und 1983: Kiepenheuer & Witsch.
– Mit Gott und dem Führer. Die Politik der Päpste zur Zeit des Nationalsozialismus (Kiwi-TB 1988; Auszug aus »Ein Jahrhundert Heilsgeschichte«).
DREWERMANN, Eugen: Der Krieg und das Christentum, 2. A. 1983.
GAEDE, R.: Kirche – Christen – Krieg und Frieden. Die Diskussion im deutschen Protestantismus während der Weimarer Zeit, Hamburg 1975.
GIOVANNETTI, Alberto: Der Vatikan und der Krieg (1939–1940), Köln 1961.
GRÖBER, Conrad: Kirche, Vaterland und Vaterlandsliebe, Freiburg 1935.
HAMMER, Karl: Christen, Krieg und Frieden, Freiburg/Olten 1972.
– Deutsche Kriegstheologie 1870–1918, München 1971.
HÖFLING, B.: Katholische Friedensbewegung zwischen zwei Kriegen. Der »Friedensbund Deutscher Katholiken« 1917–1933, Waldkirch 1979.
HUBER, W./SCHWERDTFEGER, J. (Hg.): Kirche zwischen Krieg und Frieden. Studien zur Geschichte des deutsche Protestanismus, Stuttgart 1976.

LILJE, Hanns: Der Krieg als geistige Leistung, 1941.
MISSALLA, Heinrich: Gott mit uns. Die deutsche katholische Kriegspredigt 1914–1918, München 1968.
– Für Volk und Vaterland. Die kirchliche Kriegshilfe im Zweiten Weltkrieg, Königstein 1978.
POSSET, F.: Krieg und Christentum. Katholische Friedensbewegung zwischen dem 1. und 2. Weltkrieg unter besonderer Berücksichtigung des Werks von Max Josef Metzger, Meitingen–Freising 1978.
SCHEINMANN, M. M.: Der Vatikan im Zweiten Wektkrieg, 1954.
WOLLASCH, Hans-Josef (Hg.): Militärseelsorge im Ersten Weltkrieg. Das Kriegstagebuch des katholischen Feldgeistlichen Benedict Kreutz, Mainz 1987: Matthias Grünewald.
ZAHN, Gordon C.: Die deutschen Katholiken und Hitlers Kriege, Graz/Köln 1965.
– Er folgte seinem Gewissen. Das einsame Zeugnis des Franz Jägerstätter, Graz/Wien/Köln 1967.

Anhang: Der kroatische Ustascha-Staat

DEDIJER, Vladimir: Jasenovac – das jugoslawische Auschwitz und der Vatikan, Freiburg 1988: Ahriman; 2. A. 1989 (erschütternd, zahlr. Fotos u. Dok.).
DESCHNER, Karlheinz: Ein Jahrhundert Heilsgeschichte (s. o.) Bd. 2, Köln 1983 (S. 210–254).
– Mit Gott und den Faschisten. Der Vatikan im Bunde mit Mussolini, Franco, Hitler und Pavelič, Stuttgart 1965.
FALCONI, Carlo: Das Schweigen des Papstes. Eine Dokumentation, 1965 (zu Polen – ohne Judenverfolgung – und Kroatien).
HORY, Ladislaus/BROSZAT, Martin: Der kroatische Ustasche-Staat 1941–1945, München 1964 (Institut für Zeitgeschichte, München).
KISZLING, R.: Die Kroaten. Der Schicksalsweg eines Südslawenvolkes 1956.
NEUBACHER, Hermann: Sonderauftrag Südost 1940–1945. Bericht eines fliegenden Diplomaten, 1956.
PARIS, Edmond (Pseudonym): Genocide in Satellite Croatia 1941–1945, 1962.

VI. Latenter Antisemitismus und »Vergangenheitsbewältigung« nach 1945 in Deutschland und Österreich

Anhang: Historikerstreit 1986

ADORNO, Theodor: Zur Bekämpfung des Antisemitismus heute (1962), in: Th. W. Adorno, Gesammelte Schriften 20.1 (Vermischte Schriften I), Frankfurt 1986: Suhrkamp.

AHREN, Yizhak/MELCHERS, Christoph/SEIFERT, Werner/WAGNER, Werner: Das Lehrstück »Holocaust«. Zur Wirkungspsychologie eines Medienereignisses, Opladen 1982: Westdeutscher Verlag.

AMERY, Carl: Die Kapitulation oder Der real existierende Katholizismus, München 1988: Süddeutscher Verlag (Teil I ist ein Nachdruck von »Die Kapitulation oder Deutscher Katholizismus heute«, Reinbek 1963).

ANTISEMITISMUS IN ÖSTERREICH; Innsbruck 1983: Inn-Verlag (darin: John Bunzl, Zur Geschichte des Antisemitismus in Österreich; Bernd Martin: »Die Juden« in der Kronenzeitung).

ARNDT, Siegfried/ESCHWEGE, Helmut/HONIGMANN, Peter/MERTENS, Lothar: Juden in der DDR. Geschichte, Probleme, Perspektiven, Köln 1988: Brill.

ASSHEUER, Thomas/SARKOWICZ, Hans: Rechtsradikale in Deutschland. Die alte und die neue Rechte. München 1990: Beck'sche Reihe. (Sehr informativ und konkret; umf. Bibl., aber wenig speziell zum Antisemitismus).

BAUMGÄRTEL, Friedrich: siehe V (Kirchenkampflegenden).

BECKERMANN, Ruth: Unzugehörig, Österreicher und Juden nach 1945. Wien 1989: Löcker.

BECKMANN, Joachim (Hg.): Kirchliches Jahrbuch für die evangelische Kirche in Deutschland 1945 bis 1948, Gütersloh 1950; ferner die weiteren Jahrbücher.

BENZ, Wolfgang (Hg.): Rechtsextremismus in der Bundesrepublik Deutschland. Voraussetzungen, Zusammenhänge, Wirkungen, Frankfurt 1984 (Fischer-TB).

BERGMANN, Werner/ERB, Rainer (Hg.): Antisemitismus in der politischen Kultur seit 1945, Wiesbaden 1989: Westdeutscher Verlag (interdisziplinär-sozialwissenschaftliche Antisemitismusforschung).

BEST, Michael (Hg.): Der Frankfurter Börneplatz. Zur Archäologie eines politischen Konflikts. Fischer-TB 1990.

BOYENS, Armin/GRESCHAT, Martin/von THADDEN/POMBENI: Kirchen in der Nachkriegszeit, Göttingen 1979.

BÖLL, Heinrich: Ansichten eines Clowns, 1963 (Roman zum katholischen Nachkriegsmilieu).

BRAUN, Otto Rudolf: Die katholische Kirche und der Anschluß Österreichs an das Deutsche Reich. Zur Berichtigung einer Geschichtsfälschung, Pähl 1980.

BRODER, Henryk/LANG, Michael (Hg.): Fremd im eigenen Land. Juden in der Bundesrepublik, Frankfurt 1979 (Fischer-TB).

BRODER, Henryk: Der ewige Antisemit. Über Sinn und Funktion eines beständigen Gefühls, Frankfurt 1986 (Fischer-TB).

BROSZAT, Martin: Nach Hitler. Der schwierige Umgang mit unserer Geschichte, München 1986 (Aufsatzsammlung).

BRUMLIK, Micha/KIESEL, Doron/KUGELMANN, Cilly/SCHOEPS, Julius H.: Jüdisches Leben in Deutschland seit 1945, Frankfurt 1986: Athenäum (TB).

CONZEMIUS, Victor/GRESCHAT, Martin/KOCHER, Hermann (Hg.): Die Zeit nach 1945 als Thema kirchlicher Zeitgeschichte, Göttingen 1988: Vandenhoeck & Ruprecht.

DENZLER, Georg: Widerstand oder Anpassung? Katholische Kirche und Drittes Reich. München 1984: Serie Piper-TB (hier: Kap. »Immer noch unbewältigte Vergangenheit«, S. 91–133).

DIEM, Hermann: Kirche und Entnazifizierung, 1946 (H. 5 der Reihe »Kirche für die Welt«).
– Restauration oder Neuanfang in der Evangelischen Kirche? Stuttgart 1946.
– Die Stunde der Kirche, Berlin 1950 (Sammelband).
DUDEK, Peter (Hg.): Hakenkreuz und Judenwitz. Antifaschistische Jugendarbeit in der Schule, Bensheim 1980.
EMMERICH, Peter/WÜRKNER, Joachim: Kunstfreiheit oder Antisemitismus? Neue Juristische Wochenschrift (NJW) 1986, S. 1195–1205 (zur Fassbinder-Kontroverse).
ERB, R./LICHTBLAU, A.: »Es hat nie einen jüdischen Ritualmord gegeben.« Konflikte um die Abschaffung der Verehrung des Andreas von Rinn, in: Zeitgeschichte 17 (1989), 127 ff.
FLEISCHMANN, Lea: Dies ist nicht mein Land. Eine Jüdin verläßt die Bundesrepublik (Mit einem Nachwort von Henryk Broder), Hamburg 1980: Hoffmann & Campe. 1986 als Heyne-TB.
FREYTAG, A./MARTE, B./STERN, T.: Ritus und Haß (s. I; vor. 1991).
GASSNER, Gisela/HAUG, Hans-Jürgen: Im Innern des Landes. Reportagen aus der Provinz, Ismaning 1986.
GINZEL Günther B.: Hitlers (Ur)enkel. Neonazis: ihre Ideologien und Aktionen. Düsseldorf 1981.
– (Hg.): Auschwitz als Herausforderung für Juden und Christen, Heidelberg 1980 (siehe auch II).
– (Hg.): Antisemitismus: Erscheinungsformen und Motive des Judenhasses gestern und heute, Heidelberg 1986 (mit Auswertung empirischer Studien zur Antisemitismus- und Jugendforschung).
GIORDANO, Ralph: Die zweite Schuld oder Von der Last Deutscher zu sein, Hamburg 1987: Rasch & Röhring; auch als Knaur-TB.
GRESCHAT, Martin (Hg.): Die Schuld der Kirche (siehe II).
HARPPRECHT, Klaus: Am Ende der Gemütlichkeit. Ein österreichisches Tagebuch, Düsseldorf 1987.
HAUER, N.: Judenstern-Legende ohne Ende, 1985.
HEIDTMANN, Günter: Hat die Kirche geschwiegen? Das öffentliche Wort der evangelischen Kirche aus den Jahren 1945–1964, 3. A. 1964.
HEIN-JANKE, Ewald: Protestantismus und Faschismus nach der Katastrophe (1945–1949), Stuttgart 1982.
HERMLE, Siegfried: Evangelische Kirche und Judentum. Stationen nach 1945. Diakonische Hilfe für rasseverfolgte Christen. Ansätze einer theologischen Aufarbeitung, Göttingen 1990: Vandenhoeck & Ruprecht.
JÜRGENSEN, Kurt: Die Stunde der Kirche. Die Evangelisch-Lutherische Landeskirche Schleswig-Holsteins in den ersten Jahren nach dem Zweiten Weltkrieg, Neumünster 1976.
KÖCHER, Renate: Deutsche und Juden vier Jahrzehnte danach, Allensbach 1986: Institut für Demoskopie.
LICHTENSTEIN, Heiner (Hg.): Die Fassbinder-Kontroverse oder Das Ende der Schonzeit. Mit einem Nachwort von Julius H. Schoeps, Frankfurt 1986: Athenäum.

MITSCHERLICH, Alexander und Margarete: Die Unfähigkeit zu trauern, München 1967: Piper (jetzt als Serie Piper-TB).
– Margarete: Erinnerungsarbeit. Zur Psychoanalyse der Unfähigkeit zu trauern, Frankfurt 1987: Fischer.
MÜLLER, Hans: Zur Behandlung des Kirchenkampfes in der Nachkriegsliteratur, in: Politische Studien, Heft 135 (1961).
MÜLLER-HOHAGEN, Jürgen: Verleugnet, verdrängt, verschwiegen. Die seelischen Auswirkungen der Nazizeit, München 1988: Kösel (aus psychotherapeutischer Sicht).
NEUHÄUSLER, Johannes: Kreuz und Hakenkreuz. Der Kampf des Nationalsozialismus gegen die katholische Kirche und der kirchliche Widerstand, 2 Bde., München 1946 (apologetisch).
OPPENHEIMER, Max/STUCKMANN, Horst/SCHNEIDER, Rudi: Als die Synagogen brannten – Antisemitismus und Rassismus gestern und heute, Köln 1988: Pahl-Rugenstein.
OSTOW, Robin: Jüdisches Leben in der DDR, Frankfurt 1988: Athenäum.
PANAKI, Badi: Vorurteile, Antisemitismus, Nationalismus – in der Bundesrepublik heute, Frankfurt 1980.
PELINKA, Anton/WEINZIERL, Erika: Das große Tabu. Österreichs Umgang mit seiner Vergangenheit, Wien 1987.
PETZOLD, L.: (s. II; zur Aufhebung des Kults um Andreas von Rinn; 1987).
PLACK, Arno: Wie oft wird Hitler noch besiegt?, Düsseldorf 1982 (auch als Fischer-TB).
POLLOCK, Friedrich: Gruppenexperiment, Frankfurt 1955 (Frankfurter Beiträge zur Soziologie; zum Antisemitismus).
POTOTSCHNIG, Franz/PULZER, Peter/RINNENTHALER, Alfred (Hg.): Semitismus und Antisemitismus in Österreich. 2. A. 1988: Kovar.
PROLINGHEUER, Hans: Wir sind in die Irre gegangen. Die Schuld der Kirche unterm Hakenkreuz... (siehe V).
RADDATZ, Fritz (Hg.): Summa iniuria oder: Durfte der Papst schweigen?, Hamburg 1963.
ROGGER, I.: (s. III; zu Simon von Trient, 1986).
ROSEN, Klaus-Henning: Vorurteile im Verborgenen. Zum Antisemitismus in der Bundesrepublik, in: Strauss/Kampe (siehe I).
SALLEN, Herbert: Zum Antisemitismus in der Bundesrepublik Deutschland. Konzepte, Methoden und Ergebnisse in der empirischen Antisemitismusforschung, Frankfurt 1977: Haag + Herchen.
SCHEERER, Reinhard: Evangelische Kirche und Politik 1945 bis 1949. Zur theologischen und politischen Ausgangslage in den ersten Jahren nach der Niederlage des »Dritten Reiches«, Köln 1981: Pahl-Rugenstein.
SCHMIDT, Dietmar: Martin Niemöller. Eine Biographie, Stuttgart 1983.
SCHOMERS, Michael: Deutschland von rechts. Köln 1990: Kiepenheuer & Witsch (Bericht aus dem Inneren der Kölner Republikaner).
SCHROUBEK, Georg: (s. III; zu Andreas von Rinn, 1986).
– s. III; zum Ritualmord von Polna, traditioneller und moderner Wahnglaube, 1987).
SILBERMANN, Alphons: Latenter Antisemitismus in der Bundesrepublik Deutsch-

land, in: Michael Bosch (Hg.), Antisemitismus, Nationalsozialismus und Neonazismus, Düsseldorf 1979 (Kurzfassung des 1. Teil der »Silbermann-Studie«).
– Sind wir Antisemiten? Ausmaß und Wirkung eines sozialen Vorurteils in der Bundesrepublik Deutchland, Köln 1982 (»Silbermann-Studie«).
– Der ungeliebte Jude. Zur Soziologie des Antisemitismus, Osnabrück 1981.
SILBERMANN, Alphons/SCHOEPS, Julius H. (Hg): Antisemitismus nach dem Holocaust. Bestandsaufnahme und Erscheinungsformen in deutschsprachigen Ländern, Köln 1986.
»SINUS-STUDIE«: 5 Millionen Deutche: »Wir sollten wieder einen Führer haben...« Die SINUS-Studie über rechtsextremistische Einstellungen bei den Deutschen. Reinbek 1981 (rororo-TB).
SPOTTS, Frederic: Kirchen und Politik in Deutschland, Stutgart 1976.
VOGEL, Rolf (Hg.): Der deutsch-israelische Dialog, Bd. 1, München/New York/London/Paris 1987 (Dokumentation eines erregenden Kapitels deutscher Außenpolitik, bis 1973).
VOLLNHALS, Clemens: Evangelische Kirche und Entnazifizierung 1945–1949. München 1989: Oldenbourg.
WEISS, Hilde: Antisemitische Vorurteile in Österreich. Theoretische und empirische Analysen, 1983.
WENDELBORN, Gert: Charta der Neuorientierung – Die Rezeption des »Darmstädter Worts«, Berlin (Ost) 1977 (zahlreiche Quellenangaben).
WODAK, Ruth/NOWAK, Peter/PELIKAN, Johanna u. a.: Wir sind alle unschuldige Täter. Diskurshistorische Studien zum Nachkriegsantisemitismus, 2 Bde., Frankfurt 1990: Suhrkamp-TB (interdisziplinär, aktuell, betr. Österreich).
WOJAK, Andreas (Hg.): Schatten der Vergangenheit. Deutsche und Juden heute, 1985: GTB-Siebenstern.
ZWERENZ, Gerhard: Die Rückkehr des toten Juden nach Deutschland, Ismaning 1986: Hueber (Essays).

Anhang: Historikerstreit 1986

Der »Historikerstreit« ist so gut wie vollständig dokumentiert in dem Sammelband der Serie Piper: Historikerstreit, München 1987 (TB). Er gab Anlaß zu weiteren Veröffentlichungen:

DINER, Dan (Hg.): Ist der Nationalsozialismus Geschichte? Zu Historisierung und Historikerstreit, Frankfurt 1988, (Fischer-TB).
ESCHENHAGEN, Wieland (Hg.): Die neue deutsche Ideologie. Einsprüche gegen die Entsorgung der Vergangenheit, Neuwied 1988: Sammlung Luchterhand (TB).
HENNIG, Eike: Zum Historikersteit, Frankfurt 1988: Athenäum.
MEIER, Christian: 40 Jahre nach Auschwitz. Deutsche Geschichtserinnerung heute, München 1987: Deutscher Kunst-Verlag.
WEHLER, Hans Ulrich: Entsorgung der deutschen Vergangenheit? Ein polemischer Essay zum »Historikerstreit«, München 1988: Beck'sche Reihe (TB).

VII. Antisemitismus außerhalb Deutschlands und Österreichs

ABOSCH, Heinz: Antisemitismus in Rußland: Eine Analyse und Dokumentation zum sowjetischen Antisemitismus, Darmstadt 1972.

ABRAMSKY, Chimen/JACHIMCZYK, Maciej/POLONSKY, Antony (Hg.): The Jews in Poland. Oxford 1986: Blackwell (Verhältnis Christen/Juden vom Mittelalter bis heute).

BARON, S. W.: The Russian Jews under Tsars and Soviets, New York 1964.

BIBO, István: Misère des petits États d'Europe de l'Est, Paris 1986: L'Harmattan (Orig. 1948; S. 211–392 zu den national unterschiedlichen Antisemitismen; sozialgeschichtl. Untersuchung des Verhältnisses Christen/Juden).

– Zur Judenfrage am Beispiel Ungarns nach 1944. Frankfurt 1989: Neue Kritik.

BRAHAM, Randolph L.: The Hungarian Jewish Catastrophe. A Selected and Annotated Bibliography. New York 1984 (Institute for Holocaust Studies of the City University of New York).

BRODER, Henryk M.: Der ewige Antisemit (siehe I).

COHN, Norman: Die Protokolle der Weisen von Zion. Der Mythos von der jüdischen Weltverschwörung, Köln 1969.

COHN, Willy: Juden und Staufer in Unteritalien und Sizilien, Aalen 1978.

DUBNOW, D.: History of the Jews in Russia and Poland, 3 Bde.; Philadelphia 1916–1919.

FEJTÖ, François: Judentum und Kommunismus. Antisemitismus in Osteuropa, Wien 1970.

FISCHER, Rolf: Entwicklungsstufen des Antisemitismus in Ungarn 1867–1939; München 1988: Oldenbourg.

GOLCZEWSKI, F.: Polnisch-jüdische Beziehungen 1881–1922, Wiesbaden 1981.

GUGGENHEIM-GRÜNBERG, Florence/GUGGENHEIM, Willy/TEICHMANN, J./WEINGARTEN, R.: Juden in der Schweiz. Glaube, Geschichte, Gegenwart. 2. veränd. Aufl. 1983.

IANCU, Carol: Juifs de Roumnie 1866–1919. De l'exclusion à l'émancipation. Aix-en-Provence 1978: Editions de l'Université de Provence.

KATZ, Jacob: Vom Vorurteil bis zur Vernichtung. Der Antisemitismus 1700–1933. München 1989: C. H. Beck (auch zu Frankreich).

KIEVAL, Hillel J.: The Making of Czech Jewry. National Conflict and Jewish Society in Bohemia 1870–1918. Oxford 1988: Oxford University Press.

KLARSFELD, Serge: Vichy–Auschwitz. Die »Endlösung der Judenfrage« in Frankreich. Nördlingen 1989: Greno.

KOVÁCS, Maria M.: The Politics of the Legal Profession in Interwar Hungary. New York 1985: Institute of East Central Europe (zum unterschiedl. Antisemitismus der Berufsstände).

LAQUEUR, Walter: Deutschland und Rußland, Berlin 1966 (Kap. »Der Nationalsozialismus und die Weisen von Zion«, S. 99–121, mit Entstehungs- und Wirkungsgeschichte).

– Was niemand wissen wollte. Die Unterdrückung der Nachrichten über Hitlers ›Endlösung‹, Frankfurt 1981: Ullstein.
LENDVAI, Paul: Antisemitismus ohne Juden. Entwicklungen und Tendenzen in Osteuropa, Wien 1972.
LEWIS, Bernhard: »Treibt sie ins Meer!« Die Geschichte des Antisemitismus, Frankfurt/Berlin 1987: Ullstein (u.a. zur Bedeutung des christlichen Einflusses).
– Die Juden in der islamischen Welt. Vom frühen Mittelalter bis ins 20. Jahrhundert, München 1987.
LICHTENSTEIN, Heiner: Warum Auschwitz nicht bombardiert wurde. Eine Dokumentation, Köln 1980: Bund.
LIPSCHER, Ladislav: Die Juden im Slowakischen Staat 1939–1945, München 1980: Oldenbourg.
MARRUS, Michael R.: Die französischen Kirchen und die Judenverfolgung 1940–1944, in: Vierteljahreshefte für Zeitgeschichte, 1983 (Hg.: K. D. Bracher, H. P. Schwarz).
MATRAY, Maria: Dreyfus. Ein französisches Trauma, 1986; Ullstein-TB 1988.
MOMIGLIANO, Arnaldo: Die Juden in der Alten Welt. Berlin 1988: Wagenbach (mit Aufsatz z. Thema Juden in Italien).
MORSE, Arthur D.: Die Wasser teilten sich nicht, Bern/München/Wien 1968 (These: ohne USA keine »Endlösung«).
MOSSE, G. L.: Rassismus. Ein Krankheitssymptom in der europäischen Geschichte des 19. und 20. Jahrhunderts, Königstein 1978.
von zur MÜHLEN, P.: Rassenideologien. Geschichte und Hintergründe, Berlin/Bonn, 2. A. 1979.
RAMBLER, Otto (Pseudonym eines poln. Schriftstellers): Der feige Rassismus. Das Finale der jüdischen Tragödie in Polen, Wien 1971.
RENGSTORF, K. H./V. KORTZFLEISCH, S.: Kirche und Synagoge, Bd. 2 (siehe II).
SCHRADER, Achim/RENGSTORF, Karl H. (Hg.): Europäische Juden in Lateinamerika. St. Ingbert 1989: Röhrig (umf.).
SIEBECKE, Horst: Die Schicksalsfahrt der »Exodus 47«. Eine historische Dokumentation, München 1984; als Fischer-TB 1987.
SMOLAR, Alexandr: Les Juifs dans la mémoire polonaise, in: Esprit n. 127 (1987), 1–31 (Dokumenation zu Nachkriegspolen).
THALHEIMER, Siegfried: Macht und Gerechtigkeit. Ein Beitrag zur Geschichte des Falles Dreyfus, München 1958: C. H. Beck (umfangreich).
– (Hg.): Die Affäre Dreyfus, München 1986 (dtv-TB; Dokumentation).
THE JEWS OF CZEKOSLOVAKIA. Historical Studies and Surveys. 3 Bde., Philadelphia 1968–1984: The Jewish Publication Society of America.
WEIDLEIN, Josef: Der ungarische Antisemitismus in Dokumenten, Schorndorf 1962 (Selbstverlag).
WIESEL Elie: Die Juden in der UdSSR. Antisemitismus im Sowjetreich, München 1967.
WIESENTHAL, Simon: Judenhetze in Polen, Vorkriegsfaschisten und Nazi-Kollaborateure in Aktionseinheit mit Antisemiten aus den Reihen der KP Polens.
WYMAN, David S.: Das unerwünschte Volk. Amerika und die Vernichtung der europäischen Juden, Ismaning 1986: Max Hueber; jetzt auch Ullstein-TB.

VIII. Sonstige Literatur

ANDRESEN, Carl (Hg.): Handbuch der Dogmen- und Theologiegeschichte (3 Bde.), Bd. 1, Göttingen 1980.

ANDRESEN, Carl/DENZLER, Georg: Wörterbuch der Kirchengeschichte, 2. überarbeitete Auflage 1984 (dtv-TB).

BLOCH, Ernst: Atheismus im Christentum, Frankfurt 1968 (S. 207–212 zur Begriffsverschiebung Menschensohn – Herr und Gott).

BÖLL, Heinrich: Brief an einen jungen Katholiken, 1958; abgedr. z. B. in: Erzählungen, Hörspiele, Aufsätze, Köln/Berlin 1961; gesondert als TB 1987.

BORST, Otto: Alltagsleben im Mittelalter, Frankfurt 1983 (Insel-TB).

CHAUCER, Geoffrey; Canterbury – Erzählungen, Zürich 1971: Manesse (Prosaübertragung von Detlef Droese).

CRAIG, Gordon: Über die Deutschen, München 1982 (dtv-TB 1985).

– Deutsche Geschichte 1866–1945, München 1980: C. H. Beck.

DESCHNER, Karlheinz: Das Kreuz mit der Kirche. Eine Sexualgeschichte des Christentums, Düsseldorf/Wien 1974: Econ; als Heyne-TB in erweiterter aktualisierter Fassung 1989.

– Der gefälschte Glaube. Eine kritische Betrachtung kirchlicher Lehren und ihrer historischen Hintergründe, München 1988: Knesebeck & Schuler.

DURANT, Ariel und Will: Kulturgeschichte der Menschheit (18 Bände, viele versch. Ausgaben).

DE GASPERI, Maria Romana Catti: De Gasperi, Uomo solo, Milano 1964.

GREGOROVIUS, Ferdinand: Geschichte der Stadt Rom im Mittelalter (siebenbändige, überarbeitete dtv-Ausgabe 1988).

GREINACHER, Norbert/KÜNG, Hans (Hg.): Katholische Kirche – Wohin?, München 1986: Serie Piper (TB); wichtiger Sammelband.

GRÖNBOLD, Günter: Jesus in Indien. Das Ende einer Legende, 1985.

HAASE, Norbert: Deutsche Deserteure, Berlin 1987: Rotbuch.

HAMM-BRÜCHER, Hildegard: Kämpfen für eine demokrat. Kultur. Texte aus vier Jahrzehnten, München 1986: Serie Piper.

HAMPEL, Johannes: Der Nationalsozialismus, Bd. I: Machtergreifung und Machtsicherung 1933–1935, München 1985: Bayerische Landeszentrale für politische Bildungsarbeit (Sammelband).

HARNACK, Adolf: Dogmengeschichte, 6. verbesserte Auflage, Tübingen 1922 (klassische »Kurzfassung« des dreibändigen Lehrbuchs).

HASLER, August Bernhard: Wie der Papst unfehlbar wurde. Macht und Ohnmacht eines Dogmas, München 1979: Piper; erweiterte Ullstein-TB-Ausgabe 1981.

HERRMANN, Horst: Ketzer in Deutschland, Köln 1978; Heyne-TB 1982.

HOFER, Walther: Der Nationalsozialismus. Dokumente 1933–1945, 1. A. 1957, viele Auflagen (Fischer-TB).

HOLL, Adolf: Jesus in schlechter Gesellschaft, Stuttgart 1971: Deutsche Verlags Anstalt; seit 1974 als dtv-TB.

– Religionen, Stuttgart 1981: Deutsche Verlags Anstalt. Seit 1984 als Ullstein-TB.

HUTH, Werner: Glaube, Ideologie und Wahn. Das Ich zwischen Realität und Illusion, München 1984: Nymphenburger; als Ullstein-TB 1988.

JEDIN, Hubert (Hg.): Handbuch der Kirchengeschichte, 7 Bde., Freiburg/Basel/Wien 1962–1979: Herder.

JEDIN, Hubert/REPGEN, Konrad (Hg.): Die Weltkirche im 20. Jahrhundert, Freiburg/Basel/Wien 1979; Herder (Bd. 7 des o. g. Handbuchs).

JENS, Walter (Hg.): Vom Nächsten, München 1984: dtv; Orig. Stuttgart 1974: Kreuz Verlag.

JONES, Ernest: Zur Psychoanalyse der christlichen Religion, Frankfurt 1970: Suhrkamp (4 Abhandlungen von 1913–1926).

KATHOLISCHER ERWACHSENENKATECHISMUS. Das Glaubensbekenntnis der Kirche, Hg.: Deutsche Bischofskonferenz, Bonn 1985.

KERSTEN, Holger: Jesus lebte in Indien, München 1984: Knaur-TB.

KÜHNER, Hans: Das Imperium der Päpste, Kirchengeschichte, Weltgeschichte, Zeitgeschichte. Von Petrus bis heute, Zürich 1977; aktualisiert und erweitert als Fischer-TB 1980.

– Tabus der Kirchengeschichte, Nürnberg 1971 (1. A. 1964).

– Index Romanus. Auseinandersetzung oder Verbot, Nürnberg 1963.

KÜNG, Hans: Die Kirche, Freiburg 1967: Serie Piper (TB).

– Christ sein, München 1974; dtv-TB.

LANDSHUTER, Walter/LIEGL, Edgar (Hg.): Beunruhigung in der Provinz. Zehn Jahre Scharfrichterhaus (mit Preis-Rede von Anja Rosmus-Wenninger), Passau 1987; Haller.

LAQUEUR, Walter/BREITMAN, Richard: Der Mann, der das Schweigen brach. Wie die Welt vom Holocaust erfuhr, Frankfurt/München 1986 (Würdigung Eduard Schultes).

LEA, Henry Charles: Geschichte der Inquisition im Mittelalter, 3 Bde., Nördlingen 1987: Greno (geb. und als TB), Nachdruck der von Joseph Hansen hg. dt. Erstausgabe 1905 ff.

LEHMANN, Johannes: Das Geheimnis des Rabbi J. Was die Urchristen versteckten, verfälschten und vertuschten. Hamburg 1985: Rasch und Röhring; 1990 als Knaur-TB (seriöse Unters. unter genauer Verarbeitung der Schriftfunde von Qumran und Ägypten: vom Juden Jesus zur christl. Machtkirche; zur Vergottung S. 254–269 der TB-Ausg.; zahlr. Nachw.).

LILL, Rudolf/OBERREUTER, Heinrich: Machtverfall und Machtergreifung. Aufstieg und Herrschaft des Nationalsozialismus, 2. A. München 1986; Bayerische Landeszentrale für politische Bildungsarbeit (Sammelband).

LO BELLO, Nino: Vatikan im Zwielicht. Die unheiligen Geschäfte des Kirchenstaates, Düsseldorf/Wien 1983; Econ (auch als Heyne-TB).

MADER, Ernst/KNAB, Jakob: Das Lächeln des Esels. Das Leben und die Hinrichtung des Allgäuer Bauernsohnes Michael Lerpscher (1905–1940), Blöcktach 1987: Verlag an der Säge.

MEYER, Thomas: Fundamentalismus. Aufstand gegen die Moderne, Reinbek 1989 (rororo-TB).

– (Hg.): Fundamentalismus in der modernen Welt. Die Internationale der Unvernunft, Frankfurt 1989: Suhrkampf (es-TB); 16 Beiträge.
NIPPERDEY, Thomas: Deutsche Geschichte 1800–1866, München 1983: C. H. Beck.
OBERMEIER, Siegfried: Starb Jesus in Kaschmir? Das Geheimnis seines Lebens und Wirkens in Indien, 4. A. 1985.
PLACK, Arno: Wie oft wird Hitler noch besiegt?, Düsseldorf 1982: Erb (auch als TB).
PURDY, W. A.: Die Politik der katholischen Kirche, 1967.
RAFETSEDER, Hermann: Bücherverbrennungen. Die öffentliche Hinrichtung von Schriften im historischen Wandel. Wien/Köln/Graz 1988: Böhlau.
RAHNER, Karl/VORGRIMLER, Herbert: Kleines Konzilskompendium Freiburg/Basel/Wien 1966: Herder (sämtliche Texte mit Erläuterungen; TB, zahlreiche Auflagen).
RÖMER, Gernot: Für die Vergessenen, Augsburg 1984.
ROSKOFF, Gustav: Geschichte des Teufels. Eine kulturhistorische Satanologie von den Anfängen bis ins 18. Jahrhundert, Nördlingen 1987; Greno-TB (einbändiger Nachdruck der Ausgabe 1869).
ROTH, Jürgen/Ender. Berndt: Geschäfte und Verbrechen der Politmafia. Eine kritische Bestandsaufnahme des internationalen Dunkelmännerwesens, Berlin 1987: IBDK.
SARTORY, Thomas u. Gertrude: In der Hölle brennt kein Feuer, 1968.
SCHWAIGER, Georg (Hg.): Aufbruch ins 20. Jahrhundert. Zum Streit um Reformkatholizismus und Modernismus, Göttingen 1976.
SEELIGER, Ewald Gerhard: Handbuch des Schwindels, Frankfurt 1986: Insel-TB (Original 1922).
SEITERICH, Thomas (Hg.): Briefe an den Papst. Beten allein genügt nicht, Reinbek 1987: rororo-TB (Ein Publik-Forum-Buch).
SLEUMER, Albert: Index Romanus, 7. A. 1920 (amtliche deutsche Ausgabe).
SPOTTS, Frederic: Kirchen und Politik in Deutschland, Stuttgart 1976.
TRIPPEN, Norbert: Theologie und Lehramt im Konflikt. Die kirchlichen Maßnahmen gegen den Modernismus im Jahre 1907 und ihre Auswirkungen in Deutschland, Freiburg u. a. 1977.
TUCHMAN, Barbara: Der stolze Turm, München/Zürich 1969 (auch als TB; zur Zeit vor dem 1. Weltkrieg 1890–1914).
VOLTAIRE: Philosophisches Wörterbuch, Frankfurt 1985; Röderberg-TB (Auswahl).
WALDENFELS, Hans (Hg.): Lexikon der Religionen, Freiburg u. a. 1987: Herder (Begründer des Lexikons: Kardinal Franz König).
WEBER, Hartwig: Jugendlexikon Religion. Religionen der Welt, Reinbek 1986: rororo-Handbuch.
v. WEDEL, Ezzelino: Als Jesus sich Gott ausdachte. Die unerwiderte Liebe zum Vater. Stuttgart 1990: Kreuz (zum Drama Jesus – Gott; Reihe »Tabus des Christentums«, Hg. W. Teichert).

v. WEIZSÄCKER, Carl Friedrich: Wahrnehmung der Neuzeit, München/Wien 1983: Carl Hanser; dtv-TB 1985.
WISTRICH, Robert: Der antisemitische Wahn. Von Hitler bis zum Heiligen Krieg gegen Israel, Ismaning 1987: Max Hueber.
WOLLSCHLÄGER, Hans: Die bewaffneten Wallfahrten gen Jerusalem. Geschichte der Kreuzzüge, Zürich 1973: Diogenes (detebe-TB).

Personen- und Sachverzeichnis

Von besonderer Bedeutung sind folgende

Sammelstichwörter